끝나지 않은 추락

노벨경제학상 수상자 스티글리츠의 세계경제 분석

끝나지 않은 추락
FREEFALL

조지프 E. 스티글리츠 지음 | **장경덕** 옮김

21세기북스
www.book21.com

더 나은 사회를 위한
위기학자의 개혁론

조지프 E. 스티글리츠의 글을 보면 그가 언제나 인간을 먼저 생각하는 경제학자라는 걸 느낄 수 있다. 이 책에서도 그는 금융시스템과 자본주의와 세계화가 더 인간적인 모습을 갖도록 하자고 말한다. 인간을 중심에 둔 그의 담론은 더 나은 사회에 대한 열망을 품게 한다.

이 책에는 보다 나은 미래를 위한 스티글리츠의 개혁론이 담겨 있다. 우리에게 닥친 위기의 본질을 꿰뚫어 보고 위기를 변혁의 동인으로 바꾸려는 강렬한 의지가 드러나 있다. 공정하지 못한 체제에 대한 통렬한 비판이 있고, 더 공정한 사회를 만들어가기 위한 건설적 대안이 있다.

그의 논리는 물샐틈없다. 탄탄한 이론의 바탕 위에서 날카롭게 벼린 현실감각이 빛난다. 스티글리츠는 2001년 노벨경제학상을 받은 석학이다. 정보비대칭 문제에 대한 그의 통찰은 시장의 효율성을 믿는 지배적인 경제이론들을 뒤흔들어 놓았다. 그의 혜안은 위기 때 더욱 빛났다. 이 책(원제: Freefall; America, Free Markets, and the Sinking of the World Economy)은 21세기 첫 글로벌 금융위기에 관한 가장 권위 있는 저작으로 꼽힌다.

그는 상아탑에만 머무르지 않았다. 클린턴 대통령 경제자문회의에 참여하고 세계은행 수석 이코노미스트를 지내면서 날것 그대로의 현실 문제에 부딪쳤다. 이 책에서도 경제와 금융시장을 움직이는 정치와 사회의 동학을 놓치지 않고 탐사기자처럼 치열하게 문제의 뿌리를 파고드는 그를 볼 수 있다.

그의 목소리는 거침없고 우렁차다. 주류와 기득권에 대한 비판은 매섭고 개혁을 향한 열정은 뜨겁다. 그는 어떤 것도 에둘러 말하지 않는다. 월스트리트의 거대 금융자본과 미국 재무부, 연방준비제도이사회(FRB, 이하 연준), IMF, 정치지도자, 주류경제학자들을 비롯한 기존의 어떤 권력에 대해서도 서슴지 않고 비판한다.

이 책에서 스티글리츠는 글로벌 금융위기의 뿌리를 정확히 짚어낸다. 스스로 '위기학자'의 길을 택한 그는 이번 위기를 미리 내다본 몇 안 되는 경제학자 중 한 사람이었다. 그는 무분별한 금융규제 완화를 위기의 직접적인 원인 가운데 하나로 꼽는다. 시장의 효율성과 자율조정기능을 맹신하는 이데올로기(자유시장 근본주의)와 월스트리트의 정치적 영향력 때문에 규제의 고삐는 완전히 풀렸다고 분석한다.

스티글리츠는 이번 금융위기를 도덕적 위기로 본다. 그리고 2008년에 시작된 대침체(Great Recession)가 미국식 자본주의의 근본적인 결함을 드러냈다고 주장한다. 그가 볼 때 은행들은 '월스트리트의 프랑켄슈타인 실험실'에서 혁신적인 위험상품들을 만들어냈지만 스스로 창조한 그 괴물들을 다룰 능력이 없었다. 모기지 사기에 가담한 금융계는 뒤틀린 유인체계를 갖고 있었고, 감독당국은 특수이해집단의 포로가 됐다. 연준은 위기 때마다 유동성을 쏟아부어 시장과 금융회사를 구제함으로써 도덕적 해이를 부추겼다.

위기에 잘못 대응한 부시 행정부에 대한 스티글리츠의 비판은 그지 없이 신랄하다. 그는 근본적인 개혁을 단행하지 못하고 머뭇거리는 오바마 행정부에 대해서도 '침몰하는 타이타닉호에서 갑판 위 의자 몇 개를 바꿔놓는 것과 같은 정책'은 무의미하다고 질타했다. 특히 은행 구제는 사상 최악의 정책실패 가운데 하나로 본다.

경제학도들에게는 이 책의 고갱이라 할 만한 9장(경제학 혁명)에서는 20세기 이후 경제학계의 사상전쟁을 조망하고 있다. 스티글리츠는 경제학계를 '자유시장 자본주의의 치어리더'로 본다. 자유시장에 대한 신념에 눈이 멀어 그 신념이 일으키는 문제들을 보지 못했다고 일갈한다.

케인즈의 사상적 전통을 이어받은 경제학자인 스티글리츠는 특히 경기침체 때 적자재정을 통해 수요를 늘리는 적극적인 정책을 옹호한다. 가장 작은 정부가 가장 좋은 정부라는 생각은 잘못이라고 본 것이다. 시카고학파가 신봉하는 자유시장 이데올로기와 이를 글로벌 무대에서 구현하는 '워싱턴 컨센서스'에 대한 그의 오랜 비판은 이 책에서 절정에 이른다.

그가 보기에 완전시장을 믿는 경제학은 "일부 근로자들이 조금 더 여가를 즐기고 있을 뿐"이라며 실업 문제를 무시하고, "각자 사회에 기여한 만큼 보상받는다"며 경영자가 근로자의 100배를 받아가는 불평등을 정당화한다. 스티글리츠는 경제학이 예측의 과학이라면 시카고학파는 낙제점을 받아야 한다고 비판한다. 그들의 이론은 위기를 예측하지 못했으며, 실업이나 거품 같은 건 아예 없다고 믿는데 어떻게 그걸 예측할 수 있겠는가 반문한다. (가격이 시장에 나와 있는 모든 정보를 정확히 반영한다는 효율적 시장가설이 옳다면 거품 같은 건 없을 것이다.)

중앙은행 사람들에 대해서는 그들이 순진하게도 인플레이션이 낮은 수준에 머무르는 한 모든 걸 통제할 수 있다는 자신감을 갖고 유동성을 홍수처럼 풀어놓았다고 비판한다. 유동성홍수는 자산시장 거품을 부추겼고 금융시스템과 경제를 무너뜨렸다는 지적이다.

스티글리츠는 이 책에서 더 나은 사회를 위한 금융과 경제시스템 개혁방향을 제시한다. 그는 시장과 정부의 균형을 강조한다. 정부는 더 강력하게 시장실패를 바로잡아야 하며 또다시 대마불사 금융회사의 폐해를 낳지 않기 위해 더 나은 규제가 필요하다고 본다.

자본주의를 구하려 애쓴 케인즈가 사회주의 정책을 주창한다는 공격을 받았던 것처럼 스티글리츠의 생각을 잘못 이해한 이들은 그를 사회주의자라고 공박한다. 하지만 그가 공격하는 것은 공정하지 않은 짝퉁자본주의다. 그는 미국 정부와 사회가 진정한 자본주의 룰에 따르지 않았다고 비판한다. 위기를 불러온 책임을 져야 할 금융회사 경영자와 주주와 채권자를 구제하면서 납세자에게 리스크를 떠안긴 게 단적인 예다.

스티글리츠는 공동체와 신뢰의 가치를 역설하면서 특수이해집단의 이기주의를 맹렬히 공격한다. 성공할 때는 이익을 독차지하면서도 실패의 위험은 사회에 떠넘기는 체제와 워싱턴 정계가 특수이해집단의 로비에 휘둘리는 미국식 부패구조를 개혁해 새로운 자본주의 질서를 만들자고 제안한다. 스티글리츠는 금융위기 이후 미국의 패권과 서방의 지배력은 약화될 수밖에 없다고 본다. 그는 이처럼 새로운 현실인식을 바탕으로 보다 공정한 세계경제 질서를 만들기 위한 개혁을 강력히 주문한다.

이 책은 불편한 진실들을 담고 있다. 곪아가는 상처는 햇볕에 드러내야만 치유할 수 있다고 믿는 비판적 지식인의 양심을 느끼게 한다. 이 책은 또한 이번처럼 큰 위기를 겪고서도 교훈을 얻지 못한 이들과 교훈을 얻었더라도 금세 잊어버리는 이들을 위한 징비록이라 할 수 있다.

스티글리츠의 개혁론은 우리 사회에도 깊은 울림을 줄 것이다. 한국 사회도 그가 이야기한 것과 같은 고민과 개혁과제들을 안고 있기 때문이다. 정의와 공정을 새삼 화두로 삼고 있는 한국 사회는 그가 보여준 것과 같은 현실의 부정의와 불공정의 문제를 진지하게 고민해야 한다. 이 책은 금융위기를 계기로 드러난 미국식 자본주의와 글로벌 금융시스템의 문제에 대해, 그리고 그런 문제들을 잉태한 제도적 · 사상적 기반에 대해 깊은 성찰을 할 수 있도록 해줄 것이다.

경제의 활력을 높이고, 일자리를 늘리고, 양극화 문제를 풀고, 금융개혁을 단행해야 할 정책결정자들은 이 책을 통해 경제학자 스티글리츠의 값진 조언을 얻을 수 있을 것이다. 글로벌 금융위기에 따른 리스크를 관리하고 위기 이후 금융시장과 세계경제 질서의 변화를 가늠해보려는 경영자들은 위기학자 스티글리츠의 통찰력을 빌릴 수 있을 것이다. 경제학도들은 석학 스티글리츠의 현장 강의를 들을 수 있고, 직장인과 투자자들은 뛰어난 이코노미스트 스티글리츠와 함께 세계 경제와 금융의 큰 흐름을 조망할 수 있을 것이다. 더 공정하고 더 인간적인, 그래서 더 나은 사회를 만들어가자는 그의 진솔한 이야기에 귀 기울여보자.

장경덕 매일경제신문 논설위원

Contents

위기 이후에 나타날 세계

2008년에 시작된 대침체 때 미국과 전 세계에서 수백만 명이 집과 일자리를 잃었다. 자신도 그렇게 될까 걱정하고 두려워한 이들은 그보다 더 많았다. 노후와 자녀교육을 위해 저축한 이들은 대부분 자산가치가 크게 떨어지는 경험을 했다. 미국에서 시작된 위기는 곧 세계로 번져 수천만 명을 실업자로 내몰았다. 중국에서만 2000만 명이 일자리를 잃었다. 그리고 수천만 명이 가난에 빠졌다.[1]

사람들은 이런 일이 일어나리라고 생각도 하지 못했다. 자유시장과 세계화에 대한 믿음을 바탕으로 한 현대 경제학은 모두에게 번영을 약속했다. 사람들은 그 좋다던 신경제, 규제완화와 금융공학을 포함한 20세기 후반의 놀라운 혁신 덕분에 경기사이클이 사라지고 리스크 관리를 더 잘할 수 있을 것으로 기대했다. 경제학자들은 신경제와 현대 경제학이 경기변동을 없앨 수는 없지만 적어도 경기 조절은 할 수 있다고 이야기했다.

대침체(75년 전 대공황 이후 최악의 침체)로 그 환상은 산산조각이 났다.

우리는 오랫동안 간직해온 믿음에 대해 다시 생각할 수밖에 없게 됐다. 지난 25년 동안 자유시장의 교리가 세계를 지배했다. 그 교리는 규제받지 않는 자유시장은 효율적이며, 실수가 있더라도 재빨리 교정할 수 있으리라는 믿음이다. 또한 작은 정부가 최선의 정부이며, 규제는 혁신을 방해할 뿐이라는 생각이다. 그리고 중앙은행은 독립적이어야 하고 인플레이션을 낮게 유지하는 데에만 집중해야 한다는 생각이다. 하지만 그런 교리를 믿는 최고의 사제이자 그 교리가 지배하던 시기에 미국 연준 의장이었던 앨런 그린스펀조차 이제 그 교리에 결함이 있다는 걸 인정했다. 하지만 그 교리 때문에 고통받은 많은 이들에게 그린스펀의 고백은 너무 늦은 것이었다.

이 책은 사상투쟁에 관한 것이다. 위기를 부추기고 정책 실패를 낳았던 신념과 우리가 위기에서 얻은 교훈에 관한 이야기다. 모든 위기는 시간이 지나면 끝난다. 하지만 어떤 위기도 유산을 남기지 않고 지나가지는 않는다. 특히 이번처럼 가혹한 위기는 더 그렇다. 어떤 경제체제가 가장 큰 이득을 가져다줄 것인지에 대한 오랜 논쟁은 지금도 계속되고 있다. 2008년 위기는 이 논쟁에 대한 새로운 관점을 유산으로 남기게 될 것이다. 자본주의와 공산주의의 싸움은 끝났을지 모르나, 여러 형태의 시장경제들은 계속해서 치열하게 경쟁하고 있다.

나는 모든 성공적인 경제의 심장부에 시장이 있다고 믿지만 그 시장이 스스로 잘 작동한다고 믿지는 않는다. 이런 의미에서 나는 저명한 영국 경제학자 존 메이너드 케인즈의 사상적 전통을 따른다. 케인즈는 현대 경제학에 크나큰 영향을 미쳤다. 정부는 시장 실패가 나타났을 때 경제를 구하는 역할뿐만 아니라 우리가 막 경험한 것과 같은 시장 실패를 막기 위해 시장을 규제하는 역할도 할 필요가 있다. 경제가 잘 돌아가려면 시장과 정부 역할 사이의 균형이 필요하며 비시장·비정부 기구의 기여도 중요하다. 지난 25년 동안 미국은 이 균형을 잃어버렸다. 그리고 균형 잃은 시각을 세계 여러 나라들에게 강요했다.

이 책은 그런 잘못된 시각이 어떻게 위기를 불렀는지 설명한다. 그리고 민간과 공공 부문 의사결정자들이 문제가 곪아가고 있는 걸 왜 보기 어려웠는지, 정책결정자들이 왜 사태에 효과적으로 대응하지 못했는지를 설명한다. 위기가 지속되는 기간은 추구하는 정책에 따라 늘어나기도 하고 줄어들기도 한다. 실제로, 이미 저지른 실수는 침체를 더 길고 더 깊어지게 할 것이다. 하지만 위기관리는 나의 첫 번째 관심사일 뿐이다. 나는 위기 이후에 나타날 세계에 대해서도 관심이 있다. 우리는 위기 이전의 세계로 돌아가지 않을 것이고 돌아갈 수도 없을 것이다.

위기 이전 미국과 세계는 기후변화에 적응하는 것을 비롯한 여러 가지 문제에 직면했다. 세계화는 각국의 역량을 키워주면서도 경제구조의 급속한 변화를 강요했다. 이런 문제들은 위기 이후에도 여전히 남아 있을 것이며, 문제는 더 커질 것이다. 이에 비해 우리가 문제해결을 위해 활용할 자원은 크게 줄어들 것이다.

나는 위기가 정책과 사상의 변화를 불러오기를 바란다. 단지 정치적·사회적으로 편리한 길이 아니라 참으로 올바른 길을 선택한다면, 우리는 또 다른 위기가 올 가능성을 줄일 뿐만 아니라 전 세계 사람들의 삶을 향상시킬 진정한 혁신을 가속화할 수도 있을 것이다. 하지만 잘못된 결정을 한다면 우리 사회는 더 쪼개지고 우리 경제는 또 다른 위기에 더 취약해져 21세기의 도전에 제대로 대비하지 못할 것이다. 이 책의 목적 가운데 하나는 위기 이후 나타날 세계질서를 더 잘 이해할 수 있도록 하는 것이다. 그리고 오늘 우리가 하는 일이 어떻게 위기 이후 세계를 더 낫게 만들거나 더 못하게 만들지 이해할 수 있도록 돕는 것이다.

어떤 이는 2008년 위기로 시장근본주의에 대한 논쟁, 다시 말해 통제받지 않는 시장이 자동적으로 경제적 번영과 성장을 보장한다는 생각에 대한 논쟁은 끝났다고 생각했을 수도 있다. 이제 다시는, 시장이 스스로 조정기능을 하며 시장참가자의 이기적 행동이 모든 일을 잘 돌아가게 해주리라고 주장하는 이는 아무도 없을 것이라고 생각했을지도 모른다. 아니면 적어도 이번 위기의 기억이 먼 과거로 묻힐 때까지는 그런 주장을 하는 이가 없을 것으로 여겼을 수도 있다.

시장근본주의 덕분에 성공한 이들은 다른 해석을 내놓는다. 어떤 이들은 우리 경제가 '사고'를 겪었고 사고는 늘 일어날 수 있다고 말한다. 어쩌다 일어나는 충돌사고 때문에 자동차를 몰지 말아야 한다고 주장하는 이는 아무도 없을 거라는 말이다. 이런 견해를 가진 이들은 우리가 2008년 이전의 세계로 가능한 한 빨리 돌아가기를 바란다. 그들은 은행가들이 아무런 잘못도 저지르지 않았다고 말한다.[2] 은행이 요청하는 자금을 지원하고, 규제를 조금 고치고, 버니 메이도프(650억 달러 규모의 투자사기가 들통 나 150년 형을 받은 미국 금융인_옮긴이) 같은 이들이 사기를 치고 돌아다니지 않도록 감독당국에 몇 가지 준엄한 훈계를 하고, 몇몇 경영대학원에 윤리 강의를 추가하면 모든 게 잘되리라는 것이다.

이 책은 문제가 더 깊숙한 곳에 있다고 주장한다. 자율적인 기구로 여겨졌던 금융시스템은 지난 25년 동안 되풀이해 정부의 구제를 받았다. 우리는 이 시스템이 살아남았다는 사실을 보고 금융시스템이 저절로 잘 돌아간다는 잘못된 교훈을 얻었다. 사실 위기 이전 우리의 경제체제는 대부분의 미국인들에게 좋은 체제가 아니었다. 그 체제에서 어떤 이는 성공했지만 평균적인 미국인들은 그렇지 못했다.

경제학자는 의사가 병리학에 접근하는 것과 같은 방식으로 위기를 본다. 이들은 비정상적인 상황에서 무슨 일이 일어나는가를 봄으로써 정상적인 상황에서 일이 어떻게 돌아가는지에 관해서도 많이 배운다. 나는 2008년 위기에 접근할 때 다른 연구자들에 비해 확실히 유리한 위치에 있었다고 느꼈다. 나는 어떤 의미에서 '위기 전문가'였다. 위기학자(crisologist)라고 해도 좋겠다. 이번 위기는 근래 처음으로 일어난 큰 위기는 아니다. 개발도상국들의 위기는 겁이 날 만큼 규칙적으로 발생했다. 1970년부터 2007년까지 위기가 124차례나 일어났다는 조사 결과도 있다.[3] 나는 직전 글로벌 금융위기인 1997~1998년 위기 때 세계은행의 수석 이코노미스트였다. 나는 태국에서 시작된 위기가 동아시아의 다른 나라들로, 그리고 남미와 러시아로 확산되는 걸 지켜봤다. 이는 세계경제시스템의 한 곳에서 나타난 실패가 다른 곳으로 퍼져가는 위기 전염의 전형적인 사례였다. 경제위기의 결과가 완전히 실체를 드러내기까지는 몇 년이 걸릴 수도 있다. 아르헨티나 위기의 경우 멕시코 위기의 여파로 1995년에 시작됐으며, 1997년 동아시아 위기와 1998년 브라질 위기로 악화됐다. 그러나 아르헨티나는 2001년까지는 완전히 무너지지 않았다.

경제학자들은 대공황 이후 70년간 경제학이라는 과학의 발전을 자랑스러워할 수도 있다. 하지만 그렇다고 위기에 어떻게 대응해야 하는지에 대한 일치된 견해가 있다는 이야기는 아니다. 1997년 당시 나는 미국 재무부와 국제통화기금(IMF)이 동아시아 위기에 대응하는 모습을 두려운 마음으로 지켜봤다. 그들이 제안한 정책들은 대공황 때 허버트 후버 대통령이 썼던, 실패할 게 뻔한 오도된 정책들을 참고한 것들이었다.

2007년 세계가 다시 위기로 빠져드는 걸 보면서 나는 똑같은 상황을 전에도 본 듯한 착각을 느꼈다. 그때 본 것과 10년 전에 본 것은 이상하리만큼 비슷했다. 그중 하나만 이야기하자면, 위기의 초기 단계에서 위기를 공식 부인하는 게 예나 지금이나 너무도 비슷했다. 10년 전 위기 때 미국 재무부와 IMF는 동아시아에 경기침체나 불황이 나타난 사실을 처음에는 부인했다. 당시 미국 재무부 부장관이었고 지금은 오바마 대통령의 경제자문위원장인 래리 서머스는 장-미셸 세베리노 당시 세계은행 아시아 담당 부총재가 경제상황을 설명할 때 침체의 '침'자나 불황의 '불'자만 써도 불같이 화를 냈다. 그럼 인도네시아의 가운데 섬 자바의 주민 40퍼센트가 실업상태에 빠지게 한 경기하강을 다른 어떤 말로 설명하란 말인가?

2008년 부시 정부도 처음에는 어떤 심각한 문제도 없다며 위기를 부인했다. 부시 대통령은 우리가 지나치게 많은 집을 지었을 뿐이라고 밝혔다.[4] 위기의 초기 단계 몇 달 동안 재무부와 연준은 어떤 은행들은 살려주고 또 어떤 은행들은 무너지게 내버려두면서 술 취한 운전자처럼 진로를 이리저리 바꾸었다. 그들의 의사결정 밑바탕에 있는 원칙을 알아내기는 불가능했다. 부시 행정부 관리들은 자기네가 실용적이고 공정하며 아무도 가지 않는 길을 가고 있다고 주장했다.

2007년과 2008년 초 침체의 먹구름이 미국경제를 덮기 시작하자 경제학자들은 또 다른 불황이나 깊은 침체가 올 수 있는지에 관한 질문을 자주 받았다. 대부분의 경제학자들은 반사적으로 대답했다. "아니오!"

라고. 세계경제 관리에 관한 지식을 포함한 경제학의 발전을 생각할 때 많은 전문가들이 보기에 그토록 엄청난 재앙은 상상할 수조차 없는 것 같았다. 그러나 10년 전 동아시아 위기가 터졌을 때 우리는 실패했다. 참담한 실패였다.

부정확한 경제이론은 자연히 잘못된 정책을 낳았다. 하지만 그 이론을 옹호하는 이들은 그런 정책이 효과가 있을 것으로 생각했던 게 분명하다. 그들은 틀렸다. 잘못된 정책은 10년 전 동아시아 위기를 불러왔을 뿐만 아니라 위기를 더 깊고 길게 만들었다. 위기로 경제는 더 약해지고 산더미 같은 빚이 남았다.

10년 전의 실패는 또한 부분적으로는 국제정치의 실패였다. 위기는 흔히 세계경제체제의 '주변부'로 불리는 개발도상국들을 덮쳤다. 세계경제체제를 움직이는 사람들은 개도국들에게 돈을 빌려준 서방 은행들을 보호하는 데 신경을 많이 쓰면서도 위기를 맞은 사람들의 삶과 생계를 보호하는 데에는 그만큼 신경을 쓰지 않았다. 오늘날 미국과 세계 각국이 자국 경제를 회복시켜 활기찬 성장을 하려고 애쓰고 있다. 그러나 또다시 정책과 정치의 실패가 나타나고 있다.

자유낙하

2008년 세계경제가 자유낙하할 때 우리의 믿음 또한 추락했다. 경제학과 미국, 그리고 우리의 영웅들에 대한 오래된 믿음도 추락했다. 지난번 대규모 금융위기 직후인 1999년 2월 15일 〈타임〉은 1990년대 호황에 기여한 공로를 오랫동안 인정받은 앨런 그린스펀 연준 의장과 로버트 루빈 재무장관을 그들의 추종자 래리 서머스와 함께 표지 사진으로 실었다. 그들에게는 '세계구조위원회'라는 호칭이 붙었고 일반인들은 그들을 전능한 신으로 여겼다. 2000년에는 최고의 탐사 저널리스트 밥 우드워드가 '마에스트로(Maestro)'라는 제목의 그린스펀 성인전(聖人傳)을 썼다.[5]

그들이 동아시아 위기에 어떻게 대응하는지 직접 본 나는 〈타임〉이나 밥 우드워드만큼 감명을 받지는 못했다. 내가 보기에, 그리고 대부분의 동아시아 사람들이 보기에 '세계구조위원회'의 지시에 따라 IMF와 미국 재무부가 떠안긴 정책들은 다른 정책을 취했을 경우에 비해 위기를 훨씬 악화시켰다. 그 정책들은 경기침체에 직면했을 때 확장적 통화·재정정책을 쓰라는 현대 거시경제학의 기본적인 가르침에 대한 이해 부족을 드러냈다.[6]

이제 우리 사회는 경제학의 대가들에 대한 오랜 존경심을 잃어버렸다. 근래 우리는 복잡한 경제시스템을 어떻게 운용할지에 관한 조언을 얻기 위해 루빈과 그린스펀 같은 신격화된 인물뿐만 아니라 월스트리트 전체에 의지했다. 이제 누구에게 의지할 것인가? 대부분의 영역에서 경제학자들은 더 이상 도움을 주지 못했다. 경제학자들은 정책결정자들이 규제완화를 추진할 때 썼던 지적인 무기를 제공했다.

불행히도 논리의 대결보다는 위기를 일으킨 악당이나 우리를 구한 영웅과 같은 개인의 역할에 관심이 모아지는 경우가 많았다. 다른 이들은 우리를 이번 위기로 몰아간 이런저런 정책결정자들과 금융회사 경영자들을 비난하는 책을 쓸 것이다(사실 이미 발간된 책도 있다). 이 책은 다른 목적을 갖고 있다. 이 책은 규제완화를 비롯한 모든 핵심 정책들은 본질적으로 어떤 개인의 차원을 벗어난 정치적·경제적 '힘'(이해관계, 사상, 이념)의 결과였다는 생각을 깔고 있다.

1987년 그린스펀을 연준 의장으로 임명할 때 로널드 레이건 대통령은 규제완화에 대한 신념이 투철한 사람을 찾고 있었다. 그린스펀의 전임자였던 폴 볼커는 미국의 인플레이션을 1979년 11.3퍼센트에서 1987년 3.6퍼센트로 끌어내려 중앙은행 수장으로서 높은 평가를 받았다.[7] 보통의 경우 그런 성과를 냈다면 자동적으로 연임됐을 것이다. 하지만 볼커는 규제의 중요성을 이해하고 있었고, 레이건은 규제를 풀어버릴 누군가를 원했다. 그린스펀에게 그 일을 맡길 수 없었더라도 기꺼이 규제완화의 상징적인 역할을 맡고 나설 이들은 수두룩했다. 그린스펀의 문제는 규제완화의 이데올로기가 뿌리내리는 것만큼 큰 문제는 아니었다.

이 책은 주로 경제학적인 믿음과 그 믿음이 어떻게 정책에 영향을 미치는가에 관한 것이다. 그 믿음과 위기가 어떻게 연관됐는지 보려면 무슨 일이 일어났는지를 풀어봐야 한다. 이 책은 '누가 범인이냐'를 따지기 위한 것이 아니지만 흥미로운 미스터리 같은 요소가 있다. 세계에서 가장 큰 경제가 어떻게 자유낙하를 했는가? 어떤 정책과 어떤 일들이 2008년의 엄청난 침체를 불러일으켰는가? 우리가 이런 물음에 대한 답에 합의할 수 없으면 위기를 벗어나거나 다음 위기를 막기 위해 무엇을 해야 하는가에 대한 합의도 이룰 수 없다. 이번 위기 때 은행의 나쁜 행태, 규제당국의 실패, 또는 연준의 느슨한 통화정책이 어떤 역할을 했는지 분석해내는 것은 쉽지 않다. 하지만 나는 왜 금융시장과 여러 기관에 무거운 책임을 지워야 하는지를 설명할 것이다.

위기의 뿌리에 있는 원인을 찾아내는 건 양파 껍질을 벗기는 것과 같다. 하나의 설명을 할 때마다 더 깊숙한 곳에서 또 다른 질문이 떠오른다. 비뚤어진 유인(incentive)이 은행가들의 근시안적이고 위험한 행동을 부추겼을 것이다. 그렇다면 그들은 왜 그런 왜곡된 유인을 갖게 됐는가? 이미 답이 나와 있다. 기업지배구조의 문제, 상여금과 급여를 정하는 방식 때문이다. 그럼 왜 시장이 나쁜 기업지배구조와 나쁜 유인체계를 제대로 바로잡지 못했는가? 자연선택은 적자생존을 의미하는 것으로 여겨진다. 장기 성과를 위해 가장 잘 설계된 지배구조와 유인체계를 갖고 있는 기업들이 번창할 것이라는 이야기다. 이 이론도 이번 위기로 신뢰를 잃었다. 이번 위기 때 금융부문에서 드러난 문제들을 생각해보면 그것이 생각보다 일반적인 현상이며 다른 분야에서도 비슷한 문제들이 있다는 게 분명해진다.

　새로운 금융상품과 서브프라임 모기지(신용도가 낮은 이들을 위한 주택담보대출_옮긴이), 부채를 담보로 한 상품들처럼 겉으로 드러난 것들을 한 꺼풀 들춰보면 또 하나 놀라운 점이 발견된다. 이번 위기는 과거 미국과 다른 나라에서 일어난 많은 위기와 매우 비슷해 보인다는 점이다. 위기 때마다 거품이 있었고, 거품은 꺼졌으며, 그 뒤에 남은 건 폐허였다. 거품은 부실한 은행 대출로 유지됐다. 은행들은 거품으로 부풀려진 자산을 담보로 잡고 대출을 해주었다. 새로운 혁신은 은행들이 대부분의 나쁜 대출을 숨길 수 있도록 해주었다. 은행들은 이런 대출을 대차대조표에 표시하지 않고 다른 곳으로 옮기는 수법으로 실질적인 레버리지(자산이나 자기자본에 대비한 부채비율_옮긴이)를 높였다. 이는 거품을 더 키우고 거품이 꺼질 때 더 참혹한 파괴를 불렀다. 리스크를 관리하기 위한 것이라지만, 사실은 규제당국을 속이기 위해 고안된 새로운 금융수단(신용부도스왑: 채무자가 부도를 낼 때 손실을 보전해주는 일종의 보험_옮긴이)은 너무나 복잡해 리스크를 오히려 키웠다. 우리는 어떻게, 그리고 왜 그런 일들이 그토록 엄청난 규모로 또다시 일어나게 했는가? 이 책에서 많은 지면을 할애해서 답해야 할 중요한 물음은 바로 이것이다.

　더 심층적인 설명을 하기는 어렵지만 쉽게 물리칠 수 있는 단순한 설명도 있다. 앞서 이야기했듯이, 월스트리트에서 일하는 이들은 개인적으로 아무 잘못도 저지르지 않았다고 믿고 싶어 했다. 그리고 금융시스템 자체는 기본적으로 옳다고 믿고 싶어 했다. 그들은 자기네가 1000년에 한 번 올까 말까 한 폭풍의 희생자라고 믿었다. 하지만 이번 위기는 금융시장에 우연히 일어난 일이 아니다. 이는 월스트리트가 스스로에게, 그리고 우리 사회 전체에 일으킨 인재였다.

'그냥 우연히 일어난 일'이라는 주장에 동의하지 않는 이들에 대해 월스트리트 옹호자들은 다른 논리를 편다. 그 일은 가난한 이들의 주택 소유를 장려하는 정부가 월스트리트 사람들에게 시킨 일이라는 논리다. 정부는 그들이 하는 일을 막았어야 했으며, 그러지 않은 건 규제당국의 잘못이라는 이야기다. 이번 위기 때 미국 금융계가 다른 곳으로 비난을 돌리려 하는 데에는 특히 꼴사나운 점이 있다. 그들의 주장이 왜 설득력이 없는지는 이후의 장에서 설명할 것이다.

금융시스템을 믿는 이들이 들먹이는 세 번째 방어논리는 몇 년 전 엔론과 월드컴 스캔들 때 내세웠던 논리와 같다. 어떤 시스템에도 물을 흐리는 미꾸라지는 있으며, 규제당국과 투자자들까지 포함한 우리의 '시스템'이 어쩌다 미꾸라지들이 물을 흐리지 않도록 잘 막지 못했을 뿐이라는 것이다. 지난 10년을 돌아보면, 물을 흐린 이들 가운데는 엔론과 월드컴의 CEO였던 켄 레이와 버니 에버스가 있었고 이제 버니 메이도프와 기소 당할 다른 많은 이들(앨런 스탠포드와 라지 라자라트남 같은 이들)을 추가해야 한다. 하지만 그때나 지금이나 잘못된 건 단지 몇몇 개인들과 연관된 것들만은 아니다. 금융부문을 옹호하는 이들은 바로 그들의 세계가 썩었다는 걸 이해하지 못했다.[8]

미국 금융시스템에 구석구석 스며들어 끊임없이 되풀이되는 문제들을 볼 때마다 하나의 결론에 이르게 된다. 이는 시스템의 문제라는 결론이다. 월스트리트의 높은 보상과 오로지 돈벌이에만 초점을 맞추는 월스트리트 문화에 윤리적 비판이 지나치게 집중되고 있는지도 모른다. 하지만 그 문제가 널리 퍼졌다는 건 시스템에 근본적인 결함이 있다는 걸 의미한다.

해석의 어려움

정책의 영역에서 성공이냐 실패냐를 가르는 건 누구를 믿거나 무엇을 믿어야 할지(그리고 누구 또는 무엇을 비난해야 할지)를 알아내는 것보다 훨씬 더 어렵다. 무엇이 성공이고 무엇이 실패인가? 미국과 유럽의 시각에서 보면 1997년 동아시아를 구제한 건 성공이었다. 그 구제 덕분에 미국과 유럽은 피해를 입지 않았기 때문이다. 동아시아의 경제는 무너지고, 꿈은 부서지고, 정부는 수십억 달러의 빚을 졌다. 이 지역 사람들의 눈으로 보면 그 구제는 참담한 실패였다. 비판적인 관점에서 볼 때 IMF와 미국 재무부의 정책들은 사태를 악화시켰다. 그러나 이를 지지하는 사람들의 시각에서 보면 그 정책들은 재앙을 막았다. 여기에 문제가 있다. 우리가 질문해야 할 것은 다른 정책들을 취했다면 일이 어떻게 됐을까 하는 것이다. IMF와 미국 재무부의 대응 때문에 침체가 더 깊고 길어졌는가, 아니면 더 얕고 짧아졌는가? 내가 보기에 답은 명백하다. IMF와 미국 재무부가 밀어붙인 금리인상과 재정지출 감축(이번 위기 때 미국과 유럽이 취한 것과 반대되는 정책)이 사태를 악화시켰다.[9] 동아시아 경제는 결국 회복했다. 하지만 그런 정책에도 불구하고 회복한 것이지, 그런 정책 덕분에 회복한 것은 아니다.

마찬가지로, 규제완화의 시대에 세계경제의 성장을 지켜본 많은 이들이 통제 받지 않는 시장은 잘 돌아간다는 결론을 내렸다. 규제완화 덕분에 고성장이 가능했고 높은 성장세는 유지될 것이라고 보았다. 하지만 현실은 아주 다르다. 성장은 빚더미 위에서 이뤄졌다. 이런 성장의 기반은 불안정하다. 불안정이라는 말은 가장 약한 표현이다. 어리석은 대출 관행을 보인 서방 은행들은 여러 차례 구제를 받았다. 태국, 한국, 인도네시아뿐만 아니라 멕시코, 브라질, 아르헨티나, 러시아에 이르기까지 구제 사례는 끝이 없을 정도다.[10] 사태가 지나가면 세계는 다시 그 전과 거의 같은 모습으로 굴러간다. 시장이 실수를 저질렀을 때 계속해서 시장을 구해준 것은 정부였다. 시장경제에서는 모든 게 잘 돌아가고 있다는 결론을 내린 이들은 잘못된 추론을 했다. 하지만 무시할 수 없을 정도로 큰 위기가 바로 이곳 시장경제에서 터진 다음에야 그들의 잘못이 명백히 드러났다.

정책 효과에 대한 이런 논의는 어떻게 해서 잘못된 생각이 그토록 오랫동안 지속될 수 있는지 설명하는 데 도움이 된다. 내가 볼 때 2008년의 대침체는 그전에 추진됐던 정책들의 필연적인 결과로 보인다.

그런 정책들이 금융시장의 특별한 이해관계에 따라 만들어졌다는 건 분명하다. 이 과정에서 경제학이 어떤 역할을 했는지는 더 복잡한 문제다. 나는 이번 위기에 책임을 져야 할 이들의 긴 명단에 경제학자들을 포함시킬 것이다. 그들은 특수한 이해관계가 있는 이들에게 효율적이고 자율적인 시장에 관한 논리를 제공했기 때문이다. 지난 20년간 경제학의 발전으로 어떤 조건 아래 그런 이론들이 들어맞을지 밝혀졌는데도 말이다. 위기를 겪고 난 후 경제학은 틀림없이 경제가 변하는 만큼이나 많이 바뀔 것이다. 이론과 정책 모두가 그럴 것이다. 구체적으로 경제학이 어떻게 바뀔지는 9장에서 논의할 것이다.

나는 경제학자들이 어떻게 그토록 크게 틀릴 수 있는지에 관해 자주 질문을 받는다. 다섯 번의 경기침체가 나타날 동안 아홉 차례나 침체를 예고하면서 다가올 문제들을 '비관적으로' 내다보는 경제학자들은 늘 있었다. 나는 경제를 비관적으로 보면서 경제가 왜 그런 피할 수 없는 문제에 부딪혔는지에 관한 견해를 공유하는 소수의 경제학자 그룹에 들어 있었다. 우리는 매년 겨울마다 스위스 다보스에서 열리는 세계경제포럼을 비롯한 여러 모임에서 만났을 때, 경제를 진단한 결과에 대한 의견을 나누면서 각자가 너무도 분명히 예견할 수 있는 심판의 날이 왜 아직 오지 않았는지에 대해 설명하려고 노력했다.

우리 경제학자들은 현상의 밑바탕에 있는 역학을 파악하는 데는 능하지만 정확한 타이밍을 맞추는 데는 그렇지 못하다. 2007년 다보스 포럼 때 나는 불편한 처지에 있었다. 나는 그 전 몇 차례 연례회의 때 점점 더 강력하게 다가오는 문제들을 예언했다. 하지만 세계경제는 계속 빠르게 성장했다. 세계경제의 7퍼센트 성장은 전례가 거의 없는 것이었으며 아프리카와 남미 경제까지 좋아졌다. 이는 내 이론이 기본적으로 잘못되었거나, 아니면 위기가 닥칠 때 충격이 더 크고 오래가리라는 것을 의미했다. 나는 청중들에게 그렇게 설명했다. 나의 해석은 당연히 후자였다.

─────────────

이번 위기는 자본주의체제의 근본적인 결함을 드러냈다. 적어도 20세기 후반 미국에서 부상한 특별한 형태의 자본주의(때로 미국식 자본주의로 불리는 체제)에서는 그랬다. 이는 단지 개인의 잘못이나 특정 현안에서의 실수에 관한 문제가 아니다. 몇 가지 작은 문제들을 해결하거나 몇몇 정책을 수정해서 될 일도 아니다.

우리 미국인들은 우리의 경제체제를 너무나도 믿고 싶어 했기 때문에 이런 결함들을 인식하는 건 어려운 일이었다. '우리 팀'은 우리의 가장 큰 적수인 소비에트 블록보다 너무도 잘해왔다. 우리 체제의 강점 덕분에 그들의 약점을 눌러 이길 수 있었다. 우리는 미국 대 유럽, 미국 대 일본의 경쟁을 포함해 모든 경쟁에서 우리 팀을 응원했다. 미 국방장관 도널드 럼스펠드가 이라크와의 전쟁을 반대하는 유럽을 '늙은 유럽'이라며 깎아내렸을 때 그의 마음속에 있는 경쟁의식은 분명했다. 경직된 유럽 사회와 활력 있는 미국의 경쟁을 생각한 것이다. 1980년대 일본의 성공은 우리에게 회의를 품게 했다. 우리 체제는 정말 주식회사 일본보다 나을까? 이런 염려 때문에 어떤 이들에게는 1997년 동아시아의 실패가 큰 위안이 됐다. 많은 동아시아 나라들이 일본 모델을 부분적으로 채택하고 있었다.[11] 우리는 1990년대 10년간 지속된 일본의 침체에 대해 드러내놓고 고소해하지는 않았지만 일본인들에게 우리식 자본주의를 채택하라고 촉구했다.

우리 스스로에 대한 기만은 경제지표들 때문에 더 확고해졌다. 어쨌든 우리 경제는 중국을 제외한 거의 모든 나라들보다 훨씬 빨리 성장했다. 우리는 중국 은행시스템의 문제들을 발견했다고 믿고 있었다. 그런 문제들을 고려할 때 중국이 무너지는 것도 시간문제일 뿐이었다.[12] 아니면 우리 생각만 그랬을 수도 있다.

숫자를 잘못 읽는 바람에 틀린 판단을 하게 된 게 이번이 처음은 아니다(월스트리트의 잘못된 판단도 여기에 포함된다). 1990년대 아르헨티나는 남미에서 대단히 성공한 나라로 선전됐고 개도국들 가운데 '시장근본주의'로 성공한 사례로 꼽혔다. 이 나라의 성장률 기록은 몇 년 동안 좋아 보였다. 하지만 이 나라의 성장은 미국처럼 지속 불가능한 소비를 떠받치는 빚더미 위에서 이룬 것이었다. 결국 2001년 12월 빚에 짓눌리게 된 아르헨티나 경제는 무너졌다.[13]

아직도 우리의 시장경제가 직면한 문제의 심각성을 부인하는 이들이 많다. 그들은 지금의 고생만 끝나면 다시 강한 성장세를 회복할 것이라 기대한다. (모든 침체는 결국 끝난다고 생각하는 것이다.) 하지만 미국경제를 자세히 보면 더 심층적인 문제들이 있음을 알 수 있다. 그것은 중산층조차 10년 동안 소득이 정체된 사회, 불평등이 갈수록 커지는 사회, 극적인 예외가 있긴 하지만 가난한 미국인이 최상류 계층에 오를 통계적 확률이 '늙은 유럽'보다 낮은 나라,[14] 그리고 표준화된 학업성과 테스트에서 평균 성적이 기껏해야 중간밖에 안 되는 나라의 문제들이다.[15] 금융 외에도 미국경제의 핵심 부문 가운데 의료 · 에너지 · 제조 부문을 포함한 몇 개 부문은 어느 모로 보나 어려운 지경에 빠졌다.

그러나 해결해야 할 문제들은 미국 안에만 있는 게 아니다. 위기 이전 세계에 뚜렷하게 나타난 글로벌 무역 불균형은 저절로 사라지지 않을 것이다. 세계화된 경제체제 아래서는 미국의 문제들을 더 넓은 시야에서 보지 않으면 완전히 해결할 수 없다. 글로벌 성장을 결정하는 것은 글로벌 수요다. 세계경제가 강하지 않으면 미국경제가 (일본식의 침체에 빠져들지 않고) 강한 회복세를 보이기는 어려울 것이다. 또한 세계의 한쪽에서 소비하는 것보다 너무 많은 생산을 하고 다른 한쪽, 다시 말해 늙어가는 인구의 수요에 맞춰 저축해야 할 쪽에서는 생산하는 것보다 너무 많이 소비하는 상황이 계속되는 한 글로벌 경제가 강해지기는 어려울 것이다.

내가 이 책을 쓰기 시작할 때는 희망의 기운이 있었다. 새 대통령 버락 오바마가 부시 정부의 잘못된 정책을 바로잡고, 당장 경제를 회복시키는 건 물론 장기적인 문제들을 해결하는 데에도 진전을 이룰 것이라는 희망이 있었다. 재정적자는 일시적으로 불어나겠지만 그 돈은 가족들이 집을 지키도록 돕는 데, 미국의 장기적인 생산성을 높일 투자에, 그리고 환경을 보전하는 데 잘 쓰일 것이라는 기대가 있었다. 또 은행들에게 자금을 지원한 대가로 은행들의 미래 수익에 대한 청구권을 가짐으로써 국민들이 안았던 리스크를 보상해줄 수 있을 것이라 기대했다.

이 책을 쓰는 건 괴로운 일이었다. 내 바람은 일부만 이뤄졌다. 물론 우리가 2008년 가을 그토록 많은 이들이 예감했던 것처럼 재앙으로 떨어지지 않고 벼랑 끝에서 되돌아온 사실을 축하해야 한다. 하지만 은행 지원 조치 가운데 어떤 것은 부시 대통령 때의 지원 조치만큼이나 나쁜 것이었다. 주택 소유자들에 대한 지원은 내가 기대한 것보다 적었다. 새로 만들어지고 있는 금융시스템은 경쟁력이 떨어지는 것이다. 대마불사 은행들이 오히려 더 큰 문제를 던져주고 있다. 경제의 구조조정과 새롭고 역동적인 기업을 창출하는 데 쓰일 수도 있었을 돈이 실패한 늙은 기업을 구제하는 데 쓰였다. 오바마 경제정책은 한편으로는 옳은 방향으로 단호하게 움직이는 측면도 있었다. 하지만 부시의 어떤 정책을 비판해놓고, 그 후임자가 같은 정책을 수행하는데도 내가 비판의 목소리를 높이지 않는다면 잘못된 일이 될 것이다.

이 책을 쓰는 게 힘들었던 데는 다른 이유도 있었다. 나는 은행과 은행가들, 그리고 금융시장의 다른 사람들을 비판한다(어떤 이들은 내가 그들을 비방한다고 할지도 모른다). 나에게는 이 분야에 친구들이 참 많다. 그들은 똑똑하고 헌신적이며 자기들에게 그토록 많은 보상을 해준 사회에 어떻게 기여할지를 신중하게 생각하는 좋은 시민들이다. 그들은 자기가 가진 걸 넉넉하게 베풀 뿐만 아니라 믿는 바를 위해 열심히 일한다. 그들은 내가 여기서 묘사하는 희화적인 모습을 인정하지 않으며 나도 그들에게서 우스꽝스러운 모습을 찾아볼 수 없다. 사실 이 분야의 많은 이들이 자기들도 다른 사람들만큼이나 희생자라고 느낀다. 그들은 평생 저축한 것들 중 많은 부분을 잃었다. 이 분야에서 경제가 어디로 갈지 예측하려고 노력하는 대부분의 이코노미스트들, 우리의 기업부문을 더 효율적으로 만들려고 애쓰는 거래자와 중개자들, 기업이익을 예측하고 투자자들에게 최고의 수익을 확보해주기 위해 가장 정교한 기술을 활용하려고 애쓰는 애널리스트들은 금융에 그토록 나쁜 평판을 안겨준 부정행위에 관여하지 않았다.

현대의 복잡한 사회에서는 참으로 자주 사단이 벌어지는 것 같다. 실제로 '사건들은 늘 벌어진다.' 어느 개인의 잘못도 아니지만 나쁜 결과가 나타날 때도 많다. 하지만 이번 위기는 금융부문에 있는 이들의 행동과 결정, 그리고 논리의 결과였다. 그토록 참담하게 실패한 이 시스템은 그저 우연히 나타난 게 아니다. 그것은 만들어졌다. 실제로 많은 이들이 그런 시스템을 만들기 위해 열심히 노력했다. 그리고 많은 돈을 썼다. 그런 시스템을 만들고 관리하는 데 역할을 한 이들이(그 시스템에서 그토록 많은 혜택을 받은 이들도 함께) 책임을 져야 한다.

무엇이 2008년 위기를 불러왔는지, 그리고 왜 초기 정책대응 중 어떤 것들은 그토록 참담하게 실패했는지 이해할 수 있다면 우리는 미래에 위기가 일어날 가능성을 낮추고, 위기를 더 짧게 하고, 무고한 희생자를 줄일 수 있다. 우리는 지난 몇 년처럼 빚에 기반을 두고 일시적으로 성장하는 게 아니라 튼튼한 바탕 위에서 힘차게 성장할 수 있는 길을 닦을 수도 있다. 국민의 절대다수가 확실히 성장의 과실을 나누도록 할 수도 있다.

지난 일은 금세 잊혀진다. 30년 안에 과거의 문제 때문에 희생되지 않을 자신이 있는 새로운 세대가 부상할 것이다. 인간의 창의력에는 한계가 없다. 우리가 어떤 시스템을 설계하더라도 우리를 보호하기 위한 규제를 어떻게 하면 피해갈 수 있을지 알아내는 이들이 나올 것이다. 세계는 변하며 오늘날의 환경에 맞게 설계된 규제는 21세기 중반이 되면 완전하게 작동하지 못할 것이다. 하지만 우리는 대공황 후 반세기 동안 성장을 촉진하고 안정에도 도움을 주면서 잘 작동한 규제체계를 만들어내는 데 성공했다. 이 책은 우리가 다시 그렇게 할 수 있다는 희망을 갖고 쓴 것이다.

01

위기의 서막

FREEF∀LL

01

미국은 베이비붐 세대의 은퇴를 대비해 저축해야 할 상황에서 소득을 넘어서는 소비를 했다. 그 돈은 대부분 중국과 다른 개도국에서 조달한 것이었다. 어떤 나라가 다른 나라에 돈을 빌려주는 것은 자연스러운 일이다. 하지만 가난한 나라들이 부자나라들에게 빌려주는 건 이상한 패턴이다. 미국과 글로벌 경제를 건강한 상태로 돌려놓으려면 이런 불균형을 바로잡고 새로운 경제원리에 따라 경제구조를 재구축할 필요가 있다.

2008년 경제위기에서 놀라운 점은 하나뿐이다. 너무 많은 이들이 위기에 놀랐다는 점이다. 몇몇 관찰자들에게 이번 위기는 교과서적인 사례였다. 예측할 수 있었을 뿐만 아니라 실제로 예측된 위기였다. 규제가 풀리고 유동성이 넘치는 시장과 낮은 금리, 세계적인 부동산 거품, 폭발적으로 늘어난 서브프라임 대출은 독성이 많은 조합이었다. 여기다 세계경제의 불균형을 보여주는 미국의 재정적자와 무역적자, 그에 따른 중국의 거대한 달러 보유를 추가하면 상황은 끔찍할 정도로 잘못된 게 명백했다.

이번 위기는 '메이드 인 USA' 상표를 붙이고 있다. 이는 지난 사반세기 동안 발생한 수많은 위기와 이번 위기의 다른 점이다. 지난 위기들은 억제할 수 있었지만 이번 '메이드 인 USA' 위기는 세계로 빠르게 퍼져나갔다. 우리는 미국이 세계경제 성장의 엔진 가운데 하나이며, 경기침체를 수출하는 나라가 아니라 건전한 경제정책을 수출하는 나라라고 생각하기 좋아한다. 미국이 마지막으로 중대한 위기를 수출한 것은

1930년대 대공황 때였다.[1]

이번 위기의 기본적인 내용은 잘 알려져 있으며 자주 이야기됐다. 미국에 집값 거품이 있었다. 그 거품이 꺼지고 성층권까지 치솟았던 집값이 떨어지면서 '깡통' 주택을 갖게 된 집주인들이 갈수록 늘어났다. 집을 팔아도 다 갚을 수 없는 모기지 빚을 지게 된 것이다. 집을 잃을 때 그들은 평생 모은 저축과 미래를 위한 꿈(자녀의 대학교육, 편안한 노후)도 잃어버렸다. 미국인들은 어떤 의미에서 꿈속에 살고 있었다.

세계에서 가장 부유한 나라는 수입을 초과하는 생활을 하고 있었다. 미국과 세계경제의 힘은 여기에 달려 있었다. 세계경제가 성장하는 데에는 지속적으로 늘어나는 소비가 필요했다. 하지만 많은 미국인들의 소득이 그토록 오래 정체된 상황에서 어떻게 소비가 지속적으로 늘어날 수 있을까?[2] 미국인들은 영리한 해법을 생각해냈다. 돈을 빌려 마치 그들의 소득이 늘어난 것처럼 소비하는 것이다. 그들은 그렇게 했다. 평균 저축률은 제로로 떨어졌다. 많은 부자들이 거액을 저축했는데 이는 가난한 미국인들의 저축률이 큰 폭의 마이너스를 기록했다는 걸 뜻한다. 달리 말하면, 그들은 많은 빚을 얻고 있었다. 돈을 빌린 이들과 돈을 빌려준 이들 모두 그런 상황에 만족했다. 그들은 소득이 정체되거나 줄어드는 현실에 맞설 필요 없이 흥청대는 소비를 계속할 수 있었다. 돈을 빌려준 이들은 계속 늘어나는 수수료 덕분에 기록적인 이익을 즐길 수 있었다.

낮은 금리와 느슨한 규제는 주택 거품을 부풀렸다. 집값이 치솟자 주택 보유자들은 집에서 돈을 뽑아 쓸 수 있었다. 주택지분대출(mortgage equity withdrawal)을 받은 이들은 새 자동차의 첫 할부금을 내고도 여전히 은퇴 후를 위한 주택지분을 가질 수 있었다. 이런 대출이 한 해 9750억 달러, 국내총생산(GDP, 한 나라에서 생산된 모든 상품과 서비스를 합친 표준화된 측정치)의 7퍼센트를 웃돈 적도 있다.[3] 하지만 이 모든 대출은 집값이 계속 오르거나 적어도 떨어지지 않을 것이라는 위험한 가정에 바탕을 둔 것이었다.

경제상황은 좋지 않았다. 경제 전체의(GDP의) 3분의 2 또는 4분의 3이 주택과 관련돼 있었다. 다시 말해 새 집을 짓거나, 그 집을 채울 것들을 사거나, 소비를 위해 기존 주택을 담보로 돈을 빌리는 활동과 관련돼 있었다. 이는 지속될 수 없는 것이었고 결국 끝장이 났다. 거품 붕괴는 먼저 최악의 모기지(서브프라임 모기지, 소득수준이 낮은 개인에게 빌려준 주택담보대출)에 영향을 주었으나 곧 모든 주거용 부동산에 영향을 미쳤다.

은행들이 모기지를 바탕으로 복잡한 상품들을 만들었기 때문에 거품이 터졌을 때 그 파장은 증폭됐다. 더 나쁜 건 은행들이 수십억 달러의 베팅으로 서로 물려 있었다는 점이다. 은행들은 전 세계의 다른 은행들과 이런 거래를 하고 있었다. 상황이 이처럼 복잡한데 악화되는 속도는 빠르고 은행들의 레버리지는 높았다. (그들은 가계들처럼 대규모 차입으로 투자자금을 조달했다.) 상황이 복잡하다는 건 은행들이 예금자와 채권자들에게 진 빚이 은행 자산가치를 웃도는지 알지 못한다는 의미였다. 그들은 다른 어떤 은행의 상태도 알 수 없다는 걸 깨달았다. 은행시스템의 바탕에 깔려 있는 신뢰와 신용은 허공으로 날아가버렸다. 은행들은 서로 돈을 빌려주기를 거부하거나 리스크를 안는 데 대한 보상으로 높은 금리를 요구했다. 글로벌 신용시장은 무너지기 시작했다.

그 단계에서 미국과 세계는 금융위기와 함께 경제위기에 직면했다. 주거용 부동산 부문의 위기가 나타나고 머지않아 상업용 부동산 문제가 뒤따랐다. 가계는 집값이 급락하는 사태를 맞았다. 주식을 보유한 가계는 주식가치가 추락하는 상황을 맞았다. 가계가 돈을 빌릴 수 있는 능력과 의지도 감퇴됐다. 이에 따라 수요는 급감했다. 재고 사이클도 상황을 더욱 악화시켰다. 신용시장이 얼어붙고 수요가 급감하자 기업들은 가능한 한 빨리 재고를 줄였다. 미국 제조업도 무너졌다.

더 심층적인 물음도 있다. 거품이 꺼지기 전 경제를 받쳐주었던 미국인들의 고삐 풀린 소비를 무엇이 대체해줄까? 미국과 유럽은 어떻게 구조조정을 해낼 수 있을까? 예컨대 서비스부문은 호황기에도 이미 어려웠는데 그런 서비스부문으로 어떻게 옮겨갈 것인가? 구조조정은 피할 수 없었다. 세계화와 급속한 기술 변화는 구조조정을 요구했다. 하지만 이는 쉽지 않은 일이었다.

간추린 이야기

닥쳐오는 문제들은 분명하지만 의문이 남는다. 어떻게 이 모든 일이 일어났을까? 이는 시장경제가 돌아가는 방식이라 할 수 없다. 뭔가 잘못돼도 한참 잘못됐다.

이음새 없는 옷감같이 이어지는 역사에서 어느 부분을 잘라 이야기를 시작하는 건 어려운 일이다. 이야기를 간결하게 하기 위해 나는 기술 거품(또는 닷컴 버블)이 꺼진 2000년 봄부터 시작하려 한다. 앨런 그린스펀 연준 의장은 기술 거품이 생기도록 내버려두었으며, 그것은 1990년대 강한 성장을 받쳐주었다.[4] 기술 관련 주식 값은 2000년 3월부터 2002년 10월까지 78퍼센트 떨어졌다.[5] 사람들은 이에 따른 손실이 경제 전체에 파급되지 않기를 바랐으나 결국 경제 전체에 광범위한 영향을 미쳤다. 많은 투자가 첨단기술부문에서 이뤄졌기 때문에 기술주 거품이 꺼지자 투자도 멈췄다. 2001년 3월 미국경제는 침체에 빠졌다.

조지 W. 부시 대통령이 이끄는 정부는 기술 거품 붕괴에 따른 짧은 침체를 핑계로 부자들을 위한 감세정책을 밀어붙였다. 부시 대통령은 감세가 경제의 어떤 병도 고칠 수 있는 만병통치약이라고 주장했다. 그러나 감세는 경제를 활성화하기 위해 설계된 게 아니었으며, 실제로 제한적인 효과만 냈다. 이에 따라 경제를 완전고용 상태로 회복시키기 위한 과제는 통화정책에 맡겨졌다. 그래서 그린스펀은 금리를 내리고 시장에 유동성이 넘치게 했다. 남는 설비가 너무 많았기 때문에 저금리가 더 많은 공장과 설비 투자로 이어지지 않은 건 놀랄 일이 아니었다. 소비와 부동산 붐을 받쳐준 주택 거품이 기술 거품을 대체한 다음에서야 저금리가 효과를 냈다.

2003년 이라크 침공 후 유가가 치솟기 시작하자 통화정책의 부담은 커졌다. 미국은 석유를 수입하는 데 수천억 달러를 썼다. 유가가 오르지 않았다면 미국경제를 받쳐주는 데 쓰였을 돈이었다. 유가는 이라크전이 시작된 2003년 3월 배럴당 32달러에서 2008년 7월 배럴당 137달러로 올랐다. 이는 미국인들이 하루 14억 달러를 국내에서 쓰지 못하고 석유를 수입하는 데 써야 했다는 뜻이다(이라크전이 시작되기 전에는 하루 2억 9200만 달러를 썼다).6 그린스펀은 인플레이션 압력이 거의 없기 때문에 금리를 낮게 유지할 수 있다고 생각했다.7 저금리가 유지한 주택 거품과 주택 거품이 받쳐준 소비 붐이 없었다면 미국경제는 더 약했을 것이다.

돈이 넘치던 호황기 내내 월스트리트는 좋은 모기지 상품을 공급하지 않았다. 좋은 모기지 상품은 거래비용이 적고 금리가 낮은 상품이다. 또한 주택 보유에 따른 리스크를 관리하는 데 도움이 되는 상품이다. 주택 가격이 떨어지거나 차입자가 일자리를 잃는 경우에도 보호받을 수 있도록 해주는 것이다. 주택 보유자들은 또한 대출금의 월 상환액이 느닷없이 크게 늘어나는 일이나 대출과 관련해 감춰진 비용을 물어야 하는 일이 없기를 바란다. 다른 나라에서는 더 나은 상품이 쓰이고 있는데도 미국 금융시장은 그런 상품을 만들려고 애쓰지 않았다. 투자수익을 극대화하는 데 집중하는 월스트리트의 금융회사들은 거래비용이 많고, 금리가 변동해 대출 상환액이 갑자기 크게 늘어도 집값 하락과 실업의 리스크에 대한 보호장치가 없는 모기지를 공급했다.

모기지 설계자가 자기네 수익 극대화보다는 그 상품의 본래 목적, 다시 말해 우리가 모기지 시장에서 정말로 원하는 것에 집중했다면 주택 보유를 영구적으로 늘릴 수 있는 상품을 개발할 수도 있었을 것이다. 그들은 좋은 일도 하고 돈도 벌 수 있었을 것이다. 그러나 그들이 만들어낸 온갖 복잡한 모기지들은 사회 전체적으로 엄청난 비용을 초래했다. 이 모기지 덕분에 그들은 단기간에 많은 돈을 벌 수 있었고 주택 보유자 수는 일시적으로 조금 늘어났다. 하지만 사회 전체적으로 보면 이 모기지들은 실패작이었다.

모기지 시장의 실패는 특히 은행들을 비롯해 금융시스템 전반의 광범위한 실패 징후였다. 은행시스템은 두 가지 핵심 기능을 갖고 있다. 첫 번째는 효율적인 결제체계를 제공하는 기능이다. 은행들은 예금자의 돈을 상품과 서비스를 판 이들에게 이체하면서 원활한 거래가 이뤄지도록 해준다. 두 번째 핵심 기능은 리스크를 평가하고 관리하며 대출을 해주는 것이다. 이는 첫 번째 핵심 기능과 관련돼 있다. 은행이 신용평가를 허술하게 하거나, 무모하게 도박에 나서거나, 너무 많은 돈을 위험한 모험사업에 투자했다 부도를 맞으면 더 이상 예금자의 돈을 돌려주겠다는 약속을 지킬 수 없기 때문이다. 은행들이 일을 잘하면 기업과 개인이 새로운 사업을 시작하고, 기존 사업을 확장하고, 경제가 성장하고, 일자리가 창출되도록 자금을 공급할 수 있다. 동시에 예금자들에게 이자를 붙여 돈을 돌려주고 은행에 투자한 이들에게 수익을 창출해주기에 충분한 돈을 벌 수 있다.

거래비용에서 얻는 손쉬운 이익의 유혹 때문에 많은 대형 은행들이 그들의 핵심 기능에서 관심을 돌렸다. 미국과 다른 여러 나라들의 은행 시스템은 어떤 경제에서든 일자리 창출의 바탕이 되는 중소기업 대출에 집중하지 않았다. 대신 증권화, 특히 모기지 시장의 증권화를 촉진하는 데 집중했다.

이처럼 은행들이 모기지 증권화에 얽힌 것은 치명적이었다. 중세의 연금술사들은 기초금속을 황금으로 바꾸려 했다. 현대의 연금술사들은 위험한 서브프라임 모기지를 연금기금이 보유해도 좋을 만큼 안전한 AAA 등급 상품으로 바꾸었다. 신용평가회사들은 은행들이 한 일에 축복을 해주었다. 결정적으로, 은행들은 도박에 직접 연루됐다. 그들이 만들어낸 위험한 자산의 중개자 역할을 할 뿐만 아니라 그 자산을 실제 보유하기까지 했다. 그들과 규제당국은 그들이 만들어낸 고약한 리스크를 다른 이들에게 넘겼다고 생각했을지 모른다. 하지만 심판의 날이 오고 시장이 무너지자 그들 역시 덫에 걸렸다는 게 드러났다.[8]

온갖 비난과 그 논리

경제는 2009년 4월에 이미 대공황 이후 가장 긴 침체를 기록했다. 위기의 강도를 더 잘 이해하게 되자 사람들은 자연히 비난의 대상을 찾게 됐다. 비난할 거리는 많았다. 제 구실을 못하는 게 분명한 오늘날의 금융시장을 바로잡고 또다시 위기가 되풀이될 가능성을 줄이기 위해서는 누구를 비난해야 할지, 아니면 뭘 탓해야 할지라도 아는 게 매우 중요하다. 우리는 너무 쉽고 간편한 설명을 하지 않도록 조심해야 한다. 너무 많은 이들이 은행가들의 지나친 탐욕에서부터 문제를 풀기 시작한다. 그게 맞을 수도 있다. 하지만 그렇게 해서는 개혁의 기초를 충분히 제공할 수 없다. 은행가들이 탐욕스럽게 행동한 건 그럴 만한 유인과 기회가 있었기 때문이다. 바뀌어야 할 것은 바로 이 점이다. 게다가 자본주의의 바탕은 이윤 추구다. 우리는 시장경제에서 누구나 하리라고 생각하는 일을 은행가들이 (아마도 조금 더 잘) 했다고 해서 그들을 비난해야 할까?

위기를 불러온 주범들의 긴 명단에서 맨 밑에 있는 모기지 대출업체부터 이야기를 시작하는 게 자연스럽다. 모기지 업체들은 수백만 명에게 별난 모기지 상품들을 안겼다. 많은 이들이 어떤 상품인지도 모르고 거래했다. 하지만 은행과 신용평가회사들의 도움과 꼬드김이 없었다면 모기지 업체들이 이런 해악을 끼칠 수 없었을 것이다. 은행들은 모기지를 사서 다시 포장해 조심성 없는 투자자들에게 되팔았다. 미국 은행과 다른 금융회사들은 자기들의 기발한 새 투자수단들을 자랑했다. 그들은 리스크 관리 수단으로 선전되지만 사실은 너무나 위험해서 미국 금융시스템을 무너뜨릴 수도 있는 위협적인 신상품을 만들어냈다. 이런 유해한 금융수단들이 자라지 못하게 억제해야 할 신용평가회사들은 오히려 그것들을 공식적으로 승인해주었다. 이는 미국과 해외의 다른 투자자들, 예컨대 근로자들이 은퇴에 대비해 저축한 돈을 투자할 만한 안전한 곳을 찾는 연금기금들이 그 상품들을 사도록 부추겼다.

요컨대 미국 금융시장은 거래비용을 낮게 유지하면서 리스크를 관리하고, 자본을 배분하고, 저축을 동원하는 핵심적인 사회적 기능을 수행하는 데 실패했다. 그들은 반대로 높은 거래비용을 부과하면서 리스크를 만들어내고, 자본을 잘못 배분하고, 지나친 차입을 부추겼다. 비대해진 금융부문이 2007년 정점에 이르렀을 때는 기업부문 이익의 41퍼센트를 빨아들였다.[9]

시장은 리스크를 잘못 판단하고 리스크의 값을 잘못 매겼다. 이는 금융시스템이 리스크 관리를 그토록 엉성하게 한 이유 가운데 하나다. '시장'은 서브프라임 모기지의 부도 위험을 너무나 잘못 판단했다. 신용평가회사와 투자은행들이 서브프라임 모기지를 다시 포장하고 새 상품의 신용상태에 대해 AAA 등급을 줄 때 이들을 믿었던 건 더 나쁜 실수였다. 은행들 (그리고 은행의 투자자들) 역시 은행의 높은 레버리지와 관련된 리스크를 아주 잘못 판단했다. 그리고 위험자산들은 낮은 리스크 프리미엄만 내주었다. 보통의 경우였다면 위험자산은 사람들이 그 자산을 보유하도록 유인하기에 충분히 높은 수익률을 냈어야 했다. 겉보기에 리스크를 잘못 판단하고 값을 잘못 매긴 것처럼 보이지만 그 바탕에는 영리한 베팅이 이뤄진 경우도 있다. 사람들은 문제가 생기면 연준과 재무부가 그들을 구제해주리라 믿었다. 그 생각은 맞아떨어졌다.[10]

먼저 앨런 그린스펀이, 나중에 벤 버냉키가 이끈 연준과 다른 규제당국은 한발 물러서서 이 모든 일이 일어나도록 내버려두었다. 그들은 거품이 꺼질 때까지는 거품이 있는지 알 수 없다고 주장했다. 그뿐만 아니라 설사 거품이 있는지 알 수 있었다고 해도 그들이 할 수 있는 건 아무것도 없었다고 밝혔다. 그러나 그들의 주장은 둘 다 틀렸다. 이를테면 그들은 집을 살 때의 계약금이나 주식거래의 증거금을 더 많이 내도록 할 수도 있었다. 이는 과열된 시장을 식힐 수 있었을 것이다. 하지만 그들은 그렇게 하지 않기로 했다. 더 안 좋은 건 그린스펀이 은행들이 갈수록 더 위험한 대출에 열중하도록 내버려두었고 사람들이 변동금리 모기지를 쓰도록 부추김으로써 상황을 더 악화시켰다는 점이다. 변동금리 모기지의 상환 부담은 폭발적으로 늘어나기 쉽다(실제로 그랬다). 이는 중산층 가정까지 담보 주택을 압류당하도록 몰아갔다.[11]

규제완화를 주장하는 이들(규제완화의 명백한 결과에도 불구하고 계속해서 이를 주장하는 이들)은 규제에 따르는 비용이 이익보다 많다고 반박한다. 세계적으로 이번 위기와 관련된 재정지출과 실질적인 비용이 수조 달러에 이르는데도 규제완화론자들이 어떻게 아직도 그 주장을 굽히지 않는지 알 수 없다. 하지만 그들은 혁신을 억누르는 게 규제의 진짜 비용이라고 주장한다. 그러나 미국 금융시장에서 혁신은 규제와 회계기준, 세금을 회피하는 쪽으로 이뤄졌다는 게 서글픈 진실이다. 그들이 만들어낸 상품들은 너무나 복잡해서 리스크와 정보비대칭을 둘 다 키우는 결과를 가져왔다. 지속적인 고성장(금융혁신이 부추긴 거품 이상의 고성장)의 원인을 이런 금융혁신에서 찾는 건 불가능하다. 여기엔 의심할 나위가 없다. 보통사람들은 주택 보유에 따르는 리스크를 관리하는 단순한 과제를 안고 있다. 금융시장은 그런 보통사람들을 도울 수 있는 방식으로 혁신을 하지 않았다. 사실 개인과 나라들이 직면한 다른 중요한 리스크들을 관리하는 데 도움을 줄 수 있는 혁신은 저항을 받았다. 좋은 규제는 경제의 효율성과 시민들의 안전을 향상시킬 수 있는 길로 혁신의 방향을 돌려놓을 수 있었을 것이다.

이번 위기가 '사고'(1000년 만에 한 번 있을까 한 폭풍)일 뿐이라는 금융계의 주장에 아무도 귀를 기울이지 않자 금융계가 비난의 화살을 다른 데로 돌리려 시도한 건 놀랄 일도 아니다.

금융계에 있는 이들은 흔히 연준이 금리를 너무 낮은 수준으로 너무 오랫동안 유지되도록 내버려두었다고 비난한다. 하지만 비난을 돌리려는 이런 시도는 이상한 것이다. 다른 어느 산업이 (철강 가격이나 임금과 같은) 투입비용이 너무 적기 때문에 이익이 줄고 성과가 떨어진다고 주장하는가? 은행산업의 주요 '투입비용'은 자금조달비용이다. 그런데 은행가들은 연준이 돈 값을 너무 싸게 만들었다고 불평하고 있는 것 같다! 값싼 자금을 잘 쓰기만 했다면, 예컨대 새로운 기술에 대한 투자나 기업의 확장을 돕는 데 썼다면 우리 경제는 더 경쟁력이 높고 역동적으로 바뀌었을 것이다.

낮은 금리로 빌릴 수 있는 넘치는 돈이 없었다면 규제가 느슨하더라도 거품을 일으키지 않았을 것이다. 더 중요한 건 제대로 작동하거나 잘 규제된 은행시스템과 낮은 금리의 돈이 결합하면 다른 때 다른 곳에서 그랬던 것처럼 경제 호황으로 이어졌을 것이다. (마찬가지로, 신용평가회사들이 제 할 일을 잘했더라면 연금기금과 다른 기관투자가들에게 팔린 모기지는 더 적었을 것이다. 또한 거품의 크기도 훨씬 적었을 것이다. 신용평가사들이 이번처럼 일을 제대로 하지 못했더라도 투자자들 스스로 리스크를 적절히 분석했더라면 거품도 적고 기관투자가들의 손실도 적었을 것이다.) 요컨대 위기가 이번처럼 커진 것은 이런 여러 가지 실패가 결합됐기 때문이다.

그린스펀과 다른 이들은 번갈아가며 낮은 금리에 대한 비난의 화살을 아시아 나라들과 그들의 과잉저축에 따른 유동성 홍수로 돌리려 시도했다.[12] 자본을 더 나은 조건으로 들여올 수 있다는 건 이점이자 축복이다. 하지만 연준은 놀라운 주장을 했다. 요컨대 연준이 더 이상 미국의 금리를 통제할 수 없다는 주장이다. 연준은 물론 통제할 수 있다. 금리를 낮은 수준으로 유지한 것은 연준의 선택이다. 그 이유는 이미 부분적으로 설명했다.[13]

많은 은행가들이 정부를 비난했다. 이는 죽을 지경에서 그들을 구해준 이들에 대한 배은망덕하고 어처구니없는 행동으로 보일 수 있다. 먹을 것을 주는 바로 그 손을 물어뜯는 것과 같은 행동이다. 그들은 정부가 그들의 행동을 막지 않았다고 비난했다. 마치 가게에서 사탕을 훔치다 붙잡힌 아이가 가게주인이나 경찰관을 비난하는 것과 같다. 그들이 한눈을 팔았기 때문에 아이는 나쁜 짓을 저질러도 괜찮을 거라는 믿음을 갖게 됐다는 식이다. 하지만 금융시장은 경찰관이 순찰구역을 벗어나게 하려고 대가를 지불했기 때문에 그들의 논리는 더욱 부정직한 것이었다. 그들은 파생금융상품을 규제하고 약탈적인 대출을 제한하려는 시도를 성공적으로 물리쳤다. 그들은 미국에 대해 완전한 승리를 거두었다. 그들은 승리할 때마다 더 많은 돈을 벌었고 그 돈으로 정치적 의사결정 과정에 영향을 미쳤다. 그들은 심지어 이런 논리를 폈다. 규제완화는 그들이 더 많은 돈을 벌도록 했다. 돈은 성공의 표시다. 더 이상 무슨 말이 필요한가?

보수주의자들은 시장에 대한 비난을 좋아하지 않는다. 그들은 경제에 문제가 있으면 진짜 원인은 틀림없이 정부라고 마음속으로 생각한다. 정부는 주택 보급을 늘리기를 원했고 은행가들은 이를 위해 단지 그들 몫의 일을 했을 뿐이라는 방어논리를 편다. 정부기관으로 출발해 민간회사가 된 패니메이와 프레디맥은 특히 비난의 대상이 됐다. 은행들이 낙후지역에 대출하도록 장려하는 지역재투자법(Community Reinvestment Act: CRA)이라 불리는 정부 프로그램도 마찬가지였다. 가난한 이들에게 대출하려는 이런 노력이 없었더라면 모든 게 잘됐을 것이라는 논리다. 이 장황한 방어논리는 대부분 순전히 난센스다. AIG의 거의 2000억 달러나 되는 (어느 모로 보나 엄청난 규모의) 구제는 파생금융상품 (신용부도스왑) 투자에 따른 것이다. 은행들은 다른 은행들과 도박을 벌였다. 평등주의적 정책에 따른 주택금융을 강요하지 않았는데도 은행들은 지나친 리스크를 안았다. 상업용 부동산에 대한 엄청난 과잉투자도 정부의 주택보급정책과 아무런 상관이 없었다. 전 세계에 걸쳐 되풀이되는 부실대출 때문에 은행들이 거듭 구제를 받아야 했던 것도 마찬가지다. 더욱이 CRA 대출의 부도율은 다른 분야 대출과 사실상 같은 수준이다. CRA 대출도 잘만 운영하면 더 높은 리스크를 초래하지는 않는다는 걸 보여준다.[14]

하지만 가장 놀라운 점은 패니메이와 프레디맥이 중산층에 대출하는 사명을 갖고 있다는 점이다. 은행들은 정부의 어떤 지원도 받지 않고 서브프라임 모기지(그때 패니메이와 프레디맥이 대출을 하지 않던 분야)에 뛰어들었다. 대통령이 주택 보급에 관한 몇 차례 연설을 했지만 대통령이 연설할 때 은행들이 그 분야에 달려들 징후는 거의 없었다. 무릇 정책은 당근과 채찍을 지녀야 하지만 주택금융정책에는 아무것도 없었다. (연설 한 번으로 그런 일을 할 수 있다면 은행들은 모기지 대출 조건을 더 적극적으로 조정하고 작은 기업들에게 더 많이 대출하라는 오바마의 거듭되는 촉구가 효과를 냈을 것이다.) 더 중요한 건 주택 소유를 늘리는 정책의 지지자들이 말하는 주택 소유는 영구적이거나 적어도 장기 소유를 의미한다는 점이다. 어떤 사람을 몇 달 동안만 집에서 살도록 하다 그가 평생 모은 저축을 벗겨먹은 뒤에 쫓아내버린다면 아무 의미가 없다.

하지만 은행들이 한 일은 바로 그런 것이었다. 나는 대출은행들에게 높은 리스크와 높은 거래비용을 결합한 모기지로 약탈적인 관행에 개입하라고 말하는 어떤 정부 관료도 알지 못한다. 또한 차입자의 상환능력을 넘어서는 대출을 해야 한다고 이야기하는 관료도 보지 못했다. 민간부문이 그 해로운 모기지(이 부분은 4장에서 더 길게 논의한다)를 고안한 몇 년 후에는 민영화된 패니메이와 프레디맥이 그 놀이에 합류하기로 결정했다. 이들은 충분한 규제를 받지 않았다. 이들 회사 경영진은 왜 자기들은 금융업계의 다른 경영자들처럼 보너스를 즐기지 못하는가를 생각했다. 나중에 그들은 어리석은 행동을 한 민간부문의 구제를 돕게 됐다. 그들이 모기지를 사지 않았다면 민간부문의 문제는 아마도 훨씬 악화됐을 것이다. 패니메이와 프레디맥은 그토록 많은 모기지 증권을 삼으로써 거품을 부추기는 걸 도왔는지도 모른다.[15]

머리말에서 말했듯이 금융위기 때 무슨 일이 일어났는지를 알아내는 것은 '양파 껍질을 벗기는 것'과 같다. 하나하나 설명할 때마다 새로운 물음이 생긴다. 껍질을 벗겨내면서 우리는 금융부문이 핵심적인 사회적 기능을 수행하는 데에서뿐만 아니라 주주와 채권자들에게 책임을 다하는 데에서도 왜 그토록 참담하게 실패했는지 물어볼 필요가 있다.[16] 금융회사의 경영진만이 자기 주머니에 돈을 챙겨 달아난 것 같다. 그들은 위기가 없었을 경우에 비해서는 덜 챙겼겠지만, 그래도 예를 들어 투자금액을 사실상 다 날려버린 가여운 씨티뱅크 주주들보다는 더 부유했다. 금융회사들은 그들의 나쁜 행동에 규제당국이 제동을 걸지 않았다고 불평한다. 하지만 기업들은 스스로 올바르게 행동해야 하는 것 아닌가? 다음 몇 개의 장에서 나는 이에 대해 간략하게 설명할 것이다. 그것은 잘못된 유인에 관한 설명이다. 그러자면 우리는 다시 인과관계를 거슬러 올라가야 한다. 우리는 왜 잘못된 유인을 갖게 됐는가?

왜 표준이론이 이야기하는 대로 잘못된 유인체계를 채택한 기업들을 시장이 '규율'하지 않았는가? 이 물음에 대한 답은 복잡하지만, 기업지배구조의 잘못된 체계와 경쟁 관련 법규의 부적절한 이행, 그리고 투자자들의 불완전한 정보와 리스크에 대한 부적절한 이해에 관한 논의가 포함된다.

주된 비난의 대상은 금융부문이다. 하지만 규제당국도 해야 할 일을 하지 않았다. 규제당국은 은행들이 나쁜 행동을 예사로 하지 못하도록 했어야 옳았다. 금융시장 안에서도 (헤지펀드처럼) 규제가 덜한 분야의 사람들은 (은행처럼) 많은 규제를 받는 분야에서 일어난 최악의 문제를 지켜보면서 규제가 문제라는 결론을 둘러댄다. 그들은 "우리처럼 은행들이 규제를 받지 않았더라면 이번 사태는 결코 일어나지 않았을 것"이라고 주장한다. 하지만 그들은 중요한 점을 놓치고 있다. 은행을 규제하는 건 그들의 실패가 경제의 다른 부문에 엄청난 해를 끼칠 수 있기 때문이다. 헤지펀드에 대한 규제의 필요성이 덜한 건 적어도 규모가 작은 헤지펀드들은 경제에 해를 덜 끼치기 때문이다. 규제 때문에 은행들이 나쁜 행동을 한 건 아니다. 은행들이 사회에 지나친 비용을 떠넘기는 걸 막는 데 실패한 규제의 불완전성과 규제 이행의 결함 때문이다. 사실 미국 역사에서 은행들이 이런 비용을 떠넘기지 않은 유일한 시기는 2차 세계대전 후 강력한 규제가 효과적으로 시행된 25년간뿐이다. 효과적인 규제는 가능한 일이다.

지난 25년 동안 지속된 규제의 실패에 대해서는 설명이 필요하다. 지금부터 나는 규제의 실패를 특수이해집단의 정치적 영향력과 관련해 이야기하려 한다. 특히 규제완화 덕분에 돈을 번 금융계 사람들과 관련해 설명하려 한다(경제적 영역에서는 그들의 투자 가운데 많은 부분이 잘못됐지만, 정치적 영역에서 그들의 투자는 매우 예리하다). 또한 규제는 필요 없다는 이데올로기와 관련해서도 이야기할 것이다.

시장 실패

시장의 붕괴를 겪고 난 오늘날 거의 모든 이들이 규제의 필요성을 말한다. 적어도 위기 이전보다는 많은 규제가 필요하다는 말이다. 필요한 규제를 하지 않으면 우리는 많은 대가를 치러야 한다. 적절한 규제가 이뤄졌더라면 위기는 이렇게 자주 일어나지 않았을 것이고 비용도 적게 들었을 것이다. 이처럼 비용이 줄어든 만큼 규제와 규제당국이 치러야 할 대가도 미미했을 것이다. 이런 실패에는 여러 가지 까닭이 있지만, 그중 두 가지는 금융부문과 특별히 밀접한 관련이 있다. '대리(agency)'의 문제와 점점 더 중요성이 커지는 '외부성(externality)'의 문제가 그것이다.

오늘날 세계에서는 어떤 사람들이 다른 사람들을 대신해 (대리인으로서) 의사결정을 하고 자금을 굴린다. 대리인 문제는 현대에 나타난 문제다. 헤아릴 수도 없이 많은 소액 투자자들이 주주인 현대의 기업들은 가족끼리 운영하던 기업과 근본적으로 다르다. 현대 기업의 소유와 경영은 분리돼 있다. 주식을 거의 갖지 않은 경영진은 주로 자기 자신의 이익을 위해 기업을 경영한다.[17] 투자 과정에서도 대리인 문제가 있다. 많은 투자가 연금기금을 비롯한 기관투자가들을 통해 이뤄진다. 투자 결정을 내리는, 그리고 기업 성과를 평가하는 이들은 자기들을 위해서가 아니라 자금을 운용해달라고 맡긴 이들을 위해 투자를 결정한다.

'대리관계'의 전체 사슬에서 투자 성과에 대한 관심은 단기적인 투자수 익률에 집중됐다.

경영진에 대한 보상이 장기 수익률이 아니라 주가에 따라 결정되면 경영진은 자연히 주가를 올릴 수 있는 일에 매달리게 된다. 그것이 기 만적인(또는 창조적인) 회계와 관련된 일이라도 말이다. 주식시장 애널리 스트들이 높은 분기 수익률을 요구함에 따라 경영진은 단기 성과에 더 욱 집중하게 된다. 단기 수익률을 높이라는 압력은 은행들이 어떻게 하 면 수수료 수입을 더 많이 창출할 수 있는가 하는 문제에 집중하도록 한다. 경우에 따라서는 어떻게 회계기준과 금융규제를 회피할 것인가 하는 문제에 집중하게 한다. 결국 월스트리트가 그토록 자랑스러워하 는 혁신은 단기간에 더 많은 수입을 창출할 새로운 상품을 생각해내도 록 하는 것이다. 이런 혁신적인 상품 가운데 부도율이 높은 일부 상품 때문에 생기는 문제들은 먼 훗날에나 나타날 것으로 보였다. 다른 한편 으로 금융회사들은 갑작스러운 금리상승 위험으로부터 금융 소비자들 을 보호하고 그들이 자기 집을 지킬 수 있도록 도울 수 있는 혁신에는 눈곱만큼도 관심이 없었다.

요컨대 '품질관리'는 거의 없거나 아예 없었다. 이론상으로는 시장이 이런 규율을 제공할 것으로 기대된다. 지나치게 위험한 상품을 생산하 는 기업들은 평판을 잃게 되고 그 기업의 주가는 떨어질 것이다. 하지 만 오늘날 역동적인 세계에서 시장의 규율은 깨졌다. 금융의 귀재들은 일시적으로 정상적인 수익률을 올려주지만 하락 위험은 몇 년 동안 드 러나지 않는 매우 위험한 상품들을 고안했다. 수천 명의 자산운용 전문 가들이 자기들은 '시장을 이길 수 있다'고 자랑했으며, 그들을 믿는 근 시안적인 투자자들이 있었다. 하지만 금융의 마술사들은 행복감에 취해 그 상품을 산 이들만 속인 게 아니다. 그들 자신도 속였다. 시장이 무너졌을 때 그들이 여전히 수십억 달러의 독성 금융상품을 계속 들고 있었던 것도 이 때문이다.

시장 붕괴에 이르기까지 몇 년 동안 금융상품 가운데 가장 뜨거운 관심을 모은 증권화 상품은 새로운 혁신에 따라 리스크가 발생하는 교과서적인 사례를 보여준다. 증권화는 돈을 빌려주는 이와 빌리는 이의 관계가 끊어졌다는 걸 의미한다. 증권화는 리스크를 분산시켜주는 한 가지 커다란 이점을 갖고 있다. 하지만 매우 불리한 점도 있다. 증권화는 불완전정보에 따른 새로운 문제를 불러왔다. 이 문제는 리스크 분산의 이점을 압도하는 것이었다.

모기지담보부증권을 산 이들은 사실상 주택 보유자에게 대출을 해주는 셈이지만 차입자에 관해 아는 건 아무것도 없다. 그들은 그 증권을 판 은행들이 차입자의 상황을 잘 점검했을 것으로 믿었고, 은행은 처음 모기지 계약을 맺은 회사가 그 일을 했을 것으로 믿었다. 모기지 회사에 대한 보상은 계약한 모기지의 질이 아니라 양에 집중돼 있었다. 그들은 참으로 불량한 엄청난 양의 모기지를 만들어냈다. 은행들은 흔히 모기지 회사를 비난한다. 하지만 모기지를 얼핏 보기만 해도 내재된 리스크를 알아볼 수 있었을 것이다. 사실은 은행들이 그 리스크를 알고 싶어 하지 않았다는 것이다. 그들의 유인은 모기지와 그 모기지를 담보로 만들어낸 증권을 가능한 한 빨리 다른 이들에게 넘겨버리는 데 있었다. 월스트리트의 프랑켄슈타인 실험실에서 은행들은 그들이 만든 괴물을 통제할 수단도 없이 위험한 신상품을 만들어냈다(이는 부채담보부증권, 합성부채담보부증권, 신용부도스왑 같은 상품을 말한다. 이들 중 일부는 다음 몇 장에서 논의할 것이다). 그들은 배달사업에도 뛰어들었다. 최초 모기지 계약을 맺은 회사에서 모기지를 받아 와 재포장한 다음 이를 연금기금과 다른 기관투자가들에게 넘겨준 것이다. 이는 은행의 전통적인 비즈니스 모델이었던 '보관사업(처음 모기지를 계약한 후 끝까지 보유하는 사업)'에 비해 수수료가 훨씬 높았기 때문이다. 하지만 이는 그들의 생각이었을 뿐 실제로 그리 수지맞는 사업은 아니었는지도 모른다. 시장이 무너지자 은행들은 회계장부에 수십억 달러의 불량 자산이 올라 있는 걸 발견했다.

외부성

은행들은 일부 금융상품이 다른 이들에게 얼마나 위험한 것인지에 대해 조금도 신경 쓰지 않았다. 자기들 때문에 생긴 광범위한 외부성에 대해 개의치 않았다. 경제학 전문용어인 외부성은 어떤 시장 거래가 그 거래에 참여하지 않은 다른 이들에게 손실이나 이익을 주는 상황을 말한다. 당신이 자기 계좌로 거래하다 돈을 잃으면 이는 다른 누구에게도 실질적인 영향을 미치지 않는다. 그러나 금융시스템은 이제 경제의 한가운데서 너무나 밀접하게 얽혀 있기 때문에 하나의 거대 금융기관이 무너지면 이는 시스템 전체를 무너뜨릴 수도 있다. 지금과 같은 금융부문 실패는 모든 사람들에게 영향을 미쳤다. 수백만 명이 집을 잃었다. 다른 수백만 명은 보유 주택의 지분이 날아가버리는 걸 지켜보았다. 어떤 지역은 황폐화됐다. 납세자들은 은행의 손실에 대한 청구서를 떠안아야 했다. 그 비용은 미국뿐만 아니라 전 세계에 걸쳐 은행의 무모한 행동에서 아무런 이득을 보지 못한 수십억 명이 떠안았다.

일반적으로 시장은 중대한 대리인 문제와 외부성이 있을 때 효율적인 결과를 내는 데 실패했다. 시장의 효율성에 대한 광범위한 믿음에 반하는 결과를 낳았다. 이런 실패는 금융시장 규제를 지지하는 논거 중 하나다. 규제당국은 은행들의 지나치게 위험하고 부도덕한 행동에 대한 최후의 방어선이었다. 하지만 오랫동안 은행산업의 집중적인 로비가 펼쳐진 후 정부는 기존의 규제를 철폐했을 뿐만 아니라 변화하는 금융 환경에 대응해 새로운 규제를 도입하는 데에도 실패했다. 규제가 왜 필요한지 이해하지 못해 규제가 필요 없다고 믿는 이들이 규제당국자가 됐다. 투자은행과 상업은행을 분리하도록 한 글래스-스티걸법이 1999년 폐지되면서 그대로 쓰러지도록 내버려두기에는 너무 큰 은행들이 생겨났다. 갈수록 덩치가 커지는 그들은 스스로 대마불사형 은행이 됐다는 걸 알게 되자 지나친 리스크를 감수하려는 유인을 갖게 됐다.

결국 은행들은 자신이 판 함정에 빠진 꼴이었다. 그들이 가난한 이들을 이용해먹기 위해 썼던 금융수단들이 금융시장을 거스르게 되고 시장을 무너뜨렸다. 거품이 꺼지자 대부분의 은행들은 자신들의 생존마저 위협하는 위험한 증권들을 대량으로 들고 있게 됐다. 그들은 리스크를 다른 이들에게 넘기는 일을 스스로 생각했던 것만큼 잘하지 못한 게 분명했다. 이는 이번 위기 때 나타난 많은 역설 가운데 하나일 뿐이다. 그린스펀과 부시는 경제에서 정부의 역할을 최소화하려 했지만, 결국 정부는 광범위한 영역에 걸쳐 전례 없이 많은 역할을 떠맡았다. 미국 정부는 세계에서 가장 큰 자동차회사와 보험회사의 주인이 됐다. 또한 (은행들을 지원한 대가로) 대형 은행 몇 개의 대주주가 됐다. 흔히 사회주의를 하나의 금기처럼 여기는 나라가 리스크를 사회화하고 전에 없던 방식으로 시장에 개입했다.

이런 아이러니는 IMF와 미국 재무부가 동아시아 지역의 위기 전과 위기 당시, 위기 후에 보였던 비일관성, 그리고 그때의 정책과 지금 정책 사이의 비일관성에서도 비슷하게 나타난다. IMF는 시장근본주의를 믿는다고 주장할 것이다. 시장은 효율적이고 스스로 규율하며, 성장과 효율을 극대화하려면 시장을 그대로 내버려두는 게 최선이라는 것이다. 하지만 위기가 일어나자마자 IMF는 한 나라에서 다른 나라로 사태가 확산되는 '전염효과'를 걱정하며 정부의 대규모 지원을 요청했다. 하지만 전염은 전형적인 외부성이며, 그런 외부성이 있을 때는 (논리적으로) 시장근본주의를 믿을 수 없다. 수십억 달러의 구제금융을 지원한 후에도 IMF와 미국 재무부는 '사고'가 일어날 가능성과 그에 따른 비용을 줄일 수 있는 조치(규제)를 하지 않고 버텼다. 기본적으로 시장은 스스로 잘 돌아간다고 믿었기 때문이다. 그렇지 않다는 걸 보여주는 거듭되는 사례를 막 경험하고서도 그렇게 믿었다.

그 구제 조치들은 장기적으로 파장을 일으킬 일관성 없는 정책들의 사례를 보여주는 것이다. 경제학자들은 언제나 유인체계에 관심을 기울인다. 그들이 가장 집착하는 게 유인체계일 것이다. 금융시장에서 많은 이들이 주택대출을 상환하지 못하는 사람들을 도와주면 도덕적 해이를 부추길 것이기 때문에 그래서는 안 된다는 주장을 폈다. 다시 말해, 주택대출을 받은 사람들이 원리금을 갚지 못할 때 도움을 받을 수 있다는 걸 알면 대출금을 갚을 유인이 약화된다는 주장이다. 도덕적 해이에 대한 염려 때문에 IMF와 미국 재무부는 인도네시아와 태국을 구제하는 데 격렬하게 반대했다. 이들 나라의 은행시스템은 무너졌고 경기침체는 더욱 악화됐다. 리먼브러더스를 구제하지 않기로 한 결정에서도 도덕적 해이에 대한 염려가 작용했다.

하지만 이런 결정이 이번에는 역사상 가장 큰 구제 조치로 이어졌다. 리먼브러더스가 무너진 후 미국의 대형 은행들에게 위기가 닥쳤을 때

도덕적 해이에 대한 염려는 고민거리가 되지 못했다. 그래서 은행 경영자들은 기록적인 손실을 내고도 엄청난 보너스를 받을 수 있었고, 은행들의 배당금은 줄어들지 않았으며, 주주와 채권자들의 이익은 보호를 받았다. 되풀이되는 구제는 이번 위기의 원인 중 하나다(구제금융뿐만 아니라 문제가 발생하면 연준이 언제라도 유동성을 공급하는 것도 마찬가지다). 이런 것들은 은행이 갈수록 더 무모해지도록 부추겼다. 은행들은 문제가 생기면 구제를 받을 가능성이 높다는 걸 알았다. (금융시장은 이런 걸 두고 '그린스펀 풋Greenspan put' '버냉키 풋Bernanke put'으로 일컬었다.) 규제당국은 경제가 이처럼 잘 '살아남았기' 때문에 시장은 스스로 잘 작동하며 규제는 필요 없다고 잘못 판단했다. 그들은 금융시장이 정부의 대규모 시장개입 때문에 살아남았다는 데 주목하지 않았다. 지금 도덕적 해이 문제는 분명 그 어느 때보다 심각하다.

대리인 문제와 외부성의 존재는 정부가 할 역할이 있다는 걸 의미한다. 정부가 역할을 잘하면 사고는 줄어들 것이다. 사고가 터져도 비용이 더 적게 들 것이다. 사고가 터지면 정부는 부서진 조각들을 정리하는 일을 도와야 할 것이다. 하지만 정부가 어떻게 그 뒤처리를 하는가는 미래에 위기가 발생할 가능성과 공정성, 그리고 정의에 대한 사회의 의식에 영향을 미친다. 모든 성공적인 경제와 사회는 정부와 시장을 필요로 한다. 이 둘의 역할에는 균형이 필요하다. 이는 정부가 '얼마나 많은' 역할을 해야 하는지, '무엇을' 해야 하는지의 문제다. 미국의 레이건과 부시 행정부는 둘 다 정부와 시장 사이에 있어야 할 균형을 잃었다. 그때 정부가 너무 적은 역할을 했다는 것은 지금 너무 많은 역할을 해야 한다는 걸 의미한다. 지금 잘못된 일을 한다는 건 나중에 더 많은 일을 해야 한다는 뜻이다.

경기침체

로널드 레이건 미국 대통령과 마거릿 대처 영국 총리가 시작한 '자유시장' 혁명 과정에서 시장이 효율적인 결과를 낳는 데 실패한 중요한 사례들이 잊혀져버린 건 놀라운 일이다. 자원이 완전히 이용되지 않는 상황이 되풀이해서 나타난다는 사실이 잊혀져버렸다는 말이다. 경제는 흔히 생산능력에 못 미치는 수준에서 돌아간다. 일자리를 찾고 싶어도 그럴 수 없는 이들이 수백만 명에 이른다. 열두 명에 한 명꼴로 일자리를 찾지 못하는 변덕스러운 경기의 부침이 나타난다.

소수그룹과 젊은이들의 실업은 훨씬 더 심각하다. 공식적인 실업률 통계는 실상을 완전히 보여주지 않는다. 풀타임으로 일하고 싶어 하는 많은 이들이 그런 일자리를 잡을 수 없기 때문에 파트타임으로 일하고 있다. 이들은 실업률 통계에 포함되지 않는다. 장애인으로 등록돼 있지만 일자리를 얻을 수만 있다면 일을 하고 싶어 할 이들도 실업자에 포함되지 않는다. 일자리를 얻는 데 실패해 너무나도 자신감을 잃은 나머지 구직을 포기한 이들도 마찬가지다.

하지만 이번 위기는 보통의 경우보다 심각하다. 넓은 의미의 실업자를 따져보면 2009년 9월 풀타임 일자리를 바라는 미국인 여섯 명 가운데 한 명 이상이 일자리를 찾지 못했다. 10월에는 상황이 더 악화됐다.[18] 시장이 자율조정기능을 갖고 있어도(거품은 결국 꺼지더라도) 이번 위기는 그 조정이 느리고 막대한 비용이 따른다는 걸 다시 한 번 보여주었다. 잠재적인 생산능력과 실제 생산 사이의 격차가 수천억 달러에 이른다.

누가 붕괴를 내다볼 수 있었을까

금융시장 붕괴 직후 금융계 사람들과 규제당국자들은 다 같이 "누가 이런 문제들을 예견할 수 있었겠는가?" 하고 물었다. 사실은 많은 비판자들이 이미 예견했다. 하지만 그들의 불길한 예측은 불편한 진실이었다. 그들의 경고를 듣기에는 너무 많은 이들이 너무 많은 돈을 벌고 있었다.

나만 미국경제가 추락해 세계경제에 충격을 주리라고 예측한 건 분명히 아니다. 뉴욕대학의 경제학자인 누리엘 루비니, 금융가 조지 소로스, 모건스탠리의 스티븐 로치, 예일대학의 주택시장 전문가 로버트 쉴러, 그리고 클린턴 대통령의 경제자문위원회와 국가경제위원회에 참여했던 로버트 웨스컷은 모두 거듭해서 경고했다. 그들은 모두 시장이 스스로 조정기능을 하지 않는다는 견해를 공유하는 케인즈학파 경제학자들이었다. 우리들 대부분은 주택시장 거품을 걱정했다. (루비니처럼) 어떤 이들은 글로벌 불균형에 따라 갑작스러운 환율 조정이 이뤄질 위험에 주목했다.

하지만 거품을 만들어낸 이들(골드만삭스가 레버리지의 신기록을 세우도록 이끌었던 헨리 폴슨과 서브프라임 모기지가 계속 발행되도록 허용했던 벤 버냉키 같은 이들)은 엄청난 붕괴가 일어나는 현실에 직면해야 할 때까지 스스로 교정할 수 있는 시장의 능력에 대한 믿음을 유지했다. 그들이 왜 경제가 쉽게 무시할 수 있는 작은 혼란만 겪고 있는 것처럼 꾸미고 싶어 했는지는 심리학 박사가 아니라도 이해할 수 있다. 2007년 3월까지만 해도 연준 의장인 벤 버냉키는 "서브프라임 시장의 문제가 전체 경제와 금융시장에 미칠 영향은 제한적일 가능성이 크다"고 주장했다.[19] 심지어 1년 후 베어스턴스가 무너진 다음 리먼브러더스의 파산이 임박했다는 소문이 돌고 있는데도 그들의 공식 입장은 경제가 몇 차례 일시적인 문제를 겪은 후 이미 강력한 회복세를 타고 있다는 것이었다. (그들은 일반 국민들에게 공개적으로 이렇게 말했을 뿐만 아니라 다른 중앙은행 인사들과 밀실에서 이야기할 때도 똑같이 말했다.)

터져야 할 부동산 거품은 가장 명백한 '경제적 질병'의 증상이었다. 하지만 이런 증상의 이면에는 더 근본적인 문제가 있었다. 많은 이들이 이미 규제완화의 위험성을 경고했다. 나는 1992년에 이미 모기지의 증권화가 재앙으로 끝날 것이라는 걱정을 했다. 파는 이들이나 사는 이들이나 모두가 이들 증권의 가격 하락 가능성과 증권들 간 상관관계를 지나치게 낮게 평가하고 있었다.[20]

실제로 미국경제를 자세히 들여다보는 이들이라면 누구나 '미시적인' 문제뿐만 아니라 '거시적인' 중요한 문제들이 있다는 걸 보았을 것이다. 앞서 말한 대로 우리 경제는 지속될 수 없는 거품이 떠받치고 있었다. 거품이 없었다면 총수요(상품과 서비스에 대한 가계, 기업, 정부와 외국인들의 수요를 모두 합한 것)는 약했을 것이다. 수요가 약한 건 부분적으로 미국과 세계의 다른 지역에서 불평등이 커지고 있었기 때문이었다. 이는 이미 써버린 이들에게서 쓰지 않은 이들에게로 돈을 이동시켰다.[21]

여러 해 동안 컬럼비아대학의 동료 브루스 그린월드와 나는 세계경제의 총수요(전 세계 사람들이 사려고 하는 모든 상품과 서비스 수요) 부족 문제에 주의를 돌렸다. 글로벌화된 세계에서 중요한 건 글로벌 총수요다. 전 세계 사람들이 사고 싶어 하는 것들의 총합이 세계가 생산할 수 있는 것보다 적으면 문제가 생긴다. 세계경제가 약화되는 것이다. 각국이 '궂은 날'을 대비해 떼어놓는 돈인 외환보유액이 늘어나는 것도 글로벌 총수요가 약한 이유 중 하나다.

개발도상국들은 수천억 달러의 외환을 쌓아두었다. 규제완화 시대의 특징인 높은 글로벌 변동성으로부터 스스로를 보호하고 IMF에 도움을 요청할 때 느껴야 할 불편함을 피하기 위해서다.[22] 1997년 글로벌 금융 위기로 유린당했던 어떤 나라의 총리는 나에게 이렇게 말했다. "우리는 1997년 클래스에 있었습니다. 충분한 외환을 보유하지 않으면 어떤 일을 당할지 배웠지요."

석유자원이 풍부한 나라들도 준비금을 쌓고 있었다. 그들은 높은 유가가 유지될 수 없다는 걸 알았다. 다른 이유로 외환을 쌓는 나라들도 있었다. 수출주도형 경제성장은 개도국들이 성장으로 가는 최선의 길이라는 찬사를 받았다. 세계무역기구(WTO)의 새로운 규칙이 제정된 후 개도국들이 전통적으로 새로운 산업을 창출하기 위해 쓰던 수단들을 쓸 수 없게 되면서 많은 나라들이 수출경쟁력을 가질 수 있는 수준의 환율을 유지하는 정책으로 돌아섰다. 이는 달러를 사고 자국 통화를 팔며 외환을 쌓는 정책을 의미했다.

이는 모두 외환을 쌓아야 할 합당한 이유였지만 나쁜 결과를 가져왔다. 글로벌 수요가 충분하지 않았기 때문이다. 위기 전 몇 년 동안 해마다 5000억 달러나 그 이상이 이런 준비금으로 쌓였다. 당분간 미국이 빚에 의존한 방탕한 소비를 하며, 다시 말해 수입을 초과한 씀씀이를 유지해가며 세계경제 구조에 나섰다. 미국은 세계경제가 마지막으로 기댈 소비자가 됐다. 하지만 이런 상황은 지속될 수 없었다.

글로벌 위기

이번 위기는 급속히 글로벌 위기로 확산됐다. 미국 모기지의 4분의 1 가까운 금액이 외국으로 나가 있었다.[23] 의도한 건 아니었지만 이는 미국에 도움이 됐다. 외국 기관투자가들이 유독한 상품과 부채를 그만큼 사주지 않았더라면 미국의 상황은 훨씬 더 나빴을 것이다.[24] 하지만 미국은 그보다 먼저 규제완화의 철학을 수출했다. 그러지 않았다면 외국인들은 미국의 독성 있는 모기지를 그토록 많이 사지 않았을 것이다.[25] 결국 미국은 경기침체까지 수출했다. 이는 물론 미국의 위기가 세계의 위기로 확산된 여러 경로 가운데 하나일 뿐이다. 미국경제는 여전히 세계에서 가장 크다. 그처럼 큰 규모의 침체가 세계경제에 충격을 주지 않으리라고 생각하기는 어렵다. 더욱이 글로벌 금융시장은 긴밀하게 연결돼 있다. 미국 정부의 AIG 구제로 가장 큰 혜택을 받은 세 회사 중 두 회사가 외국 은행이라는 사실만 봐도 알 수 있다.

처음에는 많은 유럽인들이 디커플링(decoupling)을 이야기했다. 미국 경제가 침체로 가더라도 자국 경제는 성장을 유지할 수 있으며, 아시아의 성장이 경기침체를 막아줄 것이라는 이야기였다. 이 역시 희망사항일 뿐이라는 게 명백했다. 아시아 경제는 여전히 너무 작았다(아시아의 소비를 모두 합해도 미국 소비의 40퍼센트에 불과했다).[26] 그리고 그들의 성장은 미국에 대한 수출에 크게 의존하고 있었다. 대규모 부양 조치를 취한 다음에도 2009년 중국의 성장은 위기 이전에 비해 3~4퍼센트 낮은 수준이었다. 이 세계는 너무 밀접하게 연결돼 있다. 미국의 침체는 세계경제 성장의 둔화로 이어질 수밖에 없다. (여기에는 비대칭이 있다. 충분히 이용되지 않고 있는 거대한 역내시장 덕분에 아시아는 미국과 유럽 경제가 약한 상황에서도 강한 성장세를 회복할 수 있을 것이다. 이 점은 8장에서 다시 논의하겠다.)

유럽의 금융회사들이 불량 모기지를 사고 미국 은행들과 위험한 도박을 하다 고통을 받고 있는 가운데 몇몇 유럽 국가들은 스스로 만든 문제에 걸려들었다. 스페인은 엄청난 주택시장 거품이 일어나도록 내버려두었다가 이제 부동산시장의 거의 전면적인 붕괴로 어려움을 겪고 있다. 그러나 미국과 대조적으로 스페인 은행들은 강력한 규제 덕분에 훨씬 더 큰 충격을 견디면서 더 나은 성과를 냈다. 물론 경제 전체는 훨씬 더 심한 충격을 받았다.

영국도 부동산 거품에 굴복했다. 하지만 더 나쁜 건, 영국이 중요한 금융 중심지인 시티(City of London)의 영향력 아래서 금융 비즈니스의 성과를 끌어올 수 있는 것이라면 무엇이든 다 시도하면서 '바닥을 향해 달리는 경쟁'의 덫에 걸렸다는 점이다. 영국의 '가벼운' 규제는 미국보다 조금도 낫지 않았다. 영국은 금융부문이 전체 경제에서 더 큰 역할을 하도록 허용했기 때문에 금융부문을 구제하는 데 따른 비용도 (그 역할에 비례해서) 더 컸다. 영국에서도 미국에서처럼 높은 급여와 보너스 문화가 발전했다. 하지만 적어도 영국인들은 세금으로 은행을 지원할 때는 은행들이 그 돈을 지원 목적에 맞게 쓰도록 조치를 취해야 한다는 걸 깨닫고 있었다. 그 돈이 더 많은 보너스와 배당을 주는 데 쓰이지 않고 더 많은 대출을 하는 데 쓰이도록 하는 것이다. 그리고 적어도 영국에서는 구제금융을 받은 은행들의 최고경영자를 교체하는 방식으로 책임을 물어야 한다는 점을 이해하고 있었다. 영국 정부는 구제의 대가로 납세자들이 정당한 몫을 받을 수 있도록 하라고 요구했다. 부시와 오바마 정부의 공짜나 다름없는 구제와는 달랐다.[27]

아이슬란드는 작고 개방적인 경제가 무턱대고 규제완화의 진언을 받아들일 때 무엇이 잘못될 수 있는지를 보여주는 훌륭한 본보기다. 이 나라의 잘 교육받은 국민들은 열심히 일했으며 현대 기술의 첨단을 걸었다. 그들은 멀리 떨어져 있는 나라의 지리적인 불리함과 혹독한 기후,

전통적인 소득원인 수산자원의 고갈 문제를 극복하고 1인당 소득 4만 달러를 달성했다. 하지만 지금은 은행들의 무모한 행동 때문에 나라의 앞날이 위험에 빠졌다.

나는 2000년대 초 몇 차례 아이슬란드를 방문했으며 자유화 정책의 위험성에 대해 경고했다.[28] 인구 30만 명의 이 나라에는 세 개의 은행이 있었다. 이 은행들은 GDP의 11배인 약 1760억 달러의 예금을 받아 자산을 사들였다.[29] 2008년 아이슬란드 은행시스템의 극적인 붕괴로 이 나라는 선진국 가운데서는 지난 30년 만에 처음으로 IMF에 도움을 요청한 나라가 됐다.[30] 아이슬란드 은행들은 다른 나라 은행들처럼 높은 레버리지와 높은 리스크를 안았다. 금융시장이 그 리스크를 깨닫고 돈을 빼내가기 시작했을 때 이들 은행(특히 란즈방키)은 영국과 네덜란드에서 수익률이 높은 '아이스세이버(Icesaver)' 계좌를 통해 예금자들을 끌어들였다. 예금자들은 어리석게도 '공짜 점심'이 있다고 생각했다. 리스크 없이 높은 수익률을 얻을 수 있다고 생각한 것이다. 아마도 그들은 어리석게도 자국 정부가 그 은행들을 규제하고 있다고 생각했던 것 같다. 하지만 다른 나라에서처럼 이들 나라의 규제당국자들도 대체로 시장이 스스로를 잘 돌볼 것으로 생각했다. 예금자들에게서 돈을 빌리는 건 심판의 날을 미룰 뿐이었다. 아이슬란드는 부실해진 은행들에 수십억 달러를 쏟아부을 여유가 없었다. 은행들에게 자금을 제공한 이들에게 이런 현실이 점점 분명해지자 은행시스템에서 자금이 이탈하는 건 시간문제가 됐다. 리먼브러더스가 무너진 후 나타난 세계경제의 혼란은 어차피 피할 수 없었던 일을 더욱 촉진시켰다. 아이슬란드 정부는 미국과 달리 채권자나 주주를 구제할 수 없다는 걸 깨달았다. 오직 한 가지 의문은 정부가 예금지급 보증을 한 아이슬란드 기관을 구제할 것인가, 그리고 외국 예금자들을 얼마나 관대하게 대할 것인가 하는 것이었다.

영국은 대테러법을 적용해 아이슬란드 자산을 압류까지 하며 강경하게 대응했다. 아이슬란드가 IMF와 북유럽 나라들에게 지원을 요청했을 때 그들은 아이슬란드 납세자들이 영국과 네덜란드 예금자들을 구제해야 한다고 주장했다. 예금보장 한도를 넘어서라도 그렇게 해야 한다는 주장이었다. 거의 1년이 지난 2009년 9월 그들이 아이슬란드를 방문했을 때 아이슬란드 국민의 분노가 뚜렷이 느껴졌다. 왜 아이슬란드 납세자들이 실패한 민간은행들을 위해 세금을 내야 한단 말인가? 특히 외국 규제당국들이 자기 나라 국민들을 보호하는 데 실패한 마당에 아이슬란드 납세자들이 왜 돈을 내야 하는가? 아이슬란드가 유럽 통합의 근본적인 결함을 드러냈기 때문에 유럽 국가들이 이 문제에 강경하게 대응했다는 견해가 널리 퍼져 있다. 유럽의 '단일시장'은 역내 은행들이 어느 나라에서나 영업을 할 수 있다는 걸 뜻한다. 이들을 규제할 책임은 '본국'에 있다. 하지만 본국이 그 일을 하는 데 실패하면 다른 나라 국민들이 수십억 달러를 잃을 수 있다. 유럽은 이런 경우에 대해, 그리고 그 깊은 의미에 대해 생각하고 싶지 않았다. 조그만 아이슬란드가 GDP의 100퍼센트에 이르는 계산서를 집어 들어 대가를 치르도록 하는 게 낫다고 생각했다.[31]

미국과 유럽에서 위기가 악화되자 세계의 다른 나라들도 글로벌 수요가 급격히 줄어든 데 따른 어려움을 겪었다. 개도국들이 특히 고통을 겪었다. (선진국에 있는 가족들이 부치는) 송금액이 감소하고 개도국으로 유입되던 자본이 크게 줄어들었기 때문이다. 어떤 나라에서는 자본 유입이 유출로 역전됐다. 미국에서는 위기가 금융부문에서 시작해 경제의 다른 부문으로 확산됐지만 많은 개도국에서는(미국에 비해 금융규제를 훨씬 잘하는 나라에서도) '실물경제'의 문제가 너무나 커 결국 금융부문에도 영향을 미쳤다. 위기는 부분적으로 여러 정책들, 특히 금융과 자본시장 자유화 정책 때문에 빠르게 확산됐다. 이런 정책들은 IMF와 미국 재무부가 이들 나라에 억지로 요구했던 것들로, 미국을 어려움에 빠뜨린 것과 같은 자유시장 이데올로기에 바탕을 둔 것이다.[32] 하지만 미국조차도 몇조 달러의 구제금융과 부양 조치를 할 여유를 부리기가 어려운데 가난한 나라들이 그에 상응하는 조치를 취하는 건 그들의 능력을 훨씬 넘어서는 것이다.

큰 그림

이 모든 기능장애의 바탕에는 더 큰 진실이 깔려 있다. 세계경제는 지각변동을 겪고 있다. 대공황은 미국 농업의 쇠퇴와 같이 나타났다. 실제로 1929년 주식시장이 폭락하기 전에도 농산물 가격은 떨어지고 있었다. 농업생산성은 너무 크게 향상돼 전체 인구 중 아주 작은 비중을 차지하는 농업인구가 온 국민이 소비할 식량을 생산할 수 있었다. 농업에 기반을 둔 경제에서 제조업이 지배하는 경제로 넘어가는 것은 쉽지 않았다. 사실은 뉴딜(New Deal)이 시작되고 2차 세계대전으로 많은 사람들이 공장에서 일하게 된 다음에야 경제는 다시 성장했다.

오늘날 미국경제는 제조업에서 서비스부문으로 옮아가고 있다. 과거에 그랬던 것처럼 이 같은 산업구조 변화는 부분적으로 제조부문에서 생산성 증대에 성공했기 때문에 나타나는 것이다. 전체 인구 중 작은 부분을 차지하는 이들이 가장 물질주의가 강하고 낭비가 많은 사회에서도 그 수요를 다 채워줄 수 있는 모든 장난감과 자동차와 TV를 생산할 수 있기 때문이다. 하지만 미국과 유럽에는 다른 차원도 있다. 세계화가 그것이다. 이는 생산의 중심과 비교우위가 중국, 인도, 그리고 다른 개도국으로 바뀌었다는 걸 뜻한다.

이런 '미시경제적' 조정과 함께 일련의 거시경제적 불균형이 나타났다. 미국은 베이비붐 세대의 은퇴에 대비해 저축을 해야 할 상황에서 소득을 넘어서는 소비를 했다. 그 돈은 대부분 자국민이 소비하는 것보다 많이 생산한 중국과 다른 개도국에서 조달한 것이었다. 어떤 나라가 다른 나라에 돈을 빌려주는 것은(어떤 나라가 교역에서 흑자를 내고 다른 나라가 적자를 내는 것은) 자연스러운 일이다. 하지만 가난한 나라들이 부자나라들에게 빌려주는 건 이상한 패턴이다. 적자 규모도 지속될 수 없는 것으로 보인다. 채무국들의 빚이 더 늘어나면 채권국들은 그들이 빚을 갚을 수 있으리라는 믿음을 잃을 수 있다. 이는 미국처럼 부유한 나라의 경우에도 마찬가지다. 미국과 글로벌 경제를 건강한 상태로 돌려놓으려면 이런 글로벌 불균형을 바로잡고 새로운 경제원리에 따라 경제구조를 재구축할 필요가 있다.

우리는 2007년 거품이 꺼지기 전으로 되돌아갈 수 없다. 그러고 싶어 해서도 안 된다. 그때 경제는 방금 살펴본 것 같은 수많은 문제를 안고 있었다. 물론 주택시장 거품이 정보기술 거품을 대체한 것과 똑같이 어떤 새로운 거품이 주택시장 거품을 대체할 가능성이 있다. 하지만 이런 '해법'은 심판의 날을 미룰 뿐이다. 어떤 새로운 거품도 위험을 불러올 수 있다. 석유 거품은 경제를 벼랑으로 내몰았다. 근본적인 문제해결을 미룰수록 세계경제가 강력한 성장세로 돌아서는 데 더 오래 걸릴 것이다.

미국이 확실히 또 다른 위기가 오지 않도록 하는 데 충분한 진전을 이뤘는지 알 수 있는 간단한 테스트가 있다. 제안된 개혁이 실현됐더라면 지금의 위기는 피할 수 있었을까? 개혁이 이뤄졌어도 어쨌든 위기는 일어났을까? 이를테면 연준에 더 많은 권한을 주는 건 오바마 규제 개혁의 핵심이다. 위기가 시작되었을 때 연준은 과거보다 더 많은 권한을 갖게 됐다. 이번 위기를 어떻게 해석하더라도 연준은 이번 거품과 그전의 거품을 만들어내는 중심에 있었다고 할 수 있다. 아마도 연준 의장은 교훈을 얻었을 것이다. 하지만 우리는 인치국가가 아닌 법치국가에 살고 있다. 우리는 불이 나면 연준이 가장 먼저 화상을 입도록 해 또 다른 화재를 막는 체제를 만들어야 할까? 우리는 경제에 대한 한 사람의 철학이나 이해에 그토록 위태롭게 의존하는 시스템을 신뢰할 수 있을까? 연준 이사 7명의 철학에 의존하는 시스템은 믿을 수 있을까? 이 책이 발간될 때까지 개혁에 충분한 진전이 이뤄지지 않을 게 틀림없다.

우리는 위기가 다 지나갈 때까지 기다릴 수 없다. 사실 우리가 위기에 대응해온 방식이 이런 깊숙한 곳의 문제들을 해결하는 걸 더 어렵게 만들었는지도 모른다. 다음 장은 위기에 맞서 우리가 무엇을 했어야 했는지, 우리가 어떤 면에서 크게 못 미쳤는지를 설명한다.

자유낙하와 그 파장

FREEF∀LL

0 2

경제는 생명유지장치를 뗐고 벼랑 끝에서 한발 물러섰다. 경제가 끝이 보이지 않게 추락하는 자유낙하는 2009년 가을 멈춘 걸로 보인다. 자유낙하가 끝났다는 게 정상으로 돌아갔다는 말은 아니다. 빚은 늘어났고 은행 구제에 대한 분노는 다른 분야로 퍼져갔다. 오바마는 모두를 만족시킬 수는 없다는 걸 배웠다. 그러나 그가 마땅히 만족시켜줘야 할 사람들을 만족시켰는가?

2008년 10월 미국경제는 세계경제를 함께 쓰러뜨릴 기세로 추락했다. 우리는 그 전에도 주식시장 붕괴와 신용위기, 주택시장 침체, 그리고 재고조정을 겪었다. 그러나 대공황 이후 이 모든 게 한꺼번에 온 적은 없었다. 또한 폭풍우를 머금은 구름이 갈수록 강력해지면서 대서양과 태평양 위를 그토록 빨리 움직인 적도 없었다. 모든 게 한꺼번에 허물어지고 있을 때 거기에는 공통적인 원인이 있었다. 금융부문의 신중하지 못한 대출이 그것이다. 무분별한 대출은 주식시장 거품을 키웠고 거품은 결국 꺼졌다. 우리 앞에 펼쳐지는 상황은 예상할 수 있는 것이었고 실제로 예상했던 거품 붕괴의 결과였다. 그런 거품과 그 후유증은 자본주의와 은행 자체만큼이나 오래된 것들이었다. 미국은 대공황의 충격 이후 정부가 도입했던 규제 때문에 그 후 몇십 년 동안 그런 거품을 피할 수 있었던 것뿐이다. 일단 규제완화가 대세를 이루자 과거의 이런 사태가 되풀이되는 조치는 시간문제였다. 이른바 금융혁신이라는 조치는 거품이 꺼지기 전에는 거품을 더 부풀어 오르게 하고, 거품이

꺼진 후에는 사태를 수습하기가 더 어려워지도록 했을 뿐이다.[1]

2007년 8월에 이미 과감한 조치가 필요하다는 게 분명해졌다. 그때 이미 은행 간 금리(은행들이 서로 돈을 빌려줄 때 적용하는 금리)와 단기국채 금리(정부가 돈을 빌릴 때 적용하는 금리) 사이의 격차는 급격하게 벌어졌다. '정상적인' 경제에서 이 두 금리는 차이가 거의 없다. 격차가 커졌다는 건 은행들이 서로 믿지 못한다는 걸 뜻했다. 신용시장은 얼어붙을 위기를 맞았다. 그럴 만한 이유는 충분했다. 은행들은 보유하고 있던 모기지가 잘못되고 다른 손실이 쌓이자 자신들의 재무구조에 나타나는 엄청난 위험을 알았다. 그들은 자신들의 상태가 얼마나 위태로운지 알았지만 다른 은행들이 얼마나 위태로운가는 추측만 할 수 있었다.

거품 붕괴와 신용 경색은 피할 수 없는 결과를 가져왔다. 이는 하루아침에 느껴지는 게 아니었다. 몇 달이 지나야 감지할 수 있는 것이었다. 하지만 아무리 막고 싶어도 막을 수는 없는 것이었다. 경제는 둔화됐다. 이에 따라 주택 압류도 크게 늘었다. 부동산시장의 문제는 처음에 서브프라임 시장에서 드러났으나 곧 다른 분야에서도 뚜렷해졌다. 주택대출을 갚지 못하는 이들은 신용카드 대금을 갚는 데에도 어려움을 겪는다. 부동산 가격이 추락함에 따라 우량 주택대출과 상업용 부동산 부문에서 문제가 나타나는 것도 시간문제였다. 소비지출이 말라붙으면서 많은 기업들의 부도가 불가피해졌다. 이는 상업용 대출도 부도가 늘어나리라는 걸 의미했다.

부시 대통령은 주택시장에 단지 잔물결이 일어나고 있을 뿐이며 피해를 입는 주택 보유자는 거의 없을 것이라고 주장했다. 주택시장이 14년 만에 최저로 떨어지자, 2007년 10월 17일 그는 이렇게 안심시켰다. "나는 미국의 여러 경제지표에 대해 만족합니다." 11월 13일 그는 다시 국민을 안심시키는 말을 했다. "우리 경제의 기반은 튼튼합니다. 미국경제는 회복이 빠릅니다." 하지만 은행과 부동산 부문의 상태는 계속 나빠졌다. 2007년 경제가 침체에 빠져들자 그는 문제가 있을 수도 있다는 걸 인정하기 시작했다. "분명 어떤 먹구름과 걱정거리가 있지만 경제의 기초는 좋습니다."[2]

정부의 행동을 요청하는 경제학자와 기업계의 목소리가 커지자 부시 대통령은 평소 경제의 모든 질병에 흔히 쓰는 처방을 내놓았다. 2008년 2월 1680억 달러의 세금을 깎아주는 법안을 통과시킨 것이다. 대부분의 케인즈학파 경제학자들은 그 처방이 효과를 내지 못할 것으로 예상했다. 미국인들은 빚을 지고 엄청난 불안에 떨고 있었다. 그렇다면 정부에게서 돌려받은 소액의 세금을 왜 저축하지 않고 쓰겠는가? 실제로 그들은 돌려받은 세금의 절반 이상을 저축했다. 세금 감면은 이미 둔화된 경제를 활성화하는 데 거의 도움을 주지 못했다.[3]

하지만 대통령은 세금 감면을 지지했으면서도 경제가 침체로 가고 있다는 걸 믿지 않았다. 사실은 이 나라가 몇 달 동안 침체에 빠졌을 때도 그는 이를 인정하지 않았으며 2008년 2월 28일 이렇게 단언했다. "나는 우리가 침체로 가고 있다고 생각하지 않습니다." 그 직후 연준과 재무부 관리들이 투자은행업계의 거인인 베어스턴스가 JP모건체이스와 마지못해 결혼하도록 중매를 섰을 때, 거품이 꺼지면서 경제에 불러올 파장은 잔물결에 그치지 않으리라는 게 분명해졌다(처음에는 베어스턴스 주당 인수가격이 고작 2달러였으나 나중에 10달러로 올라갔다).[4]

같은 해 9월 리먼브러더스가 파산에 직면했을 때 그 관리들은 갑자기 방향을 바꿔 파산하도록 내버려뒀다. 이는 결국 수십억 달러의 구제금융이 폭포처럼 쏟아지게 했다. 그러나 리먼브러더스가 무너진 건 경제가 녹아내린 원인이 아니라 결과였다. 이미 진행되고 있던 일을 더욱 가속화했을 뿐이다.

2008년 들어 아홉 달 동안 약 180만 명이 일자리를 잃었고, 610만 명은 풀타임 일자리를 얻지 못해 파트타임으로 일했다. 이처럼 실업이 늘어나고 2008년 1월 이후 다우존스 평균이 24퍼센트나 떨어졌는데도 부시 대통령과 그의 자문역들은 경제상황이 겉으로 드러난 것만큼 나쁘지 않다고 우겼다. 부시는 2008년 10월 10일 연설에서 이렇게 말했다. "우리는 무엇이 문제인지 압니다. 우리는 이를 해결하기 위해 필요한 수단을 갖고 있으며 신속하게 문제를 해결할 것입니다."

하지만 실제로 부시 행정부는 제한된 정책수단들에 의존했다. 그리고 그때까지도 그 수단들을 어떻게 작동해야 하는지 이해하지 못했다. 정부는 주택 보유자들을 지원하기를 거부했다. 또한 실업자들을 돕기를 거부했다. 그리고 표준적인 정책들을 써서 (재정지출을 늘리거나 부시 정부가 '선호하는' 수단인 추가 감세를 통해) 경제를 활성화하기를 거부했다. 정부는 은행들에게 돈을 퍼붓는 데 집중했다. 하지만 은행 대출이 신속히 재개되도록 하는 효과적인 지원방식을 만들어내는 데에는 허둥댔다.

부시는 리먼브러더스 몰락 후 패니메이와 프레디맥 국유화, AIG 구제에 이어 '부실자산구제계획(TARP)'이라고 완곡하게 표현한 프로그램에 따라 7000억 달러나 되는 엄청난 구제금융으로 부리나케 은행들을 지원했다. 2008년 가을 수백만 채의 주택어 압류되고 있는 것에 아랑곳하지 않고 은행을 도왔던 부시의 정책은 내출혈로 죽어가는 환자에게 엄청난 피를 수혈하는 것과 비슷했다. 홍수처럼 불어나는 모기지 압류와 경제 전반에 대해 무언가를 하지 않으면 은행에 돈을 쏟아부어도 그들을 살릴 수 없었을 것이다. 이는 명백했다. 자금 수혈은 기껏해야 일시적으로 고통을 완화시킬 뿐이었다. 구제금융은 또 다른 구제로 이어졌다. 심지어 당시 최대 은행이었던 씨티뱅크처럼 같은 은행이 두 번 이상 구제되기도 했다.[5]

경기회복 논쟁과 대통령선거

2008년 11월 대통령선거가 다가오고 있을 때 경제를 침체에서 벗어나게 하려면 추가 조치가 필요하다는 게 (부시를 제외한) 거의 모든 사람들에게 분명해졌다. 부시 정부는 은행 구제와 함께 낮은 금리를 유지하는 것으로 충분하기를 바랐다. 잘못된 통화정책은 대침체를 부르는 데 중심 역할을 했지만 통화정책으로 침체를 벗어날 수는 없었다. 존 메이너드 케인즈는 줄을 잡아당기지 않고 미는 것(pushing on a string)에 비유해 경기침체기의 통화정책이 무기력하다는 걸 설명했다. 매출이 곤두박질할 때 금리를 2퍼센트에서 1퍼센트로 낮춘다고 기업들이 새 공장을 짓거나 새 기계를 사들이지는 않을 것이다. 일반적으로 경기침체에 속도가 붙을 때 과잉설비가 크게 늘어난다. 이런 불확실성이 있는 한 제로금리조차도 경제가 기운을 차리도록 할 수 없을 것이다. 게다가 중앙은행은 정부가 무는 이자를 낮출 수는 있어도 기업들이 지불하는 이자를 결정하지는 못한다. 은행이 기꺼이 돈을 빌려줄지 여부도 알 수 없다. 통화정책에 바라는 최선의 결과는 그 정책이 일을 그르치지 않는 것이다. 연준과 재무부가 리먼브러더스 파산 때 잘못 대응한 것과 같은 결과가 오지 않기를 바라는 것이다.

대통령 후보인 버락 오바마와 존 매케인은 둘 다 세 갈래의 기본적인 정책에 의견을 같이했다. 불량 모기지의 홍수를 차단하고, 경제를 활성화하고, 은행의 활력을 되찾는 전략이다. 하지만 그들은 각 분야에서 무엇을 해야 하는지에 관해서는 의견을 달리했다. 지난 25년 동안 경제와 이념, 분배를 놓고 벌였던 오랜 싸움이 재연됐다. 매케인이 제안한 경제 활성화 조치는 소비를 부추길 세금 감면에 초점이 맞춰졌다. 오바마의 계획은 정부지출을 늘리려는 것이었다. 특히 환경문제 해결에 도움이 될 '녹색투자'를 비롯해 투자를 늘리려는 계획이었다.[6] 매케인은 주택 압류 문제를 다룰 전략을 갖고 있었다. 부실대출로 생긴 은행의 손실을 사실상 정부가 떠안는 전략이었다. 이 분야에서는 매케인의 씀씀이가 컸다. 오바마의 프로그램은 더 규모가 작고 주택 보유자 지원에 집중된 것이었다. 두 후보 모두 은행들을 어떻게 해야 할지 명확한 비전을 갖지 못했다. 둘 다 부시 대통령의 구제 노력을 조금이라도 비판했다가 시장이 '미쳐 날뛸까' 두려워했다.

이상하게도, 매케인이 가끔 오바마보다 더 인기영합적인 태도를 취하고 월스트리트의 참을 수 없는 행태를 더 기꺼이 비판하려는 듯했다. 그는 그러고도 무사할 수 있었다. 공화당은 대기업의 당으로 알려져 있고 매케인은 인습을 깨는 사람이라는 평을 듣고 있었다. 전임자인 빌 클린턴처럼 오바마는 반기업적이라는 옛 민주당의 평판을 멀리하려고 무척 애를 썼다. 하지만 예비선거 때 쿠퍼유니언대학에서 왜 더 나은 규제를 해야 할 시기가 됐는지에 대해 힘찬 연설을 했다.[7]

두 후보 모두 위기의 원인을 더 깊이 파고드는 위험을 감수하려 하지 않았다. 월스트리트의 탐욕을 비판하는 건 받아들여질 수 있었다. 하지만 기업지배구조의 문제 때문에 잘못된 유인체계가 생기고 이는 다시 잘못된 행태를 부추긴다고 토론한다면, 너무 전문적인 이야기가 될 터였다. 미국의 보통사람들이 겪는 어려움을 이야기할 수는 있었다. 하지만 이를 불충분한 총수요와 관련해 설명한다면 '단순하게 말하라'는 일반적인 선거운동의 금언을 어길 위험이 있었다. 오바마는 노동조합을 만들 권리를 강화해야 한다고 강조했다. 하지만 이는 기본적인 권리를 말하는 것이었지, 경제회복과 연관된 전략이나 불평등을 조금이라도 줄이려는 목표의 일환으로 강조한 건 아니었다.

새 대통령이 취임했을 때 많은 이들이 한꺼번에 안도의 숨을 내쉬었다. 정부가 마침내 뭔가를 할 거라는 기대 때문이었다. 다음 몇 장에서 나는 오바마 정부가 집권했을 때 어떤 문제에 직면했는지, 이 정부가 위기에 어떻게 대응했는지, 경제를 돌아가게 하고 또 다른 위기가 발생하는 걸 막기 위해 어떤 일을 했어야 했는지를 살펴볼 것이다. 나는 정책 결정자들이 왜 그런 길을 택했는지, 그들은 무슨 생각을 했으며 어떤 걸 바랐는지 설명하려고 노력할 것이다. 오바마 팀은 결국 내가 '그럭저럭 해나간다'고 표현하는 보수적인 전략을 택했다. 이는 직관적인 느낌과는 달리 매우 위험한 전략이었다. 이 책이 출간될 때면 이미 오바마 대통령의 계획에 내재된 하방위험들이 뚜렷해질 가능성이 크다. 다른 위험들은 몇 년이 지나야 뚜렷해질 것이다. 하지만 의문은 남는다. 오바마와 그의 자문역들은 왜 위기를 그럭저럭 헤쳐나가는 전략을 택했는가?

진화하는 경제

추락하는 경제에서 무슨 일을 해야 할지 알아내는 건 쉽지 않다. 모든 내리막에는 끝이 있다는 생각을 해도 그다지 위안이 되지 않는다.

2007년 중반 주택시장 거품이 꺼짐에 따라 (나와 다른 이들이 예상한 대로) 곧바로 침체가 왔다. 신용시장 여건은 리먼브러더스 파산 전에 이미 안 좋았지만 그 후 더 나빠졌다. (자금조달을 할 수라도 있었다면) 자금조달비용이 높아지고 시장이 움츠러들자 기업들은 재빨리 재고를 줄이는 식으로 대응했다. 주문은 갑작스럽게(GDP 감소보다 더 빠르게) 줄어들었다. 투자에 필요한 자본재와 내구재, 미룰 수 있는 지출에 의존하는 나라들은 특히 큰 타격을 받았다. (2008년 중반부터 2009년 중반까지 일본의 수출은 35.7퍼센트, 독일의 수출은 22.3퍼센트 줄었다.)[8] 2009년 봄에는 지나치게 줄어든 재고가 다시 정상화되면서 경제회복의 '새싹'이 보였다. 이게 2008년 말과 2009년 초 가장 큰 타격을 받았던 부문 가운데 일부가 회복된다는 조짐이라면 가장 바람직한 일이었다.

자세히 들여다보면 오바마가 취임할 때 물려받은 경제의 기본조건은 매우 암울한 상황이었다. 수백만 채의 집이 압류되고, 전국의 많은 지역에서 부동산 가격은 여전히 떨어지고 있었다. 이는 또 다른 수백만 채가 투자손실을 기록하고 있어 압류 대상이 될 수 있다는 뜻이었다. 실업은 늘어나고 있었다. 얼마 전에 연장된 실업수당 수령기간이 끝나가는 이들도 수십만 명이었다. 각 주정부는 세수가 급격히 줄어들자 사람들을 해고할 수밖에 없었다.[9] 오바마의 첫 성과 중 하나인 경기부양조치에 따른 정부지출은 어느 정도 도움이 됐지만 상황이 더 악화되는 걸 막는 데 그쳤다.

은행들은 연준에 부실한 담보를 맡기고도 낮은 금리로 돈을 빌려 위험한 포지션을 취할 수 있도록 허용됐다. 일부 은행들은 2009년 상반기 이익을 내기도 했다. 대부분 회계장부상의 평가이익과 매매차익 덕분이었다(매매차익은 투기로 얻은 이익으로 이해할 수도 있다). 하지만 이런 투기가 경제를 곧 다시 굴러가게 할 수는 없었다.

게다가 경제 활성화 조치가 기대했던 대로 성과를 내지 못하면 미국의 납세자들이 물어야 할 비용은 더 커질 것이다. 은행들은 낮은 금리로 자금을 조달해 훨씬 높은 금리로 대출할 수 있다는 이점을 살려 점차 자기자본을 확충할 수 있을 것이다. 은행업계 경쟁이 줄어들었다는 건 그들이 대출금리를 올릴 수 있는 힘이 커졌다는 뜻이다. 은행들이 먼저 모기지와 상업용 부동산, 기업대출, 신용카드 부문의 손실에 짓눌리지 않는다면 점차적인 자본 확충이 가능할 것이다. 곤란한 일이 전혀 일어나지 않는다면 은행들은 또 다른 위기를 겪지 않고 어려움을 헤쳐나갈 수 있을 것이다. 모든 게 바라는 대로 이뤄진다면, 몇 년 안에 은행들은 더 튼튼해지고 경제는 정상으로 돌아갈 것이다. 물론 자본을 확충하려 기를 쓰는 은행들이 대출자들에게 물리는 높은 금리는 경기회복세를 약화시킬 것이다. 하지만 이는 지저분한 정치적 논란을 피하는 대가였다.

은행들은 상업용과 주거용 부동산, 신용카드, 소비와 상업 대출을 포함한 거의 모든 대출부문에서 압박을 받았다. 특히 많은 중소기업들이 자금조달원으로 의존하는 소형 은행들이 압박을 받았다. 2009년 정부는 실업이 더 늘고 부동산 가격이 떨어지는 시기를 은행들이 어떻게 버틸 수 있는지 보려고 스트레스 테스트를 실시했다(이 테스트는 사실 그다지 스트레스를 주지 않았다).[10] 하지만 설사 은행들이 튼튼하다 해도 디레버리징 과정(경제 전반에 넘치는 빚을 줄이는 과정) 때문에 경제가 오랫동안 약세를 보일 가능성이 높아졌다. 은행들은 적은 양의 자기자본(그들의 '기초적인 자본' 또는 '순자산가치')을 갖고 대규모 자산 기반을 마련하기 위해 무거운 빚을 안았다. 때로는 자산 규모가 자기자본의 서른 배에 이르기도 했다. 주택 보유자들 또한 얼마 안 되는 주택 지분을 갖고 무거운 빚을 얻었다. 너무 적은 지분 위에 너무 많은 빚이 쌓여 부채를 줄여야 할 상황이라는 게 명백했다. 이는 매우 힘든 일이다. 하지만 부채 축소가 일어나면 빚으로 유지됐던 자산가격은 떨어질 것이다. 부가 줄어들면 경제의 여러 부문에 압박을 주게 될 것이다. 파산이 늘어나고 파산하지 않은 기업과 개인들도 씀씀이를 줄일 것이다.

물론 과거에 저축은 전혀 하지 않고 무분별하게 투자하며 살았던 미국인들은 계속 그렇게 살 수도 있을 것이다. 하지만 가계소득 대비 저축률이 5퍼센트로 높아졌다는 통계는 그렇게 살지 않을 수도 있다는 걸 보여준다.[11] 경제가 약해지면 은행 손실이 늘어날 가능성이 더 크다.

어떤 이들은 수출이 미국경제를 구할 수도 있다고 기대한다. 수출은 2008년 침체를 완화하는 데 도움이 됐다. 하지만 세계화된 경제에서는 시스템의 한 부분이 다른 곳에 빠르게 반향을 일으킨다. 2008년 위기는 글로벌 경제의 동시 침체였다. 이는 미국이 10년 전 동아시아가 그랬던 것처럼 수출로 위기를 벗어나기 어렵다는 걸 의미한다.

1990년 미국이 1차 걸프전에 돌입했을 때 콜린 파월 장군은 파월 독트린이라 불리게 된 생각을 명료하게 정리했다. 그중 한 가지는 압도적인 군사력으로 적을 공격해야 한다는 것이다. 경제에도 비슷한 게 있는데, 아마도 크루그먼-스티글리츠 독트린이라 할 수 있을 것이다. 경제가 약할 때는, 특히 2009년에 그랬던 것처럼 매우 허약할 때는 그렇게 만든 요인을 압도적인 힘으로 공략해야 한다. 정부는 당장 추가로 쓸 수 있는 실탄을 갖고 있을 때 언제든지 실탄 사용을 미룰 수 있다. 하지만 준비된 실탄이 없을 때는 그 문제가 오랫동안 영향을 미친다. 경제에서도 실탄을 충분히 확보하지 않은 채로 적을 공격하는 것은 위험한 전략이다. 오바마 정부가 실업 증가를 비롯해 경기침체의 파괴력을 과소평가했다는 게 갈수록 명백해질 때는 특히 그렇다. 더욱이 정부가 끝도 없이 은행 지원을 계속하고 있지만 미국경제와 병든 금융부문의 미래에 대한 비전은 없는 것 같다.

비전

프랭클린 루스벨트의 뉴딜은 우리가 대공황의 교훈을 잊어버렸을 때까지 반세기 동안 미국 경제생활에 영향을 미쳤다. 2008년 미국 금융시스템이 누더기가 되고 경제는 비틀린 모습으로 바뀌고 있을 때 우리에게는 위기에서 벗어난 후 바람직한 금융시장과 경제의 모습은 무엇인지를 제시하는 비전이 필요했다. 우리의 선택은 앞으로 몇십 년 동안 우리 경제의 모습을 바꿀 수 있을 것이다. 우리에게 비전이 필요한 이유는 단지 낡은 모델이 실패했기 때문이 아니라 그 모델의 바탕에 깔린 전제들이 틀렸다는 걸 매우 고통스럽게 배웠기 때문이다. 세계는 바뀌고 있지만 우리는 그 속도를 따라가지 못하고 있다.

오바마의 커다란 강점 가운데 하나는 희망의 느낌을 만들어내는 것이었다. 이는 미래와 변화의 가능성에 대한 느낌이다. 그러나 더 본질적인 의미에서 '극적인 변화가 없는' 오바마는 보수적이었다. 그는 자본주의의 대안이 되는 비전을 제시하지 않았다. 앞서 말한 유명한 쿠퍼유니언대학 연설을 빼면, 그리고 구제금융을 받는 금융회사의 거액 보너스를 비판하는 합창에 목소리를 보탠 걸 제외하면 오바마는 붕괴의 잔해에서 어떤 새로운 금융시스템이 떠오를 수 있는지, 그 시스템은 어떻게 작동할 수 있는지에 관해 말한 게 거의 없다.

 그가 제시한 것은 미래를 위한 광범위하고 실용적인 계획, 예컨대 미국의 의료와 교육, 에너지 부문을 고치는 야심 찬 프로그램들이었다. 오바마는 또한 끝도 없는 듯한 부정적인 경제 뉴스로 실망할 수밖에 없는 시기에 레이건처럼 실망을 희망의 분위기로 바꾸려 노력했다. 그는 또 다른 비전도 갖고 있었다. 조지 W. 부시 정부 때보다 덜 분열되고 이념적으로도 양극화가 덜 심한 나라를 만드는 비전이다. 새 대통령이 미국경제에서 무엇이 잘못됐는지, 특히 금융부문 사람들이 어떤 잘못을 저질렀는지에 관해 깊은 논의를 피하는 건 가능했다. 그는 그런 논의가 단결이 필요한 시기에 갈등을 불러일으킬 수 있다는 점을 염려했다. 문제를 끝까지 토론하는 게 사회통합으로 이어질까, 아니면 사회적 갈등을 악화시킬까? 일부에서 주장하듯이 경제와 사회가 단지 작은 타박상만 입었다면 저절로 낫도록 내버려두는 게 가장 좋을 수 있다. 하지만 그 문제들은 곪을 가능성이 더 큰 상처라는 데 위험이 있다. 그런 상처는 햇빛의 살균효과에 노출시켜야만 치유할 수 있다.

 비전을 명료하게 정식화하는 데에는 확실히 위험이 따르지만 그런 비전이 없을 때 생기는 위험도 분명히 있다. 비전이 없으면 '개혁'의 전 과정을 금융계 인사들이 장악하게 될 수도 있다. 이렇게 되면 미국의 금융시스템은 실패하기 전보다 훨씬 더 허약해진다. 또 자금이 흘러가야 할 곳에 효과적으로 배분하고 리스크를 관리할 수 있는 능력도 떨어진다. 우리는 새로운 기업을 만들어내고 기존의 기업을 성장시킬 수 있도록 미국의 첨단기술부문에 더 많은 돈이 흘러가게 할 필요가 있다. 우리는 부동산에 상환능력을 벗어날 정도로 지나치게 많은 돈이 흘러가게 했다. 금융부문은 확실히 사회 전체적으로 보아 수익이 가장 높은 곳으로 자금이 흘러가도록 해주어야 한다. 금융부문은 그런 기능을 하는 데 분명히 실패했다.

금융부문은 더 많은 이익을 내는 데 초점을 맞춘 자기들의 비전을 갖고 있었다. 가능한 한 2007년 이전의 세계로 돌아가려는 것이었다. 금융회사들은 그들의 비즈니스 자체를 목적으로 생각하게 됐으며 기업의 규모와 수익성에 자부심을 느꼈다. 하지만 금융시스템은 어떤 목적을 위한 수단이어야지 목적 그 자체여서는 안 된다. 지나치게 커진 금융부문의 이익은 다른 경제부문의 번영과 효율성을 희생시킨 대가일 수 있다. 지나치게 커진 금융부문은 규모를 줄여야 한다. 금융부문 가운데 중소기업 대출과 같은 부분은 더 강화할 필요가 있더라도 말이다.

오바마 정부는 또한 미국 금융시스템이 왜 실패했는지 명확한 견해를 갖지 못했다(적어도 명확히 정리하지는 못했다). 과거의 실패에 대한 이해와 미래를 위한 비전이 없었기 때문에 위기에 대응하는 데 허둥댔다. 처음에 정부는 은행의 책임성과 더 나은 규제에 관한 상투적인 대책밖에 내놓은 게 거의 없었다. 시스템을 다시 설계하는 대신 정부는 기존의 실패한 시스템을 강화하는 데 많은 돈을 썼다. 대마불사형 금융회사들은 반복적으로 정부의 구제금융을 받으러 손을 벌렸다. 하지만 실패한 시스템의 한가운데 있는 대형 은행들에게 흘러간 공적자금은 문제를 되풀이해 일으키는 부문을 오히려 지원해주는 것이었다. 정부는 또한 금융부문 중에서도 새로운 벤처와 중소기업을 비롯한 경제의 역동적인 분야에 자금을 공급하는 부문을 지원하는 데는 그만큼의 돈을 균형 있게 쓰지 않았다.

큰 도박: 판돈과 공정성

어떤 이들은 오바마 정부의 접근법을 실용적이라거나 기존 정치세력과의 현실적인 타협으로 묘사하기도 하고, 경제를 바로잡기 위한 현명한 해법으로 보기도 한다.

오바마는 선거가 끝난 지 며칠도 지나지 않아 딜레마에 직면했다. 그는 월스트리트의 폭풍을 잠재우기를 바랐다. 하지만 동시에 월스트리트의 근본적인 실패와 미국경제의 문제점을 해결할 필요가 있었다. 그는 처음에 목소리를 높였다. 거의 모든 사람들이 그가 성공하기를 바랐다. 하지만 그는 월스트리트와 메인스트리트(금융자본과 대기업의 이해를 반영하는 월스트리트에 대비한 말로 근로자와 소기업주를 비롯한 보통사람들의 이해를 상징한다_옮긴이) 사이에 벌어진 중요한 경제전쟁의 가운데 있는 모든 사람들을 만족시킬 수 없다는 걸 알았어야 했다. 대통령은 그 중간에 끼었다.

클린턴 대통령 시절 이런 긴장들은 표면 아래서만 부글부글 끓었다. 클린턴은 경제 분야에 다양한 참모들을 포진시켰다. 왼쪽에는 옥스퍼드 시절부터 오랜 친구인 로버트 라이시를 (노동부 장관으로) 앉히고 오른쪽에는 로버트 루빈과 래리 서머스를 앉혔다. 가운데는 앨런 블라인더와 로라 타이슨, 그리고 경제자문위원회에 있는 나를 앉혔다. 이는 경쟁관계에 있는 아이디어들을 진정으로 반영할 수 있는 내각이었다. 토론은 대부분 정중했지만 치열했다.

우리는 정책 우선순위를 놓고 전투를 벌였다. 적자 감축에 초점을 맞출 것이냐, 아니면 기초적인 요구(기초적인 복지제도 개혁과 의료 개혁으로 불리한 처지에 있는 이들을 보살피는 혜택을 늘릴 필요)와 투자에 집중할 것이냐를 결정하기 위한 논쟁이었다. 나는 언제나 클린턴의 마음이 왼쪽과 가운데에 있다고 믿었지만 정치와 돈에 관련된 현실은 다른 결과를 낳았다. 많은 현안에서 오른쪽 사람들이 이겼다. 공화당이 의회를 장악한 1994년 의회 선거 이후에는 특히 그랬다.

가장 혈압을 오르게 하는 이슈 중 하나는 기업복지(corporate welfare)에 대한 공격, 그리고 미국 기업들에 대한 보조금과 세금우대 형식의 천문학적 지원에 관련된 것이었다. 루빈은 기업복지라는 말을 좋아하지 않았을 뿐 아니라 이 용어가 계급투쟁의 기미를 보인다고 생각했다. 나는 라이시의 편에 섰다. 이는 계급투쟁의 문제가 아니라 경제학의 문제였다. 자원은 희소하며, 정부의 역할은 경제를 더 효율적으로 만들고 가난한 이들과 스스로 꾸려나갈 수 없는 이들을 도와주는 것이다. 기업들에 대한 지원은 경제의 효율성을 떨어뜨린다. 재분배는 잘못된 방향으로 가고 있었다. 특히 재정 압박을 받는 시기에 이런 지원이 이뤄진다는 건 가난한 이들과 사회간접자본에 쓰이거나 수익성 높은 기술 분야의 투자에 사용돼야 할 돈이 이미 부유해진 기업으로 가고 있었다는 이야기다. 워싱턴에서 피가 흐르듯 새어나가는 이 돈이 경제 전체의 관점에서 어떤 기여를 했는지 보여줄 게 거의 없었다.

부시 정부 임기가 끝나가는 시기에 기업복지는 새로운 정점에 이르렀다. 기업에 지원된 돈은 그 이전의 어떤 정부, 어떤 사람들의 상상도 넘어서는 수준이었다. 기업을 위한 안전망은 상업은행에서 투자은행으로, 다시 보험회사로 확장됐다. 이들 기업은 납세자들이 대신 안아준 리스크에 대해 아무런 보험료도 내지 않았을 뿐만 아니라 세금을 피하기 위해 갖은 애를 썼다. 오바마가 취임했을 때 그가 이런 기업복지체제를 계속 끌고 갈 것인지, 아니면 새로운 균형을 추구할 것인지가 의문이었다. 그가 은행들에게 더 많은 자금을 지원한다면 그들에게 어떤 책임을 요구할 것인가, 그리고 납세자들이 은행을 지원한 대가를 확실히 얻도록 할 것인가? 만약 월스트리트가 파산의 위협에 직면한 어떤 불운한 기업을 구해주었다면 그들은 최소한 그런 책임과 대가를 요구했을 것이다.

오바마 정부는 특히 은행 구조조정의 핵심 분야에서 큰 도박을 하기로 결정했다. 자본주의의 통상적인 규칙에 따르는 걸 가능한 한 피하면서 부시 정부가 닦아놓은 길에서 크게 벗어나지 않으려 한 것이다. 다시 말해 어떤 기업이 빚을 갚지 못하면 파산하거나 재산관리인의 관리(receivership)를 받도록 하는 룰을 피하려 한 것이다. 이 룰에 따르면 일반적으로 주주는 모든 것을 잃고 채권자들은 새로운 주주가 된다. 마찬가지로 은행이 빚을 갚지 못할 때는 강제적으로 정부나 다른 외부자의 '관리(conservatorship)'를 받게 된다. 오바마는 월스트리트를 진정시키기 위해(그리고 아마도 경제회복을 빠르게 하기 위해) 메인스트리트의 분노를 살 위험을 안기로 했다.

오바마의 전략이 먹혀들면 극단적인 이념 싸움을 피할 수 있을 것이다. 경제가 빠르게 회복하면 메인스트리트는 월스트리트에 준 아낌없는 선물에 대해 눈감아줄 것이다. 하지만 이런 길에만 머무르는 데에는 커다란 위험이 따른다. 단기적으로 경제에 미칠 리스크와 중기적으로 국가 재정상태에 미칠 리스크, 그리고 장기적으로 공평성에 대한 우리의 의식과 사회통합에 미칠 리스크가 그것이다. 모든 전략에는 리스크가 따른다. 그러나 이 전략이 장기적으로 리스크를 최소화하는 것인지는 분명하지 않다. 이 전략은 또한 금융시장에 있는 이들조차 소외감을 느끼게 할 위험을 안고 있다. 많은 이들이 이 정책은 대형 은행들의 주도에 따른 것이라고 보기 때문이다. 게임의 장은 이미 이런 거대 기관들에게 기울어져 있으며, 금융시스템 가운데 당초 문제를 일으켰던 부문으로 더욱 심하게 기울어질 가능성이 커 보였기 때문이다.

돈이 이들 은행으로 줄줄 새도록 하면 많은 비용이 든다. 이는 또한 오바마가 대권을 위해 뛰면서 추구했던 의제를 약화시킬 수도 있다. 그는 은행시스템을 살리는 응급처방을 내려주는 의사가 되려고 대통령 자리를 열망하지는 않았다. 빌 클린턴은 대통령으로서 추구하는 야망 가운데 많은 부분을 재정적자 감축을 위한 제물로 바쳤다. 오바마는 그보다도 덜 만족스러운 제단을 위해 자기의 야망을 희생시켜야 할 위험을 안았다. 은행 자본 확충을 위한 제단이 그것이다. 자본 확충은 은행들이 건강을 되찾아 당초 경제를 위기에 빠뜨렸던 무책임한 행동을 다시 할 수 있도록 한다.

부시 행정부가 틀을 잡은 은행 구제의 코스를 계속 따라가는 오바마의 도박에는 여러 가지 차원이 있다. 그가 생각했던 것보다 경제침체가 더 깊고 오래가거나 은행의 문제가 그들의 주장보다 더 심각하다면 은행 문제를 정리하는 비용은 더 클 것이다. 오바마는 그 문제를 해결하는 데 충분한 돈을 마련하지 못할 수도 있다. 2차 부양 조치를 위해 더 많은 돈이 필요할 수도 있다. 은행에 돈을 낭비하는 데 대한 불만이 커지면 의회에서 자금을 얻는 게 어려워질 것이다. 은행에 돈을 쓰려면 불가피하게 다른 정책 목표를 희생시켜야 할 것이다. 은행 구제는 미국과 세계를 붕괴 직전까지 몰고 간 바로 그 집단에 대해 보상을 해주려 기를 쓰는 것처럼 보이기 때문에 그의 도덕적 권위마저 의심받을 것이다.

지나치게 많은 이익을 정치적 영향력을 사는 데 쓴 금융계에 대한 일반 국민의 분노는 더 커질 수밖에 없다. 금융계가 산 정치적 영향력은 처음에는 금융시장을 규제에서 자유롭게 하고 나중에는 몇조 달러의 구제금융을 확보할 수 있도록 했다. 국민들이 오랫동안 책임성 있는 재정과 자유시장을 옹호해온 이들의 위선을 얼마나 더 참아줄지는 분명하지 않다. 그들은 가난한 주택 보유자들을 돕는 데 대해 도덕적 해이를 이유로(지금 그들을 도와주면 나중에 더 많은 구제가 필요하게 되고 대출을 갚을 유인을 감소시킨다는 이유로) 계속해서 반대하면서 동시에 자기들을 위해서는 끝도 없이 자금지원을 요청하고 있다.

오바마는 곧 금융계의 새 친구들이 변심하기 쉬운 협력자라는 걸 알게 될 것이다. 그들은 수십억 달러의 자금지원은 받아들인다. 하지만 오바마가 금융계 인사들의 지나친 보상에 대한 미국 주류의 비판에 동조하는 기미만 보여도 그들은 격분할 것이다. 그러나 오바마가 아무런 비판도 하지 않으면 미국의 보통사람들이 은행의 요구에 따라 마지못해 돈을 주면서 느끼는 정서를 이해하지 못하는 걸로 비쳐질 수 있다.

그토록 많은 미국인들이 그토록 많은 비용을 치르게 한 은행가들의 만행을 생각하면 금융시스템에 대한 어느 정도 과장된 비난은 그리 놀랄 일도 아니었다. 하지만 비난의 화살은 반대 방향으로 날아갔다. 구제금융을 받은 은행의 경영진에 대한 보상을 제한하기 위한 법 초안은 뉘른베르크법(Nuremberg Laws, 독일 유태인의 국적과 공무담임권을 박탈하고 유태인과 독일인의 결혼을 금지한 나치의 악법_옮긴이)으로 불렸다.[12] 씨티그룹 이사회 의장은 모두가 어느 정도 비난은 받아야 하지만 "지금의 비난은 악당을 찾아내고 그 악당을 비방하려는 문화에 기인한 것"이라고 주장했다.[13] 한 'TARP 부인(구제금융을 받은 은행 경영자의 부인을 뜻함_옮긴이)'은 미국 은행가들이 "마오쩌둥 시대 지식인들이 중국의 시골로 끌려간 이후 가장 가혹하고 갑작스러운" 품위 실추를 겪었다고 주장했다.[14] 분명한 건 누군가를 희생시킨 이들이 스스로 희생했다고 느꼈다는 점이다.

오바마는 은행가들의 급여에 염려를 표시했다는 이유로 가차 없는 비판을 받았다. 그가 위기 이후 떠오를 금융시스템에 대한 뚜렷한 비전을 제시하지 않고 피했다는 데에는 의문의 여지가 없다. 은행들은 무너지기에는 너무 커졌을 뿐만 아니라 어떤 제약을 받기에는 정치적으로 너무 강력해졌다. 은행이 너무 커져서 무너지게 내버려둘 수 없다면, 우리는 왜 은행들이 그렇게까지 커지도록 허용해야 하는가? 미국인들은 최신 기술에 힘입어 거래비용을 낮출 수 있는 21세기형 전자자금이체시스템을 가졌어야 했다. 하지만 미국의 은행들이 그런 시스템을 제공하는 데 실패했다는 사실에는 변명의 여지가 없다. 미국은 덴마크나 다른 어떤 나라에 비해서도 못하지 않은 모기지 시스템을 가졌어야 했다. 하지만 그러지 못했다. 왜 미국의 납세자들이 구해준 금융회사들이 계속해서 기만적인 신용카드 관행과 약탈적인 대출로 보통사람들을 이용하도록 내버려둬야 하는가? 거대 은행들은 이런 물음을 던지는 것조차 적대시할 것이다.

앞서 나는 클린턴 정부 시절 (나와 로버트 라이시를 포함해) 우리들 중 몇 사람이 미국의 부유한 기업들에게 수십억 달러의 보조금을 주는 걸 '기업복지'라고 표현하자 내각의 일부 인사들이 우리가 계급투쟁을 벌이고 있다는 식의 반응을 보였다고 이야기했다. 우리는 오늘날 관점에서 보면 조금 지나치다 싶은 문제를 줄이려고 조용하게 시도했는데도 그토록 비난을 받았다. 그렇다면 오늘날 금융부문에 유례없는 거액의 돈을 이전한 데 대해 직접 공격한다면 어떤 비난을 받게 될까?

익숙한 패턴이 나타나기 시작하다

미국이 위기에 빠져들 때 나는 개발도상국들에서 그토록 자주 봐온 사태가 이곳에서도 벌어질까 봐 걱정했다. 중요한 부분에서 위기를 촉발시킨 은행가들은 그에 따른 패닉을 이용해 부를 재분배했다. 자신들의 지갑을 두껍게 하려고 일반 국민들의 지갑에서 돈을 가져간 것이다. 그때마다 납세자들은 경제를 회복시키려면 정부가 은행의 자본을 확충해줘야 한다는 말을 들었다. 이전의 여러 위기 때에도 정부는 은행에게 유리한 조건으로 수십억 달러를 지원해주었고 경제는 결국 회복됐다. (모든 경기침체는 결국 끝난다. 많은 경우에 구제금융이 경기회복을 빠르게 했는지 늦췄는지는 분명하지 않다.)[15] 경기가 회복되면 이를 고맙게 생각하는 국민들은 안도의 숨을 내쉬지만 수면 아래서 어떤 일이 일어났는지에 대해서는 거의 관심을 갖지 않았다. 1994~1997년 멕시코 은행 구제에 들어간 비용은 GDP의 15퍼센트에 이른 것으로 추정됐다. 그중 상당한 부분이 부유한 은행 소유주들에게 돌아갔다.[16] 엄청난 자본 투입에도 불구하고 은행들은 사실상 대출을 재개하지 않았다. 신용공급 감소는 그 후 10년 동안 멕시코에서 지속된 저성장의 한 원인이 됐다. 10년 후 멕시코 근로자들의 임금수준은 인플레이션을 감안해 조정했을 때 오히려 낮아졌고 불평등은 커졌다.[17]

멕시코 은행들의 힘을 줄이는 데 멕시코 위기는 거의 효과가 없었다. 마찬가지로 미국의 위기가 금융부문의 영향력이 끝났다는 걸 의미하지는 않는다. 이 부문의 부는 줄어들었을 수 있다. 하지만 어떻게 해서든 정치적 자본은 유지됐다. 금융시장은 미국 정치에서, 특히 경제와 관련된 영역에서 여전히 단 하나의 가장 중요한 요소다. 그들은 직접적으로도, 그리고 간접적으로도 영향을 미친다.

금융시장 관련 기업들은 지난 10년 동안 두 정당 모두에게 수억 달러의 선거자금을 기부했다.[18] 그들은 높은 수익을 거뒀다. 이런 정치적 투자의 수익은 그들이 전문성을 가졌을 것으로 기대되는 시장에서의 투자와 대출에서 얻는 수익보다 훨씬 높았다. 그들은 규제완화 운동으로 첫 수익을 얻었다. 정부의 대규모 구제금융을 통해서는 훨씬 나은 수익을 거뒀다. 그들은 규제의 시대로 돌아가는 걸 막는 데 '투자'함으로써 더욱 큰 수익을 거두기를 바라는 게 틀림없다.

워싱턴과 뉴욕의 회전문도 새로운 규제 움직임에 저항하는 운동을 부추겼다. 금융산업과 직간접적으로 엮여 있는 여러 관리들이 '그들 자신의 업계를 위한' 규칙을 짜는 데 초대됐다. 금융부문의 정책을 설계하는 관리들이 금융계에서 온다면 그들이 금융계가 바라는 것과 크게 다른 관점을 내세우리라고 어떻게 기대할 수 있겠는가? 부분적으로 이는 편협한 사고방식의 문제다. 하지만 누구든 개인적인 이해관계를 완전히 버릴 수는 없다. 자기의 재산과 장래 취업 전망이 은행들의 성과에 달려 있는 이들은 월스트리트에 좋은 게 곧 미국에 좋다는 데 동의하기 쉽다.[19]

미국에서 모든 걸 압도하는 금융시장의 영향력을 보여주는 증거가 필요하다면 은행과 자동차산업에 대한 대접이 어떻게 다른지 비교해보면 된다.

자동차산업 구제

구제해야 할 기업들은 은행들뿐만이 아니었다. 2008년이 끝나갈 무렵 3대 자동차업체 가운데 두 회사, GM과 크라이슬러가 붕괴 직전에 있었다. 잘 경영되고 있는 자동차회사들도 매출이 급격하게 떨어지면서 문제에 부딪혔다. 누가 보더라도 GM과 크라이슬러 중 어느 한쪽도 경영상태가 좋다고는 할 수 없었다. 걱정스러운 건 폭포처럼 연쇄효과가 나타날 수 있다는 점이었다. 이들 회사의 부품 공급업체들이 부도를 내고, 실업이 급증하고, 경기침체가 악화될 수 있다는 게 걱정이었다. 워싱턴에 도움을 요청하러 달려갔던 금융인들이 어떻게 (경제를 살리는 혈액인) 은행들을 구제하는 것과 실물을 생산하는 기업들에 대한 구제를 시작하는 건 크게 다른 문제라고 대놓고 주장할 수 있었는지 놀라울 따름이다. 그들의 말대로라면 우리가 알고 있던 자본주의는 끝날 수도 있었다.

부시 대통령은 망설였다. 그리고 이들 기업이 잠시 동안 굴러갈 만큼만 생명선을 연장해주면서 문제를 그의 후임자에게 미뤘다. 추가 지원의 조건은 그들이 실행 가능한 생존계획을 내놓는 것이었다. 오바마 정부는 이중적인 잣대를 분명히 보여주었다. AIG 경영진을 위한 계약은 신성하지만 도움을 받는 자동차업체 근로자들의 임금계약은 재협상이 필요하다는 이중잣대다. 평생을 열심히 일했고 아무 잘못도 저지르지 않은 저소득 근로자들은 임금 삭감을 받아들여야 하지만, 세계 금융시스템을 붕괴 직전까지 몰고 갔던 100만 달러 이상을 받는 금융인들은 그럴 필요가 없다는 것이다. 그들은 너무나 소중하기 때문에 그들을 붙잡아두기 위한 보너스를 지급해야 했다. 보너스로 나눠줄 이익이 없는데도 그래야 했다. 은행 경영진은 계속해서 높은 소득을 올릴 수 있었다. 자동차업체 경영진은 은행 경영진만큼 오만함을 드러낼 수는 없었다. 하지만 오만함을 누르는 것만으로는 충분하지 않았다. 오바마 정부는 두 회사의 파산을 요구했다.

이때 앞에서 설명한 자본주의의 기본적인 규칙이 적용됐다. 주주들은 모든 걸 잃었고 채권 보유자와 다른 청구권자들(노조의 건보기금과 이들 기업을 도와준 정부)은 새로운 주주가 됐다. 미국은 정부가 경제에 개입하는 새로운 국면에 들어갔다. 이는 필요했을 수도 있다. 하지만 많은 이들을 헷갈리게 하는 건 왜 이중잣대를 적용하느냐 하는 물음이었다. 은행들은 왜 자동차회사들과 그토록 다른 대우를 받아야 하는가?

이는 미국경제의 구조조정과 관련된 심층적인 문제를 더욱 부각시킨다. 자동차업체에 대한 구제는 급하게 시행됐다. 2009년 여름 정부가 제공한 500억 달러의 응급처방이 효과를 거두리라고 믿는 사람은 거의 없었다. GM의 최고경영자는 바뀌었지만 옛 경영진이 대부분 남아 있었다. 지난 25년 동안 일본과 유럽 자동차업체들과 경쟁해서 이기지 못한 기업이 갑자기 선두로 뛰어오르리라는 믿음은 거의 없었다. 그 계획이 먹혀들지 않으면 미국의 재정적자는 500억 달러 불어나지만 경제 구조조정의 과제는 거의 진전을 이루지 못하게 된다.

변화에 대한 저항

금융시장의 폭풍이 거세질 때는 은행가들과 정부 모두 좋은 금융시스템은 어떤 모습이어야 하는지에 관한 철학적 토론을 벌이고 싶어 하지 않았다. 은행가들은 단지 정부가 은행시스템에 돈을 퍼붓기를 바랄 뿐이었다. 새로운 규제의 가능성이 제기되자 그들은 재빨리 경종을 울렸다. 위기가 어렴풋이 보이던 2007년 1월 기업계 거물들이 모인 다보스에서 가장 강력하게 표출된 우려는 '과잉반응'에 관한 걱정이었다. 과잉반응이라는 말은 더 많은 규제를 뜻하는 암호였다. 그들은 자기들의 행동에 지나침이 있었다는 걸 인정했지만 이제 자기들도 교훈을 얻었다고 주장했다. 리스크는 자본주의의 일부이며 진짜 리스크는 지나친 규제가 혁신을 질식시키는 것이라고 그들은 주장했다.

그러나 은행들에게 더 많은 돈을 주는 것만으로는 충분하지 않았다. 그들은 미국 국민들의 신뢰를 잃었다. 그럴 만도 했다. 그들의 '혁신'은 경제를 지속적인 고성장으로 이끌지도 않았고 보통사람들이 주택 보유에 따른 리스크를 관리하는 걸 도와주지도 못했다. 그 혁신들은 대공황이후 최악의 경기침체와 대규모 구제 조치로 이어졌을 뿐이다. 은행들의 유인체계나 규제 내용을 바꾸지 않고 더 많은 돈을 지원하는 건 단지 그들이 계속해서 예전처럼 행동하도록 허용하는 것일 뿐이었다. 실제로 대부분의 경우에 그런 일이 일어났다.

금융시장의 게임에 참여하는 선수들의 전략은 분명했다. 은행부문의 진정한 변화를 주장하는 이들이 변화를 말하고 또 되풀이해 말하게 하는 것이다. 그러다 보면 합의에 이르기도 전에 위기가 끝날 것이다. 위기가 끝나면 개혁의 계기도 사라질 것이다.[20]

타이타닉호의 회전의자

새 대통령이 직면하는 가장 어려운 일은 팀원들을 고르는 일이다. 선임된 이들은 대통령의 비전을 충실히 반영하고 이행해야 하지만 경제와 같이 대단히 복잡한 분야에서는 사실상 그들이 계획을 만들어간다. 새 대통령은 커다란 곤경에 직면한다. 그는 (정책뿐만 아니라 인사에서도) 계속성과 변화 중 어느 쪽을 택할 것인가? 변화에 대한 저항을 극복하는 데 그의 정치적 자본을 얼마나 많이 쓸 것인가?

부시의 팀은 2006년 대통령이 임명한 벤 버냉키 연준 의장, 티머시 가이트너 뉴욕연방은행 총재, 그리고 헨리(행크) 폴슨 재무부 장관으로 구성됐다.

벤 버냉키는 거품이 일고 있는 경제를 물려받았지만 이를 해소하기 위해 별다른 조치를 취하지 않았다.[21] 이해할 수 있는 일이었다. 월스트리트는 거품을 바탕으로 기록적인 이익을 즐기고 있었다. 버냉키가 거품을 터뜨릴 조치를 취했다면 월스트리트 사람들은 좋아하지 않았을 것이다. 서서히 거품을 해소시킨다 해도 마찬가지였을 것이다. 그가 거품이 있다는 걸 인식했더라도 딜레마에 빠졌을 것이다. 그가 예컨대 일부 무분별한 부동산 대출과 이를 바탕으로 한 복잡한 증권화 비즈니스를 중지시키는 호루라기를 불었다면, 거품을 꺼지게 하고 경제를 침체에 빠지게 했다는 비난을 들었을 것이다. 그는 전임자인 앨런 그린스펀과 비교돼 불리한 평가를 받게 될 터였다. 그린스펀이라면 어떻게 거품을 서서히 해소할지, 또는 영원히 지속되게 할지 알았을 것이란 주장도 나왔을 것이다!

하지만 버냉키가 거품이 지속되도록 놔둔 데는 다른 까닭도 있다. 그는 그린스펀의 수사를 진지하게 받아들였을 수도 있다. 아마도 큰 거품은 없고 단지 맥주 거품 같은 조그만 거품만 있다는 걸 정말로 믿었을 수도 있다. 어차피 거품이 터질 때까지는 거품이 있다는 걸 확실히 알 수 없다는 말을 믿었을 수도 있다.[22] 그는 그린스펀처럼 연준이 거품을 서서히 해소할 수단을 갖고 있지 않고, 그래서 거품이 터진 다음에 수습하는 게 더 쉬울 거라고 믿었을 수도 있다.

아무리 그래도 진지한 경제학자라면 어떻게 거품을 걱정하지 않을 수 있는지 생각하기 어렵다. 거품이 너무나 걱정돼 경보를 울려야 한다는 생각을 어떻게 하지 않을 수 있는지 믿기 어렵다. 어떤 경우든 아름다운 모습은 아니다. 한 중앙은행 총재는 거품을 일으켰고 그 후임자는 균형을 잃어버릴 정도로 거품이 계속해서 부풀어 오르도록 내버려두었다.

팀 가이트너는 더 오랫동안 그런 역할을 했다. 그는 클린턴 시대 규제완화 캠페인의 기획자였던 래리 서머스와 로버트 루빈의 보좌역을 했다. 더 중요한 건 그가 뉴욕 은행들의 규제 책임자였다는 점이다. 금융계의 거인 중에서도 가장 큰 거인으로 자산이 2조 3600억 달러에 이르는 씨티뱅크도 뉴욕의 은행들 가운데 하나다.[23] 가이트너는 뉴욕연방은행 총재로 임명된 2003년부터 이들 은행의 최고 규제 책임자였다. 그는 뉴욕 은행들이 하는 일에 규제 책임자로서 아무런 잘못도 발견하지 못했던 게 틀림없다. 이들이 머지않아 수천억 달러의 정부 지원을 필요로 하게 될 터인데도 말이다. 물론 그는 지나친 리스크를 안는 데 따르는 위험을 경고하는 연설을 했다. 하지만 그는 규제당국자였지, 설교자가 아니었다.

부시의 위기대응팀 세 번째 멤버인 행크 폴슨은 클린턴의 재무장관 로버트 루빈처럼 골드만삭스의 최고경영자로 일한 후 워싱턴으로 옮겨왔다. 돈은 벌어두었기 때문에 공직으로 돌아선 것이다.

놀랍게도 '당신이 믿을 수 있는 변화(Change You Can Believe In)'를 약속하며 선거운동을 했던 오바마 대통령은 단지 타이타닉호 갑판 위에서 의자들의 배치를 조금 달리했을 뿐이다. 월스트리트 사람들은 원하는 걸 얻기 위해 평소에 쓰던 무기를 썼다. 그들은 많은 돈을 유리한 조건으로 은행들에게 내주려는 의지를 기꺼이 보여주었던 경제팀을 원했으며, 이를 얻기 위해 시장의 혼란에 대한 공포를 무기로 삼았던 것이다. 재무장관은 폴슨에서 가이트너로 교체됐다. 버냉키는 그 자리에 남아 있었다. 그의 임기는 2010년 초까지였지만 2009년 8월 오바마는 그가 2014년까지 연임하도록 하겠다고 발표했다.

오바마는 경제팀을 조율하기 위해 루빈의 전 부관이었던 래리 서머스를 기용했다. 서머스는 1999~2001년 재무부 장관으로서 자기의 가장 큰 업적 가운데 하나는 폭발적으로 늘어나는 파생금융상품을 계속 규제하지 않고 놔둔 것이라고 주장했다. 오바마는 개인적인 이해관계로 과거에 얽매이지 않는 새로운 인물을 이 테이블에 앉히는 게 중요하다는 걸 알았음에도 불구하고 그런 팀원들을 선택했다(그는 틀림없이 그런 선택이 낼 효과에 대한 조언을 받았을 것이다). 우리에게 지금의 문제를 안겨준 규제완화 캠페인에 참여했거나 2008년 당시 베어스턴스부터 리먼브러더스와 AIG에 이르기까지 금융회사들의 구제에 머뭇거리며 관여했던 이들은 모두 과거에 이해관계가 얽힌 사람들이었다.

오바마 경제팀의 네 번째 멤버는 예금지급을 보장하는 기관인 연방예금보험공사(FDIC)의 의장 쉴러 베어로, 그녀 역시 부시 행정부 때 일하다 유임됐다. 압류 주택이 산처럼 쌓이는 걸 부시가 한가롭게 구경만 하고 있을 때에도 그녀는 모기지 구조조정을 함으로써 주택 보유자를 돕기 위한 뭔가를 해야 한다고 강력히 주장했다. 얄궂게도 오바마의 새 팀 멤버에 대한 환멸이 커질 때 그녀는 경제팀 가운데 거대 은행에 맞설 용기와 의지를 가진 유일한 사람인 것처럼 보였다. 의회의 승인을 얻지 않고 은행을 지원하려는 여러 '교묘한 속임수'가 FDIC의 마술과 관련돼 있었다. 그런데 이 FDIC는 헤지펀드들이 지나치게 부풀려진 값에 은행의 독성자산을 사는 걸 돕기 위해 돈을 대출해거나 은행이 발행한 채권의 상환을 보장하는 기구가 아니라 소액 예금자를 보호해주는 기구였다.

〈뉴욕타임스〉가 쓴 대로 문제는 "그들(오바마 경제팀)이 과연 자기들의 실수에서 배웠는지, 배웠다면 무엇을 배웠는지"였다.[24] 오바마는 나라를 위해 일하는 데 전념하는 성실한 공복들을 팀으로 선택했다. 이는 문제될 게 없었다. 문제는 그들이 세계를 어떻게 보고, 미국인들이 그들을 어떻게 볼 것인가 하는 것이었다. 우리는 금융시장을 위한 새로운 비전이 필요했다. 그 비전을 만들고, 명료하게 정리하고, 실현하는 데에는 오바마와 그의 경제팀의 모든 정치적·경제적 역량이 필요했다. 과거의 실수에 그토록 관련이 많은 이들이 과연 새로운 비전을 제시하고 어려운 결단을 내리는 데 적당한 이들인가? 그들이 역사나 다른 나라들의 경험을 보면서 올바른 교훈을 얻을까? 규제에 관한 중대 결정을 내려야할 많은 관료들이 쟁점이 된 주제들에 대해 오랫동안 굳어진 견해를 갖고 있었다.

심리학에는 몰입상승(escalating commitment, 의사결정이 잘못됐음을 알고서도 계속 밀어붙이는 행동_옮긴이)이라고 일컫는 현상이 있다. 사람들은 일단 어떤 포지션을 취하고 나면 이를 방어해야 한다는 강박감을 느낀다. 경제학은 이와 대조적인 관점을 제시한다. 지나간 일은 지나간 일일 뿐이라는 생각이다. 늘 앞을 보면서 그 전에 취했던 포지션이 효과적인가 평가하고, 그렇지 않으면 새로운 포지션으로 옮겨가야 한다는 것이다. 당연히 심리학자들이 옳고 경제학자들은 틀렸다. 규제완화의 챔피언들은 그들의 아이디어가 확실히 지배적인 견해가 되도록 하는 데에만 관심을 갖고 있었다. 그에 반하는, 부인하기 어려운 강력한 증거를 보면서도 말이다. 이제 그들도 규제 요구에 굴복해야 할 것 같은 이때, 적어도 몇 가지 경우에 있어서는 그들이 새로운 규제를 자기들의 예전 아이디어와 가능한 한 일치시키려고 애쓸 것이라는 염려가 있다.

그들이 제안한 규제(예컨대 폭발적으로 늘어난 파생금융상품에 대한 규제)가 '올바른' 규제라고 그들이 말했을 때 그 말이 믿을 만하다고 봐야 할까? 다시 말해 그 규제가 지나치게 엄격하지도 않고, 지나치게 부드럽

지도 않은, 그 사이의 가장 알맞은 수준이라고 했을 때 그 말을 얼마나 믿어야 할까?

　오바마 행정부가 옛 경제팀을 그토록 많이 붙잡고 있는 걸 염려하는 까닭은 또 하나 있다. 이번 위기는 이들의 경제 분석과 모델, 그리고 판단에 심각한 결함이 있었음을 보여줬다. 그러나 그 경제팀은 아니나 다를까 현실과 다른 걸 믿고 싶어 했다. 거품 가격에 기초해 많은 부실대출이 이뤄졌다는 걸 재빨리 깨닫기보다는 시장이 일시적으로 침체됐을 뿐이며, 시장이 '신뢰'를 되찾을 수만 있으면 집값이 회복되고 경제가 예전처럼 돌아가리라고 믿고 싶어 했다. 이런 희망에 바탕을 둔 경제정책은 위험했다. 이런 정책은 위기 이전의 은행 대출만큼 분별없는 것이었다. 그 정책의 결과는 그 후 몇 달 동안에 걸쳐 나타날 터였다.

　그러나 이는 단지 경제학에 대한 관점의 문제만은 아니었다. 누군가 손실을 안아야 했다. 납세자가 안을 것인가, 아니면 월스트리트가 안을 것인가? 금융계에 그토록 유착되고 과거의 실패에 그토록 밀접하게 관련된 오바마의 참모들이, 은행들을 최대한 강하게 압박해 그들이 대출을 줄이지 않으면서도 가능한 한 많은 대가를 치르게 했다고 주장할 때 우리는 그 말을 믿어야 할까? 미국인들은 그 참모들이 국민들을 위해 일하고 있다고 믿어야 할까, 아니면 월스트리트를 위해 일한다고 믿어야 할까?

　경제원리와 공정성의 원칙에 따르면 기업들은 행동의 결과에 대한 대가를 지불해야 한다. 따라서 은행들은 그들이 초래한 모든 손실에 대해 배상할 필요는 없다 하더라도 최소한 금융시스템을 고치는 데 직접적으로 들어간 비용은 모두 지불해야 한다. 하지만 은행들은 그 비용을 치르면 자기들이 기력을 되찾는 속도가 늦어질 거라고 주장했다. 살아

남은 은행들은 실패한 은행들의 비용까지 자기들이 치르는 건 '불공평하다'고 주장할 것이다. 그들 자신이 결정적인 시기에 정부의 지원에 의존해 생존했는데도 말이다. 오바마 행정부는 은행들의 편을 들었다. 오바마 정부가 그렇게 한 건 은행들에게 선물을 주고 싶었기 때문이 아니라 경제를 구하기 위한 다른 대안이 없었기 때문이라고 주장할 수도 있다. 미국인들은 당연히 의심을 품었다. 다음 몇 장에서 내가 주장하듯 대안들은 있었다. 금융시스템을 보존하고 강화하면서 대출을 재개하는데 더 도움이 됐을 대안들이 있었다. 또한 장기적으로 나랏빚을 수천억, 수조 달러 줄이고 공정 경쟁에 대한 의식을 강화할 대안들이 있었다. 하지만 이런 대안들은 은행의 주주와 채권 보유자들을 더 가난하게 만들었을 것이다. 오바마의 구제 프로그램에 대한 비판자들에게는 월스트리트와 그토록 긴밀하게 연결된 오바마 팀이 이런 대안들을 밀어붙이지 않은 것이 놀랄 일도 아니었다.

예전 팀을 그토록 많이 붙잡았다는 이유로 연준이 내린 결정에 대한 비난을 대통령이 받을 수도 있게 됐다. 분명히 그렇게 보였다. 부시 정부 때 연준과 재무부는 나란히 움직이는 것으로 보였다. 그런 친밀함은 오바마 정부에서도 계속됐다. 누가 결정을 내리는지 확실히 아는 이는 아무도 없었다. 매끄러운 정권 교체는 아무것도 바뀌지 않으리라는 걸 시사했다. 폴슨이 AIG에 890억 달러의 생명줄을 던져주고 그가 몸담았던 골드만삭스가 그 최대 수혜자가 된 것은 매우 좋지 않은 일이었다. 더욱이 지원 규모는 당초의 두 배 가까운 1800억 달러로 늘어났다 (이 중 일부는 오바마 정부 때 지원됐다). 더 나쁜 건 AIG의 채무가 정리되는 방식이었다. 골드만삭스에 130억 달러가 넘어가도록 한 것은 가장 비양심적이었다. 보험회사가 미국의 보통사람과 맺은 화재보험 계약을 해제하면 그 사람은 계약에 응해줄 다른 보험사를 찾기 위해 허둥대야한다. 하지만 AIG가 골드만삭스와 맺은 계약을 해제하기로 정부가 결정했을 때 골드만삭스는 마치 집이 완전히 타버렸을 때와 같은 보험금을 받았다. 이처럼 아낌없는 선물은 정당화될 수 없었다. 다른 신용부도스왑은 달러당 13센트에 정리됐다.[25]

이런저런 에피소드들은 위기 때 내린 다른 결정들, 즉 무엇을 하기로 한 결정과 하지 않기로 한 결정들의 동기에 대해 염려하도록 만들었다. 예컨대 정부는 은행들이 무너지도록 내버려두기에는 너무 크다면서 어떻게 그들을 쪼개자는 제안을 하지 않을 수 있는가? (사실 그들은 너무나도 커서 채권자와 주주들을 보호하려면 통상적인 자본주의 규칙은 정지시켜야 했다.) 어떻게 정부는 은행들이 더 이상 지나치게 커지지 않도록 추가적인 제약을 가하거나 세금을 물리자고 제안하지 않는가?[26] 마찬가지로 어떻게 정부는 모기지 구조조정의 중요성을 이야기해놓고서도 그토록 효과가 떨어지는 프로그램을 설계할 수 있는지 의문이었다. 이에 대해 불안하지만 명백한 (4장에서 자세히 논의될) 답이 있다. 정부가 마땅히 취했어야 할 조치를 취했더라면 은행들은 부실대출의 손실을 인식하지 않을 수 없었을 것이다. 그들은 그걸 원하지 않았다.

오랜 갈등의 새로운 양상

미국에서는 은행, 특히 대형 은행에 대한 불신이 뿌리 깊다. 이런 불신은 전국 은행을 설립하자는 초대 재무장관 알렉산더 해밀턴의 제안에 대한 논란에도 드러났다. 클린턴 대통령 때 최종적으로 폐지된, 여러 주에 걸쳐 있는 은행에 대한 규제는 뉴욕과 다른 도시의 대형 은행들이 가진 영향력을 제한하기 위해 설계된 것이었다. 메인스트리트는 자금

조달을 은행에 의존했다. 은행의 이익은 메인스트리트에 대한 대출에서 나왔다. 이는 공생의 관계였지만 서로 신뢰가 부족할 때가 많았다.

월스트리트와 메인스트리트의 싸움은 서로 다른 경제 집단 사이의 복잡한 갈등을 풍자적인 그림처럼 보여준다. 그렇지만 2008년 대침체가 부각시킨 이해와 관점의 진짜 충돌이 있었다. 월스트리트와 사회의 오랜 갈등이 새로운 형태로 나타나고 있는 가운데 은행들은 미국 국민들의 머리에 총을 들이대고 있다. "우리에게 돈을 더 주지 않으면 당신은 고통을 겪게 될 것이다." 다른 대안은 없다고 그들은 말했다. "당신들이 우리에게 제약을 가하면(우리가 배당이나 보너스를 지급하는 걸 막거나, 정부가 GM 경영진에 했던 것처럼 우리 경영진에게 책임을 지운다면) 우리는 결코 앞으로 자본을 확충할 수 없을 것이다." 아마도 그들이 맞을 것이다. 그렇다면 미국경제의 파국에 대한 비난을 뒤집어쓰고 싶어 하는 정치인은 아무도 없을 것이다. 월스트리트는 미국 납세자들에게서 엄청난 양의 돈을 신속하게 뽑아내기 위해 경제 붕괴에 대한 공포를 이용했다. 그런데 놀랍게도 월스트리트에 불만이 소용돌이쳤다. 왜 더 많은 돈을 얻어내지 못했는가? 왜 그 돈을 구제금융이라 불러야 했는가? 구제금융 대신 '회복계획' 또는 '투자계획'과 같은 더 좋은 이름을 생각해 낼 수만 있었더라면 그토록 심한 반대는 없었을 것이다. 다른 위기를 많이 경험한 이들은 어떤 일이 벌어질지 알고 있었다. 이미 손실이 발생했기 때문에 누가 그것을 부담할지를 놓고 싸움이 벌어질 것이다.

부시가 월스트리트 편에 서서 그들의 협박에 굴복했을 때 아무도 놀라지 않았다. 많은 이들이 오바마는 더 균형 잡힌 태도를 보일 것으로 기대했다. 그러나 오바마의 마음이 어디에 있을지라도 적어도 그의 행동은 월스트리트의 이해에 너무나 가까이 있는 것으로 보였다. 하나의 큰 지붕 아래 모든 그룹을 함께 불러 모아야 할 대통령이 취임도 하기 전에 이미 그의 팀을 선택함으로써 어느 편에 설지를 선택했다.

구제금융의 성공을 가늠하는 방식조차도 편향된 것으로 보였다. 은행을 도와주는 일련의 조치들이 시도되자(그중 일부를 5장에서 설명한다) 월스트리트가 어떻게 반응하는지, 은행 주가에 어떤 영향을 미치는지에 관심이 집중됐다. 은행들에게 달콤한 정책은 높은 은행 주가에 반영된다. 일반적으로 이런 정책은 납세자에게는 더 나쁜 정책이다. 메인스트리트가 원했던 건 대출에 다시 물꼬를 트는 것이었다. 하지만 은행을 소생시키기 위한 어떤 노력도 그런 점에서 높은 점수를 받지 못했다.

월스트리트는 정치적 무감각 때문에 오바마가 안고 있는 국민화합의 과제를 더욱 어렵게 만들었다. 납세자들은 은행들이 대출을 할 수 있도록 자본을 확충해주려고 엄청난 액수의 돈을 은행에 쏟아부었다. 그런데도 은행들은 배당과 보너스로 거액을 지출하는 정치적 둔감함을 보였다.[27]

2009년 2월 은행들의 보너스에 관한 비난이 더욱 거세질 때 오바마는 목소리를 높여야 했다. 하지만 보너스를 비판하는 데 있어 그는 어려움에 부딪혔다. 그가 월스트리트에서 산 환심은 금세 사라졌다. 하지만 그는 여전히 메인스트리트의 신뢰를 얻는 팀을 갖지 못했다.

이러한 실수들은 정치적 환경에 영향을 미쳤다. 이 실수들은 실제로 오바마 정부가 은행을 소생시키고, 모기지 시장을 안정시키고, 경제를 활성화하려 애쓰면서 부딪히는 정치적 제약을 만들어냈을 수 있다. 투자자들은 정부가 후원하는 계획에 참여하기를 꺼렸다. 그들이 기대한 대로 이익을 내면 의회가 게임의 규칙을 바꿔 이익을 가져가거나 벌칙 또는 제약을 부과할까 두려웠기 때문이다. 은행들에게 얼마나 많은 돈이 필요한지 말하는 건 불가능했다. 하지만 은행 구제에 대한 지지가 갈수록 사라졌기 때문에 은행 구제에 더 많은 돈이 들어간다면 이를 의회에서 얻어내기는 매우 어려웠다.

이런 상황 때문에 점점 더 복잡하고 투명하지 않은 전략을 써야 했다. 정부의 모든 지출은 의회의 승인을 받아야 한다. 하지만 연준과 FDIC를 통한 속임수가 오늘날의 일상적인 방식이 돼버렸다. 미국인들이 민주주의의 핵심적인 부분으로 생각하게 된 의회의 면밀한 심의를 비켜갈 수 있는 방식으로 자금을 제공하는 것이다.[28] 연준은 정보자유법(Freedom of Information Act)이 거기까지는, 적어도 연준의 핵심적인 활동에까지는 미치지 못한다고 주장했다. 2009년 8월 미국 지방법원은 연준에 패소 판결을 내렸다. 그래도 연준은 민주주의 사회에서 우리가 공공기관에 기대하는 투명성에 대한 요구를 받아들이지 않고 항소했다.[29]

은행들은 투자자와 규제당국을 속이기 위한 시도인 '부외(簿外)거래'를 지나치게 많이 하다 어려움을 겪었다. 하지만 이제 이 금융의 마술사들은 정부가 같은 일(아마도 납세자와 유권자를 속이려 하는 일)을 하도록 돕고 있다.[30]

경제 전망

취임한 지 9개월이 지났을 때도 오바마가 했던 도박이 성과를 낼지는 여전히 불확실했다. 경제는 생명유지장치를 뗐고 벼랑 끝에서 한발 물러섰다. 경제가 끝이 보이지 않게 추락하는 자유낙하는 2009년 가을 멈춘 걸로 보인다. 이는 경제에 대해 해줄 수 있는 가장 좋은 말이다. 하지만 2009년에 자유낙하가 끝났다는 게 정상으로 돌아갔다는 말은 아니다.

지나치게 줄어든 재고가 다시 보충되면서 2009년 가을까지 경제는 몇 달 동안 빠른 성장을 했다.[31] 그러나 그런 성장도 실제 생산과 생산 잠재력 사이의 격차를 줄이는 데는 거의 도움이 되지 않았다. 그런 성장은 미국경제나 세계경제가 곧 강한 회복세를 타리라는 의미는 아니었다. 사실 경제를 예측하는 이들은 대부분 2009년 말과 2010년으로 갈수록 성장이 둔화되고 2011년에는 더 큰 문제가 기다리고 있을 것으로 보았다.

성장이 다시 시작된 건 기술적인 의미에서 침체가 끝났다는 뜻이었다. 경제학자들은 2분기 이상 마이너스 성장을 하는 걸 침체라고 정의한다. 따라서 아무리 미약하더라도 성장이 플러스로 돌아서면 그들은 침체가 끝났다고 선언한다. 하지만 근로자들에게는 실업률이 높을 때, 특히 높은 실업률이 더욱 심각해지고 있을 때는 경제가 여전히 침체돼 있는 것이다. 기업들에게는 과잉설비가 있는 한 경제가 침체돼 있는 것이다. 설비가 남아돌면 경제는 생산잠재력을 밑돌고 있는 것이다. 과잉설비가 있는 한 그들은 투자를 하지 않을 것이다.

이 책이 출간될 때에도 경제가 1~2년 안에 생산이 잠재적인 생산능력 수준으로 회복하리라는 전망은 매우 미약하다. 희망적인 생각은 제쳐두고 경제의 기초체력에 초점을 맞추면 실업률이 정상 수준으로 돌아가는 데는 오랜 시간이 걸릴 것으로 짐작할 수 있다. 바닥까지 갔다 다시 튀어 오른다고 해서 경제가 바람직한 수준으로 돌아가는 것은 아니다. 경제가 완전고용을 회복하기 오래 전에 일본식 침체에 빠져들 가능성이 있다. (미국의 성장이 일본의 오랜 스태그네이션 기간 중에 기록한 성장률보다 조금 높을 수도 있다. 이는 단순히 일본의 노동력이 정체돼 있는 데 비해 미국의 노동력은 연 1%씩 늘어나고 있기 때문이다. 우리는 그 차이에 속지 말아야 한다.) 경제가 앞으로 한두 차례 충격을 받아 비틀거릴 수도 있다. 또 다른 금융회사가 갑작스럽게 무너지거나, 상업용 부동산 문제가 터지거나, 또는 단순히 경제 활성화 조치가 2011년 끝나기만 해도 충격이 올 수 있다. 나중에 설명하겠지만 실업률을 정상적인 수준으로 다시 낮추려면 3%를 웃도는 성장을 지속적으로 해야 한다. 가까운 장래에 그럴 가능성은 보이지 않는다.

정부와 주식을 파는 이들이 낙관적인 느낌을 전달하려 하는 건 당연하다. 자신감이 회복되면 소비와 투자를 부추겨줄 것으로 그들은 희망한다. 이는 집값도 회복시킬 수 있다. 만일 그렇게 된다면 2008년의 대침체는 금세 역사 속으로 사라질 것이다. 악몽의 기억이 빠르게 사라지듯.

주가가 저점에서 회복되는 것은 흔히 경제의 건강이 회복된다는 걸 보여주는 지표로 여겨진다. 유감스럽게도 주가 상승이 반드시 모든 일이 잘되고 있다는 걸 가리키는 지표는 아니다. 주가는 연준이 유동성을 홍수처럼 퍼부어 금리가 떨어짐에 따라 주식이 채권보다 훨씬 나아 보이기 때문에 오를 수도 있다. 홍수처럼 불어난 유동성은 배출구를 찾을 것이다. 기업에 더 많은 대출이 이뤄지면 좋을 것이다. 하지만 이 유동성은 또한 자산가격이나 주식시장에 미니버블을 낳을 수도 있다. 주가 상승은 또한 기업이 근로자를 해고하거나 임금을 낮춰 원가를 줄이는데 성공한 걸 반영한 것일 수도 있다. 그렇다면 이는 경제 전반의 문제를 예고하는 것이다. 근로자의 소득이 계속 정체되면 GDP의 70퍼센트를 차지하는 소비도 정체될 것이다.

앞서 말했듯이 이번 침체는 복잡하다. 금융위기와 경기침체가 상호작용을 하고 이 둘이 복합된 것이다. 최근의 침체는 모두 소규모였고 정상 수준을 일시적으로 이탈한 것들이었다. 대부분 연준이 브레이크를 너무 세게 밟아서 온 침체였다. 이는 대부분 그 전에 정부가 가속기를 너무 세게 밟았기 때문이었다.[32] 회복은 쉬웠다. 연준은 실수를 인정하고 브레이크에서 발을 떼고 가속기를 밟았으며, 이에 따라 성장이 다시 시작됐다. 다른 경우에는 재고가 지나치게 쌓여 침체가 나타났다. 지나친 재고가 (보통 1년 안에) 조정되자마자 성장이 다시 시작됐다. 대공황은 달랐다. 금융시스템이 붕괴됐다. 경험적으로 금융위기와 결합된 침체가 닥쳤을 때 경기회복은 훨씬 더 어렵고 오래 걸린다는 걸 보여주었다.

우리는 파산 직전까지 갔던 은행들이 이제 벼랑 끝에서 한발 떨어져 있는 것으로 보인다는 사실을 축하해야 한다. 얼어붙었던 금융시장이 풀리고 은행 재무구조가 튼튼해졌음에도 불구하고 아직도 어두운 그림자가 무수히 보인다. 예컨대 상업용 부동산이 무너지면서 금융시장에 생길 문제가 어렴풋이 나타나고 있다. 그리고 주거용 부동산과 신용카드 빚이 좀체 사라지지 않는 문제들이 있다. 고질적인 높은 실업률은 모기지와 신용카드 빚에 새로운 문제를 일으킬 것이다. 은행들이 회계장부에 원리금 상환이 정상적이지 않은 모기지를 액면가치 그대로 반영할 수 있도록 허용한 새로운 조치 때문에 은행시스템의 건전성을 판단하기가 더 어렵게 됐다. 부실대출의 상환은 연장시킬 수 있었기 때문에 심판의 날을 미룰 수 있었다. 하지만 많은 상업용·부동산 대출이 증권화돼 있었기 때문에 상환은 어차피 몇 년 동안 연장돼야 했다. 파산과 압류의 새 파도가 일어날 여건이 마련됐다. 상업용과 주거용 부동산 시장 둘 다 장기금리를 낮춘 연준의 조치로 지탱됐다. 금융시장에 비상조치를 취하며 개입했던 연준이 출구전략을 쓰면 어떤 일이 벌어질까? 연준이 생명연장장치를 떼어가버리는 데 따른 리스크를 깨닫고, 이 때문에 약속한 대로 출구전략을 펴지 않으면 어떤 일이 생길까?

하지만 금융시스템이 완전히 건강을 되찾더라도 실물경제에는 문제들이 남는다. 총수요를 구성하는 각각의 요소를 살펴보면 낙관의 근거는 거의 없다. 고장 난 은행이 완전히 수리되더라도 그들은 예전에 그랬던 것만큼 무분별하게 대출을 하려 하지 않을 것이다. 그들이 기꺼이 대출하려 하더라도 미국인들은 돈을 빌리려 하지 않을 것이다. 그들은 값비싼 교훈을 얻었다. 그들은 은행들이 그들에게 닥치는 대로 돈을 쏟아붓던 때에 비해 틀림없이 더 많이, 아마도 아주 많이 저축할 것이다. 실업 증가에 관한 불확실성이 없더라도 미국인들이 가졌던 부의 많은 부분이 날아가버린 게 문제였다. 주택 지분은 그들의 중요한 자산이었다. 그들은 지분이 완전히 사라지지는 않았더라도 크게 줄어들었다는 걸 깨달았다. 이는 몇 년 안에 회복되기 어려운 것이었다. 회복되기나 한다면 말이다.

다른 각도에서 보면, 디레버리징(예컨대 가처분소득의 1.3배에 이른 비정상적인 수준의 가계부채를 줄이는 일)이 이뤄지려면 평상시보다 더 많은 저축이 필요하다. 이는 가계의 지출이 줄어야 한다는 뜻이다.

총수요의 다른 요소들도 강력한 회복이 어려워 보인다. 그토록 많은 나라들이 각자 문제에 직면해 있기 때문에 미국이 수출 붐을 기대할 수도 없다. 내가 지적한 대로 전 세계가 모두 수출로 성장할 수는 없다는 건 분명하다. 대공황 때 각국은 이웃나라를 희생시키면서 스스로를 보호하려 했다. 이는 근린궁핍화(beggar-thy-neighbor, 이웃나라 거지 만들기_옮긴이)정책으로 불리며, 관세를 부과하고 다른 무역장벽을 쌓는 보호무역주의와 자국의 통화가치를 떨어뜨려 수출품을 싸게 만들고 수입을 덜 매력적으로 만드는 경쟁적 평가절하를 포함한다. 오늘날 이런 정책들이 먹혀들 가능성은 그때보다 조금도 높지 않다. 오히려 역효과를 낳기 십상이다.

중국의 성장은 강력했지만 이 나라의 소비는 여전히 미국에 비하면 매우 적다. 그래서 중국이 지출을 늘려도 미국의 지출이 줄어든 걸 상쇄할 수 없다. 그리고 중국의 늘어난 지출 가운데 작은 부분만이 미국 수출 증대로 나타날 것이다. 또한 글로벌 위기가 많은 개발도상국들에게 얼마나 큰 타격을 주었는지 생각할 때 이들 나라는 할 수만 있으면 많은 양의 외환을 쌓아두려 하리라는 걸 알 수 있다. 이는 글로벌 경제의 수요를 약화시킬 것이다.

소비나 수출의 강한 회복 없이는 투자가 어떻게 회복할 수 있는지 생각하기 어렵다. 적어도 과잉설비가 해소되거나 서서히 낡아서 사라질 때까지는 투자가 회복되기 어렵다. 한편 앞으로 경기부양을 위한 지출이 철회되고 세금수입이 부족해지면서 중앙과 지방정부가 씀씀이를 줄이면 이는 미국경제를 더욱 짓누를 가능성이 크다.

위기 전 미국경제를, 그리고 상당 부분 세계경제를 받쳐준 것은 부채에 의존해 흥청망청한 소비였다. 주택시장 거품이 그 소비를 받쳐주었다. 사람들은 집값이 영원히 오를 걸로 믿었기 때문에 소득을 넘어서는 소비생활을 할 수 있었다. 지금은 아무도 그렇게 믿지 않는다. 미국의 성장에 바탕이 된 '모델'은 수명이 다했다. 하지만 이를 대체할 어떤 것도 보이지 않았다.

요컨대 2008년 가을 벼랑에 몰린 것처럼 보였던 경제가 그 벼랑에서 벗어났다는 건 안도감을 주었지만, 경제가 건강한 모습을 되찾았다고는 아무도 주장할 수 없을 것이다. 늘어나는 빚은 오바마의 다른 계획도 위태롭게 했다. 은행 구제에 대한 분노는 다른 분야로 퍼져갔다. 은행들이 여전히 대출을 늘리지 않는 가운데 은행 경영진은 거의 사상 최고 수준의 보너스를 받고 있었다(2009년 11월 초 조사에 따르면 평균적인 트레이더들은 93만 달러의 횡재를 했다).[33] 은행의 주주들은 보유 주식의 시장가치가 올라가 즐거웠다. 오바마는 모두를 만족시킬 수는 없다는 걸 배웠다. 그러나 그가 마땅히 만족시켜줘야 할 사람들을 만족시켰는가?

리스크가 적을 것으로 보였던 전략(이럭저럭 위기를 헤쳐나가고 충돌을 피하는 전략)은 경제적으로, 그리고 정치적으로 리스크가 높은 것으로 드러나고 있었다. 정부에 대한 신뢰는 손상될 위험이 있었고 대형 은행들과 다른 국민들 사이의 갈등은 더 뚜렷해졌다. 경제는 회복이 더 늦어질 위험에 직면했다. 값비싼 공개적인 구제와 숨겨진 구제 때문에 정부 재정상태가 위험에 빠졌다. 또한 미래를 위해 절실하게 필요한 다른 정부 프로그램도 위태로워졌다.

오바마는 다른 대안을 택할 수도 있었다. 이미 내려진 결정이 선택할 수 있는 대안들을 크게 제한하고 있지만 아직도 많은 옵션을 이용할 수 있다. 다음 4개의 장에서 나는 정부가 어떻게 경제를 부양하는 데 힘을 쏟게 됐는지(3장), 정부가 어떻게 주택 보유자들을 도왔는지, 또는 그들을 구하는 데 실패했는지(4장), 그리고 어떻게 금융시스템을 소생시키고 다시 규제를 하려고 했는지(5장과 6장) 설명할 것이다. 내가 걱정하는 건 이미 이뤄진 결정 때문에 경기침체가 필요한 것보다 훨씬 길고 깊어지리라는 점이다. 그뿐 아니라 우리는 훨씬 많은 빚을 물려받은 상태에서 위기를 벗어날 것이다. 또한 금융시스템의 경쟁력과 효율성이 떨어져 또 다른 위기에 더욱 취약해질 수 있고, 경제는 21세기의 도전에 응할 준비가 덜 된 상태에서 위기를 벗어날 것이다.

03

잘못된 대응

FREEF∀LL

0 3

부시와 오바마 행정부는 이번 침체의 혹독함을 과소평가했다. 그들은 은행에 돈을 대주면 신용 흐름이 다시 시작되고, 부동산시장이 부활하고, 경제가 건강을 회복할 것이라고 믿었다. 은행 자본구조를 복구해준다고 자동적으로 대출이 정상화되는 건 아니다. 부양 조치는 더 큰 규모로 더 잘 설계됐어야 했다. 부양 조치는 규모가 너무 작았고, 너무 많은 부분이 감세를 통해 이뤄졌다. 또한 각 주와 지방, 사회안전망의 뚫린 구멍으로 추락한 이들을 돕는 데 너무 적은 돈이 돌아갔다.

버락 오바마와 그의 참모들은 2009년 1월 정권을 잡았을 때 전례가 없는 규모의 위기를 마주했다. 다행히도 그들은 실물경제에 대해 뭔가를 하지 않고는 은행시스템의 건강을 회복시킬 수 없다는 걸 알아봤다. 그들은 은행시스템에 다시 생명을 불어넣어야 했고 주택 압류가 홍수처럼 쏟아지는 걸 막아야 했다. 미국은 한 세기의 4분의 3에 해당하는 기간 동안 이 정도로 가혹한 위기를 겪지 않았다. 하지만 다른 곳에서는 위기가 너무나 흔한 일이 됐다. 외국의 역사와 경험에서, 부동산 거품이 터지면서 생긴 위기를 포함해 경제위기들을 어떻게 다뤄야 하는지에 관한 풍부한 정보를 얻을 수 있다. 오바마 팀은 단기적으로 경제를 활성화하고 미래를 내다보며 나라를 튼튼히 할 수 있는 정책을 설계하기 위해 이론과 경험적 증거, 상식을 활용할 수도 있었다. 하지만 정치가 늘 그렇게 분석적인 건 아니다.

위기의 여파를 다루는 데 가장 중요한 한 가지 아이디어는 단순한 것이다. 위기는 어떤 경제의 자산을 파괴하지 않는다. 은행은 파산할 수 있다. 많은 기업과 가계가 쓰러질 수 있다. 하지만 실물자산은 거의 예전 그대로다. 같은 건물, 공장, 그리고 사람들, 같은 인적·물적 자원과 자연자원이 남아 있다. 위기 때는 자신감과 신뢰가 침식되고, 은행과 기업들이 파산하거나 파산 위기에 몰리면서 사회의 제도적 짜임새가 약화되고, 시장경제가 소유권에 대한 주장을 뒤죽박죽으로 흔들어놓는 일이 생긴다.

통상적인 파산 과정에서 소유권이 예컨대 주주에게서 채권자에게로 이전될 때 누가 특정 자산을 소유하고 통제하는지 늘 분명한 것은 아니다. 위기 전 단계에서는, 예를 들어 보다 생산적인 곳이 아니라 집을 짓는 데 돈을 썼기 때문에 자원은 낭비됐다. 하지만 이제 돌이킬 수 없는 일이다. 이미 지나간 일은 엎질러진 물이라고 할 수도 있겠다. 거품이 꺼진 후에는 자원이 어떻게 쓰일까? 핵심적인 질문은 이것이다. 이때는 보통 자원이 효율적으로 다 쓰이지 못하고 실업이 치솟으면서 손실이 가장 많이 발생한다. 이는 정말 시장 실패다. 올바른 정책들을 수행하면 피할 수 있는 실패다. 올바른 정책이 시행되지 않을 때가 얼마나 많은지를 보면 놀랍다. 거품이 있을 때 생긴 손실은 거품이 꺼진 후의 손실 때문에 더욱 심각해졌다.

경기부양

대공황 때 재정적자를 억제하고 싶어 하는 보수주의적 재정정책 이론가들과 경제를 활성화하기 위해 정부가 적자를 안아야 한다고 생각하는 케인즈학파 사이에 큰 논쟁이 벌어졌다. 2008~2009년에는 (그 당시에는) 모두가 갑자기 독실한 케인즈학파가 됐지만 정부가 정확히 어떤 방식으로 위기에 대응해야 하는지에 관해서는 이견이 있었다. 오바마가 취임했을 때 경기하락은 너무나 거셌고 그가 당장 이를 되돌리기 위해 할 수 있는 일은 아무것도 없었다. 하지만 경제가 얼마나 빨리 안정될지는 경기활성화 정책의 내용과 규모에 따라 결정될 터였다. 유감스럽게도 오바마 행정부는 무엇이 필요한지에 대한 분명한 관점을 보여주지 못했다. 대신 경기활성화 조치의 내용을 다듬고 규모를 정하는 일을 대부분 의회에 맡겼다. 그래서 나온 것은 경제에 필요한 바로 그 정책이 아니었다.

잘 짜인 경기활성화 계획은 다음 7가지 원칙에 따라야 한다.

① 신속해야 한다. 조지 W. 부시 대통령이 경기활성화 조치를 지체한 데 따른 비용은 컸다. 경제정책이 완전한 효과를 내기까지는 몇 달이 걸린다. 그러므로 경제에 빨리 돈을 투입하는 게 긴요하다.

② 효과적이어야 한다. 경기부양 효과가 있다는 말은 쓴 돈이 대폭발을 일으킨다는 뜻이다. 투입한 모든 돈이 고용과 생산을 크게 늘려야 한다. 투입한 1달러당 국민소득이 늘어나는 크기를 승수라고 부른다. 표준적인 케인즈학파의 분석에 따르면 정부가 지출한 1달러는 국민생산을 1달러 이상 늘려준다. 정부가 건설 프로젝트에 돈을 쓰면 그곳 근로자들이 급여를 받아 물건을 사는 데 쓰고 다른 이들이 차례로 그들의 돈을 쓴다. 이 과정의 단계마다 국민소득이 늘어나 처음 정부가 쓴 양보다 훨씬 많은 국민소득이 발생한다.

미국경제의 단기적인 승수는 평균적으로 1.5 정도다.[1] 정부가 지금 10억 달러를 쓴다면 올해 GDP는 15억 달러 늘어날 것이다. 장기적인 승수는 더 높다. 오늘의 지출에 따른 효과는 다음 해 또는 그 다음 해에 나타난다. 지금의 침체가 장기적인 것일 가능성이 크기 때문에 정책결정자들은 앞으로 2~3년 후에 실현될 효과에도 유의해야 한다.

모든 지출이 같은 승수를 내는 것은 아니다. 이라크에서 일하는 외국 도급업체에 쓰는 돈은 승수가 낮다. 그들의 소비가 대부분 미국 밖에서 이뤄지기 때문이다. 부유층의 세금을 깎아주는 것도 마찬가지다. 실업 급여를 늘리는 건 높은 승수효과를 낸다. 갑자기 소득이 부족해진 이들은 그들이 받는 돈을 거의 다 쓸 것이기 때문이다.[2]

③ 나라의 장기적인 문제들을 해결해야 한다. 낮은 국민저축, 거대한 무역적자, 사회보장제도와 노인층을 위한 다른 복지제도의 장기적인 재정 문제, 쇠락하는 사회기반시설, 그리고 지구온난화는 모두 나라의 장기 전망에 구름을 드리운다. 효과적인 활성화 조치는 이런 문제들을 겨냥하거나 최소한 악화시키지 않는 것이다.

④ **투자에 초점을 맞춰야 한다.** 경기활성화 조치는 불가피하게 재정적자를 늘린다. 하지만 국가채무는 단지 대차대조표의 한쪽(국가가 진 빚)만을 가늠할 뿐이다. 자산도 똑같이 중요하다. 경기활성화를 위해 쓰인 돈이 나라 경제의 장기적인 생산성을 높이는 자산에 투자된다면 이 나라는 그 조치의 결과 장기적으로 더 나은 모습으로 바뀔 것이다. 단기적으로 생산과 고용도 늘어날 것이다. 미국은 해외에서 너무 많은 돈을 빌렸기 때문에 오늘날 대차대조표를 개선하는 일은 특히 중요하다. 한

나라가 빚을 써서 소비를 늘리고 경제를 부양하면 그 빚을 갚아야 할 미래의 생활수준은 낮아질 것이다. 단지 이자만 갚아야 할 때도 그렇게 될 수 있다. 한 나라가 투자를 통해 경제를 활성화하면 이자를 갚고도 남을 정도로 미래의 생산수준은 높아질 것이다. 그런 투자는 현 세대뿐만 아니라 다음 세대의 생활수준도 향상시킬 것이다.

⑤ 공정해야 한다. 미국 중산층은 최근 몇 년 동안 상류층에 비해 훨씬 살아가기가 어려웠다.[3] 모든 경기활성화 조치는 이 점을 생각하면서 설계해야 한다. 공정해야 한다는 말은 조지 W. 부시가 2001년과 2003년에 했던 것과 같은 (대부분의 이득이 부유층에게 돌아간) 감세는 아예 말도 꺼내지 말아야 한다는 걸 뜻한다.

⑥ 위기에 따른 단기적인 응급사태를 해결해야 한다. 경기침체 때 각 주는 흔히 재정이 바닥나 채용 인력을 줄인다. 실업자들은 건강보험도 없이 방치된다. 모기지를 갚느라 힘겨웠던 이들은 일자리를 잃거나 가족이 아프기라도 하면 죽을 지경이 된다. 이런 문제들을 최대한 많이 해결할 수 있어야 잘 설계된 경기활성화 조치라 할 수 있다.

⑦ 경기활성화 조치는 실업을 겨냥해야 한다. 실업이 영구적일 것 같으면 경기활성화 조치는 미래 일자리를 얻기 위해 필요한 기술을 가진 근로자들의 고용을 유지하는 방향으로 가야 한다.

이 목표들은 상충되기도 하고 보완적일 때도 있다. 단기적인 응급사태를 해결하는 데 쓰는 돈은 대부분 매우 효과적이다. 이 돈은 승수효과가 매우 크다. 하지만 자산을 만들어내지는 않는다. 자동차업체를 구제하기 위해 돈을 쓰는 건 일시적으로 일자리를 지켜주지만 밑 빠진 독에 물 붓기와 같다. 도로 건설에 투자하는 건 세계의 가장 중요한 장기적인 문제들 가운데 하나인 지구온난화를 악화시킬 수 있다. 현대적인 고속 대중교통 체계를 만드는 게 훨씬 나을 것이다. 대가도 받지 않고 은행을 구제하는 데 돈을 쓰는 건 미국에서 가장 부유한 사람들에게 돈을 주는 것이며 승수효과는 거의 없다.[4]

경제가 약화될 때 자동으로 지출이 늘어나도록 하는 자동안정화장치들은 가장 효과적인 형태의 경기활성화 정책 가운데 하나다. 경제에서 필요로 하는 수준에 맞춰 지출을 늘릴 수 있기 때문이다. 이런 정책은 예컨대 실업률이 올라감에 따라 자동적으로 실업급여가 늘어나도록 하는 것도 포함한다. 경제가 예상한 것보다 빨리 회복되면 실업급여로 지출되는 돈도 자동적으로 줄어든다.

우리는 어떤 일을 했어야 했나

이런 원칙들은 경기활성화 조치를 어떤 규모로 어떻게 설계했어야 했는지에 관한 중요한 지침을 준다. 몇몇 나라들, 특히 호주는 이런 원칙들에 맞는 경기활성화 정책을 설계했다. 호주는 경기침체를 그리 심하지 않게 겪었고, 선진국 가운데 가장 먼저 다시 성장하기 시작했다.

마침내 오바마 행정부의 부양 조치도 효과를 냈다. 하지만 부양 조치는 더 큰 규모로 더 잘 설계됐어야 했다. 부양 조치는 규모가 너무 작았고, 너무 많은 부분(약 3분의 1)이 감세를 통해 이뤄졌다. 또한 각 주와 지방, 사회안전망의 뚫린 구멍으로 추락한 이들을 돕는 데 너무 적은 돈이 돌아갔다. 투자계획도 더 효과적일 수 있었는데 그렇지 못했다.

규모

경기활성화 종합대책에 따라 쓰일 8000억 달러 가까운 돈은 처음에는 많은 것처럼 보였다. 하지만 이는 2년 이상에 걸쳐 쓰일 돈이다. 이 돈은 14조 달러에 이르는 GDP에 비하면 3퍼센트도 안 된다. 이 돈의 약 4분의 1이 첫해에 투입된다. 하지만 그 2000억 달러는 각 주와 지방에서 줄인 지출을 상쇄하기에 충분하다고 하기는 어렵다. 결국 2009년 연방정부의 '부양'대책으로 늘어난 지출에서 각 주가 줄인 지출을 빼면 순지출은 거의 없는 셈이었다.

정부가 스스로 제시한 숫자도 불충분한 부분을 두드러지게 보여준다. 대통령과 참모들은 경기활성화 조치가 360만 개의 새 일자리를 만들어낼 것(또는 그만한 일자리를 잃지 않도록 막을 것)이라고 말했다.[5] (그들은 경기활성화 조치 후 2년 동안은 순수한 일자리 창출이 전혀 없을 수도 있다는 걸 알고 있었다.) 하지만 그 360만이라는 숫자는 다시 볼 필요가 있다. 보통 한 해 순증 기준으로 거의 150만 명이 노동시장에 새로 참여하고 경제는 그들에게 일자리를 만들어준다. 침체가 시작된 2007년 12월부터 2009년 10월 사이에 800만 명이 일자리를 잃었다.[6] 이는 노동시장에 새로 참여하는 이들을 포함할 때 2009년 가을까지 일자리 적자, 다시 말해 경제가 완전고용을 회복하기 위해 만들어내야 할 일자리 수는 1200만 개 이상으로 늘었다는 뜻이다.[7]

경제가 현상 유지를 하려면 달려야 한다. 완전고용 목표를 이루기 어렵다는 건 분명하다. 노동력이 정상적인 속도로 늘어나고 생산성이

2~3퍼센트씩 정상 속도로 높아질 때 GDP가 3~4퍼센트는 성장해야 실업률이 높아지지 않을 것이다. 실업률이 2009년에 이르렀던 수준에서 떨어지도록 하려면 경제는 정상 속도보다 빠르게 성장해야 한다. 하지만 '컨센서스 전망치', 다시 말해 가장 낙관적이거나 가장 비관적인 이코노미스트의 견해가 아닌 일반적인 전망치에 따르면 2009년과 2010년 누적 성장률은 1.5퍼센트에도 못 미쳤다.[8] 이는 매우 부족한 수준이다.

이 숫자를 자세히 들여다보면 무슨 일이 일어났는지에 대해 더욱 암울한 생각을 갖게 된다. 정부와 언론이 초점을 맞추는 숫자는 '계절적으로 조정된' 것이다. 보통 학생들이 졸업하는 6월과 7월 노동시장에 새로 참여하는 이들이 많고 크리스마스 즈음에 판매가 늘어난다는 사실을 감안한 숫자다. 하지만 이런 '계절적' 조정은 침체 때는 잘 맞지 않는다. 이는 '정상적인' 조정을 나타내지만 침체는 비정상적인 상황이다. 그래서 정부가 6월부터 8월까지 줄어든 일자리가 49만 2000개라고 발표했을 때 많은 이들이 일자리가 파괴되는 속도가 느려졌다고 보고 안도의 한숨을 쉬었다. 그러나 실제는 이와 달랐다. 파괴된 일자리는 그 세 배인 162만 2000개에 달했다. 이는 경제가 '정상'으로 돌아가려면 새로 만들어져야 했을 일자리 숫자였다. 모든 오바마 프로그램이 2년 동안 만들어낼 것으로 기대했던 것과 같은 숫자의 일자리가 두 달 안에 파괴됐다. 이 경기활성화 계획으로는 오바마 행정부가 그러리라고 주장했던 것만큼 완전한 성공을 거두더라도 2011년 말까지도 완전고용에 접근하는 목적을 달성할 수 없을 것이다.

물론 기대를 관리하고, 낙관적인 분위기를 유지하려는 이들은 일자리 증가와 경제성장 사이의 '시차'를 이야기한다. 그들은 일자리가 느리게 회복할 것이라고 인정한다. 이런 계산을 보면 시차 없이 일자리를 충분히 늘리는 게 얼마나 어려운 일이 될지 알 수 있다. 시차가 있다면 (시차는 거의 확실히 있겠지만) 고용주들이 경제가 실질적으로 회복된다는 자신감을 얻을 때까지 더 많은 근로자들을 고용하기를 주저함에 따라 상황은 더욱 나빠질 것이다.

사실 '선전된' 실업률(2009년 10월 10.2퍼센트밖에 안 되는 실업률)은 노동시장이 실제로 얼마나 취약한지를 숨기고 있다. 나는 앞서 공식적인 실업률이 노동시장에서 밀려나간 수백만 명을 포함하지 않는다는 점을 지적했다. 이들은 너무나 좌절해서 계속 일자리를 찾을 수조차 없는 사람들이다. (근로자들이 일자리를 찾지 않으면 고용되지 않은 게 명백한데도 실업자라고 불리지 않는다.) 공식 실업률에는 또한 풀타임 일자리를 찾지 못해 파트타임 취업을 받아들여야 했던 수백만 명도 제외된다. '비자발적인' 파트타임 근로자와 구직을 포기한 이들을 포함하는 넓은 의미의 실업률은 위기 전인 2008년 8월 10.8퍼센트에서 2009년 10월 17.5퍼센트로, 기록된 실업률 통계로는 가장 높은 수준으로 치솟았다.[9] 일할 수 있는 연령대 인구 중 취업자의 비율은 58.5퍼센트로 1947년 이후 최저 수준이었다.

이런 숫자들은 물론 '평균치'다. 어떤 지역 어떤 그룹에서는 이처럼 사정이 나쁘지 않았다. 하지만 다른 부문에서는 사정이 훨씬 더 나빴다. 2009년 10월 미시건주의 공식 실업률은 15.1퍼센트였지만 넓은 의미의 실업률은 20.9퍼센트에 이르렀다. 다섯 명 중 한 명꼴로 일자리를 찾지 못한 것이다. 캘리포니아에서는 넓은 의미의 실업률이 거의 20%에 달했다. 10대 실업은 (사상 최고인) 27.6퍼센트로 치솟았다. 이에 비해 흑인 실업률은 15.7퍼센트였다.[10]

실업통계가 사정이 얼마나 나쁜지를 제대로 보여주지 못하는 이유는 또 있다. 많은 실업자들이 더 많이 더 오래 혜택을 받을 수 있는 장애인 수당을 선택한다. 2009년 들어 8개월 동안 장애인 수당 신청자 수는 23퍼센트 늘었다. 전염병이 물결처럼 미국 전역에 퍼진 것은 아니었다. 2008년 장애인 수당 지급액은 사상 최고인 1060억 달러에 이르렀다. 정부 예산의 4퍼센트에 이르는 규모다. 사회보장청은 2011년 말까지 경기침체 때문에 100만 명이 더 장애인 수당을 신청하고 약 50만 명이 혜택을 받을 것으로 추산한다. 이들 중 많은 수가 평생 장애인 수당으로 살아갈 것이다.[11]

경기하강이 1년 반 넘게 길어짐에 따라 장기 실업자(6개월 이상 실업 상태인 사람) 수는 대공황 이후 볼 수 없었던 수준에 이르렀다. 평균적으로 실업상태가 지속되는 기간은 반년 가까운 수준으로(24.9주로) 늘어났다.[12]

어떤 이들은 실업률 통계를 보고 1981~1982년 레이건 정부 당시 경기침체 때 10.8퍼센트에 이르렀던 실업률에 비하면 그 정도로 나쁘지는 않고 (아직까지는) 대공황 때 실업률에 비하면 훨씬 낮은 수준이라고 지적한다. 이런 비교는 에누리해서 들어야 한다. 경제구조가 제조업 중심에서 서비스업 위주로 바뀌었기 때문이다(경제 전체에서 제조업이 차지하는 비중은 1980년 20퍼센트에서 오늘날 11.5퍼센트로 줄었다).[13] 과거에는 파트타임 일자리가 지금보다 적었다. 더욱이 노동인력 구조도 크게 바뀌었다. 보통 젊은 층 근로자들의 실업률이 높은데 1980년대에는 젊은 층이 지금보다 훨씬 더 많았다. 이런 인구구조 변화를 감안해 조정하면 오늘날 실업률에 1퍼센트 또는 그 이상을 더해야 한다.

일자리가 없어짐에 따라 불안이 커졌다. 일자리를 가진 이들조차 해

고통지서를 받아 들까 걱정했다. 그들은 해고되면 다른 일자리를 얻는 게 거의 불가능하리라는 걸 알았다. 2009년 중반 빈 일자리 하나당 실업자는 일곱 명이었다. 이는 사상 최고 기록이며 지난번 경기침체 때 최고 기록의 두 배 수준이다.[14] 일자리를 가진 이들은 주당 근로시간이 33시간으로 줄었다. 관련 통계를 내기 시작한 1964년 이후 가장 낮은 수준이다.[15] 취약한 고용시장은 또한 임금하락 압력을 가했다.

주택시장 붕괴는 취약한 노동시장과 맞물려 돌아가며 두 가지 면에서 더욱 불안을 키웠다. 미국 노동시장은 세계에서 가장 역동적인 시장 가운데 하나다. 미국의 강점으로 꼽히는 역동적인 노동시장은 노동력이 가장 효율적으로 활용되도록 해준다. 하지만 이런 역동성을 해치는 커다란 장애가 나타났다. 첫째, 일반적으로 어떤 지역에서 일자리를 잃은 이들은 다른 지역에서 일자리를 찾으려 기꺼이 수천 마일을 옮겨간다. 하지만 대부분 미국인들에게 집은 가장 중요한 자산이다. 자기 집에 대한 지분을 얼마간 갖고 있는(다시 말해 집값이 모기지도 갚지 못할 정도로 떨어지지 않은) 이들도 그중 많은 부분을 잃어버렸다. 너무나 손실이 커서 비슷한 크기의 집을 사기 위한 20퍼센트 선불금을 낼 수 없는 이들이 많았다. 일자리를 찾아 이사를 갈 수 있는 능력이 떨어진 것이다. 일자리를 가진 이들은 더 좋은 일자리를 찾아 집을 떠나지 않을 것이다. 일자리가 없는 이들은 오랫동안 실업상태에 머무를 가능성이 크다. 이주는 예전만큼 매력적인 선택이 아니다.

더욱이 노령층에 속하는 많은 이들은 또한 실업에 영향을 미칠 두 번째 문제에 부딪힌다. 예전에는 대부분의 퇴직 프로그램이 확정급여형 프로그램(defined benefit program)으로 불리는 것들이었다. 이 경우 퇴직자들은 퇴직 후 얼마를 받을지를 안다. 그러나 지난 20년간 많은 퇴직 프로그램이 '확정기여형 프로그램(defined contribution program)'으로 바뀌었다. 이 경우 고용주는 일정한 금액을 기여하고 이 돈은 금융시장에 투자되는데, 많은 부분이 주식시장에 투자됐다.[16] 주택시장 붕괴와 함께 일어난 주식시장 붕괴는 많은 미국인들이 은퇴를 다시 생각하도록 했다.[17] 노동시장을 떠나는 이들이 줄어들 때, 고용이 확대되지 않는 한, 새로 생기는 빈자리도 줄어들 것이다.

결국 경기활성화 조치가 통과된 지 몇 달도 안 지나 그 규모가 충분하지 않다는 게 명백해졌다. 하지만 이는 정부가 이 조치를 설계할 때 이미 분명히 알 수도 있었다.[18] 저축률 제로 수준은 지속될 수 없었다. 저축이 늘어나는데다 각 주와 지방자치단체에서 씀씀이를 줄임에 따라 소비가 줄어들었다. 이는 2년에 걸쳐 8000억 달러를 쓰는 경기부양은 기대하는 효과를 낼 수 없으리라는 걸 뜻했다.

주정부 지원

위기 때 연방정부 지원이 없으면 총 정부지출의 3분의 1에 이르는 각 주정부와 지방정부들의 씀씀이는 줄어들 것이다. 주정부들은 균형예산의 기본 틀을 갖고 있기 때문에 수입에 맞춰 지출을 제한해야 한다. 자산가치와 기업이익이 줄어들 때 세금수입도 떨어진다. 2010 · 2011년 두 회계연도의 예산 부족은 적어도 3500억 달러에 이를 것으로 추정된다.[19] 2009년 캘리포니아 한 주에서만 지출을 줄이고 세금을 늘려 420억 달러를 메워야 했다.[20] 주정부의 세수 부족만 메우려 해도 연방정부는 한 해 GDP의 1퍼센트 이상 재정지출을 늘려야 한다.

2009년 2월 통과된 경기부양 법안에는 각 주와 지방을 지원하는 내용이 담겼지만 이는 충분하지 않았다. 각 주와 지방정부의 지출 삭감 프로그램은 특히 가난한 계층에 타격을 주었다. 정부가 부양 조치를 칭찬하고 있을 때 신문들은 이번 위기의 많은 무고한 희생자들이 겪는 고통을 전했다. 무엇보다 시급한 것은 주정부의 수입 부족을 메워주는 일이었다. 다리를 놓기 위해 새로 근로자들을 고용하면서 동시에 교사와 간호사들을 해고한다면 경제적 효과가 별로 없다. 정부는 이런 문제들에 민감했다. 경기부양 조치 덕분에 창출된 일자리에 관한 2009년 10월 보고서에서 정부는 첫 단계 경기부양 지출로 64만 개의 일자리를 지키거나 새로 만들어냈다고 밝혔다. 이 중 절반 이상이 교육부문에서 나왔고 8만 개만 건설부문에서 나왔다.[21] 그러나 그 부양 조치는 여전히 교사들의 해고와 일시 고용 중단을 막기에 충분하지 않았다. 당장 시행할 수 있는 프로젝트조차 실제로 가동하려면 시간이 걸린다. 일자리 상실은 사기를 떨어뜨리는 요인이 됐다. 사기는 새 일자리가 만들어지는 것보다 훨씬 빨리 떨어졌다. 2009년 9월 정부부문의 고용은 4만 명 줄었다.[22]

단순한 공식(각 주별로 줄어든 세금수입을 메워주는 방식)을 적용했더라면 더 공정하고 더 빨리 돈을 풀 수 있었을 것이다. 이 돈은 높은 승수효과를 내고 가장 돈이 아쉬운 사람들에게 돌아갔을 것이다. 이는 자동적인 안정화 장치의 기능을 했을 것이다. 기적적으로 경제가 빨리 회복한다면 이 지출은 이뤄지지 않을 것이다. 경기하강이 예상보다 더 깊고 오래갈 가능성이 큰데 그렇게 되면 더 많은 돈이 쓰일 수 있을 것이다.

사회안전망에 뚫린 구멍 메우기

그 다음으로 시급한 것은 사회안전망의 구멍들을 메우는 것이다. 통과된 경기활성화 법은 이 문제를 조금 다루고 있지만 충분하지 않다. 의회는 연방정부가 돈을 대는 실업수당을 세 차례 연장해 최장 73주까지 줄 수 있도록 승인했다(많은 주가 이 기간의 3분의 1만 수당을 준다).[23] 그러나 침체가 계속되자 이것도 충분하지 않다는 게 분명해졌다.[24] 그래도 정부는 우리의 건강보험 체계는 고용에 바탕을 두고 있기 때문에 일자리를 잃은 사람들은 건강보험 혜택도 잃는다는 점에 대해 처음으로 뭔가를 했다. 그전의 개혁은 여유가 있는 이들이 보험(COBRA)을 살 수 있도록 했다. 하지만 갈수록 일자리가 없어짐에 따라 이들이 그 보험을 살 여유가 없어졌다. 지원이 없으면 보험 혜택을 못 받는 이들의(이미 긴) 줄이 더욱 길어질 것이다. 오바마의 경기활성화 종합대책에는 실업자에 대한 혜택 확대의 한 부분으로 건강보험 비용의 65퍼센트를 지원하는 내용도 들어 있다(그러나 이는 2008년 9월 1일부터 2009년 말까지 일자리를 잃은 근로자에게만 지원된다).

가장 큰 문제는 정부가 이번 위기의 핵심적인 현안을 해결하는 데 충분한 도움을 주지 않았다는 점이다. 실업자들은 모기지를 상환할 수 없다. 많은 실업자들이 일자리를 잃고 곧바로 집도 잃었다. 그들 잘못이 아닌데도 말이다. 오바마 정부는 이런 상황에서 모기지 상환을 대신해줄 수 있는 새로운 종류의 '모기지 보험'을 공급했어야 했다. 주택 보유자가 다시 일자리를 얻을 때까지 대출금 상환을 대부분 미뤄주는 것이다. 이렇게 하는 게 공정할 뿐만 아니라 국가이익에도 부합한다. 더 많은 집들이 압류되면 집값이 떨어지고, 이는 경기하강 사이클을 더욱 악화시킬 것이다.

투자

경기활성화 대책이 우리의 미래를 밝게 하는 투자, 특히 인재와 기술에 대한 수익성 높은 투자에 우선순위를 두었다면 더 의미가 있었을 것이다. 시장이 무너지고 주정부 예산이 부족해지면서 사립대학에 대한 기부금이 급격히 줄어들자 인재와 기술에 대한 투자가 큰 타격을 받았다.

경기부양을 위한 지출은 대부분 즉각적인 효과를 낼 수 있는 사업에 투입된다. 그 다음으로는 비교적 빨리 집행할 수 있는 녹색산업 투자에 들어간다. 앞으로 2년 동안에도 여전히 경제를 더 부양할 필요가 있을 수 있으므로 그런 리스크를 명백히 알았어야 했다. 장기적인 경기활성화 대책이 나왔다면 즉각적인 효과를 낼 수 있는 프로젝트를 넘어서 수익성 높은 공공투자가 이뤄질 수도 있었을 것이다. 이는 장기침체의 몇 안 되는 이점 가운데 하나다.

이 나라의 가장 심각한 투자 부족은 공공부문에서 나타난다. 그러나 공공부문에 대한 더 많은 투자를 신속히 시작할 수 있는 능력은 제한돼 있다. 투자를 자극하는 세금 감면은 경제에 더 많은 돈이 흘러가도록 부추기며 장기적인 이득을 가져온다. 예컨대 주택 보유자가 자기 집을 지킬 수 있도록 세금 혜택을 주는 프로그램이 있었더라면 부동산부문이 50년 만에 가장 낮은 수준으로 가라앉는 바람에 일자리를 잃었던 건설 노동자들 가운데 일부는 계속 고용될 수도 있었을 것이다.

경기가 내리막일 때 대부분 기업들은 투자의 리스크를 안지 않으려 한다. 투자에 대한 한시적인 세금 감면은 그들에게 적절한 유인을 줄 수 있다. 실제로 세금 감면은 경제가 정상으로 돌아온 나중에 투자하는 것보다 경제 전체적으로 투자에 따른 이득이 큰 지금 투자하는 게 더 싸게 먹히도록 해준다. 이는 자본재를 파는 것과 같다. 투자 규모에 따라 혜택을 더 주는 식의 세금 감면은 더 좋다. 경기침체 때도 어떤 기업들은 투자한다. 이런 기업들이 어차피 했을 투자에 대해 보상을 해주는 건 별 의미가 없다. 예를 들어 한 기업이 지난 몇 년 동안 투자한 금액의

80퍼센트를 넘는 투자를 할 때만 세금 혜택을 주면 그 효과는 커질 것이다.

실효성 없는 세금 감면

점수를 얻지 못한 건 부양 조치의 규모와 시기뿐만이 아니었다. 이 조치의 거의 3분의 1이 세금 감면을 통한 것이었는데, 이 가운데 대부분이 실효성이 많이 떨어질 위험을 안고 있었다. 2008년 2월 부시 대통령의 감세는 사람들이 감면 받은 세금 대부분을 저축했기 때문에 효과가 없었다. 이번 세금 감면은 더 많은 소비를 부추기도록 설계됐더라도 부시 정부 감세 때와 사정이 별로 다르지 않으리라고 믿을 만한 까닭은 많다.

미국인들은 일자리와 미래에 대한 불안뿐만 아니라 지나치게 많은 빚 문제에 직면했다. 빚을 가장 기꺼이 지려는 이들도 신용시장 환경이 어려워지면 필요할 때 신용카드에 의지하지 못할 수도 있다는 점을 이해할 것이다. 이에 따라 그들은 단기적으로 받은 돈의 대부분을 저축하기로 할 가능성이 크다. 이런 행동은 이해할 만하지만 소비를 늘리려는 경기부양 조치의 취지에는 맞지 않는 것이다. 감세는 나라의 빚을 늘리겠지만, 그로 인한 성과는 단기적인 것이든 장기적인 것이든 별로 없을 것이다.[25]

경기부양 프로그램의 다른 부분은 미래에서 빌려오는 것이다. 중고차현금보상(cash-for-clunkers) 프로그램은 자동차 수요를 촉진하는 데 도움이 됐다. 하지만 이 프로그램 때문에 팔린 자동차는 미래에는 그만큼 팔리지 않을 것이다. 경기침체가 6개월만 지속된다면 이 전략이 효과가 있을지 모른다. 하지만 이번 위기가 얼마나 지속될지 불확실하다는 걸 감안하면 이런 전략이 훨씬 더 위험하다. 그런 염려는 당연한 것이었다. 이 프로그램 덕분에 2009년 여름 자동차 구매는 늘었지만 가을에는 줄어들었다. 중고차보상 프로그램은 또한 목표를 제대로 겨냥하지 못하고 돈을 쓴 예다. 단기적으로 경제를 더 활성화할 수 있는 방식으로 돈을 쓸 수도 있었고, 장기적으로 경제의 구조조정을 돕는 데 필요한 방식으로 쓸 수도 있었다.

게다가 세금 감면과 중고차보상 프로그램 둘 다 기묘한 점이 있었다. 문제는 미국인들이 위기 전에 너무 적게 소비한 게 아니었다. 그들은 너무 많이 소비했다. 그런데도 위기 대응은 사람들이 더 많이 소비하도록 부추기는 것이었다. 이는 소비가 급격히 줄어드는 걸 감안할 때 이해할 만한 것이었다. 그러나 장기적인 성장을 위해 필요한 건 더 많은 투자다. 이런 때에는 소비자들이 더 많이 돈을 쓰도록 부추기는 데에만 초점을 맞추지 말았어야 했다.

파급효과

2009년 봄이 여름으로 바뀌고 실업자 수가 계속 늘어날 때 경기활성화 조치가 실효성이 없다는 목소리가 일제히 높아졌다. 하지만 이 정책의 성공을 가늠하는 진정한 잣대는 실제 실업자 수가 얼마나 되는지가 아니라 이 조치가 없었더라면 실업자가 얼마나 됐을까이다. 오바마 정부는 경기활성화 조치를 취함으로써 이 조치가 없었을 경우에 비해 300만 명의 일자리를 더 만들어낼 것이라는 점을 분명히 했다. 문제는 경제에 미치는 금융위기의 충격이 너무나도 커서 오바마의 거대해 보이는 재정확대정책조차 충분하지 않다는 점이었다.

대부분 경제학자들이 경기부양이 필요하며 효과가 있으리라고 확신하고 있었다. 더 큰 규모의 부양 조치가 바람직할 수도 있었다. 하지만 이에 대해 부정적인 사람들도 일부 있었다. 일부 보수주의적인 이들은 심지어 대공황 때 정부지출이 효과가 없었다고 주장하며 역사를 다시 쓰려 했다.[26] 물론 재정지출이 경제를 대공황에서 구해내지는 못했다. 미국은 2차 세계대전 때까지 공황에서 실질적으로 벗어나지 못했다. 그러나 그 이유는 의회와 루스벨트 행정부가 머뭇거렸기 때문이다. 그들은 일관성 있고 충분히 강력한 경기활성화 조치를 취하지 않았다. 이번 위기 때처럼 각 주정부의 지출 감소는 부분적으로 연방정부지출 확대로 상쇄됐다. 평화 시기에 진정한 케인즈학파 경제학에 따른 정책이 대규모로 시도된 적이 없었다. 이에 대한 그럴듯한 수사와는 반대였다. 전시정부지출은 경제를 완전고용 상태로 (매우 빠르게) 회복시키는 데 성공했다. 오바마의 경기활성화 조치 후에도 비판자들은 다시 케인즈학파 경제학은 이제 틀린 것으로 판명됐으며 시험대에 올랐다고 주장했다.[27] 하지만 그런 적이 없었다. 모든 증거들은 경기활성화 조치가 상황을 개선시켰음을 보여준다.

경기활성화 조치가 효과가 없을 수도 있다는 주장의 근거는 세 가지다. 그중 하나는 경제학자들이 제시한 것으로, 그들이 얼마나 현실과 동떨어져 있는지를 보여준다. 그러나 다른 두 가지는 참으로 염려되는 것들이다. 어떤 경제학자들은 정부가 적자를 내면 가계가 저축을 더 하도록 자극할 것이라고 주장했다. 가계는 미래에 언젠가 더 많은 세금을 냄으로써 빚을 갚아야 할 것이라는 걸 알기 때문이다. 이런 견해에 따르면 정부지출 증가는 가계소비 감소로 완전히 상쇄된다. 경제학자들에게 리카도 등가(Ricardian equivalence)로 알려진 이 이론은 미국의 모든 대학원생들이 배우는 것이다. 이것 역시 완전히 터무니없는 것이다. 부시 대통령이 2000년대 초 세금을 깎았을 때 저축률은 실제로 떨어졌다. 물론 경제학의 세계에서 사실은 결코 보이는 것과 같지만은 않다. 리카도 등가정리를 지지하는 이들은 아마 세금 감면이 없었으면 저축률이 더 떨어졌을 거라고 주장할 것이다. 이는 위기 전 미국의 저축률이 확실히 마이너스 몇 퍼센트 포인트가 됐을 수도 있었다는 뜻이다.

보수주의자들은 리카도 등가이론을 세금을 줄이는 데 반대할 때보다 지출을 늘리는 데 반대할 때 더 자주 인용한다. 사실 이 이론이 크게 문제될 건 아무것도 없다고 주장한다. 정부가 세금을 늘리면 사람들은 미래에 세금을 덜 내도 되리라는 걸 알고 오늘 세금이 늘어나지 않았을 때와 똑같은 수준의 소비를 한다. 이 이론들은 단순한 가정들에 바탕을 두고 있다. 이 가정들은 지금의 위기를 부추기는 데 그토록 많은 역할을 한 경제학자들에게 받아들여진 것들이다.

가정들 가운데 두 가지는 흔한 것이지만 명백히 잘못된 것들이다. 시장과 정보가 완전하다는 가정이다. 이런 시나리오에 따르면 모든 사람들이 원하는 만큼 돈을 빌릴 수 있다. 정부가 세금을 올릴 때 이를 상쇄하는 방식으로 소비를 늘리고 싶은 이들은 은행에 가 돈을 빌리는 데 아무런 문제가 없다. 이들은 정부와 같은 (부도 위험에 따라 적절하게 조정한) 금리로 돈을 빌릴 수 있다. 가정들 중에는 기이한 게 두 가지 있다. 개인은 영원히 살고 재분배는 문제가 되지 않는다는 가정이다. 사람들이 영원히 살면 그들은 오늘날 빌린 돈을 갚지 않고 도망갈 수 없다. 그러나 실제로는 현 세대가 오늘날 돈을 빌린 데 따른 부담을 미래 세대에 넘겨버릴 수 있다. 늙은 세대는 돈을 빌리지 않았을 때보다 더 많은 소비를 할 수 있는 것이다. 이 이상한 이론에 따르면, 가난한 노년층은 부유한 중년층에 비해 한정된 소득 가운데 더 많은 부분을 소비할 수도 있지만 부유한 이들에게서 가난한 이들에게로 소득을 재분배하는 건 총소비에는 영향을 주지 않는다. 실제로는 경기침체 때 정부가 재정적자를 늘리든 줄이든 가계의 저축이 늘어날 가능성이 크다. 저축률은 적자 규모에 그다지 영향을 받지 않을 가능성이 크다.

더 심각한 걱정거리도 있다. 정부가 더 많은 돈을 빌림에 따라 돈을 빌려준 이들은 정부가 그 돈을 갚을 수 있을지 염려할 것이다. 걱정이 커지면 그들은 더 높은 이자를 요구할 것이다. 이런 문제는 개발도상국들이 잘 알고 있다. 그들은 이러지도 저러지도 못할 처지에 놓이기 때문이다. 그들이 경기부양을 위해 돈을 쓰지 않으면 경제는 약해져 채권자들이 높은 금리를 요구한다. 개도국들이 경기부양에 돈을 쓰면 그들의 빚은 늘어나고 채권자들은 높은 이자를 요구한다. 미국은 다행히도 (아직은) 이런 결정적인 위기에 처하지 않았다. 내 판단으로는 지금 경기부양의 이득이 이 같은 장기적인 리스크보다 크다.

이와 밀접하게 관련된 일은 투자자들이 미래의 인플레이션에 대해 더 걱정하게 될 것이라는 점이다. 미국에 돈을 빌려준 나라들은 이미 미국이 '거대한 빚을 부풀려서 날려버릴' 유인이 생길 것이라는 염려를 표시했다. 다시 말해 인플레이션으로 빚의 실질적인 가치를 떨어뜨리려 할 것이라는 염려다. 뿐만 아니라 투자자들은 그 빚을 보면서 달러가 위험하다고 생각할 것이고, 그렇게 되면 (다른 통화와 견주어본) 달러 가치는 떨어지리라는 걸 그들은 걱정하는 것이다. 이런 걱정이 합리적이든 아니든 간에, 걱정하는 사람들이 있으면 장기금리는 오를 것이다. 이는 투자를 감소시키고 총수요 증가를 억제할 수 있다.

연준은 정부 차입이 늘어나 단기금리 상승을 불러오는 것만큼은 통화정책을 통해 대부분 상쇄할 수 있다. 하지만 이번 위기에서는 전례 없이 규모가 크고 독특한 통화정책이 시행돼[28] 연준이 가장 적절한 시점에 그 조치를 '되돌릴 수 있는' 능력이 있는지에 대한 염려를 불러일으켰다. 연준은 그렇게 할 수 있다며 시장에 확신을 주려 애썼다. 정확한 시점에 적절히 긴축적인 통화정책을 취함으로서 확실히 인플레이션이 높아지지 않도록 할 수 있다는 것이다. 5장에서 지적하겠지만, 연준의 대응에 대한 신뢰가 부족한 데는 그럴 만한 까닭이 있다. 맞든 안 맞든 이런 생각이 널리 퍼지면 연준은 곤경에 빠진다. 연준이 단기금리에 초점을 맞춘 '통상적인' 정책으로 돌아가면 설사 단기금리를 낮게 유지한다 해도 장기금리가 올라 경기회복세를 약화시킬 수 있다.

하지만 경기부양 자금이 투자에 쓰이면 이런 역효과가 일어날 가능성은 줄어든다. 실제로 경기부양의 결과 미국경제는 더 약한 게 아니라 더 강한 경쟁력을 가지게 되기 때문이다. 경기부양을 위한 지출이 투자에 쓰이면 국가의 대차대조표상 자산이 부채와 함께 늘어난다. 이때 돈을 빌려준 이들이 걱정할 까닭이 없으며 금리가 오를 이유도 없다.[29]

통제할 수 없을 정도로 늘어나는 적자는 참으로 걱정거리다. 미국이 대공황 때 버티지 못했던 것과 꼭 같이, 그리고 일본이 1990년대 초 거품이 터진 후 버티지 못했던 것과 마찬가지로 이번에도 미국이 끝까지 버티지 못하게 될 수 있는 정치적 리스크를 염려하는 것이다. 정부는 경제가 첫 번째 처방 후에도 강한 회복세를 보이지 못하면 계속해서 경기를 부양할 것인가? 케인즈학파 경제학을 믿은 적이 없었던 이들이 재정적자에 대한 의회의 매파와 연합해 정부지출을 줄여야 한다고 주장하지 않을까? 나는 그들이 그런 주장을 할 것이며, 이 경우 강한 성장세의 회복은 늦어지게 될 것이라는 점을 걱정한다.

미래를 향한 길

부시와 오바마 행정부는 이번 침체의 혹독함을 과소평가했다. 그들은 은행에 돈을 대주면 신용 흐름이 다시 시작되고, 부동산시장이 부활하고, 경제가 건강을 회복할 것이라고 믿었다. 오바마 정부의 부양 조치는 이 모든 일이 이뤄지기 전 과도기를 헤쳐나가기 위한 것이었다. 하지만 이런 가정들 하나하나가 다 틀렸다. 은행 자본구조를 복구해준다고 자동적으로 대출이 '정상화'되는 건 아니다. 부동산 거품이 터졌을 때 빚을 얻어 하는 소비에 바탕을 둔 미국경제 모델은 깨졌다. 이는 그리 쉽게 고쳐질 수 없는 것이다. 부동산 가격 하락을 저지한다고 해서 과거 상태로 돌아갈 수 있는 건 아니다. 이는 미국인들 대부분의 중요한 부의 원천인 그들의 주택 지분이 완전히 없어지지는 않았다 해도 크게 줄어들었다는 걸 뜻한다.

우리는 1차 경기부양을 위한 지출이 끝나감에 따라 2차 경기부양 지출을 준비할 필요가 있다. 1차 부양이 끝나가는 것 그 자체가 성장에는 '마이너스' 효과를 낸다. (주정부 세금수입 부족을 보충해주는 것과 같이) 1차 부양 때 포함됐어야 하는데 그러지 못했던 것들은 2차 부양 때 포함돼야 한다. 우리는 2011년에 더 많은 투자지출이 이뤄지도록 준비할 필요가 있다. 이는 지금 당장 필요하지 않을 수도 있다. 하지만 우리가 지금 준비를 시작하지 않으면 필요할 때 제대로 준비가 돼 있지 않을 것이다. 지금 준비했다 나중에 필요하지 않은 것으로 판단되면 지출을 줄일 수 있다. 유감스럽게도 오바마와 부시 행정부의 선택은 아무리 잘 봐줘도 또 다른 경기활성화 대책을 통과시키는 걸 어렵게 만들었다고밖에 할 수 없다. 어려움을 그럭저럭 헤쳐나가는 오바마의 위험한 전략이 불러온 뜻밖의 결과는 이미 나타나고 있다.

결국 빚에 의존한 부양 조치는 임시방편일 뿐이었다. 특히 미국을 포함한 여러 나라에서 늘어나는 빚에 대한 압력이 커지고 있기 때문에 더욱 그렇다. 비판자들은 미국이 빚에 의존한 민간소비형 경제에서 빚에 의존한 공공소비형 경제로 옮겨갔을 뿐이라고 주장한다. 이런 지출이 장기적인 성장 확보에 필요한 경제 구조조정을 촉진하는 데 도움이 될 수 있지만 이런 목적을 위해 쓰인 돈은 거의 없다. 현상 유지를 위해 쓰인 돈이 너무 많았다.

경제가 지속적으로 성장하고 빚에 의존한 소비 거품에서 벗어날 수 있도록 돕는 다른 정책들도 있다. 미국인들의 총소비가 지속가능한 수준으로 회복되도록 하려면 저축할 여유가 있는 상위 계층에서 생긴 돈을 모두 쓰는 하위 계층으로 대규모 소득 재분배가 이뤄져야 할 것이다. 더욱 누진적인 세제(상위 계층에 더 무거운 세금을 물리고 하위 계층의 세금 부담을 줄여주는 세제)는 그런 일을 해줄 뿐만 아니라 경제를 안정화하는 데에도 도움을 준다. 정부가 재정지출, 특히 투자를 확대하기 위한 재원을 조달하려 소득 상위 계층에 대한 세금을 늘리면 경제는 성장할 것이다. 이는 '균형재정승수(balanced budget multiplier)'로 불린다. 레이건 대통령 시대 공급 측면을 중시하는 경제학자들은 그런 세제가 일하고 저축하려는 의욕을 꺾어 성장률을 떨어뜨릴 것이라고 주장했다. 하지만 그들의 분석은 (맞기나 한다면) 공급 측면이 생산을 제약하는 상황에만 적용된다. 지금은 설비가 남아돌고 수요가 생산을 제약하는 상황이다.

세계적으로 소비의 기반이 튼튼해지려면 개발도상국들이 더 소비하고 덜 저축할 수 있도록 새로운 글로벌 지급준비시스템이 필요할 것이다.[30] 국제사회는 가난한 나라들에게 더 많은 도움을 줘야 할 것이다. 그리고 중국은 저축률을 최근 몇 년보다 더 낮출 수 있어야 할 것이다. 세계가 탄소 가격을 더 높이기로 약속했다면(기업과 가정에서 온실가스 배출에 대해 더 많은 비용을 지불해야 한다면) 그에 따라 경제의 구조를 바꿀 커다란 유인이 생길 것이다. 이는 에너지 절약형 주택과 공장, 설비에 대한 투자와 혁신을 고취할 것이다. 이런 제안들 가운데 어느 것도 빠르게 이뤄질 것 같지는 않다. 하지만 지금까지는 이런 현안들에 대한 논의조차 이뤄지지 못했다.

미국과 세계는 이제 세 가지 도전에 직면해 있다. 첫째, 세계경제에서 완전고용을 확보하기 위해 충분히 강력하고 지속가능한 수준으로 총수요를 회복시키는 일이다. 둘째, 금융시스템이 위기 전에 그랬던 것처럼 무모하게 리스크를 안도록 하기보다는 금융시스템이 마땅히 해야 할 기능을 수행하도록 시스템을 재구축하는 일이다. 셋째, 예컨대 글로벌 비교우위와 기술 변화를 반영할 수 있도록 미국과 세계경제의 구조 조정을 하는 것이다. 이 책을 쓰고 있는 지금 우리는 세 가지 면에서 모두 실패하고 있다. 사실 우리가 눈앞의 걱정거리에 몰두하는 동안 이처럼 바탕에 깔린 문제들에 대한 논의는 거의 이뤄지지 못했다. 이 책의 주된 관심사는 우리가 벼랑 끝에서 심연으로 추락하지 않도록 스스로를 구하기 위해 취한 조치들이 한편으로는 강력한 성장세로 복귀하는 걸 방해한다는 점이다. 은행들이 대출을 할 때 근시안적이었던 것과 꼭같이 우리는 스스로를 구할 때 근시안적이었다. 미래에도 오랫동안 그 파급효과를 느끼게 될 것이다.

이는 특히 폭풍의 한가운데 있었던 금융부문에서 명백했다. 다음 세 개의 장에서는 금융시스템을 구조하고 소생시키려는 시도에 초점을 맞춘다. 4장에서는 모기지 시장을 들여다본다. 오바마 대통령은 수백만 명의 미국인들이 주택 압류 위협에 직면해 있는 한 경제가 완전히 건강을 회복하기는 어렵다는 걸 인정했지만 그에 대해 취해진 조치는 별로 없었다. 압류는 거의 줄어들지 않고 계속됐다. 모기지 시장에서 취했어야 했던 조치와 실제로 취한 조치는 경기부양 조치의 경우보다 더 극명한 대조를 보여줬다. 경기부양 조치는 필요한 모든 조치를 취한 건 아니었을지라도 성공적이었다고 할 수 있다. 모기지 시장에 취한 조치에 대해서는 그 정도 점수를 줄 수 없다. 그리고 (5장과 6장의 주제인) 모기지 시장에서 은행들이 한 행동에 대한 실망은 훨씬 더 크다.

미국은 이제 경제적인 비극과 함께 사회적인 비극과 마주하고 있다. 수백만 명의 가난한 미국인들이 그들의 집을 이미 잃어버렸거나 곧 잃게 될 지경이다. 은행들은 수백만 명을 상대로 능력 이상으로 쓰며 살라고 설득해 평생 저축한 돈을 잃을 위험에 빠뜨렸다. 무모한 서브프라임 모기지를 옹호하는 이들의 주장은 수많은 미국인들이 처음으로 집을 갖게 해주었다는 것이다. 하지만 그들은 아주 짧은 시간 동안만, 매우 높은 비용을 치르고 집을 소유하게 됐다.

미국 모기지 업계의 수단과 방법을 가리지 않는 행태는 21세기 초의 엄청난 사기로 기억될 것이다. 집을 갖는 건 언제나 아메리칸 드림의 중요한 부분이었다. 집에 대한 열망은 세계 어느 곳에서도 마찬가지였다. 미국 은행들과 모기지 업체들이 싼 모기지를 공급하기 시작했을 때 많은 사람들이 그 경매에 참여하기 위해 달려갔다.[1] 수백만 명이 감당하기 어려운 모기지를 얻었다. 금리가 오르기 시작했을 때 그들은 집을 잃었다. 그들은 투자 지분이 얼마가 됐든 다 잃었다.[2]

이런 주택시장의 재앙은 국내외에 연쇄효과를 일으켰다. 모기지는 증권화로 알려진 과정을 통해 토막으로 잘리고 썰려 포장되고 다시 포장돼 전국의 모든 종류의 은행과 투자기금들에 넘겨졌다. 이처럼 '카드로 만든 집'이 마침내 무너졌을 때 리먼브러더스, 베어스턴스, 메릴린치와 같은 가장 명망 높은 금융회사들도 함께 무너졌다. 그러나 고난은 미국 안에서 끝나지 않았다. 이 증권화된 모기지는 전 세계에 팔려나가 노르웨이 북부와 바레인, 중국같이 먼 곳의 은행과 투자신탁에도 독을 퍼뜨린 것으로 나타났다. 2007년 여름에 나는 인도네시아 중앙은행이 주최한 컨퍼런스에서 이 나라의 펀드매니저 한 사람을 만났다. 그녀는 투자손실에 망연자실했고 고객들을 불안한 미국 시장에 노출시킨 데 대해 죄책감을 느꼈다. 그녀는 이들 투자상품이 미국에서 만들어졌기 때문에 고객들에게 좋은 투자수단이 될 걸로 생각했다고 설명했다. "미국 모기지 시장은 너무나 큽니다. 우리는 그 시장이 문제를 안고 있다고 생각지도 못했습니다"라고 그녀는 내게 말했다.

지나친 리스크와 지나친 레버리지가 결합해 높은 수익률을 만들어낸 것처럼 보였다. 높은 수익률은 잠시였다. 월스트리트 사람들은 모기지를 재포장해 수많은 투자자들에게 넘김으로써 리스크를 나누고 스스로를 보호하고 있다고 생각했다. 리스크를 광범위하게 분산시키면 쉽게 흡수할 수 있다. 하지만 모기지를 증권화하는 건 사실 그것들을 더 위험하게 만들었다. 이 문제들을 촉발한 은행가들은 이제 그게 완전히 자기들의 잘못만은 아니라고 말한다. 씨티그룹 회장 딕 파슨스는 은행가들의 이런 견해를 단적으로 보여준다. "문제는 은행들뿐만 아니라 줄어든 규제와 감독에도 있었다. 자격이 없는 차입자들에 대한 대출이 장려됐고 사람들은 감당할 수 없는 모기지나 주택지분대출을 받았다."[3]

파슨스와 같은 경영자들은 차입자들이 그럴 능력도 없으면서 집을 산 걸 비난하고 있다. 그러나 대출 받은 이들 가운데 많은 사람들이 금융에 관해서는 문맹이어서 그들이 무슨 일에 말려들고 있는지 이해하지 못했다. 이런 문제는 이번 위기의 진원지가 된 서브프라임 모기지 시장에서 특히 심했다. 서브프라임 모기지는, 예를 들어 소득수준이 낮거나 불안정하기 때문에 '통상적인' 모기지를 받는 이들보다 자격이 모자라는 개인들에게 주는 대출이다. 대출회사들은 집을 현금자동지급기처럼 생각하라고 다른 주택 보유자들을 부추겼다. 주택을 담보로 되풀이해 대출을 받으라는 것이었다. 예컨대 도리스 커낼리스의 집은 그녀가 6년 동안 13차례나 주택담보대출을 받은 후 압류될 위기를 맞았다. 그녀가 받은 대출은 소득이나 자산 증빙서류를 아예 요구하지 않거나 간단한 것만 요구하는 '무자료(no-doc)' 모기지였다. "그들은 나에게 전화를 걸어 이렇게 말했어요. '여보세요, 은행에 있는 돈이 필요하세요?' 그럼 나는 이렇게 말하지요. '그럼요. 나는 은행에 있는 돈이 필요해요.'" 커낼리스의 말이다. 중개인들이 커낼리스 대신 제출한 서류의 많은 부분이 그녀의 진짜 소득에 대해 속이는 것이었다.[4]

어떤 경우 그 결과는 문자 그대로 매우 치명적이었다.[5] 전국의 차입자들이 자기 소유의 집이 팔려나가는 걸 보게 되면서 자살하는 사람이 생기고 결혼이 깨져버린 이들도 많았다. 대출금 상환과 세금 납부를 계속해온 이들조차 자기 집이 알지도 못하는 새 경매에 넘겨지는 걸 보게 됐다. 신문지상을 채우는 극적인 이야기들은 예외적인 것일 수도 있지만 공감을 불러일으키는 것들이었다. 미국은 이제 경제적인 비극과 함께 사회적인 비극과 마주하고 있다. 수백만 명의 가난한 미국인들이 그들의 집을 이미 잃어버렸거나 곧 잃게 될 지경이다. 2008년에만 그런 경우가 230만 건에 달한다는 추정도 있다. (2007년에는 130만 건의 부동산에 대한 압류 조치가 있었다.)[6] 무디스의 이코노미닷컴은 2009년에 340만 명의 주택 보유자들이 채무상환 불능상태가 되고 210만 명이 집을 잃을 것으로 예상했다. 2012년까지는 수백만 명이 더 주택 압류 조치를 당할 것으로 예상된다.[7] 은행들은 수백만 명을 상대로 능력 이상으로 쓰며 살라고 설득해 평생 저축한 돈을 잃을 위험에 빠뜨렸다. 물론 어떤 경우에는 그렇게 애써 설득할 필요도 없었다. 많은 미국인들이 집을 잃으면서 평생 모은 저축과 더 나은 미래, 자녀교육, 적당히 편안한 노후에 대한 꿈도 함께 잃어버렸다.

모기지 시장을 전쟁터에 비유하자면 보병들(처음 서브프라임 모기지를 판 업체들)만이 가끔 이번 위기에 직접적으로 관련됐다는 죄책감을 가진 것으로 보였다. 그들조차 단지 자기 일을 할 뿐이라고 주장할 수 있다. 그들은 할 수 있는 한 많이 모기지 계약을 맺도록 부추기는 유인구조를 갖고 있었다. 그들은 그럴듯한 모기지 계약은 보스가 언제나 승인을 해줄 것으로 믿었다. 그래도 하급 직원들 가운데 일부는 위험이 기다리고 있음을 알았다. 캘리포니아의 모기지 대출 담당자 패리스 웰치는 2006년 1월 미국 규제당국에 편지를 썼다. "후유증을 예상하고, 압류를 예상하고, 끔찍한 사태를 예상해야 합니다." 1년 후 주택시장 붕괴로 그녀는 일자리를 잃었다.[8]

궁극적으로 은행과 대출업체들이 가난한 이들을 이용하려고 썼던 금융수단들은 그들이 실패한 원인이기도 했다. 그 복잡한 금융수단들은 차입자들에게서 가능한 한 많은 돈을 빼내기 위해 고안된 것들이었다. 증권화 과정은 끊임없는 수수료 수입의 바탕이 됐고, 끊임없는 수수료는 유례없는 이익의 기반이 됐고, 유례없는 이익은 들어보지도 못했던 많은 보너스를 안겨주었고, 이 모든 것들이 은행가들의 눈을 멀게 했다. 그들은 이런 상황을 현실로 믿기에는 너무 좋은 게 아니냐고 생각했을 수도 있다. 사실 그랬다. 그들은 그런 시절이 지속될 수 없다고 생각했을 수도 있다. 그래서 가능한 한 빨리, 가능한 한 많이 차지하기 위해 달려들었다. 실제로 이는 지속될 수 없었다. 시스템이 무너지기까지는 희생자들을 알 수 없다. 금융계 최고위급 경영자들의 은행계좌 잔고가 크게 줄어들었지만, 많은 이들이 이 혼란기에 수백만 달러(어떤 경우에는 수억 달러)의 이익을 챙겼다.

하지만 시스템 붕괴조차 그들의 탐욕을 억제하지 못했다. 정부가 은행들에게 자본을 확충하고 신용공급이 다시 이뤄지도록 돈을 주자 그들은 기록적인 보너스를 챙기는 데 이 돈을 썼다. 기록적인 손실을 내고도 말이다! 모두 1000억 달러 가까운 손실을 낸 9개 은행들이 부실자산구제프로그램(TARP)을 통해 1750억 달러의 구제금융을 받고서도 330억 달러 가까운 돈을 보너스로 지급했다. 5000명 가까운 직원들이 한 사람당 100만 달러가 넘는 보너스를 챙겼다.[9] 다른 돈은 배당금을 주는 데 쓰였다. 배당금은 주주들에게 이익을 나눠주는 것이다. 하지만 이번 경우에는 이익은 없고 정부 지원금만 있었다.

위기 전 몇 년 동안 연준은 금리를 낮게 유지했다. 싼 돈은 공장과 설비 투자 붐을 일으켜 강한 성장과 지속적인 번영을 불러올 수 있다. 하지만 미국과 다른 대부분의 나라에서 이 돈은 주택 거품을 불러왔다. 이는 시장이 돌아가는 방식이 아니다. 시장은 가장 생산적인 곳에 자본을 배분할 것으로 기대된다. 하지만 역사를 보면, 은행들이 다른 사람들의 돈을 갖고 지나친 리스크를 안는 사업에 관여하거나 갚을 능력도 없는 이들에게 돈을 빌려주는 사례들이 되풀이된다. 그런 대출이 주택 거품을 키운 사례가 되풀이해서 나타났다. 이는 규제가 필요한 이유 중 하나다.

하지만 1980년대와 1990년대, 그리고 2000년대 초 규제완화의 광풍 속에 서브프라임 시장의 약탈적인 대출과 같은 최악의 대출 관행을 막으려는 시도조차 좌절됐다.[10] 규제는 여러 가지 목적을 위한 것이다. 그중 하나는 은행들이 가난하거나 못 배운 이들을 이용하지 못하도록 막는 것이다. 다른 하나는 금융시스템의 안정을 확보하는 것이다.[11] 미국의 규제완화론자들은 두 가지 규제 모두 제거해버렸다. 그렇게 함으로써 은행들이 주택 보유자들을 이용하는 새로운 방법을 알아내도록 길을 닦아줬다. 많은 주택 보유자들이 가난하거나 처음으로 집을 산 이들이었다. 미국의 서브프라임 금융회사들은 여러 가지 서브프라임 모기지를 만들어냈다. 수수료 창출을 극대화하기 위해 설계된 혁신적인 상품들이었다. 좋은 금융시장은 효율적으로 돌아가야 한다. 이는 거래비용, 다시 말해 수수료가 적다는 뜻이다. 그러나 대부분 사람들이 거래비용을 싫어하지만 모기지 게임을 벌이는 이들(더 넓게는 금융계 사람들)은 수수료를 좋아한다. 수수료는 그들이 먹고사는 수단이다. 그래서 그들은 수수료를 최소화하는 게 아니라 최대화하려고 애쓴다.

전통적 은행

현대적인 금융혁신이 이뤄지기 전 대출자들은 단순한 세계에 살았다. 그들은 신용도를 평가하고, 대출을 하고, 돈을 빌린 이들이 약속한 방식으로 돈을 쓰도록 하고, 그 돈을 이자와 함께 돌려받을 수 있도록 모니터링을 했다. 은행가들과 은행 일은 따분했다. 그들에게 돈을 맡긴 사람들이 원했던 게 바로 그런 것이었다. 보통 시민들은 어렵게 번 돈을 누군가가 가져가 그걸로 도박을 하는 걸 원하지 않았다. 이는 은행에 맡긴 돈을 돌려받을 수 있다는 신뢰에 바탕을 둔 관계였다. 하지만 지난 100년 동안 수많은 은행 예금인출 사태가 일어났다. 이는 은행이 예금을 되돌려줄 만큼 충분한 자금을 갖고 있지 않다는 염려 때문에 사람들이 돈을 빼내려 은행에 달려가는 사태다.

대공황이 한창이던 1933년 정부가 개입해 연방예금보험공사(FDIC)

를 설립했다. 이는 은행이 어려움을 맞고 있다는 소문이 돌아도 예금자들은 자기 돈이 보호받고 있다고 느낄 수 있도록 보장하려는 것이었다. 일단 정부가 이런 보험을 제공하게 되자 정부는 지나친 리스크에 노출되지 않도록 확실히 해야 했다. 마치 화재보험회사가 빌딩에 스프링클러를 설치하도록 요구함으로써 화재에 따른 손실 가능성을 줄이려고 하는 것과 같다. 정부는 이를 위해 지나친 리스크를 안지 않도록 은행들을 규제했다.

은행들은 자기들이 일으킨 대출을 계속 갖고 가야 했기 때문에 조심할 수밖에 없었다. 그들은 차입자들이 확실히 대출금을 상환하도록 할 유인을 갖고 있었다. 그렇게 하기 위해 은행들은 차입자들의 소득을 검증하고 대출금을 상환하도록 하기 위한 유인을 만들었다. 은행이 대출해준 돈이 예컨대 집값의 80퍼센트만 차지해도 차입자가 대출금을 갚지 못하면 그는 집만 잃는 게 아니라 집에 투자한 돈까지 잃을 수 있다. 주택 지분(20퍼센트)까지 날리는 큰 손실을 입게 되는 것이다.

그 80퍼센트의 모기지가 집값보다 많아지게 될 가능성은 적었다. 집값이 20퍼센트가 떨어져야 그렇게 된다. 은행가들은 '담보부족' 상태의 모기지는 상환되지 않을 위험이 크다는 걸 잘 이해했다. 특히 상환청구권이 없는 미국의 특이한 대출시스템(nonrecourse loan)에서는 더욱 그렇다. 이런 시스템에서는 차입자가 대출금을 갚지 못하면 최악의 경우에도 집을 잃으면 그만이다.[12] 대출회사는 더 이상 아무것도 회수하지 못한다. 이 시스템은 상당히 잘 돌아갔다. 큰 집을 가지려는 이들의 열망은 대출을 받으려면 집값의 20퍼센트를 내야 한다는 것 때문에 현실적으로 제약을 받았다.

'혁신적인' 미국 금융계는 오랜 세월에 걸쳐 얻은 은행의 기초적인 교훈들을 잊어버릴 수 있었다. 그들의 기억상실증에는 여러 원인이 있었다. 사실 그 교훈들은 주기적으로 잊혀졌다. 세계는 잦은 부동산 거품 발생과 붕괴를 겪었다. 전 세계 은행들은 반복적으로 구제를 받아야했다. 오랫동안 그런 구제가 없었던 유일한 기간은 2차 세계대전 후 25년 동안이었다. 이 기간에는 강력한 규제가 효과적으로 이행됐다. 정부가 뒷받침하는 예금보험은 (은행들에게 필요하기라도 한 것처럼) 불량 대출과 다른 형태의 과도한 리스크 감수를 더욱 부추겼다. 이는 은행이 리스크를 안았다 손실을 보면 정부가 그 비용을 부담하지만, 은행이 이익을 보면 은행이 추가 수익률을 얻는다는 뜻이다. (이는 '도덕적 해이'의 또 다른 예다.) 대공황의 결과 예금보험이 처음 제안됐을 때 프랭클린 루스벨트 대통령은 그와 관련된 도덕적 해이를 너무나 염려해 그 방안을 지지하는 데 주저했다. 그러나 예금보험에 충분히 강력한 규제가 따른다면 도덕적 해이의 위험은 통제될 수 있다는 말을 받아들였다.[13] 규제완화를 향해 돌진하는 걸 지지하는 이들은 금융시장이 자주 지나치게 위험한 대출을 부추기는 잘못을 저질렀다는 걸 잊어버렸다. 그뿐만 아니라 예금보험제도 때문에 나쁜 행동을 할 유인과 기회가 몇 배로 늘었다는 것도 망각했다. 놀랍게도 규제완화 러시는 새로운 금융상품 때문에 지나친 리스크를 안을 위험이 커질 때 나타났다.

은행들이 극히 위험한 대출을 하기 시작하고 다른 지나친 리스크 감수에 개입하기로 결정한 또 다른 이유들도 있다. 특히 상업은행과 투자은행을 분리한 글래스-스티걸법이 1999년에 폐지된 후 가장 큰 은행들이 더욱더 커졌다. 너무 커서 쓰러질 수 없을 정도로 커졌다. 그들도 그걸 알았다. 그들은 자기들에게 어려운 문제가 생기면 정부가 구해주리라는 걸 알았다. 이는 투자은행들처럼 예금보험이 적용되지 않는 은행들에게도 맞는 얘기였다. 둘째, 의사결정자들(은행들)은 근시안적 행동과 지나친 리스크 감수를 부추기는 비뚤어진 유인을 갖고 있었다. 그들은 은행들이 어려워지면 구제를 받으리라는 걸 알았을 뿐만 아니라 설사 은행이 무너지더라도 자기들은 여전히 풍요롭게 살 수 있으리라는 것도 알았다. 이는 사실이었다.

이런 문제들은 은행들이 적용한 리스크 관리 모델에 심각한 결함이 있어서 더 악화됐다. 이른바 리스크 관리 전문가들은 그들이 안는 위험을 진정으로 깨닫지 못했다. 오늘날의 복잡한 세계에서 '정교한' 은행들은 그들이 맞닥뜨린 리스크를 더 정확히 관리하려 애쓴다. 그들은 직감에 따른 판단에 의존하고 싶어 하지 않는다. 그들은 예를 들어 한 묶음의 모기지가 (또는 그들의 대출자산 가운데 충분히 많은 부분이) 심각하게 부실화돼 은행을 위험에 빠뜨리게 될 확률을 알고 싶어 한다. 몇몇 은행들에 문제가 생기면 쉽게 관리할 수 있다. 많은 은행들이 한꺼번에 어려움을 맞을 가능성은 몇 가지 서로 다른, 그러나 서로 관련된 리스크에 달려 있다. 실업률이나 이자율이 오를 가능성 또는 집값이 떨어질 가능성이 그것이다. 각각의 가능성을 알고 그들 사이의 관계를 알면 특정 모기지가 부도날 리스크도 추정할 수 있다. 하지만 더욱 중요한 건 예컨대 그중 5퍼센트 이상이 잘못될 위험을 추정하는 것이다. 이런 모델들은 더 나아가 부도난 모기지에서 은행이 얼마나 회수할 수 있을지, 집이 얼마에 팔릴지도 예측한다. 이를 바탕으로 은행들이 위기를 맞을 가능성과 너무나 많은 손실을 입어 예금을 되돌려줄 수 없게 될 가능성을 추정할 수 있다. (증권으로 만들어진 모기지 묶음에서 발생하는 손실 또는 투자은행들이 모기지를 담보로 한 증권을 갖고 만든 복잡한 증권에서 발생하는 손실을 추정하는 데 비슷한 모델을 사용할 수 있다.) 하지만 모델의 예측력이 좋고 나쁜 것은 그 모델의 바탕에 깔려 있는 가정들에 달려 있다. 예를 들어 집값이 떨어질 가능성을 잘못 추정하면 그 모델의 모든 결론들이 틀리게 된다.

은행들은 그들이 사고파는 금융상품의 가치를 평가할 때뿐만 아니라 전반적인 리스크를 관리하는 데에도 이런 모델들을 이용한다. 그들은 '금융공학'을 이용해 규제당국이 허용하는 만큼 최대한의 리스크를 안으면서 자본을 확실히 더 잘 활용할 수 있다고 믿었다. 역설적인 건 금융자본을 더 효율적으로 이용하려는 시도가 이번 위기를 촉진했다는 점이다. 이는 실물자본, 즉 물리적 자본과 인적 자본이 너무 적게 이용되는 결과를 낳았다.

이처럼 결함이 있는 모델은 우연히 나타나지는 않았을 것이다. 뒤틀린 보상체계가 건전한 리스크 관리 모델을 개발하려는 유인을 무너뜨렸다. 게다가 시장을 관리하는 많은 이들이 자기들의 비즈니스 감각과 리스크 평가 능력에 자부심을 가졌겠지만 그들은 한마디로 그 모델들이 좋은지 나쁜지 판단할 능력이 없었다. 이들은 대개 그 모델들의 정밀한 수학을 다루는 훈련이 안 돼 있는 법률가들이었다.

예전의 좋았던 시절과 지금의 은행 환경 사이에는 중요한 차이점이 하나 더 있었다. 은행들이 어떻게 이익을 내는지에 관한 이야기다. 과거에는 은행들의 이익 대부분이 그들이 차입자들에게서 받는 이자와 예금자들에게 주는 이자의 차이에서 나왔다. 그 차이, 즉 예대마진은 보통 그리 크지 않았다. 일반적인 상업은행들이 편안하게 지낼 정도였지 엄청나게 수지맞는 사업은 아니었다. 그러나 규제가 풀리고 은행의 문화는 바뀌었다. 그들은 새로운 이익창출 방식을 찾기 시작했다. 그들은 단순한 한마디에서 답을 찾았다. 수수료가 그 답이었다.

실제로 모기지로 만든 많은 '혁신적인' 상품들은 중요한 공통점을 갖고 있었다. 그 상품들은 차입자들이 리스크를 관리하는 데 도움이 되지 않았을지 모르지만, 은행에서 가능한 한 많은 리스크를 다른 데로 떠넘기고 가능한 한 많은 수수료를 (흔히 차입자들이 제대로 알지도 못하는 방식으로) 뽑아낼 수 있도록 설계됐다. 그 상품들은 또한 필요하면 대출과 리스크를 제한할 수 있는 규제와 회계규정들을 피해갈 수 있도록 설계됐다.

리스크 관리를 돕기 위해 고안된 새로운 혁신이 잘못 이용됐을 때는 오히려 리스크를 키울 수 있다. 자질 부족 때문일 수도 있고 잘못된 유인체계 때문일 수도 있지만 어쨌든 리스크는 커졌다. 새로운 혁신 가운데 어떤 것들은 은행가들이 부정을 막으려는 규제를 회피하는 데 도움을 줬다. 그것들은 리스크를 대차대조표 밖으로 옮겨 은행에 무슨 일이 일어나는지 숨기도록 도와줬다. 그것들은 복잡하고 불투명해서 규제당국이 해야 할 일을 하고 싶어 했더라도(그들이 경제의 안정을 유지하기 위해 규제가 필요하다고 믿었더라도) 그렇게 하기는 갈수록 어려워진다는 걸 알았을 것이다.

실패한 혁신: 쏟아지는 불량 금융상품

활황 때 이용된 수많은 종류의 모기지를 자세히 설명할 지면은 충분하지 않다. 하지만 한 가지 예를 들어보자. 은행이 집값의 100퍼센트 또는 그 이상을 빌려줄 수 있는 '100퍼센트 모기지' 사례다. 상환청구권이 없는 100퍼센트 모기지는 경제학자들이 옵션이라고 부르는 것이다.

가격이 떨어지면 집주인은 아무것도 잃을 게 없다. 돈을 빌린 이는 언제든지 채권자에게 열쇠를 넘겨주고 가버리면 그만이다. 이는 집이 클수록 차입자들이 더 많은 돈을 벌 수 있는 잠재력이 있다는 뜻이다. 그 결과 사람들은 살 수 있는 여력에 비해 훨씬 비싼 집을 사려는 유혹을 받았다. 은행과 모기지 업체들은 어쨌든 수수료를 챙길 수 있었기 때문에 이런 방만함을 억제할 유인이 거의 없었다.

미끼금리(teaser rate, 몇 년 후 폭발적으로 치솟기 전 일시적으로 낮은 금리)를 내건 모기지와 풍선처럼 상환액이 부풀어 오르는 모기지(balloon payment mortgage, 현재의 저금리를 즐길 수 있지만 5년 안에 다시 대출 받아야 하는 단기대출)는 대출회사에 특히 유리했다. 이런 모기지들은 반복적인 재대출이 필요한 것이었다. 재대출을 받을 때마다 차입자들은 새로 일련의 수수료를 물었고 모기지 업체는 새로운 수익원을 갖게 됐다. 미끼금리 적용 기간이 끝나고 금리가 뛰어오르면 돈을 빌린 가계는 원리금 상환에 커다란 압박을 받을 수밖에 없었다. 하지만 그들이 잠재적인 위험에 대해 대출업체에 물으면 걱정할 필요 없다는 말을 들을 때가 많았다. 미끼금리 적용 기간이 끝나기 전에 집값이 올라 쉽게 재대출을 받을 수 있고, 자동차를 사거나 휴가를 즐길 수 있는 돈도 인출할 수 있다는 말이었다.

심지어 차입자가 얼마나 갚을지를 선택할 수 있도록 허용하는 모기지도 있었다. 차입자는 다달이 갚아야 할 이자를 다 갚을 필요도 없었다. 이런 모기지는 역상각(negative amortization) 모기지로 불렸다. 다시 말해 연말에 차입자는 당초 빚진 것보다 더 많은 빚을 지게 된다는 뜻이다. 이때도 차입자들은 연말에 더 많은 돈을 빚지게 되더라도 빚이 늘어난 것보다 집값이 더 큰 폭으로 오를 것이기 때문에 더 부자가 될 거라는 말을 들었다. 규제당국과 투자자들이 100퍼센트 모기지를 의심했어야 했던 것과 똑같이 그들은 차입자가 갈수록 많은 빚을 지게 되는 모기지와 그들이 재대출을 받고 이어서 또 재대출을 받을 수밖에 없도록 하는 모기지를 의심해봤어야 했다.

차입자가 대출을 받기 위해 소득을 입증할 필요가 없기 때문에 '거짓말 대출(liar loan)'이라고 불리는 모기지는 새 상품들 중에서도 가장 기이한 것이었다. 차입자들은 그들의 소득을 부풀리라는 권유를 받는 경우가 많았다. 다른 경우에는 대출 담당자가 그 소득을 부풀렸고 차입자들은 이런 '실수'를 계약 종료 때 가서야 발견했다.[14] 다른 혁신들이 그랬던 것처럼 이 모든 게 집이 클수록 대출금액도 커지고 수수료 수입도 커진다는 단순한 공식에 따른 것이었다. 그러는 과정에서 문제가 생길 수도 있다는 건 중요하지 않았다.

이 모든 '혁신적인' 모기지에는 몇 가지 결함들이 있었다. 가장 중요한 것은 집값이 예전에 그랬던 것과 같은 속도로 계속 오를 것이기 때문에 재대출을 받기가 쉽다는 가정이었다. 이는 경제적으로 거의 불가능한 일이다. 대부분 미국인들의 (인플레이션을 감안한) 실질소득은 정체돼 있었다. 2005년 중위소득 가구(소득수준에 따라 줄을 세웠을 때 중간에 위치해 소득수준이 더 높은 가구와 더 낮은 가구가 각각 전체 가구의 절반인 가구)는 1999년보다 소득이 거의 3퍼센트나 줄었다.[15] 그동안 집값은 소비자물가나 실질소득에 비해 훨씬 빠르게 올랐다. 1999년부터 2005년까지 집값은 42퍼센트 상승했다.[16] 그 결과 이 기간 중 집값이 중위가구 소득의 3.72배에서 5.29배로 올랐다. 이 비율은 1991년 통계가 시작된 후 최고 기록이다.[17]

더욱이 이 새로운 모기지 시장은 기존 모기지를 차환할 때가 되면 은행들이 기꺼이 그렇게 해줄 것이라는 가정 하에 돌아갔다. 그들은 그렇게 할 수도 있다. 하지만 그렇게 하지 않을 수도 있다. 금리는 오르고, 신용조건은 까다로워지고, 실업률은 올라갈 수 있다. 이는 모두 차환대출을 받으려는 차입자들에게 리스크가 된다.

예컨대 실업이 급증함에 따라 많은 사람들이 한꺼번에 집을 팔아야 한다면 이는 집값을 떨어뜨리고 거품을 꺼지게 할 것이다. 모기지 시장의 온갖 실수들이 어우러지는 곳은 바로 이 부분이었다. 대출업체가 100퍼센트 모기지로 돈을 빌려주었다면 (또는 역상각의 결과 차입자의 빚이 집값의 100퍼센트로 늘었다면) 집값이 떨어질 때 그 집을 팔아 모기지를 다 상환할 길이 없다. 이 경우 가계가 파산하는 것 외에는 감당할 수 있는 크기로 집을 줄여갈 길이 없었다.

미국인들이 지나친 리스크를 안지 않도록 보호해야 할 앨런 그린스펀 연준 의장은 오히려 이를 부추겼다. 2004년에 그린스펀은 지금은 불명예스럽게 된 유명한 연설을 했다. 그 연설에서 그린스펀은 주택 보유자들이 "지난 10년 동안 고정금리 모기지 대신 변동금리 모기지(시중금리에 따라 대출이자가 변동하는 모기지)를 들고 있었더라면 수만 달러를 절약할 수도 있었을 것"이라고 밝혔다.[18] 과거에는 대부분의 미국인들이 (20~30년짜리) 장기 고정금리 모기지를 받았다. 이런 모기지는 대출 만기 때까지 금리가 변하지 않는다. 이는 큰 이점을 갖고 있다. 모기지 원리금 상환 부담이 어느 정도인지 알고 있는 가계는 살림살이를 계획적으로 할 수 있다. 하지만 그린스펀은 다른 쪽으로 조언을 해주었다. 고정금리 모기지보다 변동금리 모기지가 더 유리했던 까닭은 명백하다.

일반적으로 장기 대출금리는 향후 (예상) 금리의 평균값을 반영한다. 또한 비정상적인 시기를 빼고는 시장의 금리 전망치는 대략 최근 금리 움직임과 비슷한 수준에 머무른다. 하지만 2003년 그린스펀은 전례가 없는 일을 했다. 그는 기준금리를 1퍼센트로 떨어뜨렸다. 시장은 틀림없이 이를 예상하지 못했다. 또한 고정금리 모기지를 고수했던 이들보다 변동금리 모기지로 도박을 했던 이들이 유리했다는 점도 의심할 나위가 없었다. 하지만 금리가 1퍼센트로 떨어지면 그 다음 움직임은 한 방향으로 갈 수밖에 없었다. 금리가 오르는 방향이다. 이는 변동금리 모기지를 안고 있는 이들은 누구나 앞으로는 이자 부담이 늘어나리라는 게, 늘어나도 많이 늘어나리라는 게 거의 확실하다는 뜻이었다. 단기금리가 2003년 1퍼센트에서 2006년 5.25퍼센트로 오르면서 실제로 이자 부담이 늘어났다.

할 수 있는 한 최대한 모기지를 얻으라는 말을 따랐던 이들은 갑자기 대출금 상환액이 그들의 예산을 웃돌게 되는 상황을 맞았다. 그들 모두가 집을 팔려고 할 때 집값은 곤두박질했다. 이에 따라 100퍼센트 모기지를 얻은 이들은 차환대출을 받을 수도 없고, 빚진 것을 갚을 수도 없고, 그 집에 계속 머물 수도 없게 됐다. 집값이 떨어지자 당초 집값의 90퍼센트 상당의 모기지를 받았던 이들, 혹은 어떤 경우에는 80퍼센트 상당의 모기지를 얻었던 이들도 같은 상황을 맞았다. 이런 상황에 처한 수백만 명에게 유일한 선택은 모기지 상환 불능을 선언하는 것뿐이었다.

그린스펀은 사실상 미국인들이 엄청나게 위험한 길을 가도록 조언한 것이었다. 터키를 비롯한 여러 나라들이 아예 변동금리 모기지를 허용하지 않고 있다. 영국에서는 변동금리 모기지라도 많은 경우 원리금 상환 부담이 일정하게 유지되기 때문에 차입자들이 압류를 당하지 않을 수 있었다. 은행들은 그 대신 원리금 상환 기간을 늘렸다. 모기지가 이미 부동산 가치의 100퍼센트에 이르고 차입자들이 제때 갚아야 할 이자를 다 갚지 못할 때는 이런 상환 기간 연장도 분명히 효과가 없었다.

여러 가지 혁신적인 모기지가 함께 이용되면(예를 들어 역상각 모기지와 100퍼센트 '거짓말' 모기지가 결합되면) 이는 특히 언제 폭발할지 모르는 해악을 만들어낸다. 내가 지적한 것처럼 차입자는 분명히 은행들이 허용하는 한 최대한 모기지를 얻으면 아무것도 잃을 게 없다. 모기지 금액이 클수록 모기지 업체는 많은 수수료를 챙길 수 있다. 하지만 차입자가 상환을 하지 않더라도 아무런 리스크를 지지 않는 게 일반적이다. 그러므로 모기지 회사와 주택 보유자의 유인은 가장 기이한 방식으로 어울린다. 이들 모두 먹고 튈 수 있는 가장 큰 집과 가장 큰 금액의 모기지를 원한다. 이는 이들이 온통 거짓말을 하고 다닌다는 뜻이다. 집을 살 능력에 관해 거짓말하고, 집값에 관해 거짓말한다는 의미다.

모기지 회사는 감정평가사에게 30만 달러짜리 집을 35만 달러로 평가하도록 부탁해 모기지를 예컨대 32만 5000달러에 팔 수 있다. 이렇게 되면 집을 파는 사람에게도 이득이고, 부동산 중개인에게도 이득이며, 모기지 회사에도 이득이다. 집을 사는 사람도 크게 잃을 게 없다. 사실 집을 사는 사람이 확실히 아무것도 잃을 게 없다고 생각하도록 하기 위해 심지어 뒷돈을 주기도 한다. 사실상 마이너스 계약금(negative down payment)이다.[19] 모기지 회사의 입장에서는 유감스럽게도 어떤 부동산 평가사들은 전문가로서 직업윤리를 갖고 집값을 부풀리는 걸 거부했다. 이에 대해서는 손쉬운 해법이 있었다. 모기지 회사가 직접 부동산 평가 회사를 만드는 것이다. 이는 수수료 수입을 창출하는 새로운 방법을 찾는 데 더욱 유리한 것이었다. 예를 들어 웰스파고는 감정평가 관리를 위해 렌스 밸류에이션이라는 계열사를 갖고 있었다.[20] 어떤 개별적인 사례에서 의도적으로 집값을 높게 매겼다는 걸 입증하기는 매우 어렵다. 집값이 빠르게 오르는 거품시장에서는 특히 그렇다. 하지만 분명한 것은 거기에는 이해상충이 있었다는 점이다. 나쁜 행동을 할 유인이 있었다는 말이다. 규제당국은 이 점을 인식하고 그런 행동을 막았어야 했다.[21]

집을 산 많은 사람들이 가능한 한 낮은 이자를 물기 위해 모기지 브로커에 의존했다. 이들 브로커는 차입자를 위해 일해야 하지만 대출회사에게서 뒷돈을 받는 경우가 많았다. 명백한 이해상충이다. 이들 브로커는 곧 미국의 약탈적인 대출시스템의 핵심적인 부분을 맡게 됐다. 서브프라임 차입자들은 대출회사에 직접 찾아갈 때보다 브로커를 통할 때 더 불리했다. 브로커를 통한 이들은 10만 달러를 빌릴 때 적게는 1만 7000달러, 많게는 4만 3000달러의 이자를 더 물어야 했다.[22] 이는 물론 브로커들이 더 나은 조건으로 대출을 받게 해주겠다며 차입자에게서 대출금액의 1~2퍼센트를 받는 것과는 별개였다. 더 나쁜 건 브로커들이 차입자들을 가장 위험한 모기지, 즉 조기상환 때 벌칙 성격의 수수료를 물어야 하는 변동금리 대출로 이끌면 가장 많은 보상을 받았다는 점이다. 그들은 차입자들이 대출금을 차환할 때 뒷돈도 받았다. 브로커들은 차입자들을 자격조건에 비해 높은 금리의 모기지를 받도록 유도할 때 많은 리베이트를 챙겼다.

무시된 경고

금융부문이 이 모든 야바위를 벌였다는 건 잘 알려졌다. 차입자, 모기지를 산 투자자, 그리고 규제당국은 이를 경고신호로 받아들였어야 했다. 이들은 모두 모기지를 일으키는 건 수수료를 위한 것임을 알았어야 했다. 차입자들은 끊임없이 대출금을 차환해야 했고 대출이 이뤄질 때마다 새로운 수수료를 물어야 했다. 기존 모기지를 조기상환할 때 벌칙 성격의 많은 수수료를 물고 새 모기지를 얻을 때 다시 수수료를 내야 했다. 그 수수료는 모기지를 일으킨 회사와 다른 금융회사들의 이익으로 기록되고 높은 이익은 이들 회사의 주가를 밀어 올렸다. (모기지를 일으킨 회사가 그 모기지를 계속 갖고 간다 하더라도 표준적인 회계절차는 그들에게 유리하게 이뤄졌을 것이다. 이성적인 사람이라면 누가 보더라도 이 '신기한' 모기지 가운데 많은 부분이 결국 상환되지 않을 가능성이 컸다. 하지만 그모기지가 실제로 연체될 때까지는 미래의 손실에 대한 정보는 표시할 필요가 전혀 없었다.)

혁신은 유인에 반응한다. 그 인센티브는 리스크를 더 잘 관리하는 상품이 아니라 지금 당장 더 많은 수수료를 창출하는 상품을 만들어내는 데 있다. 높은 수수료와 이익은 무엇인가 잘못됐다는 신호로 봤어야 했다. 또 하나의 혁신(증권화)이 은행을 포함해 모기지를 일으킨 회사들의 삶을 달콤하게 만들었다. 증권화는 그들이 외견상으로는 거의 리스크를 지지 않고도 높은 수수료라는 보상을 즐길 수 있도록 해주었다.

증권화

내가 지적한 것처럼 은행들이 진정으로 은행들이었던 예전의 좋은 시절(1990년대 증권화가 유행하기 전)에는 은행들이 자기네가 발행한 모기지를 보유하고 있었다. 차입자들이 상환불능 상태가 되면 은행이 그 결과를 떠안았다. 차입자들이 (예컨대 일자리를 잃어) 어려움에 처하면 은행들이 이를 헤쳐나가도록 도왔다. 은행들은 신용을 늘려줘야 할 때와 압류가 필요한 때를 알았다. 압류는 은행들이 가볍게 하지는 않았다. 그러나 증권화가 이뤄지자 일단의 모기지가 함께 묶여 세계 어느 곳에 있는 투자자들에게도 팔려나갔다. 하지만 투자자들은 모기지를 안은 집들이 있는 지역을 가본 적이 전혀 없다.

증권화는 한 가지 큰 이점을 가져다줬다. 리스크를 분산하고 나눠 가질 수 있는 이점이다. 지역은행들은 대부분의 대출을 지역주민들에게 해주었다. 그래서 그 도시의 공장 하나가 문을 닫으면 그 지역의 많은 주민들이 모기지 상환을 할 수 없게 되고, 은행은 파산할 위험을 안을 수 있다. 증권화 덕분에 투자자들은 모기지 묶음의 지분을 살 수 있게 되고, 투자은행들은 여러 모기지 묶음들을 결합할 수도 있다. 이는 투자자들의 분산투자를 더 쉽게 해주었다. 이 논리에 따르면 지리적으로 서로 다른 지역의 모기지가 한꺼번에 잘못될 가능성은 낮다. 하지만 여기에도 위험은 있다. 분산투자가 완벽하게 들어맞지 않는 경우가 많다는 점이다. 이 장 앞부분에서 지적했듯이 금리가 오르면 전국에 걸쳐 문제가 생길 수 있다.[23] 더욱이 증권화는 몇 가지 새로운 문제를 만들어냈다. 그중 하나는 증권화가 만들어낸 정보비대칭(information asymmetry)이다. 증권을 산 이는 일반적으로 당초 대출을 해준 은행이나 모기지 회사보다 아는 게 적다. 최초 대출업체는 (장기적으로 평판에 손상을 입는 것 외에는) 실수의 결과를 떠안지 않기 때문에 신용평가를 잘하려는 유인은 크게 줄어든다.

증권화 과정은 긴 사슬로 연결돼 있다. 투자은행들은 모기지 회사가 처음 만들어낸 모기지를 함께 엮고 이를 다시 포장해 새로운 증권으로 만든다. 은행들은 이들 증권 중 일부는 은행 대차대조표에 나타나지 않는 특수한 투자회사를 통해 보유하지만 대부분은 연금기금과 같은 다른 투자자들에게 넘긴다. 연금기금 운용자들이 이런 증권을 사려면 그 증권이 안전하다는 걸 확인해야 했다. 신용평가회사들은 그 증권의 안전성을 공인함으로써 증권화 과정에서 핵심적인 역할을 했다. 금융시장은 이런 증권화 과정의 사슬에서 엄청난 속임수를 위해 각자가 맡은 역할을 열심히 하도록 하는 유인체계를 만들어냈다.

증권화의 전 과정은 더 큰 바보 이론(the greater fool theory)에 따른다. 독성 모기지와 이를 기초로 만든 위험한 종잇조각들을 팔아넘길 때 이를 사줄 바보들이 있다는 말이다. 세계화는 바보들의 세계를 완전히 열어젖혔다. 해외의 많은 투자자들은 미국의 기이한 모기지 시장, 특히 상환청구권이 없는 모기지를 이해하지 못했다. 이런 무지는 그들이 모기지 관련 증권을 덥석 사들이는 걸 막는 데 아무런 도움이 되지 않았다. 우리는 고마워해야 한다. 외국인들이 우리의 모기지를 그토록 많이 사주지 않았다면 우리 금융시스템이 직면한 문제들은 거의 확실히 더 커졌을 것이다.[24]

비뚤어진 유인과 잘못된 모델, 그리고 바닥을 향한 경주

신용평가회사들은 은행들이 안전성을 확인해달라고 요청한 상품들의 리스크를 알아챘어야 했다. 그들이 해야 할 일을 제대로 했다면 최초 대출을 해준 모기지 회사와 투자은행과 은행가들의 비뚤어진 유인에 관해 생각해봤을 것이고, 이는 그들을 특히 조심스럽게 만들었을 것이다.

어떤 이들은 신용평가회사들이 얼마나 일을 잘못했는지를 보고 놀라움을 표시한다. 나는 그들이 놀란다는 게 더 놀라웠다. 어쨌든 신용평가회사들은 이미 2000년대 초 엔론과 월드컴 스캔들 훨씬 전부터 오랫동안 일을 제대로 못한 전력이 있었다. 1997년 동아시아 위기 때 신용평가회사들은 위기 전의 거품을 키우는 데 한몫을 했다는 비난을 받았다. 그들은 태국과 같은 나라들의 부채에 대해 위기 직전까지도 높은 등급을 주었다. 그들이 높은 등급을 철회했을 때(태국 국가신용등급을 두 계단 내려 투자등급 아래로 떨어뜨렸을 때) 연금기금과 다른 투자회사들은 태국 채권을 팔아치울 수밖에 없었다. 이는 시장과 통화가치의 붕괴를 재촉했다. 동아시아 위기 때와 같이 최근 미국 금융위기 때에도 신용평가회사들은 분명히 궁지에 몰렸다. 그들은 시장이 옳은 투자 결정을 하도록 돕는 정보를 제공하지 못하고 시장과 거의 동시에 뭔가 잘못되고 있다는 걸 알아냈다. 이때는 이미 연금기금들이 투자하지 말았어야 할 곳에 돈을 집어넣는 걸 막기에는 너무 늦었다.

신용평가회사들이 제 구실을 못한 까닭을 설명하려면 다시 유인에 관한 이야기로 돌아가야 한다. 금융부문의 다른 모든 이들처럼 그들의 유인은 비뚤어져 있었다. 신용평가회사들은 자기네 이해상충 문제를 안고 있었다. 그들은 등급을 매겨줘야 할 증권을 만든 은행들에게서 수수료를 받고 있었다. 여러 신용평가회사들 가운데 무디스와 스탠더드 앤드푸어스는 이들 증권의 리스크를 이해하지 못했을 수도 있지만 신용평가와 관련된 유인은 이해했다. 그들은 자기들에게 수수료를 내는 이들을 기쁘게 할 유인을 갖고 있었다. 신용평가회사들끼리의 경쟁은 상황을 더 악화시켰다. 어느 한 회사가 원하는 신용등급을 주지 않으면 투자은행들은 다른 회사로 옮겨갈 수 있다. 이는 바닥으로 내닫는 경쟁이었다.[25]

신용평가회사들이 새로운 수입원을 발견한 건 문제를 더 심각하게 만들었다. 새로운 수입원은 누구나 탐내는 AAA 등급을 포함해 어떻게 하면 더 좋은 신용등급을 받을 수 있는지에 관한 컨설팅 서비스를 해주는 것이었다. 그들은 투자은행들에게 어떻게 하면 좋은 등급을 받을지에 관해 이야기해주면서 수수료를 긁어모으고 그 등급을 매길 때 다시 더 많은 돈을 벌어들였다. 영리한 투자은행들은 곧 어떻게 하면 모든 증권 조합에서 최고의 신용등급을 끌어낼지 알아챘다.

우선 모기지 묶음을 트랜치(tranche)로 불리는 여러 조각으로 자른다. 모기지 상환으로 들어오는 돈은 맨 먼저 '가장 안전한' (또는 등급이 가장 높은) 트랜치로 간다. 그 트랜치에 줘야 할 돈을 다 주고 남은 돈은 두 번째 등급이 높은 트랜치로 간다. 이런 식으로 등급이 더 낮은 트랜치로 돈이 흘러간다. 등급이 가장 낮은 트랜치는 높은 등급의 트랜치에 가야 할 돈을 다 주고 남은 게 있어야 돈을 받을 수 있다. 하지만 금융의 귀재들은 가장 높은 등급의 트랜치가 수입의 일부를 가장 낮은 등급의 트랜치에 주더라도 여전히 AAA 등급을 받으리라는 걸 알았다. 예컨대 전체 모기지 묶음의 50퍼센트 이상이 부도가 나는 것과 같은 가능성이 매우 낮은 상황에서 수입의 일부를 넘겨주는 것이다. 그런 상황이 일어날 가능성이 너무 작아서 높은 트랜치가 이런 '보험'을 제공하더라도 AAA 등급에 영향을 받지는 않았다. 구조를 잘 설계하면 높은 트랜치가 낮은 트랜치의 등급을 올리는 데 도움을 줄 수 있었다. 이렇게 해서 등급이 다른 트랜치가 곧 복잡한 거미줄에 함께 얽히게 됐다. 그래서 1000년에 한 번 있을(그럴 것으로 예상되는) 일이 실제로 일어났을 때 AAA 등급이라던 높은 트랜치는 약속된 돈을 모두 받지 못했다. 결국 가장 낮은 트랜치뿐만 아니라 모든 트랜치가 손실을 봤다.

신용평가회사가 그토록 일을 잘못한 이유가 또 하나 있다. 그들은 투자은행들이 쓴 것과 같은 나쁜 모델을 사용했다. 예를 들어 그들은 집 값이 떨어질 리는 거의 없다고 가정했다. 미국 대부분 지역에서 주택 가격이 하락하는 일은 분명히 없으리라고 봤다. 이 모델은 주택에 대한 압류 사태가 있더라도 각각의 압류는 상관관계가 없다고 내다봤다. 내 가 지적한 것처럼 증권화의 전제는 분산투자였다. 하지만 분산투자는 증권을 구성하는 개별 대출들 사이에 밀접한 상관관계가 없을 때만 효 과가 있다. 그들의 사고는 경제 전반에 걸친 주택 거품을 만들어내는 공통적인 요소들을 무시하는 것이었다. 낮은 금리와 느슨한 규제, 그리 고 거의 완전한 고용이 그것이다.

이런 요소들 가운데 한 가지만 바뀌어도 미국 전역, 그리고 전 세계 의 시장에 영향을 미칠 수 있었다. 금융의 귀재들이 이를 이해하지 못 했더라도 이는 상식이었다. 한 지역에서 거품이 꺼져 연쇄반응을 일으 킬 가능성이 컸다. 사람들이 캘리포니아와 플로리다에서 집값이 지나 치게 높았다는 걸 깨닫게 되면 애리조나나 디트로이트의 집값 수준에 대해서도 염려하게 될 수 있다. 투자은행들과 그들을 그토록 잘 도와준 신용평가회사들은 모두 이런 가능성에 주목하지 않았다. 이는 놀랄 일 도 아니다. 그들에게는 그렇게 할 유인이 없었다. 그들은 결함이 있는 모델을 사용하고 그 바탕에 깔린 의문스러운 가정에 대해 묻지 않을 유 인을 갖고 있었다.

그들이 사용한 모델은 다른 측면에서도 결함이 있었다. '평생 한 번 있 을 만한' 일들이 10년마다 일어났다.[26] 표준적인 모델에 따르면 1987년 10월 19일에 일어난 것과 같은 주식시장 붕괴는 200억 년마다 한 번씩 일어났어야 할 일이었다. 우주의 일생보다 긴 시간이다.[27] 그러나 또 하 나의 '평생 한 번 일어날 만한' 일이 불과 10년 후인 1997~1998년 글로벌 금융위기의 한 부분으로 일어났다. 이 위기는 1조 달러짜리 베팅을 했던 롱텀캐피털매니지먼트를 무너뜨렸다. 이 헤지펀드는 옵션가치 평가에 관한 이론을 정립한 공로로 막 노벨경제학상을 받았던 마이런 숄즈와 로버트 머튼이 참여한 회사였다. 널리 쓰였던 모델들은 또한 근본적인 결함이 있었던 것으로 드러났다. 결함의 원인은 부분적으로 같은 것이었다.[28] 확실히 금융시장은 역사에서 배우지 못했고 그 모델들을 운용하는 사람들은 역사를 보지 않았다. 그들이 역사에서 교훈을 얻었다면 거품은 꺼지고 위기는 자주 일어난다는 걸 알았을 것이다. 일본은 주요국 가운데 마지막으로 부동산시장 붕괴를 겪은 나라였다. 그 결과 일본은 10년 이상 저성장으로 어려움을 겪었다. 노르웨이, 스웨덴 그리고 핀란드는 각각 1980년대 말과 1990년대 초 부동산시장 붕괴에 따른 은행위기를 겪었다.

지금의 위기와 그전의 동아시아 위기 때는 너무 많은 사람들이, 특히 규제당국자와 투자자들이 자기들이 책임져야 할 일을 신용평가회사들에게 맡겼다. 규제당국은 예컨대 은행이나 연금기금들이 지나친 리스크를 안았다가 그들의 의무를 다하지 못할 위험에 빠지지 않는지 평가를 하도록 돼 있었다. 투자자산을 운용하는 사람들은 그들에게 돈을 맡긴 사람들에 대해 수탁자로서의 책임이 있었다. 하지만 규제당국자와 수탁자들 모두 사실상 신용평가회사들이 그들을 대신해 판단을 내려주도록 맡겨버렸다.

낡은 자료와 새로운 세계

새로운 금융상품을 옹호하는 이들은 이 상품들이 경제를 근본적으로 바꿔놓았다고 주장했다. 그 독성이 있는 모기지를 만든 최초 대출업체들부터 모기지를 자르고 썰어 새로운 증권으로 만든 투자은행들, 그 증권의 안전성을 인정해준 신용평가회사들까지 모두 이 상품들을 통해 돈을 벌고 있던 이들이었다. 이 주장은 그들이 얻고 있던 높은 소득을 정당화하는 한 방법이었다. 그렇게 만들어진 상품들은 너무나도 복잡해서 분석가들은 그 가치를 평가하기 위해 기술적인 컴퓨터 모델을 써야 했다. 하지만 진정으로 그 리스크를 평가하려면 그 증권 가격이 예컨대 10퍼센트 넘게 떨어질 가능성을 알아야 했다. 증권가치 평가를 위해 그들은 과거 데이터에 의존했다. 그들은 새로운 상품이 시장을 바꿔놓았다고 주장하면서도 아무것도 바뀌지 않았다는 가정을 암묵적으로 하고 있었다는 이야기다.

이는 널리 퍼져 있는 지적 모순을 보여주는 또 하나의 사례였다. 하지만 그들은 근시안을 가졌기 때문에 먼 과거까지 보지는 못했다. 먼 과거를 볼 수 있었다면 부동산 가격은 오르기만 하는 게 아니며 전국의 여러 지역에서 동시에 떨어질 수 있다는 걸 깨달았을 것이다. 그들은 뭔가 달라졌으며 그것도 더 나쁜 쪽으로 달라졌다는 걸 깨달았어야 했다. 새로운 정보비대칭이 생겼고 투자은행들과 신용평가회사들 모두 그들의 모델을 만들 때 이런 정보비대칭을 고려하지 않았다. 그들은 새로 찍어낸 '혁신적인' 모기지들이 전통적인 대출에 비해 부도율이 훨씬 높으리라는 걸 깨달았어야 했다.

모기지 구조조정

이런 증권화와 관련된 문제만으로는 충분하지 않다는 듯이 또 하나의 문제가 지난 몇 년 동안 참극을 불렀다. 지역사회와 오랫동안 관계를 맺은 은행들은 어려움을 겪는 차입자들을 더 잘 대해주려는 유인을 갖고 있었다. 차입자들에게 시간을 더 주면 밀린 원리금을 갚을 가능성이 있을 때 은행들은 시간을 줄 것이다. 그러나 모기지를 들고 있는 먼 곳의 투자자들은 그 지역사회에 관심도 없고 좋은 대출자로서 평판을 잃지 않을까 걱정할 필요도 없었다. 그 결과는 아칸소의 어떤 부부가 자기들 소유의 피트니스센터를 확장하기 위해 1000만 달러를 빌린 이야기를 담은 〈뉴욕타임스〉 경제섹션 1면 기사에 잘 묘사돼 있다.[29] 그들이 제때 원리금을 갚지 못하자 그들의 모기지는 달러당 34센트를 낸 투자자에게 팔렸다. 그 투자자는 열흘 안에 빚을 모두 갚으라고 요구하면서 그러지 않으면 그들의 부동산을 압류하겠다고 했다. 부부는 600만 달러를 갚고 운동시설이 팔리는 대로 100만 달러를 더 갚겠다고 밝혔다. 하지만 그 투자자는 관심을 보이지 않았다. 그는 압류를 통해 훨씬 더 높은 수익률을 올릴 기회를 보았다. 이 같은 상황은 대출회사에도 나쁘고, 차입자에게도 나쁘고, 지역사회에도 나쁜 것이다. 오로지 모기지 투기꾼에게만 득이 된다.

증권화는 또한 문제가 일어났을 때 모기지 조건을 재협상하는 걸 더 어렵게 만들었다. 그런 문제는 특히 그토록 나쁜 대출 관행을 부추긴 비뚤어진 유인체계 때문에 자주 일어났다.[30] 모기지가 팔리고 또다시 팔려 우호적인 지역은행이 이 거래에서 빠지면서 모기지를 관리하는 (상환되는 원리금을 모아 그 돈을 여러 모기지 보유자들에게 배분하는) 책임은 이 거래에서 새로운 역할을 하는 모기지 서비스업체에 맡겨졌다. 모기지 보유자들은 이 모기지 서비스업체들이 차입자들을 너무 부드럽게 다룰까 염려했다. 그래서 투자자들은 모기지 재협상을 더 어렵게 하는 제약을 가했다.[31] 그 결과는 충격적인 자금 낭비와 지역사회의 불필요한 희생이었다.

미국 사회의 소송을 일삼는 문화도 일을 더 꼬이게 만들었다. 재협상이 어떻게 되든 누군가는 불만을 제기했다. 누가 재협상을 하든 불행한 차입자들에게서 더 많은 걸 짜내지 못했다고 소송을 당할 게 뻔했다. 미국 금융계는 여기에 그치지 않고 더 많은 이해상충을 빚어내 문제를 가중시켰다. 일반적으로 많은 빚을 얻은 주택 보유자들은 (예컨대 집값의 80퍼센트를 빌리는) 1차 모기지와 (집값의 15%를 대출하는) 2차 모기지를 안고 있었다. 집값의 95퍼센트를 빌려주는 하나의 모기지만 있고 집값이 20퍼센트 떨어졌다면 이를 반영해 모기지 일부를 상각하고 차입자들에게 새 출발의 기회를 주는 게 타당한 일일 수도 있었다. 하지만 두 개의 모기지가 따로 있을 때 그만한 상각은 두 번째 모기지 투자자의 자산가치를 완전히 지워버리는 것이다. 그에게는 대출 구조조정을 거부하는 게 유리할 것이다. 주택시장이 회복될 작은 가능성이라도 있다면 그는 빌려준 돈의 일부라도 건질 수 있을 것이기 때문이다.

대출 구조조정에 대한 관심(그리고 그들이 받아들일 수 있는 조건)은 첫 번째와 두 번째 모기지 투자자들 사이에 뚜렷한 차이가 있었다. 이처럼 혼란스러운 상황에서 금융시스템은 또 하나의 복잡한 문제를 추가했다. 대출 구조조정을 맡은 모기지 서비스업체들은 두 번째 모기지 투자자인 경우가 많았다. 재협상의 책임이 이미 이해관계를 가진 한쪽에 맡겨졌다는 이야기다. 이는 법적 소송이 거의 불가피했다는 뜻이다. 이처럼 문제가 복잡하게 얽힌 상황에서 공정한 일 처리를 보장하려면 법정에 의존할 수밖에 없었다. 모기지 서비스업체에 법적 책임을 면제하자는 제안은 저항에 부딪힐 게 뻔했다. 가장 기초적인 금융상품인 모기지에 대해서도 우리의 금융 귀재들은 너무나 복잡한 문제들을 만들어냈다. 그 문제를 푸는 일은 결코 쉽지 않았다.

이 모든 문제들도 모자란다는 듯이 정부는 위기에 대응하면서 은행들에게 모기지 구조조정을 하지 않도록 하는 유인을 제공했다. 예를 들어 은행들은 잘못된 회계제도 때문에 당장은 무시할 수 있는 손실을 모기지 구조조정을 하게 되면 인식하지 않을 수 없게 된다. 부시와 오바마 행정부의 성의 없는 모기지 구조조정 시도가 별 성공을 거두지 못할 게 뻔한 일이었다.[32]

모기지 시장 살리기

금융부문의 문제가 모기지에서 시작된 것이라면 문제해결을 책임진 이들은 모기지 시장에서부터 일을 시작하리라고 사람들은 생각했을 것이다. 하지만 그들은 그렇게 하지 않았다. 2008년 말과 2009년 초 시장 붕괴가 계속되자 예상되는 주택 압류 건수도 계속 늘어났다. 한때 매우 높다고 여겨졌던 추정(전체 주택의 5분의 1이 담보부족 상태가 될 것이라는 추정)도 보수적인 것으로 드러났다.[33]

집을 압류당하는 차입자들은 두 그룹이었다. 한 그룹은 대출금을 갚지 못하는 이들이고, 다른 그룹은 갚지 않기로 한 이들이었다. 이 둘을 구분하는 게 언제나 쉬운 건 아니다. 어떤 이들은 대출금을 갚을 수는 있지만 재정적으로 엄청난 고통을 겪어야만 그렇게 할 수 있었다. 경제학자들은 개인들이 합리적이라고 믿고 싶어 한다. 많은 미국인들에게 모기지가 담보부족 상태가 됐을 때 가장 좋은 선택은 부도를 내는 것이다. 미국의 모기지는 대부분 상환청구권이 없는 것이기 때문에 차입자들은 그냥 채권자에게 집 열쇠만 넘겨주면 더 이상 책임을 질 필요가 없었다. 예를 들어 조지 존스라는 사람이 30만 달러 하는 집에 살면서 40만 달러의 모기지를 안고 해마다 3만 달러를 갚고 있다고 하자. 그는 지금 살고 있는 집과 같은 30만 달러짜리 이웃집으로 옮기면 모기지 상환 부담을 4분의 1이나 줄일 수 있다. 위기가 한창일 때는 그가 모기지를 얻을 수 없었을 것이다. 그러나 세를 들 수는 있었다. (그의 주택 지분이 다 날아갔으므로 그는 계약금을 낼 길이 없었을 것이다.) 대부분 지역에서 집세도 떨어졌다. 그가 계약금을 낼 만큼 저축을 했다 하더라도 시장이 안정될 때까지는 세를 드는 게 더 나았을 것이다. 그는 집을 포기해버리는 게 자기의 신용과 평판에 어떤 영향을 미칠까 걱정하며 망설일 수도 있다. 하지만 모두가 부도를 내고 차입자가 아니라 은행의 부실대출이 비난 받을 때는 그의 오명은 눈에 잘 띄지 않을 것이다. 어떤 경우에도 모든 사람들이 가격을 따져본다. 대출금 상환을 위해 치러야 할 희생이 너무 커지면 주택 보유자들은 부도를 낼 것이다.

오바마 대통령은 마침내 2009년 2월 주택 압류 문제를 해결하기 위한 제안을 하고 나섰다. 이는 올바른 방향으로 나간 중요한 한 걸음이었다. 하지만 수많은 주택 압류 사태가 일어나는 걸 막기에는 충분하지 않았다. 그가 제시한 방안은 원리금 상환 부담을 줄이는 데 조금 도움을 주었다. 그러나 민간은행들이 보유한 (주택 보유자들이 빚진) 담보부족 모기지의 원금을 상각하는 데 대해서는 아무런 조치도 없었다. 그럴 만한 이유가 있었다.[34] 모기지 구조조정이 된다면 은행들은 그들이 부실 대출을 했다는 사실을 인정해야 한다. 그들은 대차대조표에 있는 구멍을 메우기 위해 뭔가를 해야 할 것이다. (모기지의 최대 보유자는 부시 행정부 때 국유화된 패니메이와 프레디맥이었다. 이는 단순히 원리금 상환을 장기간에 걸쳐 늘리는 게 아니라 원금을 상각하는 건 납세자들의 비용이 될 것이

라는 뜻이다.)[35]

공정성에 대한 염려는 모기지 문제를 다루는 걸 더 복잡하게 만들었다. 낭비적인 차입을 하지 않았던 납세자들은 그런 차입을 했던 이들을 위해 세금이 쓰여서는 안 된다고 생각했다. 이 때문에 많은 이들이 구조조정의 부담은 대출회사들에게 돌아가야 한다고 주장했다. 내가 앞서 지적했듯이 대출은 차입자와 대출자의 자발적인 거래이며, 대출자들은 리스크 관리에 대한 재무적인 지식이 있을 것으로 기대된다. 그들은 후한 보상을 받으면서도 해야 할 일을 제대로 하지 못했으며, 이제 그들은 그 결과에 따른 책임을 가장 먼저 져야 한다. 그리고 자기 집의 지분이 대부분 날아가버린 차입자들은 상대적으로 훨씬 더 높은 대가를 지불하고 있는지도 모른다.

하지만 이런 접근방식은 채택되지 않았다. 미국 재무부가 한 거의 모든 결정에서 은행들의 영향력은 지배적이었다. 그러나 이 경우 은행들과 재무부는 같은 이해관계를 갖고 있었다. 모기지 원금을 탕감하는 것은 은행들이 손실을 인식해야 한다는 뜻이었다. 다시 말해 이렇게 해서 은행 대차대조표에 난 구멍을 더 투명하게 만들면 은행들은 더 많은 자본을 확보해야 했을 것이다. 은행들이 자기들의 힘으로 그렇게 하기가 어려웠기 때문에 더 많은 정부 돈이 필요하게 됐을 것이다. 하지만 정부에는 그 돈이 없었다. 은행 구조조정 프로그램의 헤아릴 수도 없는 실수들을 생각할 때 정부가 더 이상 돈을 쓰는 데 대한 의회의 동의를 받아내기는 어려웠을 것이다.

그래서 오바마가 어쩔 수 없이 우리는 모기지 문제를 해결해야 한다고 말한 후 그는 오히려 문제를 훨씬 더 멀리 미뤄버린 셈이다. 그 프로그램에 대한 보고서는 고무적인 게 아니었다. 조정 대상이 되는 320만

건의 부실화된 대출 가운데 2009년 10월 말까지 조정이 이뤄진 건, 조정이 시도된 것들을 다 포함해 65만 1000건으로 20퍼센트밖에 안 됐다.[36] 부실화된 대출이 모두 정부 지원 대상이 되는 건 아니었다. 구조조정이 이뤄진 대출이 모두 압류를 모면한 것도 아니었다. 대출 구조조정에 대한 오바마 행정부의 낙관적인 전망치조차도 전문가들이 주택시장의 심각한 압박을 피하는 데 필요한 것으로 여겨지는 수준에 못 미쳤다.[37]

주택 압류 문제를 해결하는 데에는 대출 상각과 동시에 대출회사들을 구제하는 길을 포함해 몇 가지 길이 있다. 예산의 제약과 미래의 도덕적 해이에 대한 염려가 없다면 이 같은 프로그램은 (일반 납세자를 제외한) 모든 이들을 행복하게 해줄 것이다. 주택 보유자들은 자기 집에 계속 머물 수 있고 대출회사들은 대차대조표에 대한 타격을 피할 수 있을 것이다. 정부가 은행들의 대차대조표에서 리스크를 제거해줄 것이라는 게 알려지면 신용위기를 경감시키는 데에도 도움이 될 것이다. 진정으로 어려운 과제는 은행을 구제하지 않고도 수십만 명이 집을 지킬 수 있도록 하는 일이었다. 이는 리스크 평가에 실패한 책임을 은행들이 지도록 하는 것이다.

부도의 홍수를 막으려면 모기지를 상환할 수 있는 가계의 능력과 의지를 키워줘야 한다. 이를 위해서는 그들의 모기지 상환 부담을 줄여주는 게 핵심이며, 그렇게 하는 데에는 네 가지 방법이 있다. 첫째, 원리금을 상환하는 기간을 늘려주는 방법이다. 이는 가계가 미래에 더 많은 빚을 지도록 하는 것이다. 둘째, 원리금을 정기적으로 갚아갈 수 있도록 보조하는 방법이 있다. 셋째, 금리를 낮춰줄 수 있다. 넷째, 원금을 줄여줄 수 있다.

은행들은 첫째 방안을 선호했다. 이는 원리금 상환 기간을 길게 늘려주는 모기지 구조조정을 통해 추가로 수수료를 물릴 수 있는 방안이다. 그들은 아무것도 포기할 필요가 없다. 사실 그들은 더 많은 수수료와 이자수입을 얻을 수 있다. 하지만 나라 전체로 보면 이는 가장 나쁜 선택이다. 이는 단지 심판의 날을 미루는 것일 뿐이다. 이는 은행들이 상환능력보다 많은 빚을 진 개발도상국들에게 되풀이해서 적용했던 방식이다. 이런 방식은 몇 년 후 또 다른 위기를 낳았다. 물론 은행들에게는, 특히 은행의 현 경영진들에게는 문제를 미루는 것만으로 충분하다. 그들은 사느냐 죽느냐 하는 싸움을 벌이고 있으며, 잠시라도 문제를 유예할 수 있다는 건 매우 값진 선택이다.

집주인을 위한 챕터11

나라를 위한 가장 좋은 선택은 원금을 줄여주는 방안이다. 이렇게 하면 차입자들이 부도를 내려는 유인이 줄고 담보가 부족한 모기지도 줄어든다. 이렇게 하면 은행들은 거품으로 부풀려진 주택 가격을 바탕으로 돈을 빌려준 사실을 현실로 받아들이게 된다. 사회적인 관점에서는 이게 의미 있는 문제해결 방식이다.

은행들은 도박에 참여했다. 그들이 모기지 구조조정을 하지 않으면 부동산시장이 회복될 가능성은 적다. 아주 적다. 시장이 회복되면 은행들은 좋아질 것이다. 적어도 지금보다는 좋은 모습일 것이다. 그들이 조금 더 견뎌낼 수 있으면 (많은 은행들이 때 이른 죽음을 맞이하면서) 경쟁이 줄어든 덕분에 늘어난 이익이 손실을 메워줄 수 있을 것이다. 하지만 사회적 비용은 크다. 압류가 늘어날 가능성이 커지면서 집값이 회복되기보다는 떨어질 가능성이 훨씬 더 커진다. 압류 사태는 법적 절차를 밟는 비용과 다른 많은 비용을 들여야 할 은행들과 가계, 그리고 지역사회 모두에게 비싼 대가를 요구한다. 일반적인 압류 절차는 집에서 들어낼 수 있는 건 무엇이든 들어내버리는 것이다. 자기 집을 잃은 사람들은 분노한다. 특히 그들이 먹잇감이 됐다고 느낄 때 더 분노한다. 빈집은 급속히 퇴락하며 지역사회의 침체를 가속화한다. 빈집은 때로는 불법 거주자가 무단으로 점유하기도 하고, 때로는 다른 불법행위를 하는 장소가 되기도 한다. 어떤 경우든 이웃의 집값은 떨어지고, 더 많은 주택이 담보부족 상태가 되고, 그럴수록 더 많은 압류가 일어난다. 일반적으로 그 집들은 경매에 부쳐지며, 이때는 떨어진 시장가치 중에서도 일부만 건질 수 있다.

은행들이 왜 동원할 수 있는 모든 정치적 영향력을 이용해서 어떤 형태의 원금 탕감도(어떤 정부 프로그램이나 자발적 프로그램, 그리고 특히 파산제도를 이용한 어떤 법적 프로그램도) 거부하려 하는지 이해할 수 있다. 이상하게도 은행 구제계획의 일부는 은행들이 부실 모기지의 구조조정을 더욱 꺼리게 하는 것이었다. 정부는 대규모 손실에 대해 암묵적으로 (씨티뱅크의 경우 겉으로 드러나게) 보험을 제공하게 됐다. 이는 이익이 나면 은행들이 모두 거둬가고 손실이 나면 납세자들이 부담한다는 의미다. 은행들이 모기지 구조조정을 하지 않았는데도 어떤 기적에 따라 부동산시장이 회복되면 그들은 그 이득을 차지하게 된다. 하지만 시장이 회복되지 않으면 그래서 손실이 더 커지면 납세자들이 그걸 떠안아야 한다. 오바마 행정부는 본질적으로 은행들이 시장의 부활에 대한 도박을 걸 이유를 더 보태주었다.

2009년 3월 회계제도 변경은 상황을 더욱 악화시켰다.[38] 이 회계 변경은 은행들이 '손상된' 모기지(차입자들이 원리금 상환을 '연체한' 대출)를 상각하지 않고 계속 들고 있도록 허용하는 것이었다. 시장에서는 원리금 상환이 이뤄지지 못할 가능성이 높다고 믿고 있을 때도 그렇게 할 수 있었다. 이는 은행들이 모기지를 만기 때까지 들고 있을 것이며, 차입자들이 이 어려운 시기를 이겨내면 원리금을 모두 돌려받을 것이라는 허구를 바탕으로 한 것이었다.[39]

은행들이 모기지 원금을 상각하는 걸 꺼린다는 점을 고려할 때 '주택 보유자들을 위한 챕터11(Chapter 11, 기업 구조조정을 위한 파산보호 신청을 규정한 법 조항_옮긴이)'을 통해 그렇게 하도록 유도할 필요도 있다. 이는 더 가난한 주택 보유자들의 부채를 신속하게 구조조정하는 것으로 부채상환 의무를 다하지 못하는 기업들에게 제공되는 일종의 구제 조치를 모델로 한 것이다. 챕터11은 기업이 계속 살아남도록 하는 게 근로자들과 다른 이해관계자들을 위해 결정적으로 중요하다는 생각을 전제로 한 것이다. 그 기업의 경영진은 법원이 검토할 구조조정 방안을 제안할 수 있다. 그 구조조정 방안을 받아들일 만하다고 법원이 판단하면 기업은 부채의 일부 또는 전부를 신속하게 털어버리고 새롭게 출발할 기회를 얻는다. 주택 보유자들의 챕터11은 미국 가계의 새 출발은 기업들에게 새 출발의 기회를 주는 것과 똑같이 중요하다는 생각을 전제로 한 것이다. 주택 보유자들을 집에서 쫓아내는 건 누구에게도 득이 되지 않는다.

미국은 2005년 4월 파산법을 바꿔 주택 보유자들이 채무를 털어버리는 걸 더 어렵게 했다. 사실 예컨대 요트를 사면서 진 빚과 같은 다른 유형의 채무에 비해 집을 사면서 진 빚을 털어버리는 건 더 어렵다. 부시 행정부가 통과시킨 그토록 많은 법안들처럼 이 법의 제목도 그 내용과는 다른 걸 표현하고 있다. 이 법은 '파산 남용 방지와 소비자 보호에 관한 법률(Bankruptcy Abuse Prevention and Consumer Protection Act)'
로 불렸다. 이 법률에 따르면 급여의 4분의 1까지 압류할 수 있다. 이 규정은 임금수준이 낮은 수많은 미국인들, 특히 은행들이 먹잇감으로 삼은 가난한 미국인들에게도 그대로 적용됐다. 이에 따라 많은 이들이 빈곤층으로 내몰릴 수 있다는 뜻이다.[40]

오바마 행정부는 가혹한 2005년 법규를 바꾸고 싶어 했다. 그러나 은행들은 당연히 이를 반대했고 법 개정을 저지하는 데 성공했다.[41] 은행들은 파산법이 부드러우면 부도가 늘어나고 금리는 높아질 거라고 주장했다. 새 법이 통과된 후 부도가 급증했으며 그 부도는 대부분 자발적인 게 아니라는 사실은 별로 언급하지 않았다.[42] 부도는 대부분 병이 들거나 일자리를 잃은 것과 같은 불운을 맞은 가계에서 발생한다.[43] 은행들이 개혁에 반대하기 위해 써먹은 또 하나의 논리는 집값이 오를 거라는 추측에 따라 집을 산 이들에게 관대한 파산법이 예상치 못한 이득을 안겨주게 된다는 것이었다. 이런 비판은 조금 이상하다. 시장의 모든 이들이 부동산 가격이 오를 걸로 추측하고 있었기 때문이다. 그럼에도 불구하고 정부는 은행들을 기꺼이 구제하려 했다.

이런 문제들을 피해갈 수 있는 쉬운 길이 있다. 주택 보유자들의 챕터11을 기업의 챕터11과 더 비슷하게 만드는 것이다. 기업의 경우 지분을 가진 이들(주주들)은 그 지분을 잃게 되고 채권자들이 새로운 지분 소유자가 된다. 집의 경우 집주인이 주택 '지분'을 갖고 은행은 채권을 갖고 있다. 주택 보유자들의 챕터11은 집주인이 진 빚을 지분과 부채의 교환으로 털어내주는 대신 그 집이 결국 팔렸을 때 시세차익의 많은 부분이 대출자에게 돌아가도록 한다. 집을 주로 시세차익을 얻기 위한 투기적 목적으로 산 이들은 이런 거래를 매력적으로 보지 않을 것이다.

(경제학자들은 이런 규정을 자발적 선택 장치self-selection device라 부른다.)

주택 보유자의 챕터11이 있으면 사람들은 복잡한 파산절차를 거칠 필요 없이 모든 부채를 털어낼 수 있다. 주택은 하나의 별도 기업처럼 취급될 것이다. 이런 구제장치는 소득이 일정 한도(예컨대 15만 달러) 아래인 가계가 활용할 수 있도록 해야 한다. 또한 가계 저축과 은퇴 대비 저축을 제외한 부가 (연령에 따라 달라지는) 일정 수준 아래인 가계가 활용할 수 있도록 해야 한다.[44] 주택 가치를 평가해 개인의 부채를 예컨대 평가 가치의 90퍼센트로 탕감해줄 수 있을 것이다(이는 대출회사가 압류를 진행할 경우 상당한 거래비용이 들 것이라는 사실을 반영한 것이다).[45]

미끼금리 대출

100퍼센트 모기지, 변동금리 대출, 미끼금리 대출, 풍선 론(balloon loan), 역상각 대출, 거짓말 대출로(내가 이 장 앞부분에서 설명한 모든 술책들로) 미국인들은 달마다 소득의 40~50퍼센트 이상을 은행에 갚게 됐다.[46] 신용카드 이자를 포함하면 그 숫자는 더 높아진다. 많은 가계가 이 돈을 갚느라 다른 모든 것을 희생하며 발버둥 쳤다. 하지만 또 다른 불운, 예를 들어 자동차 고장과 같은 작은 불운이나 가족이 병에 걸린 것과 같은 큰 불운을 맞은 이들은 벼랑으로 몰리기 일쑤였다.

정부는 연준을 통해 은행들에게 매우 낮은 금리의 돈을 빌려줬다. 정부는 왜 낮은 금리로 돈을 빌릴 수 있는 능력을 갖고 있으면서도 어려움을 겪는 주택 보유자들에게 덜 비싼 신용을 공급하기 위해 그 능력을 쓰지 않는가? 30만 달러의 모기지를 6퍼센트 금리로 빌린 어떤 사람을 보자. 이는 원금을 상환하지 않을 때에도 한 해 1만 8000달러(0.06×30만 달러), 한 달에 1500달러의 이자를 물어야 한다는 뜻이다. 정부는 이제 기본적으로 제로금리로 돈을 빌릴 수 있다. 정부가 이 돈을 주택 보유자들에게 2퍼센트에 빌려준다면 이들의 이자 상환 부담은 3분의 2가 줄어든 6000달러가 될 것이다. 빈곤선의 두 배 수준인 연소득 3만 달러 안팎으로 살아가려고 몸부림치는 이들에게는 이 같은 금리인하로 이자 부담이 세금 납부 전 소득의 60퍼센트에서 20퍼센트로 줄어든다. 60퍼센트는 감당할 수 없지만 20퍼센트는 그럴 수 있다. 고지서를 발송하는 비용을 제외하면 정부는 이 거래로 한 해 6000달러의 짭짤한 이익을 낼 수 있다. 주택 보유자들은 이자 부담이 1만 8000달러일 때는 이자를 갚을 수 없지만 6000달러일 때는 갚을 수 있다.

더욱이 집이 강제로 압류되지 않기 때문에 부동산 시세는 더 높은 수준을 유지할 수 있다. 이 경우 이웃들도 더 부유해진다. 은행들을 제외한 모든 이들에게 유리하다. 부도 가능성이 거의 제로이기 때문에 정부는 자금을 조달할 때와 이자를 거둬들일 때 모두 유리하다. 이런 요소들은 정부의 학자금 대출 프로그램과 정부 모기지의 논리적 근거를 제공했다. 하지만 보수주의자들은 은행들에게 돈을 주는 것 말고는 정부가 이런 유형의 금융 활동에 개입해서는 안 된다고 주장했다. 그들은 정부가 신용평가를 잘하지 못한다고 주장했다. 이런 논리는 이제 설득력이 별로 없다. 은행들은 신용평가와 모기지 설계를 너무나도 잘못해 경제 전체를 위험에 몰아넣었다. 그들은 약탈적인 업무에 뛰어났으며 이는 칭찬받을 이유가 될 수 없다.

은행들은 역시 이자 부담을 덜어주려는 이런 정책에 저항했다. 여기서도 이유는 명백했다. 그들은 정부와 경쟁하는 걸 원하지 않는다. 하지만 이런 정책은 또 하나의 중요한 이점을 갖는다. 은행들이 가난한 미국인들을 이용해 '쉽게' 돈을 벌지 못하면 그들은 마땅히 계속하고 있어야 했던 힘든 비즈니스로 다시 돌아갈 것이다. 새로운 기업을 일으키고 기존 기업을 확장하는 걸 돕기 위해 돈을 빌려주는 업무다.

확대된 주택보급정책

무모한 서브프라임 모기지를 옹호하는 이들의 주장은 이런 금융 혁신이 수많은 미국인들이 처음으로 집을 갖게 해주었다는 것이다. 하지만 그들은 아주 짧은 시간 동안만, 매우 높은 비용을 치르고 집을 소유하게 됐다. 미국인 가운데 이번 위기가 끝날 때 집을 갖고 있는 이들의 비중은 이번 사태가 시작될 당시의 주택 보유자들의 비중보다 낮을 것이다.[47] 나는 주택 소유를 늘리는 목적은 가치 있는 것이라고 믿는다. 하지만 시장을 통해 그 목적을 달성하려는 시도는 모기지 브로커와 최초 대출업체와 투자은행들이 그로부터 이익을 낸 걸 빼고는 분명히 잘되지 않았다.

지금 당장은 저소득층과 중산층 미국인들의 주거비 부담을 일시적으로 덜어주는 데 대한 논란이 있다. 장기적으로는 지금처럼 소득 상위 계층 주택 보유자들에게 이득을 주는 왜곡된 형태로 주택부문에 자원을 배분하는 게 적절한지에 대한 의문이 있다. 미국에서는 세금 계산 때 모기지 이자와 재산세를 공제 받을 수 있도록 허용하고 있다. 그렇게 하면 정부가 주택 소유에 따르는 비용의 많은 부분을 부담하게 된다. 예를 들어 뉴욕에서는 소득 상위 납세자들의 모기지 이자와 부동산세 가운데 거의 절반을 정부가 부담한다. 하지만 역설적으로 이런 세제는 가장 도움을 필요로 하는 이들에게는 도움을 주지 못한다.

간단한 해결책은 모기지 이자와 재산세를 과세대상 소득에서 공제해주는 현행 규정을 일정한 비율로 공제되는, 현금화할 수 있는 세액공제

(tax credit)로 바꾸는 것이다. (누진적인 세액공제를 통해 부자들보다 가난한 이들에게 더 높은 비율의 공제 혜택이 돌아가도록 하면 더 좋을 것이다.) 일정 비율의 세액공제는 모두에게 같은 혜택을 준다. 정부가 모기지 이자 비용에 대해 25퍼센트의 세액공제를 해준다고 가정해보자. 이 경우 앞에서 이야기했던 것처럼 한 해 6000달러의 모기지 이자를 내는 가족의 세금은 1500달러 줄어든다. 현행 제도에 따르면 이 가족은 900달러 값어치가 있는 소득공제(tax deduction)를 받을 수 있다. 이와 대조적으로 고소득 가계는 100만 달러짜리 맨션에 대해 3만 달러 값어치가 있는 소득공제를 받을 것이다. 정부에게서 가난한 가계의 한 해 소득과 맞먹는 선물을 받는 것이다. 세액공제 제도에 따르더라도 이 맨션 보유자가 정부에게서 받는 선물은 여전히 큰 액수(1만 5000달러)가 되겠지만, 현행 제도에 따를 때에 비해 절반으로 줄어드는 효과는 있다. 소득 상위 계층 미국인들에게 주던 보조금을 줄이면 가난한 미국인들에게 보조금을 주는 데 도움이 될 수 있다. 25퍼센트 세액공제는 많은 미국인들에게 집을 살 수 있는 여력을 키워줄 것이다.

물론 이런 정책은 소득 상위 계층 가계와 100만 달러짜리 집들을 지어 돈을 버는 건설업체들의 반대에 부딪힐 것이다. 지금까지는 이들 그룹의 목소리가 압도적이었다. 하지만 지금의 제도는 공정하지도 않고 효율적이지도 못하다. 이는 부자들보다 가난한 사람들이 부담하는 사실상의 집값이 실제로는 더 높다는 걸 의미한다.

새로운 모기지

금융부문은 혁신을 이뤘다는 그 모든 주장에도 불구하고 가난한 미국인들에게서 여력이 더 많은 이들에게 리스크를 이전하는 방식을 혁신하지는 못했다. 예를 들어 겨우 먹고살기에 바쁜 미국인들이 변동금리 모기지를 안고 있으면 다달이 내야 할 이자가 얼마가 될지 알 수 없다. 하지만 변동금리 모기지라도 만기(대출금을 갚아야 하는 햇수)가 변동될 수 있도록 허용하면 월별 상환 부담을 일정하게 만들 수 있다.

덴마크 모기지 시장은 이 나라에서 잘 작동한 대안적인 모기지를 2세기 이상 제공해왔다. 모기지 부도율은 낮고, 상품 표준화로 강력한 경쟁체제가 확립됨에 따라 금리와 거래비용도 낮은 수준이다. 덴마크 모기지 시장의 부도율이 낮은 이유 중 하나는 엄격한 규제에 있다. 차입자들은 집값의 80퍼센트까지만 빌릴 수 있고 최초 대출회사는 대출 부실에 따른 손실을 맨 먼저 져야 한다. 미국의 시스템은 주택 소유자의 지분이 마이너스가 될 리스크를 높이고 투기적인 도박을 부추긴다. 이에 비해 덴마크 시스템은 지분이 마이너스가 될 위험을 막고 투기를 억제한다.[48] 모기지 시장 투명성이 높아서 모기지 채권을 산 이들은 최초 대출회사별로 신용평가의 질에 관한 정확한 평가를 할 수 있다.

미국 정부는 보통 시민들의 필요를 충족시키는 금융상품을 만들기 위해 여러 차례 혁신을 주도해야 했다. 그 효과가 입증됐을 때 민간부문이 뛰어드는 경우가 많았다. 이번 위기는 정부가 주도권을 가져야 할 또 하나의 사례가 될 것이다. 민간부문이 해야 할 일을 하는 데 실패했기 때문이다.

민간부문 대출의 엄청난 실수를 생각하면 수많은 모기지가 담보부족 상태가 되는 걸 막기 위해 지금 정부가 할 수 있는 일은 별로 없다. 하지만 모기지 담보부족이 발생한 부동산이 다 압류절차로 넘어가지는 않을 것이다. 그런 부동산을 포기하려는 유인이 있지만 개인들은 자기의 평판도 염려한다. 이 장에서 설명한 것과 같은 프로그램이 도움이 되는 이유는 이것이다. 사람들이 자기 집을 지키면서 모기지를 상환할 수 있다면 그들은 그렇게 하려 노력할 것이다.

부도를 낼 유인을 바꿀 수 있는 다른 방안들도 있다. 그중 하나는 레이건 대통령 시절 경제자문위원회 의장을 지낸 마틴 펠트스타인이 주장하고 있는 것으로, 예컨대 개인들이 현재 안고 있는 모기지의 20퍼센트를 저금리 정부 대출로 바꾸는 방안이다.[49] 그러나 이 정부 대출은 상환청구권이 없는 대출은 아니다. 차입자는 정부에서 빌린 돈을 계속해서 갚아야 한다. 그는 정부 대출 상환을 포기하고 도망가지 않을 것이기 때문에(그럴 수도 없다) 은행에게서 받은 상환청구권 없는 대출에 대해서도 상환하지 않고 도망가지 않을 것이다. 이는 모기지 부도 가능성을 줄여준다. 대출자들은 더 좋아질 것이다. 이 제안은 사실상 주택 보유자들의 일부 희생을 대가로 대출자들에게 큰 선물을 주는 것이다. 주택 보유자들은 상환청구권이 없는 대출을 청구권이 있는 대출로 바꾸도록 유도되기 때문이다.

앞서 지적했듯이 상환청구권이 없는 대출을 받는 것은 옵션을 갖는 것과 같다. 집값이 떨어질 리스크는 모두 안지 않으면서 집값이 오를 때는 이익을 얻는 일방적인 베팅이다. 상환청구권이 없는 대출을 청구권이 있는 대출로 바꾸는 건 그 옵션을 포기하는 것과 같다. 깊은 재무 지식이 없는 차입자들은 그들이 가진 옵션의 시장가치를 이해하지 못하고 상환 부담이 줄어든 것만 볼 가능성이 매우 크다. 어떤 의미에서는 정부가 주택 보유자들에게 옵션 가치를 알려주지 않는 한 표리부동하게 은행가들을 도와주고 사주하는 꼴이 될 수 있다.

그러나 이 제안을 조금만 변형하면 주택 압류 가능성을 줄이고, 동시에 대출회사들에게 또다시 부당한 선물을 주는 걸 피할 수 있을 것이다. 정부는 대출회사들에게 그 옵션을 공정한 시장가격으로 사들이도록(그래서 그들과 시장이 직면한 불확실성을 줄이도록) 권장할 수 있으며, 가계에는 옵션을 팔아서 얻은 수입 대부분을 현재 들고 있는 모기지 빚을 줄이는 데 쓰도록 권장할 수 있다.[50] 집값이 30만 달러이고 그 집에 대한 30만 달러의 모기지가 담보부족 상태가 될 심각한 위험이 있는 경우를 생각해보자. 은행은 30만 달러의 모기지 중 6만 달러를 상환청구권이 있는 모기지로 바꿀 것이다. 앞서 말한 '옵션'의 가치가 예컨대 1만 달러라고 가정하자. 주택 보유자는 이 돈을 모기지 일부를 상환하는 데 쓸 것이다. 이는 그 집을 보유할 수 있는 여력을 키워줄 것이다. 그는 매월 50달러씩 이자 부담을 줄일 수 있을 것이다. 이 거래를 (은행과 차입자 모두에게) 더욱 기분 좋은 것으로 만들기 위해 정부는 상환청구권이 있는 6만 달러의 모기지를 넘겨받아 2퍼센트의 금리를 물릴 수 있다. 이것과 함께 25퍼센트 세액공제를 고려하면 주택 보유자의 비용은 한 해 1만 8000달러에서 1만 1250달러로 줄어든다.

이는 모두가 윈윈할 수 있는 상황이다. 상환 부담이 줄어들면 부도율은 낮아질 것이다. 은행들이 대차대조표상의 부실을 깨끗이 정리하라는 말을 듣는 이유 중 하나는 그렇게 하면 불확실성을 줄이고 더 많은 대출을 할 수 있기 때문이다. 방금 설명한 프로그램이 바로 그런 일을 하는 것이다. 은행의 손실을 납세자에게 전가하는 게 아니라 주택 보유자들을 도움으로써 그렇게 하는 것이다. 보통 시민들을 도움으로써 은행들을 돕는 이런 정책은 트리클다운(trickle-down) 경제학이 아니라 트리클업(trickle-up) 경제학의 한 사례다. 정부는 지금까지 은행들을 충분히 도와줌으로써 주택 보유자들과 경제의 나머지 부문도 한숨 돌릴 수 있게 되기를 바라면서 트리클다운 경제학을 시도해왔다.

나는 정부가 이 장에서 설명한 간단한 제안들을 채택하면 주택 압류 문제는 지나간 일이 될 걸로 믿는다. 하지만 유감스럽게도 오바마 행정부는 은행을 구제하는 데 모든 노력을 기울이며 부시 행정부의 전철을 밟고 있다. 정부가 은행들에 돈을 쏟아부을 때도 모기지 시장의 문제는 쌓여갔다. 이는 은행들이 몇 달 후, 그리고 몇 년 후 확실히 더 큰 문제들에 부딪히도록 하는 것이다. 다음 장에서 살펴보겠지만 정부가 설계한 방식에 따른 은행 구제는 모기지 구조조정을 방해했다. 은행 구제의 목적이라는 대출 재개에도 실패했다. 이는 또한 다른 접근방식을 택했을 때에 비해 나랏빚이 훨씬 더 늘어나도록 했다.

위대한 미국 강도

FREEF∀LL

오염시킨 쪽이 값을 치러야 한다는 환경경제학의 원리는 누가 비용을 부담해야 하는지에 대한 지침을 제공한다. 미국 은행들은 글로벌 경제를 해로운 쓰레기로 오염시켰다. 지금 또는 나중에 은행들이 쓰레기 청소 요금을 물도록 강제하는 것은 공평성과 효율성의 문제, 곧 경기 규칙에 따르는 문제다. 미국 은행들이 구제된 것은 이번이 처음이 아니다. 구제는 되풀이됐다. 이것이 뜻하는 바는 경제의 다른 부분이 은행에 엄청난 보조금을 주고 있다는 것이다.

경제학자들은 은행시스템을 경제의 심장이라고 부르기를 좋아한다. 이 시스템은 가장 필요로 하는 곳에 돈을 펌프질한다. 2008년 은행시스템이 붕괴할 위기에 몰렸을 때 대출은 말라붙었고 정부가 은행을 구제하려 개입했다. 이는 진정으로 효율적인 금융시스템을 개발하는 문제에 대해 생각해볼 수 있는 절호의 기회였다. 효율적 금융시스템은 필요한 곳에, 그리고 가장 생산적인 곳에 효율적으로 자본을 배분하는 것이다. 또한 가계와 기업 모두 리스크를 관리하도록 돕는 것이며, 빠르고 비용이 적은 결제시스템의 바탕을 제공하는 것이다. 그러나 서로 다른 두 행정부는 위기 이후 마침내 새로운 금융시스템이 부상하게 될 때 이 나라가 어떤 시스템을 가져야 좋을지 별로 생각해보지도 않은 채 은행들을 지원하기 위한 일련의 조치를 취했다. 이런 조치들은 은행시스템의 구조적 문제를 풀지 못했다. 어떤 조치들은 상황을 더 나쁘게 만들었다. 그 결과 낡은 시스템의 잿더미에서 자란 새로운 시스템이 예전의 시스템보다 이 나라를 위해 더 일을 잘하리라는 확신이 별로 없었다.

미국 정부가 계속 은행을 구제할 때 책임성에 대해서도 생각해봤어야 했다. 나라를 이런 혼란에 빠뜨린 은행가들은 그들의 실수에 대한 대가를 치렀어야 했다. 그러나 그들은 손쉽게 수십억 달러를 챙겼다. 더욱이 이는 워싱턴에 후한 기부금을 냄으로써 그렇게 할 수 있었던 것으로 드러났다. 하나의 체제로서 자본주의는 높은 수준의 불평등을 참을 수 있다. 왜 그런 불평등이 존재하는지에 대한 논리도 있다. 불평등은 사람들의 동기를 유발하는 방식이라는 것이다. 어떤 사람이 사회에 기여한 것에 상응하는 보상을 주면 경제가 더 효율적으로 된다는 논리다. 하지만 주택 거품 때 그토록 많은 보상을 받은 이들은 사회를 더 효율적으로 만들지 않았다. 그들은 잠시 동안 은행 이익을 늘렸을지 모르지만 그런 이익은 신기루였다. 결국 그들은 전 세계 사람들에게 막대한 비용을 물렸다. 개인에 대한 보상이 사회적인 수익률과 무관하면 자본주의는 작동할 수 없다. 하지만 20세기 말과 21세기 초 미국식 금융자본주의체제에서 바로 그런 일이 일어났다.

이 장에서 나는 두 행정부가 어떻게 금융위기에 대응했는지, 그들은 뭘 했어야 했는지, 그리고 그 결과는 어떨지에 관해 자세히 다루려 한다. 완전한 결말은 아직 알 수 없다. 하지만 오바마와 부시 행정부의 정책 실패는 현대 민주주의 정부가 저지른 모든 실수 가운데 가장 큰 대가를 치러야 할 실수 중 하나로 꼽히리라는 건 거의 확실하다.[1] 미국에서는 정부 보증과 구제금융 규모가 GDP의 80퍼센트인 약 12조 달러에 육박한다.[2] 이 모든 보증이 다 청구된 것은 아니므로 납세자들이 질 총비용은 이보다 적을 것이다. 하지만 발표된 금액과 별도로 수천억 달러가 모르는 사이에 뿌려졌다. 예를 들어 연준은 질이 낮은 담보를 받아들이고 모기지를 사들였다. 이런 금융거래는 납세자들에게 매우 많은 비용을 지울 게 거의 틀림없다. 적어도 납세자들을 높은 리스크에 노출시키는 거래다. 구제금융은 다른 형태로도 이뤄졌다. 예를 들어 제로에 가까운 금리로 은행들에게 돈을 빌려주는 것이다. 은행들은 이 돈을 도박하는 데 쓸 수도 있고, 다른 기업들에게 훨씬 높은 금리로 빌려줄 수도 있다. 다른 많은 기업들(또는 개인들)은 제로금리 대출을 받으면 감사할 것이다. 그리고 적어도 '성공적인' 은행들이 번 것과 같은 두둑한 이익을 냈을 것이다. 이는 납세자들은 알지 못하는 엄청난 선물이었다.[3]

금융위기가 터지자 부시 행정부는 은행들뿐만 아니라 은행가들과 은행 주주들을 구제하기로 결정했다. 정부는 불투명한 방식으로 자금을 지원했다. 정부가 선물을 주고 있다는 걸 대중이 모르기를 바라기 때문일 수도 있고, 그 일을 책임 진 많은 사람들이 은행 출신이어서 그들이 일하는 방식이 원래 불투명하기 때문일 수도 있다.[4] 부시 행정부는 엄청난 금액의 납세자 돈을 받는 이들에 대한 어떤 통제도 하지 않기로 했다. 그렇게 하는 건 자유시장경제가 작동하는 걸 방해하는 것이라고 주장했다. 마치 몇조 달러 구제금융은 자유시장 원리에 맞는 것처럼 이야기했다. 그런 결정을 내린 후 몇 달 동안 나타날 결과는 예견할 수 있는 것이었다. 은행 경영진들은 자본주의체제에서 그들에게 기대하는 대로 (자기들 이익을 위해) 행동했다. 이는 자기들과 자기네 주주들을 위해 가능한 한 많은 돈을 챙겼다는 걸 의미한다.

부시와 오바마 행정부는 단순한(위기 전 몇 해 동안 일어난 일들을 생각하면 변명의 여지가 없는) 실수를 저질렀다. 은행들이 스스로의 이익을 추구하면 필연적으로 국가이익에 부합할 것으로 본 것이다. 납세자의 돈을 남용하는 데 대한 대중의 분노 때문에 더 이상 은행들을 도와주는 게 더욱 어려워졌다. 또한 정부가 문제를 해결하는 데 투명성과 효율성이 떨어지는 방식을 쓰게 됐다.

오바마 행정부가 진정으로 참신한 접근방식을 도입하지 않은 것은 놀라운 일도 아니다. 이는 전반적인 전략의 일환일 수도 있다. 침착함과 연속성을 유지함으로써 시장에 자신감을 주는 것이다. 하지만 이 전략에는 비용도 따른다. 먼저 오바마 행정부는 이 나라가 어떤 금융시스템을 원하고 필요로 하는지에 대한 올바른 질문들을 던지지 않았다. 이런 질문들이 정치적으로, 그리고 경제적으로 불편한 것이었기 때문이다. 은행가들은 어떤 근본적인 잘못도 인정하고 싶어 하지 않았다. 그들은 실패를 인정하고 싶어 한 적이 없다. 은행가들의 배후에 있던 규제완화론자들과 정치인들도 그들이 옹호했던 경제적 교리의 실패를 인정하고 싶어 하지 않았다. 그들은 2007년 이전과 같은 세계로 돌아가고 싶어 했다. 그들도 모든 게 완벽하다고 주장할 수는 없었기 때문에 이곳저곳 조금씩만 수정하기를 바랐다. 하지만 그 이상이 필요했다. 금융시스템은 예전 방식으로 돌아갈 수도 없고 돌아가서도 안 된다. 단지 허울뿐인 개혁이 아니라 진정한 개혁이 필요했고 지금도 필요하다. 예를 들어 금융시스템은 균형에 맞지 않게 성장했다. 금융시스템은 규모를 줄일 필요가 있었다. 어떤 부문은 다른 부문보다 더 많은 감축이 필요했다.

오바마 행정부는 결국 올바른 해답을 얻게 될 것이다. 이 책이 출간될 때 이미 답을 얻었을 수도 있다. 그러나 지금까지 따랐던 불확실한 경로는 높은 비용을 초래했다. 물려받은 빚은 앞으로 몇 년 동안 경제와 사회 프로그램들을 위태롭게 할 것이다. 실제로 구제금융 결정 후 몇 달 안에 늘어난 재정적자는 건강보험 개혁의 규모를 줄이는 핑계거리로 이용됐다. 은행 출신으로 재정적자에 대해 매파적 견해를 보이던 이들은 2008년 늦여름부터 휴가라도 간 것 같았다. 이때는 은행들이 수천억 달러가 필요하다고 이야기하던 시기였다. 재정적자 규모에 대한 모든 염려는 화제의 중심에서 비켜나 있었다. 하지만 나와 몇몇 사람들이 예상한 것처럼 그들은 더 이상 얻을 돈이 없다는 게 분명해지자마자 휴가에서 돌아왔다. 그 후 그들은 재정지출에 따른 수익률이 얼마나 높은지는 따지지도 않고 무조건 지출에 반대하는 평소의 입장으로 돌아갔다. (이상하게도, 구제금융이 처음으로 지원될 때 은행가들은 정부가 이 '투자'에서 큰 수익을 올릴 것이라고 주장했다. 이는 그들이 위기 전에는 사회적 투자, 기술 투자, 그리고 기반시설 투자를 비롯한 다른 형태의 투자에 대해서는 일축해버렸다고 주장하는 것이나 다름없다. 하지만 이제 납세자들이 은행들에게 줬던 걸 돌려받을 가능성은 거의 없다는 게 명백하다. 또한 납세자들이 안은 리스크에 대해 적절한 보상을 받을 가능성은 아예 없다는 게 분명하다. 은행가들이 다른 사람에게 돈을 줬다면 그런 보상을 요구했을 것이다.)

미국 시스템의 결함

금융부문의 성공은 궁극적으로 보통사람들에게 가져다준 행복으로 측정된다. 성공적인 금융부문은 자본이 더 잘 배분되거나 리스크가 더 잘 관리되도록 하기 때문이다. 부풀어 오른 금융부문의 혁신에 대한 그 모든 자부심에도 불구하고 대부분의 혁신들이 실제로 미국경제의 성공 또는 대다수 미국인들의 생활수준 향상에 아주 많이 기여했는지는 분명하지 않다. 앞 장에서 나는 예를 들어 사람들이 집을 사는 걸 돕기 위해 그들에게 자금을 공급하는 단순한 과제에 대해 이야기했다. 금융부문은 사람들이 금리변동 위험과 같이 주택 보유에 따르는 리스크를 관리하는 걸 돕는 상품을 개발하기 위해 그들의 재능을 활용했어야 했다. 우리는 금융계 사람들이 리스크를 이해할 것으로 기대한다. 이는 그들이 그토록 후한 보상을 받는 이유 가운데 하나다. 금융인들과 규제당국자들은 시장을 이해하고 리스크와 효율성의 의미를 이해한다고 자부한다. 하지만 놀랍게도 금융인들도 이를 진정으로 이해하지 못했고 규제당국자들도 이해하지 못했다. 우리는 그들이 (가난한 주택 보유자들처럼) 위험을 감당할 여력이 부족한 이들에게서 다른 이들에게로 리스크를 넘기는 일을 할 것으로 기대했다. 하지만 그들의 '혁신'은 그 주택 보유자들에게 더 많은 리스크를 안겼다.

이 책은 '지적 모순'이라고밖에 표현할 수 없는 사례들로 가득하다. 시장이 효율적이라면 평균적으로는 주택 보유자가 고정금리 모기지에서 변동금리 모기지로 갈아탐으로써 얻을 수 있는 이득은 거의 없을 것이다. 유일한 차이는 누가 금리변동 리스크를 안느냐일 것이다. 그러나 우리가 본 것처럼 앨런 그린스펀 전 연준 의장은 사람들에게 변동금리 모기지를 얻으라고 부추겼다. 그는 시장이 효율적이라고 믿으면서 동시에 주택 보유자들이 평균적으로는 변동금리 모기지를 얻음으로써 돈을 절약할 수 있다고도 믿었다(시장이 효율적이라고 믿는 건 왜 규제가 필요 없는지 설명하는 논리의 일부다). 리스크를 이해하지 못하는 가난한 주택 보유자들이 그의 잘못된 조언을 따르는 건 이해할 만하다. 그러나 이른바 금융 전문가들이 그렇게 하는 건 납득하기 힘들다.

금융부문의 성과로 판단할 때, 즉 이익이나 수수료와 같은 표면적인 성과가 아니라 경제와 가계의 복리에 대한 기여도를 가늠하는 더 적합한 잣대로 평가할 때 금융부문은 실패했다. (사실, 장기적인 수익성의 관점에서 보더라도 주택 거품이 꺼지면서 쌓인 엄청난 손실을 생각할 때 금융부문은 실패했다.) 거짓말 대출, 100퍼센트 모기지, 또는 변동금리 상품의 확산을 불러온 것은 천재적인 솜씨가 아니었다. 이런 것들은 나쁜 아이디어에서 나온 것으로 많은 나라들이 금지하고 있다. 이것들은 (불완전정보와 비대칭정보의 리스크, 그리고 시장 리스크 그 자체의 특성을 포함한) 시장의 근본을 이해하지 못한 결과로 나타난 것이다. 이들은 경제이론과 역사적 경험의 교훈을 잊어버리거나 무시한 결과다.

더 일반적으로 말하자면, 이런 혁신과 경제적 실패 사이의 분명한 연관성을 찾는 것은 훨씬 더 쉽지만 예를 들어 '금융부문 혁신'과 생산성 향상의 분명한 연결고리를 찾는 것은 어렵다. 금융시스템의 한 작은 부분인 (대부분 뉴욕이 아니라 서해안에 있는) 벤처캐피털 회사들은 많은 모험적인 창업기업들에게 자본을 대줌으로써, 그리고 경영관리를 도와줌으로써 미국경제 성장에 핵심적인 역할을 했다. 금융시스템의 다른 부문, 즉 지역은행, 신용조합, 소비자들과 중소기업들이 필요로 하는 자금을 조달해주는 지방은행들 역시 일을 잘했다.

창고형 사업(대출사업을 뜻함)에서 벗어나 운수형 사업(복잡한 증권 패키지를 만들고 이를 부주의한 고객들에게 파는 사업을 뜻함)으로 진입했다는 걸 스스로 자랑스러워하는 대형 은행들은 실제 일자리를 창출하는 데는 주변적인 역할만 했다. 그들은 기업들을 합치고, 그에 실패했을 때는 해체하는 수십·수백억 달러짜리 거래에 관심을 가졌다. 그들은 일자리와 기업을 만드는 데에는 큰 역할을 하지 않았을지 몰라도 그들의 특기인 '비용절감' 노력을 하면서 (다른 사람의) 일자리를 없애는 데에는 뛰어났다.

금융시스템의 무능함은 이번 위기를 불러온 리스크 관리와 자본 배분의 실패에 그치지 않는다. 은행들은 가난한 이들에게 필요한 서비스를 제공하지 않았다. 가난한 이들은 착취적인 페이데이론(payday loan, 다음 급여를 받을 때까지 쓸 돈을 빌려주는 소액 단기대출_옮긴이)과 수표현금화 서비스를 이용해야 했다. 은행들은 미국의 발전된 기술을 감안할 때 있어야 마땅할 비용이 적게 드는 일종의 전자결제시스템을 제공하지 않았다.

금융시스템이 그렇게 나쁜 성과를 낸 이유는 여러 가지가 있다. 이를 해결하려면 우리는 그 문제들을 이해해야 한다. 앞부분의 몇 개 장에서 나는 다섯 가지 실패에 대한 주의를 촉구했다.

첫째, 유인이 중요하다. 하지만 사회적 이익과 사적인 이익 사이에 체계적인 부조화가 존재한다. 이 두 이익이 밀접해지도록 조정하지 않으면 시장체제는 잘 돌아갈 수 없다. 이는 금융계의 자랑이었던 그토록 많은 '혁신'이 부적절한 조치가 된 걸 설명해준다.

둘째, 어떤 기관은 구제하려면 매우 비싼 비용을 치러야 하는 대마불사(too big to fail)형이 됐다. 그들 중 일부는 또한 관리하기에는 너무 큰 것으로 드러났다. 정부 구제 후 AIG 경영을 맡은 에드워드 리디는 이렇게 말했다. "내가 도와달라는 요청에 따라 2008년 9월 AIG에 합류했을 때 한 가지는 바로 분명해졌습니다. 이 회사는 하나의 독립체로 잘 경영하기에는 전반적인 구조가 너무 복잡하고, 너무 다루기 힘들고, 사업 구성이 너무 불투명했습니다."[5]

셋째, 대형 은행들은 평범한 은행 업무에서 벗어나 증권화로 옮겨갔다. 증권화는 장점들도 있지만 금융계나 규제완화론자 모두 이해하지 못한 것이므로 주의 깊게 관리돼야 한다.[6]

넷째, 상업은행들은 고도 금융의 고위험-고수익 구조를 모방하려 했지만 상업은행은 따분한 사업을 해야 한다. 도박을 하고 싶은 이들은 경마장이나 라스베이거스 또는 어틀랜틱시티로 갈 수 있다. 거기서는 당신이 투입한 돈을 돌려받지 못할 가능성이 있다는 걸 당신도 잘 안다. 당신 돈을 은행에 넣을 때 당신은 그 돈이 필요할 때 돌려받지 못할 수도 있는 리스크를 지고 싶어 하지 않는다. 너무 많은 상업은행 사람들이 '헤지펀드에 대한 부러움'을 갖고 있었다. 하지만 상업은행은 헤지펀드가 갖지 못한 정부 보증을 갖고 있다. 이 둘은 서로 다른 비즈니스인데도 너무 많은 상업은행들이 이를 잊어버렸다.

다섯째, 너무 많은 은행가들이 그들이 책임 있는 시민이어야 함을 잊어버렸다. 그들은 가장 가난하고 가장 취약한 이들을 먹잇감으로 삼지 말아야 한다. 미국인들은 지역사회의 이런 기둥들이 도덕적 양심을 갖고 있다고 믿었다. 나라를 사로잡은 탐욕 때문에 우리 사회의 가장 약한 계층을 이용하는 것을 포함해 하지 못할 일이 없었다.

구제 아닌 구제

앞서 몇 장에서 우리는 파산이 자본주의의 핵심적인 특성임을 보았다. 기업들은 때로 채권자들에게 진 빚을 갚지 못한다. 재무적인 구조조정은 많은 사업에서 어쩔 수 없는 현실이 됐다. 미국은 다행히 기업들이 새 출발을 할 기회를 주는 특별히 효과적인 방식을 갖고 있다. 파산법의 챕터11은 예컨대 항공업체들이 되풀이해 이용한 규정이다. 항공업체들은 계속해서 항공기를 띄울 수 있고 일자리와 자산은 보존된다. 일반적으로 주주들은 모든 걸 잃고 채권자들은 새로운 주주가 됐다. 새

경영진 아래서, 그리고 채무 부담이 없는 상태에서 항공사들은 계속 운영될 수 있다. 정부는 이런 구조조정에서 제한적인 역할을 한다. 파산 법정은 모든 채권자들이 확실히 공정하게 대우받을 수 있도록 하고 경영진이 개인적 이익을 위해 자산을 훔치지 못하도록 한다.

은행들은 한 가지 면에서 다르다. 정부는 예금지급을 보장하기 때문에 지분을 갖는다. 앞 장에서 보았듯이 정부가 예금지급을 보장하는 것은 경제 안정에 중요한 금융시스템을 안정시키기 위한 것이다. 하지만 은행이 잘못되면 문제해결을 위한 기본적인 절차는 같아야 한다. 주주들은 모든 걸 잃는다. 채권자들은 새로운 주주가 된다.[7] 흔히 채권 금액은 충분히 크기 때문에 필요한 일은 채권자들을 주주로 만드는 것뿐이다. 예를 들어 구제 조치가 취해질 때 2조 달러의 자산을 가진 미국 최대 은행 씨티뱅크의 장기 채권은 3500억 달러였다. 주식에 대해서는 의무적으로 배당금을 지급해야 하는 것은 아니기 때문에 이 은행이 부채를 지분으로 전환했더라면 이 채권에 대해 수십·수백억 달러의 이자를 지급할 필요가 없었을 것이다. 수십·수백억 달러의 이자를 물지 않아도 됐다면 이 은행은 더 쓸모가 많았을 것이다. 이런 경우 정부의 역할은 일반 기업의 파산을 감독하는 정부의 역할과 별반 다르지 않다.

하지만 때로는 은행 경영이 너무나 잘못돼 은행이 예금자들에게 빚진 게 은행의 자산보다 많을 때가 있다. (이는 1980년대 저축대부조합 사태 당시 많은 은행들이 처했던 상황이다. 지금도 많은 은행들이 같은 상황을 맞고 있다.) 이렇게 되면 정부가 예금자들에게 한 약속을 지키기 위해 개입해야 한다. 정부는 사실상 (아마도 부분적인) 은행 소유주가 된다. 일반적으로 정부는 가능한 한 빨리 은행을 팔려고 한다. 은행을 인수할 누군가를 찾았을 때도 마찬가지다. 파산한 은행은 자산보다 부채가 많기 때문에 정부는 보통 다른 은행에 이 은행을 인수하도록 대가를 지불한다. 사실상 대차대조표의 구멍을 메워주는 것이다. 이런 절차를 재산관리인제도(conservatorship)라 부른다.[8] 대개 소유권 변경은 아주 무난히 이뤄지기 때문에 예금자들과 다른 고객들은 신문에서 그에 관한 기사를 읽지 않는 한 무슨 일이 일어났는지 알지도 못한다. 때로 적합한 원매자를 재빨리 찾지 못할 때 정부는 잠시 은행을 경영한다. (관리인제도에 반대하는 쪽은 이 전통적인 접근방식을 국유화라 부르면서 평가절하하려 한다. 오바마는 이는 미국식이 아니라고 암시한다.[9] 하지만 그는 틀렸다. 다른 모든 조치가 실패했을 때 일시적으로 정부가 은행을 소유할 가능성을 포함하는 관리인제도는 전통적인 접근방식이다. 은행에 대한 정부의 엄청난 선물은 전에 없던 일이다.[10] 정부에 넘어간 은행들도 결국 다 팔렸기 때문에 어떤 이들은 정부의 은행 관리를 민영화 예비 단계preprivatization라 불렀다.)

오랜 경험에 비춰볼 때 은행들이 파산 위험에 처하면 그 경영진은 납세자들이 더 많은 돈을 잃을 위험에 빠지도록 행동한다. 예를 들어 그 은행들은 엄청난 베팅을 한다. 그들이 돈을 따면 그걸 다 갖지만, 돈을 잃으면 그래서 뭐가 어떻다는 거냐고 묻는다. 그들은 어차피 죽게 돼 있었다. 그렇기 때문에 어떤 은행의 자본이 부족할 때 그 은행은 문을 닫거나 재산관리인의 통제를 받도록 하는 법규가 있다.

은행 규제당국은 모든 돈이 빠져나갈 때까지 기다리지 않는다. 그들은 어떤 예금자가 자동현금인출기에 현금카드를 넣었을 때 '자금이 충분치 않다'는 표시가 나오면 이는 그의 계좌에 돈이 부족하다는 뜻이지 은행 자금이 부족하다는 뜻을 나타내는 건 아니라는 걸 확실히 해두고 싶어 한다. 어떤 은행의 자금이 조금밖에 없다는 걸 알면 규제당국은 은행에 더 많은 자본을 확보하라고 통보하거나 앞서 설명한 것과 같은

조치를 추가로 취한다.[11]

2008년 위기에 속도가 붙을 때 정부는 자본주의 규칙에 따라 행동하고 금융부문의 구조조정을 요구했어야 했다. 금융 구조조정을 하더라도(새롭게 출발할 기회를 주더라도) 세상이 끝나는 건 아니다.[12] 사실 이는 유인체계가 바로잡히고 대출이 재개되는 새로운 세상의 시작을 보여준다. 정부가 방금 설명한 방식대로 은행의 재무적인 구조조정을 요구했더라면 납세자의 돈이나 더 이상의 정부 개입은 필요하지 않았을 것이다. 이렇게 개조를 하면 파산 가능성이 줄어들기 때문에 기업의 전반적인 가치는 커진다. 그렇게 함으로써 파산절차에 따르는 높은 거래비용을 절감할 뿐만 아니라 계속기업의 가치를 보존할 수 있다. 이는 은행 주주들이 쓸려나가고 채권자들이 새로운 주인이 되면, 은행들이 살아남을지도 불확실하고 정부 지원의 규모나 조건도 불확실한 어정쩡한 상태로 남아 있을 때보다 채권자들의 장기적인 전망은 더 낫다는 뜻이다.[13]

구조조정에 참여한 채권자들은 적어도 은행들 자신의 논리에 따라 또 하나의 선물을 얻을 수 있을 것이다. 은행가들은 시장이 은행 회계장부에 올라 있는 모기지(그리고 은행의 다른 자산들)의 진정한 가치를 너무 낮게 평가하고 있다고 주장했다. 이는 사실일 수도 있고 아닐 수도 있다. 사실이 아니라면 납세자들이 은행의 실수에 따른 비용을 떠안는 건 완전히 불합리한 것이다. 하지만 그 자산들이 참으로 은행가들이 말하는 것만큼 값어치가 있다면 채권자들은 가치 상승에 따른 이득을 챙길 것이다.

오바마 행정부는 대형 은행들이 쓰러지도록 내버려두기에는 너무 클 뿐만 아니라 재무적으로 구조조정하기에도 너무 크다고 주장했다(나중에 나는 '문제를 해결하기에는 너무 큰 은행too big to be resolved'이라고 표현했다). 또한 통상적인 자본주의 규칙에 따라 다루기에도 너무 크다고 주장했다. 재무적으로 구조조정하기에 너무 크다는 건 은행이 파산의 위기를 맞으면 돈이 나올 때는 단 한 곳, 납세자의 지갑뿐이라는 의미다. 정부는 이처럼 검증되지 않은 새로운 원칙에 따라 수천억 달러를 금융시스템에 쏟아부었다. 미국의 가장 큰 은행들이 참으로 '문제를 해결하기에는' 너무 크다면 이는 우리 은행시스템을 앞으로 나아가도록 하는 데 중요한 시사점을 갖는다. 정부는 지금까지 이 시사점을 인정하기를 거부했다.

예를 들어 이 은행들이 재무적으로 구조조정을 하기에 너무 크기 때문에 채권자들이 사실상 지급보증을 받고 있다면 은행들이 시장경제의 실질적인 규율을 전혀 받지 않는다. 그들에게 자본을 공급하는 이들이 어떤 손실도 납세자들이 부담하리라는 걸 알기 때문에 은행들은 합당한 수준보다 더 싼 자본을 조달할 수 있다. 정부가 명시적으로든 묵시적으로든 지급보증을 해주면 은행들은 그들이 내리는 결정 하나하나에 따르는 모든 리스크를 안지 않는다. 시장(주주와 채권자들)이 안는 리스크는 사회 전체가 안는 리스크보다 적다. 이에 따라 자원이 잘못된 방향으로 가게 될 것이다. 구조조정하기에는 너무 큰 은행들이 가장 낮은 금리로 자금을 조달할 수 있기 때문에 자본시장 전체가 왜곡된다. 그들은 이런 보증을 받지 못하는 더 작은 경쟁자들을 희생시키고 성장했다. 그들은 기량과 재간이 아니라 암묵적인 정부 지원을 통해 손쉽게 금융시스템을 지배하게 됐다. 이 점을 분명히 해야 한다. 구조조정하기에는 너무 큰 은행들은 통상적인 시장원리에 따르는 은행들처럼 경영되지 않는다.

나는 사실 구조조정하기에는 너무 큰 은행들에 관한 이 모든 논의가 하나의 책략일 뿐이라고 생각한다. 두려움을 퍼뜨리는 술책이 먹힌 것이다. 부시는 9·11과 테러의 공포를 그가 한 많은 일들을 정당화하는 데 이용했다. 마찬가지로 부시와 오바마의 재무부는 9·15와 금융시스템의 거듭되는 붕괴에 대한 공포를 이용했다(9월 15일은 리먼이 무너진 날이다). 세계경제를 폐허 직전까지 몰고 간 은행과 은행가들을 위해 가능한 한 많은 걸 뽑아내는 수단으로 이용한 것이다.

연준과 재무부가 리먼브러더스를 구제하기만 했더라면 그 모든 위기를 피할 수 있었을지에 대한 논란이 있다. 오바마 정부가 얻은 것으로 보이는 시사점은 상황이 불확실할 때는 은행을 구제하고 보라는 것이었다. 그것도 엄청난 규모로 구제하라는 것이었다. 인색하게 굴면 작은 돈을 아끼려다 큰돈을 잃는다고 생각했다.

하지만 이는 리먼브러더스 사태에서 잘못된 교훈을 얻은 것이다.[14] 리먼브러더스를 구제하기만 했더라면 모든 일이 잘됐으리라는 건 그야말로 터무니없는 생각이다. 리먼브러더스 사태는 결과이지 원인이 아니었다. 이는 잘못된 대출 관행과 규제당국의 부적절한 감독의 결과였다. 리먼브러더스가 구제됐든 안 됐든 상관없이 세계경제는 어려움을 맞았을 것이다. 내가 지적했듯이 위기 전에 세계경제는 거품과 지나친 차입으로 지탱됐었다. 그 게임은 끝났다. 리먼이 무너지기 훨씬 전에 이미 끝났다. 리먼 붕괴는 거의 확실히 디레버리징의 모든 과정을 가속화했다. 이는 오랫동안 곪은 문제들이 드러나게 했다. 은행들이 자신의 순자산가치를 몰랐으며, 따라서 그들이 돈을 빌려줄 수도 있는 다른 어떤 기업들의 가치도 알 수 없음을 인식하고 있었다는 사실이 드러났다.[15] 더 질서 있는 과정을 따랐더라면 단기적으로 더 적은 비용이 발생했을 것이다. 하지만 '역사적 사실과 다른' 가정을 하는 건 언제나 문제가 된다.

병을 치료하기 위해서는 빨리 약을 먹어버리는 게 더 낫다고 믿는 이들이 있다. 지나친 걸 천천히 해소하려면 몇 년이 더 걸릴 테고 비용도 훨씬 많이 들 거라고 생각하는 것이다. 아마도 다른 한편으로는 은행들의 자본 확충이 느려도 손실이 드러나는 것보다는 빨리 이뤄졌을 것이다. 이런 견해에 따르면 (1980년대 저축대부조합 사태 때뿐만 아니라 지금의 위기에서도) 정직하지 못한 회계처리로 손실을 덮는 것은 단순히 대증요법을 제공하는 것 이상의 효과를 낼 것이다. 열을 낮추면 실제로 회복에 도움이 될 수도 있다. 세 번째 견해는 리먼의 붕괴가 사실은 전체 금융시스템을 구했다는 것이다. 그 일이 없었더라면 은행 구제에 필요한 정치적 지원을 촉발하는 데 어려움이 있었을 것이다. (리먼 붕괴 후에도 그런 지지를 얻는 건 상당히 어려웠다.)

리먼브러더스를 파산시킨 것은 실수였다는 말에 동의하더라도 9월 15일 이후 부시와 오바마 행정부가 추구한 것처럼 은행들을 구제하기 위해 백지수표를 써주는 방안과 행크 폴슨, 벤 버냉키, 그리고 팀 가이트너처럼 그냥 리먼브러더스의 문을 닫고 결과적으로 모든 게 잘되기를 기도하는 방안 사이에는 선택할 수 있는 여러 가지 방안들이 있을 수 있다.

정부는 예금자들을 보호할 의무가 있었지만 이는 채권자들과 주주들을 구하기 위해 납세자들의 돈을 줘야 한다는 걸 의미하지는 않았다. 앞서 지적한 대로 표준적인 절차에 따르면 기관은 살리되 주주들은 정리하고 채권자들은 새 주주가 되도록 해야 한다. 투자은행인 리먼에는 예금지급을 보장받는 예금자들이 없었다. 하지만 예금보호와 거의 같은 게 있었다. 리먼은 단기자금을 머니마켓펀드들이 보유하는 상업어음을 통해 빌렸는데 이 펀드들은 은행과 거의 같이 활동했다. (사람들은 이 계좌를 갖고 수표도 발행할 수 있다.) 바로 이 때문에 머니마켓과 투자은행들이 관련된 금융시스템의 일부는 흔히 그림자은행시스템(shadow banking system)으로 불린다. 이는 어떤 면에서는 진짜 은행시스템의 안전성과 안정성을 확보하기 위해 부과된 규제를 우회하기 위해 생긴 것이다. 리먼의 붕괴는 그림자은행시스템의 자금인출 사태를 불러일으켰다. 진짜 은행시스템에 예금보험이 도입되기 전에 일어났던 인출 사태와 같은 것이었다. 인출 사태를 멈추기 위해 정부는 그림자은행시스템에 보험을 제공했다.

위기를 맞은 은행들에 대한 재무 구조조정(재산관리인이 은행을 관리하는 것)을 반대했던 이들은 채권 보유자들을 완전히 보호해주지 않으면 나머지 채권자들(정부의 지급보증 없이 단기자금을 제공한 이들)은 구조조정이 임박한 것으로 보일 때 자금을 빼내 도망갈 것이라고 주장했다. 하지만 그런 결론은 경제논리에 맞지 않는다. 채권자들이 합리적이라면, 그들은 재산관리인제도와 채권의 출자 전환으로 기업이 더 안정되면 큰 이득을 볼 것이라는 점을 깨달을 것이다. 그들이 그전에 기꺼이 은행에 자금을 빌려주었다면, 구조조정과 재산관리가 이뤄지면 훨씬 더 기꺼운 마음으로 돈을 빌려줄 것이다. 이 똑똑하다는 금융가들이 합리적으로 판단할 것이라는 확신을 정부가 갖지 못하면 지급보증을 해줄 수도 있다. 지급보증의 대가로 프리미엄을 물릴 수도 있을 것이다. 결국 부시와 오바마 행정부는 주주들을 구제했을 뿐만 아니라 지급보증도 해주었다. 이 보증은 주주들과 장기채권 보유자들을 더 후하게 대접해야 한다는 주장을 쑥 들어가게 하는 것이었다.

금융 구조조정에서 가장 많이 잃는 이들은 두 부류다. 은행 경영진은 거의 확실히 물러날 것이고 그들은 비참해질 것이다. 주주들 또한 모든 걸 잃을 것이기 때문에 행복하지 않을 것이다. 하지만 그게 바로 자본주의에서 리스크를 안는 투자의 속성이다. 그들이 활황 때 정상 수준을 웃도는 수익률을 즐긴 걸 정당화해주는 것은 손실을 볼 리스크밖에 없다.[16]

금융시스템 구조작전

미국 정부는 구제가 필요한 은행들에게 부적절한 지원금을 줄 게 아니라 규칙에 따라 '구조조정'을 했어야 옳았다. 은행들이 결국 지원받은 돈을 돌려줄 수 있을지 여부와 무관하게 그랬어야 했다. 하지만 부시와 오바마 행정부 모두 다른 결정을 내렸다.

2007년 말과 2008년 초 위기가 터지자 부시 행정부와 연준은 별다른 계획이나 원칙도 없이 우선 구제부터 하고 또 했다. 이에 따라 경제적 불확실성에 정치적 불확실까지 보태졌다. (베어스턴스의 경우와 같은) 어떤 구제 때는 주주들이 투자한 돈을 어느 정도 건졌고 채권자들은 완전히 보호를 받았다. (패니메이처럼) 다른 경우에는 주주들은 모든 걸 잃었고 채권자들은 완전히 보호받았다. (워싱턴뮤추얼과 같은) 또 다른 경우에는 주주와 채권자들이 거의 모든 걸 잃었다. 패니메이의 경우 (패니메이 채권을 많이 보유한 중국의 불만을 살까 염려하는) 정치적 고려가 압도한 것으로 보인다. 다른 적절한 경제적 논리는 하나도 제시되지 않았다.[17] 왜 어떤 회사들은 구제받고 어떤 회사들은 못 받는지를 설명하는 데

'시스템 리스크' 같은 게 자주 거론되기는 했다. 그러나 연준과 재무부는 위기 전에 시스템 리스크가 뭘 의미하는지 충분히 인식하지 못했으며, 심지어 위기가 진행될 때도 이에 대한 이해는 제한적인 수준에 머물렀다.

초기 단계의 구제 조치들은 연준을 통해 이뤄졌다. 연준은 몇 달 전까지만 해도 전혀 생각하지도 못할 조치를 취하게 됐다. 연준은 주로 상업은행들을 책임지고 있다. 연준은 그들을 규제하며 정부는 예금보험을 제공하고 있다. 위기 전에는 투자은행의 경우 시스템 리스크를 유발하지 않기 때문에 상업은행과 같은 강한 규제를 받을 필요도 없고, 연준의 자금을 이용할 수도 없다는 주장이 많았다. 그들은 부자들의 돈을 굴리고 있으며 스스로를 보호할 수 있었다. 하지만 너무도 갑작스럽게 기업 복지 사상 가장 후한 지원이 이뤄졌다. 정부의 금융안전망이 투자은행들까지 확장된 것이다. 그 후 보험회사인 AIG로까지 더욱 확장됐다.

2008년 9월 말이 되자 결국 연준을 통한 이런 '숨겨진' 구제보다 더 강력한 조치가 필요해졌고 부시는 의회로 찾아가야 했다. 은행들에게 돈을 마련해주려는 폴슨 재무장관의 당초 구상을 비판자들은 '쓰레기를 사는 현금(cash for trash)'이라고 일컬었다. 정부는 부실자산구제프로그램(TARP)에 따라 독성자산을 사면서 은행들에게 유동성을 주입하고 동시에 은행 재무구조를 건전하게 만들어주는 것이다. 물론 은행가들은 정부가 쓰레기 처리에 비교우위를 갖고 있다고 정말로 믿지 않았다. 그들이 정부에 독성자산을 떠넘기고 싶어 한 건 정부가 그 자산을 비싸게 사기를 바랐기 때문이었다. 이는 몰래 이뤄진 은행 자본 확충이었다.

사람들은 폴슨이 의회의 감사나 법률 심사도 없이 7000억 달러를 쓸 수 있는 백지수표를 달라며 3쪽짜리 TARP 법안을 들고 의회를 찾아갔을 때에야 뭔가 크게 잘못됐다는 제대로 된 귀띔을 받을 수 있었다. 세계은행의 수석 이코노미스트로 있을 때 나는 이런 수를 많이 봤다. 이런 일이 제3세계 바나나공화국(banana republic)에서 일어났다면 우리는 다음에 무슨 일이 벌어질지 알 것이다. 납세자들에게서 은행과 그들의 친구들에게로 엄청난 부의 이전이 일어날 것이다. 세계은행은 모든 지원을 중단하겠다고 위협했을 것이다. 우리는 공적인 돈이 정상적인 견제와 균형의 원리가 적용되지 않고 이런 식으로 쓰이는 걸 용납할 수 없을 것이다. 실제로 많은 보수적인 평론가들도 폴슨이 제안한 것은 위헌적이라고 주장했다. 그들은 의회가 이런 자금을 배분하는 데 있어 마땅히 져야 할 책임에서 쉽게 벗어나지 못할 것이라고 믿었다.

월스트리트의 어떤 이들은 언론이 이를 구제라고 부르며 분위기를 망치고 있다고 불평했다. 그들은 '구제' 대신 '회복 프로그램' 같은 보다 긍정적이고 완곡한 표현을 선호했다. 폴슨은 독성자산들을 '문제 자산(troubled assets)'이라는 더 순한 말로 바꿨다. 팀 가이트너는 나중에 이를 '유산 자산(legacy assets)'이라는 발로 바꿨다.

2008년 9월 29일 하원의 첫 표결에서 TARP 법안은 23표 차이로 부결됐다. 이 패배를 당한 뒤 부시 행정부는 경매를 시작했다. 정부는 사실상 의원들을 상대로 지역구와 주민들에게 얼마나 선물을 주면 이 법안에 대한 반대에서 찬성으로 돌아설 수 있는지 일일이 물어봤다. 당초 법안에 반대했던 민주당 의원 32명과 공화당 의원 26명은 2008년 10월 3일 통과된 TARP 수정법안을 지지하는 쪽으로 돌아섰다. 글로벌 경제의 붕괴에 대한 두려움과 감사를 더 잘할 수 있도록 하는 조항은 찬성으로 돌아서는 발걸음을 더 빨라지게 했다. 하지만 찬성으로 돌아선 의원들 가운데 많은 이들에게 명백히 그에 상응하는 보상이 주어졌다. 수정

법안은 그들의 지역구 주민들에게 1500억 달러의 특별 세금 감면(tax provision)을 주는 내용이 포함됐다.[18] 아무도 의원들을 싸게 살 수 있다고 말하지 않았다.[19]

월스트리트는 당연히 부실자산을 사는 프로그램에 기뻐했다. 누가 쓰레기를 정부에게 부풀려진 값에 떠넘기고 싶어 하지 않겠는가? 은행들은 그때 이들 자산을 공개시장에 팔 수도 있었지만 그들이 원하는 값에 팔 수는 없었다. 물론 민간부문이 건드리지 않을 다른 자산들도 있었다. 이른바 자산이라는 것 중 어떤 것들은 사실은 폭발할 수 있는 부채였다. 이는 팩맨(Pacman)처럼 정부의 돈을 먹어치울 수 있는 것이었다. 예를 들어 2008년 9월 15일 AIG는 200억 달러가 부족하다고 밝혔다. 다음 날 그 손실은 약 890억 달러로 커졌다. 얼마 후 아무도 보지 않을 때 더 많은 지원이 이뤄져 모두 1500억 달러에 이르렀다. 더 지난 후 지원액은 1800억 달러로 늘어났다. 정부가 80%에 조금 못 미치는 지분을 넘겨받고 AIG를 인수했을 때 자산도 일부 취득했는지 모르지만 그중에는 훨씬 더 큰 부채가 있었다.

결국 폴슨의 당초 제안은 수천 가지 개별 자산들의 값을 매기고 사들이는 데 따르는 어려움이 명백해짐에 따라 완전히 신뢰를 잃었다. 은행들에게 지나치게 높은 값을 치르고 싶지 않은 이들의 압력에 따라 그 독성자산들의 가격은 투명한 경매절차를 통해 정해지게 됐다. 그러나 수천 가지로 분류되는 자산들을 경매로 파는 것은 악몽과 같은 일이라는 게 곧 명백해졌다. 시간이 가장 중요했지만 이는 신속히 이뤄질 수 없었다. 게다가 경매가 공정하다면 가격은 그리 높지 않을 테고, 이는 은행들의 대차대조표에 큰 구멍을 남길 것이었다. 몇 주 동안 그 제안이 최선의 길이라는 걸 강력히 주장하던 폴슨은 2008년 10월 중순 갑자기 그 제안을 접고 다음 계획으로 옮겨갔다.

다음 제안은 '지분 투자'였다. 은행에 대한 지분 투자를 늘려 은행 자본을 확충해주는 게 중요한 까닭은 몇 가지가 있었다. 그중 하나는 그렇게 함으로써 은행들이 대출을 늘릴 것이라는 바람이었다. 다른 하나는 자본이 부족한 은행들은 경제에 위험을 안겨준다는 1980년대의 교훈이었다.

30년 전 저축대부조합들은 오늘날 은행들이 부딪힌 것과 비슷한 문제에 직면했다. 1970년대 말과 1980년대 초 인플레이션과 싸우기 위해 금리를 갑자기 올리자 저축대부 은행들이 갖고 있던 모기지 가치는 폭락했다. 그러나 이 은행들은 예금으로 이들 모기지에 돈을 댔다. 그들이 예금자들에게 진 빚은 그대로 남아 있는 데 반해 자산가치는 크게 떨어짐에 따라 저축대부조합은 실질적으로는 어느 모로 보나 파산했다.

그러나 회계규정들은 그들이 심판의 날을 미룰 수 있도록 허용했다. 그들은 모기지 가치를 새로운 현실을 반영해 상각할 필요가 없었다. 하지만 그들은 모기지에서 거둬들이는 이자보다 높은 금리를 예금자들에게 지급해야 했고, 이 때문에 많은 저축대부조합들이 현금흐름에 심각한 문제를 안게 됐다. 어떤 회사들은 지속적인 성장을 통해 현금흐름 문제를 해결해보려 했다. 이는 기존 예금자들에게 진 빚을 갚도록 새로운 예금자들이 돕게 되는 일종의 폰지책략(Ponzi scheme)이었다. 아무도 호루라기를 불지 않는 한 모든 게 문제없었다. 레이건 대통령은 회계기준을 더 완화하고 규제를 느슨하게 함으로써 그들을 도왔다. 회계기준은 단지 미래 이익 전망일 뿐인 '영업권'을 자산으로 칠 수 있도록 허용했다.

저축대부조합들은 살아 있는 은행들 가운데 섞여 있는 죽은 은행, 다시 말해 좀비들이었다. 그들은 보스턴칼리지의 에드 케인 교수가 '회생을 위한 도박(gambling on resurrection)'이라고 한 행동을 할 유인을 갖고 있었다.[20] 그들이 절제 있게 행동하면 스스로 판 구덩이에서 빠져나올 길이 없었다. 하지만 큰 리스크를 안고 그 도박이 성과를 내면 그들은 지급불능 상태를 벗어날 수도 있었다. 도박에서 성공하지 못하더라도 문제될 게 없었다. 그들은 이미 죽어 있었기 때문에 더 이상 죽을 수 없었다.[21] 좀비은행들이 계속 활동하도록 내버려두고 그들이 더 큰 리스크를 안도록 규제를 느슨하게 함에 따라 금융시스템의 혼란을 수습하는 비용이 늘어났다.[22] ('도박' 또는 지나친 리스크 감수와 사기를 구별하는 선은 가느다란 것이다. 1980년대 은행 스캔들이 줄을 이었던 건 우연이 아니었다. 이번 위기에서 또다시 그 둘이 얽혀 있는 건 놀라운 일이 아닐 것이다.)

나를 포함해 은행에 주식자본을 투입하자는 제안을 지지하는 이들은 그 일이 제대로 이뤄지리라고 잘못 생각했다. 납세자들은 지분가치를 공정하게 평가 받고 은행들에 대한 적절한 통제가 이뤄지리라는 가정을 한 것이다. 정부는 그들을 보호하기 위해 현금을 쏟아부었다. 그들이 더 많은 돈이 필요해지자 더 많은 현금이 투입됐다. 그 대가로 납세자들은 우선주와 얼마간의 워런트(warrant, 주식을 살 수 있는 권리)를 받았다. 그러나 그들은 이 거래에서 속았다. 미국 납세자들이 받은 걸 거의 같은 시기에 워렌 버핏이 골드만삭스와의 거래에서 받은 것과 비교해보거나,[23] 또는 영국 정부가 은행에 자금을 지원할 때 걸었던 조건과 비교하면 미국 납세자들이 속았다는 게 명백했다. 이 미국 국민들을 위해 협상한다고 하는 이들이 월스트리트에서 비슷한 거래를 했다면 훨씬 좋은 조건을 요구했을 것이다.

더 나쁜 건 납세자들이 몇몇 은행들의 가장 큰 '주인'이 됐을 때도 부시 행정부(그리고 나중에 오바마 행정부)의 재무부는 어떤 통제도 행사하기를 거부했다는 점이다.[24] 미국 납세자들은 수천억 달러를 내놓고도 은행들이 그 돈으로 뭘 했는지에 대해 말을 하는 건 고사하고 그 돈이 어디에 쓰였는지 알 수 있는 권리조차 갖지 못했다. 이 역시 미국과 동시에 이뤄진 영국의 은행 구제와 뚜렷이 다른 점이다. 영국의 경우에는 적어도 겉으로는 책임성이 있었다. 옛 경영진은 쫓겨났고 배당과 보상에 대한 제한이 부과됐으며 대출을 촉진하기 위한 시스템이 갖춰졌다.[25]

이와 대조적으로 미국 은행들은 계속해서 배당과 보너스를 지급했고 대출은 재개하는 척도 하지 않았다. "더 많은 대출을 하라고요?" 뉴올리언스 휘트니내셔널뱅크의 회장인 존 C. 호프 3세는 2009년 초 방을 가득 메운 월스트리트 애널리스트들에게 말했다. "우리는 우리가 대출을 늘리도록 하려는 공공부문의 요구에 맞춰주기 위해 우리의 비즈니스 모델이나 신용정책을 바꾸지 않겠습니다."[26]

월스트리트는 더욱더 좋은 조건을 받기 위해 계속 밀어붙였다. 납세자들이 안은 리스크에 대해 적절한 보상을 받을 가능성은 갈수록 줄어들게 됐다. 이는 일부 은행들이 받았던 돈을 갚게 되더라도 마찬가지였다. 당초 폴슨은 월스트리트에 줄 7000억 달러의 백지수표에 대해 어떤 감사나 법률 심사도 받지 않도록 하려는 낯두꺼운 요구를 했다. 이에 대해 의회는 독립적인 감독위원회를 설치했고, 이 위원회는 구제 조치가 미국 납세자들에게 얼마나 나쁜 것인가를 보여줬다. 당시 첫 구제 조치들이 나왔을 때 납세자들은 그들이 은행에 준 1달러당 66센트만 돌려받았다. 하지만 그 후, 특히 씨티뱅크와 AIG와의 거래 때는 조건이 더 나빠져 1달러당 41센트만 받을 수 있었다.[27] 미국 정부 사업의 비용을 독립적으로 평가하는 초당적인 조직인 의회예산국(CBO)은 2009년

3월 7000억 달러의 TARP 자금을 다 쓰면 그에 따른 순수한 비용은 3569억 달러에 이를 것으로 추산했다.[28] 정부는 달러당 50센트도 돌려받지 못할 것이다. 떠안은 리스크에 대한 보상을 받을 거라는 희망은 없었다. CBO는 2009년 6월 TARP의 초기 지원금 3690억 달러를 더 자세히 들여다보고 손실이 1590억 달러를 웃돌 것으로 추산했다.[29]

은행 구제의 모든 수에 솔직하지 못한 측면이 아주 많았다. 은행들은, 그리고 그 모든 문제가 일어나도록 내버려두었던 규제당국자들은 이번 위기가 그저 자신감과 유동성 부족의 문제인 척하고 싶어 했다. 유동성 부족은 아무도 그들에게 돈을 빌려주려 하지 않는다는 걸 뜻했다. 은행들은 자기들이 잘못된 결정을 하지 않았고, 그들은 지불능력이 있으며, 그들이 보유한 자산의 '진정한' 가치는 그들이 갚아야 할 것(부채)보다 많다고 믿고 싶어 했다. 그러나 은행들은 각자 자신에 대해서는 믿으면서도 서로 돈을 빌려주기를 꺼리는 데서 볼 수 있듯이 다른 은행들에 대해서는 믿지 않았다.

미국 은행들의 문제는 단지 유동성 부족의 문제만은 아니었다.[30] 부실대출과 파생상품을 통한 도박을 포함해 몇 년 동안 계속된 분별없는 행동은 몇몇 은행들, 아마도 많은 은행들을 사실상 파산상태로 몰아넣었다. 규제당국자와 투자자들을 속이기 위해 고안된 불투명한 회계와 복잡한 상품들이 몇 년 동안 이어졌기 때문에 그들은 큰 타격을 입었다. 이제 은행들조차 그들 자신의 재무구조를 제대로 알지 못했다. 그들이 정말 지불능력이 있는지 스스로 알지 못하면 그들은 돈을 빌려줄 다른 은행들의 지불능력을 어떻게 알겠는가?

불행하게도 단지 미국경제에 대한 자신감을 표현하는 연설을 한다고 해서 자신감이 되살아나는 건 아니다. 이를테면 미국경제의 기반은 단단하고 기초체력은 튼튼하다는 부시 행정부와 은행들의 거듭된 발표는 나쁜 뉴스들이 이어지면서 거짓으로 드러났다. 그들이 한 말은 한마디로 믿을 만하지 않았다. 중요한 건 행동이었으며 연준과 재무부의 행동은 신뢰를 해쳤다.

2009년 10월 IMF는 전 세계 은행부문의 손실이 3조 6000억 달러에 이른다고 밝혔다.[31] 은행들은 그보다 훨씬 적은 규모의 손실만 인정했다. 나머지는 암흑물질 같은 것이었다. 그게 금융시스템 안에 있다는 건 모두가 알았지만 정확히 어디에 있는지는 아무도 몰랐다.

폴슨의 계획이 대출에 다시 불을 붙이거나 은행에 대한 신뢰를 회복시키는 데 실패했을 때 오바마 행정부는 그 계획을 대체할 걸 찾느라 허둥댔다. 오바마 행정부는 몇 주 동안 좌충우돌한 후 2009년 3월 새로운 프로그램을 발표했다. 이는 정부-민간 투자 프로그램(Public-Private Investment Program: PPIP)으로, TARP 자금 750~1000억 달러를 활용하고 민간 투자자들의 자본을 보태 은행들에게서 독성자산을 사려는 계획이었다.[32] 이 용어는 기만적이었다. 이 계획은 파트너십으로 표현됐지만 이는 정상적인 파트너십이 아니었다. 정부는 최고 92퍼센트까지 투자자금을 투입하지만 이익의 절반만 가져가고 거의 모든 손실을 지는 구조였다. 정부는 민간부문에 (헤지펀드, 투자신탁, 또는 역설적으로 은행들까지 포함해 서로 자산을 사도록)[33] 필요한 돈 대부분을 빌려주기로 했다. 그 대출은 상환청구권이 없었고 매입한 자산만 담보가 될 뿐이었다. 그 증권이나 모기지의 가치가 대출한 액수에 미치지 못해 차입자가 부도를 내면 민간부문이 아니라 정부가 가장 먼저 손실을 흡수해야 했다.

결국 오바마 팀은 '쓰레기를 사는 현금'이라는 당초 아이디어를 조금만 변형해 채택한 것이나 마찬가지였다. 민간의 쓰레기 처리 서비스를 이용하기로 결정한 것과 다름없었다. 쓰레기를 통째로 사서 분류하고, 가치 있는 건 뭐든 골라내고 나머지는 납세자들에게 던져버리는 것이다. 그 프로그램은 쓰레기를 수거하는 이들에게 큰 이익을 안겨주도록 설계됐다. 재무부의 신중한 선별 과정을 거친 월스트리트클럽의 특정 회원들에게만 '경쟁'하는 게 허용될 것이다. 경제에서 이익을 짜내는 데 그토록 성공적이었던 이 금융가들은 시민의식을 갖고 이 의무를 수행하지 않을 것이다. 공짜이기 때문에 그렇게 할 것이다.

정부는 PPIP가 시장에 유동성을 공급하기 위해 필요하다는 주장을 펴려 했다. 정부는 유동성 부족이 시장을 억누르고 은행 재무구조를 지나치게 해칠 것이라고 주장했다. 그러나 가장 중요한 문제는 유동성 부족이 아니었다. 그게 문제였다면 훨씬 간단한 프로그램으로 해결할 수 있었다. 그냥 대출보증 없이 자금을 제공하는 것이다. 진짜 문제는 은행들이 거품시장에서 부실대출을 했고 무거운 빚을 지고 있다는 점이었다. 그들은 자기자본을 잃었고 그 자본은 교체돼야 했다.

정부는 그 '파트너십'이 은행의 '독성자산'(가공되지 않은 주택 대출과 그 대출을 바탕으로 한 증권을 포함해)을 사들일 때 독성자산의 가격을 시장이 결정하도록 한다는 원칙에 따르는 것처럼 보이려 애썼다. '가격발견'에 이르는 데 시장의 마술을 이용하자는 것이었다. 그러나 현실에서 시장은 독성자산 그 자체의 가격이 아니라 그 자산을 기초로 한 옵션의 가격을 매기고 있었다. 그 옵션은 기본적으로 일방적인 베팅이었다. 그 둘은 서로 연관성이 별로 없었다. 파트너십의 민간부문은 '건전한 모기지'에서 큰 이익을 남겼지만 부실한 모기지의 손실은 기본적으로 정부에 떠넘겼다.

1년 후 가치가 제로가 되거나 200달러가 될 가능성이 50 대 50인 자산을 생각해보자. 이 자산'가치'의 기대값은 100달러다. 이자를 생각하지 않는다면 경쟁시장에서 이 자산은 100달러에 팔릴 것이다. 이게 바로 이 자산의 '값어치'가 얼마인지를 나타낸다. 재무부가 만들기로 약속한 정부-민간 파트너십 가운데 하나가 그 자산에 기꺼이 150달러를 내려 한다고 가정하자. 이는 그 자산의 진정한 가치에 비해 50퍼센트나 높은 수준이며 은행은 기쁜 마음으로 그 자산을 팔 것이다. 따라서 민간 파트너는 12달러를 투자하고 정부는 나머지 비용 92퍼센트를 댄다. 정부가 12달러의 정부 측 '지분'에 더해 보증대출 형태로 126달러를 제공하는 것이다.

1년 후 그 자산의 진정한 가치가 제로가 되면 민간 파트너는 12달러를 잃고 정부는 138달러의 손실을 입는다. 진짜 가치가 200달러가 되면 정부와 민간 파트너는 126달러의 대출을 갚고 남은 74달러를 나눠 갖는다. 이 장밋빛 시나리오에서 민간 파트너는 투자한 12달러를 세 배 이상으로 불리게 된다. 하지만 납세자들은 138달러를 잃을 리스크를 무릅쓰고도 단지 37달러만 얻게 된다.

'게임'을 할 여지가 많다는 점도 상황을 더 나쁘게 만든다. 은행이 24달러를 들여 자기네 자산을 300달러에 산다고 가정해보자(정부는 파트너십에 은행을 포함시키는 걸 배제하지 않았다). 나쁜 상황에서 은행은 '파트너십'에 투자한 24달러를 '잃지만' 그래도 자산 매각대금 300달러를 갖고 있다. 좋은 상황이라 해도 자산가치는 여전히 200달러밖에 안 된다. 따라서 이번에도 정부는 그 차이에 따른 손실을 (24달러만 빼고) 삼켜야 한다. 은행은 진짜 가치가 100달러인 위험자산을 (은행 자신에게는) 276달러의 순수한 가치가 있는 안전자산으로 기적처럼 바꿔놓았다. 그 차이는 정부 손실로 메운다. 평균 176달러의 엄청난 손실이다. 그토록 많은 돈이 뿌려지기 때문에 거래를 할 여지도 매우 많다. 헤지펀드에 주식을 줄 수도 있다. 탐욕스러워야 할 필요도 없다.

그러나 미국 국민들은 이런 계산으로 보여준 것보다 더 많이 잃을 수도 있다. 역선택(adverse selection)이라 불리는 효과 때문이다. 은행들은 팔고 싶은 대출과 증권을 선택한다. 그들은 가장 나쁜 자산, 특히 시장이 과대평가하고 (그래서 너무 높은 값을 기꺼이 치르려 하고) 있다고 생각하는 자산을 팔고 싶어 할 것이다. 하지만 시장은 이를 인식할 가능성이 크다. 이는 시장이 지불하려는 가격을 떨어뜨릴 것이다. 이 역선택 효과는 정부가 충분한 손실을 져야만 극복할 수 있을 것이다. 정부가 손실을 흡수하면 시장은 은행들이 형편없는 자산을 팔면서 시장을 '속이는지' 신경 쓰지 않는다.

처음에 은행가들과 (헤지펀드와 다른 금융회사들 같은) 그 잠재적인 파트너들은 이 구상을 좋아했다. 은행들은 팔고 싶은 자산만 팔며, 손실을 입을 일이 없다. 특히 정부가 지급보증에 대한 수수료를 조금만 부과하면 민간 파트너들은 큰 돈다발을 만들 수 있다. 정치인들도 이 아이디어를 좋아했다. 정치인들은 모든 청구서가 날아오기 전에 워싱턴을 떠날 기회가 있다. 그러나 이 접근방식의 문제는 바로 이것이다. 이런 방식이 정부의 재정상태에 어떤 영향을 미칠지 몇 년 동안 아무도 모를 것이다.

결국 많은 은행과 민간 파트너들이 환상에서 깨어났다. 그들은 너무 많은 돈을 벌면 그 돈을 갖고 튈 수 있도록 관료와 대중이 내버려두지 않고 이익을 환수할 길을 찾으리라는 걸 걱정했다. 그들은 적어도 TARP 자금을 받았던 이들과 같은 방식으로 의회의 집중 심의 대상이 되리라는 걸 알았다. 은행들이 부실자산을 상각하지 않아도 되도록 회계규정이 바뀌었을 때, 즉 독성 모기지가 황금이라도 되는 것처럼 가장하는 게 허용됐을 때 그 투자 프로그램의 매력은 더 줄어들었다. 은행들이 자산가치보다 더 많은 대가를 받더라도 손실을 인식해야 했고, 이에 따라 더 많은 자본을 확충할 필요가 생겼다. 그들은 심판의 날을 늦추는 걸 선호했다.

금융시장에 있는 어떤 이들은 이 제안을 윈-윈-윈(win-win-win) 할 수 있는 제안이라고 묘사했다. 사실 윈-윈-루즈(win-win-lose) 게임이었다. 은행도 이기고 투자자도 이기지만 이 프로그램이 은행들을 위해 작동하면 납세자들은 지게 된다. 한 헤지펀드 매니저는 나에게 편지를 보내 "이는 납세자들에게는 형편없는 거래지만 나는 내 고객들이 최대한 이익을 얻도록 확실히 할 것"이라고 밝혔다.

그렇다면 이 모든 결함에도 불구하고 정부의 전략은 어떤 매력을 가졌는가? PPIP는 월스트리트가 좋아하는 루브 골드버그 장치(Rube Goldberg device, 골드버그 만화에 나오는 것처럼 간단한 일을 복잡하게 처리하는 장치_옮긴이) 같은 것이었다. 기발하게 만들어진, 복잡하고 불투명하며 엄청난 부를 금융시장으로 이전하는 장치였다. 이는 정부가 의회로 다시 가서 은행을 수리할 돈을 요청하지 않아도 되도록 해주고 은행들이 재산 관리를 피할 수 있는 길을 만들어줄 수 있는 것이었다.

그 제안이 나온 후 여러 달 동안 이는 정부가 바라는 대로 움직이지 않았다. '유산'으로 남겨진 대출자산을 인수하기 위한 이 프로그램은 몇 달 안에 그 많은 다른 프로그램들처럼 폐기됐다. 유산 증권 인수 프로그램 규모는 대폭 줄어들었다. 나머지 PPIP가 증권을 인수할 때 어떤 제한적인 효과를 내든지 간에 거기에는 매우 높은 비용이 따르리라는 게 가장 가능성이 높은 결과였다. 은행들에게 갔으면 좋았을 돈이 민간 '파트너'

들에게 가게 됐다. 민간 쓰레기 처리 서비스에 대한 비싼 대가였다.[34]

구제계획은 왜 실패할 수밖에 없었나

믿을 수 없을 만큼 비싼 구제는 그 주요 목표 중 하나인 대출 재개에 실패했다.[35] 대출 재개 실패와 이 프로그램의 다른 실패의 바탕에는 몇 가지 기초적인 경제원리가 깔려 있었다.

그 첫째는 질량보존에 관한 것이다. 정부가 독성자산을 살 때 그 손실은 사라지지 않는다. 정부가 예를 들어 씨티뱅크의 손실에 대해 보험을 제공할 때도 그 손실은 사라지지 않는다. 손실은 단지 씨티뱅크의 대차대조표에서 정부의 대차대조표로 옮겨갔을 뿐이다. 이는 진짜 싸움은 손실 배분에 관한 것이라는 이야기다. 누가 손실을 안을 것인가? 손실은 금융부문에서 공공부문으로 떠넘겨질 것인가? 한쪽의 이득이 다른 쪽의 희생이 되는 제로섬의 세계에서 은행 주주들이나 채권자들에게 더 좋은 거래는 납세자들에게는 더 나쁜 거래라는 뜻이었다. 이는 개별적 또는 일괄적으로 은행들의 독성자산을 사는 것과 관련된 프로그램들의 핵심적인 문제였다. 너무 많은 값을 쳐주면 정부가 엄청난 손실을 보게 된다. 너무 적게 쳐주면 은행 대차대조표에 남겨진 구멍은 엄청나게 커 보일 것이다.

독성자산에 대한 논의는 그걸 묘사하기 위해 쓴 은유 때문에 더 헷갈렸다. 정부는 은행들이 독성자산을 제거하는 걸 도와줌으로써 은행의 대차대조표를 '깨끗하게 정리'해야 했다. 이는 독성 모기지가 썩은 사과와 같이 주위에 있는 모든 걸 더럽힌다는 인상을 주었다. 하지만 독성자산은 단지 은행이 손실을 입은 자산일 뿐이다. 전염병에 감염된 게 아니었다.

환경경제학에서 빌려온, 오염시킨 쪽이 값을 치러야 한다는 원리는 누가 비용을 부담해야 하는지에 대한 지침을 제공한다. 이는 단지 공평성의 문제일 뿐만 아니라 효율성의 문제이기도 하다. 미국 은행들은 글로벌 경제를 해로운 쓰레기로 오염시켰다. 지금 또는 나중에 은행들이 쓰레기 청소 요금을 아마도 세금 형태로 물도록 강제하는 것은 공평성과 효율성의 문제, 곧 경기 규칙에 따르는 문제다. 미국 은행들이 구제된 것은 이번이 처음이 아니다. 구제는 되풀이됐다. 이것이 뜻하는 바는 경제의 다른 부분이 사실상 은행부문에 엄청난 보조금을 주고 있다는 것이다.

　은행들에게 세금을 부과하면 ('나쁜' 외부성에 매기는 어떤 세금과도 같이) 경제적 효율성을 높이는 동시에 세수를 늘릴 수 있다. 이런 세금은 저축과 근로와 같은 좋은 일에 물리는 것보다 훨씬 더 합리적이다. 또한 그런 세금을 설계하는 것은 상당히 쉽다. 은행들은 이런 비용을 그들에게 물리면 그들이 민간 자본을 끌어들이고 금융시스템의 건전성을 회복하는 게 어려워질 것이라고 주장한다. 그들은 또다시 공포를 불러일으키는 전술을 썼다. 그런 논의를 하는 것만으로도 해롭다는 주장이었다. 하지만 중요한 건 그들에게 그 비용을 물리지 않으면 경제가 왜곡된다는 점이다. 더욱이 민간부문이 추가적인 자본을 공급하기를 꺼리기 때문에 정부가 일시적으로 그렇게 해야 한다면 은행의 미래가치에 대한 적절한 청구권(채권이나 주식)을 가질 수 있는 한 이게 세상에서 가장 나쁜 일은 아니다. 지금까지 민간부문 투자자들은 '규율에 따르는' 일에 본보기가 되지 않았다. 게다가 경제는 결국 회복될 테고, 그렇게 되면 이들 자산은 높은 수익률을 낼 가능성이 크다.

　하나의 경제 안에서 손실을 옮기는 건 제로섬 게임에 가깝게 될 수 있지만, 이 일을 잘하지 못하면 은행 주주들의 이득보다 납세자들의 손실이 더 큰 네거티브섬 게임이 될 수 있다. 내가 되풀이해 지적했듯이 유인이 중요하다. 구제는 불가피하게 유인을 왜곡한다. 대출회사들은 자기들의 실수가 낳은 결과에 대해 완전한 책임을 지지 않아도 될 거라는 걸 알고 신용평가를 제대로 하지 않고 위험이 큰 대출을 해준다. 이는 내가 반복해서 이야기한 도덕적 해이의 문제다. 구제를 할 때마다 또 다른 구제의 가능성이 커질 거라는 염려는 근거가 있는 것으로 드러났다. 우리는 이제 '사상 최대의 구제'를 경험했다. 그러나 정부가 구제를 하는 방식은 또한 유인체계를 더욱 왜곡시켰다. 구제는 경제의 침체를 더욱 악화시킬 수도 있는 방식으로 이뤄졌다. 예를 들어 손실에 대해 정부의 보상을 받을 수 있는 (씨티뱅크와 같은) 은행은 모기지 조건을 재조정할 유인이 거의 없다. 은행이 문제해결을 미루면, 비록 그 가능성이 높지는 않지만 모기지 가치가 회복돼 은행이 모든 이익을 챙길 수도 있다. 문제해결을 미룬 결과 손실이 더 커졌을 때는 정부가 그 비용을 안게 된다.

유인체계에 대한 주의를 기울이지 못한 데 따른 비싼 대가는 다른 면에서도 나타났다. 은행들과 그 임직원들은 정부 돈을 받아 가능한 한 많은 배당과 보너스를 지급하려는 유인을 가졌다. 물론 그들은 그 돈이 은행 자본을 확충해 대출을 늘릴 수 있도록 하려는 의도로 준 것이라는 걸 알았다. 납세자들이 은행을 사랑하기 때문에 구제받을 수 있었던 건 아니었다. 그들은 또한 그 돈을 그런 식으로 쓰는 건 은행들을 더 약하게 만들고 일반 국민의 분노를 사리라는 걸 알았다. 하지만 옛말에도 있듯이 손 안의 새는 숲 속의 새보다 가치가 더 있는 것이다. 그들은 자기네 은행이 살아남지 못할 가능성이 적지 않다는 걸 알았다. 그들의 이해는 나라 경제 전체의 이해와 동떨어졌을 뿐만 아니라 더욱 중요해진 '자본 제공자'인 미국 납세자들의 이해와도 괴리됐다. 그러나 부시와 오바마 행정부는 이런 이해상충을 무시하기로 했으며 그 돈이 어떻게 쓰이는지에 대한 통제를 거의 하지 않았다.

또 다른 핵심 경제원리도 있다. 이미 지나간 일은 지나간 걸로 치고 앞을 내다봐야 한다는 것이다. 정부는 무능함을 철저하게 드러낸 기존 은행들을 구하려 애쓰는 대신 그 7000억 달러를 경영이 잘 이뤄지는 건전한 소수의 은행들에게 줄 수도 있었다. 아예 새로운 은행들을 설립하는 데 쓸 수도 있었다. 12 대 1이라는 적당한 레버리지라면 새 은행들은 신용에 대한 수요를 충족하고도 남을 8조 4000억 달러의 새로운 신용을 창출할 수 있었을 것이다. 이토록 극적인 일을 하지는 않더라도 정부는 그 돈의 일부를 새로운 대출 재원을 만드는 데 쓸 수도 있었을 것이다. 그리고 일부는 부분적인 보증을 제공함으로써 새로운 대출의 불확실성을 어느 정도 흡수할 수도 있었을 것이다. 부분적인 보증을 경제 여건에 따라 맞춤식으로 제공하면 대단히 합리적이었을 것이다. 경제가 침체상태에 머물러 어떤 기업도 비난할 수 없을 때는 더 많은 도움을 주는 식이다.[36] 전향적이고 더 혁신적인 전략은 대중들에게 더 낮은 비용으로 더 많은 대출을 할 수 있도록 해주었을 것이다. 미국은 기존의 부실자산을 사들이거나 리스크와 신용 평가에서 무능함을 드러낸 은행들에게 더 많은 돈을 주는 전략을 취했다. 그리고 은행들이 대출을 시작하기를 바라고 위기 이후에는 그 전보다 일을 더 잘할 것으로 기도했다.

다른 원칙은 3장에서 부양 조치의 설계에 대해 논의한 것과 비슷하다. 돈이 경제를 가장 활성화할 수 있는 곳으로 가도록 목표를 정해야 한다. 정부가 예산 제약을 받지 않았다면 은행들에게 돈을 함부로 퍼부었을 것이다. 이 경우 은행 자본 확충의 과제는 쉬웠을 것이다. 제한된 자금을 가진 이는 지출하는 모든 돈이 잘 쓰이도록 확실히 하기를 원한다. TARP 자금이 바라던 대로 대출을 늘리는 결과를 낳지 못한 이유 중 하나는 정부가 대부분의 돈을 대형 은행들에게 주었고, 이들 은행은 대개 오래전부터 중소기업 대출에서 다른 데로 초점을 돌렸다는 데 있었다. 일자리 창출을 촉진하는 게, 또는 일자리를 지키기라도 하는 게 목표였다면 우리는 이런 기업들이 더 많은 신용을 얻을 수 있도록 하기를 원했을 것이다. 대부분의 일자리는 이들 기업에서 만들어지기 때문이다. 우리가 중소기업들에게 더 많은 신용이 공급되도록 하기를 원했다면 소형 은행들과 지역은행들에게 돈이 가도록 했을 것이다.

정부는 그렇게 하는 대신 가장 큰 실수를 저질렀던 대형 금융기관들에게 아낌없이 돈을 주었다. 그들 중 일부는 대출을 많이 하지 않거나 아예 하지 않았다. AIG 구제는 특히 어리석은 것이었다. AIG를 구제하지 않으면 AIG에게서 신용부도스왑을 산 기업들 중 일부에 문제가 생길 것이라는 염려가 있었다. 신용부도스왑은 특정 기업의 파산에 대비한 보험과 같은 것이었다. 하지만 AIG에 돈을 쏟아붓는 건 그 돈이 상황을 호전시키도록 하는 데 효과적인 방법이 아니었다. 두 행정부는 다양한 트리클다운(trickle-down) 경제학을 활용했다. AIG에 충분한 돈을 쏟아부으면 그중 일부는 필요한 곳으로 흘러내려 갈 것이라는 생각이었다. 그렇게 될 수도 있지만 이는 매우 많은 비용을 들이며 일을 하는 것이다. AIG 돈이 궁극적으로 어디로 갔는지를 보여주는 자료를 이용할 수 있으면 그 돈이 시스템 안정에 중요한 기관에는 별로 가지 않았다는 게 명백했을 것이다. AIG 구제를 옹호하는 이들은 그 돈이 이들 기관으로 가게 된다고 주장했다.[37]

마찬가지로, 정부가 모든 채권자들을 구제하지 않으면 어떤 보험사와 연금기금은 큰 손실을 보게 될 것이라는 염려도 있었다.[38] 그들은 '사회적으로 가치 있는' 청구권자로 추천됐다. 이들 민간 청구권자들에게 흘러들어 갈 돈은 사회보장시스템을 강화하는 데 더 잘 쓰일 수 있는 돈이었다. 그렇게 하면 떼이는 돈도 줄어들 것이다. 우리는 누구에게 더 비중을 두어야 하는가? 우리가 사회적 계약을 맺은 사람들인가, 아니면 잘못된 투자 결정을 한 사람들인가? 연금기금과 보험회사를 구조할 필요가 있으면 직접적으로 그렇게 해야 한다. 정부 돈이 모두 필요한 그룹에 직접 갈 수 있도록 하는 것이다. 도와주지 않으면 문제가 생길 연금기금에 1달러가 흘러들어 갈 수 있도록 하기 위해 투자자들을 구제하는 데 20달러를 쓰는 건 정당화될 수 없다.

구제의 지침이 됐어야 할 마지막 원칙도 역시 잘 설계된 부양 조치의 원칙과 비슷하다. 구제 조치는 금융시스템이 마땅히 해야 할 기능을 더 잘 수행할 수 있도록 그 시스템의 구조조정을 도울 수 있어야 한다. 나는 구제 조치가 이 일을 하는 데 실패했음을 되풀이해 지적했다. 금융시스템 가운데 중소기업을 창업하거나 확장하는 걸 촉진하는 부문에 상대적으로 더 적은 돈이 흘러갔다. 나는 또한 구제가 금융부문의 집중을 더 심화하는 방식으로 이뤄진다는 점을 지적했다. 이는 대마불사와 대마불구의 문제를 악화시켰다.

이번 구제와 1980년대와 1990년대, 그리고 2000년대 초에 되풀이된 구제 조치들은 은행들에게 정부가 사태를 수습할 테니 부실대출에 관해 걱정하지 말라는 강력한 신호를 보냈다. 구제 조치는 해야 될 일과 정반대되는 일을 했다. 은행들에게 적절한 규율을 적용하고, 절제한 이들에게 보상을 해주고, 비정상적인 리스크를 안은 이들이 무너지도록 내버려뒀어야 했다. 리스크 관리를 가장 잘못한 은행들이 정부에게서 가장 큰 선물을 받았다.

정부가 자유시장경제를 유지한다는 명분으로 만들어낸 것은 진정한 시장과는 거리가 멀었다. 오바마 행정부가 재산관리인제도라는 해법을 피하면서 택한 건 국유화보다 훨씬 나쁜 것이었다. 이는 이득은 사유화하고 손실은 사회화하는 짝퉁 자본주의다. 구제 조치는 '불공평'하다는 (은행들에게 불공평하게 후하고 일반 시민들에게는 불공평하게 많은 비용을 물린다는) 인식과 실제로 그런 현실은 위기에 대응하는 걸 더욱 어렵게 만들 뿐이었다. 금융시스템이 신뢰를 잃은 게 이번 위기의 바탕에 깔린 요인이라는 이야기는 널리 퍼지게 됐다. 하지만 정부는 공평한 구제 조치를 취하는 데 실패함에 따라 신뢰를 잃었다.

정부의 대응은 경제가 필요 이상으로 더 느리고 더 어려운 회복의 길을 가도록 했다. 물론 그 반대의 전술, 다시 말해 아무것도 하지 않는 전술을 택했다면 훨씬 좋았을 것이다. 그 길은 나라 경제를 침체의 벼랑으로 밀었을 수도 있다.

상업용 부동산 문제처럼 많은 문제들이 수평선 위로 떠오르고 있지만, 뜻밖의 일이 아무것도 생기지 않으면 은행들은 점진적으로 자본 확충을 할 것이다. 연준이 금리를 거의 제로 수준으로 유지하고 은행의 경쟁이 매우 제한적인 수준이라 은행들은 제한된 대출에 높은 이자를 물림으로써 많은 이익을 냈다. 하지만 이는 기업들이 확장하고 근로자를 새로 뽑는 걸 좌절시켰다. 낙관적인 시나리오는 자본 확충이 문제가 쌓이는 것보다 빠른 속도로 이뤄지는 것이다. 우리는 그럭저럭 해나갈 것이다.

연준

연준 이야기를 하지 않고 금융 구제를 논의하는 건 제대로 된 논의가 아니다. 연준은 내가 막 설명한 구제들 가운데 대부분의 경우에서 파트너였다. 경제를 활성화하면서 은행가들과 은행 주주들을 구하기 위해 정부는 대규모 지출에 나섰다. 그뿐만 아니라 연준은 몇 달 새 자산(대출 규모를 가늠하는 금액)을 두 배 이상으로 늘렸다. 2008년 9월 초 9420억 달러에서 2008년 12월 초 2조 2000억 달러로 늘린 것이다.[39]

위기가 펼쳐지자 앨런 그린스펀은 연준 의장으로 재임한 18년 동안 거의 안정적인 성장이 장기간 지속되는 '대완화(Great Moderation)'의 시대를 연 영웅에서 악한으로 바뀌었다. 그의 후임자 벤 버냉키에 대한 일반의 여론은 더 너그러운 것이었다. 2009년 8월 오바마 대통령은 버냉키가 연준 의장으로 두 번째 임기를 맞을 수 있도록 재지명하겠다고 발표했다. 그는 벼랑 끝에 몰린 금융시스템을 구한 버냉키의 역할을 치켜세웠다. 그는 당연히 금융시스템을 벼랑으로 몰고 간 버냉키의 역할을 언급하지 않았다. 내가 1장에서 지적했듯이 버냉키는 거품이 지속되도록 했다. 무엇이든 잘못되면 연준이 구제해줄 것이라고 시장을 확신시키는 '그린스펀 풋'은 '버냉키 풋'으로 대체됐다. 이런 확신은 거품 유지와 지나친 리스크 감수에 기여했다. 거품이 터지자 버냉키는 그의 약속을 지켰다.

2007년 여름, 문제를 알리는 첫 신호가 나타났을 때 연준과 유럽중앙은행(ECB)은 시장에 엄청난 유동성을 공급했다. 8월 첫 2주일 동안 ECB는 약 2740억 달러를 투입했다. 연준은 2007년 8월 초 380억 달러를 투입했다.[40] 연준은 그 후 잇단 구제 조치 때 적극적으로 참여했다.

'최후의 대부자'로서 자금지원을 하는 대상을 투자은행으로 넓혔다.[41] 연준은 큰 불이 일어나지 않도록 투자은행들이 리스크를 안는 걸 막기 위한 일은 아무것도 하지 않았다. 연준은 투자은행들이 금융시스템에 별다른 영향을 주지 않는다고 봤다. 하지만 재난이 시작되자 연준은 수십억 달러의 납세자의 돈을 위험한 곳에 투입하는 데 조금도 주저하지 않았다.[42] (연준이 투자은행들을 규제할 권한이 없다고 생각했다면, 그리고 그들이 금융시스템 안정에 중요하다면 연준은 의회에 가서 그들을 규제할 권한을 달라고 요청했어야 했다. 하지만 그런 규제 권한을 요청하지 못한 건 놀랄 일도 아니다. 연준은 규제완화의 철학을 믿었다.)

전통적으로 연준은 단기국채(T-bill)를 사고판다. 연준이 이 채권을 사는 건 경제에 통화를 주입하는 것이다. 이에 따라 금리가 낮아지는 게 보통이다. 연준이 이 채권을 팔면 그 반대 결과가 나타난다. 이 채권이 잘못될 위험은 없다. 이 채권은 미국 정부만큼 안전하다. 연준은 또한 은행들에게 직접 돈을 빌려준다. 은행들에게 돈을 줌으로써 그들이 다른 이들에게 대출할 수 있도록 한다. 그러나 연준이 은행에 돈을 빌려줄 때 보통 담보(국채)를 요구한다. 연준은 그래서 통상적인 의미의 은행이 아니다. 연준은 신용도를 평가하지는 않는다. 하지만 은행 규제당국으로서 예금자 돈을 갚지 못할 위험이 있는 은행들은 문을 닫게 하거나 필요한 자본을 확보하도록 강제하는 일을 한다. 연준은 최후의 대부자로 불린다. 때로 은행들이 '지급능력이 있으면서도' 유동성이 부족할 때가 있다. 은행들이 필요할 때 현금을 구할 수 없을 수도 있다. 이때 연준이 유동성을 공급한다.

위기가 진행될 때 연준은 시장에 유동성이 넘치게 했다. 그렇게 함으로써 금리를 제로 수준까지 낮췄다. 연준의 의도는 나쁜 상황이 더 악화되는 걸 막고 금융시스템이 붕괴되는 걸 확실히 방지하는 것이었다. 그러나 놀랄 일도 아니지만 저금리는 경제에 다시 불을 붙이지는 못했다. 기업들은 단지 돈을 더 싸게 구할 수 있다는 이유만으로 투자를 시작하려 하지는 않았다. 또 다른 문제도 나타났다. 은행들에게 이 모든 돈을 주어도 그들은 대출을 늘리지 않았다. 그들은 단지 그 돈을 안고 있었다. 그들은 유동성이 필요했으며 아직 대출을 하겠다고 나설 때가 아니었다.[43]

대출이 얼어붙자 연준은 새로운 역할을 맡았다. 연준은 최후의 대부자에서 최초의 대부자로 바뀌었다. 대기업들은 흔히 자금을 은행에서 빌리지 않고 '시장에서' 상업어음 형태로 조달한다. 그 시장도 얼어붙었을 때 신인도가 높은 거대기업 GE조차 돈을 빌릴 수 없었다. 그렇게 된 데는 GE의 경우 부실대출과 관련된 사업부문을 갖고 있었던 탓도 있다. 시장이 이 상업어음을 사려 하지 않을 때 연준은 이를 샀다. 그러나 연준은 그렇게 함으로써 은행들의 은행에서 나라의 은행으로 바뀌었다. 연준이 리스크 평가에 관해 뭐라도 알고 있다는 증거는 없었다. 이는 연준이 94년 역사에서 했던 일과는 완전히 다른 일이었다.

은행들을 되살리는 걸 돕기 위해 연준이 한 일 가운데 일부는 통화정책의 중요한 취지, 즉 대출이 다시 이뤄지도록 하는 것에 반하는 역효과를 냈을 수도 있다. 연준은 은행들이 연준에 예치한 준비금에 이자를 지급하기 시작했다. 거의 아무도 눈치 채지 못하는 가운데 은행들에게 큰 선물을 주는 좋은 방법이었다. 하지만 그렇게 함으로써 연준은 은행들이 그 돈을 대출하기보다는 연준에 맡겨두도록 사실상 부추긴 셈이다. (이는 연준 스스로도 인정한 사실이다. 나중에 연준은 인플레이션 위협이 나타나 대출을 억제해야 할 경우 예치된 준비금에 지급하는 이자를 올릴 것이라고 밝혔다.)

놀랄 일은 아니지만 연준은 증권시장이 다시 작동하도록 하기 위해 재무부의 지원을 받아 다양한 보증과 자산담보부증권대출(TALF)과 같은 증권 매입 프로그램을 시도했다. 그러나 연준은 바탕에 깔려 있는 문제에 적절한 주의를 기울이지 않은 채 그렇게 했다. 증권시장이 실패한 것은 부분적으로 증권화의 바탕이 된 모델이 너무나 심각한 결함이 있었기 때문이다. 그 모델을 바로잡기 위해 한 일이 거의 없기 때문에 우리는 그 모든 과정이 다시 시작되는 걸 염려해야 한다.[44]

인플레이션 리스크

오늘날 미국의 빚이 급증하고 연준의 자산이 팽창함에 따라 전 세계적으로 미래의 인플레이션에 대한 염려가 커졌다. 중국 총리는 그 나라가 미국에 빌려준 1조 5000억 달러의 가치 하락에 대한 염려를 공개적으로 표명했다. 그와 중국 국민은 어렵게 번 이 자산의 가치가 없어지는 걸 바라지 않았다. 인플레이션으로 빚의 실질적인 가치가 줄어들도록 내버려두려는 유인은 분명히 있었다. 인플레이션이 매우 높은 극적인 경우는 아니더라도 더 점진적으로, 예컨대 10년에 걸쳐 한 해 6퍼센트씩 비교적 온건한 인플레이션이 일어나도록 하는 유인이다. 이는 부채의 가치를 3분의 2나 날아가게 할 것이다.[45] 미국은 결코 그런 일을 하지 않을 거라고 했다. 또한 중앙은행들은 대부분 열정적인 인플레이션 투사로 만드는 특별한 유전자를 갖고 있는 것 같다. 연준은 인플레이션을 막는 데 필요한 만큼 유동성을 거둬들이며 경제를 기술적으로 관리할 것이라고 말한다. 그러나 최근 몇십 년 동안 연준의 행동을 지켜본 이들은 이에 대해 그다지 확신하지 못할 것이다.

실업률이 높은 수준에 머물러 있는 한 인플레이션만큼 디플레이션 위협도 있다. 디플레이션은 심각한 리스크다. 임금과 물가가 떨어질 때 가계와 기업들은 빚진 걸 갚을 수 없기 때문이다. 이에 따라 부도가 나고 이는 은행들을 약화시켜 새로운 하락의 소용돌이를 일으킨다. 연준은 딜레마에 빠졌다. 경제회복이 확실히 정착되기 전에 너무 빨리 유동성을 환수하면 경제는 더 깊은 침체에 빠져들 수 있다. 유동성 환수를 너무 느리게 하면 실제 인플레이션 리스크가 있다. 시스템 안에 이 정도의 과잉유동성이 있음을 고려하면 특히 그렇다.

　이 같은 균형을 맞추기 위한 조치는 통화정책의 완전한 효과가 나타나기까지는 몇 달이 걸리기 때문에 특히 어렵다. 정책당국자들이 평소 인플레이션이 뚜렷해지기 전에 행동을 해야 한다고 말하는 건 이 때문이다. 하지만 이는 연준이 몇 달 후 경제가 어떤 모습이 될지 예측해야 한다는 걸 의미한다. 이번 위기 때 연준의 예측 성적은 비참했다.[46] 하지만 연준이 더 믿을 수 있는 예측 실적을 갖고 있다고 해도 이번 회복의 패턴이 어떤 모습이 될지 아무도 확실히 알 수 없다. 이번 침체는 여러모로 최근의 어떤 기억과도 너무나 다르기 때문이다. 예를 들어 연준은 과거에 비해 질이 떨어지는 자산을 많이 늘렸다. 연준이 보통 단기 국채를 거래하는 건 그 시장이 매우 깊기 때문이다. 연준은 수십억 달러의 국채를 쉽게 사고팔면서 경제에 돈을 넣고 뺀다. 연준이 사들인 다른 자산이 거래되는 시장은 아주 얇다. 연준은 (돈을 빨아들이기 위해) 이들 자산을 팔 수 있다.

　그러나 그 일을 너무 빨리 하면 값을 떨어뜨리게 되고 이는 비틀거리는 납세자들에게 큰 손실을 안겨준다. 예를 들어 2009년 중반 연준은 모기지 대부분에 자금을 댔다. 이는 금리를 낮게 유지하는 데 효과적이었다. 그렇게 하지 않았을 경우에 비해 금리가 약 0.7퍼센트 낮아졌다는 분석도 있다. 이는 주택시장을 지탱하는 데 중요했다. 그러나 2009년 9월 연준은 그 프로그램을 2010년 말 중지한다고 발표했다. 이는 모기지 금리가 오를 가능성이 크며, 이에 따라 고정금리 모기지를 예전의 낮은 이자율로 발행한 이들이 큰 자본손실을 보게 되리라는 걸 의미했다. 이를 알고 민간부문은 모기지를 공급하는 데 몸을 사렸다. 손실을 안는 걸 바라지 않았다. 사실상 연준의 자금지원은 민간부문을 '구축'했다. 연준이 모기지를 팔려고 하지 않아도 특별 조치가 중단되고 단기금리가 정상적인 수준으로 돌아가면서 장기금리가 오름에 따라 이들 자산의 시장가치는 떨어질 터였다.[47]

그러나 연준이 원하기만 하면 모기지를 팔지 않고 손실을 피하면서 대출을 억누를 방법들도 있었다. 연준은 예를 들어 경기회복이 갈수록 과열될 것으로 보이면 은행들이 대출을 하지 않도록 하기 위해 연준에 예치된 자금에 대해 더 높은 이자를 지급하는 걸 제안했다. 그러나 이는 별로 시도되지 않은 수단이었다. 예컨대 예치금에 대해 지불하는 이자를 2퍼센트 올릴 경우 그 정확한 효과를 알 길이 없다. 더욱이 이는 정부에게 비용이 많이 드는 방안이었다. 재정적자가 부풀어 오르는 만큼 이 비용은 무시할 수 없다.

연준이 딱 알맞은 금리를 지급하면 경제를 인플레이션도 아니고 침체도 아닌 상태로 관리할 수 있을 것이다. 그러나 나는 그걸 기대하지 않는다. 나는 인플레이션 가능성보다 경기침체의 위험이 더 크다고 생각한다. 위기가 자라날 때 연준은 스스로 메인스트리트가 염려하는 것보다 월스트리트가 생각하는 것에 더 맞추려는 모습을 보였다. 구제 조치에 대해서도 마찬가지였다. 이런 경향이 지속될 가능성이 크다.[48]

시장은 조정을 도울 수 있을 것이다. 그러나 이는 반드시 안정성을 높이는 방식으로 이뤄지는 건 아니다. 시장이 인플레이션에 대해 걱정하면 장기금리는 오를 것이다. 이는 직접적으로는 장기적인 투자에 대한 수요를 감소시키고, 간접적으로는 은행들이 대출을 하기보다는 장기국채를 보유하도록 함으로써 경제를 위축시킬 것이다.[49] 그러나 우리가 보았듯이 시장이 그 대응방안을 정확히 조정할 수 있다고 믿을 까닭이 별로 없다. 이는 실제로 연준의 대응을 더 어렵게 할 뿐이었다. 미래 인플레이션율과 이런 인플레이션 기대에 대한 시장의 반응을 예상해야 할 뿐만 아니라 연준이 취한 조치에 시장이 어떻게 반응하는가를 예상했어야 했다.[50] 과거 행태에 바탕을 두고 하는 추론은 믿을 만한 예측이 되지 못할 수 있다. 문제는 전에 없던 규모이다. 시장참여자들이 이를 알기 때문에 정부가 할 일에 대한 그들의 반응은 다를 수 있다. 어떤 의미에서 지나친 레버리지의 문제의 일부는 민간부문에서 정부(연준과 재무부)에게 넘겨졌다. 이는 위기에 대응해 취한 단기적인 조치로서 의미가 있었을 것이다. 그러나 경제 전반에 걸친 레버리지(부채 부담)를 축소하는 문제는 여전하다.

연준의 행동과 지배구조

연준은 규제를 느슨하게 하고 통화정책을 완화함으로써, 그리고 거품이 터진 후 문제에 효과적으로 대응하는 데 실패함으로써 이 위기를 만들어낼 때부터 이 드라마의 모든 부분에 중심적 역할을 했다.[51] 예측과 정책의 실패가 있었다. 이 장의 대부분은 리먼브러더스 파산 후 잘못 설계된 구제 조치의 결과에 관한 것이었다.

이 끊임없는 실패들을 어떻게 설명할지 묻는 건 당연하다. 그에 대한 답의 일부는 기이한 생각에 관련돼 있다. 그런 생각에는 시장이 언제나 작동한다는, 그리고 시장이 언제나 작동하기 때문에 규제의 필요와 거품을 겁낼 필요는 거의 없다는 믿음도 포함된다. 그러나 이는 단순히 그런 믿음에만 그치지 않는다. 그런 기이한 생각이 왜 그토록 큰 영향을 미쳤는지에 대한 답의 일부는 연준의 지배구조와 관련이 있다.

자산가격이 치솟은 건 월스트리트에서 파티가 계속되고 있다는 의미였다. 연준이 그 파티를 멈춰야 한다는 게 통념이다. 무엇보다 다음 날 아침 다른 이들이 파티 후 어질러진 걸 청소하는 비용을 지불할 수밖에 없기 때문이다. 그러나 연준 의장인 그린스펀과 버냉키는 파티를 망치고 싶지 않았다. 그래서 그들은 왜 자기들이 뒷짐 지고 있어야 하는지에 관한 일련의 그릇된 논리를 고안해야 했다. 거품 같은 건 없고, 거품이 있다 해도 그걸 알아낼 수 없으며, 연준은 거품을 가라앉힐 수단을 갖고 있지 않기 때문에 어떤 경우든 연준은 거품이 터진 후에 혼란을 수습하는 게 낫다는 논리였다. (나는 9장에서 이런 주장들 각각에 대해 뭐가 틀렸는지 설명할 것이다.)

연준이 그렇게 하고도 그냥 지나갈 수 있었던 까닭 중 하나는 연준이 의회나 행정부에 직접적으로 책임을 지지 않기 때문이었다. 연준은 납세자의 돈 수천억 달러를 위험에 빠뜨리는 데 대해 의회의 허락을 받을 필요가 없었다. 사실 이는 부시와 오바마 행정부가 연준에게 의지한 이유 중 하나였다. 그들은 많은 조치들이 국민들의 지지를 거의 받지 못한다는 걸 알고 민주적 절차를 우회하려 시도했다.

전 세계 중앙은행들은 중앙은행이 정치로부터 독립돼야 한다는 신조를 공표했다. 새로 독립한 많은 개발도상국들은 이를 특히 받아들이기 어려워했다. 그들은 민주주의가 얼마나 중요한지를 들었다. 그러나 국민들의 삶에 가장 큰 영향을 미치는 거시경제와 통화정책을 수행할 때는 일상적인 민주주의 절차에 맡겨두기에는 이들 정책이 너무나 중요하다는 말을 들었다. 독립적인 중앙은행은 인기영합적인 수요확대정책에 양보하지 않을 것이라는 '신뢰'를 높인다는 게 독립성을 주장하는 논리였다. 그런 독립성은 인플레이션을 낮추고 경제의 안정성을 높일 수 있다는 걸 의미했다.

최근의 사태에서 독립적인 중앙은행들 가운데 일부는 보다 직접적으로 정치적 책임을 져야 하는 중앙은행들만큼 잘하지 못했다. 이는 아마도 그들이 금융시장의 영향을 덜 받기 때문이었을 것이다. 완전히 독립적인 중앙은행을 가졌다고 할 수 없는 브라질과 인도는 경제 성과가 좋은 나라에 속한다. 이에 비해 유럽중앙은행과 연준은 성과가 좋지 않은 편이다.

경제정책은 상충관계(승자와 패자)를 낳는다. 이런 상충관계는 관료들에게만 맡겨둘 수 없는 것이다. 기술 관료들은 어떤 종류의 컴퓨터 프로그램을 운영해야 하는가와 같은 문제를 결정할 수 있다. 그러나 통화정책은 인플레이션과 실업 사이의 상충관계와 관련이 있다. 채권 보유자들은 인플레이션을 염려한다. 근로자들은 일자리를 걱정한다. 한때 일부 경제학자들은 장기적으로는 (너무 낮은 실업률이 인플레이션을 지속적으로 높아지게 하는) 상충관계 같은 건 없다고 주장했다. 그러나 장기적으로는 상충관계가 없더라도 단기적으로는 있다. 그리고 정확히 실업률이 어떤 수준 아래로 떨어져야 인플레이션이 시작되는지 불확실하다(기술적으로 이는 물가안정실업률non-accelerating inflation rate of unemployment이라고 부른다). 이는 다시 말해 정책이 리스크를 안은 이들에게 영향을 미친다는 걸 뜻한다.

중앙은행의 독립성에 관한 장기적인 쟁점에 대한 견해와 상관없이 한 가지 문제에 대해서는 이견이 별로 없다. 한 나라의 중앙은행이 공적인 자금을 위험에 빠뜨리는 엄청난 구제 조치에 관련돼 있다면 이는 직접적으로 정치적인 책임을 질 필요가 있는 조치와 관련돼 있는 것이다. 이런 조치는 투명한 방식으로 이뤄질 필요가 있다. 나는 앞서 TARP의 한 부분으로 은행들에게 주어진 불투명한(그리고 불필요한) 선물에 관해 설명했다. 연준이 준 선물은 그보다도 투명성이 더 떨어지는 것들이었다. 여기에는 연준의 AIG 구제를 통해 골드만삭스와 외국 은행들에게 흘러들어 간 130억 달러도 포함된다. 이는 연준이 의회의 압력에 있었기에 밝힌 정보다. (베어스턴스 구제와 같은) 연준의 다른 구제 조치도 불투명하기는 마찬가지였다. 납세자들은 여전히 그들이 직면한 리스크의 범위에 대해 잘 알지 못했다.[52]

불행히도 중앙은행 사람들 대부분은 처음부터 비밀주의를 바탕으로 하는 은행의 전통 속에서 온 이들이다. 더 학문적인 배경을 지닌 (영국의 머빈 킹 같은) 이들은 중앙은행을 더 개방적으로 만들려고 노력했다. 더 좋은 정보가 시장의 효율성을 높여준다는 주장도 있었다. 벤 버냉키가 취임했을 때 더 높은 투명성을 주장한 건 옳았다. 그러나 투명성이 더 필요해진 바로 그때 투명성은 오히려 줄어들었다. 그 이유는 곧 이해할 수 있게 됐다.

시간이 지나면서 비밀주의는 점점 더 잘못된 결정을 숨기기 위한 것으로 보였다. 비밀주의가 있는 한 효과적인 민주주의적 책임성은 있을 수 없다.[53]

연준 지배구조가 이처럼 문제가 있지만 이번 구제 조치에서 특히 커다란 역할을 맡았던 뉴욕연방준비은행의 문제는 더욱 심각하다. 연방준비은행의 간부들은 이사회가 선임한다. 이사회에는 지역은행과 기업계 관련 인사들이 참여한다. 9명의 이사 가운데 6명은 은행들 스스로 뽑는다. 예를 들어 JP모건체이스의 회장 겸 최고경영자인 제이미 다이먼이 2007년부터 2009년까지 뉴욕연방준비은행의 이사를 지냈다. 그는 이사후보추천·지배구조위원회의 위원이기도 했다. 그런데 JP모건체이스는 연준의 후한 지원을 받은 기업 중 하나였다. 역시 연준의 지원을 받은 씨티뱅크의 최고경영자는 가이트너가 뉴욕연방준비은행 총재에 선임될 때 이사였다.[54] 2장에서 이야기한 것처럼 뉴욕연방준비은행의 자율규제 노력은 미심쩍은 것이었다. 이 은행이 구제 조치(납세자의 돈을 위험에 빠뜨리는 조치)를 설계하는 데 중심적 역할을 하게 됐을 때 이 은행의 감독 능력에 대한 의문은 더욱 깊어졌다.

워싱턴의 연준은 금융 감독이 더 나아지고 책임성이 강화되면 덕을 볼 수 있지만 구제 조치를 시행하는 과정에서 연준이 한 역할은 매우 혼란스러운 것이었다. 구제 조치의 비용이 더욱 많이 들고 은행들의 잘못된 행태가 갈수록 뚜렷해지자 부시와 오바마 행정부는 불투명한 정책 결정을 위한 수단으로 연준을 이용했다. 연준을 통한 구제 조치와 대출 프로그램의 비용, 대단히 후한 선물을 받은 이들의 모든 비용이 결국 얼마나 될지는 아직 알 수 없다.

맺는 말

은행시스템을 구제하려는 일련의 노력들은 전부 너무나 잘못된 것이었다. 이는 그 혼란에 어떻게든 책임이 있는 이들(규제완화 옹호론자, 실패한 규제당국자, 또는 투자은행가들)에게 고장 난 시스템을 수리할 책임을 맡긴 탓도 있다. 이들은 모두 금융부문을 위기에서 구하는 데 당초 금융부문을 위기로 몰아갔던 논리를 그대로 적용하려 했다. 이는 놀라운 일도 아닐 것이다. 금융부문은 부채비율이 높고 불투명한 거래를 장부에 표시되지도 않는 방식으로 해왔다. 금융인들은 자산을 이리저리 옮기고 다시 포장함으로써 가치를 창출할 수 있다고 믿었다. 나라 경제를 혼란에서 벗어나도록 하기 위한 정책은 이와 같은 원리에 바탕을 둔 것이었다. 독성자산은 은행들에게서 정부로 옮겨졌다. 하지만 그렇게 했다고 그 자산의 독성이 줄어들지는 않았다. 장부 외에서 불투명하게 이뤄진 지급보증은 재무부와 예금보험공사, 그리고 연준의 일상적인 특성이 돼버렸다. 드러나거나 감춰진 높은 부채비율은 민간뿐만 아니라 공공기관의 특성이 됐다.

더 심각한 건 지배구조의 문제다. 헌법은 의회에 지출을 통제할 권한을 주었다. 그러나 연준은 담보로 받은 자산이 부실한 것으로 밝혀지면 납세자들이 그 부실을 떠안아야 한다는 걸 잘 알면서도 그런 구제 조치를 취했다. 문제는 그 조치가 합법적이냐 아니냐가 아니다. 그들은 의도적으로 의회의 통제를 피해가려고 했다. 그토록 많은 해악을 끼치고, 그토록 나쁜 행동을 한 이들에게 더 많은 지원을 해주는 데 국민들이 동의하기 싫어하리라는 걸 알기 때문이다.

미국 정부는 과거의 금융시스템을 그대로 복원하려는 것보다 더 나쁜 일을 했다. 정부는 대마불사 은행들을 더 키워주었다. 새로운 개념도 도입했다. 재무적인 구조조정을 하기에는 너무 큰 대마불구의 개념이다. 이는 도덕적 해이의 문제를 더 악화시켰다. 이는 빚을 물려줘 미래 세대에 짐을 지우는 것이었다. 이는 또한 미국 달러에 인플레이션

리스크의 창백한 빛을 덮어씌우는 것이었으며 많은 미국인들에게 체제의 공평성에 대한 근본적인 의문을 키우는 것이었다.

모든 인간들이 그렇듯이 중앙은행 사람들도 잘못을 저지를 수 있다. 어떤 이들은 (통화주의나 인플레이션 목표제와 같은) 단순한, 준칙에 바탕을 둔 정책을 펴야 한다고 주장한다.[55] 이런 접근방식이 인간적인 오류의 가능성을 줄여줄 수 있기 때문이다. 역사적으로 볼 때 시장이 스스로를 돌볼 수 있기 때문에 정부는 개입하지 말아야 한다는 믿음은 정부가 시장에 대규모로 개입하는 결과를 낳았다. 지나치게 단순한 준칙에 따른 결과 연준은 역사상 어떤 중앙은행들보다 더 많은 재량적인 조치를 취해야 했다. 연준은 명료한 원칙에 따른 지침도 없이 각 은행들에 대해 생사를 가르는 결정을 내려야 했다.

몇몇 평론가들은[56] 대규모 구제 조치들과 경제에 대한 정부의 개입을 두고 미국식 사회주의라고 일컬었다. 중국이 '중국식 시장경제'로 부르는 체제로 행진해가고 있는 데 빗댄 말이다. 하지만 중국의 한 친구가 지적한 것처럼 그 표현은 부정확하다. 사회주의는 인간을 보살피는 체제다. 미국식 사회주의는 그런 일을 하지 않았다. 미국이 집을 잃게 된 이들을 돕는 데 돈을 썼다면 그런 묘사가 정확했을 것이다. 미국 체제는 그저 미국식 기업복지주의의 확장된 형태였다. 실제로 그랬다.

이번 위기로 정부는 최후의 리스크 감수자로서의 역할을 새로 맡았다. 민간시장이 붕괴될 위기에 처했을 때 모든 리스크는 정부로 넘겨졌다. 안전망은 개인을 보호하는 데 초점을 맞춰야 한다. 하지만 그 안전망은 기업에게로 확장됐다. 그렇게 하지 않을 경우 너무나 두려운 결과를 낳게 될 것이라는 믿음 때문이었다. 일단 확장된 안전망은 거둬들이기 어려울 것이다. 기업들은 자기네가 충분히 크고 자기네들의 실패가 경제에 충분히 큰 위협을 줄 경우, 또는 그들이 정치적으로 충분히 영향력이 있을 경우 정부가 그 실패의 리스크를 떠안으리라는 걸 알게 될 것이다. 은행들이 너무 커지지 않도록 막는 게 중요한 까닭도 바로 여기에 있다.

미국 정치시스템이 조금이라도 신뢰를 되찾을 수 있는 가능성은 아직 있다. 월스트리트가 규제완화를 사는 데 돈과 영향력을 쓰고 곧바로 인류 역사상 가장 후한 구제 조치가 따라왔다는 건 맞다. 정부가 금융시스템을 구조조정하는 데 실패한 것도 맞다. 정부는 비슷한 위기가 되풀이될 가능성을 줄이고, 금융시스템 가운데서도 마땅히 해야 할 일(리스크를 관리하고 자원을 배분하는 일)을 제대로 하는 부문을 강화하는 방식으로 구조조정을 했어야 했다. 그러나 아직 규제를 다시 강화하고 과거의 실수를 바로잡을 기회는 있다. 그 일은 신속히 하지 않으면 안 된다. 한편에서는 금융부문의 실패에 따른 비용을 맨 먼저 떠안아야 했던 일반 납세자들은 경제가 회복됨에 따라 이 문제에 대한 관심을 잃을 수도 있다. 그러나 다른 한편에서는 은행들이 이익을 낼 자유를 최대한 확보하기 위해 계속 싸우려는 강한 유인을 갖고 있다. 하지만 금융시스템의 구조도 더 나빠졌고 구제 조치도 도덕적 해이의 문제를 더 악화시키는 방식으로 이뤄졌기 때문에 규제를 다시 강화할 필요는 더 커지기만 했다.

다음 장에서는 금융시스템을 개혁하기 위한 전쟁에서 다음 전투, 즉 규제를 둘러싼 전투에 대해 설명하겠다.

06

탐욕은 절제를 이긴다

FREEF∀LL

리스크는 복잡하다. 은행가들조차 이를 잘 관리하지 못한다. 그렇다면 어떻게 평범한 개인이 리스크를 관리할 수 있겠는가? 은행과 다른 금융회사들은 특히 교육을 덜 받은 미국인들을 이용했다. 금융회사들은 다양한 방법으로 그들을 먹이로 삼았다. 소비자를 보호하려는 이들은 그런 관행들을 막기 위한 법을 통과시키려 거듭 시도했으나 약탈적 금융회사들은 그 시도를 물리치는 데 성공했다. 미국 금융시스템은 가난한 사람들을 어떻게 이용할지 알아내는 데에는 영리했지만, 어떻게 하면 그들에게 좋은 서비스를 제공할지 알아내지는 못했다.

은행들의 지나친 리스크 감수, 잦은 이해상충, 그리고 널리 퍼진 사기 행위를 비롯한 추악한 현상들은 경제의 활황이 침체로 바뀔 때 표면에 나타났다. 이번 위기 때도 마찬가지였다. 엄청난 활황이 대공황으로 이어진 직후 뉴딜의 설계자들은 모르는 새 진행되는 문제들을 새로운 규제체계를 제도화함으로써 해결하려고 애썼다.[1] 그러나 기억은 짧고 반세기는 긴 시간이다. 로널드 레이건이 대통령으로 취임할 때까지 여전히 경고의 목소리를 내며 다니는 대공황을 겪은 베테랑은 거의 없었다. 역사책에서 얻을 수 있는 교훈은 충분히 받아들여지지 않았다. 세상은 바뀌었다. 새로운 금융의 귀재들은 스스로 그렇게 확신했다. 그들은 자기들이 그토록 똑똑하고 기술적인 면에서 그토록 이해가 깊다고 생각했다. '과학'의 발전으로 리스크에 대한 이해가 더 깊어졌고 이에 따라 새로운 리스크 관리 상품도 나올 수 있었다.

모기지를 일으키고 증권화하는 데 하나의 큰 실수가 아니라 여러 가지 문제들이 어우러져 있었듯이 미국 은행들의 문제도 복합적인 것이었다. 그 문제들 하나하나가 다 심각한 손상을 불러올 수 있었다. 하지만 이 문제들이 결합했을 때는 폭발력을 갖게 됐다. 그때 아무도 경고의 목소리를 내지 않았다. 스스로 자기 돈을 관리해야 할 투자자들도, 자기들에게 맡겨진 돈을 관리해야 할 자산운용자들도, 그리고 심지어 우리가 금융시스템 전체를 관리하리라고 믿는 규제당국자들도 경고음을 내지 않았다.

자유시장의 주문은 낡은 규제를 철폐할 뿐만 아니라 파생금융상품이 불러온 문제를 포함해 21세기 시장의 새로운 문제들을 해결하는 데 아무 일도 하지 않는다는 걸 의미한다. 미국 재무부와 연준은 규제를 제안하지 않았을 뿐만 아니라 그렇게 하려는 어떤 시도에도 강력히(때로는 거의 난폭하게) 저항했다. 1990년대 상품선물거래위원회 책임자인 브룩슬리 본은 그런 규제를 요청했다. 이는 뉴욕 연준이 1998년 헤지펀드인 롱텀캐피털매니지먼트 구제를 계획한 후 긴급하게 대두된 사안이다. 이 헤지펀드의 1조 달러가 넘는 투자 실패는 글로벌 금융시장 전체를 무너뜨릴 수 있는 위협이 됐다. 그러나 로버트 루빈 재무장관과 래리 서머스 부장관, 그리고 앨런 그린스펀은 요지부동으로 그 규제에 반대했고 그런 뜻을 관철했다.[2] 나중에라도 규제당국자들이 정신을 차리지 못하도록 확실히 막기 위해서 금융시장 사람들은 열심히 로비를 했고, 파생상품이 규제 받지 않은 채로 남아 있도록 못을 박는 법규를 만드는 데 성공했다. 그것이 바로 2000년에 제정된 상품선물현대화법(Commodity Futures Modernization Act)이다.

이 싸움에서 그들은 우리가 본 것처럼 은행들이 대규모 구제금융을 얻기 위해 쓴 것과 같은 전술들을 썼다. 또한 몇 년 전 그린스펀의 재임명을 확실히 하기 위해 부분적으로 이용했던 전술을 썼다.[3] 이는 공포의 전술이었다. 파생금융상품을 규제하면 우리가 알고 있는 자본주의는 무너질 것이라고 겁을 주었다. 상상하기 힘든 규모로 시장의 혼란이 일어나고 리스크를 효율적으로 관리하기가 힘들어질 것이라고 주장했다. 분명 그들은 자본시장의 힘을 믿으면서도 그 시장이 매우 취약하다는 걸 믿고 있었다. 자본시장은 규칙을 바꾸겠다는 귀띔만 있어도 버티지 못하리라고 생각하고 있었던 것이다.[4]

침체가 시작된 지 거의 2년이 지나 이 책이 발간될 때까지도 금융규제를 개혁하기 위해 이뤄진 일은 너무나 적었다. 뭔가는 이뤄질 것이다. 그러나 필요한 수준에는 못 미치리라는 건 거의 확실하다. 아마 우리가 그럭저럭 해나갈 수 있도록 도울 수는 있어도 또 다른 위기를 막는 데는 충분하지 않을 것이다. 더욱 놀랍게도 규제완화를 위한 노력은 계속되고 있다. 엔론 스캔들 직후에 기업지배구조 개선과 투자자 보호를 위해 제정된 사베인스-옥슬리(Sarbanes-Oxley)법은 결정적으로 약화됐다.[5]

금융업계는 영리하다. 어떤 규제가 부과되더라도 금융업계는 이를 피해갈 수 있는 길을 찾아낼 것이다. 규제가 포괄적이고 역동적이어야 하는 까닭이 여기에 있다. 골치 아픈 건 세부적인 내용이다. 규제가 복잡하고 규제당국이 규제를 받아야 할 사람들의 '포로'가 되면 세부적인 규제 내용은 은행들이 과거에 했던 것과 같은 행동을 계속할 수 있도록 해줄 위험이 있다. 그렇기 때문에 규제는 단순하고 투명해야 하며, 규제체계는 금융시장의 영향을 지나치게 받지 않도록 설계돼야 하는 것이다.

왜 규제가 필요한가

위기는 자율규제가 작동하지 않는다는 걸 분명히 보여주었다. 자율규제라는 말은 금융업계가 띄우는 것이지만 나는 모순을 내포한 말이라고 본다. 우리는 이미 은행들이 자기네의 리스크를 평가하는 데에도 실패했다는 걸 봤다. 그린스펀이 마침내 규제에 대한 그의 접근방식에 잘못이 있었다는 걸 인정했을 때 그는 일이 그렇게 된 건 은행들이 제 일을 돌보는 데에도 너무나 엉성했기 때문이라고 말했다.[6] 그는 은행들이 자기들의 존재 자체를 위협할 정도의 리스크를 안는다는 걸 믿을 수 없었다. 그는 또한 지나친 리스크 감수를 부추기는 유인의 중요성을 이해하지 못했던 게 분명하다.

그러나 한 은행이 자기네 리스크를 잘 관리하더라도 그 자체만으로 시스템 리스크를 해결해주지는 못한다. 시스템에 중요한 영향을 미치는 은행이 하나도 없어도 모든 은행들이 집단적 사고에 따라 비슷하게 행동할 때는 시스템 리스크가 생길 수 있다. 실제로 그들은 그렇게 행동했다. 이 점은 특히 중요하다. 현재 대부분의 논의가 시스템에 중요한 거대 기관들을 규제하는 데에만 초점을 맞추고 있기 때문이다. 그렇게 하는 것도 필요하지만 충분하지는 않다. 모든 은행들이 비슷한 모형을 사용한다면, 예를 들어 그 모형에 결함이 있을 때 그들 모두가 부실대출을 하게 된다. 그리고 그 대출을 동시에 팔려고 한다. 바로 그런 일이 실제로 일어났다.

모든 은행들이 부동산 거품은 없으며 부동산 가격은 떨어지지 않을 것이라는 데 베팅했다. 그들은 모두 금리가 오르지 않을 것이며 금리가 올라도 돈을 빌린 이들이 대출금을 갚을 수 있을 것이라는 데 베팅했다.

240

이는 어리석은 베팅이었다. 그리고 그들이 기대했던 것과 다른 상황이 나타났을 때 그들 모두가 어려움에 처했다. 시스템 자체는 말할 것도 없었다.

어느 한 은행에 문제가 나타나 보유 자산을 청산할 필요가 생기면 이는 쉬운 일이다. 여러 은행들에 문제가 생겨 그들 모두 비슷한 자산을 청산해야 할 때는 자산가격이 떨어진다. 은행들이 자산 매각대금으로 받는 돈은 그들이 생각했던 것보다 적게 되고 그들의 문제는 눈덩이처럼 커진다. 은행들 자신의 모형에서는 이런 종류의 '상관관계', 즉 다양한 은행들의 행동에서 나타나는 상호 의존관계를 고려하지 않는다. 이는 자율규제로 포착할 수 있는 문제가 아니다. 그러나 훌륭한 규제당국이라면 잡아낼 수 있는 문제다.

보통 대부분의 시장들은 스스로 웬만큼 잘 돌아간다. 그러나 외부성이 있을 때, 어느 한쪽의 행동이 다른 쪽에 부정적인 영향을 미칠 때는 그렇지 않다. 금융시장에는 외부성이 만연해 있다. 그들의 실패는 사회와 경제에 엄청난 비용을 초래한다. 예금보험은 은행들이 지나친 리스크를 안을 때 납세자들을 위기로 내몬다. 그래서 정부는 보험 혜택을 받는 은행들이 절제 있게 행동하도록 확실히 할 필요가 있다. 나와 함께 세계은행에서 일했던 제럴드 카프리오 윌리엄스칼리지 교수는 세상에는 두 가지 종류의 국가가 있다고 말하곤 했다. 예금보험제도를 갖고 있고 그에 대해 알고 있는 나라와 이 제도를 갖고 있지만 그걸 이해하지 못하는 나라다. 위기 때 정부는 예금보험이 있든 없든 은행들을 구제한다. 이번 위기에서 분명해진 뻔한 이야기다. 그러나 정부가 개입해 은행이 정상으로 돌아가도록 하려면 사고를 막기 위해 할 수 있는 일을 해야 한다.

이 책에서 나는 줄곧 '양파 껍질 벗기기'의 중요성을 강조했다. 이는 실수를 할 때마다 그 배경에 무엇이 있는지를 알아내는 걸 말한다. 시장은 실패했다. 광범위하게 존재하는 외부성이 그 이유 중 하나다. 다른 이유들도 있다. 나는 부적절한 유인체계를 되풀이해 지적했다. 은행 경영자의 유인은 다른 이해관계자들, 더 넓게는 사회 전체의 목표와 일치하지 않았다. 자산을 사는 이들 역시 불완전한 정보를 가졌다. 금융시장의 사회적 기능 가운데 하나는 정보를 모으고 평가하고 전파하는 것인데도 말이다. 그들은 또한 정보가 부족한 이들을 이용할 수 있는 힘을 가졌고 그들은 무자비하게 이용했다.

위기 전에 그린스펀과 최소한의 규제를 주장하는 이들은 금융회사들이 스스로를 규제해야 하며, 정부는 소액 투자자들을 보호하는 데에만 초점을 맞춰야 한다고 생각했다. 갈수록 '투자자 위험부담 원칙(caveat emptor)'에 대한 믿음이 굳어졌다.[7] 말도 안 될 정도로 약탈적인 대출 사례들이 명백해졌는데도 일반적인 견해는 개인들이 스스로를 지켜야 한다는 것이었다. 그런 흐름은 바뀌었다. 이 잘못된 규제완화의 이론이 초래한 비용은 컸고 글로벌 경제 전체로 확대됐다. 혁신의 시대의 혜택이라는 것들은 환상이었다. 이 장에서 나는 금융시스템이 마땅히 해야 할 기능을 제대로 하지 못한 까닭과 금융부문의 몇 가지 핵심적인 개혁에 관해 이야기한다. 유인체계를 개선하고 투명성을 높이며, 지나친 리스크 감수를 제한하고 대마불사형 은행의 위협을 줄이는 문제, 그리고 파생상품을 포함해 가장 문제가 많은 몇 가지 금융상품들에 대한 조치에 관해 논의한다.

잘못된 유인

은행가들이 (대부분의 경우) 다른 사람들보다 조금이라도 더 탐욕스럽게 태어난 건 아니다. 그들은 단지 다른 이들을 희생시키고 나쁜 짓을 할 더 많은 기회와 더 강한 유인을 갖게 될 가능성이 클 뿐이다. 사적인 보상이 사회적 목표와 잘 맞으면 일은 잘 돌아간다. 그렇지 않으면 일은 추악해진다. 일반적으로 시장경제에서 유인체계는 잘 돌아간다. 예를 들어 경쟁시장에서는 기업이 철강을 1톤 더 생산해서 얻는 추가 수익이 철강의 가격이다. 수요자가 그 1톤의 철강을 사용해서 얻는 가치가 그 가격에 반영된다. 철강 1톤을 추가로 생산하는 데 드는 추가 비용은 (철광석과 석탄처럼) 철강 생산을 위해 추가로 투입하는 재료의 가치다. 그래서 이상적인 경우라면 기업이 이익을 극대화할 때 이는 사회적 이익 (생산된 제품의 사회적 가치에서 생산을 위해 쓰인 자원의 가치를 뺀 값)도 극대화하게 되는 것이다.

한편 금융시장에서는 유인체계가 뒤틀려 있다. 심각하게 왜곡된 경우가 많다. 경영자들이 스톡옵션과 함께 얼마나 많은 보상을 받는지를 보면 왜곡된 유인체계의 중요한 사례를 볼 수 있다. 금융부문에서는 경영자에 대한 보상의 많은 부분이 창출한 소득(수수료 수입)에 따른 보너스 형태로 지급된다. 이런 보상체계를 지지하는 이들은 이런 시스템이 경영자들이 열심히 일하도록 하는 강력한 유인을 제공한다고 주장한다. 하지만 이런 주장은 솔직하지 못한 것이다. 회사가 허우적댈 때도 경영자는 보상 받을 길을 찾을 수 있기 때문이다. 성과와 보상 사이의 상관관계는 거의 없는 것으로 드러났다. 이 문제는 기록적인 손실을 낸 회사의 경영자들이 수백만 달러의 보너스를 받았을 때 집중적으로 부각됐다. 어떤 회사들은 심지어 그런 보상의 명목을 성과보너스(performance bonus)에서 잔류보너스(retention bonus)로 바꾸는 지경까지 갔다. 그러나 중요한 건 성과가 좋을 때 급여도 오르고 성과가 나쁠 때 급여도 내려야 한다는 점이다.[8]

'성과에 따른 보상'이 시도됐던 여러 부문에서 이는 오래전에 폐기됐다. 근로자들이 생산단가를 바탕으로 보상을 받고 그들이 (거의 언제나 그렇듯이) 재량을 발휘할 수 있다면 그들은 문제되지 않고 넘어갈 수 있는 한 가장 조잡한 제품을 생산한다. 어쨌든 그들은 품질이 아니라 수량을 바탕으로 보상을 받는다. 이런 현상은 금융을 잇는 사슬 전체에서 나타났다. 이번 위기에서 부동산 중개인들이 대출을 상환 받을 수 있을지에 대해서는 신경도 안 쓰고 할 수 있는 한 많은 대출을 해준 게 단적인 예다. 투자은행들은 독성 모기지를 기초로 복잡한 금융상품을 할 수 있는 한 많이 만들어냈다. 다른 여러 가지 이유가 있는 게 아니라 그게 돈이 되기 때문이다.

스톡옵션으로 보상을 받은 경영자들은 창조적 회계(creative accounting, 시각에 따라 분식회계로도 볼 수 있는 독특한 회계처리를 완곡하게 표현한 말_옮긴이)를 포함해 자기 회사의 주가를 올리기 위해 할 수 있는 모든 일을 하려는 유인을 갖고 있다. 주가가 높을수록 그들에게는 더 좋다. 그들은 회계장부를 통해 보고된 이익이 많을수록 주가도 높을 것이며, 그럴수록 시장을 속이기 쉬우리라는 걸 알았다. 장부상 이익을 늘리는 가장 쉬운 길은 한편으로는 잠재적인 손실을 장부 외로 옮기면서, 다른 한편으로는 수수료를 이익으로 잡는 식으로 재무제표를 조작하는 것이다. 투자자들과 규제당국자들은 경고를 들었지만 교훈을 얻지 못했던 게 분명하다. 1990년대 말 닷컴(기술주) 거품과 관련된 많은 스캔들

의 배경에 창조적 회계가 있었다.[9]

금융의 '고성능' 유인체계에서 은행가들은 이익을 나눠먹으면서도 손실은 분담하지 않았다. 보너스는 장기가 아니라 단기 성과에 바탕을 두고 있었다.

사실 금융부문은 정상 수준 이상의 수익을 낼 가능성은 높지만 재앙을 당할 가능성은 낮다는 생각을 바탕에 깔고 이 두 가지 가능성을 결합한 리스크를 안으려는 유인을 갖고 있었다. 재앙이 먼 미래에나 일어날 수 있도록 모든 일을 계획할 수 있다면 더 좋을 것이다. 심지어 순수익이 마이너스가 될 수도 있지만 너무 늦을 때까지 누구도 그걸 모를 것이다. 현대 금융공학은 이런 특성을 완벽하게 갖춘 상품을 만들어낼 수 있는 수단을 제공한다.

한 가지 사례만 봐도 알 수 있다. 어떤 사람이 5퍼센트 수익을 내는 안전한 자산에 투자할 수 있다고 하자. 금융의 귀재들은 거의 언제나(예를 들어 90퍼센트의 확률로) 6퍼센트의 수익을 내는 상품을 설계한다. 그들은 마술을 부리듯 시장을 이기는 것처럼 보인다. 시장수익률과의 차이는 놀랍게도 20퍼센트에 이른다. 그러나 나머지 10퍼센트의 확률로는 모든 것을 잃는다. 기대(평균) 수익률은 마이너스 4.6%로 안전자산의 수익률 5퍼센트에 크게 못 미친다. 혁신적인 상품은 안전자산보다 리스크는 더 높고 기대수익률은 더 낮다. 그러나 평균적으로 나쁜 수익률은 10년마다 한 해꼴로만 일어난다. 재앙과 같은 결과가 나타나기까지 10년이 걸릴 수도 있다. 이는 금융의 귀재들이 시장을 이기는 놀라운 능력에 대해 충분한 보상을 거둬갈 수 있는 긴 시간이다.

이 잘못된 금융의 유인에서 자라난 재앙은 우리 같은 경제학자들에게는 어느 정도 위안이 된다. 우리의 모형은 지나친 리스크 감수와 근시안적 행태가 나타나리라 예측했으며, 실제로 일어난 일들은 이런 예측이 옳았다는 확인을 해주는 것이었다. 그러나 정상적인 수준보다 상당히 높은 성과를 이들 금융시장 혁신과 관련된 '실물경제'에서 찾아내기는 어려웠다. 마침내 경제이론은 정당성을 입증했다. 사회적 수익과 사적인 수익이 어긋나는 건 분명했다. 금융시장 사람들은 후한 보상을 받았지만 터무니없는 리스크를 안았다. 그들은 경제 전체에 대해서는 보상이 없는 리스크를 만들어냈다.

기업지배구조

이처럼 엇갈리는 유인을 만들어낸 유인체계는 주주들에게 큰 도움이 되지 않았고 세상에도 별 도움이 되지 않았다. 2004년부터 2008년까지 5년 동안 많은 주요 은행들의 순이익은 마이너스였다.[10] 2005년 씨티뱅크 주식에 100달러를 투자했던 주주는 2008년 말 이 주식의 가치가 13.9달러로 떨어진 걸 보았다.

그러나 이 유인체계는 은행 경영자들에게는 큰 도움이 됐다. 그들 중 일부는 어리석게도 대부분의 재산을 은행 주식으로 들고 있었겠지만 장부상 이익이 줄어든 걸 감안한 후에도 많은 이들이 지금 부자가 됐다. 어떤 이들은 큰 부자가 됐다.

경영자들은 엉성한 기업지배구조 때문에 그런 이득을 챙길 수 있었다. 미국 기업들은, 그리고 다른 많은 나라들의 기업들은 형식적으로만 주주들에 의해 경영되고 있다. 실질적으로는 거의 대부분 경영진에 의해 관리되며 그들에게 유리하게 관리되고 있다.[11] 이질적인 주주들 사이에 소유권이 광범위하게 분산된 많은 기업들에서는 경영진이 사실상 대부분의 이사를 선임한다. 경영진은 당연히 그들의 이익에 가장 효과적으로 도움을 줄 것 같은 사람들을 선임한다. 이사회는 경영진에 대한 보상을 결정하며 '회사'는 이사회 구성원들에게 후한 보상을 해준다. 이는 편리한 관계다.

의회는 엔론 스캔들 직후 기업지배구조를 개선하기 위해 내용이 엄격할 것으로 기대되는 새로운 법을 제정했다. 많은 비방을 받은 사베인스-옥슬리법이 2002년 7월 제정된 것이다. 기업계의 거물들은 이 법 때문에 기업들을 억누르는 지나치게 무거운 짐이 생겼다고 주장했다. 나는 이 법이 충분한 진전을 이루지 못했다고 비판했다.[12] 이 법은 앞서 설명한 그 모든 나쁜 행태를 부추긴 뿌리 깊은 유인들에 대해 적절하게 다루지 못했다. 이 법은 기업들이 스톡옵션을 어떻게 나눠주고 있는지 분명하고 투명하게 보여줄 것을 요구하지 않았다.[13] 회계규정은 사실상 스톡옵션 이용을 부추겼다. 스톡옵션은 기업들이 모든 비용을 주주들에게 알리지 않은 채 높은 보상을 해주는 방법이었기 때문이다. 질량보존의 법칙에 따르면 경영자들에 대한 보상을 늘리면 언제나 다른 누군가가 그 대가를 치러야 한다. 스톡옵션의 경우 다른 주주들의 소유권에 물타기가 되는 것이다.

경영자들이 다른 이들을 희생시키면서 자기들에게 이득이 되는 보상 패키지를 설계하려는 유인과 수단을 가졌다는 건 너무나도 명백해 보인다. 아직도 수수께끼로 남아 있는 건 주주들이 왜 이 점을 인식하지 않았는가 하는 점이다. 기업지배구조의 결함 때문에 경영진의 행태를 직접 바꾸는 건 어려웠겠지만, 그래도 투자자들은 나쁜 유인구조를 가진 기업들의 주가를 떨어뜨림으로써 그 기업들에게 '벌'을 주었어야 했다. 그들은 경영자들이 행동을 바꾸도록 경고를 했어야 했다. 하지만 그렇게 하지 않았다.[14]

무엇을 해야 하나

이해상충과 근시안적이고 지나치게 위험한 행동의 여지를 줄이는 건 가장 중요한 개혁의 하나다. 그 이유는 간단하다. 은행들이 잘못된 유인을 갖게 되면 그들은 다른 어떤 규제들도 피해가려고 너무 멀리 나갈 것이다. 간단한 개혁(장기적인 성과를 바탕으로 보상을 하고, 은행가들이 이득만 챙기지 말고 손실도 분담하도록 확실히 하는 것)이 큰 차이를 만들 것이다. 기업이 '인센티브 보상제도'를 활용하려면 진정한 인센티브 보상이 되도록 해야 한다. 기업은 장기적인 성과와 보상 사이의 연관성이 있다는 걸 입증해야 한다.[15]

유인구조를 남용하고 왜곡하는 문제를 효과적으로 해결하려면 기업 지배구조를 개혁할 필요가 있다. 경영자들이 기업을 소유한 이들에게 더 많은 책임을 지도록 하는 것이다.[16] 주주들은 보상을 결정하는 데 더 큰 목소리를 내야 한다(이를 'say in pay'라 일컫는다). 기업회계는 적어도 스톡옵션과 다른 형태의 감춰진 보상을 얼마나 해줬는지 명백하게 밝혀야 한다. 기업들은 주주들이 단지 경영자 보상에 대해 구속력 없는 투표를 하도록 요구하는 법률에도 반대하는 운동을 벌였다. 이런 사실은 기업지배구조와 관련된 수준 낮은 행태를 고스란히 보여준다.[17] 주주들은 형식적으로 기업을 소유할지는 모르지만 그들은 심지어 주주들을 위해 일한다는 경영자들의 보상 문제에 대해 말 한마디 하지 못한다.

투명성이 없다

금융시장에 대한 비판은 언제나 투명성 부족을 지적하는 데서 시작된다. 투명성은 물론 '정보'의 다른 표현이다. 위기 직후에는 언제나 정보가 부족했다는 게 명백해졌다. 그토록 어설픈 투자가 되리라는 걸 알았다면 아무도 돈을 월스트리트에 투자하지 않았을 것이다. 그러나 어떤 정보를 알았더라면 좋았을 걸 하고 지나간 뒤에 생각하는 것과 정말로 투명성이 부족한 것 사이에는 큰 차이가 있다. 누구도 의사결정을 하기 전에 원하는 모든 정보를 가질 수는 없다. 금융시장이 할 일은 적합한 정보를 찾아내고 그 제한된 정보를 바탕으로 리스크와 수익률에 관해 판단을 하는 것이다.

내가 보기에는 투명성 문제는 사실 속임수에 관한 것이다. 미국 은행들은 속임수에 적극적으로 관여했다. 그들은 리스크를 장부 외로 옮겼고, 이에 따라 아무도 그 리스크를 적절하게 평가할 수 없었다. 그들이 이룬 속임수의 중대성은 믿기 어려울 정도였다. 리먼브러더스는 몰락하기 직전까지만 해도 약 260억 달러의 순자산가치가 있다고 보고할 수 있었다. 하지만 재무제표에 생긴 구멍은 2000억 달러에 육박했다.[18]

시장이 잘 작동하면 투명성이 더 높은 은행들(그리고 나라들)이 더 낮은 비용으로 자본을 조달할 수 있을 것이다. 이런 종류의 투명성에 대해 시장이 유인을 제공할 수 있어야 한다. 추가 정보를 모으고 분석하고 공시하는 비용과 효과에 균형을 맞출 수 있어야 한다. 그러나 시장은 그 자체로 적절한 수준의 투명성을 제공하지 못하는 것으로 보인다. 정부가 개입해 정보 공시를 요구해야 하는 것도 바로 이 때문이다.[19]

적절한 정보가 없으면 시장이 잘 돌아갈 수 없다. 적절한 회계제도를 갖춰 시장참여자들이 제공되는 자료를 (의미 있게) 해석할 수 있도록 하는 건 적절한 정보를 제공하는 일의 중요한 부분이다. 어떤 회계제도도 완벽하지 않다. 이번 위기 때 회계가 그토록 논란이 된 것도 이 때문이다.[20] 오늘날 큰 논란은 '시가평가'에 관한 것이다. 기업 재무제표에 올라 있는 자산의 가치를 (그 자산을 매매하는 시장이 있을 때) 현재의 시장가치에 따라 보고하는 것이다.

일부 금융계 사람들은 그들의 모든 문제를 시가평가 회계 탓으로 돌린다. 그들이 들고 있는 모기지가 상환되지 않을 가능성이 크다는 사실을 보고할 필요가 없다면 그들의 재무상태는 더 좋아 보이고, 아무도 이를 알아차리지 못하리라는 것이다. 시장의 '가격 발견' 기능의 미덕, 즉 시장가격 형성체계의 기적을 이야기했던 시장근본주의 옹호자들이 갑자기 신념을 잃었다. 모기지와 이를 기초로 한 복잡한 금융수단의 가격이 추락하자 그들은 그게 '진정한 가격'이 아니라고 주장했다. 그 가격은 진정한 가치를 반영하지 않았다는 주장이었다. 물론 그들은 거품 기간 중에는 결코 그런 염려를 나타내지 않았다. 그때는 높은 자산가격 덕분에 많은 보너스를 받고 대출도 더 많이 할 수 있었다. 그들은 물론 많은 보너스를 정당화해준 '이익'이 가짜로 드러났을 때 보너스를 돌려주겠다고 제안하지 않았다.

실제로는 상업은행들은 장기적인 목적으로 보유한 자산 대부분에 대해 시가평가를 할 필요가 없었다. 2009년 3월 이전에 그들은 '부실화'된 모기지, 다시 말해 상환불능 가능성이 심각한 모기지에 대해서만 평가금액을 낮추면 됐다. 그 후 투명성을 떨어뜨리는 또 다른 조치로 은행들에게 이런 모기지의 많은 부분에 대해 상각을 하지 않을 재량이 주어졌다.[21] 그들은 시가에 따른 평가를 '희망사항에 따른 평가'로 바꾸었다. 이는 은행들이 그런 식으로 평가하지 않았을 경우에 비해 훨씬 많은 이익을 보고할 수 있도록 해주었다. 그러나 이는 그들이 만들어낸 숫자에 대한 신뢰를 떨어뜨렸다. 또한 은행들이 재무제표의 부실을 정리하는 걸 그저 미루기만 하도록 했다.

(이것만이 은행들의 유감스러운 재무상태에 관한 나쁜 소식을 전하는 메신저를 '비난'하는 유일한 사례는 아니었다. 위기가 펼쳐지자 은행들은 시가평가 회계에서 빠져나가는 것 외에도 다른 요구를 들고 나왔다. 공매도를 금지하라는 것이었다. 투자자들은 공매도를 이용해 어떤 기업의 주식 가치가 떨어지리라는 데 베팅한다. 많은 투자자들이 어떤 회사의 성과가 나빠질 것으로 믿고 주식을 공매도할 때 주가는 분명히 떨어진다. 공매도는 시장참여자들이 사기와 무분별한 대출을 알아내도록 하는 중요한 유인을 제공한다. 어떤 이들은 공매도자들이 기업의 그런 나쁜 행동을 막는 데 정부 규제당국자들보다 더 중요한 역할을 한다고 믿는다. 하지만 이번 위기에서는 내가 지적한 것처럼 평소 시장의 가치를 믿던 은행들은 그들의 신념을 던져버렸다. 그들은 은행의 전망에 대해 낙관적인 이들이 은행 주식을 삼으로써 은행들에게 지지표를 던질 수 있기를 원했다. 그러나 그들의 비판자들이 주식을 공매도함으로써 반대표를 던지는 건 바라지 않았다.)

은행들은 필연적으로 지나치게 낙관적으로 행동했다. 그들은 그렇게 할 강력한 유인을 갖고 있었다. 위기가 진행되면서 그들은 일시적인 '비이성적인 비관'만이 유일한 문제이기를 바랐다. 사람들이 자신감을 느꼈으면 주가는 올라갈 것이었다. 유감스럽게도 경제학은 이런 견해를 거의 지지하지 않았다. 자신감은 중요하다. 그러나 그 바탕에 깔린 믿음, 느낌, 욕망, 그리고 반감은 현실적인 요소다. 이 특별한 위기의 현실은 상당히 명료한 것이다. 상환할 여력이 없는 이들에게 거품을 바탕으로 부실대출이 이뤄졌다. 시장가격은 불완전하다. 하지만 그래도 가격은 대체로 자산의 가치에 관련된 이용할 수 있는 최선의 정보를 반영한다. 확실히, 가치평가를 은행가들에게 맡겨두는 것은 그다지 적절하지 않다. 그들은 제공된 정보를 왜곡하려는 수많은 유인을 갖고 있다. 그 정보가 은행이 손실을 보고 있음을 시사할 때는 특히 그렇다.

그래도 부적절하게 설계된 규제인 시가평가 회계는 금융시장 사이클의 진폭을 키우는 데 영향을 미칠 수 있다. 내가 지적했듯이 새로 유행하는 그 모든 금융상품들에도 불구하고 이번 위기는 부동산 담보를 기반으로 신용이 지나치게 팽창했다는 점에서 과거에 일어났던 많은 위기와 매우 비슷하다. 호황 때는 자산가격이 거품으로 너무 부풀어 오른다. 돈을 빌리는 이들이 더 부유해 보이기 때문에 은행은 그들에게 더 많이 대출해줄 수 있다. 활황 때는 부도율이 낮고 은행의 이익은 늘어나기 때문에 은행들이 더 많은 대출을 할 여력이 생긴다. 시장이 스스로 '조정' 받을 때 가격은 내려가고 부도율은 올라가며, 은행은 더 이상 예전만큼 대출을 할 수도 없고 그렇게 하려 하지도 않는다. 은행들이 대출을 줄이면 경제는 어려워진다. 그 결과 부실대출은 더 늘어나고 자산가격은 더욱 하락한다. 시가평가 회계는 은행들에게 더 많은 규율을 부과한다. 부도율이 올라가 대출자산 포트폴리오의 가치가 떨어질 때 은행은 예전만큼 부유하지 않다는 것을 인식해야 한다. 이는 은행이 대출을 더 줄이거나 자본을 더 확충해야 한다는 걸 뜻한다. 그러나 일반적으로 침체기엔 후자는 선택할 수 있는 대안이 아니다. 그래서 시가평가 회계에 따르면 대출이 늘어나고 줄어드는 진폭이 훨씬 커진다.

그러나 문제는 시가평가 회계가 아니라 그런 회계가 이용되는 방식에 있다. 호황기 때는 규제당국자들이 낙관과 거품을 억제하기 위해 은행들의 자본가치에 비해 대출을 줄일 수 있도록 하고, 침체기에는 대출을 늘리도록 허용했어야 했다.[22]

시가평가 회계 관련 문제들 가운데 쉽게 조정할 수 있는 것도 있다.

그 가운데 하나는 시가평가를 열광적으로 지지하는 이들이 너무 멀리 나가 그에 따른 한계를 인식하지 못한 것이다. 회계정보가 여러 가지 용도에 활용된다는 걸 생각했어야 했다. 예를 들어 시가평가 회계에 따르면 은행들은 부채도 시가로 평가한다. 시장에서 어떤 은행이 파산할 거라고 생각하면 그 은행의 채권은 가치가 떨어진다. 그러나 은행은 자본이득을 기록하게 된다. 이는 터무니없는 일이다. 단순히 모든 이들이 그 은행이 파산할 걸로 생각하기 때문에 그 은행이 이익을 내는 것처럼 보이는 것이다.

사람들은 요구불예금(은행에 돈을 빌려준 이들이 언제든지 그 돈을 돌려달라고 요구할 수 있는 예금)이 있는 은행에 대해서는 그 은행의 자산가치를 보수적으로 평가하고 싶어 한다. 그들은 은행이 그 의무를 이행할 수 있을지 알고 싶어 한다. 은행은 시장가격으로만 자산을 팔 수 있다. 은행이 자산을 시장가격으로 팔아치우면 충분한 돈을 마련할 수 있을까?[23]

바로 앞 장에서 우리는 잘못된 회계가 어떻게 저축대부은행들의 문제를 곪게 해 결국 구제비용을 늘어나게 했는지 보았다. 정부는 2008년 위기 때 회계기준을 완화함으로써 우리가 과거와 같은 길을 가도록 했다. 은행이 제때 부활해줄 것으로 믿고 하는 이 도박에서 보상을 받을 거라는 희망이 있다. 그럴 수도 있겠지만 그렇지 않을 가능성이 더 크다.[24] 이번 위기에서 시가평가 회계에서 빠져나가는 건 특별히 역효과를 냈다. 이는 은행들의 모기지 구조조정을 억제하고 미국경제에 그토록 절실히 필요한 금융 구조조정을 지연시켰다.[25] 은행들이 구조조정을 미루고 있는 도중에 가격이 회복돼 모기지 상환이 이뤄질지도 모른다. (그러나 그런 일은 일어나지 않을 것이다.) 그렇지만 당분간 은행들은 수수료와 예대금리차를 통해 충분히 보상받을 수 있을 것이다.[26] 은행들이 자금조달을 위해 지불하는 금리와 대출금리 사이의 큰 격차는 그들이 결국 손실을 입게 될 때 그 손실을 적절히 관리할 수 있도록 해준다.[27]

무엇을 해야 하나

2009년 4월 회계기준을 완화한 건 잘못된 방향으로 간 것이다. 시가평가 회계의 규정들이 어떻게 활용되고 있는지 더 치밀하게 검토하면서 그 중요성을 거듭 확인할 필요가 있었다. 은행이 시장보다 더 낙관적이라는 걸 설명하고 싶으면 언제든지 그렇게 할 수 있다. 투자자들이 그걸 확신하면 문제없을 것이다.

무슨 일이 벌어지고 있는지를 투자자들에게 숨기기 위해 회계장부를 요리하는(이익을 과장하는) 건 세무당국에게 그걸 숨기는 것(소득을 낮춰 신고하는 것)처럼 불법화해야 한다. 과거의 '부외자산과 부채'의 마술 가운데 어떤 것도 허용돼서는 안 된다. 경영자들에게 스톡옵션을 주는 걸 완전히 금지하지는 않더라도 스톡옵션을 주는 은행들은 더 많은 자본을 확보하고 더 높은 예금보험료를 내도록 해야 한다. 최소한 스톡옵션에 대한 완전한 공시가 이뤄져야 한다. 경영자에 대한 보상이 주주들의 호주머니에서 나오지 않고 하늘에서 떨어진 감로와 같은 것이라는 허구는 사라져야 한다.

끝으로, 투명성은 포괄적이어야 그 의미를 살릴 수 있다는 걸 지적하고 싶다. 어떤 길이 어둠 속에 남아 있으면 모든 못된 행동이 그 길을 따라 이뤄질 수 있다. 글로벌 자본 흐름이 케이먼군도 같은 비밀의 천국을 통해 이뤄질 수 있는 길은 수없이 많다. 케이먼군도 같은 곳이 은행 업무에 특별히 도움이 되는 날씨 덕분에 2조 달러 규모의 은행 중심지가 된 건 아니다.[28] 이들은 돈세탁, 조세와 규제 회피, 그리고 다른 불법행위를 원활하게 하기 위해 의도적으로 글로벌 규제 체제의 '구멍'을 만들어냈다. 9·11 후 정부는 이들이 테러리스트 자금의 천국이 되지 못하도록 막았지만 다른 깨끗하지 못한 목적으로 이용되는 걸 막기 위해 한 일은 너무 적었다.[29]

복잡성

투명성 부족과 함께 극단적인 복잡성이 이번 위기에서 커다란 역할을 했다. 금융시장은 너무나 복잡한 상품을 만들어냈기 때문에 그것들에 대한 모든 세부사항을 알려줘도 그 상품이 내포한 리스크에 대해 완전히 이해하는 이는 아무도 없었다. 은행들은 모든 적합한 정보와 자료를 자기들 맘대로 가질 수 있었지만, 그래도 자기네 재무상태를 정확히 파악하지 못했다.

복잡한 상품의 가치평가는 시장이 아니라 평가 모형들을 돌리는 컴퓨터가 했다. 그 모형들은 아무리 복잡해도 모든 적합한 정보를 담을 수 없었다.[30] 매우 중요한 요소들이 그 모형에서 빠진 것으로 드러났다. 모형이 산출한 '결과'는 모형의 가정과 투입하는 자료에 달려 있을 수밖에 없다(4장을 보라). 예를 들어 부도 가능성이 치솟으면서 가치가 큰 폭으로 변동할 때 가격 하락 위험, 그리고 서로 연관된 부도 위험에 대해 별로 주의를 기울이지 않은 모형들은 실제 가치와 동떨어진 가치를 산출해낼 수 있었다.

새로운 금융수단이 필요한지조차도 분명하지 않았다. 금융시스템은 늘 리스크를 배분하고 관리하는 상품을 갖고 있었다. 매우 안전한 자산을 원하는 이들은 국채를 살 것이다. 조금 더 많은 리스크를 안기를 바라는 이들은 회사채를 살 수 있다. 주식(지분증권)은 더 많은 리스크를 갖고 있다. 중요한 인물이 죽거나 화재가 발생하는 것과 같은 리스크에 대해서는 보험회사를 통해 보호를 받을 수 있다. 심지어 석유 가격이 오를 위험에 대해서도 스스로를 보호할 수 있다. 새로운 위험상품들은 '정교한 리스크 관리'를 위한 상품으로 선전됐다. 원칙적으로 이들 새로운 금융수단들은 리스크 관리를 개선하고 거래비용도 낮출 수 있어야 한다. 그러나 실제로 이 상품들은 사람들이 점점 더 적은 자본으로 더 크고 위험한 도박을 할 수 있도록 해주었다.

컴퓨터 모형들의 과제 가운데 일부는 불결한 서브프라임 모기지 중 AAA 신용등급을 최대한 많이 받고, 그 다음에 AA 등급 비중을 많이 받고 하는 식으로 수입을 극대화하는 것이다. 그런 모기지를 얇게 잘라내고 쪼개 수입을 극대화하는 연금술이 없었다면 이 상품은 곧바로 F 등급을 받았을 것들이었다. 이는 한계등급평가(rating at the margin)로 불리는 것으로 그 방법은 더욱 복잡한 것이었다.

앞서 보았듯이 은행들은 투명성을 좋아하지 않는다. 완전히 투명한 시장은 매우 경쟁적일 것이고, 치열한 경쟁이 벌어지면 수수료와 이익은 줄어들 것이다. 금융시장은 규칙을 어기지 않는 범위 안에서 의도적으로 실질적인 투명성을 낮추는 방식으로 복잡한 상품을 만들어냈다. 이런 복잡성 때문에 높은 수수료를 받을 수 있었고 은행들은 늘어난 거래비용에 의존해 살아갈 수 있었다. 맞춤형 상품 때문에 가격 비교는 더 어려워지고 경쟁은 줄어들었다. 이는 은행들에게 더 많은 이익을 내주는 데 있어서는 일시적으로는 효과가 있었다. 그러나 이 복잡성은 또한 금융부문을 파멸로 몰아가는 원인이었다. 이처럼 더 많은 리스크를 안는 게 전체 경제와 납세자들에게 끼친 손실을 보상할 수 있는 수준의 근처에라도 갔다는 걸 아무도 보여준 적이 없다.

무분별한 리스크 안기

1999년 11월 12일 미국 의회는 그램-리치-블릴리법(Gramm-Leach-Bliley Act, 일명 금융서비스현대화법)을 통과시켰다. 당시는 은행과 금융서비스업계가 이 부문에 대한 규제를 줄이기 위해 1년 동안 벌인 엄청난 로비 노력이 정점에 이르렀다. 상원의원 필 그램이 앞장서 밀어붙인 이 법은 대형 은행들이 오랫동안 추구한 목표인 글래스-스티걸법(Glass-Steagall Act) 폐기를 이루게 해주었다.

대공황 직후 정부는 무엇이 공황을 불러왔는지, 그리고 다시 공황이 오지 않도록 하려면 어떻게 해야 하는지에 대한 답을 내놓았다. 정부가 채택한 규제체계는 전에 없던 안정과 성장의 시기를 잘 관리하면서 미국과 세계에 도움이 많이 됐다. 1933년의 글래스-스티걸법은 그 규제체계의 초석이었다. 이 법은 같은 은행에서 주식 발행과 대출 업무를 할 때 생기는 명백한 이해상충을 피하기 위해 (돈을 빌려주는) 상업은행과 (주식과 채권 매각을 주선하는) 투자은행을 분리했다.

글래스-스티걸법은 두 번째 목적도 갖고 있었다. 이 법은 상업은행에서 보통사람들의 돈을 관리하도록 위임 받은 이들이 (주로 부자들의 투자수익 극대화를 목표로 하는) 투자은행과 같은 종류의 리스크를 안지 않도록 확실히 해두려는 것이었다. 더욱이 결제체계에 대한 신뢰를 유지하는 것은 너무나 중요하기 때문에 정부는 같은 법을 통해 은행에 돈을 맡긴 이들에게 예금보험을 제공했다. 이처럼 공적자금이 걸려 있기 때문에 정부는 상업은행들이 보수적으로 경영되기를 바랐다. 보수적인 경영은 투자은행의 문화가 아니었다.

대공황기의 규제는 21세기에 적합하지 않을지도 모른다. 그러나 필요한 건 기존의 규제체계를 파생금융상품과 증권화로 리스크가 높아진 새로운 현실에 적응시키는 것이며 그 체제를 무너뜨리는 게 아니다. 몇 년 전에 표면화돼 결국 새로운 법의 통과로 이어진 문제들에 대해 걱정하는 비판적인 사람들에게 이 법을 옹호하는 이들은 '우리를 믿으라'고 말했다. 은행들은 이해상충과 관련된 문제들이 일어나지 않도록 확실히 하기 위해 두 사업부문 사이의 넘을 수 없는 방화벽(Chinese wall)을 칠 것이라는 논리였다. 몇 년 후 터진 회계부정 사건들은 그들이 쌓은 방화벽들이 너무 낮게 쉽게 넘어갈 수 있다는 걸 보여줬다.[31]

글래스-스티걸법 폐기의 가장 중요한 영향은 간접적인 것이었다. 이 법의 폐기로 투자은행과 상업은행이 합쳐졌을 때 투자은행 문화가 압도하게 됐다. 높은 레버리지와 커다란 리스크 감수를 통해서만 얻을 수 있는 높은 수익률에 대한 요구가 있었다. 또 하나의 결과도 있었다. 은행의 경쟁이 줄어들고 갈수록 큰 은행이 지배하는 더욱 집중화된 은행 시스템이 나타난 것이다. 그램법이 통과된 후 몇 년 안에 대형 은행들의 점유율은 크게 높아졌다. 5대 은행들의 시장점유율은 1995년 8퍼센트에서 오늘날 30퍼센트로 높아졌다.[32] 미국 은행시스템의 특징 가운데 하나는 헤아릴 수 없이 많은 은행들이 시장의 서로 다른 틈새와 다른 지역에 서비스를 제공하며 치열하게 경쟁한다는 점이었다. 이런 강점은 사라지고 새로운 문제가 떠오르고 있었다. 2002년 대형 투자은행은 29 대 1이나 되는 레버리지를 갖고 있었다. 자산가치가 3퍼센트만 떨어지면 자기자본은 다 날아가버리는 것이다. 증권거래위원회(SEC)는 아무 일도 하지 않으면서 자율규제의 미덕을 주장했다. 은행들이 스스로를 효과적으로 감독할 수 있다는 이상한 생각이었다. 2004년 논란 끝에 SEC는 은행들에게 더 많은 재량을 준 것으로 보인다. 일부 투자은행들은 레버리지를 40 대 1까지 높였다. 규제당국자들도 투자은행들처럼 더 나은 컴퓨터 모형으로 리스크를 더 잘 관리할 수 있으리라는 생각을 받아들인 것으로 보인다.[33]

무엇을 해야 하나

지나친 리스크 감수를 줄이는 건 쉽다. 그런 행동을 제한하고 은행들이 반대 방향으로 가도록 유인을 제공하면 된다. 은행들이 지나친 리스크 감수를 부추기는 유인체계를 이용하지 못하도록 하고 투명성을 더 높이도록 강제하는 건 커다란 효과를 낼 것이다. 위험한 행동을 하는 은행들은 훨씬 더 많은 자기자본을 확보하도록 하고 높은 예금보험료를 내도록 요구하는 것도 같은 효과를 낼 것이다. 그러나 개혁을 더 진전시킬 필요가 있다. 레버리지에 대해서는 훨씬 더 제약을 가하고 (다음에 설명할 신용부도스왑과 같은) 특히 위험한 상품에 대해서는 여러 제한을 둘 필요가 있다.

미국경제가 무슨 일을 겪었는지를 생각할 때 연방정부가 어느 정도 변형된 글래스-스티걸법을 부활시켜야 한다는 건 분명하다. 다른 선택의 여지가 없다. 정부의 안전망을 포함해 상업은행에 대한 혜택을 받는 어떤 기관들도 리스크를 안을 수 있는 능력에 대해 엄격한 제한을 받아야 한다.[34] 간단히 말해 상업은행과 투자은행 활동을 뒤섞어놓도록 허용하는 데 따른 이해상충과 다른 문제점들이 너무 많다. 글래스-스티걸법 폐기 때 약속했던 효과는 환상이라는 게 드러났고, 그에 따른 비용은 폐기를 비판했던 이들이 상상한 것보다도 컸다. 이런 문제들은 대마불사형 은행들의 경우에 특히 심했다.

글래스-스티걸법을 시급히 복구하는 게 절대적으로 필요하다는 점은 최근 일부 투자은행들의 행동을 보더라도 알 수 있다. 이들에게 트레이딩은 중요한 수익원이라는 게 다시 드러났다. 2008년 가을 모든 주요 투자은행들이 '상업은행'이 되기로 결정하는 기민함을 보여준 건 걱정스럽다. 그들은 연방정부가 주는 선물을 기대했고, 리스크를 안는 행동에 그다지 많은 제약을 받지 않으리라고 믿었던 게 분명하다. 그들은 이제 연준의 지원 창구에 접근할 수 있으며, 그래서 거의 제로금리로 돈을 빌릴 수 있게 됐다. 그들은 새로운 안전망으로 보호받으면서도 큰돈이 걸린 트레이딩을 줄이지 않고 계속할 수 있다는 걸 알았다. 이는 절대 용인될 수 없는 행동으로 봐야 한다.

대마불사

우리가 살펴본 것처럼 미국의 모든 주요 은행들은 대마불사형이 됐다. 더욱이 그들은 자기들이 무너지기에는 너무 크다는 걸 알았다. 그래서 그들은 경제이론이 예측한 그대로 리스크를 안았다. 내가 5장에서 주장한 것처럼 부시와 오바마 행정부는 새로운 개념을 도입했다. 그들은 어떤 은행들은 (재무상태의 구조조정을 하기에는 너무 큰) 대마불구가 됐다고 주장했다. 다시 말해 주주들이 손실을 안고 채권자들이 주주로 전환하도록 강제하는 통상적인 절차를 쓰기에는 너무 크다는 이야기였다. 그 대신 정부가 나서 채권자들과 주주들에게 사실상 (보험료도 받지 않고) 보험을 제공해 시장의 모든 규율을 훼손했다.

대마불사형 은행에 대한 해법이 있다. 그들을 분리하는 것이다. 그들이 파산하기에 너무 크다면 그들은 생존하기에 너무 큰 것이다. 이 거대한 기관들이 계속 생존할 수 있도록 허용하는 게 정당화되려면 상당한 규모의 경제와 범위의 경제가 있어야만 한다. 다시 말해 이들 기관이 더 작은 기관들보다 훨씬 더 효율적이기 때문에 그들의 규모를 제한하는 게 높은 비용을 초래해야 한다. 나는 그런 효과가 나타나리라는 증거를 보지 못했다. 사실 증거는 그 반대라는 걸 보여준다. 파산하기에는 너무 크고, 재무적으로 구조조정하기에도 너무 큰 기관들은 또한 경영관리를 하기에 너무 큰 것이다. 그들의 비교우위는 그들의 독점적인 힘과 암묵적인 정부 보조금에서 나오는 것이다.

이는 과격한 생각이 아니다. 영국 중앙은행 총재인 머빈 킹은 거의 정확히 이런 표현을 썼다. "일부 은행들이 파산하기에 너무 크다면 … 그럼 그들은 너무 큰 것이다."[35] 연준의 전 의장인 폴 볼커가 공동저자로 참여해 2009년 1월 발표된 보고서도 이 점을 잘 지적하고 있다.

자본시장의 자기자본 투자 활동이 대부분 복잡하다는 점과 그런 활동의 비밀을 유지할 필요가 있다는 점 때문에 투자자와 채권자 모두를 위한 투명성이 거의 필연적으로 제약된다. … 실제로는 어떤 접근방식을 취하든 그런 리스크의 범위, 잠재적인 변동성, 그리고 이해상충이 측정하고 통제하기 어려울 것이라는 점을 인식해야 한다. 은행들이 압박을 받게 되면 자본과 신용 자원의 손실을 막는 데 돌리게 되고 고객의 이익을 보호하는 기능은 약화된다는 게 경험적으로 입증됐다. 고객들과 투자자들의 복잡하고 피할 수 없는 이해상충은 매우 심각할 수 있다. 더욱이 정부의 감독을 받고 잠재적인 실패에 대해 완전히 보호받는 회사가 이런 자기자본 투자 활동을 하는 한 '독립적인' 기관과의 경쟁에서 불공정한 요소가 강하다. … 그리고 이 모든 복잡성과 리스크와 잠재적인 이해상충이 있다면 가장 헌신적인 이사회와 최고경영진이라 할지라도 그런 다양하고 복잡하게 얽힌 활동을 이해하고 통제력을 유지하는 게 과연 가능할까?[36]

볼커는 정부가 보호하는 대규모 은행들에 대한 핵심적인 개혁 가운데 하나를 부각시켰다. '자기매매(proprietary trading)', 다시 말해 일이 잘못되면 정부가 뒤를 받쳐준다는 걸 알고 은행의 자기계정을 통해 하는 도박을 제한하는 것이다. 이런 리스크가 함께 얽히도록 할 까닭이 없다. 그러나 대형 은행들이 더욱 커진 지금 다른 문제들도 있다. 몇몇 은행들은 사실상 이익을 내는 데 이용할 수 있는 '내부정보'를 갖고 있다. 그들은 특히 다른 많은 시장참여자들이 뭘 하고 있는지 안다. 그들은 다른 이들을 희생시켜 자기네가 이득을 취하려 그 정보를 이용할 수 있다. '불공정한 게임의 장'을 만들어내는 과정에서 그들은 동시에 시장을 왜곡하고 시장에 대한 신뢰를 갉아먹는다. 더욱이 그들은 신용부도 스왑과 다른 '보험' 같은 상품을 발행하는 이점을 부당하게 누리고 있다. AIG의 실패는 '거래상대방 리스크(counterparty risk)'의 중요성을 알아야 한다는 점을 부각시켰다. 거래상대방 리스크는 보험상품을 판매한 쪽이 파산할 가능성을 말한다. 하지만 이는 대형 은행들에게 커다란 이점이 되고 있다. 모든 사람들이 사실상 정부가 대형 은행들의 뒤를 받쳐주고 있다는 걸 알기 때문이다. 대형 은행들이 발행한 신용부도 스왑의 비중이 그토록 컸던 건 우연이 아니었을 것이다.

그 결과는 불건전한 역학관계다. 대형 은행들은 다른 금융회사들에 대해 경쟁우위를 갖는다. 암묵적인 정부 보증에 따른 여러 가지 왜곡 때문에 이런 경쟁우위는 진정한 경제적 강점에 바탕을 둔 것이라 할 수 없다. 장기적으로 금융부문이 갈수록 왜곡될 위험이 있다.

262

미국경제에 어떤 역학관계가 있더라도 대형 은행들은 책임을 지지 않는다. 금융산업의 다양한 부분을 합치는 데 따른 널리 선전된 시너지 효과는 환상이었다. 더 분명한 것은 경영의 실패와 이해상충이다. 요컨대 이런 거대한 짐승들을 분리하면 잃을 것은 별로 없고 얻을 것은 많다. 그들의 뒤얽힌 활동들 중 보험회사, 투자은행, 그리고 상업은행의 핵심 기능에 절대적으로 필요하지 않은 어떤 것도 분리할 필요가 있다.

그들을 분리하는 과정은 느릴 수도 있고 정치적 저항도 있을 것이다. 그들의 규모를 제한하는 데 합의가 이뤄지더라도 이행이 흐지부지될 수 있다. 바로 이 때문에 세 갈래의 공격이 필요하다. 대마불사 기관들을 분리하고, 남은 모든 대형 기관들이 할 수 있는 활동을 강력히 제한하고, 예금보험과 자본적정성 규제를 '공정한 게임의 장'을 만들 수 있도록 조정하는 것이다. 이들 기관이 사회에 더 큰 리스크를 안기기 때문에 그들이 더 많은 자본을 확보하고 더 높은 보험료를 물도록 해야 한다.[37] 이들 기관에 대해서는 앞서 논의한 모든 규제를 더욱 엄격하게 적용해야 한다. 특히 그들이 임직원들(특히 경영자들)에게 과도한 리스크 감수와 근시안적 행태를 부추기는 유인체계를 쓰도록 허용하지 말아야 한다.[38] 그들의 활동에 대한 제한은 대형 은행들의 수익률을 낮추는 결과를 낳을 것이다. 하지만 그렇게 하는 게 옳다. 과거에 그들이 얻은 높은 수익률은 미국의 납세자들을 희생시키는 리스크 감수의 결과였다.

대마불사형 은행들은 전통적인 은행 업무를 하는 따분한 사업으로 돌아가도록 강제해야 한다. 이들 은행이 해왔던 다른 위험한 역할을 수행할 수 있는 다른 기관들은 수없이 많다. 이들 기관은 더 작고 더 공격적인 회사들, 파산해도 경제 전체를 무너뜨릴 만큼 크지 않은, 예금을 받지 않는 기관들이다.

1901년 테디 루스벨트가 처음으로 반독점법 제정을 요청했을 때 그는 시장의 왜곡을 걱정하는 것 못지않게 정치적 권력에 대해 염려했다. 사실 루스벨트가 독점의 힘이 어떻게 자원 배분을 왜곡시키는지에 대한 표준적인 경제학자들의 분석을 이해했다는 증거는 별로 없다. 설사 대마불사형 은행들이 (현대의 반독점 분석에서 결정적인 조건인) 가격을 올릴 힘이 없다 해도 그들은 분리돼야 한다. 필요한 규제개혁의 그토록 많은 부분을 대형 은행들이 중단시킬 수 있는 능력을 갖고 있다는 건 명백한 사실이다. 그런 사실 자체가 그들이 휘두를 수 있는 힘의 증거이며 이에 대해 취할 조치의 중요성을 입증하는 것이다.

연준과 헨리 폴슨 재무장관이 리먼브러더스 파산을 허용한 다음 사후적으로 한 변명 가운데 하나는 그들이 다른 조치를 할 법적 권한을 갖고 있지 않았다는 것이었다. 당시 그들은 리먼브러더스가 파산할 위험에 빠져 있다는 게 그토록 오랫동안 그토록 명백했기 때문에 시장이 스스로를 보호할 충분한 시간이 있다고 믿었다고 주장했다. 하지만 그 말을 뒤집으면 그들이 필요한 법적 권한을 갖고 있지 않았다면 그들은 의회에 가서 그 권한을 요청할 충분한 기회를 갖고 있었다고 할 수 있다. 그들은 불과 이틀 후 AIG에 대해 취한 전례 없는 조치를 취했다. '법적 권한이 없었다'는 그들의 주장은 '리먼이 몰락하더라도 어떤 금융시스템에 어떤 위협도 주지 않을 것'이라는 첫 번째 방어논리가 먹혀들지 않았을 때 그들이 생각할 수 있는 최선의 방어논리였을 뿐이다. 리먼의 몰락에 관한 소문이 몇 달 동안 돌아다닐 때에도 금융시스템은 소문이 현실로 나타날 가능성에 대해 스스로 면역력을 가지기 위한 예방접종을 하지 않은 게 분명하다. 그러나 더 놀랍게도 연준도 재무부도 그를 깨닫지 못했던 것 같다.

그렇더라도 파산하면 경제를 위험에 빠뜨릴 수 있는 금융기관을 정리할 수 있는 보다 분명한 권한을 연준과 재무부에 주는 건 필요한 개혁 조치 가운데 하나다. 이는 필요한 개혁이기는 하지만 밑바탕에 깔린 문제(대마불구형 기관의 존재)에 대해서는 아무것도 할 수 없다. 또한 연준과 재무부에 어떤 조치를 취할 법적 권한을 주는 게 무엇을 해야 하는가에 대한 질문에 답을 주지는 않는다. 이들 금융기관이 부실을 해결하기에는 너무 크다면, 또는 속아 넘어가기 쉬운 정부를 상대로 그들이 너무 크다는 걸 설득할 수 있는 위치에 있다면 그들은 정부를 궁지에 몰아넣는 것이다. 납세자의 돈을 쏟아붓는 게 그들을 계속 살려둘 유일한 '해법'이 될 것이다.

하지만 문제의 뿌리는 더 깊다. 문제가 되는 건 규모뿐만이 아니다. 기관들 간의 상호연결성도 문제다. 금융시스템은 너무나 긴밀하게 얽혀 있기 때문에 (베어스턴스 같은) 상대적으로 작은 기관이 파산해도 폭포처럼 연쇄적인 효과가 나타날 수 있다는 두려움이 있었다. 문제를 풀기에는 지나치게 뒤엉켜 있는 금융기관들은 대마불구형 기관들과 같은 경쟁우위를 갖는다. (금융기관들을 너무 뒤엉키게 한 금융시스템의 혁신 가운데 하나가 파생금융상품이다.)

문제를 '해결하는' 권한뿐만 아니라 예방하는 조치도 필요하다. 정부는 금융기관들이 너무 커서 무너지게 놔둘 수도 없고 부실을 해결할 수도 없으며, 잔뜩 뒤엉킨 문제를 처리할 수도 없는 상황이 생기지 않게 미리 막을 수 있어야 한다. 정부는 의미 있는 대안을 갖고 있어야 한다. 그래서 이번 위기 때처럼 은행들에게 무제한 자금을 지원해 주주와 채권자들을 다 같이 보호해줘야 할 상황이 오지 않게 해야 한다. 정부는 불가피했다던 그런 일을 다시 '해야 할' 상황을 막아야 하는 것이다.[39]

위험한 혁신: 파생금융상품

금융시장은 혁신적이었다. 하지만 혁신이 늘 더 안정되고 생산적인 경제를 만드는 방식으로 이뤄진 건 아니었다. 모기지들을 얇게 썰고 조각내 새 증권을 만들고, 그 후 다시 이 증권을 얇게 썰고 조각 내 더욱 복잡한 상품을 만드는 신용부도스왑(CDO)처럼 금융계는 복잡하고 불투명한 상품을 만들어내려는 유인을 갖고 있었다.[40] 옥수수, 금, 석유, 또는 돼지뱃살에 대한 도박과 같은 투기는 리스크를 안을 충분한 기회를 제공하지 않았다. 금융계는 이들 상품을 기초로 하는 '합성' 파생상품을 발명했다. 그런 다음 추상적인 것을 발명하는 재주를 한껏 발휘해 그 합성 상품을 기초로 한 합성 상품을 만들어냈다. 경제가 의미 있는 리스크를 잘 관리하는 데 이들 새로운 상품이 도움을 주었는지 분명한 경우는 별로 없었다. 하지만 이 상품들이 리스크를 안고 짭짤한 수수료를 벌도록 새로운 기회를 제공한 건 분명했다.

이 파생상품들은 금융시장에 있는 사람들이 가장 자랑하는 혁신으로 꼽힌다. 파생금융상품이라는 이름은 그 본질에 관해 많은 걸 말해준다. 이 상품의 가치는 어떤 다른 자산에서 파생된다. 어떤 주식의 값이 다음 주 월요일 10달러를 넘을 것이라는 데 베팅하는 것은 하나의 파생상품이다. 다음 주 월요일 주가가 10달러 이상이 될 거라는 베팅의 시장가치에 대해 베팅하는 것은 파생상품을 기초로 한 파생상품이다. 이런 식으로 고안해낼 수 있는 상품의 수는 무한하다. 파생금융상품은 양날의 칼이다. 한편으로 이 상품들은 리스크를 관리하는 데 쓸 수 있다. 사우스웨스트항공이 연료 가격이 오르는 걸 걱정하고 있다면 선물시장에서 석유를 삼으로써 그 리스크에 대한 보험을 들 수 있다. 여섯 달 후 배달될 석유의 가격을 오늘 고정시켜두는 것이다. 사우스웨스트항공은 파생상품을 이용해 석유 가격이 오를 위험에 대한 '보험계약'을 맺은 것과 비슷한 결과를 얻을 수 있다. 그 거래비용은 예컨대 선물시장에서 석유를 사거나 파는 옛날 헤징 방식에 들어가는 비용보다 약간 낮을 것이다.

다른 한편으로 파생상품은 워렌 버핏이 지적한 것처럼 금융시장의 대량살상무기가 될 수도 있다. 파생상품들이 AIG와 경제의 많은 부분을 한꺼번에 파괴한 게 바로 그런 경우였다. AIG는 신용부도스왑이라 불리는 특별한 종류의 파생금융상품을 이용해 다른 은행들이 무너질 위험에 대한 '보험'을 팔았다. 보험은 보험회사가 너무 자주 보험금을 지급해야 할 필요가 없는 한 대단히 수지맞는 사업이 될 수 있다. 이는 특히 단기적으로 이익을 많이 낼 수 있다. 보험회사가 보험료를 긁어모은 후 보험금을 줘야 할 사태가 일어나지 않는 한 모든 게 장밋빛으로 보인다. AIG는 돈이 저절로 굴러들어온다고 생각했다. 베어스턴스나 리먼브러더스와 같은 큰 기업이 파산으로 갈 가능성은 얼마나 되겠는가? 설사 그들이 리스크를 잘못 관리할 가능성이 있다 해도 분명 정부가 그들을 구제해줄 것이다.

생명보험회사들은 그들의 리스크를 정확하게 계산할 줄 안다. 그들은 특정 개인이 얼마나 오래 살지 알 수는 없을 것이다. 그러나 예를 들어 미국인들은 지금 태어난 이들의 기대수명을 기준으로 할 때 평균 77년을 산다. 어떤 보험회사가 광범위한 그룹의 미국인들에게 보험을 제공하면 그들의 평균수명은 이 숫자에 가까울 것이라고 상당한 확신을 가질 수 있다. 여기에다 보험회사들은 직업별, 성별, 소득계층별, 그리고 다른 특성별로 자료를 구할 수 있고 보험을 들려는 사람의 기대수명을 휠씬 더 잘 예측할 수 있다.[41] 더욱이 전쟁이나 전염병처럼 극히 드문 예외적인 경우를 제외하면 리스크는 '상호독립적'이다. 어떤 사람이 죽을 가능성은 다른 사람이 사망할 가능성과 관련이 없다.

그러나 특정 기업이 파산할 위험을 추정하는 건 기대수명을 추정하는 것과 같지 않다. 파산은 매일 일어나지 않으며 우리가 본 것처럼 어느 한 기업의 리스크는 다른 기업의 위험과 밀접한 관련이 있다.[42] AIG는 자기들이 리스크 관리를 이해하고 있다고 생각했지만 그렇지 않았다. 이 회사는 모든 상대방들에게 (세계에서 가장 큰 보험회사가 가진 돈보다 많은) 보험금을 한꺼번에 내줘야 하는 신용부도스왑을 발행했다. 그 '보험'을 샀던 이들은 상대방이 보험금을 지급할 수 있다는 걸 확실히 해두고 싶어 했다. 그래서 그들은 예컨대 보험에 든 채권 값이 떨어져 채권 발행 기업의 파산 위험이 커졌음을 시사하는 시장 신호가 나타나면 보험회사에 돈(보증금)을 지급해달라고 요구했다. AIG는 바로 이 보증금 지급을 이행하지 못했고 결국 이 때문에 망했다.

신용부도스왑은 이번 위기 때 몇 가지 측면에서 못된 역할을 했다. 보험을 파는 쪽이 약속을 지킬 수 있을지 적절하게 평가하지도 않고 보험을 산 이들은 보험을 든 게 아니라 도박을 하고 있었다. 이런 거래를 한 이들 가운에 일부는 극히 이상한 도박꾼이었고 사악한 유인을 생기게 했다. 어떤 사람이 다른 사람에 (보험 대상이 되는) 경제적인 이해관계를 갖고 있지 않는 한 그의 생명에 대해 보험을 들 수 없다. 아내는 남편의 사망에 대비해 보험에 들 수 있다. 회사는 핵심 인사의 사망에 대한 보험에 가입할 수 있다. 그러나 밥이 아무런 관련도 없는 짐에 대해 보험계약을 맺는다면 이는 가장 사악한 유인이 생기게 할 수 있다. 밥은 짐이 일찍 죽는 것에 대비한 보험에 이해관계를 갖고 있다.

어떤 금융기관이 리먼브러더스의 사망에 대비한 보험계약을 맺는다면 그 기관은 밥의 경우와 같은 이유로 리먼의 조기 사망을 지켜보려는 유인을 가질 수 있다.[43] 그리고 충분히 큰 시장참여자 또는 그 무리가 시장을 조작하는 데 쓸 수 있는 무기가 널려 있다. 금융시장이 더욱 복잡해짐에 따라 이런 무기는 늘어나기만 했다. 신용부도스왑 시장은 얕기 때문에 어떤 기업의 파산 가능성이 높다는 신호를 보내기 위해 가격을 떨어뜨리기는 쉬웠다. 이는 어떤 결과도 촉발할 수 있다. 그 기업의 주가는 떨어질 가능성이 크다. 그 기업의 주가가 떨어지리라는 데 베팅하는 '공매도' 포지션을 갖고 있는 이들은 이익을 얻고 그 상대방은 손실을 볼 것이다. 리먼에게도 (AIG의 경우와 비슷하게) 더 많은 보증금을 요구하는 다양한 계약들이 있었을 것이다. 이는 지급보장을 받지 못하는 예금을 갖고 있던 이들이 앞다퉈 은행에서 돈을 인출하는 사태를 촉발할 수 있다(리먼의 경우 모든 예금이 지급보장이 되지 않는 것들이었다). 그러면 은행은 유동성 위기를 맞을 수 있다. 그 은행의 파산 가능성은 이미 커졌다. 신용부도스왑을 이용해 어떤 기업을 공격하는 건 어떤 의미에서는 자기실현적인 예언이었다.

파생금융상품은 다른 방식으로도 이번 위기를 증폭시키는 데 중요한 역할을 했다. 대형 은행들은 파생금융상품 포지션을 청산하는 데 실패했다. A은행은 다음 해 유가가 15달러 오르면 B은행에 1000달러를 주는 내기를 걸었다. 그 다음 주 A은행은 그 내기를 취소하기로 했다. 이 일을 간단하게 처리하는 방식은 그냥 의무를 해제하는 데 대한 대가를 지불하고 끝내는 것이다. 그러나 이는 너무 단순한 방식일 수도 있다. 그래서 두 은행은 또 하나의 거래에 합의했다. 다음 해 유가가 15달러 오르면 B은행이 A은행에 1000달러를 주기로 합의한 것이다. 다음 해

유가가 그만큼 오르면 아무 일도 일어나지 않는다. 마치 당초 거래가 취소된 것과 같다. 단 어느 쪽도 파산하지 않는 한 그렇다는 말이다. 내기를 한 은행들은 거래상대방 리스크(두 은행 가운데 한 은행이 파산할 리스크)의 중요성을 알지 못했다. 유가가 15달러로 오르고 A은행이 파산했을 때 B은행은 여전히 A기업에 1000달러를 물어줘야 한다. 그러나 A은행은 B은행에 아무것도 빚진 게 없다. 더 엄밀하게 이야기하면 A은행은 그 돈을 물어줘야 하지만, 파산한 이 은행은 그렇게 하지 않을 것이다. 이 거래는 꼭 청산됐다고 할 수 없다.

그들이 왜 당초 거래를 직접적으로 취소하지 않고 수조 달러를 리스크에 노출시키면서 이런 상쇄작용을 하는 거래를 했는지 물어보면 그 대답은 "우리는 파산을 상상도 할 수 없었다"는 것이었다. 하지만 그들이 대형 은행들과 신용부도스왑 거래를 한 것은 파산의 리스크가 있다는 생각을 전제로 한 것이었다. 이는 금융시장에 퍼져 있던 일종의 지적 일관성 결여의 또 다른 예다.

사람들은 은행들이 훌륭한 리스크 관리자일 것으로 기대한다. 그리고 그들이 관리할 것으로 기대되는 리스크 가운데는 거래상대방 리스크가 있다. 그러나 그들 중 적어도 몇몇은 그 일을 하지 못했다. AIG가 무너진 게 금융시스템 전체를 붕괴 위기에 몰아넣은 것도 바로 이 때문이었다. 많은 은행들은 AIG에게서 다양한 시장 위험에 대비한 보험을 샀다고 생각했다. 이는 그들이 그런 거래를 하지 않았을 경우에 비해 더 많은 리스크를 안을 수 있도록 해주었다. AIG가 끝장이 났다면 그들은 높은 위험에 노출된 상태로 남아 있었을 것이다. 그들은 자기들의 전반적인 리스크 구조가 관리할 수 있는 것이라고 (잘못) 생각했다. 이에 따라 규제당국자들은 그들이 더 많은 리스크를 안을 수 있도록 허용

270

했다. '보험' 매입은 그들이 더 많은 리스크를 질 수 있는 튼튼한 상태가 된 걸로 보이게 했다. AIG의 보험(그리고 다른 금융기관들이 제공한 비슷한 '보험')이 없었다면 규제당국은 은행들에게 리스크를 감당할 수 있는 충분한 자본을 확보했다는 걸 보여달라고 요구했을 것이다. 은행이 그 자본을 확보하지 못하면 대출을 회수해야 했을 테고, 이는 경제침체를 악화시켰을 것이다.

생명보험에 가입할 때 당신은 그 보험회사가 당신이 죽을 때까지 존속할 거라는 확신을 갖고 싶어 할 것이다. 미국은 생명보험에 대해 매우 강력한 규제를 하고 있다. 그러나 금융기관들이 리스크를 관리하기 위해 매입하는 것과 같은 종류의 보험에 대해서는 규제가 없다. 사실 우리가 본 대로 미국의 금융계는 그런 규제에 대해 저항했다.[44]

위기가 터진 후에 리스크에 노출된 수조 달러의 일부를 청산하려는 시도가 있지만 그렇게 하는 데 문제들이 있다. 많은 파생상품들이 '맞춤형'이어서 각각의 상품은 바로 전에 나온 것과도 다르다. 어떤 경우에는 그럴 만한 충분한 이유가 있다. 어떤 이들은 아주 특별한 리스크에 대해 보호받기를 원하기 때문이다. 많은 경우 이런 맞춤형 상품에 의존하는 진짜 이유는 수수료 수입을 늘리기 위한 것으로 보인다. 표준화된 상품을 놓고 벌이는 경쟁은 치열하다. 이익이 적다는 뜻이다. 은행이 고객들에게 그들에게 필요한 것은 바로 맞춤형 상품이라고 설득할 수 있으면 수입을 늘릴 기회가 있다. 은행들은 이런 복잡한 상품계약을 '해제'하는 어려움에 대해서는 별로 생각하지 않았다.

무엇이 파생금융상품에 수조 달러가 몰리도록 했는지에 관한 논란은 여전하다. 표면적인 이유는 '보다 나은 리스크 관리'였다. 예를 들어 회사채를 사는 이들은 그 회사가 파산할 위험을 털어내고 싶어 한다. 이런 논리는 그럴듯해 보여도 확신을 주지는 않는다. 당신이 신용 위험을 안지 않고 채권을 사고 싶다면 같은 만기를 가진 국채를 사야 한다. 그렇게 간단한 일이다. 가정에 따르면, 10년짜리 회사채를 사는 이는 누구나 그 회사의 신용상태를 평가하고, 10년 만기 국채 수익률을 초과하는 회사채 수익률이 회사가 파산할 리스크에 대한 보상으로 충분한 것인지를 판단한다.[45]

일이 어떻게 돌아가고 있는지에 대한 몇 가지 가능한 답이 있다. 그중 어느 것도 경제 전반의 성과에 파생금융상품이 어떻게 기여했는지 확신을 주는 설명은 없다. 내가 언급한 것처럼 그중 하나는 수수료에 관한 것이다. 두 번째 설명은 규제차익거래(regulatory arbitrage)에 관한 것이다. 표면적으로는 다른 이들에게 리스크를 넘겨버림으로써 은행들은 다른 리스크들을 흡수할 수 있었다. 리스크를 넘기는 데 따른 이득(특히 규제가 완화되는 데 따르는 이득)은 드러난 비용보다 크다. 은행들은 너무 어리석어서 거래상대방 리스크를 이해하지 못했을까? 아마도 그들은 그 리스크를 이해했을 것이다. 하지만 규제당국자들이 그들을 과소평가하고 있다는 걸 알고 있었을 것이다. 또한 설사 그 베팅이 회사의 미래를 위험에 빠뜨리더라도 규제차익거래를 통해 단기적인 이익을 낼 기회가 너무 커 이를 거부하기 어렵다는 것도 이해했을 것이다.

세 번째 설명도 있다. 월스트리트는 부자들을 위한 카지노로 묘사돼 왔다. 회사채를 사는 이들에게 주는 프리미엄은 그 회사의 파산 가능성에 대한 판단을 내포하고 있다. 내가 시장보다 똑똑하다고 생각하면 나는 그런 판단의 가치에 대해 내기를 하고 싶을 것이다. 월스트리트에서는 누구나 자기가 다른 이들보다 똑똑하다고 믿는다. 적어도 평균적인 수준보다는 똑똑하다고 여긴다. 신용부도스왑은 월스트리트의 카지노에서 큰돈을 거는 도박을 위해 새로운 테이블을 만들어주었다. 설사 도박이 누구나 다른 모든 이들보다 똑똑하다고 믿는 비합리적인 생각에 바탕을 두고 있다고 해도 법적으로 성인이 된 이들은 도박을 할 수 있도록 허용돼야 한다. 그러나 그들이 다른 사람들을 희생시키면서 도박을 하도록 허용해서는 안 된다. 금융기관들, 특히 대마불사형 기관들끼리 도박을 벌였을 때 바로 그런 일이 일어났다.

무엇을 해야 하나

파생금융상품은 리스크 관리에 유용한 수단이 될 수 있기 때문에 그것들을 금지해서는 안 된다. 그러나 그 상품들이 반드시 적절한 방식으로 이용될 수 있도록 하기 위해 그것들을 규제해야 한다. 완전한 투명성과 유효한 경쟁, 그리고 베팅을 한 이들이 반드시 자기 쪽 거래를 이행할 수 있도록 하기 위한 충분한 '증거금'이 필요하다. 그리고 가장 중요한 건 파생금융상품이 금융시스템 전체를 위험에 빠뜨리도록 허용해서는 안 된다는 점이다. 이런 목표를 달성하기 위해서는 몇 가지 일을 해야 한다. 신용부도스왑과 다른 특정 파생금융상품들은 거래소에서, 그리고 '보험대상 리스크'가 있는 상황에서만 거래될 수 있도록 제한해야 한다. 완전한 투명성이 없는 한 AIG와 같은 재앙이 과거의 일만은 아닐 것이다. 예를 들어 파생상품 거래의 총 계약금액에 관한 정보뿐만 아니라 각각의 포지션에 관한 자료도 밝혀 시장이 거래상대방 리스크를 평가할 수 있도록 해야 한다. 그러나 표준화된 파생금융상품이 거래소(또는 청산소)를 통해 거래되도록 해야 한다고 주장하는 것만으로는 충분하지 않다. 거래소가 적절한 자본을 갖춰야 한다. 그렇지 않으면 부동산 거품이 터지는 것과 같은 골치 아픈 사태가 생겼을 때 또다시 정부가 나서 뒤처리를 해야 할 것이다. 그러나 그 상품들 중 일부는 너무나 복잡하고 위험해 선의의 규제당국조차 충분한 자본이 확보됐는지 분명히 알기 어려울 것이다. 미래의 규제당국자들이 경제 전체나 납세자들보다 금융시장의 복리에 더 초점을 맞추는 과거의 당국자들처럼 될 위험이 실제로 있다. 그에 대한 간단한 치료방법이 있다. 모든 시장참여자들이 거래소에 대해 공동으로 몇 가지 의무를 지도록 하는 것이다. 그러면 거래소를 이용하는 모든 이들이 납세자들의 돈을 한 푼이라도 쓰기 전에 모든 걸 청산해야 할 것이다. (나는 이런 규정이 시장의 목적을 달성하기 위한 것이라고 생각한다. 이 규정은 납세자들의 돈이 아니라 일반 투자자들의 돈으로 시장을 지탱할 수 있도록 하는 것이다.)

맞춤형 '장외' 파생상품이 허용돼야 되는지에 관한 논쟁도 벌어졌다. 지금의 통념은 은행들이 표준화된 상품을 거래소를 통해 거래하도록 장려해야 하지만 맞춤형 상품도 여전히 중요한 역할이 있다는 것이다. 그러나 장외 상품이 이용될 때 이는 충분이 높은 수준의 자본으로 뒷받침돼야 하며 적절한 투명성이 확보돼야 한다. 염려되는 건 규제당국자들이 '포획'되는 것이다. 그들은 투명성이 낮더라도 이를 허용하라는 압력에 굴복할 것이다. ('영업비밀'을 보호해야 한다는 게 투명성 요구에 반대하는 업계의 주된 논리다.) 투명한 장내 파생상품과 덜 투명한 장외 파생상품 사이에서 고르라고 하면 은행들은 파생상품을 뒷받침하기 위해 필요한 추가 자본을 충분히 확보해두지 않은 한 후자를 선택할 것이다. 규제당국자들은 자본 기준이 지나치게 높지 않도록 확실히 해달라는 압력에 질 것이다. 요컨대 장내와 장외 파생상품이 둘 다 허용되면 우리는 결국 지금의 혼란을 불러온 것과 크게 다르지 않은 상황을 맞을 위험이 있다.

약탈적 대출

금융업계는 금융상품을 사는 이들의 요구에 맞는 상품을 팔지 않고 있다는 걸 스스로 보여주었다. 리스크는 복잡하다. 은행가들조차 이를 잘 관리하지 못한다. 그렇다면 어떻게 평범한 개인이 그렇게 하리라 기대할 수 있겠는가? 우리는 많은 분야에서 '매수자 위험부담'의 가정으로는 충분하지 않다는 걸 인정하게 됐다. 그 이유는 간단하다. 매수자는 정보력이 매우 약해 중요한 정보비대칭이 존재하기 때문이다. 바로 이 때문에 우리는 예를 들어 정부의 식품이나 의약품 안전규제를 하고 있는 것이다.[46] 은행과 다른 금융회사들은 특히 교육을 덜 받은 미국인들을 이용했다. 금융회사들은 다양한 방법으로 그들을 먹이로 삼았다. 그 방법들 중 일부는 이미 설명했고 일부는 곧 논의할 것이다. 그들이 그런 행동을 한 건 명백했고, 소비자를 보호하려는 이들은 그런 관행들을 막기 위한 법을 통과시키려 반복해서 시도했다. 그러나 지금까지 약탈적 금융회사들은 그 시도를 물리치는 데 성공했다.

이 때문에 금융상품안전위원회(Financial Product Safety Commission)가 필요하다.[47] 이 위원회의 과제 가운데 하나는 평범한 개인이 보유하기에 어느 금융상품이 어떤 상황에서 충분히 안전한지 확인하는 것이다.

부적절한 경쟁: 혁신의 억제

은행들은 지난 20년 중 대부분을 파생금융시장에서 돈을 벌기 위해 애쓰면서 또한 미국이 빚에 탐닉하도록 부추기는 데 많은 힘을 썼다. 우리는 은행가들이 어떻게 방심한 이들을 꾀어 갚을 능력도 없는 모기지를 사도록 했는지를 보았다. 그러나 1980년대 이후 빠르게 성장한 기만적인 신용카드 관행은 훨씬 더 못된 행태일 것이다.[48] 은행들은 이익을 늘리는 수많은 신종 수법을 고안했다. 누군가가 카드대금 상환이 늦어지면 은행들은 연체수수료를 물릴 뿐만 아니라 보통 금리도 올리는 경우가 많다. 은행들은 카드 보유자들의 대출 잔액에 대해 만기 전에도 이를 부과하기 시작한다.

그러나 가장 영리하게 고안한 수수료는 카드를 받는 상인들에게 부과하는 '가맹점 수수료'다. 카드 이용자들이 각종 대금을 카드로 갚도록 하는 다양한 유인이 제공됨에 따라 카드가 널리 쓰이게 되자 상점 주인들은 그걸 받아들여야 한다고 느꼈다. 그러지 않으면 그 조건을 받아들이는 경쟁자들에게 너무 많은 매출 기회를 뺏기게 될 것이다. 비자와 마스터카드는 이런 상황에서는 상인들을 이용할 수 있다는 걸 알았다. 은행들이 상품 매출의 2~3퍼센트를 수수료로 부과해도 대부분의 상인들은 매출을 포기하기보다는 카드를 받을 것이다. 현대의 컴퓨터가 카드 결제의 실질적 비용을 무시할 수준으로 만들어주었지만 상인들에게는 아무 소용이 없다. 간단히 말해 유효한 경쟁이 없었기 때문에 은행들이 수수료를 챙겨갈 수 있었다. 시장이 작동하지 않도록 확실히 하기 위해 그들은 상인들이 고객들에게 카드를 사용하는 실제 비용을 알려주지도 말고 카드 사용에 대해 별도 수수료를 부과하지도 말라고 요구했다.

비자와 마스터카드는 또한 상인들이 카드를 '차별'하지 말라고 요구했다. 어떤 상인이 어느 한 가지 비자카드를 받으면 그는 모든 카드를 받아야 한다. 상인들에게 부과하는 수수료가 각기 달라도 그렇게 해야 한다.[49] 요컨대 독점의 힘이 너무 커서 그들은 가격시스템이 작동하지 못하도록 확실히 할 수 있었다. 상인들이 수수료를 전가할 수 있었다면 더 비싼 카드를 쓰는 이들은 카드별로 비용 부담을 비교해보았을 것이다. 고객들은 카드가 제공하는 혜택이 수수료에 적절히 반영돼 있는 가장 유리한 카드를 선택했을 것이다.[50] 그러나 비자와 마스터카드는 그런 가격 메커니즘이 금세 효과를 잃어버리게 했다. 경쟁을 위한 효과적인 규제가 이행됐더라면 이 모든 게 불가능했을 것이다. 금융규제의 완화가 반독점적 신용카드 관행을 더욱 매력 있게 만들었다.

오래전부터 금리를 제한하는 법이 있었다. 고리대금 규제법이라 불리는 것이었다. 이런 제한은 성서에서도 찾아볼 수 있으며 대부분의 종교에서 오랜 역사를 갖고 있다. 이는 (흔히 두 번째로 오래된 직업으로 묘사되는) 대금업자가 가난한 차입자들을 착취하는 훨씬 더 오래된 역사 속에서 나온 것이다. 그러나 현대의 미국은 고리대금업의 위험에 관한 교훈을 집어던져 버렸다. 금리가 그토록 높았기 때문에 카드 보유자들 중 일부가 진 빚을 갚지 않더라도 카드대출은 매우 수지맞는 사업이었다. 숨을 쉬는 모든 이들에게 신용카드를 나눠주는 것은 누가 신용상태가 좋고 누가 나쁜지 힘들게 평가하는 것에 비해 쉬운 일이었다.

은행들은 실질적으로 비자와 마스터카드라는 두 개의 주요 신용·직불카드 시스템을 소유하고 이 비싼 시스템이 창출하는 추가적인 이익을 즐기고 있다. 때문에 그들은 효율적인 결제제도의 개발을 방해하려는 모든 유인을 갖고 있었으며 실제로 그렇게 했다. 우리는 효율적인 시스템이 어떤 모습인지 상상할 수 있다. 효율적인 시스템에서는 물품 구매 시점에 카드가 도난당한 건 아닌지, 카드 보유자의 '계좌'에 그 대금을 갚는 데 충분한 자금이 있는지 (오늘날 그런 것처럼) 즉각적인 조회가 이뤄질 것이다. 그 대금은 곧바로 카드 이용자의 계좌에서 상인의 계좌로 이

체될 것이다. 이 모든 일을 단돈 몇 푼으로 수행할 수 있을 것이다. 어떤 카드 이용자들은 거래 은행과 크레딧 라인(credit line)을 개설할 수도 있을 것이다. 계좌에 돈이 부족할 경우 경쟁적인 금리를 적용해 일정 한도까지는 자동적으로 대출받을 수 있도록 하는 것이다. 그렇게 하지 않고 차라리 자기의 두 손을 묶어두는 걸 선호하는 이들도 있을 것이다. 이들은 은행들이 챙길 착취적인 수수료를 알기 때문에 이런 '차월(overdraft)' 제도를 원하지 않는다. 크레딧 라인이 개설되든 안 되든 결제제도는 원활하게 돌아갈 것이다. 신용제도와 연결된 이런 효율적인 결제제도는 낮은 수수료를 싫어하는 은행가들만 빼고 모든 이들에게 좋은 서비스를 제공할 것이다.[51]

미국 금융시스템은 가난한 사람들을 어떻게 이용할지 알아내는 데에는 영리했지만, 어떻게 하면 그들에게 좋은 서비스를 제공할지 알아내지는 못했다. 아프리카에서 비교적 성공한 나라들 가운데 하나인 보츠와나에서 나는 은행들이 어떻게 가난한 마을 사람들에게까지 다가갈 수 있는지를 보았다. 보츠와나의 1인당 평균소득은 아직도 1만 3604달러밖에 안 된다(2009년 구매력 평가환율로 계산한 1인당 GDP는 미국이 4만 6000달러, 보츠와나가 1만 3000달러대지만 명목환율로 보면 보츠와나의 1인당 소득은 6000달러대다_옮긴이).[52] 미국의 가장 가난한 사람들보다 소득수준이 낮은 보츠와나 사람들에게 기초적인 금융서비스를 제공하는 것이다. 그러나 미국의 가난한 구석에서는 수표를 현금으로 바꾸려는 개인이 은행의 수표교환서비스를 이용하려면 수표 금액의 20퍼센트까지 수수료를 물어야 한다.[53] 이는 금융이라는 주요 산업에서 가난한 이들이 착취당하는 또 다른 방식이다.[54]

미국 금융시장의 뻔뻔스러운 탐욕은 금융계가 대학생 학자금대출 프로그램을 유지하기 위해 정치적인 압력을 가할 때에도 극명하게 드러난다. 이는 정부가 리스크를 안고 민간부문이 과실을 거두는 민관협력의 또 다른 사례다. 정부가 보증하기 때문에 학자금대출에 따르는 리스크는 없지만 대출을 해주는 이들은 마치 상환불능 위험이 있는 것처럼 이자를 물릴 수 있다. 실제로 정부가 스스로 대출 업무를 하는 것에 비해 민간부문 파트너들을 이용할 경우 10년 동안 추가로 들어가는 비용은 800억 달러로 추산된다. 이는 금융업계에 주는 통 큰 선물이다.[55] 이런 규모의 돈을 나눠주는 것은 부패로 가는 지름길이다. 실제로 정확히 그런 일이 벌어졌다. 대출회사는 대학의 입학 등록 담당자들에게 찾아가 자기네 대출 프로그램을 널리 알려달라며 뇌물을 주었다. 심지어 컬럼비아대학 같은 명망 있는 대학들도 이런 부패에서 벗어나지 못했다.[56] 그러나 그 부패는 사실 이 프로그램을 만들어내고 여전히 계속되도록 허용하는 정치적 과정에서 시작됐다.

규제가 잘 돌아가게 하려면

금융부문은 규제를 필요로 한다. 그러나 효과적인 규제를 위해서는 그걸 믿는 규제당국자가 필요하다. 규제당국자는 규제의 실패로 이득을 보는 이들이 아니라 그 실패로 타격을 입을 수 있는 이들 가운데서 골라야 한다.[57] 다행히도 조합이나 비정부기구, 그리고 대학에는 수많은 금융 전문가들이 있다. 이른바 전문가를 구하기 위해 월스트리트까지 갈 필요가 없다.

우리가 파생금융상품을 이야기할 때 본 것처럼, 은행가들은 규제를 둘러싼 전투에서 이기고 있을 때조차도 브룩슬리 본 같은 이들이 이 문제를 쥐고 흔들지 않도록 확실히 해두고 싶어 했다. 그들은 규제의 권위를 빼앗아 가버렸다. 우리는 규제당국자들이 받고 있는, 규제를 하지 말라는 압력을 깨달을 필요가 있다. 또한 규제를 믿지 않는 제2의 그린스펀을 선임하게 될 위험도 인식할 필요가 있다. 우리는 금융시장을 규제시스템에 잘 접속시켜야 한다. 규제를 이행하지 않을 재량을 거의 주지 않는 투명한 규제가 필요하다. 경쟁에 관한 분야에서처럼 어느 정도 중첩되는 규제는 오히려 바람직하다.[58] 실책에 따른 비용은 규제 이행의 추가적인 비용에 비하면 몇천 배나 클 것이다. 잘 작동하는 규제시스템을 갖추려면 복수의 규제당국들이 필요하다는 건 분명하다. (은행과 보험, 증권시장을 비롯해) 각각의 시장에 대해 전문성을 갖춘 이들, 금융시스템 전반의 안정성을 감시하는 당국, 금융시스템이 파는 상품의 안전성을 살펴보는 당국이 다 필요하다.

미래의 규제체계를 설계하는 것은 분명히 논란을 불러일으킨다. 영역 다툼으로 벌어진 논란이 압도적으로 많았다. 오바마 행정부가 내놓은 가장 이상한 제안은 (이번 위기가 발생하는 과정에서 참담하게 실패한) 연준에 힘을 더 실어주는 것이었다. 이는 실패에 대해 보상을 해준다는 걸 보여준 또 하나의 실책이었다. 은행들은 문제가 '조금' 있으므로 그들이 원하는 만큼 쓸 돈을 더 주라, 설사 그들이 가지고 있던 돈을 잘 쓰는 데 실패했더라도 그렇게 하라, 마찬가지로 연준은 문제가 약간 있으므로 더 많은 권한을 주라, 설사 연준이 가지고 있던 권한을 잘 쓰지 못했더라도 그렇게 하라는 식이었다.

금융규제를 넘어

이 장과 앞 장에서 나는 금융계가 잘못된 행동을 하고서도 어떻게 벌을 받지 않는지 보여주는 수많은 사례에 관해 이야기했다. 그리고 금융시스템의 문제 하나하나를 자세히 이야기했다. 이 문제들이 너무도 흥미롭고 금융시스템의 문제를 전체적으로 보여주는 것이었기 때문이다. 그러나 규제의 실패처럼 금융시스템 차원을 넘어서는 경제 전체의 문제들이 있다.

나는 앞에서 이미 경쟁정책과 기업지배구조의 설계와 이행의 실패에 대해 이야기했다. 그러나 다른 실패들도 있다. 2005년 의회는 파산제도 남용 방지와 소비자 보호에 관한 법률(Bankruptcy Abuse Prevention and Consumer Protection Act)을 통과시켰다. 은행들은 이 법의 제정을 위해 열심히 싸웠다. 이 법은 그들에게 차입자들에게서 돈을 받아낼 새로운 힘을 주기 때문이다. 은행들은 공적자금으로 자기들을 구제해야 한다고 주장했지만 가난한 이들의 짐을 덜어주는 데에는 반대했다. 그들은 자기네의 도덕적 해이에 대한 염려는 제쳐두고 빚을 얻도록 오도된 평범한 개인들을 봐주는 데 대해서는 부정적인 유인을 초래한다고 주장했다. 실제로 그런 효과가 있었다. 그러나 그 효과는 은행들의 신용평가의 수준을 드러내는 것이었다.

새로운 파산법 덕분에 은행들은 누구에게든 안심하고 대출해줄 수 있게 됐다. 이제 정부 지원으로 살아남게 된 한 유명한 은행은 이렇게 선전했다. "태어날 때부터 자격이 있습니다." 모든 10대 청소년들에게 신용카드를 쓰라는 제안이 홍수처럼 밀려들었다. 많은 가계가 엄청난 빚을 얻었다. 계약된 노예처럼 그들은 은행에 돈을 갚기 위해 일했다. 그들의 소득 가운데 점점 더 많은 부분이 벌칙성 수수료와 터무니없는 이자와 이자에 대한 이자로 나갔다. 새롭게 출발한 기회는 거의 없었다. 금융인들은 올리버 트위스트와 빚쟁이를 가두는 감옥이 있던 시절로 되돌아가고 싶었는지도 모른다. 하지만 2005년에 제정된 법은 당시와 같은 상황에서는 그들이 얻을 수 있는 최선의 결과였다. 한 개인의 급여 중 4분의 1을 압류할 수 있게 됐다. 새 법은 또한 대출회사들이 더욱 나쁜 모기지도 승인해줄 수 있도록 힘을 실어줬다. 이는 이 법이 통과된 후 왜 그토록 많은 독성 모기지가 나왔는지 부분적으로 설명해준다.

미국의 가치와 더 잘 맞는 새로운 파산법을 만들어 심한 압박을 받는 가계의 부담을 덜어줄 뿐만 아니라 시장의 효율성을 높이고 은행들이 신용평가를 더 잘하도록 유도할 필요가 있다. 은행들은 2005년 법을 폐기하면 이자율이 더 높아질 것이라고 불평한다. 그렇게 된다면 할 수 없다. 미국인들은 지나치게 많은 돈을 빌렸고 이는 전 사회, 그리고 전 세계에 커다란 비용을 초래했다. 저축을 늘리는 유인은 좋기만 한 것이다.

세금제도 또한 지금의 상황을 만드는 데 어떤 역할을 했다. 세제는 그 사회의 가치를 반영하는 것이라는 말이 있다. 미국 세제의 이상한 점들 가운데 하나는 세제가 생계를 위해 열심히 일하는 이들보다 도박을 하는 투기자들에게 더 잘 대해준다는 점이다. 임금보다 자본이득에 대해 훨씬 낮은 세율을 적용하는 것이다. 경제학적으로 이를 정당화하는 설득력 있는 논리는 없다. 사회적으로 어떤 종류의 위험한 투자를 장려하고 싶어 하는 건 사실이다. 그런 투자에 따른 광범위한 이득 때문이다. 예를 들어 사회는 특히 공공의 이익이 걸린 기후변화나 의료와 같은 분야에서 획기적인 혁신을 장려하고 싶어 한다. 그런 경우 정부는 (자본이득이나 영업이익 중 어떤 형태든) 그 투자에 따른 수익에 대해 낮은 세율로 세금을 물려야 한다. 하지만 부동산 투기는 분명히 사회가 세제상 우대 조치를 주고 싶어 하는 투자의 범주에 속하지 않는다. 땅을 사는 데 보조금을 주든 안 주든 어차피 땅은 거기 그대로 있을 것이다.

진정한 혁신

비판적인 이들은 강력한 새 규제체제가 혁신을 저해할 것이라고 말한다. 그러나 우리가 본 것처럼 금융시스템의 많은 혁신이 금융시스템의 투명성을 확보하기 위한 회계기준, 금융시스템의 안정성과 공정성을 확보하려는 규제, 그리고 모든 시민들이 공평하게 세금을 내도록 확실히 하려는 법규를 피해가기 위해 고안된 것들이었다. 또한 금융시스템은 보통 시민들이 부딪히는 리스크를 관리하는 능력을 향상시키는 쪽으로 혁신을 하는 데 실패했을 뿐만 아니라 오히려 복지를 향상시키는 혁신에 저항해왔다.

클린턴 내각의 경제자문위원회에 참여했을 때 나는 예를 들어 물가지수연동채권(inflation-indexed bond) 보급을 밀어붙였다. 지금부터 30~40년 후 은퇴할 것에 대비해 저축을 하는 사람들은 인플레이션을 걱정한다. 당연한 것이다. 지금 당장은 인플레이션이 낮은 수준이지만 인플레이션이 높았던 시기가 여러 번 있었고 많은 사람들이 또 하나의 고 인플레이션 시기를 예상하고 있다. 사람들은 이런 리스크에 대한 보험을 들고 싶어 하지만 시장은 그걸 제공하지 않는다. 경제자문위원회는 정부가 물가연동채권을 팔아 장기적으로 인플레이션에 대한 실질적인 보험을 제공할 것을 제안했다. 정부는 물가를 합리적인 수준에서 안정시킬 책임을 지고 있다. 정부가 물가안정을 유지하는 데 실패하면 그 결과에 대해 보상을 해야 한다.

월스트리트의 일부 사람들은 이런 제안에 반대했다. 이런 물가연동 채권을 산 이들은 그 채권을 은퇴할 때까지 그대로 들고 있을 걸로 생각했기 때문이다. 나는 그렇게 하는 건 좋다고 생각했다. 왜 채권을 사고팔며 거래비용을 지불하느라 돈을 허비해야 하는가? 그러나 이는 월스트리트에는 좋은 게 아니었다. 월스트리트는 수입을 최대한 늘리는 데 관심이 있었고, 이는 거래비용을 최대한 늘림으로써 달성할 수 있는 것이었다.

또 하나의 예를 들자면, 아르헨티나는 금융위기를 겪은 후 채권자들에게 얼마를 갚아야 하는지 알 수 없었고, 그래서 재미있는 혁신을 하나 제안했다. 상환능력을 넘는 많은 빚을 갚으려고 애쓰면 몇 년 후 빚으로 인해 또 다른 위기로 이어질 수 있기 때문에 대신 GDP연동채권(GDP-indexed bond)을 제안했다. 아르헨티나의 국민소득이 올라가 이 나라가 더 많은 돈을 지불할 여력이 있을 때 이 채권의 상환액도 늘어난다. 이런 식으로 채권자들의 이해는 아르헨티나의 이해와 일치하게 되며 채권자들은 아르헨티나가 성장하도록 도우려 할 것이다. 이때도 역시 월스트리트는 GDP연동채권을 거부했다.[59]

더 잘 규제된 금융시스템은 오히려 의미 있는 방식으로 혁신을 더 할 수 있다. 모든 시민들의 복지를 증진하는 상품을 만들기 위해 경쟁하는 방향으로 금융시장의 창조적인 에너지를 돌릴 수 있다. 이 장 앞부분에서 설명한 효율적인 자동결제시스템을 개발하거나 4장에서 이야기한 더 나은 주택대출시스템을 만들 수도 있을 것이다. 금융이 마땅히 수행할 것으로 기대되는 기능을 실제로 다 하는 시스템을 만들어내는 것은 경제 구조조정의 중요한 걸음을 내딛는 것이다. 이번 위기는 금융부문뿐만 아니라 경제 전체에도 전환점이 될 수 있다.

우리는 금융시스템의 구조조정과 금융시스템을 돌아가게 하는 규제 체계의 재설계를 하는 데 있어서 기대하는 만큼 일을 잘하지 못했다. 위기 전에 존재했던 금융시스템으로 돌아간다면 미국은 번영하지 못할 것이다. 하지만 이것은 위기 이후 세계에서 이 나라가 직면한 많은 도전들 가운데 하나일 뿐이다. 다음 장은 무엇을 해야 하는지에 관한 것이다. 그리고 이번 위기가 어떻게 우리가 필요한 일을 더 잘할 수 있도록 도와주는 많은 교훈들을 남겼는지에 관한 것이다.

07

새로운 자본주의 질서

FREEFΛLL

07

오늘날의 도전은 신자본주의를 창조하는 것이다. 우리는 낡은 자본주의의 실패를 경험했다. 하지만 신자본주의를 창조하려면 신뢰가 필요할 것이다. 금융시장은 우리의 기대를 저버렸다. 그러나 우리는 금융시장 없이는 일을 할 수 없다. 정부는 우리의 기대를 저버렸다. 하지만 우리는 정부 없이 살 수 없다.

2008년 가을 글로벌 경제는 완전한 붕괴의 위기를 맞았다. 적어도 선진 금융시장은 날개 없이 추락했다. 다른 수많은 위기들을 봤던 나는 이런 자유낙하의 느낌은 곧 끝나리라는 걸 확신했다. 이는 모든 위기에서 나타나는 현상이다. 하지만 그 다음엔 어떻게 될 것인가? 우리는 위기 전의 세계로 돌아갈 수도 없고 돌아가서도 안 된다. 잃어버린 많은 일자리들은 다시 생기지 않을 것이다. 미국의 중산층은 위기 이전에 이미 어려움을 겪었다. 위기 후 중산층에 어떤 일이 일어날까?

미국과 세계 여러 나라들이 위기에 정신이 팔려 해결해야 할 장기적인 문제들에 관심을 기울이지 못했다. 그 문제들은 잘 알고 있는 것들이다. 보건, 에너지, 환경, 그리고 특히 기후변화, 교육, 인구 고령화, 제조업의 쇠퇴, 제구실을 하지 못하는 금융부문, 글로벌 불균형, 미국의 무역적자와 재정적자가 그것이다. 미국이 당장의 위기에 대응하느라 온 힘을 쓰는 동안에도 이런 문제들은 사라지지 않았다. 어떤 문제들은 더 악화됐다. 하지만 그 문제들에 대응하는 데 쓸 수 있는 자원은 크게 줄어들었다. 정부가 위기관리를 잘못했기 때문이다. 특히 금융시스템을 구조하는 데 돈을 낭비했기 때문이다. 미국의 GDP 대비 국가채무 비율은 2000년 35퍼센트에서 2009년 거의 60퍼센트에 이르렀다. 오바마 행정부의 낙관적인 전망에 따르더라도 앞으로 10년 동안 국가채무는 9조 달러가 늘어나고 2019년 GDP 대비 국가채무 비율은 70퍼센트로 높아질 것이다.[1]

경제 구조조정은 저절로 이뤄지지 않는다. 정부가 중심적 역할을 해야 할 것이다. 이는 앞으로 나타날 두 번째 중요한 변화들이다. 금융위기는 금융시장이 자동적으로 잘 작동하지 않고 자율조정도 이뤄지지 않는다는 걸 보여줬다. 거기에는 정부가 해야 할 중요한 역할이 있다. 레이건과 대처의 '혁명'은 그 역할을 폄하했다. 국가의 역할을 줄이려는 잘못된 시도는 오히려 국가가 더 큰 역할을 하는 결과를 낳았다. 뉴딜 때 기대했을 법한 역할보다 더 큰 역할을 하게 된 것이다. 우리는 이제 정부와 시장의 역할 사이에 더 나은 균형을 맞춘 사회를 다시 건설해야 할 것이다. 균형이 더 잘 잡히면 경제는 더욱 효율적이고 안정적으로 될 것이다.

이 장에서 나는 이 쌍둥이처럼 연관된 의제를 펼쳐놓을 것이다. 이는 정부와 시장 사이의 균형을 되찾고 경제구조를 다시 짜기 위해 무슨 일을 해야 할 것인가에 관한 논의다. 여기에는 구조조정에서 정부가 해야 할 역할에 관한 논의도 포함된다. 우리가 미국을 탈바꿈시키는 데 성공하려면 우리가 어느 길로 가야 할지 더 분명한 비전을 가져야 한다. 또한 국가의 역할에 대해서도 더 분명한 비전이 필요하다.

미국이 마주한 문제들은 대부분은 아니더라도 많은 경제 선진국들이 직면한 문제들과 비슷하다. 은행들을 구제하는 데 어느 정도 일을 잘한 나라들이 많지만 이들 나라도 경제를 부양하려고 시도하는 과정에서 (대부분 성공적으로 경제를 부양했어도) GDP 대비 국가채무 비율은 뚜렷이 늘어났다. 어떤 나라에서는 늙어가는 인구와 관련된 문제가 더 심각하다. 대부분의 나라에서 의료부문의 문제는 덜 심하다. 기후변화의 문제를 쉽게 풀 수 있는 나라는 없을 것이다. 그리고 거의 모든 나라가 경제 구조조정에서 큰 어려움에 부딪히고 있다.

왜 경제 구조조정이 필요한가

향후 전망에 관한 솔직한 평가

앞으로도 여러 해 동안 미국은 세계에서 가장 큰 경제로 남아 있을 가능성이 크지만, 그렇더라도 반드시 미국인 대부분의 생활수준이 향상된다고 할 수는 없다. 예를 들어 2차 세계대전 후에 그랬던 것처럼 생활수준이 지속적으로 향상되리라는 보장은 없다.[2] 많은 미국인들이 손쉽게 신용을 얻을 수 있는 환상적인 세계에 살아왔다. 그런 세상은 이제 끝났다. 그런 세상은 다시 오지 않을 것이며, 다시 와서도 안 된다. 그들은, 그리고 이 나라 전체는 생활수준이 떨어지는 상황을 맞을 것이다.

이 나라는 버는 것 이상으로 쓰면서 살았고 많은 가계도 그랬다. 거품은 이 나라 경제가 이룰 수 있고 이뤄야 하는 만큼 좋은 상태가 아니라는 사실을 감춰주었다. 10장에서 길게 설명하겠지만 GDP에만 초점을 맞추는 건 사람들을 오도할 수 있다. 많은 그룹들에게 미래 경제 전망은 이미 어둡다. 오늘날 30대 남성의 중위소득(median income)은 30년 전 수준보다 낮다.[3] 미국인 대부분의 소득은 10년 동안 정체돼 있었다. 많은 이들이 2000년대 초 소득이 제자리걸음을 하거나 줄어들고 있는데도 불구하고 그들이 마치 아메리칸 드림을 이룬 것처럼 소비했다. 주택 거품이 있었기 때문에 그들은 오늘 소비를 늘리면서도 은퇴 후 편안한 생활을 할 수 있기를 바라고 자녀들이 더 큰 번영을 이룰 수 있도록 교육을 해줄 수 있는 것처럼 굴었다. 그러나 거품이 터지면서 그들의 꿈도 깨졌다. 동시에 미국인들은 경제적 불안과 건강상의 위험에 직면하게 됐다. 미국인 가운데 약 15퍼센트가 아무런 의료보험도 갖지 못하고 있다.[4] 뭔가 잘못됐을 수도 있다는 걸 보여주는 다른 지표들도 있다. 2007년 미국 인구 가운데 감옥에 갇혀 있는 이들의 비중은 역사상 가장 높은 수준이었다. 그 비중은 많은 유럽 국가들의 10배나 됐다.[5]

다른 여러 문제들이 계속되고 있다. 지구온난화 때문에 경제의 부품을 갈아 끼울 필요가 생겼고, 그렇게 하려면 엄청난 투자가 필요하다. 이제 이 나라는 부시 시절 잃어버린 시간을 다시 찾아야 할 필요가 있다. 기반시설은 퇴락했다. 이는 뉴올리언스의 제방과 미네소타의 다리가 무너진 게 잘 보여준다. 또한 미국은 일급 수준(세계 최고)의 대학 체제를 갖고 있지만, 초등교육과 중등교육 과정 학생들의 평균 학업성취도는 보통 수준에 못 미친다. 대부분 선진국들의 평균과 비교한 미국 학생들의 학업성취도는 과학과 수학에서 더 나쁘다.[6] 그 결과 많은 근로자들이 21세기 글로벌 경쟁에서 도전에 맞설 준비가 잘 안 돼 있다.

미국경제는 아직 방향이 확실하지는 않지만 구조조정을 할 필요가 있다. 분명한 건 그렇게 하는 데 자원이 들어가며 공공지출이 필요하다는 점이다. 자원은 (금융과 부동산처럼) 지나치게 비대한 부문과 (제조업처럼) 지나치게 약한 부문에서 지속적인 성장을 위한 전망이 더 나은 다른 부문으로 이전돼야 한다.

금융위기 이상으로 뭔가 잘못됐다

내가 다른 장에서 보여준 것처럼 미국인들은 몇 년 동안 거품에 의지해 살았다. 하나의 거품이 꺼진 다음에는 또 다른 거품에 의지했다. 더욱이 엄청난 글로벌 불균형도 나타났다. 미국 정부는 다른 나라들에게서 GDP의 6퍼센트에 이르는 돈을 빌리고 있었다. 앞으로 몇 년 안에 베이비붐 세대의 은퇴가 급증할 것에 대비해 계속 돈을 저축해야 하는 바로 그때 정부는 엄청난 돈을 빌린 것이다.[7]

세계의 다른 나라들은 미국을 따라 하려 애썼다. 하지만 미국을 완전히 모방하는 데 성공했다면 세계는 살아남지 못했다. 미국의 소비 형태는 환경적인 측면에서 지속될 수 없는 것이었다. 그러나 미국인들은 기름 먹는 하마 같은 점점 더 큰 자동차를 계속해서 샀다. 자동차산업 전체의 수익성은 미국인들이 영원히 그렇게 할 것이라는 가정에 바탕을 두고 있다.

경제의 나머지 부문도 가장 성공적인 부문들을 포함해 대부분 지속될 수 없는 바탕 위에 서 있었다. 미국경제에서 가장 수익성 높은 부문은 에너지, 석탄, 그리고 석유 부문이었다. 이들은 온실가스 배출이 엄청난 기후변화로 이어진다는 이론의 여지가 없는 증거가 있는데도 대기에 온실가스를 쏟아냈다.[8]

경제 구조조정의 핵심적인 부분은 제조업에서 서비스업 중심 경제로 옮겨가는 것이다. 1990년대 초 서비스부문에서 만들어지는 새로운 일자리의 질에 관한 논란이 있었다. 미국은 숙련된 제조업 근로자를 대체하기 위해 햄버거를 뒤집는 일자리를 만들어내려 하는가? 통계를 주의 깊게 들여다보면 서비스부문의 일자리 가운데 많은 부분이 높은 임금을 주는 좋은 일자리라는 걸 알 수 있었다. 서비스부문 고임금 일자리

가운데 많은 부분이 금융부문에서 나왔다. 금융부문은 미국경제의 새로운 기반이 될 것이었다. 그러나 이는 어떤 목적을 위한 수단이 어떻게 신경제의 중심이 될 수 있는지에 관한 의문을 불러일으켰다. 우리는 금융부문의 지나친 비중은 뭔가가 잘못됐다는 신호라는 것을 알아차렸어야 했다.[9] 위기가 터지기 몇 년 전 기업 이익의 약 40퍼센트가 이 부문에서 나왔다.

글로벌 관점에서 본 미국

미국이 앞으로 나아가도록 하려는 비전은 글로벌 비전의 한 부분으로 명료하게 제시돼야 한다. 이번 글로벌 침체가 너무나도 강렬하게 일깨워주었듯이 우리는 모두 함께 얽혀 있다. 오늘날 세계는 적어도 여섯 가지의 도전을 맞고 있다. 그중 일부는 연관돼 있다. 이 문제들의 뿌리가 깊고 오래간다는 사실은 경제적·정치적 시스템이 글로벌 차원의 문제를 해결하는 데 어려움이 많다는 걸 잘 보여준다. 우리는 분명 문제들을 파악하고 이를 해결할 수 있는 방안을 만들어내는 효과적인 기구를 갖지 못했다. 적절한 구체적 행동을 취하는 건 말할 것도 없다.

가장 극적인 문제는 글로벌 수요와 공급의 격차다. 충족시키지 못한 엄청난 욕구가 존재하는 세계에서 생산능력은 너무 적게 이용되고 있다. 가장 심각하게 이용이 저조한 것은 인적 자원이다. 당장 경기침체 때문에 전 세계에 걸쳐 2억 4000만 명이 실업상태에 있는 문제를 넘어 수십억 명이 잠재력을 충분히 발휘하기 위한 교육을 받지 못하고, 교육을 받더라도 능력을 한껏 펼치는 일을 하지 못하고 있다.[10] 좋은 일자리는 개인의 자존을 위해 꼭 필요하다. 그런 일자리가 모자라면 생산이 줄어드는 것보다 훨씬 큰 사회적 손실이 따른다.

환경의 측면에서 가장 큰 도전은 물론 기후변화가 초래한 것이다. 희소한 환경자원은 마치 그것들이 공짜인 것처럼 여겨지고 있다. 그 결과 모든 가격이 왜곡됐다. 어떤 경우에는 심각한 왜곡이 나타난다. 우리는 앞서 왜곡된 주택 가격이 어떻게 경제를 왜곡시키는지를 보았다. 이번 위기는 주택 가격 '조정'의 충격적인 효과를 보여주었다. 그런 조정이 일어나기까지 오래 지체됐기 때문에 조정의 충격은 더 컸다. 환경자원의 가격 왜곡 역시 똑같이 심각하다. 이에 따라 핵심 자원들을 지속 불가능한 방식으로 써버리게 된다. 이에 대한 조정은 반드시 필요하며 문제해결을 미룰수록 비용은 훨씬 많이 들 것이다.

이른바 글로벌 불균형도 글로벌 경제의 안정에 심각한 문제를 던져주었다. 세계의 한쪽은 버는 것 이상으로 쓰고 사는 데 비해 다른 쪽은 소비수준에 비해 지나치게 많은 걸 생산하고 있다. 이 둘은 탱고를 추고 있다. 몇몇 나라들이 소득에 비해 많은 소비를 하고 다른 나라들이 덜 소비하는 것은 특별히 걱정해야 할 문제가 전혀 아닐 수도 있다. 이는 시장경제의 한 측면일 뿐이다. 1장에서 지적했듯이 걱정스러운 건 미국이 세계 각국에서 빌린 돈의 엄청난 규모다. 2006년 한 해에만 8000억 달러를 빌렸으며 이런 차입은 지속될 수 없다. 이런 불균형을 해소하는 혼란스러운 과정이 나타날 수 있다. 환율 측면에서 엄청나게 혼란스러운 변화가 일어날 수도 있다.[11] 이번 위기에서 일어난 일은 분명히 혼란스러운 일이었다. 하지만 불균형은 그대로 남아 있다. 앞서 지적된 사실이지만, 특히 문제가 되는 것은 미국이 베이비붐 세대를 위해 저축을 해야 할 때 차입을 했다는 점이다.

G20은 글로벌 경제의 강한 성장세를 유지할 수 있는 방식으로 불균형을 줄이기 위한 (미국은 저축을 늘리고 중국은 저축을 줄이는) 거시경제정

책 대응의 공조를 제안했다. 그 취지는 훌륭하지만 각국의 정책은 자국의 국내 의제에 따라 추진될 가능성이 크다.

미국은 중국이 소비를 늘리는 것보다 빨리 소비를 줄일 가능성이 더 크다. 실제로 그런 일이 일어나고 있는 것으로 보인다. 2009년 미국 가계의 저축이 급속히 늘어났지만 공공부문에서 그보다 훨씬 빨리 차입이 늘어나는 바람에 저축 증대 효과는 상쇄돼버렸다.[12] 이는 세계경제의 총수요를 약화시켜 글로벌 경제의 빠른 회복을 더욱 어렵게 만들 것이다.

장기적으로 보면 그토록 많은 나라들이 경기활성화에 필요한 자금을 조달하기 위해 그토록 많은 차입을 함에 따라 금리가 상당히 많이 오를 위험이 있다. 빚을 많이 졌지만 세금을 올릴 여력이 부족한 나라들은 금융위기에 직면할 수 있다. 위기에 직면하지 않은 나라들도 어려운 선택을 해야 할 것이다. 국가채무가 곧 GDP의 70퍼센트에 육박하게 될 미국을 생각해보면, 금리가 5퍼센트만 돼도 나랏빚의 이자를 갚는 데 GDP의 3.5퍼센트를 써야 할 것이다. 이는 세수의 20퍼센트에 해당한다. 정부는 세금을 늘리거나 다른 지출을 줄여야 할 것이다. 보통 이런 상황에서 줄어드는 건 투자다. 투자가 줄어들면 미래에 더 적은 생산을 하게 된다.

다른 한편으로는 높은 금리는 각국이 저축을 늘리는 데 도움을 줄 것이다. 지금 2조 달러가 넘는 외화를 깔고 앉아 있는 중국을 생각해보자. 수익률이 5퍼센트만 돼도 1000억 달러의 소득을 창출할 수 있는 돈이다. 미국이 중국에 지급하는 이자가 1퍼센트 정도라는 것만 보면 미국은 한 해 중국에 고작 150억 달러를 이전하고 있는 것이다. 금리가 5퍼센트라면 미국은 1조 5000억 달러의 미국 채권을 들고 있는 중국에 해마다 이자로 750억 달러의 수표를 보내야 한다.

위기 때문에 투자가 급격하게 감소함에 따라 저축 과잉이 생긴 게 아 닌가 생각하는 것도 당연하다. 전통적으로 저축은 좋은 것이었다. 나는 아직도 그렇다고 믿는다. G20이 소비를 부추기는 데 초점을 맞춘 건 잘못일 수도 있는 이유도 바로 여기에 있다.[13] 물론 개발도상국 국민들 이 더 많은 소비를 하고, 더 많은 의료서비스와 교육을 받으면서 생활 수준을 향상시킬 수 있으리라고 기대할 수 있다. 그러나 세계는 엄청난 경제적 요구에 직면해 있다. 내가 앞서 지적했듯이 세계는 지구온난화 가 초래한 도전에 맞서기 위해 새롭게 대응태세를 갖춰야 한다. 또한 세계 인구 가운데 약 40퍼센트가 아직 하루 2달러도 안 되는 소득으로 살아가고 있으며, 그들의 기회를 넓혀주기 위한 엄청난 투자가 필요하 다. 문제는 금융이다. 저축이 그토록 절실하게 필요로 하는 곳으로 흘 러갈 수 있도록 하는 문제다.

네 번째 도전은 내가 '제조업의 수수께끼'라고 부르는 것이다. 제조 업은 오랫동안 개발도상국이 전통적인 농업사회를 벗어나는 특별한 개 발 단계의 정점이 돼왔다. 전통적으로 이 부문의 일자리는 보상수준이 높았고 20세기 유럽과 북미 중산층 사회의 중추가 됐다. 최근 몇십 년 동안 생산성 향상에 성공함에 따라 이 부문이 성장하는데도 고용은 오 히려 줄어들었다. 이런 경향은 지속될 가능성이 크다.

다섯 번째 도전은 불평등이다. 세계화는 전 세계에 걸쳐 소득과 부의 분배에 복잡한 영향을 미쳤다. 중국과 인도는 선진 산업국가들과의 격 차를 좁혀가고 있다. 지난 사반세기 동안 선진국과 아프리카의 격차는 커졌다. 그러나 자원에 대한 중국의 수요는 남미뿐만 아니라 아프리카 까지도 사상 최고 수준인 7퍼센트씩 성장하도록 도와주었다. 이번 위기는 이 짧은 기간의 미약한 번영을 끝내버렸다. 이런 미약한 번영의 기간 중에도 극심한 빈곤은 여전히 문제로 남아 있었다. 세계에서 가장 가난한 나라의 행운은 가장 부유한 나라의 그것과 생각할 수 있는 모든 면에서 뚜렷한 차이가 있다. 아직도 10억 명 가까운 사람들이 하루 1달러도 안 되는 돈으로 살아가고 있다.

전 세계 대부분의 나라에서 불평등이 커지고 있다. 세계화는 이 세계적인 패턴에 기여한 요인들 가운데 하나다.[14] 이는 인도적인 차원의 염려만은 아니다. 이는 지금의 경제침체에 어떤 역할을 했다. 커지는 불평등은 글로벌 총수요 부족 문제에 기여한다. 돈은 그걸 쓸 이들로부터 필요한 것보다 많이 가진 이들에게로 옮겨가고 있다.

마지막 도전은 안정이다. 금융의 불안정성이 커지는 것은 더욱 심각한 문제가 됐다. 글로벌 금융회사들이 더 나아지고 경제 운용에 대한 지식이 늘어났다고는 하지만 경제위기는 더 잦아지고 더 악화됐다.

이러한 다양한 요소들 사이의 상호작용은 더 밀접해졌다. 어떤 문제들은 다른 문제를 더 악화시킨다. 어느 한 문제를 해결하기 위해 설계된 전략은 동시에 다른 문제를 치료하기 위해 고안된 프로그램의 효과를 떨어뜨린다. 예를 들어 금융위기의 결과로 실업률이 늘어남에 따라 전 세계의 임금수준을 떨어뜨리는 압력이 생겼다. 기술수준이 가장 낮은 근로자들은 일자리를 잃을 가능성이 가장 크다. 미국에서는 하위 50퍼센트 계층의 부는 대부분 주택에 잠겨 있는데 그 부는 심각하게 파괴됐다. 동아시아 위기 후 많은 개발도상국들의 외환보유 수요가 늘어난 것도 글로벌 불균형의 원인 가운데 하나다. 이번 위기는 개도국들이 오히려 더 많은 외환을 보유하고 싶어 하도록 영향을 미쳤다. 이는 글로벌 불균형을 더욱 키우는 것이다. 불평등이 확대되고 외환에 대한 수요가 증대되는 두 가지 요인이 함께 어우러져 글로벌 총수요 부족 문제를 더 키울 수 있고, 이는 글로벌 경제를 약화시킬 수 있다.

더 광범위하고 장기적인 비전을 추구하면, 다시 말해 가난한 이들의 곤경과 지구온난화의 도전에 초점을 맞추면 전 세계의 생산능력을 흡수하고도 남을 수요를 확보할 수 있을 것이다.[15] 중국인들을 포함해 가난한 나라의 사람들이 더 많이 소비하고 부유한 국민들(특히 미국인)이 덜 쓰면 글로벌 불균형의 크기를 줄일 수 있을 것이다. 새로운 비전을 실현하려면 새로운 경제모델이 필요하다. 경제의 지속가능성을 확보하려면 과소비를 하는 국민들의 물질적인 소비에 대해서는 강조를 덜 해야 하며 혁신의 방향을 바꿀 필요가 있다. 글로벌 차원에서는 세계의 혁신 가운데 너무 많은 부분이 노동력을 절감하는 방향으로 이뤄지고, 자연자원을 절약하고 환경을 보호하는 데에는 혁신이 너무 적게 이뤄지고 있다. 이들 자연자원의 희소성이 가격에 반영되지 않는다는 걸 생각하면 놀랄 일도 아니다. 노동력을 절감하는 데 너무나 많은 성공을 거두었기 때문에 세계의 많은 지역에서 실업 문제가 지속되고 있다. 그러나 자연자원을 절약하는 데에서는 거의 성공이 이뤄지지 않아 우리는 환경을 무너뜨릴 위험을 안고 있다.

미국이 마주한 장기적인 도전

세계가 직면한 문제들을 미국 또한 마주하고 있다. 그러나 미국의 경우 그 문제들 가운데서도 몇 가지는 특히 심각하다. 이 나라는 그저 생산성 향상에 성공함에 따라 고용 문제가 생기는 일반적인 의미의 '제조업의 수수께끼'만 갖고 있는 게 아니다. 더 특수한 해외이전 문제도 안고 있다. 비교우위가 바뀜에 따라 이 나라의 생산 활동을 중국과 다른 곳으로 옮기는 것이다. 경제구조의 이런 변동에 적응하는 것은 쉽지 않을 것이다. 보통 경쟁력을 잃은 지역에서 일자리를 잃는 게 새로운 지역에서 새로운 일자리를 만들어내는 것보다 쉽다. 나는 세계화에 직면한 수많은 개도국에서 그런 사례를 봤다. 대부분의 일자리를 만들어내는 원천인 중소기업과 창업기업에 대한 대출에 집중하는 강력한 금융부문이 없으면 일자리를 만들어내는 게 특히 어렵다. 오늘날 미국은 또 다른 어려움을 맞았다. 구조조정이 이뤄지면 사람들은 주거지를 옮겨야 한다. 그러나 많은 미국인들이 주택 지분의 많은 부분을 잃었다. 상당수 사람들은 지분 전체를 잃어버렸다. 그들이 지금 갖고 있는 집을 팔면 가까운 곳 어디에서도 비슷한 크기의 새 집을 사기 위한 계약금을 마련할 수 없을 것이다. 과거 미국의 성공에서 특징적인 요소였던 이동성은 줄어들 것이다.

미국은 세계의 다른 많은 나라들처럼 갈수록 불평등이 커지는 문제를 안고 있다. 그러나 미국의 경우 불평등이 지난 75년 동안 보지 못했던 수준에 이르렀다.[16] 이 나라는 또한 지구온난화에 적응할 필요가 있다. 하지만 최근까지 오랫동안 온실가스를 가장 많이 배출하는 나라였다. 총배출량이나 1인당 배출량에서 최대였기 때문에 배출량을 줄이려면 더 큰 조정이 필요할 것이다.[17]

미국은 여기에 더해 두 가지 문제를 더 안고 있다. 첫 번째는 인구 고령화가 불러온 문제다. 이는 미국인들이 버는 것 이상으로 쓰면서 살던 시기에 은퇴를 위한 저축을 했어야 했다는 뜻이다.

미국은 또한 산업부문 간 불균형 문제를 안고 있다. 제조업 가운데 많은 부분이 비틀거리고 있다. 가장 성공적인 것처럼 보이는 부문 가운데 하나인 금융은 지나치게 부풀었고 잘못된 전제 위에 서 있다. 다른 하나인 에너지부문도 대부분 환경적으로 지속가능성이 떨어진다. 에너지업계가 재생자원(에탄올) 시장에 뛰어들 때도 기업 로비로 시장이 너무나 왜곡됐기 때문에 브라질과 같은 신흥시장 국가들과 자원연구에서 경쟁할 수 없었다. 이들 나라와 경쟁하기 위해 미국 정부는 한때 갤런당 1달러가 넘는 보조금을 주는 한편 브라질의 사탕수수에서 추출한 에탄올에 대한 갤런당 55센트 이상의 관세를 매겼다.[18] 에너지업계는 외국 시추권을 위해 로비를 하는 대신 자원보존에 더 집중했어야 했다.

미국의 비효율적인 의료부문은 다른 선진국들의 의료시스템에 비해 평균적으로 질적 수준이 떨어지는데다 비용도 더 많이 든다. 심지어 어떤 경우에는 미국의 의료서비스 질이 제3세계 국가들과 비견될 정도다.[19] 물론 미국은 최상위층을 위해서는 최상급의 의료서비스를 제공하고 있다.

미국은 비효율적인 교육부문을 갖고 있다. 교육 성과 역시 많은 신흥시장 국가들과 견줄 수 있는 수준이다.[20] 그러나 최상층을 보면 미국의 대학들은 타의 추종을 불허한다.

미국의 장기 비전에 관해 생각할 때 이코노미스트들이 미국의 장기적인 경쟁우위는 무엇인지, 그런 우위는 어떻게 성취할 수 있을지 생각하는 데서부터 시작하는 게 당연하다. 내가 보기에 미국의 장기적인 경쟁우위는 고등교육 기관들에 있다. 그리고 그 기관들이 제공하는 경쟁우위에서 이끌어낸 기술적인 우위에 있다. 어떤 다른 경제부문도 글로벌 리더로서 더 큰 시장점유율을 갖지 못했다. 미국 대학들은 전 세계에서 최고의 인재를 끌어들였고 이들 중 많은 사람들이 미국에 머무르며 이곳을 제2의 고향으로 삼았다. (미국에 경쟁우위를 제공하는) 주도적인 대학들 중 어느 곳도 영리기관이 아니다. 이는 영리기업에 대한 믿음이 잘못됐을 수 있다는 점을 시사한다.

그러나 고등교육 하나만 갖고 미국 경제전략을 완전히 짤 수는 없다. 우리는 급여수준이 높은 중산층 일자리를 만들어낼 길을 찾아야 한다. 나라의 중심축이었던 이런 일자리는 미국의 산업기반이 약화되면서 사라져가고 있다. 독일을 비롯한 다른 나라들은 강력한 도제식 훈련을 바탕으로 경쟁력 있는 첨단기술산업과 제조부문을 만들어냈다. 아마 이게 미국이 고려해봐야 할 방향일 것이다.

분별 있는 이들은 이런 질문에 다른 답을 내놓을 수도 있다. 그러나 위기에 대응하느라 공황에 빠진 미국은 실수를 했다. 미국은 '산업정책'(경제구조를 만들어가는 정부 정책)에 과거 어떤 나라들보다 많은 돈을 쏟아부었다. 실제로 자동차와 금융부문 구제를 위해 그렇게 했다. 하지만 그렇게 하기 전에 이런 종류의 질문을 던졌어야 했다.

앞으로 수행해야 할 과제는 엄청나다. 미국인들을 괴롭히는 병약한 부문과 금융, 제조, 에너지, 교육, 의료, 운송과 같이 구조조정이 절실하게 필요한 부문이 경제의 절반 이상을 차지하고 있다. 경제의 나머지 부문이 단지 첨단기술부문의 영예나 고등교육과 그 연구 성과에만 기대고 있을 수는 없다.

부정 출발

이런 도전들 대부분은 미국과 세계의 의제가 돼왔다. 그러나 이 문제들을 해결하려는 시도 가운데 일부는 잘못된 방향으로 갔다(이번 침체 때 이뤄진 시도도 여기에 포함된다). 나는 이미 그중 한 가지를 논의했다. 그것은 정부가 문제를 일으킨 이들에게 돈을 주는 대신 그들이 사회적 요구를 충족시키는 능력을 향상시킬 수 있도록 금융부문을 감량하는 데 실패했다는 이야기였다.

금융시장은 또한 고령자 문제에 대한 잘못된 해법을 따르도록 정부를 설득하려 했다. 사회보장제도를 민영화하라는 해법이다. 그들은 운용하는 돈에서 한 해 1퍼센트 또는 그 이상을 걷어간다. 따라서 민영화를 새로운 수수료 수입원으로 보았으며, 고령자들을 희생시키면서 스스로 부유해질 기회로 보았다. 영국에서는 공적연금의 부분적인 민영화가 미치는 영향에 관한 연구가 이뤄졌다. 이 연구는 비싼 거래비용 때문에 연금이 40퍼센트나 줄어들리라는 걸 보여줬다.[21] 은퇴자들의 복리를 생각하면 이런 거래비용을 최대한 줄여야 하지만 금융부문은 거래비용을 극대화하기를 원한다. 오늘날 대부분의 미국인들은 자기들이 사회보장제도를 부분적으로 민영화하기 위한 부시 대통령의 제안을 거부한 걸 참으로 감사하고 있다. 이를 거부하지 않았다면 미국의 고령자들은 더욱 비참한 곤궁을 겪었을 것이다.

미국인들은 세계화와 글로벌 경쟁의 복음을 전도했다. 기초적인 경제학은 그 의미가 무엇인지 말해준다. 미국은 상대적인 강점을 반영하고 있는 분야, 즉 비교우위가 있는 부문에 특화해야 한다는 뜻이다. 많은 분야에서 중국은 이미 미국을 따돌렸다. 이는 단지 중국의 비숙련 노동자들의 낮은 임금 때문만은 아니었다. 비숙련 노동자들이 더 낮은 임금을 받는 나라들도 많다. 중국은 높은 저축과 갈수록 교육을 많이 받은 노동력을 결합했다(각급 고등교육을 마친 이들은 2002년부터 2008년까지 약 4배로 늘었으며 입학생은 모두 5배로 늘었다).[22] 또한 기반시설에 대한 대규모 투자와 저비용 생산, 미국 소비자들이 원하는 상품을 대규모로 운송할 수 있도록 하는 현대 물류시스템을 결합했다. 대부분의 미국인들이 인정하기 어려워하지만 철강과 자동차 같은 '구경제'의 핵심 분야를 포함해 많은 분야에서 미국은 더 이상 기술을 선도하는 나라가 아니다. 미국은 더 이상 가장 효율적인 생산자가 아니며, 더 이상 최고의 제품을 생산하지도 않는다. 미국은 더 이상 제조업의 많은 분야에서 비교우위를 갖지 못한다.

한 나라의 비교우위는 바뀔 수 있다. 중요한 건 역동적으로 변하는 비교우위다. 동아시아 나라들은 이 점을 깨달았다. 40년 전 한국의 비교우위는 반도체나 자동차 생산이 아니라 쌀을 생산하는 데 있었다. 한국 정부는 비교우위를 바꾸고 국민들의 생활수준을 향상시키기 위해 교육과 기술에 투자하기로 결정했다. 한국은 그 일에 성공했고 그렇게 하면서 사회와 경제를 바꿔놓았다. 한국과 다른 성공한 나라들의 경험은 미국에 교훈도 주고 질문도 던진다. 장기적으로 미국의 역동적인 비교우위는 뭐가 돼야 하며 미국은 어떻게 그곳에 이를 수 있는가?

국가의 역할

국가의 역할은 무엇이 돼야 하나? 이는 21세기 글로벌 경제의 큰 화두다. 이 장 앞쪽에서 설명한 구조조정을 이루려면 정부가 더 큰 역할을 할 필요가 있다. 이런 변화는 저절로 일어나지 않았고 앞으로도 그럴 것 같지 않다. 그러나 시장기구는 예컨대 새로운 녹색 경제를 건설하는 데 그 수행 과정에서 중심적인 역할을 할 수 있다. 사실 (가격이 장기적으로 환경의 희소성을 정확히 반영하도록 하는 것처럼) 간단한 변화가 오래갈 수 있다.

불행히도 특히 미국에서는 많은 구호들이 국가의 올바른 역할을 이해하는 데 방해가 됐다. 널리 알려진 경구 가운데 하나는 토머스 페인의 말을 따온 것으로 "가장 잘 지배하는 정부는 가장 적게 지배하는 정부"라고 주장하는 것이다. 공화당 선거운동에 나오는 통념은 감세가 어떤 경제적인 병도 치료할 수 있다는 것이다. 세율이 낮을수록 성장률은 높다는 생각이다. 그러나 스웨덴은 1인당 소득이 가장 높은 나라들 가운데 하나이며 (유엔개발계획이 산출하는 지수처럼) 넓은 의미의 삶의 질에 관한 지표에서 미국을 큰 폭으로 따돌린다.[23] 스웨덴 국민들의 기대수명은 80.5세로 미국인들의 77세보다 높다. 스웨덴의 전 재무장관은 나에게 성공의 기반을 이렇게 설명했다. "우리는 세율이 높습니다."

물론 높은 세율 자체가 직접적으로 높은 성장과 생활수준으로 이어진 건 아니다. 그러나 스웨덴 국민들은 어느 나라나 쓸 수 있는 범위 내에서 살아야 한다는 걸 이해했다. 좋은 의료, 교육, 도로, 사회보장체계를 갖고 싶으면 이런 공공서비스에 대한 대가를 지불해야 하고 이는 더 많은 세금을 요구하는 것이다. 한 나라가 돈을 상당히 잘 쓸 필요가 있다는 건 명백하다. 이는 우리가 민간부문을 얘기하든 공공부문을 얘기하든 맞는 말이다. 스웨덴의 공공부문은 돈을 잘 쓰는 일을 잘해냈다. 미국의 민간 금융부문이 한 일은 비참한 수준이다. 어떤 나라든 유인체계에 주의를 기울여야 한다. 스웨덴은 한때 좀 지나치게 높은 수준의 세율과 좀 지나치게 후한 복지체제를 갖고 있었으며, 따라서 이 두 가지를 조정했다. 그러나 스웨덴은 훌륭한 사회보장시스템은 개인들이 변화에 적응하도록 도와줄 수 있다는 걸 발견했다. 개인들이 변화를 더 기꺼이 받아들이고 세계화와 같은 변화를 촉진하는 힘을 더 잘 수용하도록 해준 것이다. 스웨덴은 보호주의 없는 사회보장시스템을 만들어갈 수 있었다. 그들은 이에 따른 경제와 사회의 개방성에서 혜택을 보았다. 좋은 교육, 일자리 지키기와 결합된 더 나은 사회보장체제는 이 나라 경제가 높은 수준의 고용을 유지하면서도 더 유연해지고 충격을 맞으면 더 빨리 조정할 수 있다는 걸 뜻했다. 더 높은 수준의 고용과 더 나은 사회보장의 결합은 개인들이 더 기꺼이 리스크를 받아들인다는 걸 의미했다. 잘 설계된 '복지국가'는 '혁신적 사회'를 뒷받침했다.

그렇다고 반드시 그렇게 되는 건 아니다. '유모 국가(nanny state, 국가의 보호, 규제, 간섭이 심한 나라_옮긴이)'는 리스크를 안고 혁신하도록 하는 유인체계를 훼손할 수 있다. 적절한 균형을 맞추는 건 쉽지 않을 것이다. 스칸디나비아 국가들의 성공 요인 중 하나는 시장은 언제나 효율적이라거나 정부는 늘 비효율적이라고 생각하는 것과 같은 이념적인 선입견에 빠져들지 않은 것이다. 이번 금융시스템의 붕괴와 민간부문이 이끈 자원배분의 엄청난 오류는 그런 선입견을 고쳐줄 것이다. 그러나 우리가 5장에서 보았듯이 파산한 은행들의 '국유화'에 대한 두려움은 미국과 영국에서 정부 개입이 제때 효과적으로 이뤄지지 못하도록 방해했고, 이는 불필요하게 납세자들에게 수십억 달러의 비용을 물렸다. 미국에서는 사회주의, 민영화, 그리고 국유화 같은 표현들이 함께 따라와 명료한 생각을 하기 어렵게 하는 정서적 짐이 됐다.

현대 기업들이 실제로 어떻게 기능하는지에 관한 개척적인 연구로 1978년 노벨상을 받은 허버트 사이먼은 현대 자본주의 기업과 정부가 운영하는 기업 간의 차이는 대단히 과장됐다고 지적했다. 둘 다 모두가 다른 사람들을 위해 일하는 체제다. 경영자와 근로자들을 자극하기 위해 쓰는 유인구조는 같다. 그는 이렇게 밝혔다.

대부분의 생산자들은 고용된 사람들이며 기업의 주인들이 아니다. … 고전적인 (경제)이론의 견해로 보면 그들이 기업 소유주의 통제를 받지 않는 한 그들에게는 기업의 이익을 극대화할 까닭이 없다. … 더욱이 이 점에서는 영리기업, 비영리 조직, 그리고 관료조직 사이에 차이가 없다. 이들 조직 모두 고용된 이들이 조직의 목표를 위해 일하도록 유도해야 하는 똑같은 문제를 안고 있다. 선험적으로, 다른 목표를 가진 조직보다 이익 극대화를 목표로 하는 조직에서 이런 동기부여를 하기가 더 쉬울 (또는 더 어려울) 까닭이 없다. 이익으로 동기부여가 된 조직이 다른 조직보다 더 효율적일 것이라는 결론은 신고전학파의 가정에서 나온 조직경제이론과 맞지 않는다. 이게 경험적으로도 옳다면 이를 설명하기 위한 다른 공리가 도입돼야 한다.[24]

나는 1장에서 19세기 자본주의 모델은 21세기에 적용되지 않는다고 밝혔다. 대부분의 대기업들은 단독 소유주가 없다. 대기업에는 수많은 주주들이 있다. 오늘날 기업의 궁극적인 소유주('주주')들은 어떤 경우에는 다양한 공적 기관을 통해 움직이는 시민들이고, 다른 경우에는 연금기금과 뮤추얼펀드와 같이 그들이 거의 통제할 수 없는 다양한 금융중개기관을 통해 움직이는 시민들이라는 게 주된 차이다.[25] 두 가지 경우 다 기업의 소유권과 통제권의 분리에 따라 발생하는 상당한 '대리인' 문제가 있다. 기업에서 의사결정을 하는 이들은 실수에 따른 비용을 떠안지도 않고 성공에 대한 보상을 거둬들이지도 않는다.

공공부문과 민간부문 모두에 효율적인 기업과 비효율적인 기업의 사례들이 있다. 한국과 대만의 대규모 정부 소유 철강공장은 미국의 민간 소유 공장보다 더 효율적이었다. 미국이 아직도 가장 성공적인 부문들 가운데 하나가 고등교육부문이다. 내가 지적한 대로 모든 일류 대학들은 국립이거나 비영리기관이다.[26]

이번 위기 때 미국 정부는 경제부문에서 전례가 없는 역할을 했다. 전통적으로 정부의 적극적인 개입(특히 정부의 대규모 차입)에 대해 가장 큰 비판의 목소리를 내던 이들은 침묵을 지켰다. 그러나 다른 이들에게 부시의 대규모 은행 구제는 공화당의 보수주의 원리에 대한 배반이었다. 나에게 이는 (규모는 크지만) 단지 사반세기 넘게 계속 나타난 일의 또 하나의 확장으로 보였다. 기업복지국가의 확립이 그것이다. 평범한 개인들을 위한 사회적 보호는 적어도 어떤 분야에서는 약화되고 있는 가운데서도 기업의 안전망은 확장되고 강화됐다.

관세(수입 상품에 대한 세금)는 최근 몇십 년 동안 계속 낮아졌지만 광범위한 비관세장벽이 미국 기업들을 보호해줬다. 미국이 농업 보조금을 줄이기로 약속한 후인 2002년 부시 대통령은 보조금을 갑절로 올렸다. 농업은 매년 거금 수십억 달러의 보조금을 받게 됐다. 2006년 한 해에만 2만 7000명의 유복한 목화 농민들이 24억 달러를 나눠 가졌다. 이 프로그램은 국제무역규범을 어기고 아프리카와 남미, 인도의 수백만 명의 가난한 농민들에게 타격을 주는 것이었다.[27]

다른 산업들도 보조금을 받았다. 어떤 산업은 제한적인 범위 내에서만 받았고 어떤 산업은 대규모로 받았다. 어떤 경우에는 드러나게, 어떤 경우에는 세제를 통해 더 은밀한 방식으로 받았다. 미국에 있는 우리가 개발도상국들이 그들의 유치산업에 보조금을 주도록 허용돼서는 안 된다고 주장하는 동안 우리는 옥수수를 기반으로 한 에탄올산업에 대규모 보조금을 주는 걸 정당화했다. 1978년 시작된 이 산업을 '유치산업' 보호 논리(이 산업이 자력으로 경쟁할 수 있을 때까지 단지 잠시 도와준다는 논리)로 합리화한 것이다. 하지만 이 산업은 성장을 거부하는 유아였다.

어떤 이들은 한도가 없는 이익을 내는 것으로 보이는 석유산업은 정부에 도와달라고 손을 벌리지 않을 것으로 생각했을지도 모른다. 하지만 탐욕에는 한도가 없다. 그리고 돈은 정치적 영향력을 산다. 석유산업은 거액의 세금 보조를 받았다. 2008년 대통령선거 당시 공화당 후보였던 존 매케인은 부시의 첫 에너지 법안이 그 배후에 어떤 로비스트도 없었던 법안이라고 말했다.[28] 광업 역시 수십억 달러의 감춰진 보조금을 받았다. 그들은 정부 소유의 땅에서 사실상 공짜로 광물을 캐낸다. 2008년과 2009년 미국 자동차와 금융업계는 보조금 수혜자의 긴 명단에 합류했다.

미국의 가장 성공적인 산업 가운데서도 많은 부분이 정부의 존재를 느끼고 있다. 최근 그토록 많은 번영의 기반이 되고 있는 인터넷은 정부의 자금지원을 통해 만들어졌다. 웹브라우저의 원형인 모자이크 (Mosaic)도 정부가 자금을 대 개발한 것이다. 넷스케이프가 이를 시장에 내놓았지만, 마이크로소프트가 넷스케이프를 눌러버리려 독점적인 지배력을 사용했다. 전 세계의 법원들이 이를 뻔뻔스러운 독점적 지배력의 남용이라고 판결했다.

지난 몇 년 동안 미국 기업들에게 주어진 보조금이 수천억 달러에 이른다.[29] 그러나 이 금액도 최근 금융산업에 준 돈에 비하면 별 게 아니다. 나는 이 책 앞부분에서 되풀이되는 대규모 은행 구제에 대해 얘기했다. 이번 위기 때의 구제는 단지 가장 규모가 클 뿐이다. 구제가 시작됐을 때 내가 예상했던 것처럼 이는 그토록 짧은 기간에 이뤄진 역사상 가장 규모가 큰 부의 재분배 사례들 가운데 하나로 드러났다. (러시아의 국유 자산 민영화 과정에서 이뤄진 부의 재분배는 규모가 더 컸던 게 거의 확실하다.)

시장이 마치 보이지 않는 손처럼 (개별적인 경제 활동을_옮긴이) 사회의 복지로 이끈다고 한 아담 스미스의 말은 그다지 정확하지 않은 것일지도 모른다. 아담 스미스를 변호하는 이들 중 누구도 미국의 진화한 모습인 가짜 자본주의체제가 효율적이거나 공정하거나, 또는 사회의 복지로 이끈다고 주장하지 않을 것이다.

정부는 무슨 일을 해야 하나

지난 35년에 걸쳐 경제학자들은 언제 시장이 잘 작동하고 언제 잘 돌아가지 않는지 이해하기 위한 더 나은 이론을 개발했다. 대부분이 유인에 관한 이론으로 귀착된다. 언제 시장이 올바른 유인을 제공하는가? 언제 민간부문의 보상이 사회적 수익률과 일치하는가? 정부는 어떻게 이 둘을 일치시킬 수 있는가? 이 책의 6개 장에서는 금융시장에서 이들 유인이 어떻게 일치하지 않는가를 이야기했다.

경제학자들은 시장이 실패한, 다시 말해 사회와 민간의 유인이 잘 맞지 않았던 사례 중 몇 가지를 추려 짧은 리스트를 만들었다. 이는 중요한 실패의 많은 부분을 설명해줄 수 있는 것들이다. 이 리스트에는 독점, 외부성, 그리고 정보의 불완전성이 들어 있다. 시장이 바람직한 방식으로 돌아가도록 하기 위한 시도에서 '좌파'가 적극적인 역할을 맡아야 했던 건 지금 벌어지고 있는 정치적 논쟁의 아이러니다. 좌파는 예를 들어 경쟁이 확실히 이뤄지도록 하기 위한 반독점법의 제정과 이행을 통해, 시장참여자들이 최소한 더 좋은 정보를 얻을 수 있도록 공시 관련 법을 제정하고 이행하도록 함으로써, 그리고 외부성의 부작용을 줄이기 위한 환경오염 관련 법과 (6장에서 논의한 것과 같은 종류의) 금융 부문 규제를 제정하고 이행하도록 함으로써 그런 역할을 했다.

'우파'는 우리가 해야 할 일은 재산권을 확보하고 계약을 이행하도록 하는 것뿐이라고 주장했다. 이는 둘 다 필요하지만 충분하지는 않다. 또한 예컨대 재산권의 적절한 정의와 재산권의 범위 같은 핵심적인 이슈들이 제기된다. 소유권은 누구든 마음 내키는 대로 자유롭게 할 권리를 주는 건 아니다. 내가 땅 한 조각을 소유한다고 해서 그 밑의 지하수를 오염시킬 수 있는 권리를 갖는 건 아니다. 나뭇잎을 태워 공기를 오염시킬 권리조차 주어지지 않는다.

완전고용 유지와 안정적인 경제

시장이 제대로 돌아가도록 하는 건 그래서 국가의 책임 가운데 하나다. 사람들이 기대하는 방식으로 시장이 돌아가지 못하고 있다는 가장 명백한 증거는 주기적으로 나타나는 실업사태와 생산설비의 낮은 사용률, 자본주의의 특성이 된 경기침체와 공황이다. 1946년의 고용법은 경제를 완전고용 상태로 유지하는 게 국가적인 목표이며 정부가 이에 책임을 져야 한다는 걸 인정했다.

이 목표를 어떻게 하면 가장 잘 이룰 수 있는가는 논쟁거리다. 보수주의자들은 정부의 역할을 최소화하기 위해 최선을 다해 노력했다. 시장이 스스로 완전고용을 확보하지 못할 수 있다는 걸 마지못해 인정한 후 그들은 정부 개입의 범위를 좁히려 애썼다. 밀턴 프리드먼의 통화주의는 일정한 비율로 통화공급을 늘리도록 하는 기계적인 준칙으로 중앙은행을 제약하려고 시도했다. 그게 실패하자 보수주의자들은 인플레이션 목표제(inflation targeting)라는 또 하나의 단순한 준칙을 찾았다.

그러나 이번 위기는 시장의 실패는 복잡하고, 널리 퍼질 수 있으며, 쉽게 바로잡을 수 없고, 기계적인 준칙을 따를 경우 오히려 사태를 더 악화시킬 수도 있다는 걸 보여줬다. 이번 위기에 기여한 문제들 가운데는 리스크에 대한 과소평가 문제도 있다. 시장이 리스크에 적절한 가격을 매기도록 정부가 강제하는 건 불가능하겠지만, 6장에서 설명한 것처럼 정부는 시장의 잘못된 가격결정에 따른 피해를 제한하는 규제를 설계할 수 있다.[30]

혁신을 촉진하라

시장에만 맡겨두면 공급이 부족하게 될 재화들이 있다. 사회의 모든 구성원들이 그 이득을 누릴 수 있는 공공재가 대표적이다. 또한 어떤 핵심적인 혁신들도 그에 속한다. 미국의 세 번째 대통령인 토머스 제퍼슨은 지식은 촛불과 같다고 했다. 하나의 촛불이 다른 걸 비춰도 그 자신의 빛은 줄어들지 않는다. 그러므로 지식의 이용을 제한하는 건 비효율적이다.[31] 그런 제한에 따른 사회적 비용은 기초과학의 경우에 특히 크다. 그러나 지식을 자유롭게 퍼뜨리려면 정부는 그 생산을 위한 자금을 대는 책임을 맡아야 한다. 정부가 지식과 혁신을 촉진하는 데 핵심적 역할을 맡는 것은 바로 이 때문이다.

미국의 가장 큰 성공 가운데 일부는 정부가 지원하는 연구 활동에서 나왔다. 인터넷부터 첨단 생명과학기술에 이르는 이런 연구들은 일반적으로 국립대나 비영리 대학에서 이뤄진다. 19세기에 정부는 농업의 놀라운 발전을 이루는 데 큰 역할을 했다. 볼티모어와 워싱턴 사이의 첫 전신 라인을 깐 것을 비롯해 통신부문에서도 마찬가지였다. 정부는 사회적 혁신에서도 중요한 역할을 했다. 정부 프로그램은 주택 소유를 확대했다. 그런 일을 하는 민간의 노력을 망쳐놓은 약탈적 관행 없이도 주택 소유는 늘어났다.

특허권 제도를 통해 지식의 사용을 제한함으로써 민간부문의 혁신을 유도하는 것도 가능하다. 이렇게 하면 민간의 수익성은 높아지지만 사회 전체의 수익성은 감소한다. 잘 설계된 특허제도는 지식의 이용을 지나치게 제한하지 않고 혁신의 유인을 제공하며 적절한 균형을 맞추려 한다. 이 장의 뒷부분에서 설명하는 것처럼 기존 지적재산권 체제를 개선할 수 있는 여지가 많이 남아 있다.

그러나 금융시장의 경우 지적재산권을 보호하는 효과적인 방법이 없다는 게 문제다. 누가 성공적인 신상품을 만들어내더라도 금세 모방될 수 있다. 그래서 이는 일등이 지고 꼴찌가 이기는 상황이 될 수 있다. 새 상품이 성공하지 못하면 모방은 이뤄지지 않는다. 그러나 상품을 개발한 기업은 돈을 잃는다. 이 상품이 성공하면 모방이 이뤄지고 이익은 빠르게 사라진다.

그 결과 기업들은 고객들의 복리나 경제의 효율성을 향상시키는 혁신이 아니라 쉽게 모방할 수 없고 모방이 이뤄져도 여전히 이익을 낼 수 있는 혁신을 찾게 된다. 그래서 거짓말 대출과 고리대금 이자와 같은 신용카드 수수료는 금세 모방이 되지만 그럼에도 불구하고 엄청난 이익을 쌓아주는 '혁신'이었다. 이와 달리 파생금융상품과 다른 복잡한 금융상품들은 쉽게 모방되지 않았다. 복잡할수록 모방은 힘들어진다. 비교적 소수의 기관들이 복잡한 장외 파생상품 대부분을 발행했다. 경쟁이 적다는 건 이익이 많다는 뜻이었다. 달리 표현하면, 시장의 기능을 그토록 많이 훼손한 복잡성을 심화시키는 데 시장이 핵심적인 역할을 했던 것이다.

사회보장과 보험을 제공하라

정부는 사회적 보호에 중요한 역할을 해왔다. 실업이나 장애와 같이 개인이 직면하는 핵심적인 리스크에 대한 보험을 제공하는 것이다. 연금과 같은 몇 가지 경우에는 민간부문이 결국 정부의 선도를 따라갔다. 그러나 그 일을 하면서 덜 위험한 이들을 찾으려고 시도하는 데 많은 자원을 썼다. 이런 지출은 사회 전체로는 생산적이라고 볼 수 없는 것이다.

사회는 예컨대 태어날 때부터 심장에 이상이 있는 불운한 사람은 도와줘야 한다고 생각할 것이다("신의 은총이 없었다면 나도 저렇게 되었을 터"). 지원 방안에는 가슴을 여는 수술의 비용을 지불하는 것도 포함된다. 그러나 민간 보험회사는 그 비용을 지불하는 데 코가 꿰이는 걸 피하고 싶을 것이다. 그래서 누가 그런 리스크를 안고 있는지 알아내기 위해 할 수 있는 일은 다 할 것이다.[32] 이는 정부가 이런 보험시장에서 핵심적 역할을 계속해야 할 이유 중 하나다.

착취를 막아라

효율적인 시장도 여전히 사회적으로 받아들일 수 없는 결과를 낳을 수 있다. 어떤 개인들은 살아남을 수도 없을 정도로 너무나 적은 소득을 얻을 수도 있다. 경쟁시장에서 임금은 수요와 공급이 교차하는 점에서 결정된다. 그 '균형' 임금이 생계를 유지할 수 있는 임금으로 볼 근거는 없다. 정부는 일상적으로 시장에 따른 소득분배를 '교정'하려 한다.

더욱이 시장이 인간적이라는 걸 확인할 수 있는 건 아무것도 없다. 인간적이라는 게 어떤 의미이든 그렇다. 시장참여자들은 그들이 지금 갖고 있는 강점(또는 다른 시장참여자들이 지닌 약점)을 가능한 어떤 방식으로든 이용하는 데 주저하지 않을 것이다. 허리케인이 닥쳤을 때 자동차를 가진 이들은 다른 이들이 홍수를 피하는 걸 도와줄 수 있다. 하지만 그들은 그 서비스에 대해 '시장이 감당할 만큼' 요금을 물릴 수도 있다. 필사적으로 일자리를 구하는 근로자는 기준 이하의 안전성과 보건 조건을 가진 회사에 취업하는 것도 받아들일 것이다. 정부는 모든 형태의 착취를 막을 수 없다. 그러나 그 범위를 줄일 수는 있다. 바로 이 때문에 전 세계 선진 산업국가들 정부의 대부분이 고리대금업을 규제하는 법(상환 이자를 제한하는 법)을 채택하고 이행하는 것이다. 또한 최저임금과 근로시간 상한을 정하고, 직장의 기본적인 보건과 안전 조건을 정하고, 약탈적인 대출을 제한하려 애쓰는 것이다. 민간기업은 할 수 있으면 경쟁을 제한하려 한다. 또한 체계적인 패턴을 보이는 비합리성과 소비자들의 '약점'을 이용하는 데 능하다. 담배회사들은 중독성이 있고 암과 다른 여러 질병을 일으킨다고 알고 있는 제품들을 팔았다. 그들은 어떤 과학적 증거가 있다는 것도 부정했다. 그들은 담배의 유해성 주장에 대한 과학적인 의문이 있다는 메시지를 흡연자들이 잘 받아들일 것이라는 걸 알았다.

모기지 설계자들과 신용카드 회사들은 많은 개인들이 대출금 상환에 적어도 한 번은 늦을 거라는 점을 이용했다. 그들은 초기에 매우 낮은 금리로 차입자들을 끌어들일 수 있다. 원리금 상환이 늦어져 금리가 크게 오르면 초기의 낮은 금리를 상쇄하고도 남을 수 있다. 은행들은 고객들이 수수료가 높은 차월(overdraft) 제도를 이용하라고 부추긴다. 고객들이 계좌의 잔액이 얼마나 줄어들었는지 점검하지 않으리라는 걸 알기 때문이다.[33]

정부의 역할이 바뀐다

국가의 적절한 역할은 나라마다 다르고 시대마다 다르다. 21세기 자본주의는 19세기 자본주의와 다르다. 금융부문에서 배운 교훈은 다른 부문들에서도 참이다. 뉴딜 시대의 규제가 지금 맞지 않을 수 있어도 필요한 건 총체적인 규제완화가 아니라 어떤 부문에서는 규제를 강화하고 다른 부문에서는 완화하는 것이다. 세계화와 새로운 기술은 새로운 글로벌 독점기업들의 가능성을 열었다. 이들 기업은 19세기 말 대실업가들이 꿈꿨을 어떤 것도 넘어서는 부와 권력을 갖는다.[34] 1장에서 지적했듯이 기업의 소유권과 통제권이 분리됐기 때문에, 그리고 대부분의 일반 개인들의 부가 그들을 위해 일한다는 다른 사람들에 의해 관리된다는 사실 때문에 생긴 대리인 문제들은 기업지배구조에 대한 더 나은 규제의 필요성을 부각시켰다.

미국경제의 다른 변화들 역시 더 많은 정부의 역할을 요구할 수 있다. 많은 선진 산업경제들이 혁신경제가 됐다는 사실에서 시장의 속성에 대한 깊은 시사점을 얻을 수 있다. 예를 들어 어떤 경제에든 역동성을 유지하는 데 필수적인 경쟁이라는 이슈를 생각해보라. 예를 들어 철강시장에 경쟁이 있는지는 쉽게 확인될 수 있다. 경쟁이 없다면 그 문제를 다루는 잘 확립된 방안들이 있다.

그러나 아이디어를 만들어내는 건 철강을 생산하는 것과 다르다. 전통적인 상품에 대한 민간과 사회적 수익성이 잘 일치될 때도 혁신에 대한 사회적 수익과 민간의 수익은 뚜렷이 다르다. 심지어 중독성이 더 많아진 담배처럼 사회적 수익성이 마이너스인 혁신까지 있다.

민간부문은 사회 전반에 대한 수익률이 아니라 그 아이디어의 가치

가운데 얼마나 많은 부분을 자기들을 위해 쓸 수 있을지를 고민한다. 그 결과 시장은 성공적인 특허 의약품을 모방한 복제약품 개발을 비롯해 어떤 분야의 연구에는 너무 많은 돈을 쓰고 다른 분야에는 너무 적게 쓰도록 한다. 정부 지원이 없으면 기초 연구와 빈곤층의 질병에 관한 연구는 너무 부족할 것이다.

특허제도에 따르면 민간부문의 수익성은 최초가 되는 것과 관련이 있다. 이에 비해 사회의 수익성은 혁신의 결과를 더 일찍 활용할 수 있느냐와 관련이 있다. 유방암과 관련된 유전자에 관한 연구는 그 차이를 극적으로 보여준다. 세계적으로 인간 게놈을 모두 해독하려는 체계적인 노력이 이뤄지고 있다. 그러나 시장가치가 있을 만한 유전자들의 경우에는 이런 연구보다 앞서 가려는 경쟁이 벌어지고 있다. 미국 기업인 미리어드(Myriad)는 유방암 유전자에 관한 특허를 얻었다. 연구 성과가 없었을 경우에 비해 그 정보를 더 일찍 이용할 수 있게 된 것이다. 그러나 이 회사가 특허가 인정되는 곳에서는 그 유전자를 찾아내는 검사에 높은 요금을 받아야 한다고 주장하기 때문에 수천 명의 여성들이 불필요하게 죽을 수도 있다.[35]

결론적으로 21세기의 혁신적인 경제에서 정부는 더 중심적인 역할을 맡을 필요가 있다. 모든 연구체계의 바탕이 될 기초 연구를 제공하고, 지원금과 포상금을 통해 국가적 필요에 따른 연구에 유인을 제공하는 것을 비롯해 연구의 방향을 결정하고, 지적재산권 체제의 더 적절한 균형을 이루는 데 정부가 중심적 역할을 해야 하는 것이다. 지적재산권 체제의 균형은 사회가 제공할 수 있는 유인의 이득을 더 많이 얻을 수 있도록 하기 위한 것이다. 그 유인은 독점에 따른 사회적 비용을 포함해 관련 비용을 들이지 않고 제공할 수 있어야 한다.[36]

지난 세기 말에는 어떤 한 분야에 대해 정부가 행동을 해야 할 필요가 줄어들 것이라는 잘못된 기대가 있었다. 어떤 이들은 새롭고 혁신적인 경제에서는 경기사이클이 옛말이 됐다고 생각했다. 다른 많은 아이디어의 경우와 마찬가지로 침체가 없는 신경제의 개념에도 어느 정도 옳은 부분이 있었다. 새로운 정보기술 덕분에 기업들은 재고관리를 더 잘할 수 있게 됐다. 과거의 경기사이클 가운데 많은 경우가 재고변동과 관련된 것들이었다. 게다가 (재고가 중요한) 제조업 중심에서 (재고가 중요하지 않은) 서비스업 위주로 경제구조가 바뀌었다. 앞서 지적한 대로 오늘날 미국 제조업은 GDP의 11.5퍼센트밖에 차지하지 않는다.[37] 그러나 2001년의 경기침체는 미국이 여전히 광통신과 다른 투자에 지나치게 많은 돈을 쓸 수 있다는 걸 보여주었다. 또한 이번 침체는 주택에 너무 많은 돈을 지출할 수 있다는 걸 보여주었다. 18·19·20세기에 그랬던 것처럼 21세기인 지금에도 여전히 거품과 그 후유증은 존재한다.

시장은 불완전하며 정부도 마찬가지다. 어떤 이들은 불가피하게 정부는 포기해야 된다는 결론을 내린다. 시장도 실패한다. 하지만 정부의 실패는 (일부의 주장에 따르면) 더욱 심각하다. 시장은 불평등을 만들어낼 수 있다. 그러나 정부가 만들어낸 불평등은 더욱 나쁘다. 시장은 비효율적일 수 있다. 그러나 정부는 훨씬 더 비효율적이다. 이런 논리 전개는 허울만 그럴듯한 것이며 잘못된 선택을 제시한다. 어떤 형태의 공동행동을 취하는 수밖에 없다. 규제 받지 않은 (자유로운) 은행시스템을 만들려고 마지막으로 시도한 나라는 독재자 피노체트 치하의 칠레였다. 미국의 경우처럼 칠레의 신용 거품은 터졌다. 전체 대출의 약 30퍼센트가 부실화됐고 이 나라가 실패한 실험에 따른 빚을 갚는 데 사반세기가 걸렸다.

미국 정부는 규제를 할 것이다. 정부가 연구와 기술과 기반시설과 어떤 형태의 사회보장에 돈을 쓰는 것과 마찬가지다. 정부는 통화정책을 수행할 것이며 국방, 경찰, 소방, 그리고 다른 중요한 공공서비스를 제공할 것이다. 시장이 실패할 때 정부가 개입해 사태를 수습할 것이다. 그러므로 정부는 재앙을 막을 수 있는 일을 해야 한다.

그렇다면 정부가 뭘 해야 하는가? 얼마나 해야 하는가? 어떻게 해야 하는가?

모든 게임에는 규칙과 심판이 있다. 경제적 게임도 마찬가지다. 정부의 중요한 역할 가운데 하나는 규칙을 정하고 심판을 세우는 일이다. 규칙은 시장경제를 다스리는 법이다. 심판은 법규를 이행하도록 하고 해석하는 규제당국과 판사들이다. 옛날의 규칙은 과거에 잘 작동했든 안 했든 21세기에는 적합한 규칙이 아니다.

사회는 그 규칙이 공정하게 정해지고 심판이 공정하다는 걸 확신할 수 있어야 한다. 미국에서는 너무 많은 규칙들이 금융계 인사들에 의해, 그리고 그들을 위해 제정되고 있다. 심판들은 한쪽으로 기울어져 있다. 계속해서 편향된 결과가 나타나는 것은 놀랄 일도 아니다. 적어도 성공할 기회를 공평하게 주면서도 납세자들을 위험에 빠뜨릴 가능성은 더 적은 길을 열어두는 다른 대응 방법들도 있었다. 정부가 중간에 금융부문에 전례 없는 선물을 주는 전략으로 바꾸지 않고 규칙에 따라 행동하기만 했더라면 그런 길이 있었을 것이다.

결국 이런 권한 남용에 대한 유일한 견제는 민주적 절차를 통하는 것이다. 그러나 민주적 절차가 지배할 가능성은 정치자금 기부와 선거절차에 대한 개혁에 달려 있다.[38] 상투적이어도 진리가 담긴 말이 있다. 선택권은 돈 낸 사람에게 있다는 말이다(원문은 He who pays the piper calls the tune. 백파이프 연주자에게 돈을 내는 이가 곡조를 선택한다는 뜻이다_옮긴이). 금융부문은 두 정당의 연주자 모두에게 돈을 냈고 곡조를 선택했다. 은행들이 정치자금 기부자로서 무시하기에 너무 큰 상황이 계속된다면 우리 같은 시민들이 무너지도록 내버려두기에 너무 크고, 문제를 해결하기에 너무 크며, 경영하기에도 너무 큰 은행들을 쪼개는 규제조치가 통과되리라고 기대할 수 있겠는가? 우리는 은행들이 지나치게 위험한 행동을 하는 것을 제한하는 것이라도 기대할 수 있겠는가?[39]

이번 위기에 대응하는 것, 그리고 미래의 위기를 예방하는 것은 경제적일 뿐만 아니라 정치적인 일이다. 이익집단과 나라 전체의 일관성 없는 요구를 감안할 때 우리가 국가적으로 이런 개혁을 이루지 못하면 정치적 마비상태를 맞을 위험도 있다. 우리가 정치적 마비상태를 피한다면 이는 오늘 구제자금을 대기 위해 미래에서 차입함으로써, 그리고 (또는) 오늘 최소한의 개혁을 하면서 더 큰 문제들을 나중으로 미룸으로써 우리의 미래를 희생한 대가일 가능성이 크다.

오늘날의 도전은 신자본주의(New Capitalism)를 창조하는 것이다. 우리는 낡은 자본주의의 실패를 경험했다. 하지만 신자본주의를 창조하려면 (월스트리트와 전체 사회 사이의 믿음을 포함해) 신뢰가 필요할 것이다. 금융시장은 우리의 기대를 저버렸다. 그러나 우리는 금융시장 없이는 일을 할 수 없다. 정부는 우리의 기대를 저버렸다. 하지만 우리는 정부 없이 살 수 없다. 레이건-부시 시대의 규제완화는 정부에 대한 불신에 바탕을 두고 있다. 규제완화의 실패에서 우리를 구하려는 부시-오바마 정부의 시도는 두려움을 바탕으로 한 것이다. 임금이 떨어지고 실업이 늘어남에 따라 불평등은 명백해졌다. 불평등은 또한 은행 보너스가 치솟고, 기업복지가 강화되고, 기업 안전망이 확대되는 반면 평범한 시민의 안전망은 감축되면서 뚜렷해졌다. 이런 불평등은 실망과 분노를 불러일으켰다. 실망과 분노, 두려움과 불신이 자라는 환경은 무너진 것들을 다시 일으켜 세우기 위한 길고 힘든 과정을 시작하기에 최적의 환경이 될 수 없다. 그러나 우리에게는 다른 선택이 없다. 우리가 지속적인 번영을 되찾으려면 우리 사회의 모든 구성원들 사이, 시민과 정부 사이, 지금 세대와 미래 세대 사이의 신뢰에 바탕을 둔 새로운 사회계약이 필요하다.

글로벌 번영을 향해

FREEF∀LL

08

미국의 경제정책은 원칙보다는 자국 이기주의에 바탕을 둔 것이었다. 더 정확히 말하자면 특수한 이해집단의 선호가 경제정책을 형성하는 데 핵심적인 역할을 했고 앞으로도 그럴 것이다. 미국의 경제적 패권은 더 이상 과거에 그랬던 것처럼 당연한 일로 받아들일 수 없을 것이다. 미국이 다른 나라의 존경을 받기를 바라면, 그리고 지난날처럼 영향력을 발휘하기를 원하면, 행동으로써 원하는 걸 얻어야 한다. 불리한 처지에 있는 이들을 대하는 방식을 포함해 모든 면에서 본보기가 되는 행동을 통해 존경과 영향력을 얻어야 한다.

경제위기가 미국에서 다른 세계로 빠르게 퍼져나감에 따라 위기 대응과 회복 전략에 있어 글로벌 공조의 필요성이 분명해졌다. 하지만 각국은 주로 자국의 복리만 생각했다. 글로벌 경제체제의 안정을 유지하는 책임을 맡은 국제기구들은 이번 위기를 막는 데 실패했다. 이제 그들은 또다시 실패하려 하고 있다. 그들은 필요한 공조체제를 만들어내는 역량을 갖지 못했다. 경제적인 차원의 세계화는 세계를 더욱 상호의존적으로 만들었다. 함께 행동하고 협조적으로 일할 필요가 커졌다. 하지만 그렇게 할 수 있는 효과적인 수단이 없었다. 세계화의 부족함은 경제 활성화 조치의 규모, 통화정책의 수행, 구제와 지급보증의 설계, 보호주의 확산, 그리고 개발도상국에 대한 지원에서도 고스란히 드러난다. 세계화의 문제는 또한 세계가 글로벌 규제체제를 확립하는 데 어려움을 겪을 때도 계속해서 나타날 것이다.

현재의 위기는 위험과 기회를 모두 던져준다. 한 가지 위험은 글로벌 경제와 글로벌 금융시스템을 잘 관리하기 위해 아무런 행동도 취하지 않으면 앞으로 더 많은 위기가, 아마도 더 심각한 모습으로 나타날 것이다. 통제 받지 않고 규제되지 않는 세계화로부터 스스로를 보호하려는 나라들은 개방성을 줄이는 조치를 취할 것이다. 그에 따라 글로벌 금융시장이 조각나면 글로벌 통합에서 얻는 이점은 훼손될 것이다. 많은 나라들에게 그동안 세계화(특히 금융시장의 세계화)가 관리되던 방식은 제한적인 혜택과 엄청난 위험을 던져주었다.

두 번째 위험은 첫 번째 것과 관련된 것으로 시장의 효율성을 둘러싼 경제학자들 사이의 아이디어 싸움에 관한 것이다(이는 다음 장에서 더 상세히 논의된다). 세계의 많은 부분에서 이 싸움은 학문적인 논쟁일 뿐만 아니라 생존에 관한 물음이기도 하다. 어떤 종류의 경제체제가 그들에게 가장 잘 작동하는지에 관한 활발한 논쟁이 벌어지고 있다. 분명 미국식 자본주의는 엄청난 문제에 부딪힐 수 있다는 게 드러났다. 그러나 미국은 사태를 수습하는 데 수천억 달러를 쓸 여유가 있다. 가난한 나라들은 그럴 수 없다. 지금까지 벌어진 일이 앞으로 몇 년 동안 이 논쟁에 영향을 미칠 것이다.

미국은 여전히 세계에서 가장 큰 경제로 남아 있을 것이다. 그러나 세계가 미국을 보는 시각은 달라졌다. 그리고 중국의 영향력은 커질 것이다. 이번 위기 전에도 달러는 더 이상 가치저장의 좋은 수단으로 여겨지지 않았다. 달러 가치는 변동이 심하고 떨어지고 있었다. 이제 미국의 채무와 적자가 눈덩이처럼 불어나고 연준이 끊임없이 돈을 찍어냄에 따라 달러에 대한 신뢰는 더욱 훼손됐다. 이는 장기적으로 미국의 지위와 평판에 영향을 미칠 것이다. 그러나 이는 이미 새로운 글로벌 금융질서에 대한 요구를 만들어냈다. 새로운 글로벌 지불준비시스템, 그리고 더 나아가 글로벌 경제체제를 관리하는 새로운 틀이 만들어질 수 있으면, 그러지 않으면 암울했을 구름에 몇 안 되는 밝은 햇살이 될 것이다.

이번 위기의 초기 단계부터 선진 산업국가들은 이 문제를 혼자서는 해결할 수 없다는 걸 인식했다. 세계의 문제들을 풀기 위해 해마다 만나는 선진 산업국가 모임인 G8(주요 8개국)은 내가 보기에는 언제나 놀랍다. 이른바 세계의 지도자들이라는 이들은 세계 GDP의 거의 절반과 세계 인구의 80퍼센트를 차지하는 다른 나라들의 지도자를 적극적으로 논의에 참여하도록 초청하지 않고도 지구온난화와 글로벌 불균형과 같은 엄청난 문제들을 풀 수 있을 것으로 생각했다. 2007년 독일에서 열린 G8 정상회의 때는 다른 나라 지도자들이 선진 산업국가들의 견해를 정리한 성명서가 발표된 후에 (오찬에) 초대됐다. 이는 다른 나라들의 견해는 마치 나중에 생각나 덧붙이는 말쯤으로 여기는 것과 같았다. 이런 말은 정중하게 들어주기는 하지만 어떤 중요한 결정에도 실제로 반영되지 않는다.

경제위기가 화산처럼 분출하자 오래된 클럽이 혼자서만 이 문제를 풀 수 없다는 게 명백했다. 2008년 11월 워싱턴에서 중국, 인도, 브라질 같은 신흥국가 정상들을 포함한 G20(주요 20개국) 정상회의가 열렸다. 이제 낡은 기구는 수명이 다하고 있다는 게 분명했다.[1]

글로벌 경제를 지배하는 새로운 체제가 어떤 모습일지는 앞으로 몇 년 동안 분명하지 않을 수도 있다. 그러나 특히 2009년 4월 런던에서 열린 두 번째 G20 정상회의를 주최한 고든 브라운 당시 영국 총리가 밀어붙인 대로 신흥시장 국가들이 글로벌 경제에 대한 모든 의사결정이 이뤄지는 테이블에 자리를 확보하게 될 게 분명했다. 그 자체가 큰 변화였다.

실패한 글로벌 대응

개발도상국들은 적어도 1990년대 초부터는 글로벌 경제성장의 엔진이었다. 이들은 글로벌 GDP 증가의 3분의 2 이상을 차지했다.[2] 그러나 개도국들은 위기에 특히 심각한 타격을 받았다. 중국처럼 뚜렷한 예외도 있지만, 대부분 국가들이 대규모 구제 조치에 나서거나 엄청난 부양조치를 취할 수 있는 자원을 갖지 못했다. 지구촌은 전 세계가 함께 '곤란한' 상황에 직면했음을 깨달았다. 미국은 다른 나라들에게 타격을 주었지만 나머지 세계의 취약성은 미국경제의 회복에도 위협을 가했다.

세계화의 시대에도 정책결정은 한 국가 차원에서 이뤄진다. 각국은 다른 나라들에게 미칠 영향과는 상관없이 기대이익과 비용을 비교한다. 경기부양을 위한 지출의 경우 기대이익은 늘어난 일자리와 높아진 GDP이고 비용은 늘어난 빚과 적자다. 작은 경제의 경우 (예를 들어 정부지원 프로그램의 결과로) 소득 증가에 따라 늘어나는 지출 가운데 많은 부분이 상품 수입을 통해 해외에서 일어난다. 그러나 큰 나라의 경우에도 지출에 따른 상당한 효과가 해외까지 미친다.[3] 다른 말로 표현하면 '글로벌 승수(global multiplier)', 즉 지출이 1달러 늘어날 때마다 글로벌 경제의 생산이 늘어나는 규모가 '개별 국가 승수(national multiplier)'보다 훨씬 크다. 글로벌 경제가 얻는 효과가 개별 국가가 얻는 효과보다 크기 때문에 각국이 위기 대응에 공조를 하지 않으면 각국의 경기부양 조치와 글로벌 부양 조치는 너무 작은 규모가 될 것이다. 특히 아일랜드와 같은 작은 나라들은 부양대책에 돈을 쓸 유인이 거의 없을 것이다. 이들 나라는 그 대신 다른 나라의 경기부양을 위한 지출에 '무임승차'하는 걸 선호할 것이다.[4]

더 나쁜 건 각국이 자국의 이득을 극대화하기 위해 경기부양대책을 설계할 유인을 갖고 있다는 점이다. 이들 나라는 국내에서 생산된 상품과 서비스에 돈을 쓰면서 해외에 '유출되는' 부양효과가 가장 작은 지출을 찾을 것이다. 그 결과 글로벌 경기부양이 바람직한 수준보다 적게 이뤄질 뿐만 아니라 그 효과도 기대에 미치지 못할 것이다. 본전도 뽑지 못할 수도 있다. 이에 따라 세계적으로 경기부양에 대한 공조가 더 잘 이뤄졌을 경우에 비해 경기회복은 미미할 것이다.

게다가 많은 나라들이 국내 소비를 부추기기 위해 보호주의 조치를 취할 것이다. 예를 들어 미국은 경기부양 법안에 미국산 제품에 돈을 쓰도록 요구하는 '바이 아메리칸(Buy American)' 규정을 두었다. 그러면서도 그런 차별을 막기 위한 국제협정이 있으면 이 규정을 적용하지 않는다는 (어떤 면에서는 합리적으로 보이는) 조건을 달았다. 하지만 미국은 정부 조달에 관한 그런 협정을 대부분 선진국들과 맺고 있었다. 이는 사실상 경기부양 자금이 부자나라들의 상품을 사는 데 쓰이고 '미국산' 위기의 무고한 희생자인 가난한 나라들의 상품을 사는 데에는 쓰일 수 없다는 걸 의미했다.[5]

이웃나라를 거지로 만드는 정책(beggar-thy-neighbor policy, 근린궁핍화정책_옮긴이)이 효과가 없는 이유 중 하나는 이런 정책이 보복을 부른다는 점에 있다. 그런 일은 이미 일어나고 있다. 예를 들어 캐나다 도시들은 '미국산 배제(Don't Buy American)' 규정을 만들었다. 다른 나라들도 이것을 따라 하게 된 결과 오늘날 이런 보호주의 조치를 취하고 있는 건 미국만이 아니다. G20 지도자들이 자기 나라는 보호주의 조치를 취하지 않겠다고 약속한 지 몇 달 후 그들 중 17개국이 결국 보호주의 조치를 밀어붙여 시행했다.[6] 오늘날 세계에서 그런 규정이 비생산적인 까닭은 또 하나 있다. 순전히 미국에서 생산된 제품을 찾기는 어려우며 그것이 미국산임을 증명하기는 더 어렵다. 그래서 많은 미국 기업들이 자기들이 쓰는 철강이나 다른 제품들이 모두 미국에서 만든 것임을 증명할 수 없으면 프로젝트에 응찰을 할 수 없다.

글로벌 대응이 부적절했던 분야는 경기부양대책을 설계하는 것뿐만이 아니었다. 나는 앞서 대부분의 개도국들이 그들 스스로 경기부양을 할 재원을 갖지 못했다고 이야기했다. G20 국가들은 2009년 2월 런던 정상회의에서 전통적으로 각국이 위기에 대응하는 걸 도와주는 책임을 맡았던 기구인 IMF에 추가로 기금을 출연하기로 했다. G20은 IMF의 자금공급 능력을 늘리기 위해 금을 매각하거나 특별인출권(SDR)을 새로 발행하는 것과 같은 몇 가지 다른 방안들도 찾았다. SDR은 특별한 종류의 글로벌 통화로, 이 장 뒷부분에 다시 논의할 것이다. 약 1조 달러의 재원을 마련한다는 기사 제목은 인상적이었다.

유감스럽게도 이런 계획들은 취지는 좋지만 문제도 있었다. 첫째, IMF에 주어진 돈 가운데 가장 가난한 나라들에게 돌아갈 것 같은 돈은 거의 없었다. 사실 서유럽 국가들이 자금을 공급하도록 한 자극제 가운데 하나는 엄청난 문제를 안고 있는 동유럽을 IMF가 도와줄 거라는 기대였다. 서유럽은 이웃나라들을 도와줄 최선의 방안에 합의할 수 없었기 때문에 그 책임을 IMF에 떠넘겼던 것이다. 둘째, 많은 가난한 나라들이 엄청난 빚더미에서 막 벗어났기 때문에 빚을 더 안기 싫어하는 건 예상할 수 있는 일이었다. 부자나라들은 IMF의 단기 대출금 대신 상환할 필요가 없는 지원금 형태로 자금을 제공했어야 했다. 독일과 같은 몇몇 나라들은 이런 쪽으로 분명한 의지를 나타냈다. 부양 조치 가운데 일부를 가난한 나라들을 돕는 데 쓰도록 한 것이다. 그러나 이는 예외일 뿐 일상적인 건 아니었다.

그 자금을 전달할 기구로 IMF를 선택한 것 자체에 문제가 있었다. IMF는 위기를 막기 위해 거의 아무 일도 하지 않았을 뿐만 아니라 규제완화정책을 밀어붙였다. IMF가 부추긴 자본 자유화와 금융시장 자유화는 위기를 만들어내고 전 세계로 빠르게 확산하도록 하는 데 기여했다.[7] 더욱이 IMF가 밀어붙인 이런저런 정책들과 이를 집행하는 방식은 그 자금을 필요로 하는 많은 가난한 나라들이 매우 싫어하는 것이었다. 또한 가장 빈곤한 나라들을 돕기 위해 쓰일 수 있는 대규모 유동성 자금을 갖고 있는 아시아와 중동지역 국가들도 IMF 정책을 좋아하지 않았다. 나는 자기 나라가 숨이 넘어갈 지경이 돼야 IMF에 손을 벌릴 것이라는 한 개도국 중앙은행 인사와 견해를 같이했다. 이는 드문 견해라고 할 수 없다.

IMF를 직접 지켜봤던 나는 일부 국가들이 IMF에 자금지원을 요청하기 꺼린다는 걸 이해했다. 과거 IMF는 위기에 빠진 나라들의 경기침체를 오히려 악화시키는 가혹한 조건들을 붙여서야 자금을 지원했다.[8] 이런 조건들은 위기에 빠진 나라들이 경제의 기력을 유지하도록 도와주기보다는 서방의 채권자들이 빌려준 돈을 그런 지원이 없었을 경우에 비해 더 많이 회수할 수 있도록 도와주기 위해 고안된 것들이었다. IMF가 흔히 부과하는 엄격한 조건들은 세계 곳곳에서 폭동을 불렀다. 동아시아 위기 때 인도네시아에서 일어난 폭동이 가장 유명했다.[9]

IMF가 도미니크 스트로스-칸을 총재로 선임하고 거시경제와 대출정책에 대한 개혁을 시작한 건 좋은 소식이었다. 예를 들어 아이슬란드가 IMF에 지원을 요청했을 때 이 나라는 적어도 지원이 이뤄지는 첫해에는 자본통제를 실시하고 재정적자를 유지하도록 허용됐다. IMF는 마침내 케인즈학파의 거시경제 활성화 정책이 필요하다는 걸 인정했다. IMF 총재는 성급하게 부양 조치를 거둬들이는 데 따른 위험에 관해 분명하게 이야기했으며, 고용에 초점을 맞출 필요가 있다고 말했다. 우량국가들은 조건 없이 돈을 빌릴 수 있게 됐다. 이들은 사실상 '사전에 자격을 갖출 수' 있었다. 그러나 의문은 남는다. 누가 그런 좋은 점수를 받을 수 있는가? 사하라 남쪽 아프리카 나라들이 그런 자격을 가질 수 있는가? 많은 나라들의 경우 IMF 지원 프로그램이 과거와는 뚜렷한 차이를 보였지만, 어떤 나라들에 대해서는 여전히 강력한 조건들이 부과되는 것으로 보였다. 이런 조건에는 재정지출 축소와 금리 인상을 비롯해 케인즈학파 경제학자들이 권하는 것과 정반대의 조치들이 포함됐다.[10]

IMF는 채권국인 부유한 산업국가들의 재무장관과 중앙은행 총재들이 운영하는 올드보이들의 클럽이었다. 좋은 경제정책에 대한 IMF의 견해는 금융계 인사들에 의해 형성된 것이었다. 내가 지적하고 이번 위기가 충분히 보여준 것처럼 이 견해들은 오도된 경우가 많았다. 미국만이 이 기구의 중요한 의사결정에 대해 거부할 힘을 갖고 있었다. 미국은 언제나 이 기구의 2인자를 임명했고 유럽은 언제나 1인자를 선임했다. IMF가 좋은 지배구조에 관해 거들먹거리며 말할 때도 정작 자기들은 자기가 설교하는 대로 실행하지 않았다. IMF는 우리가 지금 공공기관들에게 기대하는 수준의 투명성을 갖지 못했다. 2009년 2월 런던 G20 정상회의에서는 IMF 개혁에 대한 공감대가 있었다. 하지만 느리기만 한 개혁의 속도를 볼 때 세계는 실질적인 변화를 이루기도 전에 다음번 위기에 빠질 가능성이 있다. 그래도 오랜 시간이 걸려 이뤄진 중요한 진전이 적어도 하나는 있었다. IMF 총재는 공개적이고 투명한 방식으로 선임해야 하며 국적에 상관없이 가장 능력 있는 이를 찾아야

한다는 데 회원국들 간에 합의가 이뤄졌다.[11]

　미국이 개도국들을 돕는 데 인색한 것은 주목할 만하다. 그 인색함 때문에 치러야 할 대가는 클 것이다. 위기 전에도 미국은 선진국들 가운데 다른 나라들을 돕는 데 가장 인색한 나라에 속했다. 국민소득에서 지원 금액이 차지하는 비율을 볼 때 미국은 유럽의 선도국가들의 지원 규모에 비해 4분의 1에도 미치지 못한다.[12] 이번 글로벌 위기는 미국에서 비롯된 것이다. 미국은 다른 나라들에게 자기 행동에 대해 책임을 지라고 끊임없이 가르쳤다. 그러나 이번 경우에는 미국에서 시작된 위기가 그토록 쉽게 전염되도록 한 규칙들을 속여서 판 것에 대해, 미국의 보호주의 정책에 대해, 또는 처음부터 세계경제의 혼란을 만들어낸 것에 대해 책임을 거의 지지 않는 것으로 보인다.[13]

글로벌 규제

규제완화는 이번 위기에서 중심적인 역할을 했다. 은행에 대한 신뢰를 회복하고 또 다른 위기를 막기 위해 새로운 규제가 필요할 것이다. 2009년 초 두 번째 G20 정상회의 준비 단계에서 어떤 그룹에서는 경기 회복을 위한 글로벌 공조가 더 중요한지, 또는 세계적으로 조화된 규제 체계를 갖추는 게 더 중요한지에 관한 논란이 있었다. 그에 대한 답은 분명하다. 둘 다 필요하다. 포괄적인 규제가 없으면 규제 회피가 나타날 것이다. 금융은 규제가 가장 적은 나라로 옮겨갈 것이다. 그러면 그 나라들은 규제가 부실한 기관들이 전염효과를 내는 걸 막기 위해 조치를 취해야 할 것이다. 요컨대 한 나라가 적절한 규제를 하는 데 실패하는 건 다른 나라들에게 부정적인 외부효과를 발생시킨다. 세계적으로 적절히 조율된 규제시스템이 없으면 각국이 다른 나라의 실책으로부터 스스로를 보호하려 노력함에 따라 글로벌 금융시스템은 분열되고 분할될 위험이 있다. 각국은 다른 나라들이 부당한 행위를 막기 위한 적절한 조치를 취할 것으로 믿을 수 있어야 한다.

G20 국가들이 취한 가장 강력해 보이는 조치들이 이 모임에 참여하지 않는 나라들에 대한 것이었다는 사실은 놀랄 일도 아니다. 이 조치들은 케이먼 군도처럼 오랫동안 세금과 규제 회피를 위한 중심지가 돼온 이른바 비협조적인 나라들을 겨냥한 것이었다. 이들 나라는 우연히 생긴 구멍이 아니다. 부유한 미국과 유럽 사람들, 그리고 그들을 위해 일하는 은행들은 자국 규제당국의 조사에서 벗어날 수 있는 천국을 원했다. 그리고 규제당국자들과 입법자들은 그들이 원하는 걸 들어주었다. G20 국가들이 이들 조세천국에 요구한 것은 방향은 옳은 것이었지만 충분히 가벼운 것이었다. 그래서 OECD는 거의 즉각적으로 이들 조세천국 모두를 '블랙리스트'에서 빼버렸다.[14]

정기적이고 완전한 정보교환이 이뤄지지 않으면 특정 국가의 조세당국은 무엇 또는 누가 그들의 그물을 빠져나가는지 알지 못한다. 개발도상국들에게는 이보다도 더 중요한 문제가 있다. 부패가 바로 그것이다. 부패한 독재자들은 수십억 달러를 갖고 달아나 그 돈을 역외 은행뿐만 아니라 런던을 포함한 세계의 가장 큰 금융중심지 어딘가에 숨겨놓는다. 개도국들이 부패에 대해 더 적극적인 조치를 취하지 않는다는 비난은 옳다. 그러나 선진국들이 부패한 관료들에게 피난처와 그들의 돈을 숨겨둘 은행 비밀계좌를 제공함으로써 부패행위를 돕는다는 개도국들의 비판 역시 옳다. 어떻게 해서 그 돈이 있는 곳을 알아냈다고 해도 이를 돌려받기는 어려운 경우가 많다. 그러나 이는 모임에 참여하지 않는 개도국들의 문제다. 그래서 G20 국가들이 처음 만났을 때 이런 걸 바

꾸기 위해 아무 일도 안 한 건 놀라운 일도 아니었다.[15]

이 책 앞부분에서 나는 새로운 규제체계의 의제들을 개괄적으로 보여줬다. 그러나 G20이 (레버리지나 투명성 같은) 핵심적인 의제들 가운데 일부에 대해서는 립서비스를 하면서도 정작 가장 중요한 문제들은 비켜갔다. 이번 위기의 중심에 있었고 정치적으로 영향력이 있는 대마불사형 기관들에 대해 무엇을 해야 할지, 또는 이번 위기가 확산되도록 도왔던, 그리고 주요 국가들이 할 수 있는 모든 일을 다 하면서 촉진했던 금융·자본시장 자유화에 대해 어떻게 해야 할지 하는 문제들은 피해갔다. 다른 나라들 가운데 프랑스는 근시안적 행태와 지나친 리스크 감수를 부추겼던 과도한 보상체계를 비롯한 몇 가지 문제들을 강력히 제기했다. 규제 문제에 대한 G20의 대응은 다른 면에서도 실망스러웠다. 문제를 풀어가기 위해서, 바로 그 실패한 기관들이 안내하는 대로 따른 것이다.

금융안정포럼(Financial Stability Forum)은 규제와 감시, 감독에 대한 논의와 협조를 원활하게 하기 위해 대략 10여 개의 가장 중요한 선진국 금융당국들을 함께 불러 모은 것이다. 이는 동아시아 위기 직후 또다시 그런 위기가 발생하지 않도록 확실히 하기 위해 G7 재무장관과 중앙은행 총재회의에서 뻗어 나온 기구로 만들어졌다. 이 포럼은 분명 성공하지 못했다. 그러나 그 실패는 놀라운 일이 아니었다. 이 포럼은 지난 위기들을 불렀을 뿐 아니라 이제 이번 위기로 이어진 똑같은 규제완화의 철학으로 가득 차 있었다. 그러나 G20은 왜 금융안정포럼이 실패했는지를 묻지 않았다. 그 대신 G20은 포럼의 이름을 '금융안정위원회(Financial Stability Board)'로 바꾸고 회원국을 조금 늘렸다. 금융안정위원회는 새 이름으로 새로운 출발을 했을 수도 있다. 아마 교훈도 얻었을 것이다. 하지만 나는 경제에 관한 관점은 그렇게 쉽게 또는 그토록 빨리 변하지 않을 것으로 본다.

신뢰를 잃어버린 미국식 자본주의

미국에서는 어떤 이를 사회주의자라고 부르는 건 비열한 행동에 지나지 않는다. 좌파가 오바마를 지나치게 온건하다고 비판하고 있는 가운데서도 광적인 우파는 사회주의자라는 꼬리표로 오바마에게 오명을 씌우려 했다. 세계의 여러 나라에서 자본주의와 사회주의와의(또는 많은 미국인들이 사회주의라고 꼬리표를 붙이는 것과의) 싸움은 여전히 격렬하다. 세계 대부분의 나라에서 정부는 미국 정부가 하는 것보다 더 큰 역할을 해야 한다는 데 공감대가 형성돼 있다. 이번 경제위기에서 승자는 없을지 몰라도 패자는 있다. 가장 큰 패자 가운데 하나가 지지를 많이 잃은 미국식 자본주의다. 이런 변화가 글로벌 경제와 정치에 관한 논의에 미칠 영향은 오랫동안 지속될 것이다.

  1989년 베를린장벽 붕괴는 공산주의가 하나의 사상으로 더 이상 살아남을 수 없다는 걸 보여줬다. 공산주의의 문제점들은 몇십 년 동안 뚜렷이 드러났다. 그러나 1989년 이후 누구도 공산주의를 방어하는 말을 한마디도 하기 어렵게 됐다. 일시적으로 공산주의의 패배는 곧 자본주의, 특히 미국적인 형태의 자본주의의 확실한 승리를 뜻하는 걸로 보였다. 1990년대 초 프랜시스 후쿠야마는 '역사의 종언'을 주장하기까지 했다. 민주적 시장자본주의를 사회발전의 마지막 단계로 정의하면서 이제 모든 인류가 필연적으로 이 방향을 향해 가고 있다고 선언한 것이다.[16] 사실 역사학자들은 1989년 이후 20년을 미국 우월주의의 짧은 기간으로 특징지을 것이다.

리먼브러더스가 무너진 2008년 9월 15일이 시장근본주의(자유롭게 풀어놓은 시장은 스스로 경제적 번영과 성장을 확보할 수 있다는 생각)에 미친 충격은 베를린장벽 붕괴가 공산주의에 미친 영향과 같은 것이었다. 시장근본주의가 지닌 문제들은 그 이전에도 알려져 있었지만, 그 후에는 누구도 그 이념을 잘 방어할 수 없었다. 거대한 은행과 금융회사들이 무너지고 그에 따른 경제의 혼란과 어지러운 구제 노력이 이어지는 가운데 미국의 우월주의는 끝났다. '시장근본주의'에 대한 논란도 끝났다. 오늘날 착각에 빠진 이들만이 시장에 자율조정기능이 있으며 사회가 시장참여자들의 이기적인 행동에 의지해도 좋다고 주장한다(그런 이들은 미국 보수주의자들 가운데 많으며 개발도상국에는 별로 많지 않다). 이들은 시장참여자들의 이기적인 행동이 모두에게 이득이 되는 방식으로 이뤄지는 건 물론이고 모든 일들이 정직하고 적절하게 이뤄질 수 있도록 해주리라고 믿어도 좋다고 주장한다.

이런 경제적 논의는 개도국에서 특히 의미를 갖는다. 서방에 있는 사람들이 잊어버리기 쉽지만 190년 전 세계 GDP의 거의 60퍼센트가 아시아에서 나왔다. 하지만 그 후 유럽과 미국의 기술혁명과 더불어 식민지 착취와 불공정한 무역협정은 개도국들을 멀찌감치 뒤처지게 만들었다. 1950년에는 아시아 경제가 세계 GDP의 18퍼센트 미만을 차지할 정도였다.[17] 19세기 영국과 프랑스는 실제로 중국을 글로벌 무역에 '개방'된 상태로 남아 있도록 강요하기 위한 전쟁을 벌였다. 바로 아편전쟁이었다. 이는 서방 국가들이 자기네 아편에 대해 중국이 문을 닫아걸지 않도록 확실히 하기 위해 싸웠기 때문에 붙은 이름이다. 서방은 마약을 빼고는 중국에 팔 만한 게 별로 없었다. 서방이 중국에 쏟아붓고자 했던 이 약품은 중독을 널리 퍼뜨리는 부작용을 일으켰다.

식민주의가 개도국들에게 남긴 유산은 여러 가지가 섞여 있지만 한 가지 분명한 건 이들 나라 사람들은 자기들이 가혹하게 착취당했다고 생각한다는 점이다. 이들 나라에서 부상한 많은 지도자들에게 마르크스 이론은 그들의 경험에 대한 해석을 제공해주었다. 이는 착취가 실제로 자본주의체제의 토대라는 걸 시사했다. 2차 세계대전 후 수십 개 나라의 정치적 독립이 경제적 식민주의를 끝낸 건 아니다. 아프리카와 같은 지역에서는 명백한 착취, 다시 말해 아주 작은 대가만 치르고 자연자원을 뽑아가고 환경을 유린하는 일이 일어났다. 다른 곳에서는 더 미묘했다. 세계의 많은 지역에서 IMF와 세계은행 같은 국제기구들은 식민지시대 이후의 통제를 위한 수단으로 여겨지기에 이르렀다. 이들 기구는 흔히 '신자유주의(neo-liberalism)'라 불리는 시장근본주의를 주입했다. 이는 미국인들이 이상화한 '자유롭고 규제가 없는 시장'의 사상이다. 그들은 금융부문 규제완화와 민영화, 그리고 무역자유화를 추진하도록 압박했다.

세계은행과 IMF는 개도국들을 위해 자기들이 이 모든 걸 하고 있다고 밝혔다. 그들은 자유시장 경제학자들이 모인 팀의 지원을 받았다. 이 경제학자들 중 많은 이들이 자유시장 경제학의 대사원인 시카고대학 출신이었다. 결국 '시카고 보이'들의 프로그램들은 약속한 결과를 가져오지 못했다. 소득은 정체됐다. 성장이 이뤄져도 부는 최상위층에게 돌아갔다. 개별 국가들의 경제위기는 어느 때보다 자주 일어났다. 지난 30년 동안에만 100차례 이상의 위기가 있었다.[18]

서방의 도움이 이타주의에 따른 것이라는 개도국 사람들의 확신이 갈수록 약해진 것도 이상한 게 아니었다. 그들은 '워싱턴 컨센서스'라고 줄여서 말하는 자유시장에 관한 수사가 오래된 상업적 이해를 숨기려는 것일 뿐이라는 생각을 했다. 서방 국가들 자신의 위선은 이런 의심을 더 키웠다. 유럽과 미국은 제3세계 농산물에 자기네 시장을 열지 않았다. 농산물은 대개 가난한 나라들이 내놓을 수 있는 유일한 상품이었다. 서방 국가들은 자국 농민들에게는 엄청난 보조금을 주면서도 개도국들에게는 새로운 산업 창출을 겨냥한 보조금을 없애라고 강요했다.[19]

자유시장의 이데올로기는 새로운 형태의 착취에 대한 핑계로 드러났다. '민영화'는 외국인들이 개도국들의 광산과 유전을 싼값에 살 수 있다는 걸 의미했다. 이는 또한 통신과 같은 분야의 독점과 준독점을 통해 많은 이익을 거둘 수 있다는 뜻이었다. '금융과 자본시장 자유화'는 외국 은행들이 대출을 통해 높은 수익률을 얻을 수 있고, 그 대출이 부실화하면 IMF가 그 손실을 사회화하도록 강요한다는 뜻이었다. 손실을 사회화한다는 건 외국 은행들에게 진 빚을 갚으라고 전 국민들을 압박한다는 의미다. 적어도 1997년 위기 후 동아시아에서는 IMF가 그들의 돈을 필요로 하는 나라들에게 폭탄 세일을 강요함에 따라 외국 은행들이 더 많은 이익을 남겼다. 무역자유화는 또한 외국 기업들이 기업가적 재능의 계발을 억눌러 초기 단계의 산업들을 휩쓸어버릴 수 있다는 걸 의미했다. 자본이 자유롭게 흐르는 데 비해 노동은 그러지 못했다. 많은 경우 글로벌 시장에서 좋은 일자리를 찾을 수 있는 가장 재능 있는 개인들을 제외하면 노동은 자유롭게 이동할 수 없다.[20]

물론 예외는 있었다. 아시아에는 언제나 워싱턴 컨센서스에 저항하는 이들이 있었다. 그들은 자본이동에 제한을 가했다. 아시아의 거인들인 인도와 중국은 자기네 방식으로 경제를 관리해 전례 없는 성장을 이뤘다. 하지만 다른 곳, 특히 세계은행과 IMF가 영향을 미치는 나라들에서는 일이 잘 돌아가지 않았다.

그리고 다른 곳에서는 사상에 대한 논란이 계속됐다. 매우 잘나가던 나라들에서도, 그리고 일반 국민들뿐만 아니라 교육수준이 높고 영향력이 큰 이들 가운데서도 게임의 룰이 공정하지 못했다는 확신이 있었다. 그들은 불공정한 규칙에도 불구하고 잘해왔다고 믿는다. 그들은 또한 약한 친구들, 전혀 잘해오지 못한 개도국들을 동정한다.

제3세계의 미국식 자본주의에 대한 비판자들이 보기에 이번 경제위기에 미국이 대응하는 방식은 이중 잣대의 낌새를 보였다. 불과 10여 년 전 동아시아 위기 때 미국과 IMF는 위기를 맞은 나라들에게 정부지출을 감축함으로써 재정적자를 줄이라고 요구했다. 이 때문에 태국과 같은 나라에서 에이즈 감염이 기승을 부리게 되더라도, 인도네시아 같은 곳에서 굶주리는 이들을 위한 식량 보조금을 줄이게 되더라도, 또는 파키스탄 같은 국가에서 공립학교가 부족해 학부모들이 자녀들을 이슬람학당(madrassa)에 보내 이슬람 근본주의에 세뇌되도록 하더라도 그렇게 요구했다. 미국과 IMF는 지원 대상국들에게 금리를 올리라고 요구했다. 인도네시아와 같은 경우에는 50퍼센트 이상으로 올릴 것을 요구했다. 그들은 인도네시아의 은행들에게 엄격히 하라고 가르쳤고 정부가 그들을 구제하지 말라고 요구했다. 정부의 개입이 좋지 못한 선례를 남기고 원활하게 돌아가는 자유시장 메커니즘에 나쁜 영향을 끼친다고 말했다.

이들은 동아시아 위기와 미국 위기를 다루는 데 극명한 대조를 보였다. 이는 그냥 지나칠 수 없는 것이었다. 미국은 위기에서 벗어나기 위해 금리를 제로 수준으로 낮추고서도 엄청난 지출 확대와 재정적자를 감수했다. 이곳저곳에서 은행 구제가 이뤄졌다. 동아시아 위기를 다뤘던 관리들 가운데 일부는 미국 위기를 관리하는 데에도 참여했다. 제3세계 사람들은 미국은 왜 자기들에게는 다른 약을 처방하느냐고 물었다.

이는 단지 이중 잣대 문제만은 아니었다. 선진국들이 이번 위기 때처럼 계속해서 경기사이클과 반대 방향의 통화정책과 재정정책을 쓰는 데 반해 개도국들은 지출을 줄이고 세수를 늘리고 금리를 올리며 경기사이클과 같은 방향의 정책을 쓴다. 때문에 개도국들의 경기변동폭은 그런 정책을 쓰지 않았을 경우에 비해 더 커지는 데 비해 선진국들은 변동폭이 줄어든다. 이는 선진국들에 비해 개도국들의 자본비용을 높이게 되고, 따라서 선진국들의 상대적인 우위는 더 커진다.[21]

많은 개도국들은 그토록 오랫동안 받아온 위협 때문에 더욱 속이 쓰리다. 미국식 제도를 채택하고, 규제를 완화하고, '훌륭한' 은행 관행을 배울 수 있도록 미국 은행들에게 시장을 열고, 우연치 않게도 미국에 자국 기업과 은행들을 팔라는, 그것도 위기 때는 폭탄세일을 해서 팔라는 위협 말이다. 개도국들은 그렇게 하는 게 고통스럽더라도 결국은 틀림없이 더 보탬이 될 것이라는 이야기를 들었다. 미국은 이 복음을 전파하기 위해 양당의 재무장관들이 지구촌을 누비게 했다. 개도국 사람들의 눈에는 미국 금융계 리더들이 자연스럽게 월스트리트에서 워싱턴으로 갔다 다시 월스트리트로 돌아오는 회전문이 그들에 대한 신뢰를 더 높여주는 것으로 비춰졌다. 그들이 돈의 힘과 정치의 힘을 아우를 수 있는 것으로 보였기 때문이다. 미국이나 세계에 좋은 건 금융시장에도 좋다는 미국 금융계 리더들의 믿음은 옳다. 하지만 월스트리트에 좋은 것이 미국이나 세계에도 좋다고 반대로 생각하는 건 옳지 않다.

개도국들이 미국 경제체제를 샅샅이 검토하는 게 주로 남의 불행에

쾌감을 느끼려는 심보 때문이라고는 할 수 없다. 그보다는 미래의 실패 때 어떤 종류의 경제체제가 작동할지 이해해야 하는 절실한 필요 때문이다. 사실 이들 나라는 미국경제가 빨리 회복되기를 전적으로 바란다. 미국경제의 침체가 세계에 미치는 악영향이 엄청나게 크다는 걸 직접적인 경험으로 알고 있기 때문이다. 그리고 미국이 갖고 있는 것으로 보이는 자유롭고 규제되지 않는 시장이라는 이상은 끌어안을 게 아니라 도망쳐야 할 대상이라는 걸 많은 이들이 갈수록 확신하고 있다.

자유시장의 경제학을 옹호하는 이들조차 이제 어느 정도 규제는 바람직하다는 걸 깨닫고 있다. 그러나 몇몇 나라들이 깨닫기 시작하는 것처럼 정부의 역할은 규제에만 머무르는 게 아니다. 예를 들어 트리니다드는 정부가 교육에 더 적극적인 역할을 맡아야 하고 리스크는 관리돼야 한다는 교훈을 마음에 새겼다. 그들은 글로벌 경제를 바꿀 수는 없지만 자국 국민들이 글로벌 경제가 안겨주는 리스크에 대응하는 데 도움을 줄 수는 있다는 걸 알았다. 이 나라에서는 심지어 초등학교 어린이들도 리스크의 원리, 주택소유권의 요소, 약탈적 대출의 위험, 그리고 모기지의 세부적인 특성에 대해 배운다. 브라질에서는 공공기관이 주택 소유를 촉진하고 있다. 이에 따라 개인들이 확실히 관리할 수 있는 능력 범위 안에서 모기지를 얻도록 할 수 있다.

결국 우리 미국 사람들은 왜 세계가 미국식 자본주의 모델에 환상을 갖게 된 걸 염려해야 하는지를 묻게 된다. 우리가 퍼뜨린 이데올로기는 확실히 퇴색했다. 그러나 되살릴 수 없을 정도로 퇴색된 건 잘된 일이다. 모두가 미국식을 고수하지 않으면 우리는 살아남을 수 없는가? 번영할 수 없는가?

우리의 영향력은 필연적으로 감소할 것이다. 그런 일은 이미 여러모로 나타나고 있다. 우리는 과거 글로벌 자본을 관리하는 데 중심적인 역할을 했다. 이는 우리가 리스크를 관리하고 금융자원을 배분하는 데 특별한 재능이 있다고 다른 이들이 믿어줬기 때문이다. 이제 아무도 그렇게 생각하지 않는다. 오늘날 전 세계 저축의 대부분이 이뤄지는 아시아에서는 이미 이 지역의 금융중심지를 개발하고 있다. 우리는 더 이상 세계 자본의 주된 원천이 아니다. 이제 세계 3대 은행은 중국의 은행들이다. 미국 최대 은행은 5위 자리로 내려앉았다.

그새 위기에 대응하는 데 따른 비용 때문에 앞서 설명한 것 같은 국내 수요뿐만 아니라 해외 수요도 위축되고 있다. 최근 몇 년 동안 아프리카 사회간접자본에 대한 중국의 투자는 세계은행과 아프리카개발은행의 투자를 합친 것보다 많았으며 미국의 투자보다는 비교가 안 될 정도로 많았다. 이미 에티오피아를 비롯한 아프리카 대륙 국가들을 찾는 이들은 누구나 새 고속도로가 고립됐던 도시와 마을을 이어주며 새로운 경제지도를 만들어가는 변모를 확인할 수 있다. 중국의 영향력을 느낄 수 있는 분야는 사회간접자본뿐만이 아니다. 예를 들어 무역, 자원 개발, 창업, 그리고 농업까지 여러 개발 분야에서 느낄 수 있다. 아프리카 나라들은 위기 때 도움을 요청하기 위해 워싱턴이 아니라 베이징으로 달려가고 있다. 중국의 존재가 느껴지는 곳은 아프리카뿐만이 아니다. 남미와 아시아, 호주에서도, 상품과 자원이 있는 어느 곳에서도 중국의 빠른 성장은 다 채울 수 없는 수요를 제공하고 있다. 위기 전에 중국은 이들 나라의 수출 증가와 수출가격 상승에 기여했다. 이는 아프리카와 다른 많은 나라들의 전례 없는 성장으로 이어졌다. 위기 후 중국은 다시 그런 역할을 할 가능성이 크다. 실제로 많은 나라들이 이미 2009년 중국의 강력한 성장에 따른 혜택을 보고 있다.

나는 많은 개도국들이 미국의 경제와 사회체제의 결함을 더 분명히 보게 되면서 어떤 종류의 체제가 그들에게 가장 도움이 될지에 대해 잘못된 결론을 내리게 될까 염려한다. 일부 국가들은 옳은 교훈을 얻을 것이다. 그들은 성공을 위해서는 시장과 정부가 균형을 이루고 강력한 국가가 효과적인 규제를 이행하는 체제가 필요하다는 걸 깨달을 것이다. 그들은 또한 특수한 이해집단의 영향력은 줄여야 한다는 걸 깨달을 것이다.

그러나 다른 많은 나라들에서 정치적인 영향은 더욱 복잡하게 뒤엉키고 대단히 비극적일 수도 있다. 옛 공산권 국가들은 대개 전후 체제의 참담한 실패를 겪은 후 자본주의로 돌아섰지만 일부 국가들은 왜곡된 형태의 시장경제를 택했다. 그들은 칼 마르크스 대신 밀턴 프리드먼을 신으로 모셨다. 새 종교는 그들에게 큰 도움이 되지 못했다. 많은 나라들이 단지 규제 받지 않는 미국식 자본주의만 실패한 게 아니라 시장경제라는 개념 그 자체가 실패했으며, 실제로 어떤 환경에서도 잘 돌아가지 않는다는 결론을 내릴지도 모른다. 낡은 형태의 공산주의가 돌아오지는 않겠지만 다양한 형태의 과도한 시장개입이 다시 나타날 것이다. 그리고 이 역시 실패할 것이다.

가난한 이들은 시장근본주의 아래서 고통을 겪었다. 트리클다운 경제는 작동하지 않았다. 그러나 가난한 이들은 과도한 시장개입으로 균형을 잘못 맞춘 새로운 체제에서 또다시 고통을 겪을 수 있다. 그런 전략은 성장으로 이어지지 않을 것이며, 성장 없이는 지속적으로 빈곤을 줄일 수 없다. 시장에 크게 의존하지 않고도 성공한 경제는 없었다. 세계가 안정되고 미국이 안전해지면 나타날 효과는 분명하다.

미국과 미국에서 교육받은 전 세계 엘리트들 사이에는 가치를 공유한다는 의식이 있었다. 그러나 경제위기로 미국식 자본주의를 옹호하는 이들 엘리트에 대한 신뢰는 훼손됐다. 미국의 방탕한 자본주의 형태에 반대하는 이들은 이제 더욱 넓은 의미에서 시장에 반하는 철학을 설교할 많은 논거를 갖게 됐다.

민주주의에 대한 신념 또한 손상됐다. 워싱턴 쪽을 바라보는 개도국 사람들은 월스트리트가 자기들을 위한 규칙을 제정하도록 허용하는 정부 시스템을 보게 된다. 이런 시스템은 글로벌 경제 전체를 위험으로 내몰았고, 심판의 날이 왔을 때 워싱턴은 경제를 회복시키기 위해 월스트리트 출신들과 친구들에게 의지했다. 이는 개도국의 가장 부패한 이들이라도 꿈도 꿀 수 없는 금액의 돈을 월스트리트에 주는 방식으로 추진됐다. 개도국 사람들은 미국식 부패가 어두운 구석에서 돈 포대를 건네는 식이 아니라 더 정교한 방식으로 이뤄지지만 비도덕적이기는 매한가지라는 걸 본다. 그들은 또한 분명히 보통사람들의 희생을 대가로 부가 최상위 계층으로 계속 재분배되는 걸 본다. 그리고 거품이 커지는 걸 무시한 연준 같은 기관들에게 과거의 실패에 대한 보상으로 더 많은 권한이 주어지는 걸 본다. 요컨대 그들은 미국식 민주주의체제의 정치적 책임성에 관한 근본적인 문제를 알게 된다. 이 모든 걸 본 그들은 뭔가가 매우 잘못됐으며, 아마도 민주주의 그 자체가 필연적으로 그런 결과를 가져오리라는 결론에 이르게 된다.

미국경제는 결국 회복될 것이다. 해외에서 미국의 위상도 어느 수준까지는 회복될 것이다. 싫든 좋든 미국의 행동은 정밀한 검토의 대상이 된다. 다른 나라들은 미국의 성공을 모방할 것이다. 그러나 특히 이번 위기로 이어진 미국의 실패, 위선이라는 놀림감이 되기 십상인 실패는 경멸의 시선으로 볼 것이다. 민주주의와 시장의 힘은 공정하고 번영된 세계에 필수적이다. 그러나 자유민주주의의 '승리'와 균형 잡힌 시장경제가 필연적으로 이뤄진다고 할 수는 없다. 대부분 미국의 (잘못된) 행동이 만들어낸 경제위기는 이런 기본적인 가치를 위해 싸우는 이들에게 커다란 타격이었다. 이는 어떤 전체주의 정권이 가했던 타격보다 큰 것이었다.

새로운 글로벌 경제 질서: 중국과 미국

지금의 위기는 너무도 깊고 혼란스러워 지도자들이 노력하든 안 하든 상관없이 변화가 일어날 것이다. 가장 깊숙한 변화는 때때로 어려움을 겪는 미국과 중국의 관계에서 일어나는 변화이다. 중국이 GDP에서 미국을 제치려면 아직도 멀었다. 생활비용의 차이를 반영한 '구매력평가(purchasing power parity)' 기준으로 중국의 GDP는 아직 미국의 약 절반 수준에 머무른다. 1인당 소득에서 미국을 따라잡으려면 더 오랜 시간이 필요하다. 중국의 1인당 소득은 미국의 약 8분의 1이다.[22] 그렇더라도 중국은 인상적인 성과를 이뤘다. 2009년 중국은 상품 수출과 자동차 생산, 나아가 제조업 생산에서 세계 최대가 될 가능성이 커졌다.[23] 중국은 또한 확실하지는 않지만 탄소 배출에서 미국을 제치고 세계의 선두가 됐다는 말을 듣고 있다.[24] 중국의 성장은 위기 전보다는 느리지만 미국에 비해서는 훨씬 빠르다. 두 나라의 연간 성장률 차이는 7퍼센트 포인트에 이른다(2009년에는 그 차이가 11퍼센트 이상이었다). 그 속도가 유지되면 양국 GDP 격차는 10년마다 반으로 줄어든다. 더욱이 앞으로 사반세기 안에 중국은 아시아의 지배적인 경제가 되고, 아시아경제는 미국경제보다 커질 가능성이 높다.

중국경제가 아직 미국경제에 비해 너무 작기 때문에 미국은 중국으로 수출하는 것보다 중국에서 수입하는 게 훨씬 많다. 미국의 실업이 늘어나면서 이런 대규모 무역 불균형은 긴장을 고조시켰다. 두 나라 사이는 공생관계일 수 있다. 중국은 대규모 재정적자를 내는 미국의 자금 조달을 도와준다. 값싼 중국 상품이 없으면 많은 미국인들의 생활수준은 크게 낮아질 것이다. 그리고 미국은 끊임없이 공급이 늘어나는 중국 상품을 흡수할 시장을 제공한다. 그러나 대침체기에는 초점이 일자리에 맞춰진다. 대부분의 미국인들은 각국이 상대적으로 경쟁력이 있는 제품을 생산하는 비교우위의 원리를 이해하지 못한다. 그들은 또한 미국이 여러 제조업 분야에서 비교우위를 잃었을 수도 있다는 걸 이해하는 데 어려움을 겪는다. 중국이 (또는 다른 어느 나라든) 경쟁에서 미국을 앞서면 미국인들은 그들이 무언가 불공정한 일을 했기 때문이라고 믿는다. 환율을 조작하거나, 자국 상품에 보조금을 주거나, 원가 이하로 상품을 파는('덤핑'이라고 부르는) 행위 때문이라고 믿는 것이다.

이번 위기는 사실 모든 걸 뒤죽박죽으로 만들었다. 미국은 (은행과 자동차업체들에게) 대규모의 불공정한 보조금을 준다는 혐의를 받고 있다. 공개시장에서였다면, 또 돈을 빌릴 수나 있었다면 매우 높은 금리를 물어야 했을 큰 기업들에게 연준이 제로에 가까운 금리로 돈을 빌려주는 것 역시 엄청난 보조금으로 볼 수도 있다. 금리를 낮게 유지하는 건 각국이 자국 통화가치를 낮게 '관리'하는 중요한 방법 중 하나다(금리가 낮을 때 자본은 더 높은 수익률을 얻을 수 있는 국외로 유출된다). 많은 유럽인들이 미국이 경쟁우위를 얻기 위해 낮은 환율을 이용한다고 믿는다.

미국과 중국 둘 다 보호주의 조치를 취했다. (미국은 부분적으로 노동조합의 압력을 받아서 그렇게 했고, 중국은 한편으로는 보복 차원에서, 다른 한편으로는 개발전략의 일환으로 보호조치를 취했다.) 이 책이 발간될 때 보호조치의 범위는 제한적일 것이다. 그러나 앞서 지적했듯이 글로벌 불균형에 대해 뭔가를 할 필요가 인정된다. 그 불균형 가운데 가장 중요한 것은 미−중 무역불균형이다.

단기적으로 미국은 중국보다 조정이 쉬울 것이다. 중국은 소비를 더 많이 할 필요가 있다. 하지만 높은 수준의 불확실성에 직면한 가계가 소비를 늘리도록 유도하기는 어렵다. 그러나 중국의 문제는 가계의 높은 저축률 때문이라기보다는 다른 많은 나라들에 비해 가계소득이 GDP에서 차지하는 비중이 낮다는 사실 때문이다. 중국은 임금수준이 낮아 기업이 확실히 많은 이익을 낼 수 있으며, 그 이익을 분배하라는 압력은 거의 없다. 그 결과 공공부문과 민간부문 기업 모두 이익의 큰 몫을 기업 내에 유보할 수 있다. 어떤 나라에서든 소득분배를 바꾸는 건 어렵다.

중국의 성장모델은 공급이 주도하는 형태다. 기업의 이익은 재투자돼 생산은 소비보다 훨씬 빨리 늘어나며 소비하고 남는 생산은 수출된다. 이 모델은 중국에서는 일자리를 창출하고 나머지 세계에서는 물가를 낮게 유지하면서 잘 작동했지만 위기는 이 모델의 결함을 부각시켰다. 이번 침체 때 중국이 남는 생산물을 수출하는 건 어려웠다. 장기적으로 중국 제조업의 여러 분야에서 시장점유율이 높아짐에 따라 중국이 높은 성장률을 유지하기가 어려워질 것이다. 여러 교역 상대국들이 보호주의 조치들을 취하지 않아도 그럴 것이다. 서방 국가 사람들이 살 수 있는 TV와 다른 소비재들은 한정돼 있다. 그러나 중국이 낮은 기술의 제조업 생산에서뿐만 아니라 여러 제품 분야에 걸쳐 기량을 보여줌에 따라 보호주의의 마찰음이 커졌다.

중국에서도 많은 이들이 자국의 성장전략을 바꿔야 한다고 인식한다. 예를 들어 더 많은 지방은행들을 만들어 중소기업들에게 더 많은 대출을 해야 한다는 인식이다. 대부분의 나라에서 이런 기업들이 일자리 창출의 기반이 된다. 일자리가 늘어나면 임금수준이 높아지고 이는 더 많은 국내 소비를 뒷받침할 수 있도록 소득분배를 바꿔놓을 것이다. 기업의 외견상 이익 가운데 일부는 중국이 토지를 비롯해 천연자원에 적정한 비용을 물리지 못한 데 따른 것이다. 기업들은 실제로는 국민들 소유인 이들 자산을 사실상 거저 받았다. 예를 들어 그 자원을 경매하면 그 수입으로 높은 이익을 창출할 수 있을 것이다. 중국이 모든 국민들을 위해 이들 자산의 수익을 확보하면 보건, 교육, 그리고 노후 혜택을 위한 재원을 더 마련할 수 있고, 이에 따라 가계 저축을 늘릴 필요성이 줄어들 것이다.

이 새로운 성장전략이 의미 있어 보이지만 이에 반대하는 강력한 정치적 힘이 작용하고 있다. 예를 들어 대기업과 그 경영자들은 현재의 체제를 즐기며 어떻게든 이 체제가 지속되기를 바란다. 바로 그 정치적 힘이 중국 통화가치가 오르도록 허용하는 데에도 반대할 것이다. 이는 중국 수출품의 경쟁력을 떨어뜨리고 근로자들의 실질임금을 올려주기 때문이다. 대형 은행과 대기업의 필요성을 주장하는 서구 사람들은 중국의 새로운 실업가들에게 원군이 돼준다. 그들은 중국이 글로벌 시장에서 경쟁하려면 외국 기업들과 같은 규모의 (때로 '국가 챔피언'으로 불리는) 대기업들이 필요하다고 주장한다.

(나라 경제 규모에 비해 상대적으로 따질 때) 세계에서 가장 큰 규모의 경기부양 사례[25] 가운데 하나인 중국의 부양대책에는 이런 긴장관계가 반

영돼 있었다. 지원되는 돈 대부분이 사회간접자본을 확충하고 경제를 '녹색으로' 만드는 걸 돕는 데 쓰였다. 새로운 고속철도 시스템이 중국에 미치는 영향은 남북전쟁 후 대륙횡단철도 건설이 미국에 미친 영향에 견줄 수 있을 것이다. 이는 거의 하룻밤 사이에 경제적 지형이 바뀌는 가운데 더욱 강한 국민경제를 만들어줄 것이다. 경기부양대책은 또한 노골적으로 소비를 부추겼다. 특히 지방의 소비와 해외 판매가 뚜렷이 줄어드는 품목에 대한 소비를 장려했다. 이와 함께 지방의 보건과 교육 부문 지출을 급속히 늘렸다. 동시에 자동차와 철강 같은 핵심 부문을 강화하기 위한 노력도 이뤄졌다. 중국 정부는 단지 생산을 '합리화'하려는(효율성을 높이려는) 것일 뿐이라고 주장했다. 그러나 비판적인 이들은 이런 노력들이 공급과잉 문제를 악화시키고 효과적인 경쟁이 줄어들게 할 수 있다고 걱정했다. 이는 기업이익을 늘리고 실질임금을 낮춰 과소 소비의 문제를 악화시킬 것이라는 염려다.

위기에 대한 미국의 장기적인 대응전략에 관한 불확실성도 여전하다. 내가 이 책 앞부분에서 분명히 밝혔듯이 미국은 장기적으로 소비를 줄일 필요가 있다. 가계가 돈을 빌릴 여력도 줄어들 것이고, 그럴 의지도 약화돼야 한다. 가계의 부가 많이 줄어든 만큼 미국경제의 조정 속도도 상대적으로 빠른 것이었다. 하지만 7장에서 지적한 것처럼 가계가 저축을 늘리는 동안 정부는 차입을 늘렸다. 외부에서 자금을 조달할 필요는 여전히 많이 남아 있다. 글로벌 불균형, 특히 줄어들기는 했지만 계속되는 중국의 흑자와 미국의 거대한 무역적자로 표현되는 불균형은 그대로 남아 있다. 이는 긴장을 일으키겠지만 미국이 중국 자금에 의존하고 있다는 걸 알기 때문에 이런 긴장은 조용하게 유지될 것이다.[26]

그러나 중국 내부에서는 갈수록 미국 정부에 돈을 빌려주기를 꺼리고 있다. 수익성은 낮고 리스크는 높기 때문이다. 대안들은 있다. 중국은 미국의 실물자산에 투자할 수 있다. 그러나 중국이 이를 시도했을 때 (미국의 비교적 작은 석유회사인 유노콜을 인수하려고 했을 때처럼) 때때로 저항에 부딪혔다. 미국은 중국이 나중에 레노보(Lenovo)로 바뀐 IBM의 랩톱 컴퓨터 부문이나 가장 심한 오염을 일으키는 자동차인 허머(Hummer)를 사는 걸 허용했다. 미국은 많은 분야에서 외국인 투자에 개방적인 것처럼 보인다. 하지만 외국인 투자로부터 보호해야 할, 국가안보에 중요한 부문에 대한 넓은 개념을 갖고 있다. 이는 세계화의 기본원리를 훼손할 위험이 있다. 개도국들에게 미국은 외국인 투자자들에게 시장을 개방해야 하며 이는 게임의 기본적인 규칙이라고 말했다.

중국이 준비금으로 보유하고 있는 달러 가운데 상당한 양을 팔면 달러에 대한 이 나라 통화(인민폐) 가치는 더 오르게 되고, 이는 다시 미−중 양국 간 무역불균형을 개선해줄 것이다. 하지만 이는 미국의 무역적자를 전반적으로 개선하는 데 기대한 만큼 효과를 내지 못할 것이다. 이를테면 미국은 중국 대신 다른 개도국들에게서 섬유제품을 사게 될 뿐이다. 한편 중국의 입장에서 보면 그렇게 하는 건 팔지 않고 보유하고 있는 엄청난 규모의 미국 국채와 다른 달러 표시 자산들에 대해 큰 손실을 안게 된다는 걸 의미한다.

어떻게 보면 이는 중국이 진퇴양난에 빠진 것으로 보인다. 중국이 달러 보유를 줄이면 외환보유와 수출에서 엄청난 손실을 안게 된다. 달러를 계속 갖고 있으면 외환보유의 손실은 미룰 수 있지만 어떤 경우에도 결국 조정은 이뤄져야 할 것이다. 달러 매각에 따른 손실에 대한 염려는 아마도 과장된 것이다. 중국은 지금 일종의 '판매자 금융'을 제공하고 있다. 다시 말해 자국 제품을 사는 이들에게 자금을 제공하는 것이다. 미국이 중국 제품을 사도록 돈을 빌려주는 대신 중국은 그 돈을 다른 나라에 빌려주거나 자국민들에게 빌려줄 수도 있다(이미 그렇게 하고 있다).

새로운 글로벌 준비제도

2009년 중국 중앙은행 총재는 달러 보유에 관해 염려한 끝에 오래된 어떤 아이디어에 대한 지지를 표명했다. 글로벌 준비통화를 만들자는 아이디어다.[27] 케인즈는 약 75년 전 이런 구상을 지지했다. 이는 IMF에 대한 당초 그의 구상의 일부였다.[28] 중국뿐만 아니라 다른 곳에서도 이 구상에 대한 지지가 있었다. 내가 주재하는 글로벌 금융·경제시스템 구조조정을 위한 유엔 전문가위원회에서다.[29]

중국을 비롯한 개도국들은 지금 이번 대침체와 같은 위기가 닥치면 꺼내 쓸 수 있는 준비금으로 수조 달러를 갖고 있다. 1장에서 나는 이번 위기로 글로벌 총수요가 부족한 문제가 드러났다고 강조했다. 유감스럽게도 지금까지 미국 정부와 G20 정부 모두 이 근본적인 문제에 대해 행동은 고사하고 논의조차 시작하지 않았다. 해마다 새로운 준비통화 (reserve currency)를 방출하면 각국이 더 이상 글로벌 경제의 변동성에 대비해 현재 소득의 일부를 떼어놓아야 할 필요가 없을 것이다. 각국은 그 대신 새로 발행된 '통화'를 쌓아둘 수 있다. 이는 글로벌 총수요를 늘리고 세계경제를 튼튼하게 만들 것이다.

이 계획을 밀고 나가야 할 다른 두 가지 중요한 이유가 있다. 현재의 시스템이 불안정하다는 게 그 첫 번째 이유다. 지금 각국은 글로벌 시장의 변덕에 대비해 자기 나라와 자국 통화에 대한 신뢰를 지키기 위한 일종의 보험으로 달러를 보유하고 있다. 외국인들이 갈수록 더 많은 달러를 준비금으로 보유하게 되면서 미국의 늘어나는 대외 채무에 대한 염려가 갈수록 커지고 있다.

현재의 시스템이 불안정을 심화시키는 또 하나의 이유가 있다. 어떤 나라들이 준비금을 쌓기 위해서 수입보다 수출을 많이 해 무역흑자를 내야 한다고 고집을 피우면 다른 나라들은 무역적자를 봐야 한다. 각국의 흑자를 합하면 적자를 합한 금액과 같아야 한다. 그러나 적자는 문제가 될 수 있다. 지속적인 무역적자를 내는 나라들은 경제위기를 맞을 가능성이 더 크다. 이들 나라는 적자를 해소하기 위해 힘들게 일해야 한다. 한 나라가 적자를 없애면, 흑자국들의 행태가 바뀌지 않는 한 다른 나라들의 적자가 늘어나야 한다. 따라서 무역적자는 뜨거운 감자 같은 것이다. 최근 몇 해 동안 많은 나라들이 어떻게 적자를 피할 수 있는지 배웠다. 그 결과 미국이 '최후의 적자국'이 됐다. 장기적으로 미국의 이런 입장은 유지될 수 없다는 게 분명하다. 해마다 방출되는 글로벌 준비통화를 만들면 완충장치를 제공할 수 있다. 새로운 글로벌 준비통화를 배분하면 이를 받는 나라는 작은 규모의 무역적자를 내면서도 준비금을 쌓을 수 있다. 투자자들은 외환보유액이 쌓이는 걸 보고 그 나라에 대한 신뢰를 갖게 될 것이다.

사실 지금 저소득 국가들은 미국에 수조 달러를 낮은 금리(2009년에는 제로에 가까운 금리)로 빌려주고 있다. 이들 나라가 자국 내에 수익성 높은 투자 기회가 그토록 많은데도 그렇게 하고 있는 건 글로벌 불안정성의 심각성과 준비금제도의 중요성을 증명하는 것이다. 준비금을 유지하는 비용이 매우 높지만 여전히 그에 따른 이득이 비용을 초과한다.

미국이 낮은 금리로 돈을 빌릴 수 있기 때문에 외국에서 받게 되는 암묵적인 원조의 가치가 미국이 외국에 주는 원조의 가치를 웃돈다는 계산도 있다.[30]

좋은 준비통화는 좋은 가치저장 수단, 즉 안정적인 통화가 될 수 있어야 한다. 그러나 달러는 변동성이 매우 컸고 계속 그럴 것이다. 이미 많은 작은 나라들이 준비금 중 많은 부분을 달러에서 다른 자산으로 바꾸었다. 중국도 외환보유액의 4분의 1 또는 그 이상을 다른 통화로 바꾼 것으로 전해진다. 문제는 세계가 달러 중심 준비제도에서 완전히 이탈할 것인지가 아니라 그 일을 사려 깊고 주의 깊게 할 것인지 여부다. 명료한 계획이 없으면 글로벌 금융시스템은 훨씬 더 불안정해질 것이다.

미국의 일부에서는 글로벌 준비시스템을 만들려는 움직임에 저항할 것이다. 그들은 낮은 비용으로 돈을 빌릴 수 있는 이점만 보고 비용은 보지 못한다. 그 비용은 엄청난 것이다. 상품을 수출하면 거의 확실히 일자리가 창출되지만 외국인들이 준비금으로 보유할 국채를 발행하고 일자리를 만들어내지 못한다. 준비금으로 보유할 미국 통화와 국채에 대한 수요의 이면에는 미국의 무역적자가 있다. 이 적자는 미국의 총수요를 약화시키는 것이다. 이를 메우기 위해 정부는 재정적자를 유지한다.[31] 이는 모두 '균형'의 일부분이다. 적자를 메우기 위해 미국 정부는 해외에 국채를 팔고(다시 말해 돈을 꾸고) 이들 국채의 많은 부분이 준비금으로 쌓인다.

새로운 글로벌 준비통화가 있으면 각국은 준비금을 보유하기 위해 미국 국채를 살 필요가 없을 것이다. 물론 이는 달러 가치가 떨어지리라는 걸 뜻한다. 또한 미국의 수출이 늘어나는 데 비해 수입은 줄어들고, 총수요는 늘어나고, 정부가 경제의 완전고용을 유지하기 위해 대규모 적자를 내야 할 필요성이 줄어든다는 걸 의미한다. 돈을 빌리기가 더 어려우리라는 걸 알게 되면 글로벌 불안정을 키우는 미국의 방탕함도 줄어들 수 있을 것이다. 미국과 세계는 이 새로운 시스템의 혜택을 볼 것이다.

이미 지역적인 준비제도를 만드는 계획이 추진되고 있다. 동아시아의 치앙마이 이니셔티브(Chiang Mai Initiative)는 각국이 준비금을 스왑 거래로 교환할 수 있도록 하는 것이다. 이번 위기에 대응하는 조치로 그들은 이 프로그램의 규모를 50퍼센트 늘렸다.[32] 세계는 달러와 유로가 함께 쓰이는 양대(또는 3대) 통화 중심 체제로 바뀔 가능성이 있다. 그러나 이런 체제는 현 체제보다 훨씬 더 불안정할 수 있다. 세계적으로는 달러 대비 유로 가치가 높아질 것으로 예상되면 각국은 보유 외환을 유로로 바꾸기 시작할 것이다. 그들이 그렇게 하면 유로는 더 강해지고, 이는 다시 그들의 믿음을 더 굳혀줄 것이다. 어떤 정치적[33] 또는 경제적 사건이 일어나 그런 흐름을 되돌릴 때까지는 그럴 것이다. 유럽 차원에서 이는 특별한 문제를 일으킬 수 있다. 유럽연합 회원국들은 부족한 수요를 메우기 위해 재정적자를 유지할 능력에 제약을 받고 있기 때문이다.

달러를 기반으로 한 글로벌 준비시스템은 낡은 것이 되고 있지만 그 대안을 만드는 노력은 이제 막 시작되고 있을 뿐이다. 중앙은행들은 적어도 부를 관리하는 기본적인 교훈, 즉 분산투자의 교훈을 얻었으며 몇 년 동안 준비금을 달러에서 다른 자산으로 바꾸고 있다. 2009년 G20 국가들은 IMF가 만든 글로벌 준비통화의 일종인 특별인출권(SDR)을 대규모로(2500억 달러 규모로) 발행하는 데 합의했다. 하지만 SDR에는 커다란 제약이 있다. 이는 IMF에 대한 각국의 '쿼터'(각국의 실질적인 지분)를 바탕으로 배분된다. 미국이 가장 많은 몫을 가져간다. 하지만 미국은 그냥 달러 지폐를 찍어낼 수 있기 때문에 분명히 준비금을 보유할 필요가 없다. 이런 시스템이 없다면, 준비금을 늘려야 할 나라들에게 준비통화를 배분하면 이 체제가 훨씬 잘 작동할 것이다. 그 대신 새로운 글로벌 준비금을 도움이 필요한 가난한 나라들에게 배분할 수도 있다.[34]

이 새로운 시스템이 무역흑자를 억제하도록 설계된다면 더 좋을 것이다. 미국은 중국이 흑자를 낸다고 윽박지른다. 하지만 지금의 체제 아래서는 각국이 준비금을 유지하려는 강력한 유인이 있으며 준비금을 늘리기 위해 흑자를 내려는 유인이 강하다. 많은 준비금을 쌓은 나라들은 적정한 준비금이 없는 나라들보다 이번 위기를 훨씬 더 잘 헤쳐 나왔다. 잘 설계된 준비시스템 아래서는 지속적으로 흑자를 내는 나라들에 대한 준비통화 배분은 줄어들고, 이는 그들이 더 나은 균형을 유지하도록 장려하는 효과를 낼 것이다. 잘 짜인 글로벌 준비시스템은 글로벌 경제를 더욱 안정시킬 수 있다. 글로벌 경제성장이 약화될 때 글로벌 준비통화 발행을 늘리면 지출을 늘릴 수 있다. 이에 따라 성장률을 높이고 고용을 늘릴 수 있다.[35]

미국의 지지를 얻으면 새로운 글로벌 준비시스템은 빠른 시일 내 이룰 수 있다. 문제는 오바마 정부가 새로운 시스템에서 미국, 그리고 세계가 얼마나 이득을 볼 것인지를 인식하게 될지, 인식한다면 언제 할지다. 미국이 현실을 직시하지 않고 외면할 위험은 있다. 세계는 달러 기반의 준비시스템에서 벗어나게 될 것이다. 새로운 글로벌 준비시스템에 대한 합의가 없으면 세계는 달러 중심 체제에서 벗어나 복수의 통화를 중심으로 한 준비시스템으로 바뀌게 될 가능성이 크다. 이는 단기적으로는 글로벌 금융시장의 불안을 초래하고, 장기적으로는 현재의 시스템에 비해 훨씬 불안정한 체제를 만들 것이다.

이번 위기는 거의 확실히 글로벌 경제와 정치 질서의 변화를 부를 것이다. 미국의 힘은 줄어들고 중국의 영향력은 커질 것이다. 위기 전에도 이미 한 나라 통화에만 의존하는 글로벌 준비시스템은 21세기 세계화된 체제에 맞지 않는 것으로 보였다. 그러나 지금은 달러와 미국 경제와 정치의 변덕스러움을 고려할 때 더욱 그렇게 보인다.

새로운 다자주의를 향해

세계가 대공황과 2차 세계대전의 재앙에서 벗어나면서 새로운 글로벌 질서가 나타났고 일련의 새로운 기구들이 만들어졌다. 이 기본 틀은 오랫동안 잘 작동했지만, 진화하는 글로벌 경제시스템을 관리하는 데 갈수록 잘 맞지 않게 됐다. 이번 위기로 그 한계가 완전히 드러났다. 그러나 미국이 국내적으로 어려움을 헤쳐 나가려고 주로 위기 이전과 같은 세계를 다시 만들기 위해 애쓴 것과 마찬가지로 국제적으로도 그런 시도가 있었다. 10년 전 글로벌 위기 직후 '글로벌 금융구조'의 개혁에 대한 많은 논의가 있었다. (모든 일이 지금 같은 방식으로 돌아가면 이득을 보는 미국과 다른 서방 국가 금융시장 사람들, 그리고 정부에 있는 그들의 동맹군들을 포함해) 현상유지를 바라는 이들이 그들의 진정한 의제를 감추기 위해 거창한 수사를 쓴다는 의심이 있었다. 사람들은 위기가 끝날 때까지 문제를 푸는 방법에 관해 말하고, 말하고, 또 말할 것이고, 그러다 위기가 끝나면 문제해결 노력도 끝날 것이라는 의심이었다. 실제로 1997~1998년 위기 후 몇 년 동안 이뤄진 일이 거의 없었다. 분명히, 더 큰 위기를 예방하기 위해서 이뤄진 일은 너무 없었다. 이런 일이 되풀이될 것인가?

미국은 특히 다자주의를 강화할 수 있는 일을 해야 한다. 민주화와 개혁을 촉진하고, 개도국들이 중국이나 러시아, 또는 유럽 어떤 나라든 그들의 도움이 필요할 때 쌍무적인 지원에 덜 의존해도 되도록 IMF와 세계은행의 재원을 확충하는 일이다. 미국은 보호주의와 부시 정부 시절의 쌍무적 무역협정에서 벗어나야 한다. 이런 것들은 지난 60년 동안 그토록 많은 이들이 그토록 열심히 노력해 만든 다자간 무역체제를 잠식하는 것이다. 미국은 새롭게 조율된 글로벌 금융규제시스템을 설계하는 데 도움이 돼야 한다. 이런 시스템이 없으면 금융시장은 파편처럼 쪼개질 위험이 있다. 미국은 또한 앞서 설명한 새로운 글로벌 준비시스템을 지원해야 한다. 이런 노력이 없으면 글로벌 금융시장은 또다시 불안정의 시기를 맞게 되고, 세계경제는 계속해서 약화될 것이다.

더 넓게는 미국은 국제적인 법질서를 지지하고 강화할 필요가 있다. 그게 없으면 아무것도 이뤄질 수 없다. 베를린장벽 붕괴 때부터 리먼브러더스 붕괴 때까지 미국 우월주의가 확산된 시기에 미국은 공정한, 특히 개도국들에게 공정한 세계화를 만들어가는 데 영향력을 발휘하지 않았다. 미국의 경제정책은 원칙보다는 자국 이기주의에 바탕을 둔 것이었다. 더 정확히 말하자면 특수한 이해집단의 선호가 경제정책을 형성하는 데 핵심적인 역할을 했고 앞으로도 그럴 것이다. 많은 유럽 국가들이 개도국의 가난한 이들을 대변하는 데 더 많은 목소리를 냈을 뿐 아니라 말한 걸 실제 행동으로 보여주었다. 이에 비해 부시 시절 미국은 흔히 다자주의를 훼손할 수 있는 일들을 다 했다.

미국의 경제적 패권은 더 이상 과거에 그랬던 것처럼 당연한 일로 받아들일 수 없을 것이다. 미국이 다른 나라의 존경을 받기를 바라면, 그리고 지난날처럼 영향력을 발휘하기를 원하면 말로만 할 게 아니라 행동으로써 원하는 걸 얻어야 한다. 불리한 처지에 있는 이들을 대하는 방식을 포함해 모든 면에서 국내뿐만 아니라 해외에서 본보기가 되는 행동을 통해 존경과 영향력을 얻어야 한다.

글로벌 경제체제는 많은 이들이 기대하는 대로 돌아가지 않았다. 세계화는 많은 이들에게 전례 없는 번영을 가져다주었지만 2008년에는 미국의 침체를 전 세계에 확산시키는 역할을 했다. 금융시스템을 (미국보다 훨씬 더) 잘 관리한 나라들이나 그러지 못한 나라들이나, 세계화의 엄청난 혜택을 받은 나라들이나 덜 받은 나라들이나 모두에게 미국의 위기가 확산됐다. 자유시장 이데올로기는 세계화의 틀을 제공한 많은 기구와 협정의 밑바탕에 깔려 있다. 이런 사상은 지금의 위기를 만드는 데 그토록 큰 역할을 한 규제완화의 바탕이 됐다. 또한 이 사상은 이번 위기를 전 세계에 빠르게 확산시키는 데 그토록 큰 구실을 한 자본과 금융시장 자유화를 뒷받침했다.

이번 장은 이번 위기가 어떻게 글로벌 경제 질서를 바꿀 수 있는지를 보여주었다. 세계경제력의 균형에 어떤 변화가 일어날지도 다뤘다. 그리고 새로운 글로벌 지불준비시스템을 포함한 핵심적인 개혁들이 어떻게 세계의 번영과 안정성을 회복하는 데 도움이 될 수 있는지를 이야기했다. 그러나 장기적으로 보면, 세계의 번영을 유지하는 데 성공하는 건 경제가 어떻게 돌아가는지 더 잘 이해하는 데 달려 있다. 따라서 경제뿐만 아니라 경제학에 대해서도 개혁이 요구될 것이다. 이는 다음 장의 주제다.

경제학 혁명

FREEF∀LL

09

지배적인 경제학 모델은 상상 속에서나 가능할 것 같은 가정을 했다. 사람들이 정교한 통계를 활용하고, 과거의 모든 자료를 확보하며, 미래에 대해 가능한 최선의 예측을 할 수 있다는 가정이다. 얄궂은 건 경제학자들조차 그 일을 잘하지 못했다는 점이다. 그들은 거품이 형성되고 있을 때 이를 보지 못했다. 거품이 터진 후에도 경제에 무엇이 닥쳐오고 있는지 보지 못했다. 그들은 핵심적인 데이터를 비합리적으로 무시했고, 시장은 합리적이며, 거품 같은 건 없으며, 자율적으로 조정된다고 비합리적으로 믿었다.

이번 위기와 관련해 함께 비난을 들어야 할 이들이 많다. 우리는 앞서 규제와 입법을 맡은 이들과 연준, 그리고 금융가들이 모두 위기를 불러오는 데 역할을 했음을 보았다. 이들은 각자 자기 일을 계속하면서 자기네가 하고 있는 일은 옳은 일이라고 주장했다. 그들의 주장은 대개 경제적 분석에 바탕을 둔 것들이었다. 우리가 '무엇이 잘못됐는지'를 벗겨보자면 경제학자들에게 주목하지 않을 수 없다. 물론 모든 경제학자들이 자유시장 경제학의 환희에 빠져 있었던 건 아니다. 모두가 밀턴 프리드먼의 신봉자는 아니었다. 하지만 놀라울 만큼 많은 이들이 그쪽으로 기울었다.

그들은 결함이 있는 정책 제안을 했을 뿐만 아니라 예측하고 전망하는 기본적인 과제도 다 하지 못했다. 비교적 소수만이 다가오는 재앙을 보았다. 재앙을 초래한 법칙을 옹호했던 이들이 자유시장에 대한 자기들의 신념에 너무나 눈이 멀어 그 신념이 일으키는 문제들을 보지 못한 건 우연이 아니었다. 경제학은 과학적인 학문 분야에서 자유시장자본주의의 가장 중요한 치어리더로, 경제학자들이 생각하는 것 이상으로 많이 바뀌었다. 미국이 경제를 개혁하는 데 성공하려면 경제학을 개혁하는 데서부터 시작해야 할지도 모른다.

사상전쟁

대공황 때 경제학계, 특히 미국 경제학계는 어려운 시기를 겪었다. 지금처럼 그때도 지배적인 패러다임은 시장은 효율적이며 자율조정 기능이 있다는 것이었다. 경제가 침체로, 그리고 불황으로 빠져들자 많은 이들이 단순한 조언을 했다. 아무 일도 하지 말라는 조언이었다. 그냥 기다리면 경제는 재빨리 회복할 것이라는 이야기였다. 허버트 후버 대통령의 재무장관이었던 앤드루 멜런은 재정 균형을 회복시키려는 시도를 했고 많은 이들의 지지를 받았다. 경기침체로 세금수입은 지출보다 빠르게 줄어들었다. 재정정책에 대해 보수적인 견해를 가진 월스트리트는 '신뢰'를 회복하기 위해 지출도 같은 비율로 줄여야 한다고 믿었다.

1933년 대통령이 된 프랭클린 루스벨트는 다른 길을 주장했고, 대서양 건너편에서 지지를 얻었다. 존 메이너드 케인즈는 경제를 활성화하기 위해 재정지출을 늘리라고 주장했다. 이는 적자를 늘리라는 뜻이었다. 처음부터 정부를 믿지 못하는 이들은 이런 정책에 절대 반대했다. 어떤 이들은 이를 명백한 사회주의라고 불렀고, 다른 이들은 사회주의를 예고하는 것이라고 보았다. 사실 케인즈는 자본주의를 사회주의로부터 구하려고 애썼다. 그는 시장경제가 일자리를 만들지 못하면 살아남을 수 없다는 걸 알았다. 나의 스승 폴 새뮤엘슨처럼 미국에 있는 케인즈 제자들은 경제가 일단 완전고용을 회복하면 자유시장의 경이로움을 다시 보여줄 것이라고 주장했다.

2008년 대침체 때 루스벨트의 뉴딜은 사실 실패했으며, 상황을 더 악화시켰다고 주장하는 목소리가 많았다.[1] 이런 관점에서 보면 미국을 마침내 대공황에서 벗어나게 해준 건 2차 세계대전이었다. 이는 부분적으로 맞다. 하지만 이는 그보다는 루스벨트 대통령이 확장적인 재정정책을 일관성 있게 펴지 못했기 때문이었다. 지금도 똑같은 상황이 벌어지고 있지만, 그가 연방정부 지출을 늘리자 주정부는 지출을 줄였다.[2] 1937년에는 재정적자 규모에 대한 걱정이 커지자 정부지출을 줄이기에 이르렀다.[3] 하지만 전쟁비용 지출도 지출이다. 이는 미래 경제의 생산성을 향상시키거나 직접적으로 국민들의 복지를 개선하는 지출이 아닐 뿐이다. 루스벨트를 비판하는 이들도 뉴딜이 경제를 불황에서 구하지 않았다면 전쟁비용 지출이 그 일을 했다는 데 동의한다. 어쨌든 대공황은 시장경제가 자율적으로 조정되지 않는다는 걸 (적어도 적절한 시간 내에) 보여주었다.[4]

1970년에 이르자 인플레이션이라는 새로운 문제와 새로운 세대의 경제학자들이 나타났다. 1930년대의 문제는 물가가 떨어지는 디플레이션이었다. 두각을 나타내고 있는 젊은 경제학자들에게 이는 먼 옛날의 역사였다. 또 다른 깊은 침체는 상상할 수 없는 것처럼 보였다. 전후 경기침체는 대부분 연준의 지나친 긴축과 관련이 있다는 사실은 보수적인 편견을 굳혀주었다. 완벽함에서 벗어난 모든 문제의 책임은 시장의 실패가 아니라 정부의 실패에 있다는 편견이다.

그러나 다른 관점도 있었다. 탁월한 경제사학자였던 찰스 킨들버거에 따르면 금융위기는 지난 400년 동안 대략 10년 간격으로 일어났다.[5]

1945년부터 1971년까지 사반세기는 예외적인 기간이었다. 이 기간에도 파동은 있었지만, 1962년 브라질 위기를 제외하면 세계 어느 곳에서도 은행위기는 없었다. 이 기간 전후에는 경제생활의 규칙적인 특징이 나타났다. 펜실베이니아대학 와튼스쿨의 프랭클린 앨런 교수와 뉴욕대학의 더글러스 게일 교수는 왜 2차 세계대전 후 사반세기 동안 위기가 없었는지에 대한 설득력 있는 분석을 내놓았다. 세계적으로 강력한 규제의 필요성에 대한 인식이 있었기 때문이다.[6] 이 기간 중 경제의 높은 안정성은 고성장에 기여한 요인 가운데 하나였다. 정부가 개입한 결과 경제는 더욱 안정됐다. 정부 개입은 또한 이 기간 중 경제가 빠르게 성장하고 평등이 확대되는 데에도 기여했다.

놀랍게도 1980년대에는 시장이 자율적으로 조정되며 효율적이라는 견해가 보수주의적인 정계뿐만 아니라 경제학계도 다시 지배하게 됐다. 자유시장에 대한 이런 견해는 경제의 현실에도 안 맞고 발전된 현대 경제이론과도 맞지 않는다. 현대 경제이론은 경제가 완전고용에 가깝고 시장이 경쟁적일 때에도 자원은 효율적으로 배분되지 않을 가능성이 여전히 있다는 걸 보여줬다.

일반균형이론

왈라스균형 또는 일반균형이라 불리는 모델이 100년 넘게 이론경제학의 주류를 지배해왔다. 이는 1874년 이 모델을 처음 정립한 프랑스 수학자 겸 경제학자인 레온 왈라스의 이름을 딴 것이다.[7] 물리학에서 뉴턴이 균형을 말하는 것처럼, 그는 경제를 균형으로 설명했다. 가격과 수량이 수요와 공급의 균형으로 결정된다는 설명이다. 현대 경제학의 위대한 성취 가운데 하나는 이 모델을 시장경제의 효율성을 평가하는 데 이용했다는 점이다. 미국이 독립을 선언한 바로 그해 애덤 스미스는 그의 유명한 저작 《국부론(The Wealth of Nations)》을 냈다. 그는 이 글에서 각자의 사적인 이익 추구가 사회 전체의 복지로 이어진다고 주장했다.

175년 후 케네스 애로우와 제라르 드브뢰는 왈라스 모형을 이용해 스미스의 통찰이 맞으려면 무엇이 필요한지를 설명했다.[8] 경제가 효율적이라는 말은 다른 이들의 상태가 나빠지도록 하지 않고는 누구도 더 나은 상태에 이르지 못한다는 의미라고 할 때 경제는 매우 제한적인 조건 아래서만 효율적이라는 설명이었다.[9] 단순히 시장이 경쟁적이라는 것만으로는 충분하지 않다. 생각할 수 있는 모든 리스크에 대해 보험을 들 수 있도록 보험시장이 완전히 갖춰져 있어야 하고, 경쟁시장에서 리스크를 반영해 결정되는 금리로 원하는 만큼 원하는 기간 동안 돈을 빌릴 수 있도록 자본시장이 완전해야 하며, 외부성(externalities)이나 공공재(public goods)가 있어서는 안 된다. 시장이 효율적인 결과를 낳는 데 실패하게 되는 환경은 아주 당연한 것처럼 시장 실패로 간주되었다.

과학의 세계에서 흔히 그렇듯이 그들의 이론은 엄청난 양의 연구가 이뤄지도록 자극했다. 경제가 효율적이 되기 위한 조건으로 그들이 제시한 것들은 너무나 제한적이어서 시장이 효율적이라는 견해가 과연 타당한지 의문이 들게 했다. 시장의 실패 가운데 어떤 것들은 비록 중요한 문제라 해도 단지 제한적인 정부 개입만을 요구하는 것이었다. 시장 자체는 지나치게 많은 환경오염과 같은 외부성의 문제를 낳는 건 맞다. 하지만 정부는 오염을 규제하거나 오염물질을 배출하는 기업에 부담금을 물릴 수 있다. 시장은 여전히 한 사회의 경제 문제를 대부분 해결할 수 있다.

불완전한 리스크시장, 즉 개인들이 부딪히는 가장 중요한 리스크 가운데 많은 부분에 대해 보험을 들 수 없는 시장에서 생기는 다른 유형의 시장 실패는 더 어려운 문제를 던져줄 수 있다. 경제학자들은 불완전한 리스크시장에서도 어떤 의미에서는 시장이 여전히 효율적일 수 있는지에 대해 의문을 가졌다.

과학에서는 흔히 어떤 가정들이 너무 강하거나 사고에 깊이 배어 있어 아무도 그것들이 단지 가정일 뿐이라는 걸 깨닫지 못한다. 드브뢰가 시장의 효율성을 증명하기 위해 세웠던 가정들을 열거했을 때 그는 모든 사람들이 완전한 정보를 갖고 있다는 암묵적인 가정을 언급하지 않았다. 더욱이 그는 상품이나 재화가 집이든 자동차든 동질적이라고 가정했다. 관념적이고 이상적인 가정이다.[10] 우리가 알다시피 현실 세계는 더 혼란스럽다. 하나의 집이나 하나의 자동차는 또 하나의 집이나 자동차와 매우 복잡한 차이가 있다. 마찬가지로 드브뢰는 노동을 다른 어떤 상품과도 같은 것으로 취급했다. 예컨대 모든 숙련되지 않은 근로자들이 같다는 것이다.

경제학자들은 정보가 완전하지 않다는 걸 알면서도 그렇게 가정했다. 이론가들은 정보가 불완전한 세계가, 적어도 그 불완전성이 그리 크지 않는 한 완전한 정보를 가진 세계와 거의 같을 것으로 기대했다. 하지만 이는 희망사항일 뿐이었다. 더욱이 정보의 불완전성이 매우 크다면 이는 무엇을 의미하는가? 경제학자들은 정보의 불완전성의 크기에 대해 정밀한 사고방식을 갖지 못했다. 세상에 정보의 불완전성이 만연해 있다는 건 명백했다. 한 근로자는 다른 근로자와 다르고 하나의 제품은 다른 제품과 차이가 있다. 어느 근로자와 제품이 더 나은지 알아내는 데 많은 자원이 쓰이고 있다. 어떤 이들이 보험을 들고 싶어도 보험회사는 그들의 리스크를 잘 알지 못하기 때문에 이들을 받아주는 데 주저한다. 마찬가지로 돈을 빌려주는 쪽에서는 대출을 바라는 이들이 돈을 갚을지 불확실하기 때문에 대출을 꺼린다.

시장경제를 지지하는 이들은 보통 시장경제가 혁신을 자극한다고 주장한다. 하지만 애로우와 드브뢰는 혁신이 없다고 가정했다. 기술 진보가 있다면 그 속도는 경제 안에서 이뤄지는 어떤 의사결정에도 영향을 받지 않는다는 것이다. 물론 이들은 혁신이 중요하다는 걸 알았다. 하지만 그들의 기술적인 도구로는 불완전한 정보를 다루기 어려웠다. 혁신을 다루는 데에서도 마찬가지였다. 시장 옹호론자들은 시장 효율성에 대한 그들의 결론이 혁신이 있는 세계에서도 여전히 타당하기를 단지 희망할 수 있을 뿐이었다. 그러나 바로 그 가정들 자체가 그들의 모형은 핵심적인 질문들, 시장이 혁신에 충분한 자원을 배분할지, 또는 혁신에 대한 투자를 옳은 방향으로 유도할지에 관한 질문들에 답할 수 없다는 걸 의미한다.

왈라스 모형의 결론들이 갖는 보편성에 관한 의문(그 결론들이 완전정보, 불완전한 리스크 시장, 혁신의 부재와 같은 가정들에 민감한지에 관한 의문)에 대한 답은 내가 특히 컬럼비아대학의 동료 브루스 그린월드를 비롯한 몇 사람의 공동저자들과 쓴 일련의 논문들로 명백해졌다.[11] 우리는 애로우와 드브뢰가 설정한 특이한 조건들 아래서만 시장이 효율적이라는 걸 효과적으로 보여줬다. 이런 조건들이 충족되지 않으면 정부가 시장에 개입해 모두가 더 나은 상태로 만들 수 있다. 우리의 연구는 정보의 조그만 불완전성(특히 어떤 이가 다른 사람이 모르는 정보를 알고 있는 정보비대칭)도 시장 균형의 특성을 극적으로 바꿀 수 있음을 보여줬다. 완전정보를 지닌 완전시장에서는 언제나 완전고용이 달성된다. 불완전정보 아래서는 실업이 있을 수 있다. 거의 완전한 정보를 가진 세계가 완전정보를 가진 세계와 매우 비슷하리라는 건 틀린 이야기다.[12] 마찬가지로 경쟁은 혁신을 위한 자극이 돼주지만 시장이 이상적인 투자 수준과 최선의 연구 방향을 결정하는 데 효율적이라는 건 맞지 않다.

반격

이런 새로운 연구 결과들은 시장이 효율적이라는 가정에 과학적 근거가 없음을 보여줬다. 시장은 분명 유인을 제공했지만 시장 실패는 만연했고 사회적 수익과 사적인 수익 사이의 격차는 계속됐다. 의료, 보험, 금융을 비롯한 몇몇 부문에서는 다른 부문보다 문제가 심각했다. 정부는 당연히 이들 부문에 관심을 집중시켰다.

정부는 물론 정보의 불완전성에 부딪혔다. 때로 정부는 시장이 갖지 못한 정보에 접근할 수 있었다. 더 중요한 건 정부는 시장과 다른 목표와 수단을 갖고 있다는 점이었다. 예를 들어 담배산업 그 자체는 이익을 내더라도 정부는 흡연을 억제할 수 있다. 담배회사가 부담하지 않는 (늘어나는 의료비와 같은) 사회적 비용이 있기 때문이다. 정부는 광고를 규제하거나 세금을 물림으로써 흡연을 막을 수 있다.

우파의 경제학자들은 이 새로운 연구 결과를 열광적으로 받아들이지 않았다. 처음에 그들은 숨겨진 가정들이나 수리적인 실수 또는 대안이 될 수 있는 공식을 찾으려 했다. 시장경제의 효율성을 분석하는 초기 연구에서 드러난 것처럼 이런 종류의 '분석상의 실수'는 쉽게 일어난다. 이런 반론의 시도는 모두 실패했다. 우리의 연구 결과는 발표되고 사반세기가 지난 후에도 여전히 유효하다.

보수적인 경제학자들에게는 두 가지 선택이 남아 있었다. 그들은 불완전정보와 관련된 문제를 비롯해 우리가 제기한 쟁점들은 이론적으로 미세한 차이라고 주장할 수 있다. 그들은 완전정보의 조건, 그리고 다른 모든 가정들이 충족되면 시장은 효율적이라는 예전의 주장으로 돌아갔다. 이에 따라 정보의 불완전성이 단지 제한적인 수준에 그치는 세계는 거의 완벽하게 효율적이라고 단순히 주장했다. 그들은 또한 대규모 실업이 반복되는 것처럼 완전정보의 모형으로는 설명할 수 없는 현실 경제의 많은 측면을 간단히 무시했다. 대신 그들은 자기들의 모형과 일치하는 몇 가지 사실에 초점을 맞추었다. 그러나 그들은 시장이 거의 효율적이라는 걸 설명할 길이 없었다. 이는 신앙과도 같은 것이었다. 어떤 증거나 이론적인 연구도 그들의 생각을 바꿀 수 없다는 게 곧 분명해졌다.

두 번째 접근법은 경제학에서 양보하고 정치로 옮겨가는 것이었다. '그래, 시장은 비효율적이다. 하지만 정부는 더 비효율적이다.' 이렇게 생각하는 건 별난 사고방식이었다. 경제학자들이 갑자기 정치학자가 돼버렸다. 그들의 경제 모델과 분석은 결함이 있었다. 그들의 정치분석 모델도 더 나을 게 없었다. 미국을 포함한 모든 성공적인 나라에서 정부는 그 성공에 핵심적인 역할을 했다. 앞에서 나는 그런 역할 가운데 (은행을 규제하고, 오염을 통제하고, 교육을 제공하고, 심지어 연구개발까지 수행하는) 몇 가지 역할을 설명했다.

정부는 동아시아의 매우 성공적인 경제에서 특히 커다란 역할을 했다. 이 지역에서 지난 30~40년 동안 1인당 소득의 증가는 역사적으로 전례가 없었다. 이들 중 거의 모든 나라에서 정부는 시장 메커니즘을 통해 개발을 촉진하는 적극적인 역할을 맡았다. 중국은 30년 이상 연평균 9.7퍼센트씩 성장해 수억 명을 빈곤에서 벗어나도록 하는 데 성공했다. 일본의 정부 주도 성장은 더 일찍 분출했다. 싱가포르, 한국, 말레이시아, 그리고 다른 많은 나라들이 일본의 전략을 따르고 이에 적응해 이들 나라의 1인당 소득이 사반세기 동안 여덟 배로 늘어났다.

물론 정부도 시장이나 사람들처럼 틀릴 수 있다. 하지만 동아시아와 다른 지역에서 성공 사례가 실패 사례보다 많았다. 경제적 성과를 높이려면 시장과 정부 둘 다 개선할 필요가 있다. 정부가 가끔 실패하기 때문에 시장이 실패할 때도 개입하지 말아야 한다는 주장에는 근거가 없다. 그 반대로 시장이 가끔 실패하기 때문에 시장을 버려야 한다는 주장에 근거가 없는 것과 마찬가지다.

신고전학파 모델의 실패

완전시장 모델은 때로 신고전학파 모델로 불린다.[13] 경제학은 예측의 과학으로 인식되고 있지만, 신고전학파 경제학의 핵심적인 예측들 중 많은 것들이 쉽게 물리칠 수 있는 것들이다. 실업은 없다는 예측이 단적인 예다.[14] 시장의 균형에 따라 사과에 대한 수요와 공급이 일치하는 것과 마찬가지로 (이 이론에서는) 노동에 대한 수요는 공급과 일치한다. 신고전학파 모델에서는 균형에서 벗어나는 건 늘 일시적이다. 너무 일시적이어서 그에 대해 정부 자원으로 무엇인가를 할 가치가 없다. 믿을지 모르겠지만 이번 위기가 대수롭지 않은 일이라고 믿는 (적어도 최근 노벨경제학상을 받은 한 사람을 포함한) 주류경제학자들이 있다. 일부 사람들이 단지 평소보다 조금 더 여가를 즐기고 있을 뿐이라는 생각이다.

신고전학파 경제학의 이상한 결론은 이것뿐만이 아니다. 신고전학파 추종자들은 또한 신용할당 같은 건 없다고 주장한다. 누구나 원하는 만큼 돈을 빌릴 수 있다고 본다. 물론 디폴트 위험을 적절하게 반영하는 이자율로 빌릴 수 있다는 것이다. 이 경제학자들에게는 9월 15일에 나타난 유동성 부족 사태는 단지 누군가의 상상 속 허구나 환영일 뿐이다.[15]

주류경제학이 현실과 결별한 세 번째 사례는 기업 재무구조에 관한 것이다. 기업이 자본을 타인자본으로 조달하든 자기자본으로 조달하든 상관없다는 것이다. 이는 1985년과 1990년 각각 노벨경제학상을 탄 프랑코 모딜리아니와 머튼 밀러의 주요 공헌이다.[16] 그토록 많은 신고전학파 이론처럼 이 이론에도 약간의 진실은 있다. 그 논리를 좇아감으로써 대단히 많은 걸 배울 수 있다. 그들은 기업의 가치는 오직 그 기업이 내는 수익에 달려 있으며, 그 수익을 대부분 (이익 규모에 무관하게 일정한 원리금을 상환하면서) 부채로 돌리고 나머지를 자기자본에 돌리든, 아니면 대부분 자기자본으로 돌리든 별로 상관없다고 주장한다. 유지방을 분리하기 전 상태의 우유 한 통의 가치가 탈지유의 가치와 크림의 가치를 단순히 더한 것으로 생각할 수 있는 이치와 똑같다는 주장이다. 모딜리아니와 밀러는 파산 가능성과 그에 따른 비용을 무시했다. 또한 기업이 돈을 많이 빌릴수록 파산 가능성도 높아진다는 사실을 무시했다. 그들은 또한 주식을 파는 기업주의 결정이 전하는 정보를 무시했다. 기업주가 매우 낮은 가격에 주식을 파는 데 열성을 보이는 건 거의 확실히 그 기업의 미래 전망에 대한 그의 견해에 대해 시장에 무엇인가를 말해주는 것이다.

이번 위기로 드러난 신고전학파 경제학의 위험한 측면 가운데 하나는 무엇이 소득과 불평등을 결정하는가에 대한 그들의 설명이다. 우리는 숙련 또는 비숙련 근로자의 상대적인 임금이나 기업 경영자들의 보상을 어떻게 설명할 수 있는가? 신고전학파 이론은 근로자가 저마다 사회에 대한 한계 기여에 따라 보상을 받는다고 말하면서 불평등을 정당화한다. 자원은 희소하며 희소한 자원은 확실히 잘 쓰이게끔 더 높은 값을 매길 필요가 있다. 이런 견해에 따르면 경영진들의 보상에 간섭하는 건 시장의 효율성에 간섭하는 것이다. 지난 사반세기 동안 경영자들에 대한 보상이 치솟는 것을 이 이론이 설명할 수 있는가에 대한 의문이 커졌다. 고위 경영자들에 대한 급여는 30년 만에 평균적인 근로자의 40배에서 100배로 늘었다.[17] 고위급 경영자들의 생산성이 갑자기 높아진 것도 아니고 그들이 갑자기 희소해진 것도 아니었다. 그리고 가장 높은 경영자가 그 다음 경영자보다 그토록 기술이 뛰어나다는 증거는 없었다. 신고전학파 이론은 나라는 달라도 쓸 수 있는 기술은 비슷한 글로벌화된 세계에서 이런 보상의 격차가 왜 다른 곳보다 미국에서 그토록 큰지를 설명하지 못했다. 심지어 금융회사의 경영자들이 그들이 일하는 회사, 그리고 더 넓게는 사회에 매우 부정적인 기여를 한 증거가 있는데도 그들의 보너스가 높은 수준에 머무르자 그 이론에 대한 회의가 확산됐다. 앞에서 나는 그 이론을 대체할 수 있는 설명을 제시했다. 기업지배구조의 문제 때문에 경영자의 급여와 사회에 대한 그들의 '한계' 기여 사이에 아무런 관련도 없게 됐다. 이게 사실이라면 이는 더 나은 소득분배를 이루려는 정책에 깊은 시사점을 던져준다.

마지막으로 지적돼야 할 것은 신고전학파 이론에서는 차별 같은 건 없다는 점이다.[18] 그들의 이론적인 주장은 간단하다. 차별이 존재한다면, 그리고 이 사회에 차별을 하지 않으려는 이들이 있다면 그들은 차별 받는 그룹의 사람들을 고용할 것이다. 그들의 임금이 더 낮기 때문이다. 이는 예컨대 서로 다른 인종 그룹 간 어떤 차별도 제거될 때까지 임금을 끌어올릴 것이다.

나는 미시건 호숫가의 철강도시인 인디애나주 게리 출신이다. 내가 자랄 때 실업이 끊이지 않는 걸 봤다. 실업은 경제가 침체할 때마다 훨씬 더 늘어났다. 나는 우리 도시 사람들이 어려운 시기를 맞았을 때 그 어려움을 헤쳐 나가기 위해 필요한 돈을 은행에 가서 얻지 못한다는 걸 알았다. 나는 인종차별을 봤다. 내가 경제학 공부를 시작했을 때 나에게는 신고전학파 이론의 결론 가운데 아무것도 의미를 갖지 못했다. 이는 내가 대안을 찾도록 동기를 부여했다. 대학원생 시절 나와 내 친구는 (신)고전학파 경제학의 가정들 가운데 어느 게 그 이론의 터무니없는 결론을 낳은 결정적인 가정인가를 놓고 논쟁을 벌였다.[19]

예를 들어 시장이 완전히 경쟁적인 것과는 거리가 멀다는 점은 명백했다.[20] 완전경쟁시장에서는 기업이 가격을 조금만 내려도 시장 전체를 움켜쥘 수 있다. 작은 나라는 결코 실업에 직면하지 않는다. 단순히 대외적으로 통화가치를 떨어뜨림으로써 생산한 상품을 원하는 만큼 팔 수 있다. 완전경쟁의 가정은 결정적으로 중요하다. 하지만 내가 보기에 미국처럼 큰 경제에서 이 가정의 중요한 영향은 소득분배에 미치는 영향이다. 독점의 힘을 가진 이들은 나라 전체의 소득 가운데 더 많은 부분을 차지할 수 있다. 그들이 시장지배력을 행사한 결과 나라 전체의 소득은 더 작아질 수 있다. 하지만 독점이 널리 퍼져 있는 경제라고 해서 실업과 인종차별 또는 신용할당이 뚜렷하게 나타나리라고 믿을 이유는 없다.

내가 젊은 대학원생으로 연구를 시작했을 때 두 가지 결정적인 가정들이 있는 것으로 보였다. 정보에 관한 가정과 인간 자체에 관한 가정들이다. 경제학은 사회과학이다. 이는 개인들이 상품과 서비스를 생산하기 위해 어떻게 상호작용하는가에 관한 학문이다. 그들이 어떻게 상호작용하는가 하는 물음에 답하려면 그들의 행동을 더 광범위하게 이야기해야 한다. 그들은 '합리적'인가? 합리성에 대한 믿음은 경제학에 깊이 배어 있다. 나는 자기성찰을 통해 합리성에 대한 믿음이 터무니없다는 걸 확신했다(내 동료를 보면서 더욱 그랬다). 나는 곧 동료들이 합리성의 가정에 비합리적으로 빠져들었고, 그들의 믿음을 흔드는 건 쉽지 않으리라는 걸 깨달았다. 그래서 나는 더 쉬운 길을 택했다. 나는 합리성의 가정을 버리지 않았지만, 정보에 대한 가정을 조금만 바꿔도 모든 결과가 완전히 달라진다는 걸 보였다. 그렇게 함으로써 실업과 신용할당, 차별에 관한 새로운 이론을 비롯해 현실과 훨씬 더 잘 맞는 것으로 보이는 이론들을 쉽게 이끌어낼 수 있다. 또한 왜 기업 재무구조가 (기업이 자본을 차입으로 조달할지, 주식을 발행해 조달할지 결정하는 것이) 대단히 중요한지 이해하기도 쉽다.

호모에코노미쿠스

우리는 대부분 지배적인 경제 모델에 깔려 있는 인간관에 우리가 잘 들어맞는다고 생각하고 싶어 하지 않는다. 그 인간은 타산적이고 합리적이며 제 잇속만 차리는 이기적인 개인이다. 인간적인 감정이입이나 공익을 위한 정신 또는 이타주의의 여지가 없다. 한 가지 재미있는 점은 경제학 모델이 다른 이들보다 경제학자들을 더 잘 묘사한다는 점이다. 학생들이 경제학을 오래 공부할수록 그 모델과 더 비슷해진다.[21]

경제학자들이 말하는 합리성은 대부분의 사람들이 생각하는 합리성과 정확히 같지 않다. 경제학자들이 말하는 합리성은 일관성이라고 하는 편이 더 낫다. 어떤 사람이 바닐라 아이스크림보다 초콜릿 아이스크림을 더 좋아한다면 같은 가격에 선택할 수 있을 때마다 같은 결정을 한다는 뜻이다. 더 복잡한 선택에서도 합리성은 일관성과 관련이 있다. 어떤 사람이 초콜릿 아이스크림을 바닐라 아이스크림보다 더 좋아하고, 바닐라 아이스크림을 딸기 아이스크림보다 더 좋아한다면, 초콜릿 아이스크림과 딸기 아이스크림 중 선택할 때 그는 언제나 초콜릿 아이스크림을 선택할 것이다.

이런 '합리성'에는 다른 측면들도 있다. 그중 하나는 5장에서 말한 기본원리다. 지나간 건 지나간 것으로 치라는 이야기다. 사람들은 언제나 앞을 봐야 한다. 표준적인 사례를 보면 대부분 사람들이 이런 의미의 합리성을 보여주지 않는다. 당신이 축구경기를 보는 걸 좋아하지만 그 이상으로 비 맞는 걸 싫어한다고 가정하자. 누가 당신에게 빗속에 축구경기를 보라고 공짜 표를 준다면 당신은 이를 사양할 것이다. 하지만 이제 그 표를 100달러에 샀다고 하자. 대부분의 사람들처럼 당신은 그 100달러를 버리기 어렵다는 걸 알게 될 것이다. 당신은 비에 맞은 몰골이 되더라도 경기장에 갈 것이다. 경제학자들은 그런 당신을 비합리적이라고 할 것이다.

한심하게도 경제학자들은 합리성의 모델을 적용할 수 있는 적절한 영역을 벗어난 곳까지 이 모델을 적용했다. 당신은 반복된 경험을 통해 당신이 무엇을 좋아하는지, 무엇이 당신을 즐겁게 해주는지 알게 된다. 당신은 다른 종류의 아이스크림이나 다른 종류의 상추를 먹어본다. 하지만 경제학자들은 은퇴 후를 위한 저축에 관한 의사결정과 같은, 시간에 관한 의사결정을 설명하는 데 같은 모델을 쓰려고 시도했다.

당신이 저축을 더 많이 했어야 했는지, 더 적게 했어야 옳았는지를 너무 늦기 전에 알 수 있는 길이 없다는 건 분명하다. 너무 늦으면 경험에서 배울 수 있는 길도 없다. 인생의 마지막에 당신은 '더 많이 저축할 걸' 하고 말할지도 모른다. 지난 몇 년은 참으로 고통스러웠으며, 오늘 조금 더 많이 쓸 수 있도록 옛날 해변에서 보냈던 휴가를 기꺼이 포기할 수도 있었다는 말이다. 아니면 당신은 '저축을 덜 할 걸' 하고 후회할 수도 있다. 젊었을 때 훨씬 더 많은 돈을 쓰며 즐길 수도 있었다는 말이다. 어느 쪽이든 당신의 삶을 다시 체험하러 과거로 돌아갈 수는 없다. 실제로 환생이 이뤄지지 않는 한 당신이 배운 건 쓸모없다. 이는 당신의 자녀들이나 손자손녀들에게도 별 가치가 없다. 미래의 지배적인 경제·사회적인 맥락은 오늘날의 맥락과 크게 다를 것이기 때문이다. 따라서 경제학자들이 아이스크림 맛을 선택하는 데 적용한 합리성의 모델을 당신이 얼마나 저축할지, 또는 은퇴를 위해 그 저축을 어떻게 투자할지를 결정하는 것처럼 인생에서 참으로 중요한 결정에까지 확장해 적용하는 게 과연 무슨 의미인지는 분명치 않다.

더욱이 경제학자들이 말하는 합리성은 개인들이 반드시 그들을 행복하게 해주는 방향으로 행동하리라는 걸 의미하지는 않는다. 미국인들은 가족을 위해 열심히 일한다고 말한다. 하지만 어떤 이들은 너무나 열심히 일해 가족들과 보낼 시간이 없다. 심리학자들이 행복에 대해 연구한 결과 개인들의 선택과 경제구조 변화에서 많은 부분이 더 많은 행복을 가져다주지 않을 수도 있는 것으로 나타났다.[22] 다른 사람들과의 유대감은 행복의 중요한 요소다. 그러나 우리 사회의 변화 가운데 많은 부분이 유대감을 떨어뜨렸다. 이는 로버트 퍼트넘의 '나 홀로 볼링(Bowling Alone)'에 잘 묘사돼 있다.[23]

경제학자들은 전통적으로 개인들이 하는 일과 참된 삶에 대한 행복한 느낌을 주는 일 사이의 관련성에 대해 이야기할 게 별로 없었다. 그래서 좁은 의미의 일관성이라는 문제에 초점을 맞췄다.[24] 지난 사반세기에 걸친 연구는 개인들이 일관성 있게 행동한다는 걸 보여줬다. 하지만 그들은 합리성에 대한 표준적인 모델이 예측하는 것과는 뚜렷이 다른 방식으로 행동한다. 이런 의미에서 그들은 일관되게 비합리적이다.[25] 예컨대 표준이론은 '합리적인' 개인들이 인플레이션을 감안한 실질임금과 실질소득만을 주목한다고 주장한다. 임금이 5퍼센트 줄었지만 물가도 5퍼센트 떨어졌다면 그들의 실질소득에는 영향이 없다. 하지만 근로자들이 임금 하락을 싫어한다는 너무나 명백한 증거가 있다. 물가가 떨어지는 만큼 임금을 깎는 고용주가 물가가 5퍼센트 오를 때 임금을 1퍼센트 올려주는 고용주보다 훨씬 더 부정적으로 비칠 것이다. 전자가 실질임금 감소폭이 더 작은데도 말이다.

집을 팔려고 하는 많은 이들이 비슷한 비합리성을 보여준다. 그들은 투자한 돈을 회수할 수 없는 한 집을 팔지 않을 것이다. 그들이 집을 10만 달러에 샀고 현재 시장가격이 9만 달러라고 하자. 그러나 인플레이션이 한 해 5퍼센트씩 모든 물가를 올려 놓는다. 많은 주택 보유자들이 집값이 10만 달러로 오를 때까지 2년을, 그동안 커다란 불편을 겪으면서 기다릴 것이다. 실질적으로는 2년을 기다려도 조금도 더 부유해지지 않는데도 말이다.

나는 앞서 금융시장의 정신분열증에 가까운 행태를 지적했다. 은행 경영자들은 신용부도스왑 거래상대방이 파산할 위험이 없기 때문에 스왑 포지션을 털어내지 않았다고 주장한다. 하지만 그 스왑 자체가 이미 다양한 거래상대방이 파산할 가능성에 베팅하는 것이다. 돈을 빌린 이들과 빌려준 이들, 그리고 부채를 증권화한 이들은 다 같이 실질임금이 줄어들고 있는데도 집값이 끝없이 오르리라고 믿었다. 그리고 최근 대출 기준이 완화된 게 아무 영향도 주지 않았다는 듯이 부도율이 낮았던

과거 통계를 바탕으로 미래의 부도율을 추정했다.[26]

지배적인 경제학 모델은 개인들이 그냥 합리적일 뿐만 아니라 극히 합리적이라고 상상 속에서나 가능할 것 같은 가정을 했다. 사람들은 정교한 통계를 활용하고, 과거의 모든 자료를 확보하며, 미래에 대해 가능한 최선의 예측을 할 수 있다는 가정이다. 얄궂은 건 다른 이들이 그런 예측을 할 수 있다고 믿는 경제학자들조차 그 일을 잘하지 못했다는 점이다. 그들은 거품이 형성되고 있을 때 이를 보지 못했다. 그뿐 아니라 거품이 터진 후에도 경제에 무엇이 닥쳐오고 있는지 보지 못했다. 그들은 핵심적인 데이터를 비합리적으로 무시했고, 시장은 합리적이며, 거품 같은 건 없으며, 또한 효율적이고 자율적으로 조정된다는 사상을 비합리적으로 믿었다.

거품 그 자체는 경제이론과 행동에 대한 상당한 통찰을 제공한다. 표준 모델은 선물시장(예컨대 내일 배달될 옥수수를 오늘 사고팔 수 있는 시장)들이 존재할 뿐만 아니라 모든 것에 대해 그런 시장들이 존재한다고 가정한다. 내일 배달될 것을 사고팔 수 있을 뿐만 아니라 그 다음 날, 그 다음다음 날, 그리고 영원에 이르기까지 모든 날에 사고팔 수 있다는 이야기다. 표준 모델은 또한 생각할 수 있는 모든 리스크에 대해 보험을 살 수 있다고 가정한다. 이런 비현실적인 가정들은 뜻깊은 시사점을 갖는다. 모든 상품과 모든 리스크에 대한 시장들이 먼 미래까지 무한하게 확장돼 있고 모든 리스크를 다룬다면 거품이 일어날 가능성은 별로 없다. 주택 보유자들은 가격이 폭락할 리스크에 대한 보험을 들었을 것이다. 그들과 시장이 합리적이라면, 그들이 내야 했을 높은 보험료는 부동산 중개인이 뭐라고 하든 시장에서는 가격이 계속 오르리라고 확신하지 못한다는 신호를 그들에게 보냈을 가능성이 매우 크다.[27]

그러나 거품은 대개 단순한 경제 현상 이상의 문제다. 거품은 사회 현상이다. 경제학자들은 (개인들이 무엇을 좋아하거나 싫어하는지를 보여주는) 선호가 주어졌다는 가정에서 출발한다. 하지만 우리는 그게 맞지 않는다는 걸 안다. 프랑스인과 미국인 사이에 음식에 대한 이들의 서로 다른 선호를 설명할 유전학적인 차이는 없다. 왜 미국인들이 일하는 데 더 많은 시간을 쓰는 반면 유럽 사람들은 여가를 즐기는 데 더 많은 시간을 보내는가를 설명할 수 있는 유전학적 차이는 없다. 1960년대 훌라후프를 즐겼던 이들과 오늘날 그걸 즐기지 않는 사람들 사이에 유전학적 차이는 없다.

세계에 대한 우리의 믿음은 우리 주위의 다른 이들의 믿음에 똑같이 영향을 받는다. 여러 주제에 대한 노동조합원의 믿음과 월스트리트 거물의 믿음은 뚜렷이 차이가 난다. 이런 믿음 가운데 일부는 이해관계의 차이에서 생긴다. 일반적으로 우리는 각자 자신의 복리를 위한 정책과 연관된 믿음을 갖고 있다. 그러나 우리는 서로 다른 공동체에 살고 있고 각 공동체마다 어떤 관점을 공유하고 있기 때문에 사고방식도 다르다. 미국인들은 대부분 월스트리트가 기록적인 손실에도 불구하고 납세자들의 돈을 받아 엄청난 보너스를 나눠준 데 분노했다. 하지만 월스트리트의 일반적인 견해는 오바마 대통령이 이런 보너스를 비판한 게 터무니없다는 것이었다. 이는 대중들이 월스트리트에 대해 짜증을 내도록 하는 포퓰리즘 기미가 있다고 본 것이다.

생물학자들은 군집행동을 연구한다. 군집행동은 동물의 무리가 한 방향으로 움직이는 행태를 말한다. 이는 때로 개별적인 이해를 의식하지 못하는 행동으로 보인다. 레밍은 서로를 따라가다 절벽으로 떨어진다. 인간도 때로 이들과 같이 바보스러워 보이는 방식으로 행동한다.[28]

제러드 다이아몬드는 《붕괴(Collapse)》라는 책에서 이스터섬 사람들이 어떻게 하다 나무들을 다 베어버려서 결국 그들의 문명이 무너지도록 했는지를 설명한다.[29]

거품도 비슷한 특성을 지닌다. 어떤 이들은 집값이 영원히 오르리라고 믿을 만큼 어리석다. 어떤 이들은 어느 정도 회의를 갖는다. 하지만 자기들이 다른 이들보다 더 똑똑해서 거품이 붕괴하기 전에 빠져나갈 수 있으리라고 믿는다. 이는 전적으로 인간적인 잘못이다. 내가 가르치는 대부분 학생들처럼 그들은 모두 자기들이 학급 평균 이상에 속한다고 믿는다. 사람들은 서로 이야기하면서 그들의 믿음, 예를 들어 거품이 곧 꺼지지는 않을 거라는 믿음에 확신을 갖는다. 정부당국도 이에 영향을 받아 그런 과정을 부추긴다. 거품이라 할 만한 건 없고 단지 맥주 거품 같은 것뿐이며, 더욱이 거품이 꺼지기 전에는 거품이라고 말할 수 없다고 본다. 이런 확인의 순환 과정은 회의론자들이 끼어들기 어렵게 한다.

거품이 꺼지면 모두가 "누가 이를 예측할 수 있었겠느냐"고 말한다. 내가 2008년 1월 다보스포럼에 참석했을 때였다. 거품은 그 전해 9월에 꺼졌다. 하지만 낙관론자들은 여전히 그에 따른 영향은 별로 없으리라는 견해를 갖고 있었다. 나와 몇몇 동료들이 거품이 어떻게 자랐고 거품이 꺼진다는 게 무슨 의미인지를 설명하자 앞줄에 있던 각국 중앙은행 사람들이 한목소리로 끼어들었다. 그들은 "아무도 그걸 예측하지 못했다"고 주장했다. 몇 년 동안 거품에 관해 계속 이야기해왔던 소수 그룹 사람들이 그 주장에 즉각 반박했다. 하지만 중앙은행 사람들이 어떤 의미에서는 옳았다. 그들 모임에서 신뢰를 받는 이들 가운데 아무도 지배적인 견해에 도전을 하지 않았다. 같은 말을 이렇게 되풀이할 수도 있다. 지배적인 견해에 도전하는 이들은 아무도 신뢰를 얻을 수 없었다. 비슷한 견해를 공유하는 게 사회적으로, 그리고 학문적으로 받아들여질 수 있는 조건의 일부였다.

결과

개인들이 비합리적이지만 체계적으로 행동할 수 있다는 사실은 몇 가지 의미를 함축한다. 영리한 기업은 비합리성을 이용해 이익을 창출할 기회를 찾을 수 있다. 금융계는 대부분 개인들이 신용카드 신청서의 깨알 같은 글자들을 읽지도 않고 이해할 수도 없다는 걸 알았다. 개인들이 일단 신용카드를 갖게 되면 그 카드를 쓸 것이고, 이에 따라 엄청난 수수료가 생길 것이다. 엄청난 수수료에도 불구하고 돈을 빌리는 이들은 더 나은 카드를 찾지 않을 것이다. 부분적으로는 그들이 다른 카드사들에게도 비슷한 방식으로 속거나 더 나쁜 일을 당할 걸로 믿기 때문이다. 그런 의미에서 그들은 합리적일 수도 있다. 부동산업계 사람들은 대부분 개인들이 수수료와 거래비용 체계를 이해하지 못하리라는 점을 알았다. 또한 부동산 중개인들, 그리고 모기지 중개인들도 '신뢰를 받으리라'고 생각했다. 그들은 또한 대출이 이뤄진 후 오랜 시간이 지날 때까지는 그 속임수가 들통 나지 않으리라고 생각했다. 그 속임수가 밝혀져도 그 파장은 별로 없을 것이고, 어떤 경우든 일이 잘될 때 돈을 많이 벌 수 있었다.

이 체계적인 비합리성은 거시경제적 변동을 키울 수 있었다. 비이성적 과열은 거품과 활황으로 이어졌다. 비이성적 비관론은 침체를 불렀다. 비이성적 과열의 시기에 투자자들은 리스크를 과소평가했다. 그들은 과거에도 그랬고, 이번 위기의 기억이 사라지면 거의 확실히 미래에도 그럴 것이다. 자산가격이 오르기 시작할 때 사람들은 은행들이 허용하는 한 담보를 맡기고 돈을 빌릴 것이다. 이는 신용 거품을 부채질할 것이다. 이런 문제들을 예측할 수 있기 때문에 정부는 통화, 재정, 금융 감독정책을 통해 경제 안정화를 돕는 조치를 취할 수 있다.[30]

정부는 중요한 역할을 해야 한다. 개인적인 비합리성을 이용하지 못하도록 막아야 할 뿐만 아니라 개인들이 더 나은 결정을 하도록 도와야 한다. 앞서 이야기한 것처럼 은퇴에 대비해 저축을 얼마나 할지 결정해야 하는 상황을 생각해보자. 이런 체계적인 비합리성을 탐구하는 경제학 분야인 현대 '행동경제학'의 발견들 가운데 하나는 질문을 어떻게 하고 문제를 어떻게 제기하느냐가 개인들의 선택에 영향을 미칠 수 있다는 점이다. 그래서 고용주가 근로자에게 퇴직 대비 저축에 대한 기여율을 예컨대 5퍼센트, 10퍼센트, 또는 15퍼센트 세 가지로 제시했다면 이 선택지를 어떻게 제시하느냐가 중요하다. 회사가 예를 들어 "당신이 다른 비율을 지정하지 않는 한 회사는 당신의 은퇴에 대비해 급여의 10퍼센트를 공제하겠습니다. 5퍼센트나 15퍼센트를 공제하기를 바라면 체크를 해주세요"라고 말한다면 개인들은 회사의 제안에 따라갈 것이다. 이는 디폴트(default)라고 불리는 것이다. 다른 환경에 있는 개인들에게 어떤 디폴트가 가장 타당한지 충분히 고려하고, 그에 따라 디폴트를 설정하면 개인들은 평균적으로 더 나은 결정에 이르게 된다.[31]

물론 이런 식으로 개인들을 안내하는 데 다른 속셈이 있어서는 안 된다. 자기 연금펀드를 운용하는 고용주는 기여율을 높여 더 많은 수수료를 얻으려는 유인을 가질지도 모른다. 개인들이 어떻게 선택하는지를 알게 되면서 기업들은 이런 통찰을 이용하려고 시도했다.

미국 정부는 인간 심리에 대한 지식을 남용하는 걸 막기 위해 그동안 이를 이용하지 않았지만, 2008년 봄 경제가 침체에서 벗어나도록 돕기 위해 그 지식을 이용하려는 일치된 노력을 했다. 케인즈는 투자자들이 야성적 충동에 따라 움직인다는 게 그들을 가장 잘 묘사하는 것이라고 주장했다. 계량화된 이익에 계량화된 확률을 곱한 결과에 따라 움직이는 게 아니라 가만있지 말고 행동하라는 자발적인 욕구에 따라 움직인 다는 것이다.[32] 그렇다면, 누가 시대정신을 바꿀 수 있다면 경제도 심리적인 침체상태를 벗어나 희망의 분위기 속으로 옮겨놓을 수도 있다. 최악의 시기는 지나갔다는 유쾌한 기분까지 들게 할 수도 있다. 아마도 이런 동기에 따라[33] 버락 오바마의 취임 후 두어 달이 지나 정부는 '새싹' 캠페인을 시작했다. 경제가 회복될 기미가 보인다는 것이었다. 실제 희망의 근거가 있었다. 여러 분야에서 자유낙하의 느낌은 사라졌다. 하락 속도는 느려졌다. 더 수학적인 말로 표현하자면 2계도함수가 양(+)으로 바뀌었다.

경제학자들은 오랫동안 기대가 행동에 미치는 중요한 영향을 강조했다. 믿음은 현실에 영향을 미친다. 실제로 많은 분야에서 경제학자들은 저마다 자기실현적인 기대와 함께하는 여러 개의 균형이 존재하는 모델을 만들었다. 시장참여자들이 파산이 많을 것으로 믿으면 그들은 그 손실을 보상받으려 높은 금리를 물릴 테고, 금리가 높으면 실제로 파산이 많아질 것이다. 하지만 그들이 파산이 별로 없을 것으로 믿으면 낮은 금리를 물릴 것이고, 금리가 낮으면 실제로 파산이 거의 없을 것이다.[34]

그래서 정부와 연준은 낙관적인 기대가 퍼져나가기를 바라고 있었다. 상황이 좋아질 거라고 믿으면 사람들은 소비하고 투자하기 시작할 것이다. 충분히 많은 수의 사람들이 이렇게 믿는다면 실제로 상황이 좋아질 것이다. 하지만 기대는 현실에 바탕을 두고 있어야 한다. 상황은 그들의 희망과 믿음을 충족시켜줄 만큼 충분히 좋아질까? 그렇지 않다면 나중에 실망하게 될 것이다. 그렇게 실망하게 되면 경제는 더 위축될 수 있고, 이에 따라 경제가 장기 침체에 빠졌다는 당초 믿음이 더 굳어질 수 있다.

최근의 경우에는 걱정해야 할 충분한 이유가 있었다. 망가진 은행들이 고쳐지고 미국인들이 미래를 더 낙관적으로 느낀다고 해도 현실은 거품이 (그리고 2008년 소비를 지탱해주었던 비이성적인 낙관이) 사라졌다는 것이다.[35] 거품이 터지면서 많은 가계와 은행들이 대규모 손실을 입었다. 자유낙하의 시기가 멈춰도, 경제가 (미미한) 회복세로 돌아서도 실업률은 높을 것이다. 상당한 기간 동안 실업이 늘어날 수도 있다. 경제학자들은 말뜻을 두고 옥신각신할지도 모른다. 일단 성장이 플러스로 돌아서면 침체는 끝났다는 주장 때문이다.

앞서 지적했듯이 대부분 미국인들은 완전고용 상태로 회복하거나 임금이 다시 오르기 시작해야만 침체가 끝났다고 본다. 단순히 자유낙하가 멈추고 기술적인 의미에서 침체가 끝났다는 사실에 바탕을 둔 낙관론은 유지될 수 없을 것이다. 상황이 좋아진다는 말을 미국인들에게 되풀이해서 들려줘도 마찬가지일 것이다. 희망과 현실의 차이 때문에 그들은 더욱 침울해질 수도 있다. 야성적 충동을 부추기는 말의 효과는 이 정도에 그친다. 이는 잠시 주가를 올릴 수 있다. 일시적으로 소비를 더 많이 하도록 유도할 수도 있다. 하지만 2008년 대침체와 같은 깊은 늪을 이런 말만으로 빠져나올 수는 없다.

거시경제학에서 벌어진 전투

주류경제학의 대성당 안에는 특수한 문제들만 다루는 많은 예배당이 있다. 이들 예배당마다 각각 사제들이 있고 심지어 교리문답집도 따로 있다. 내가 묘사한 사상전쟁은 헤아릴 수 없는 전투와 세부적인 학문 분야 내에서 벌어지는 소규모 접전들에 반영돼 있다. 이 절과 다음 세 절에서 나는 이 대실패의 네 가지 테마를 설명한다. 거시경제학, 통화정책, 금융, 혁신의 경제학이다.

거시경제학은 생산과 고용의 움직임을 연구하며, 왜 중간중간 실업이 높아지고 생산설비가 충분히 활용되지 않으면서 경제가 변동하는 특성을 갖는지 이해하려고 한다. 경제 사상의 영역에서 벌어지는 전투는 전형적으로 그 학문 분야 내에서 사고의 진화와 사건들이 특이하게 상호작용하는 데 영향을 받는다. 우리가 앞에서 보았듯이 대공황 직후 시장은 자율적으로 조정되지 않는다는 데, 적어도 적절한 시간 안에 조정이 이뤄지지 않는다는 데 합의가 이뤄졌다. (시장을 그냥 내버려뒀을 때 결국에는, 10년 또는 20년 안에 완전고용으로 돌아갈 수 있다고 하는 건 무의미하다.) 대부분 경제학자들은 실업률이 1933년처럼 25퍼센트 가까이 치솟을 수 있다는 사실은 시장이 효율적이지 않다는 걸 보여주는 충분한 증거라고 생각했다. 지난 사반세기 동안 거시경제학은 시장이 안정적이고 효율적이라고 보는 모델에 초점을 맞췄다. 이번 위기는 그들이 그 모델의 바탕에 깔린 가정들을 다시 생각하도록 해줄 것으로 기대된다.

나는 앞에서 경제학자들의 관심이 실업에서 인플레이션과 성장으로 바뀌면서 그들이 어떻게 케인즈학파 경제학을 버렸는지 설명했다. 하지만 그렇게 바뀐 데는 또 하나의 보다 개념적인 바탕이 있다. 기업의 행태에 초점을 맞춘 미시경제학과 경제 전반의 움직임에 초점을 맞춘 거시경제학은 케인즈 이후 두 개의 가지로 나뉘어 발전했다. 이들 두 분야는 서로 다른 모델을 썼고 다른 결론에 이르렀다. '미시' 모델은 실업 같은 건 있을 수 없다고 밝혔다. 하지만 실업은 케인즈학파 거시경제학의 핵심 문제였다. 미시경제학은 시장의 효율성을 강조한다. 이에 비해 거시경제학은 경기침체와 불황 때 나타나는 자원의 엄청난 낭비를 강조한다. 1960년대 중반 거시경제학자들과 미시경제학자들 모두 이처럼 두 개로 나뉜 경제학은 만족스러운 상태가 아니라는 걸 깨달았다.[36] 양쪽 다 통합된 접근방법을 내놓기를 원했다.

어떤 학파(이번 위기에서 어떤 역할을 한 규제완화 정책을 형성하는 데 영향력이 컸던 학파)는 경쟁적 균형을 강조하는 미시경제학의 접근방법이 거시경제학의 올바른 기초를 제공한다고 주장했다. 신고전학파 모델(neoclassical model)에 바탕을 둔 이 학파는 '새 고전학파(New Classical School)' 또는 '시카고학파'로 일컬어졌다. 이 학파의 스승들이 시카고 대학에서 가르쳤기 때문이다.[37] 그들은 시장이 언제나 효율적이라고 믿었기 때문에 지금의 침체와 같은 경제 변동은 걱정할 필요가 없다고 주장했다. 이는 단순히 (기술 변화처럼) 바깥에서 오는 충격에 대해 경제가 효율적으로 조정되는 것이라는 주장이다. 이 학파는 강력한 정책처방을 제시했다. 정부 역할을 최소화하라는 처방이다.

그들은 분석의 기초를 신고전학파(왈라스) 모델에 두고 있었지만 더 나아가 모든 개인들은 똑같다고 더욱 단순화했다. 이는 '대표적 경제주체(representative agent)' 모형으로 불린다(대표적 경제주체는 맥락에 따라 '대표적 경제인'이나 '대표적 행위자' 또는 '대표적 투자자'라는 말로 쓰이기도 한다_옮긴이). 하지만 모든 개인들이 똑같다면 차입도 대출도 있을 수 없다. 이는 단순히 왼쪽 주머니에서 오른쪽 주머니로 돈을 옮기는 것에 불과하다. 그렇다면 파산도 있을 수 없다. 나는 현대 경제학을 이해하는 데 불완전정보가 중심적인 문제라고 주장했다. 하지만 어떤 이가 다른 사람이 모르는 정보를 알고 있는 정보비대칭은 이들의 모형에서는 생길 수 없다. 어떤 정보비대칭을 보더라도 완전한 합리성을 믿는 그들의 다른 가정들과 일치하기 어려운 심한 정신분열증이 나타난다. 그들의 모델은 지금의 위기에 어떤 작용을 한 핵심적인 문제들에 관해 아무것도 이야기하지 않는다. 그렇다면 은행가들에게 1조 달러나 2조 달러를 주면 어떻게 되겠는가? 이 모델에서는 은행가들과 근로자들이 같은 사람들이다. 핵심적인 정책 논의가 이런 가정 때문에 그냥 사라져버린다. 예를 들어 대표적 경제주체 모형에서 어떤 분배에 관한 논의도 불가능하다. 어떤 의미에서 (소득분배는 중요하지 않다는 견해를 포함해) 가치에 대한 그들의 관점이 분석의 틀을 짜는 바탕에 깔려 있다.

이 학파의 분석에서 얻은 터무니없어 보이는 결론들 가운데 많은 부분이 이처럼 모형의 극단적인 단순화에서 오는 것들이다. 나는 3장에서 정부의 적자 지출이 경제를 활성화하지 않는다는 분석에 대해 지적했다. 이 결론은 시장이 완전하다는 가정보다도 더 비현실적인 가정에서 나온 결과다.[38] ① '대표적 경제주체'가 앞으로 소비에 대해 내야 할 세금이 있다는 걸 알고 그 세금을 내기 위해 오늘 돈을 저축한다고 가정한다. 이는 소비자들의 지출 감소가 정부의 지출 증가를 완전히 상쇄한다는 뜻이다. ② 게다가, 이 지출은 곧바로 긍정적인 효과를 내지 않는다고 가정한다. 하지만 예를 들어 도로를 건설하면 오늘 소득을 창출하며 또한 기업이 상품을 시장에 운송하는 데 비용이 줄어들기 때문에 생산을 확장하려는 유인을 줄 수도 있다.[39] 다른 예로, 그들은 개인들이 결코 실업상태가 되지 않을 것이기 때문에(그들은 단지 여가를 즐기고 있을 뿐이기 때문에) 실업급여가 필요 없다고 주장한다. 어떤 경우에도 그들은 원하기만 하면 기간별로 일정한 소비수준을 유지하기 위해 언제나 돈을 빌릴 수 있다. 더욱이, 실업급여는 해로운 것이다. 문제는 일자리가 부족하다는 게 아니다. 누구든 원하기만 하면 언제나 가질 수 있는 일자리가 있다. 일자리를 찾으려는 노력이 부족한 게 문제다. 실업보험은 단지 이런 '도덕적 해이'를 부추길 뿐이다.

뉴케인지언(New Keynesian, 이 가운데에도 여러 분파가 있다)들이 대변하는 다른 학파는 거시경제학과 미시경제학을 조화시키는 데 다른 방향에서 접근한다. 이들의 관점에서 볼 때 문제는 지나치게 단순화한 미시경제학 모델과 이 장에서 앞서 설명한 수많은 비현실적 가정들에 있다.[40] 지난 30년에 걸친 연구 결과는 (시카고학파가 기반을 둔) 신고전학파 모델이 한마디로 튼튼하지 못하다는 걸 보여줬다.

이런 관점에서 보면 대공황, 그리고 대침체는 비효율성의 증거다. 이는 너무나 명백해서 놓치거나 무시할 수 없다. 다른 시기에는 발견하기 어렵지만 그럼에도 불구하고 실제로 나타난 수많은 시장 실패가 있었다. 경기침체는 빙산의 일각과 같다. 수면 아래 훨씬 깊은 문제가 숨어 있다는 표시다. 이게 사실이라는 증거가 널려 있다. 현대 경제학의 진짜 약점은 케인즈학파 거시경제학이 아니라 표준적인 미시경제학에 있기 때문에 경제학계의 과제는 거시경제학의 이론과 일치하는 미시경제학을 개발하는 것이다.

내가 앞서 지적했듯이 사람들은 경제학을 예측의 과학으로 여긴다. 그렇다면 시카고학파의 접근방법은 낙제점을 받아야 한다. 그들의 이론은 위기를 예측하지 못했다(거품이나 실업 같은 건 없는데 어떻게 이를 예측할 수 있겠는가?). 또한 위기가 터졌을 때 재정적자의 위험에 대해 부정적으로 이야기하는 것을 빼고는 무엇을 해야 하는지에 관해 별로 해줄 말이 없었다. 그들의 처방은 쉬운 것이다. 정부가 길을 막지 않게만 하라.

이번 경제침체는 '완전시장'을 가정한 거시경제이론에 대한 신뢰를 떨어뜨렸을 뿐만 아니라 뉴케인지언 학파 내부에서도 다시 논란을 불러일으켰다. 예를 들어 뉴케인지언 경제학에는 두 개의 큰 줄기가 있다. 그중 한쪽에서는 하나의 중요한 예외를 빼고는 신고전학파 가정들 대부분을 공유한다. 이들은 임금과 가격이 경직적이라고 가정한다. 예컨대 노동의 초과공급(실업)이 있을 때도 임금이 떨어지지 않는다. 그 시사점은 명백하다. 임금과 가격이 더 신축적이기만 하면 경제는 효율적으로 되고 표준적인 신고전학파 모델에 따라 움직일 것이다.[41] 이 분파는 시카고학파와 같이 인플레이션에 대해 염려하며 금융구조에 대해서는 별로 관심을 기울이지 않는다.

다른 한쪽은 거의 틀림없이 케인즈의 사고와 궤도를 같이하며 시장의 뿌리 깊은 문제들에 주목한다. 임금 하락은 사실 침체를 악화시켰다. 소비자들이 씀씀이를 줄였기 때문이다. 디플레이션은(혹은 예상보다 속도가 느려지는 인플레이션도) 기업을 파산으로 몰아갈 수 있다. 수익이 빚을 갚는 데 모자라게 되기 때문이다. 이런 관점에서 보면 문제의 일부는 금융시장에서 비롯된다. 예를 들어 대출계약상 원리금 상환 부담은 물가수준에 연동되지 않는다는 데 문제가 있다. 문제의 일부는 또한 경제가 안정된 시기를 지날 때 기업과 가계는 특히 더 많은 빚을 얻으며 더 많은 리스크를 안게 된다는 데서 비롯된다. 이들이 더 많은 리스크를 안으면 경제는 더 약해진다. 부정적인 충격에 더 취약해지는 것이

다. 우리가 앞서 보았듯이, 부채비율이 높으면 자산가치가 조금만 떨어져도 완전히 무너질 수 있다.[42]

서로 다른 뉴케인지언들이 제시한 정책처방들은 큰 차이를 보인다. 한쪽에서는 임금 안정을 유지하려는 정책이 문제의 일부라고 주장한다. 다른 쪽에서는 이런 정책이 경제를 안정시키는 데 도움이 된다고 주장한다. 한쪽에서는 디플레이션을 걱정하고 다른 쪽에서는 이를 부추긴다. 한쪽에서는 (은행들의 높은 부채비율과 같은) 금융의 취약성에 관심을 집중하는 데 비해 다른 쪽에서는 이를 무시한다.

이번 위기에 이르는 전 단계에서 시카고학파와 임금-가격 경직성을 강조하는 케인즈학파는 많은 정책 분야에서 지배적인 역할을 했다. 시카고학파 지지자들은 정부가 어떤 일을 할 필요는 전혀 없다고 밝혔다. 정부가 어떤 일을 해도 효과가 없을 것이며, 민간부문이 정부가 한 일을 원상태로 돌려버릴 것이라는 이야기였다. 정부가 한 일이 효과가 있다면 이는 나쁜 효과일 것이라고 주장했다. 물론 그들은 정부가 잘못된 일을 한 예를 들 수 있을 것이다. 또한 저축이 늘어나 정부지출 증가를 부분적으로 상쇄하는 것처럼 민간부문이 정부가 한 일을 일부 상쇄한 예를 들 수도 있다. 하지만 그들이 강력하게 주장하는 것처럼 정부가 하는 일은 언제나 효과가 없을 것이라는 결론은 결함이 있는 모델에 바탕을 두고 있다. 이 모델은 현실 세계에 대해 제한적인 적합성만을 가지며 통계적인 증거와 역사적인 경험과도 맞지 않는다. 케인즈학파의 임금-가격 경직성을 주장하는 쪽에서 보면 정부가 더 적극적으로 해야 할 역할이 있다. 이는 보수 진영의 의제를 지지하는 것이지만, 임금의 신축성을 높이고, 노조를 약화시키고, 근로자 보호장치를 완화하는 다른 조치를 취하는 게 필요하다는 것이다. 이는 '피해자 탓'으로 돌리는 또 하나의 예다. 근로자들이 직면하는 어떤 실업도 그들 책임이라는 이야기다. 어떤 나라에서는 일자리 보호가 지나친 수준까지 갔지만 이런 보호가 실업을 일으키는 데 하는 역할은 기껏해야 최소한의 수준에 그쳤다. 이번 위기에서 그런 보호 조치가 없었다면 상황은 훨씬 나빠졌을 것이다.

통화정책을 둘러싼 전투

시카고학파와 임금-가격 경직성을 주장하는 학파가 함께 모여 인플레이션에 맞서 싸우기 위한 통화정책을 수립할 때 최악의 결과가 나타났다.[43] 그 결과 중앙은행들은 인플레이션이 누그러진 시기에도 가격이 정상적인 수준에서 조금 벗어났을 때 나타나는 비효율성에 초점을 맞췄다. 그리고 금융시장이 지나치게 취약해졌을 때 나타나는 문제는 완전히 무시했다. 인플레이션이 낮고 온건한 상태에 머무르는 한 금융시장 실패로 생기는 손실은 인플레이션에 따른 손실보다 천배나 크다.

중앙은행들은 유행과 패션에 영향을 받기 쉬운 클럽이다. 그들은 보수적인 경향이 있고 대체로 정부의 시장개입 효과를 믿지 않는다. 여기에 뭔가 이상한 게 있다. 그들의 핵심 과제는 경제에서 가장 중요한 가격 가운데 하나인 금리를 결정하는 일이다. 따라서 정부가 개입해야 하는지 말아야 하는지가 아니라 언제 어떻게 개입해야 하는지를 물어야 한다. 시카고학파 지지자들은 정부 정책을 인플레이션의 원인으로 봤다. 밀턴 프리드먼의 통화주의학파 제자들은 정부 역할을 제한하기 위한 이념적인 주장을 지지하는 지나치게 단순화한 모델을 이용했다. (1970년대와 1980년대 초 유행하게 된 통화주의의) 단순한 처방은 이런 지침을 준다. 해마다 일정한 증가율로 통화공급을 늘리도록 함으로써 정부의 손을 묶어라. 정부가 길들여지면 시장은 기적을 행할 수 있다.

통화주의는 물가를 안정된 상태로 인플레이션을 낮게 유지하는 가장 좋은 방법은 실질 생산 증가율에 따라 통화공급을 일정한 비율로 늘리는 것이라는 생각에 바탕을 두고 있다. 불행하게도 그 생각이 유행이 되자마자 그에 반대되는 증거가 쌓였다. 통화주의의 바탕에 깔린 경험적 가설은 GDP 대비 통화량의 비율(통화유통속도로 불리는 값)이 일정하다는 것이다. 사실은 지난 30년 동안 적어도 일부 국가에서는 이 비율이 크게 변동했다. 통화주의는 실패했고 오늘날 이 이론에 의존하는 나라는 거의 없다.

1990년대 후반과 2000년대에는 인플레이션 목표제(inflation targeting)가 유행하기 시작했다. 이 제도 아래서 정부는 예컨대 인플레이션 목표를 2퍼센트로 정할 수 있다. 인플레이션율이 2퍼센트를 넘으면 중앙은행은 금리를 올린다. 인플레이션이 목표를 크게 웃돌수록 금리도 더 높여야 한다. 인플레이션은 최고의 악이었다. 중앙은행의 주된 임무는 이 괴물을 죽이는 일이었다. 인플레이션목표제의 바탕에 깔린 믿음은 인플레이션이 목표 수준을 (예컨대 2퍼센트를) 초과하면, 중앙은행이 강력한 조치를 취하리라는 걸 경제주체들이 깨달으면 노조나 다른 사람들이 인플레이션을 더 부추길 수 있는 임금 인상을 요구할 유인이 줄어드리라는 것이다.

인플레이션에 초점을 맞추는 정책은 네 가지 명제에 근거를 두었다. 경험적 또는 이론적인 지지를 많이 받는 것은 하나도 없다. 첫째, 중앙은행들은 인플레이션이 성장에 커다란 역효과를 낸다고 주장했다. 그 반대로, 인플레이션이 낮고 온건한 상태로 남아 있는 한[44] 뚜렷한 부정적 효과는 없는 것으로 보인다. 하지만 인플레이션을 억제하려 강력하게 시도하면 성장이 둔화된다.[45] 둘째, 그들은 인플레이션이 가난한 이들에게 특히 고통을 준다고 주장했다. 은행가들이 가난한 이들의 어려움을 생각해주는 걸 들을 때는 의심해봐야 한다. 사실은 인플레이션 때문에 가장 많이 잃는 이들은 채권 보유자들이다. 채권의 실질가치가 잠식되기 때문이다. 미국과 다른 대부분의 나라에서 사회보장(노후연금) 급여는 인플레이션에 따라 늘어난다. 인플레이션이 지속될 때는 임금 계약도 생계비용에 따라 자동적으로 조정된다. 물론 고통을 받는 가난한 이들이 많지 않다는 말은 아니다. 사회보장은 많은 은퇴자들의 생활수준을 유지하기에 충분하지 않다. 그리고 많은 사람들이, 아마도 대부분의 사람들이 인플레이션에 대해 완전한 보호를 해주도록 설계된 인플레이션연동채권(TIPS)을 살 수 없다. 그리고 인플레이션이 높을 때 가난한 이들이 고통을 받은 것도 사실이다. 하지만 그 고통이 인플레이션 때문만은 아니다. 1970년대 후반 유가가 빠르게 오름에 따라 미국인들은 더 가난해졌다. 소비자들은 유류를 살 때 더 많은 돈을 내야 했다. 당연히 근로자들은 고통을 겪었다. 유가 충격은 또한 더 높은 인플레이션으로 이어졌다. 사람들은 생활수준이 떨어지는 걸 보면서 잘못 생각해 이를 인플레이션 탓으로 돌리지만 이 둘에는 공통적인 원인이 있다. 근로자들에게 가장 중요한 건 일자리다. 높은 금리 때문에 실업이 늘어나면 근로자들은 일자리 부족과 임금 하락 압력으로 갑절로 고통을 겪는다.

세 번째 오류는 경제가 인플레이션이라는 벼랑 끝에 있다고 보는 것이다. 경제가 인플레이션 쪽으로 조금만 기울어도 그 미끄러운 비탈을 갈수록 빠르고 위험하게 굴러떨어질 거라는 이야기다. 다른 비유를 쓰자면, 인플레이션과 싸울 때는 알코올중독과 싸울 때와 같은 접근방법을 써야 한다는 것이다. 알코올중독 전력이 있는 이들은 다시 제멋대로 술을 마시지 않도록 알코올을 한 방울도 입에 대서는 안 된다는 주의를 듣는다. 끊었던 술을 다시 마시기 시작하는 사람처럼 어떤 나라가 일단 인플레이션이라는 특효약을 맛보고 나면 점점 더 심한 인플레이션을 요구할 것이라고 중앙은행 사람들은 주장한다. 낮은 수준에서 시작된 인플레이션은 빠르게 가속이 붙는다. 여기서도 증거는 그들의 논리에 반한다. 각국은 처음 시작할 때처럼 인플레이션에 맞서는 조치를 취할 수 있고 실제로 그렇게 한다.

마지막 오류는 인플레이션을 거꾸로 돌리는 비용은 매우 크기 때문에 인플레이션이 시작되기 전에 싹을 잘라야 한다는 주장이다. 여기서도 그 반대로 (예를 들어 가나와 이스라엘처럼) 몇몇 나라들은 매우 높은 수준의 인플레이션을 별로 많은 비용을 들이지 않고 낮고 적당한 수준으로 끌어내렸다. 다른 나라에서는 '디스인플레이션(인플레이션을 끌어내리는 것)'을 위해 치러야 할 더 높은 실업이라는 비용은 인플레이션 기간 중 낮은 실업이라는 효과에 상응하는 것이다.

인플레이션 목표제 유행에 대한 가장 유력한 비판 가운데 하나는 인플레이션의 원인에 대해 충분한 관심을 기울이지 않는다는 지적이다. 높은 인플레이션이 2006~2007년의 경우처럼 에너지와 식품 가격이 치솟은 데 따른 결과라면 작은 나라가 금리를 올려도 이 글로벌 요인에 거의 영향을 미칠 수 없을 것이다. 물론 어떤 나라는 임금과 물가를 낮출 만큼 경제 전반에 높은 실업을 일으킴으로써 인플레이션율을 끌어내릴 수는 있다. 하지만 이런 치료는 병보다 나쁘다. 미국은 거시경제정책 목적으로 인플레이션을 측정할 때 식품과 에너지 가격을 제외함으로써 이 문제를 피해갔다. 그러나 대부분 개발도상국에서는 이렇게 하면 물가를 결정하는 50퍼센트 또는 그 이상 요인들을 제외하게 될 것이다. 미국에서도 식품과 에너지 가격은 사람들이 신경 쓰는 것들이다. 이는 미래 인플레이션에 대한 그들의 기대와 그들이 요구하는 임금수준에 영향을 미친다.

  이번 위기로 지나치게 단순한 인플레이션 목표제가 끝장날 것으로 보는 또 다른 이유가 있다. 중앙은행 사람들은 순진하게도 낮은 인플레이션이 경제적 번영에 필요할 뿐만 아니라 거의 충분한 조건이 되리라고 가정했다. 그래서 인플레이션이 낮은 수준에 머무르는 한 모든 걸 통제할 수 있다는 자신감을 갖고 유동성을 홍수처럼 풀어놓을 수 있었다. 하지만 그렇지 않았다. 유동성 홍수는 자산가격 거품을 만들어냈다. 그 거품이 꺼지면서 금융시스템과 경제를 무너뜨렸다. 물론 인플레이션은 왜곡을 초래할 수 있다. 인플레이션 하나에만 초점을 맞추는 사람들(시카고학파와 경직적인 화폐-임금을 강조하는 케인즈학파)은 인플레이션이 나타날 때 모든 가격들이 동시에 바뀌지 않기 때문에 상대가격 조정이 어느 정도 잘못될 수 있다는 점에서는 옳았다.[46] 하지만 이런 손실은 금융시장의 취약성에 따른 손실에 비하면 별 게 아니다. 뉴케인지언 가운데 금융의 취약성에 초점을 맞춘 다른 분파는 때를 만난 것 같다. 이제 다행히도 대부분 중앙은행 사람들은 상품부문의 인플레이션뿐만 아니라 금융시장과 자산가격에도 관심을 가져야 한다는 걸 깨달았고, 그들은 그렇게 할 수단을 갖고 있다.[47]

금융부문에서의 전투

시장의 효율성에 대한 믿음은 다른 어떤 경제학 분야보다 금융시장 이론에 널리 퍼져 있다. 이는 바로 보수적인 시장참여자들에게서 퍼진 전염의 결과가 아닌가 생각한다. 시장은 효율적이고 자율적이라는 믿음은 많은 특수한 이해관계자들에게 편리한 것이었다. 그렇지 않다는 사실은 불편한 것이었다. 금융시장에 있는 이들을 포함해 많은 사람들이 시장에 대한 규제가 풀려야만 실질적인 이익을 얻을 기회를 찾을 수 있었다. 어쨌든 규제는 제약이다. 기업들이 할 수 있는 일이 제한된 시장에서 이익은 그런 제약을 받지 않으면 얻을 수 있었을 이익보다 적어 '보일' 게 거의 틀림없다.

내가 적어 '보일' 것이라고 말한 건, 이런 식으로 생각하면, 각 기업들은 그 제약을 제거하는 데 따른 모든 결과를 충분히 고려하지 못하기 때문이다. 다른 이들의 행동도 같이 바뀔 것이다. 우리는 시장이 참으로 효율적이고 경쟁적이라면 표준 경제학 이론은 무슨 말을 할지 잘 알고 있다. 결국은 이익은 다시 한 번 제로 수준으로 끌어내려질 것이다. 제약을 없애면 맨 처음 이 새로운 기회를 잡은 기업이 더 큰 이익을 얻을 수도 있지만 어떤 이익도 금세 사라져버릴 것이다. 어떤 기업들은 지속적인 이익을 얻을 수 있는 방법은 오로지 경쟁자들보다 더 효율적인 기업이 되거나 어떻게 하면 시장이 불완전하게 작동하도록 만들 수 있는지 알아내는 것임을 깨달았다.

금융시장의 효율성을 둘러싼 지적인 전투에는 수많은 갈래가 있다. 금융시장의 가격들은 이용할 수 있는 모든 정보를 반영하는가? 이 가격은 투자 결정을 하는 데 어떤 역할을 하는가? 우리가 보았듯이 잘 돌아가는 금융시장은 성공적인 시장경제의 중심에 있다. 핵심적인 희소 자원 가운데 하나인 자본을 배분하는 데 방향을 알려주기 때문이다. 가격 메커니즘은 정보를 모으고, 가공하고, 전달하는 시장 기능의 핵심에 있다. 극단적인 '효율적시장가설(efficient markets hypothesis)'은 가격이 시장에 나온 이용할 수 있는 모든 정보를 정확하게 반영한다고 주장했다. 예를 들어 가격은 기업들이 투자와 관련된 결정을 하는 데 적합한 모든 정보를 제공한다. 이런 관점에 따르면 시장의 '가격 발견' 기능을 향상시키는 게 필수적이다.

가격은 경제에서 벌어지는 일들의 일부를 반영한다. 하지만 거기에는 필요한 정보와 관련이 없는 많은 잡음이 있다. 잡음이 너무 많아 이런 시장의 가격이 제공하는 정보에만 의존하는 기업가는 거의 없다. 물론 주가는 기업의 결정에 영향을 준다. 시장이 기업의 자본비용에 영향을 주기 때문이다. 어떤 철강회사가, 단순히 일리노이주 피오리아의 의사와 치과의사들이 만든 투자클럽이 미래에 유망한 금속은 철강이라고 판단하고 이 클럽과 다른 투자자들이 오늘 철강주 주가를 끌어올린다는 이유만으로 새 철강공장에 투자하기로 결정하겠는가? 어떤 석유회사가 단기 투기에 영향을 받았을 수도 있는 오늘의 유가만을 근거로 석유탐사 결정을 하겠는가?

지금까지 효율적시장가설이 맞았고 시장참여자들이 완전히 합리적이라면 그들은 모두 시장을 이길 수 없다는 걸 알 것이다. 그렇다면 그들은 모두 단순히 '시장을 살' 것이다. 다시 말해 국부의 0.01퍼센트를 가진 사람은 각 자산마다 0.01퍼센트씩 살 것이라는 이야기다. 이는 실제로 주식 인덱스펀드가 하는 일이다. 지난 30년 동안 인덱스펀드가 엄청나게 성장했지만, 다른 한편에는 시장을 이기려고 노력하는 거대한 산업이 있다. 시장참여자들이 시장을 이기려고 수십억, 수백억 달러를 쓴다는 바로 그 사실 자체가 시장은 효율적이며 대부분 시장참여자들은 합리적이라는 쌍둥이 가설에 이의를 제기한다. 그 이론에 믿음을 주는 건 실제로 '시장을 이기는' 건 어렵다는 점이다. 시장가격은 일반적으로 어떤 일관성을 보여준다. 콩 가격은 콩가루와 콩기름 가격과 체계적으로 관련돼 있다. 이런 의미에서 언제든지 시장의 '효율성'을 시험하는 건 쉽다.[48] 그러나 더 복잡한 상황에서 시장의 '효율성'을 평가하는 건 어렵다. 시장이 효율적이라면 거품은 결코 없을 것이다. 하지만 거품은 되풀이해 발생한다. 물론 우리가 부동산 거품 안에 있다고 말하는 건 쉽지 않다. 내막을 드러내주는 신호들이 있었지만 대부분 투자자들이 이를 놓쳤다. 그러나 (헤지펀드에 수십억 달러를 벌어준 존 폴슨 같은) 몇몇 사람들은 놓치지 않았다.

그러나 두 가지 다른 이유 때문에 시장을 이기는 건 어려울 수도 있다. 가격이 이용할 수 있는 모든 정보를 반영하는 가운데 시장은 완전히 효율적일 수도 있고, 가격이 분위기와 기대에 따라 제멋대로 움직이는 가운데 시장은 부자들이 도박을 하는 카지노보다 조금도 나을 게 없을 수도 있다. 둘 중 어느 경우이든 미래 가격은 '예측할 수 없다.' 지난 몇 년 동안 '효율적시장' 이론에 반대되는 강력한 증거들이 나타났다. 이번 위기는 앞서 나타난 헤아릴 수 없는 사건들에 바탕을 둔 결론에 힘을 더 실어주었다. 예를 들어 1987년 10월 19일 전 세계 주식시장은 20퍼센트 이상 떨어지며 무너졌다. 어떤 뉴스, 어떤 사건도 세계의 자본 가치가 그만큼 크게 떨어지는 걸 설명할 수 없었다. 어떤 최악의 전쟁도 자본시장을 이보다 더 황폐화시킬 수는 없었다. 누구든 이런 사태를 예측할 수 없었다. 그러나 시장의 이런 변동성이 적합한 정보를 완벽하게 처

리하는 시장의 효율성을 반영한다고 할 수도 없었다.[49]

효율적시장을 옹호하는 많은 이들의 견해에 일관성이 없는 이상한 면이 있었다. 그들은 시장이 이미 완전히 효율적이라고 믿었다. 그러면서도 그들은 금융시장의 새로운 혁신의 가치를 자랑했다. 그리고 그들의 엄청난 보너스와 이익은 이런 혁신이 가져다준 사회적 이익에 대한 정당한 보상이라고 주장했다. 이처럼 완전히 효율적인 시장에서는 이런 혁신으로 얻을 수 있는 경쟁우위가 매우 제한적이다. 그들은 단지 거래비용을 낮출 수 있을 뿐이다. 단지 합리적인 개인들이 혁신이 없을 때보다 더 낮은 비용으로 리스크를 관리할 수 있게 됐을 뿐이다.

일부 소수의 사람들(과 헤지펀드들)은 일관되게 시장을 이기는 것으로 보인다. 효율적시장가설에 부합되는 방식으로 그렇게 할 수 있는 길이 있다. 내부정보를 이용하는 것이다. 내부정보를 이용한 거래는 불법이다. 다른 이들이 정보에서 우위에 있다고 믿으면 시장참여자들은 거래하고 싶은 마음이 줄어들 것이다. 앞서 (6장에서) 제기한 우려 가운데 하나는 몇몇 대형 은행들이 대체로 그들의 크기와 거래 범위 덕분에 정보 면에서 우위를 차지한다는 점이다. 그들은 어떤 법규도 어기지 않았을지 모르지만 이는 공정한 게임의 장이 아니다.[50] 2009년 가을 빈번하게 발생한 사례들은 헤지펀드 업계의 많은 숫자가 내부정보 덕분에 성공했다는 점을 시사한다.[51]

효율적시장과 정보시장

시카고학파와 그 제자들은 정보시장이 다른 어느 시장과도 같다고 믿고 싶어 했다. 그 시장에는 정보에 대한 수요와 공급이 있었다. 철강 생산 때 효율적인 것과 똑같이 시장은 정보의 생산과 전달에도 효율적일 것으로 여겨졌다. 불행히도, 불완전정보를 가진 시장이 완전정보를 가진 시장과 거의 같이 움직일 것이라는 생각처럼 이 견해는 어떤 깊이 있는 분석에 바탕을 두지 않았다. 경제학자들이 이들 질문을 이론적으로, 경험적으로 고려했을 때 그 생각은 잘못된 것으로 드러났다.

이론적 주장은 복잡하다. 하지만 다음 설명은 비판의 어떤 측면에 대한 맛보기가 될 것이다. 예를 들어 시장가격이 모든 적합한 정보를 전달한다는 주장을 생각해보자. 그렇다면 단순히 시장가격을 지켜보는 사람들은 연구와 분석 자료를 사는 데 많은 돈을 쓴 사람과 똑같이 완전한 정보를 얻을 것이다. 이 경우 정보를 모을 아무런 유인이 없을 것이고, 그렇다면 시장이 전달하는 가격 정보는 매우 유용하지는 않을 것이다. 어떤 의미에서 시장이 모든 정보를 전달한다는 믿음과 시장가격은 매우 유용한 정보라는 생각 사이에는 논리적 일관성이 없다.[52]

표준적인 이론은 정보의 사회적 가치와 개인적 가치 사이의 차이를 무시했다. 대규모 유전이 새로 발견됐다는 걸 다른 사람보다 조금만 더 일찍 알아도 개인적으로 엄청난 수익을 얻을 수 있다. 석유 선물을 팔아(유가가 떨어진다는 데 내기를 걸어) 많은 돈을 벌 수 있다. 갖고 있던 석유회사 주식을 팔 수도 있다. 석유회사 주식을 공매도하면 더 많은 돈을 벌 수 있다. 이 경우 나의 이득은 다른 누군가가 손실을 본 대가로 얻은 것이다. 이는 부의 창출이 아니라 부의 재분배에 관한 문제다. 이 정보를 다른 사람들보다 몇 분 일찍 알게 된 것은 사회 전체적으로는 어떤 실질적인 결정에도 영향을 미치지 않을 것이다. 그래서 이 정보에 따른 사회적 이득은 거의 없거나 전혀 없다.[53] 성공적인 투자은행들 가운데 일부는 트레이딩에서 많은 돈을 번 것도 마찬가지다. 거래마다 상대방이 있다. 한쪽의 이익은 다른 쪽이 손실을 본 대가다. 이런 관점에서 보면 정보를 얻기 위한 지출 가운데 대부분은 낭비다.

이는 일등을 하기 위해, 다른 이들보다 먼저 뭔가를 발견하기 위해, 그리고 다른 이들을 희생시키고 이득을 얻기 위해 달리는 경주다. 결국 모두가 뒤처지지 않기 위해 더 많은 돈을 써야 한다.

나는 이 문제를 학생들에게 이렇게 설명했다. '여러분이 내 강의를 듣고 있는 중에 100달러짜리 지폐가 여러분 각자의 옆에 떨어진다고 생각해보자. 여러분은 계속 강의를 들어서 중요한 경제학 원리를 배울 수 있다. 강의가 끝나면 여러분 각자 옆에 떨어진 100달러 지폐를 줍기 위해 몸을 굽힌다. 그게 효율적인 방법이다. 하지만 이는 시장균형이 아니다. 여러분 중 한 사람이 다른 친구들이 몸을 굽히지 않는 걸 보고 재빨리 몸을 굽혀 자기 옆에 있는 100달러뿐만 아니라 친구 옆의 100달러까지 주울 것이다. 여러분 각자 친구들이 어떻게 할지를 깨닫게 되면서 당신도 즉각 몸을 굽힐 것이다. 모두가 다른 사람들보다 먼저 그렇게 하려 한다. 결국 여러분 모두가 그냥 기다렸을 때 얻을 수 있었을 100달러와 같은 돈을 얻는다. 하지만 강의는 중단되고 여러분은 교육을 받아야 할 만큼 받지 못한다.'

효율적시장가설과 실패한 통화정책

효율적시장가설에 대한 널리 퍼져 있는 믿음은 연준의 실패에도 어떤 역할을 했다. 그 가설이 옳다면 거품 같은 건 없을 것이다. 연준은 그렇게까지 생각하지는 않았지만, 거품이 꺼지기 전에는 거품이 있다는 말을 할 수 없다고 주장했다. 어떤 의미에서 거품은 예측할 수 없는 것이었다. 꺼지기 전에는 거품이 있다고 말할 수 없다는 연준의 생각은 옳았다. 하지만 개연성에 바탕을 두고서도 강력한 주장을 할 수 있다. 모든 정책은 불확실한 가운데 수립된다. 특히 2006년으로 접어들 때 경제에 일어나는 현상은 거품일 가능성이 매우 컸다. 가격이 더 오랫동안 치솟고 집을 살 여력이 더 줄어들수록 거품이 있을 가능성이 더 크다.

연준은 자산가격이 아니라 상품과 서비스 가격에만 초점을 맞췄다. 그리고 금리를 올리면 경제가 침체에 빠질 것이라고 염려했다. 이 대목은 연준이 옳았다. 하지만 연준은 다른 수단을 쓸 수 있었는데도 그 수단을 쓰지 않기로 했을 뿐이다. 연준은 정보기술 거품 때 했던 바로 그 잘못된 주장을 되풀이했다. 연준은 (투자자들이 주식을 사기 위해 현금을 얼마나 내야 하는지를 규정하는) 증거금률을 올릴 수도 있었다. 1994년 의회는 연준에 모기지 시장을 규제할 수 있는 추가적인 권한을 주었다. 하지만 앨런 그린스펀 의장은 이를 쓰지 않았다. 그러나 설사 연준이 규제 권한을 갖고 있지 않았다 해도 필요한 권한을 얻기 위해 의회에 갈 수 있었고 갔어야 했다(앞서 내가 주장한 그대로 연준이 투자은행에 대해 적절한 권한을 갖고 있지 않았다면 의회로 갔어야 했다). 이번 위기 전 단계에서 거품 개연성이 커짐에 따라 연준은 주택대출 담보인정비율(loan-to-value ratio)이 높아지도록 내버려둘 게 아니라 그 상한을 낮췄어야 했다. 연준은 또한 소득 대비 원리금 상환비율(payment-to-income ratio)이 높아지도록 허용하지 말고 그 상한을 낮췄어야 했다. 연준은 변동금리 모기지를 제한할 수도 있었다. 하지만 그린스펀은 오히려 변동금리 모기지를 부추겼다. 연준은 역상각대출(negative-amortization loan, 특정 기간 원리금 상환액이 그 기간 중 발생한 이자보다 적어 갚아야 할 원리금이 오히려 늘어나는 대출_옮긴이)과 무자료(거짓말쟁이)대출(차입자가 증빙자료 없이 자기 소득을 이야기하는 대로 인정해주는 대출_옮긴이)을 제한할 수도 있었다. 연준에게는 원하는 대로 쓸 수 있는 여러 가지 수단이 있었다.[54] 그것들은 완벽하게 작동하지 않았을지도 모르지만 거품에서 어느 정도 공기를 뺄 수 있었으리라는 데에는 의심할 나위가 별로 없다.

연준이 거품에 대해 그렇게 심드렁했던 이유 중 하나는 연준이 또 다른 잘못된 생각에 동의했다는 데 있다. 문제가 생기면 쉽게 처리할 수 있다는 생각이다. 연준이 문제를 쉽게 처리할 수 있다고 믿었던 이유 중 한 가지는 연준이 새로운 증권화 모델을 믿었다는 데서 찾을 수 있다. 리스크는 전 세계에 걸쳐 너무나 광범위하게 분산돼 글로벌 경제시스템이 이를 쉽게 흡수할 수 있다고 믿은 것이다. 그럼 플로리다의 주택시장이 무너지면 어떻게 되겠는가? 이 자산은 전 세계 부에서 극히 미미한 부분에 불과하다. 여기서 연준은 두 가지 실수를 저질렀다. 첫째, 연준은 (투자은행가들과 신용평가사들처럼) 상관관계의 크기를 과소평가했다. 미국 내 부동산시장(그리고 사실은 세계 부동산시장의 대부분)은 함께 가라앉을 수 있다. 그 이유는 명백했다. 둘째, 연준은 위험 분산의 정도를 과대평가했다. 연준은 대형 은행들이 이 리스크를 자기네 장부에 어느 정도나 보유하고 있는지 깨닫지 못했다. 연준은 지나치게 리스크를 안으려는 유인을 과소평가하고 은행가들의 리스크 관리 능력을 과대평가했다.[55]

그린스펀이 정부가 쉽게 경제를 '고칠 수 있다'고 말했을 때 그는 그 문제를 처리하는 데 수천억 달러의 납세자 돈이 들어가고 경제 전체에는 그보다 더 많은 비용이 들 것이라는 점을 설명하지 않았다. 자동차가 망가지는 걸 미리 막는 것보다 망가진 다음에 수리하는 게 더 쉽다는 건 매우 이상한 생각이다. 경제는 과거 여러 차례 침체에서 회복됐다. 동아시아와 남미 위기는 미국으로 번지지 않았다. 하지만 이들 침체와 위기는 모두 피해를 남겼다. 일자리와 집과 편안한 노후를 잃은 사람들의 고통을 생각해보라. 거시경제학적 관점에서 보면 약한 침체조차 커다란 희생이 따른다. 이번 대침체의 실질적인 예산상 비용은 수조 달러가 될 것이다. 그린스펀과 연준은 완전히 틀렸다. 연준은 부분적으로는 이런 종류의 사고를 막으라고 설립한 기관이다. 단지 청소를 도우라고 만든 게 아니다. 연준은 본래의 사명을 잊어버렸다.

혁신경제학을 둘러싼 전투

표준 경제이론(이 장 앞부분에서 논의한 신고전학파 모델)은 혁신에 관해 말할 게 별로 없다. 지난 100년 동안 미국 생활수준 향상의 대부분이 기술진보에서 온 것인데도 말이다.[56] 앞서 지적한 것처럼, 옛날 모델에 '정보'가 빠져 있듯이 혁신도 빠져 있다.

주류경제학자들이 혁신의 중요성을 이해하자 그들은 혁신의 수준과 방향을 설명하는 이론을 개발하려고 시도했다.[57] 그러면서 그들은 20세기 전반의 위대한 경제학자였으면서도 어떻게 해서 주류에서 소외됐던 조셉 슘페터와 프리드리히 하이에크가 제시한 아이디어를 다시 살펴보았다.

슘페터는 자신의 가장 영향력 있는 연구를 하버드에서 수행한 오스트리아인으로, 표준적인 경쟁모델에 반하는 주장을 했다.[58] 그는 혁신을 위한 경쟁에 초점을 맞췄다. 그는 각 시장을 일시적으로 독점기업이 지배하지만 곧 다른 혁신기업이 기존의 독점기업을 밀어내고 새로운 독점기업이 되는 걸 보았다. 거기에는 시장 내에서의 경쟁보다는 시장을 차지하기 위한 경쟁이 있으며 이 경쟁은 혁신을 통해 이뤄진다.

슘페터의 분석에는 분명히 적지 않은 진실이 담겨 있다. 혁신에 초점을 맞춘 분석은 표준적인 경제분석(이 장 앞부분에서 논의한, 혁신을 무시하는 왈라스의 일반균형이론)에서 커다란 개선이 이뤄진 것이다. 그러나 슘페터는 결정적인 질문을 하지 않았다. 독점기업은 새로운 경쟁자들의 진입을 저지하기 위한 조치를 취하지 않겠는가? 혁신기업들은 진정으로 새로운 아이디어를 개발하기보다 기존 기업의 시장점유율을 빼앗으려 시도하는 데 관심을 돌리지 않겠는가? 이 혁신 과정이 효율적이라고 주장할 수 있는가?

최근 경험에 비춰볼 때 현실은 시장 옹호론자들의 주장처럼 장밋빛이 아닐 수도 있다. 예를 들어 마이크로소프트는 워드프로세싱, 스프레드시트, 그리고 브라우저와 같은 응용소프트웨어 부문에서 지배력을 갖기 위해 PC 운영체제 부문의 독점력을 지렛대로 이용했다. 이처럼 잠재적 경쟁자들을 짓눌러버리는 건 잠재적 라이벌의 혁신에 찬물을 끼얹는 것이다. 실제로 기존 독점기업은 진입을 억제하고 독점적 지위를 유지하기 위해 수많은 조치를 취할 수 있다. 이런 행동 가운데 어떤 것들은 단순히 경쟁자보다 더 빨리 혁신하는 것과 같이 긍정적인 사회적 가치를 가질 수도 있다. 하지만 어떤 행동은 사회적으로 보상이 될 만한 가치가 전혀 없다. 물론 역동적인 경제에서는 모든 지배적인 기업이 결국은 도전을 받게 된다. 도요타는 GM의 자리를 빼앗았고, 구글은 많은 영역에서 마이크로소프트에 도전하고 있다. 하지만 경쟁이 언젠가는 작동한다는 사실은 시장 작동 과정의 전반적인 효율성에 대해, 또는 시장에 간섭하지 않는 자유방임적 태도가 바람직한가에 대해 아무것도 말해주지 않는다.

하이에크는 슘페터처럼 주류경제학을 지배하는 균형이론의 접근방법에서 벗어났다. 그는 공산주의가 불러일으킨 논란의 한가운데서 글을 썼다. 공산주의체제에서는 정부가 경제를 관리하는 데 지배적인 역할을 맡는다. 이런 체제에서는 의사결정이 계획당국에 '집중'된다. 대공황을 경험했던 이들, 그리고 대량의 자원이 잘못 배분되는 걸(사람들이 엄청나게 고통 받는 걸) 보았던 이들 가운데 일부는 자원이 어떻게 배분돼야 할지 결정하는 데 정부가 중심적 역할을 맡아야 한다고 믿었다. 하이에크는 이런 견해에 도전해 분권화된 가격 체제가 정보 효율성 면에서 유리하다고 주장했을 뿐만 아니라 더 넓게 봐서 기관들 자체의 분권화된 진화가 바람직하다고 주장했다. 어떤 계획당국도 모든 적합한 정보를 모으고 처리할 수 없다는 그의 생각은 옳았지만, 우리가 보았듯이 그게 곧 규제를 받지 않는 가격시스템 그 자체가 효율적이라는 걸 뜻하지는 않는다.

하이에크는 생물학적 진화의 비유에 영향을 받았다(그와 대조적으로 왈라스는 물리학에 나오는 '균형'의 개념에 영감을 얻었다). 다윈은 적자생존에 관해 이야기했다. 마찬가지로 사회적 다원주의(Social Darwinism)는 기업의 적자생존과 무자비한 경쟁은 경제의 효율성이 지속적으로 높아진다는 걸 의미한다고 주장한다. 하이에크는 이걸 하나의 신조로 삼았다. 하지만 사실은 안내자도 없는 진화의 과정은 경제적 효율성을 이끌어낼 수도 있고 그러지 못할 수도 있다. 유감스럽게도, 자연선택은 반드시 장기적으로 최고의 기업(또는 기관)을 선택하는 건 아니다.[59] 금융시장에 대한 주된 비판 가운데 하나는 시장들이 갈수록 근시안적으로 바뀐다는 것이다. (투자자들이 분기실적에 초점을 맞추는 것과 같은) 몇 가지 제도적 변화 때문에 기업들이 장기적 관점을 갖기가 더 어려워졌다. 이번 위기에서 어떤 기업들은 그토록 높은 레버리지(부채비율)를 갖고 싶지 않았지만, 다시 말해 그에 따른 리스크를 깨달았지만 그렇게 하지 않았으면 살아남지 못했을 것이라고 불평했다. 그렇게 하지 않았으면 자기자본이익률은 낮았을 테고, 시장참여자들은 낮은 이익률이 혁신성과 진취성이 부족하기 때문이라고 잘못 이해했을 테고, 그 기업의 주가는 사정없이 떨어졌을 것이다. 그들은 장기적으로 주주들과 경제 모두에 재앙이 될지라도 그 무리를 좇아갈 수밖에 없다고 느꼈다.

흥미로운 건 하이에크는 보수주의자들 사이에 신이 됐지만 (애덤 스미스처럼) 정부가 해야 할 중요한 역할이 있다는 걸 이해했다. 그는 "무엇보다 자유방임 자본주의 원리에 대한 어떤 경험법칙을 고집스럽게 주장하는 것"보다 시장 옹호론자의 논리에 "큰 손상을 주는 것은 아마 아무것도 없을 것"이라고 말했다.[60] 하이에크는 근로시간 규제, 통화정책과 각종 기관에서 적절한 정보 흐름에 이르기까지 다양한 분야에서 정부가 할 역할이 있다고 주장했다.[61]

지난 사반세기 동안 경제이론은 왜 시장 실패가 자주 일어나는지, 그리고 시장이 더 잘 돌아가도록 하려면 무엇을 해야 하는지에 관해 엄청난 통찰을 제공했다. 우파 이데올로기를 주장하는 이들과 그들을 지원하는 경제학자들은 (규제완화 운동으로 크게 성공한 금융계 이해관계자들의 지지를 받아) 이러한 지식의 진보를 무시하기로 했다. 그들은 애덤 스미스와 프리드리히 하이에크가 시장 효율성에 관해 결정적 발언을 한 것처럼 주장했다. 그들의 연구 결과를 입증하는 복잡한 수학적 모델을 새롭게 덧붙이기도 했다. 하지만 그 학자들이 정부 개입의 필요성에 관해 한 말은 무시했다.

아이디어의 시장은 제품, 자본, 그리고 노동 시장보다 완벽한 건 결코 아니다. 최고의 아이디어가 언제나 지배하는 건 아니다. 적어도 단기적으로는 그렇다. 하지만 완벽한 시장에 관한 허튼소리가 경제학계의 어떤 분야를 지배하는 동안에도 일부 학자들은 실제로 시장이 어떻게 작동하는가를 이해하려 노력했다는 점은 희망적이다. 더 안정적이고 번영된, 그리고 공평한 경제를 건설하기를 바라는 이들이 활용할 수 있는 아이디어들이 거기에 있다.

10

새로운 사회를 향해

FREEF∧LL

1 0

우리의 경제성장은 또한 미래에서 빌려온 돈에 바탕을 두고 있다. 우리는 소득 수준을 넘는 생활을 해온 것이다. 어떤 경우에 성장은 자연자원 고갈과 환경 악화를 대가로 얻은 것이다. 이는 미래의 자원을 빌려온 것이지만 우리가 누구에게 빚을 지고 있는지가 그리 분명하지 않기 때문에 더욱 부당한 것이다. 그 결과 우리는 미래 세대를 더 가난하게 만들었지만 GDP 지표는 이를 반영하지 못한다.

죽을 뻔한 경험을 한 이는 무엇이 급한 일인지, 무엇이 가치 있는 일인지 되새겨볼 수밖에 없다는 말이 있다. 글로벌 경제는 막 죽을 뻔한 경험을 했다. 이번 위기는 지배적인 경제 모델의 결함뿐만 아니라 우리 사회의 결함도 드러냈다. 너무 많은 이들이 다른 사람들을 이용했다. 신뢰감은 깨졌다. 거의 날마다 금융계 사람들이 나쁜 행동을 한 이야기가 전해졌다. 폰지 사기, 내부자거래, 약탈적 대출, 그리고 불운한 이들에게서 최대한 많이 뜯어내기 위한 신용카드 구조에 관한 이야기들이다. 그러나 이 책은 법을 어긴 이들이 아니라 법 테두리 안에서 해로운 상품을 처음으로 만들고, 포장하고, 다시 포장해 판 수많은 사람들에 초점을 맞췄다. 그들은 너무나 무모한 행동을 해서 금융과 경제시스템 전체를 무너뜨릴 수 있는 위협이 됐다. 그 시스템은 구조됐지만 그에 따른 비용은 여전히 믿기 어렵다.

이 장에서 다룰 간단한 명제는 우리가 지금을 평가와 반성의 기회로 삼고, 우리가 만들고 싶은 사회는 어떤 것인지 생각하는 계기로 활용하고, 또한 우리가 그런 뜻을 이루도록 도와줄 수 있는 경제를 만들어가고 있는지 스스로 물어봐야 한다는 것이다. 우리는 그와 다른 길을 오랫동안 걸어왔다. 물질주의가 도덕적 의무를 압도하는 사회, 우리가 이룬 급속한 성장이 환경적으로 또는 사회적으로 지속될 수 없는 사회를 만들고 있었다. 우리는 또한 우리의 공통적인 요구를 다룰 공동체를 만들기 위해 함께 행동하지 않았다. 이는 부분적으로 거친 개인주의와 시장근본주의가 모든 공동체의식을 잠식해버렸기 때문이다. 또한 주의를 기울이지 않고 보호도 받지 못하는 개인들을 마구 착취하도록 하고 갈수록 사회가 분열되도록 했기 때문이다. 신뢰는 계속 침식되고 있다. 금융기관들에 대한 신뢰만 침식되고 있는 게 아니다. 이런 균열을 메우기에 아직 너무 늦지는 않았다.

경제학은 어떻게 사회와 개인을 바꾸는가

이번 위기의 교훈 가운데 하나는 집단적인 행동이 필요하다는 점이다. 내가 되풀이해 강조한 것처럼 정부가 해야 할 역할이 있다. 하지만 다른 교훈들도 있다. 우리는 시장이 무턱대고 우리 경제의 모양새를 만들어가도록 내버려두었다. 그 과정에서 시장은 우리 자신과 우리 사회를 모양 짓는 데 기여했다. 지금은 그동안 시장이 우리를 규정해온 방식이 우리가 원하는 것이었는지를 물어볼 기회다.

잘못 배분된 가장 희소한 자원: 인간의 재능
나는 우리 금융시장이 어떻게 자본을 잘못 배분했는지 설명했다. 하지

414

만 마구 날뛰는 금융부문이 초래한 진짜 비용은 훨씬 컸을 수도 있다. 금융부문은 우리의 가장 희소한 자원인 인간의 재능을 잘못 배분하도록 했다. 나는 너무 많은 최고 수준의 학생들이 금융 쪽으로 가는 걸 봤다. 그들은 수백만 달러의 유혹에 저항할 수 없었다. 내가 학부에 다닐 때는 최고의 학생들은 과학, 교육, 인문학, 또는 의약계로 갔다. 그들은 자기 두뇌를 써서 세상을 바꾸고 싶었다. 나는 모든 10대들처럼 자라면 뭘 해야 할지 알고 싶었을 때 부모님이 해준 충고를 생생하게 기억한다. 부모님은 이렇게 말했다. "돈은 중요하지 않다. 돈은 결코 너에게 행복을 가져다주지 않을 것이다. (장래의 경제학자에게는 이상한 충고다.) 하느님이 너에게 준 두뇌를 써라. 남들에게 도움이 되는 사람이 돼라. 그게 너에게 행복을 줄 것이다."

사회적 수익과 개인적인 수익이 일치하기만 하면 금융부문에서 번 엄청난 돈은 사회적 생산성이 대폭 향상됐음을 보여주는 것이라 할 수 있다. 가끔 그런 경우도 있지만 이번 위기 전처럼 그렇지 않을 때가 너무 많다.

시장이 어떻게 우리의 사고를 바꾸고 우리의 가치가 잘못 형성되게 했나
표준적인 경제이론은 우리가 완전하게 형성된 선호를 갖고 태어났다고 가정한다. 하지만 우리는 주변에서 일어나는 일에 따라, 아마도 가장 중요한 요인인 경제에 따라 달라진다.

급여가 사회에 대한 기여도를 반영한다는 이론을 너무도 많은 이들이 믿게 됐다. 그들은 그토록 많은 급여를 받는 사람들은 틀림없이 사회에 가장 중요한 기여를 했을 거로 결론지었다. 너무도 많은 이들이 시장이 평가하는 대로 가치를 평가하게 됐다. 은행가들이 받는 높은 급여는 은행 일이 중요하다는 걸 말해주었다.

시장이 어떻게 우리가 생각하는 방식을 바꾸었는지는 성과급에 대한 태도에 잘 드러난다. 어떤 CEO가 "당신들이 나에게 500만 달러만 준다면 나는 내 노력의 일부만 기울여줄 것이다. 내가 완전한 주의를 기울이도록 하려면 당신들은 나에게 이익의 일부를 나눠줘야 할 것이다"라고 말하는 사회는 도대체 어떤 사회인가? 하지만 이는 CEO들이 성과에 따라 늘어나는 급여로 격려를 받을 필요가 있다고 주장할 때 했던 바로 그 말이다.

하나의 경제에서 여럿이 함께 활동한 데서 나온 이득을 합리적으로 나누는 문제에 관한 사회적 계약이 있었다. 과거 기업 안에서 최고경영자의 급여는 평균적인 근로자 급여의 40배였다. 매우 커 보이는 금액이다. 유럽과 일본의 경우보다 큰 금액이다. (이들 대부분 기업의 경영자들도 그 기업을 소유하지 않는다는 의미에서 근로자들이다. 하지만 그들은 결정을 하는 위치에 있다. 기업이익 가운데 얼마나 주주들에게, 근로자들에게, 그리고 그들 자신 몫으로 돌릴지도 결정한다.) 하지만 대략 사반세기 전 마거릿 대처와 로널드 레이건이 들어서는 시기에 어떤 변화가 일어났다. 경영자 보상의 공정성 대신 경영자들이 얼마를 자기들 몫으로 돌릴 수 있느냐 하는 게 중요해졌다.

시장과 정계에 어떤 일이 일어났는지는 경제적·정치적 힘에 관해 많은 걸 말해준다. 이는 또한 강력한 메시지를 보낸다. 젊은이들은 그에 반응한다. 그러면서 우리 사회가 바뀌어가는 것이다. 열심히 일해서 얻은 소득보다 투기에 따른 이익에 더 낮은 세율을 적용할 때 우리는 젊은이들에게 투기에 뛰어들라고 부추길 뿐만 아니라 사실상 우리 사회가 투기를 더 높이 평가한다고 말하는 것과 같다.

416

도덕적 위기

금융부문이 리스크를 안으면서 저지른 어리석은 짓과 금융회사들이 경제에 초래한 손상과 그에 따른 재정적자에 관해 쓴 글은 많았다. 하지만 그 밑바탕에 깔린 '도덕적 적자'에 관해 쓴 글은 너무 적다. 이 적자는 더 크고 더 메우기 어려운 적자다. 끊임없는 이익 추구, 그리고 이기적 행동에 대한 고취가 우리가 바라는 번영을 만들어낸 게 아닐 수도 있다. 이는 오히려 도덕적 적자를 내는 데 기여했다.

창조적 회계와 기만적 회계 사이에 아마도 희미한 선이 있었을 것이다. 불과 몇 년 전 월드컴과 엔론 스캔들 때처럼 금융계는 이 선을 되풀이해 넘나들었다. 서투름과 속임수를 늘 구분할 수 있는 건 아니다. 하지만 순자산가치가 1000억 달러를 웃돈다던 기업이 속임수 회계 없이 갑자기 그 가치가 마이너스가 될 리는 없다. 모기지 회사와 투자은행들이 자기네가 만들어내고, 사들이고, 다시 포장한 상품들이 독성이 있다는 걸 몰랐다는 말은 믿을 수 없다. 투자은행들은 자기들도 모기지를 판 회사들에게 속았다고 믿고 싶어 한다. 하지만 그들은 속지 않았다. 그들은 위험한 서브프라임 시장으로 뛰어들도록 모기지 회사들을 부추겼다. 모기지가 풍부하게 공급돼야만, 그리고 위험한 자산을 새로운 상품으로 변형시킬 수 있어야만 그들은 수수료를 벌 수 있고, 그들을 금융의 마법사처럼 보이게 할 수익을 레버리지를 통해 창출할 수 있기 때문이다. 그들이 속았다면 그들이 알고 싶어 하지 않기 때문이다. 몇몇 기업들은 그들이 뭘 하고 있는지 몰랐을 수도 있다. 하지만 그렇더라도 그들은 다른 잘못이 있다. 그들이 분명 리스크에 관해 알지 못하는데도 안다고 주장하며 거짓으로 설명한 잘못이다.

많은 기업들이 자기네 상품의 장점을 과장하거나 입증할 수 있는 것보다 더 유능하다고 주장하는 건 우리가 예상할 수도 있었다. 자만이나 급여가 지나쳤던 것과 꼭 같이 그들의 과장도 분명히 지나쳤다. (오래된 격언처럼, 매수자가 조심해야 한다.) 하지만 용서하기 더 어려운 건 도덕적 타락이다. 금융계는 미국의 가난한 이들, 그리고 중산층까지 착취했다. 내가 지적한 것처럼, 금융회사들은 피라미드 바닥에 돈이 있는 걸 발견하고 법 테두리 안에서 그 돈을 꼭대기로 옮기기 위해 할 수 있는 일은 다 했다(많은 이들이 법의 테두리를 벗어났다). 하지만 규제당국이 왜 이를 막지 않았는지를 묻는 대신 우리는 이런 관행에 관련된 이들이 도덕적으로 양심의 가책을 느꼈는지를 물었어야 했다.

6장에서 나는 버니 메이도프의 사기는 높은 레버리지를 안은 이들의 책략과 그리 다르지 않았다는 점을 설명했다. 금융인들은 단기적으로 (높은 수수료와 동시에) 높은 수익을 올린 다음에는 큰 손실이 따를 수 있다는 걸 알았다. 또는 알았어야 했다. 그 손실은 계약상 그들의 보너스에 영향을 미치지 않을 것이다. 완전시장에 대한 열성적 지지자는 레버리지가 (특별히 큰 하락 위험 없이 특별히 높은 수익을 내는 것 같은) 공짜 점심을 가져다줄 수는 없다는 걸 알았어야 했다. 좋은 시절에는 높은 레버리지가 높은 수익을 창출한다. 하지만 높은 레버리지는 또한 은행들을 커다란 하락 위험에 노출시킨다.

돈을 버는 게 인생의 궁극적인 목적일 때는 받아들이지 못할 행동이 없다. 이전의 다른 많은 은행위기 때처럼 사건마다 양심의 가책이 우리를 부끄럽게 했다. 가장 지독한 사람들 가운데 몇몇은 줄지어 감옥으로 갔다(하지만 엄청난 벌금을 물고도 자기네 계좌에 수억 달러를 남겨두는 경우도 많았다). 1980년대 찰스 키팅과 마이클 밀켄, 2000년대 초 케네스 레이와 버나드 에버스가 그 예다.

메이도프는 '과장'과 '사기행위'를 구분하는 선을 넘었다. 하지만 날마다 '윤리적으로 문제가 있는' 금융인들의 명단이 길어졌다. 미국에서 가장 많은 서브프라임 모기지를 일으킨 컨트리와이드 파이낸셜의 안젤로 모질로 최고경영자는 다른 예다. 증권거래위원회는 그를 증권사기와 내부자거래 혐의로 고발했다. 그는 사석에서 그가 일으킨 모기지들이 유해하다고 묘사했다. 심지어 컨트리와이드가 엄격한 대출기준을 적용한 우량등급 모기지를 취급한다며 자사의 강점을 홍보하면서도 실제로는 '함부로 행동했다'고 말했다.[1] 많은 기업가들이 회사를 팔아서 큰 이익을 남긴다. 기꺼이 높은 값을 처줄 어떤 바보를 찾는 게 모든 이들의 꿈이다. 그는 성공했다. 컨트리와이드 주식을 거의 1억 4000만 달러를 남기고 팔았다.

당신이 어떻게 보든 우리의 은행과 은행가들은 위기 이전에도, 그리고 위기 도중에도 우리가 바라는 윤리기준에 맞추지 못했다. 특히 돈을 빌린 보통사람들을 이용할 때 그랬다. 그들은 학자금대출, 페이데이론, 가구, 가전제품 대여,[2] 그리고 신용카드와 현금카드를 포함한 다양한 분야에서 소비자들을 지나치게 이용했다. 서브프라임 모기지는 그 한 예일 뿐이다.

가끔 금융회사들(그리고 다른 기업들)은 무엇이 옳고 그른지는 자기네가 결정할 일이 아니라고 말한다. 정부가 결정할 일이라는 것이다. 정부가 그 활동을 금지하지 않는 한, 그리고 이익이 나는 한 은행은 주주들에 대한 의무로서 돈을 빌려줘야 한다는 것이다. 이런 논리라면 담배회사들이 사람을 죽일 수도 있는 걸 알면서도 점점 더 중독성이 강한 제품을 생산하는 걸 돕는 데 아무런 잘못이 없다.[3]

법의 테두리 안에 남아 있는 한 그들이 하고 싶은 대로 자유롭게 영업 활동을 할 수 있다고 생각하는 이들은 너무 쉽게 빠져나가려 하고 있다. 어쨌든 기업계는 법이 이 부도덕한 일을 허용하도록 하려고 많은 돈을 쓴다. 금융산업은 약탈적인 대출을 막고, 각 주 소비자보호법의 핵심을 제거하고, 부시 정부 때의 완화된 기준을 갖고 있는 연방정부가 각 주 규제당국의 판단을 뒤집지 못하도록 하기 위해 열심히 노력했다. 더 나쁜 건 많은 기업들이 통상적인 책임으로부터도 자기들이 보호를 받을 수 있도록 하는 법을 만들기 위해 애썼다는 사실이다. 담배회사의 꿈은 '가벼운' 규제를 받는 것이다. 이는 그런 규제가 없었다면 그들이 했을 어떤 일도 가로막지 않는 것이다. 또한 그들의 행동 때문에 어떤 기업이 쓰러져도 그들이 한 모든 일에 문제가 없으리라 생각했다고 말할 수 있도록 허용해주는 규제다. 모든 일이 합법적이고 정부의 완전한 감독 아래 이뤄졌기 때문에 문제가 없으리라 생각했다고 말이다.

책임지기

경제학은 뜻하지 않게 이런 도덕적 책임감 결여가 지속될 수 있도록 해주었다.[4] 애덤 스미스를 순진하게 읽었다면 스미스가 도덕성의 문제에 대해 생각할 필요가 없도록 시장참여자들의 고민을 덜어줬다고 생각할지도 모른다. 어쨌든 개인의 이익을 추구하는 게 마치 보이지 않는 손에 이끌린 것처럼 사회의 행복으로 이어진다면 개인이 할 일, 또는 해야 할 일은 확실하게 자기의 이익을 좇는 일뿐이다. 금융계에 있는 모든 이들이 그렇게 하는 것으로 보였다. 하지만 분명히 개인의 이익, 즉 탐욕을 추구하는 게 사회적 행복으로 이어지지는 않았다. 이번 사건이나 월드컴과 엔론이 관련된 예전의 스캔들 때도 그랬다.

앞에서 내가 설명한 시장 실패의 이론은 왜 일이 그토록 잘못됐는지 설명하기 위한 것이다. 또한 은행가들이 사적인 이익을 추구한 게 어떻게 사회적으로 그토록 비참한 결과를 낳았는지, 그리고 그들이 개인적인 이익을 추구한 게 왜 사회적 행복으로 이어지지 않았는지(심지어 주주들의 행복으로도 이어지지 않았는지) 설명하기 위한 것이다. 외부성과 같은 시장 실패가 나타날 때 어떤 행동의 결과(한계수익과 비용)는 가격(판매 또는 구매가격)에 충분히 반영되지 못한다. 나는 이 세계에 외부성의 문제가 얼마나 많은지 설명했다. 한 은행이 쓰러지면 다른 은행들에게도 재앙과 같은 효과를 미친다. 은행시스템의 실패는(또는 잠재적인 실패조차도) 이미 경제와 납세자, 근로자, 기업계, 주택 보유자들에게 엄청난 영향을 미쳤다. 하나의 모기지에 대한 주택 압류는 이웃집들의 시장 가치를 떨어뜨린다. 이에 따라 그들도 압류를 당할 가능성이 높아진다.

카우보이 부츠를 신고 남자답게 으스대며 걷는 부시 대통령이 그토록 강렬하게 상징한 것처럼 강인한 미국식 개인주의의 영웅적인 모델이 우리가 성공하고 실패한 세계를 그리고 있다. 그 세계에서 우리는 노력의 대가를 얻었다. 하지만 이는 9장에 나오는 호모에코노미쿠스처럼 하나의 신화일 뿐이다. 주주들이 경영한다는 19세기 기업처럼 현실과 다른 이야기다. '아무도 섬처럼 홀로 살아갈 수 없다.'[5] 우리가 하는 일은 다른 이들에게 커다란 영향을 미친다. 그리고 우리는 적어도 부분적으로는 다른 이들의 노력의 결과로서 존재한다.

미국식 개인주의 모델이 실제로 작동하는 방식에서 역설을 볼 수 있다. 사람들이 성공할 때는 그 공을 차지하면서도 실패하거나 다른 사람들에게 비용을 물릴 때는 책임감이나 의무감을 별로 보여주지 않는다. 거대한 (장부상) 이익이 났을 때 은행가들은 그게 자기들 노력 덕분이라고 주장하며 공을 차지했다. 거대한 (실제) 손실이 났을 때는 그들도 어쩔 수 없는 힘 때문이라고 주장했다.

이런 태도는 경영자 보상체계에도 반영됐다. 보상체계는 인센티브를 강조하지만 급여와 경영성과 사이에는 대체적인 연관성이 거의 없었다. 성과가 좋을 때는 인센티브 급여를 많이 주고 성과가 나쁠 때는 부족한 보상을 '잔류보너스' 같은 다른 형태로 메워줬다. 금융업계 사람들은 다른 회사가 직원을 빼 갈 수 있기 때문에 그들의 성과가 나쁠 때도 높은 급여를 줘야 한다고 말한다. 사람들은 은행들이 성과가 안 좋은 직원들을 자르고 싶어 한다고 생각할지도 모른다. 하지만 은행업계 사람들은 이익이 안 좋은 건 직원들의 성과가 안 좋기 때문이 아니라 아무도 통제할 수 없는 사건들 때문이라고 말한다. 그러나 이익이 늘어날 때도 같은 말을 할 수 있다. 이는 인지적 부조화(cognitive dissonance)의 여러 사례 가운데 하나다. 금융시장에 있는 사람들이 한편으로는 상당히 그럴듯한 주장을 펴지만 그 완전한 의미를 인식하지 못한다는 이야기다.[6]

책임성에 관한 이야기도 대부분 말하기 나름인 것 같다. 일본 사회에서는 기업이 무너진 데 책임이 있고 수천 명의 근로자를 해고할 수밖에 없었던 최고경영자는 할복자살을 할지도 모른다. 영국에서는 기업이 쓰러질 때 최고경영자는 물러난다. 미국에서는 그들의 보너스 크기를 놓고 싸운다.

지금 금융시장에서는 거의 모든 사람들이 아무 잘못이 없다고 주장한다. 그들은 모두 자기 일을 하고 있었을 뿐이라는 것이다. 그들은 정말로 그랬다. 하지만 그들은 흔히 다른 이들을 착취하는 일에 관련되거나 그런 착취의 결과에 의존해 살아간다.[7] 개인주의는 있었지만 개인적인 책임성은 없었다. 장기적으로 사람들이 스스로 한 행동의 결과에 대해 책임을 지지 않으면 사회가 잘 돌아갈 수 없다. "난 내 일을 하고 있었을 뿐"이라는 건 변명이 안 된다.

외부성과 다른 시장 실패는 예외가 아니라 일반적인 경우다. 사실이라면 거기에는 깊은 의미가 있다. 개인과 기업의 책임성에 대한 의미다. 기업들은 단순히 그들의 시장가치를 극대화하는 것 이상의 일을 해야 한다. 기업에 있는 사람들은 그들이 무엇을 하고 있으며 다른 이들에게 어떤 영향을 미치는지 더 생각할 필요가 있다. 그들은 '단지' 그들의 소득을 극대화할 뿐이라는 말로 책임을 피할 수 없다.

우리는 가치 있는 걸 측정한다[8]

우리 사회와 같은 성과지향적인 사회에서 우리는 일을 잘하려고 애쓴다. 하지만 우리가 하는 일은 우리가 무엇을 측정하느냐에 영향을 받는다. 학생들이 읽기시험을 치러야 하면 교사들은 읽기를 가르칠 것이다. 하지만 넓은 의미의 인식능력을 계발하는 데는 시간을 덜 쓸 것이다. 마찬가지로 정치인들과 정책결정자, 그리고 경제학자들은 모두 무엇이 GDP로 가늠되는 성과를 더 높일 수 있는지 이해하려 애쓴다. 그러나 GDP가 사회적 행복의 좋은 잣대가 아니라면 우리는 잘못된 목적을 이루려 애쓰고 있는 것이다.

실제로 우리가 하는 일이 우리의 진정한 목적에 비춰보면 역효과를 낳을 수도 있다. 미국에서 GDP를 산출하는 건 거품이 꺼지기 전에 무슨 일이 벌어지고 있는지 잘 보여주지 못했다. 미국인들은 과거에 비해, 그리고 다른 나라에 비해 더 잘하고 있다고 생각했다. 거품 가격이 부동산 투자의 가치와 이익을 부풀렸다. 많은 나라들이 미국을 베끼려 애썼다. 경제학자들은 여러 정책에서 성공요인을 찾는 정밀한 연구를 했다. 하지만 성공의 잣대에 문제가 있었기 때문이 그들이 연구에서 이끌어낸 결론도 잘못된 것일 때가 많았다.[9]

이번 위기는 시장가격이 얼마나 심하게 왜곡될 수 있는지 보여줬다. 우리가 성과를 측정한 결과 자체가 심각하게 왜곡됐다. 위기가 없더라도 모든 상품의 가격은 왜곡돼 있다. 공기가, 그리고 많은 경우 깨끗한 물이 사실은 희소한 자원인데도 우리는 이를 마치 공짜인 것처럼 취급했기 때문이다. 특정 상품 가격이 왜곡된 정도는 (제품에 들어가는 모든 부품 생산을 포함한) 생산과정에 '탄소'가 얼마나 발생하느냐에 달려 있다.

우리가 환경과 경제성장 사이의 상충관계에 관해 벌인 논의 가운데 일부는 표적을 빗나갔다. 우리가 생산을 정확히 측정하면 그런 상충관계는 없을 것이다. 정확히 측정된 생산은 좋은 환경정책 아래 더 높아질 것이다. 그리고 환경도 더 좋아질 것이다. 우리는 기름을 많이 잡아먹는 허머 같은 자동차에서 이익을 내는 것처럼 보이지만 이는 착각이라는 걸 깨닫게 될 것이다(허머가 벌새처럼 윙윙하는 소리를 낸다는 건 분명 완곡한 표현이다). 그 이익은 미래의 행복을 희생한 대가다.

우리의 경제성장은 또한 미래에서 빌려온 돈에 바탕을 두고 있다. 우리는 소득수준을 넘는 생활을 해온 것이다. 또한 어떤 경우에 성장은 자연자원 고갈과 환경 악화를 대가로 얻은 것이다. 이는 미래의 자원을 빌려온 것이지만 우리가 누구에게 빚을 지고 있는지가 그리 분명하지 않기 때문에 더욱 부당한 것이다.[10] 그 결과 우리는 미래 세대를 더 가난하게 만들었지만 GDP 지표는 이를 반영하지 못한다.

우리의 행복을 측정하는 데에는 다른 문제들도 있다. 1인당 GDP는 예컨대 기대수명으로 나타나는 건강상태, 다시 말해 건강관리의 결과를 측정하는 게 아니라 건강관리에 쓴 돈을 측정한다. 그 결과 우리의 보건시스템의 효율성이 점점 더 떨어질수록 건강상태는 더 악화되는데도 GDP는 늘어나는 것처럼 보일 수도 있다. 미국의 1인당 GDP가 프랑스와 영국보다 높은 것은 부분적으로 우리의 보건시스템이 덜 효율적이기 때문이다. 우리는 훨씬 더 많은 돈을 쓰고도 훨씬 나쁜 보건시스템을 갖고 있다.

표준적인 잣대들이 오해를 부르는 속성이 있다는 걸 보여주는 마지막 예를 들어보자(더 많은 예가 있다).[11] 우리 사회의 대부분 개인들이 더 못살게 됐다고 느낄 뿐만 아니라 실제로 더 못살게 됐을 때도 1인당 평균 GDP는 올라갈 수 있다. 이런 일은 사회가 더 불평등해질 때 일어난다(이는 전 세계 대부분의 나라에서 일어나고 있는 일이다). 파이가 더 커졌다고 모든 사람들이 더 큰 조각을 갖게 되는 건 아니다. 대부분 사람들이 더 큰 조각을 갖는다고 할 수도 없다. 내가 1장에서 지적한 것처럼 2008년 미국 가계의 인플레이션을 감안해 조정한 중위소득은 2000년에 비해 4퍼센트가량 줄었다. 같은 기간 1인당 GDP(평균적으로 어떤 일이 일어났는가를 측정하는 수치)는 10퍼센트 늘어났는데도 그렇다.[12]

사회적인 생산의 목적은 사회 구성원의 행복을 증진하는 것이다. 그 행복을 어떻게 정의하든 말이다. 우리의 표준적인 잣대는 좋은 기준이 아니다. 이를 대체할 수 있는 것들이 있다. 현대사회에 벌어지는 복잡한 일들을 파악할 수 있는 단 한 가지 잣대는 없다. 하지만 GDP라는 잣대는 결정적으로 실패했다. 전형적인 개인이 어떻게 하고 있는지에 초점을 맞춘 지표가 필요하다(평균소득보다 중위소득이 훨씬 더 쓸모 있는 지표가 될 수 있다). 또한 지속가능성과 건강, 교육에 초점을 맞춘 지표가 있어야 한다(예컨대 부채의 증가뿐만 아니라 자원 고갈과 환경 악화를 감안한 지표가 필요하다). 유엔개발계획(UNDP)은 소득뿐만 아니라 교육과 건강을 포함한 더 포괄적인 지표를 고안했다. 이런 지표를 통해 보면 스칸디나비아 나라들이 미국보다 훨씬 낫다.[13]

하지만 경제지표가 더 확장돼 보건과 교육을 포함하더라도 우리의 행복감에 영향을 미치는 많은 것들이 빠져 있다. 로버트 퍼트넘은 다른 이들과의 유대가 중요하다는 걸 강조했다. 미국에서는 그런 유대감이 약해지고 있다. 그렇게 된 까닭은 우리 경제를 조직하는 방식에도 있다.[14]

히말라야 불교 왕국 부탄은 이 문제에 접근하는 새로운 길을 개척하려고 했다. 이 나라는 국민총행복(Gross National Nappiness: GNH)이라는 걸 만들려고 시도했다. 행복은 단지 부분적으로만 물질적인 재산과 관련이 있다. 정신적인 가치처럼 어떤 측면은 계량화할 수도 없고 그렇게 해서도 안될 것이다. 하지만 (사회적 유대와 같이) 계량화할 수 있는 것들도 있다. 그러나 계량화는 하지 않더라도 이런 가치에 초점을 맞춤으로써 우리 경제와 사회를 다른 방향으로 이끄는 문제에 대한 사고의 방식을 부각시킬 수 있다.

안전과 권리

안전은 사회적 행복의 요인 중 하나다. 대부분 미국인들의 생활수준과 그들의 행복감은 국민소득 통계가 ('가계 중위소득'이) 시사하는 것보다 더 크게 떨어졌다. 부분적으로는 불안전성이 높아졌기 때문이다. 그들은 일자리에 대해 덜 안전하다고 느낀다. 그들은 일자리를 잃으면 건강보험도 잃는다는 걸 안다. 치솟는 교육비 때문에 그들은 자녀들이 꿈을 이룰 수 있도록 교육을 시켜줄 수 있을지 불안을 느끼고 있다. 또한 은퇴 후를 위한 저축이 줄어들면서 그들이 노후를 편안하게 보낼 수 있을지에 대해 불안해한다. 지금은 미국인 중 많은 이들이 그들의 집을 지킬 수 있을지에 대해서도 걱정한다. 주택 가치와 모기지의 차이인 주택 지분이라는 완충지대는 사라졌다. 모기지를 안고 있는 전국의 모든 주택의 3분의 1에 해당는 1500만 채가 자산가치를 웃도는 부채를 지고 있다.[15] 이번 침체기에 240만 명이 일자리와 함께 건강보험도 잃어버렸다.[16] 이들의 삶은 벼랑 끝에 몰렸다.

안전성을 더 높이면 성장을 촉진하는 간접적인 효과도 있다. 일이 바라던 대로 되지 않으면 어느 정도 사회적인 보호를 받을 수 있다는 걸 아는 개인들은 더 높은 리스크를 안을 수 있다. 사람들이 일자리를 옮길 수 있도록 돕는 프로그램은 우리의 가장 중요한 자원인 인간의 재능을 더 잘 활용할 수 있도록 해준다. 이런 사회적 보호는 정치적인 관점에서 볼 수도 있다. 근로자들이 더 안전하다고 느끼면 보호주의에 대한 요구도 줄어들 것이다. 보호주의 없는 사회적 보호는 더 역동적인 사회를 만드는 데 기여할 수 있다. 더 역동적인 경제와 사회는 (적절한 수준의 사회적 보호와 함께) 근로자와 소비자 모두에게 더 큰 만족을 줄 수 있다.

물론 지나친 일자리 보호가 이뤄질 수도 있다. 나쁜 성과에 대한 규율은 없고 좋은 성과에 대한 유인이 너무 부족할 수도 있다. 하지만 역설적으로 우리는 기업 차원보다는 개인의 차원에서 이런 도덕적 해이와 인센티브 효과를 걱정했다. 이는 이번 위기 대응을 엄청나게 왜곡시켰다. 이는 부시 행정부가 수백만 명이 집이나 일자리를 잃는 데 대응하려는 의지를 약화시켰다. 정부는 무책임하게 돈을 빌린 이들에게 '보상을 주는' 것처럼 비춰지기를 바라지 않았다. 정부는 일자리를 찾으려는 유인을 감소시킬 수 있다는 이유로 실업보험을 늘리는 걸 원하지 않았다. 정부는 이런 문제들에 대한 걱정은 덜 하고 새롭게 확립된 기업 안전망의 비뚤어진 유인체계를 더 걱정했어야 했다.[17]

부유한 미국 기업들도 안전의 중요성에 관해 이야기한다. 그들은 재산권을 안전하게 지키는 게 중요하며, 이런 안전성이 없으면 투자를 할 수 없다고 강조한다. 그들은 보통 미국인들처럼 '위험 회피적'이다. 특히 우파의 공공정책은 재산권의 안전성에 관한 이런 염려에 많은 주의를 기울였다. 하지만 역설적이게도 많은 이들이 개인의 안전은 줄여야 한다고 주장했다. 사회보장 혜택과 보통사람들의 고용 안전성을 줄이라는 말이다. 이는 앞뒤가 맞지 않는 이상한 주장으로 최근 인권에 관한 논의와 유사하다.[18]

냉전이 시작된 후 몇십 년 동안 미국과 소련은 인권 문제를 놓고 싸움을 벌였다. 유엔의 세계인권선언은 기본적인 경제적 권리와 정치적 권리를 함께 열거하고 있다.[19] 미국은 정치적 권리만 이야기하고 싶었고 소련은 경제적 권리만 말하고 싶었다. 제3세계의 많은 나라들은 정치적 권리의 중요성을 인식하면서도 경제적 권리에 더 무게를 두었다. 굶어 죽을 지경인 사람에게 투표할 수 있는 권리는 무슨 가치가 있겠는가? 그들은 논쟁이 벌어진 복잡한 현안이 있을 때 교육을 전혀 받지 못한 사람들이 의미 있게 투표권을 행사할 수 있을지 의문을 던졌다.

결국에는 부시 행정부 아래 미국도 경제적 권리의 중요성을 인식하기 시작했다. 하지만 그 인식은 한쪽으로 치우친 것이었다. 부시 정부는 자본시장자유화를 통해 국가 간 자본이 자유롭게 드나들 수 있도록 하는 권리를 인식했다. 다른 경제적 권리 중에서도 지적재산권과 더 일반적인 재산권에 강조됐다. 하지만 왜 이런 경제적 권리, 기업의 권리가 보건, 주거 또는 교육에 관한 권리를 비롯한 개인의 보다 기본적인 권리에 우선해야 하는가? 이런 권리는 왜 최소한의 안전을 확보할 개인의 권리에 우선해야 하는가?

이런 기본적인 문제들은 모든 사회가 직면한 현안이다. 이들 현안을 모두 논의하는 건 이 짧은 책의 범위를 벗어나는 것이다. 하지만 분명히 해야 할 것은 이 권리들의 체계는 하늘이 내려준 게 아니라는 점이다. 이는 사회적인 구조의 문제다. 이는 우리가 하나의 공동체로서 어떻게 더불어 살아갈지를 규율하는 사회적 계약의 일부라고 생각할 수 있다.

여가와 지속가능성

표준적인 GDP 지표가 잘 반영하지 못하는 다른 가치들도 있다. 우리는 여가에 가치를 부여한다. 여가를 활용해 휴식하고, 가족들과 시간을 보내고, 문화와 스포츠를 즐긴다. 여가는 즉각적인 만족을 조금밖에 주지 못하는 직업을 갖고 일하기 위해 살기보다는 살기 위해 일하는 수백, 수천만 명의 사람들에게 특히 중요하다.

75년 전 케인즈는 인류가 역사상 처음으로 '경제적 문제'에서 막 해방되려 한다는 사실을 축하했다.[20] 인류의 모든 역사에서 사람들은 먹을 것과 입을 것, 그리고 피신할 곳을 찾는 데 에너지의 대부분을 쏟아부었다. 하지만 과학과 기술의 발전으로 이런 기본적인 욕구는 한 주일에 몇 시간만 일하면 충족시킬 수 있게 됐다. 예를 들어 미국 노동인구의 2퍼센트 미만이 지나치게 많이 먹고 급속히 뚱뚱해지는 국민들이 먹을 수 있는 식량을 생산한다. 국내 수요를 충족하고도 남아 밀과 옥수수, 콩의 주요 수출국이 될 정도로 충분한 양을 생산한다. 케인즈는 이런 발전의 과실을 갖고 무엇을 해야 할지에 대한 의문을 가졌다. 영국의 상류층이 어떻게 시간을 보내는지 보면서 그는 어떤 걱정을 했다. 그가 걱정할 만도 했다.

그는 특히 지난 세기 마지막 3분의 1에 해당하는 시기에 일어난 일을 충분히 예상하지 못했다. 미국과 유럽은 다른 식으로 반응한 것으로 보인다. 케인즈의 예상과는 반대로 미국은 전체적으로 더 많은 여가를 즐기지 않았다. 가구당 근로시간은 실제로 지난 30년 동안 약 26퍼센트 늘어났다.[21] 우리 사회는 소비자 사회 또는 물질주의적 사회가 됐다. 집집마다 두 대의 자동차가 있고, 누구나 아이팟을 귀에 끼고 있으며, 셀 수도 없이 많은 옷을 갖고 있다. 우리는 끊임없이 사고 버린다.[22] 유럽은 다른 길을 택했다. 연간 4주 휴가는 보통이다. 우리가 2주만 쉰다고 하면 유럽인들은 몸서리를 친다. 프랑스의 시간당 생산량은 미국보다 많지만 전형적인 프랑스인은 연간으로 더 적은 시간 동안 일하고 따라서 더 적은 소득을 얻는다.

이 차이는 유전적인 게 아니다. 사회가 서로 다르게 진화했음을 보여준다. 대부분 프랑스인들은 미국인들과 자리를 바꾸려 하지 않을 것이다. 미국인들도 대부분 프랑스인과 자리를 바꾸지 않을 것이다. 미국과 유럽 사회의 진화는 미리 계획된 게 아니다. 우리는 이게 스스로 선택한 길인지 자문해봐야 한다. 그리고 사회과학자로서 우리는 왜 각 사회가 그 길을 선택했는지 설명하려 할 수 있다.

우리는 어느 생활방식이 더 나은지 말할 수 없을지 모른다. 하지만 미국의 생활방식은 지속될 수 없다. 다른 나라는 더 그럴지도 모른다. 개발도상국 사람들이 미국의 생활방식을 모방하려 한다면 지구촌은 불행해진다. 자연자원은 충분하지 않고 지구온난화에 미치는 충격은 참기 어려울 것이다. 미국은 변해야 한다. 그것도 빨리.

공동체와 신뢰

시장근본주의와 결합된 거친 개인주의 모델은 개인이 그들 자신과 그들의 선호에 대해 어떻게 생각하는지뿐만 아니라 서로를 어떻게 관련짓는지도 바꿔놓았다. 거친 개인주의의 세계에서는 공동체가 거의 필요하지 않고 신뢰도 필요 없다. 정부는 걸림돌이다. 해결책이 아니라 문제를 던져준다. 외부성과 시장 실패가 널리 퍼져 있으면 집단적인 행동이 필요하다. 보통 자발적인 조정은 불충분하다(간단히 말해 '집행'이 이뤄지지 않아 사람들이 바람직한 방향으로 행동하도록 할 길이 없다).[23]

더욱이 마구 날뛰는 물질주의와 결합된 거친 개인주의는 신뢰를 갉아먹었다. 시장경제에서도 신뢰는 사회가 돌아가도록 하는 윤활유다. 사회는 때로 신뢰가 없어도, 예컨대 계약을 이행하도록 강제하는 법에 의존해 그럭저럭 해나갈 수 있다. 하지만 이는 차선일 뿐이다. 지금의 위기에서 은행가들은 우리의 신뢰를 잃었으며, 은행가들 서로 간에도 신뢰를 잃었다. 경제사학자들은 교역과 은행의 발전에서 신뢰의 역할을 강조했다. 세계적인 상인들과 금융가들을 키워낸 공동체는 공동체 구성원들이 서로 신뢰했기 때문에 그렇게 할 수 있었다.[24] 이번 위기의 큰 교훈은 지난 몇 세기의 모든 변화에도 불구하고 우리의 복잡한 금융 부문은 여전히 신뢰에 의존하고 있다는 점이다. 신뢰가 무너질 때 금융 시스템은 얼어붙었다. 하지만 우리는 근시안적인 행동을 부추기는 경제시스템을 만들었다. 그 행동은 너무나 근시안적이어서 신뢰 붕괴에 따르는 비용을 절대 고려하지 않는다. (이 근시안적 행동은 앞에서 본대로 금융계의 다른 문제되는 행동을 설명해준다. 또한 사회가 저절로 사라지지 않을 환경문제들을 다루려 하지 않는 까닭을 설명해준다.)

금융위기는 신뢰가 잠식되고 있음을 깨닫게 했다. 또한 신뢰가 더욱 빨리 잠식되도록 했다. 우리는 신뢰를 당연히 주어진 것으로 여겼지만 그 결과 신뢰는 약화됐다. 우리가 앞으로 근본적인 변화를 일으키지 못하면 다시 신뢰에 의존할 수 없게 될 것이다. 그렇다면 이는 우리가 서로를 대하는 방식을 근본적으로 바꿔놓을 것이다. 이는 우리들 서로의 관계를 가로막을 것이다. 우리가 스스로에 대해, 그리고 서로에 대해 어떻게 생각할지도 달라질 것이다. 우리의 공동체의식은 더욱 약화될 것이고 우리 경제의 효율성도 떨어질 것이다.

증권화가 어떻게 남용됐는지를 보면 시장이 어떤 식으로 개인적인 관계와 공동체를 약화시킬 수 있는지 분명히 알 수 있다. 안정된 공동체 안에서 은행가가 돈을 빌리는 이를 잘 아는(그래서 차입자에게 진정으로 문제가 생기면 은행이 언제 어떻게 부채에 대한 구조조정을 해야 할지 아는) '친밀한' 관계는 하나의 신화였는지도 모른다. 하지만 그렇더라도 거기엔 어떤 진실이 있었다. 그것은 부분적으로 신뢰에 바탕을 둔 관계였다. 증권화에서는 신뢰의 역할이 없다. 돈을 빌려주는 이와 빌리는 이 사이에 개인적인 관계는 없다. 모든 게 익명이다. 모기지의 특성에 관한 모든 필요한 정보는 통계 자료로 요약된다. 어떤 이들의 삶이 망가지는 건 단지 데이터로만 나타날 뿐이다. 채무구조를 바꾸는 데 있어 문제가 되는 것은 그게 합법적인지, 모기지업체가 어떤 일을 할 수 있는지, 그리고 어떻게 하면 그 증권을 가진 이들의 기대수익을 최대화할 수 있는지 하는 문제뿐이다. 대출자와 차입자 사이의 신뢰는 깨졌다. 다른 이해관계자 사이에서도 신뢰는 존재하지 않는다. 예를 들어 증권을 가진 이들은 모기지 서비스업체가 자기들을 위해 행동하리라고 믿지 않는다. 신뢰가 부족하기 때문에 많은 계약들이 채무구조 조정의 여지를 제한하고 있다.[25] 법적인 제약에 얽혀 대출자와 차입자 모두 어려움을 겪는다. 변호사들만 이득을 본다.

하지만 구조조정이 가능하더라도 대출업체가 차입자를 이용하려는 바로 그 유인이 여전히 작용한다. 은행들이 다른 사람들 처지를 생각하는 마음이 있는지 모르겠지만 지금은 그런 때가 아니다. 그들은 다음 번 급여가 얼마나 될까만 걱정하고 있다. 그리고 이익을 늘리려고 애쓴다. 그렇다면 그들이 주택을 보유한 보통사람들을 이용하기 위해 그토록 잘 갈고닦은 기술을 또다시 쓰지 않을 거라고 생각할 까닭이 어디 있는가? 언론과 정부는 채무구조 조정 속도가 느리고 차입자에게 불리한 구조조정이 너무 많다는 이야기가 잇달아 나오는 데 놀란 것 같다. 단기적으로 (곧바로 대출업체의 이익으로 돌아갈) 수수료를 올리면서 단순히 대출금 상환기간을 길게 늘리는 건 대출업체들이 원하는 것이다. 그들은 많은 차입자들이 매월 원리금을 갚느라 쪼들리고, 집을 잃기 싫어하며, 이런 나쁜 거래 때문에 자존심이 상하는 걸 싫어한다는 것을 안다.

증권화는 사라지지 않을 것이다. 이는 오늘날 경제 현실의 일부다. 하지만 우리는 구제금융을 통해 암묵적으로 증권화에 보조금을 주고 있다. 우리는 적어도 공정한 게임의 장을 만들어야 한다. 하지만 우리는 이를 좌절시키고 싶어 하는지도 모른다.

갈라진 집

이번 위기는 우리 사회의 갈라진 틈을 드러냈다. 월스트리트와 메인스트리트 사이의 틈, 그리고 미국 사회의 부유층과 그 밖의 계층 사이의 틈이다. 나는 어떻게 지난 30년간 상류층이 성공의 길을 달리는 동안 미국인들 대부분의 소득은 제자리걸음을 하거나 줄어들었는지 설명했다. 그렇게 될 여건은 다 갖춰져 있었다. 소득 하위계층은 마치 소득이 늘어나는 것처럼 계속 소비하라는 말을 들었다. 심지어 중산층까지도 그랬다. 돈을 빌려서 소득수준을 넘어서는 생활을 하도록 부추기는 말이었다. 거품이 이를 가능하게 했다.

그들이 다시 현실로 돌아오게 되면 그 다음은 뻔하다. 생활수준이 떨어져야 하는 것이다. 나는 이런 인식이 은행 보너스에 대한 열띤 토론의 배경에 있다고 짐작한다. 나라 전체는 벌이를 뛰어넘는 생활을 했다. 어떤 식으로든 조정이 있어야 할 것이다. 누군가는 은행 구제의 값을 치러야 할 것이다. 능력에 비례해 부담을 나누더라도 대부분의 미국인들에게 재앙이 될 것이다. 중위가계의 소득은 2000년 이후 이미 약 4퍼센트 줄어들었다. 선택의 여지가 없다. 우리가 공정성을 지키려면 그 조정에 따른 가장 큰 부담은 지난 30년 동안 너무나 많은 걸 얻은 상류층, 그리고 사회에 그토록 무거운 비용을 안긴 금융계가 져야 한다.

하지만 이에 대한 정치는 쉽지 않을 것이다. 금융계는 잘못을 인정하기 싫어한다. 받아야 할 비난은 받아들이는 것도 윤리적으로 행동하고 개인적으로 책임지는 것이다. 인간은 모두 잘못을 저지를 수 있다. 은행가들도 예외가 아니다. 하지만 우리는 그들이 비난을 (그들이 희생시킨 사람들을 포함한) 다른 이들에게 돌리려고 계속해서 애쓰는 걸 봤다.

어려운 조정을 앞둔 건 우리만이 아니다. 영국 금융시스템은 미국 시스템보다 더 부풀려졌다. 로열 뱅크 오브 스코틀랜드는 무너지기 전 유럽에서 가장 큰 은행이었다. 이 은행은 2008년 세계 어느 은행보다 많은 손실을 입었다. 미국처럼 영국에도 지금은 꺼져버린 부동산 거품이 있었다. 영국경제를 새로운 현실에 맞게 조정하려면 소비를 10퍼센트까지 줄여야 할 수도 있다.[26]

비전

미국 정부는 의식을 갖고 경제구조를 구축하거나 재구축하는 생각에 몰두해본 적이 없다. 전시경제 체제로 들어가거나 벗어날 때 한 번의 예외가 있었을 뿐이다. 2차 세계대전의 경우 그 일을 상당히 잘했다. 하지만 우리가 의식적으로 그렇게 하지 않았다고 해서 공공정책이 우리 사회의 모습을 바꾸지 않았다는 건 아니다. 아이젠하워의 수퍼하이웨이(superhighway) 프로그램은 에너지 소비와 배기가스 방출, 길어진 통근시간에 따른 비용을 포함한 모든 잘못에도 불구하고 현대적인 교외를 만들어냈다. 이는 우리 도시의 어떤 부분에 대한 파괴로 이어졌다. 모든 사회적인 문제들도 함께 불러왔다.

내가 7장에서 주장한 것처럼 현대사회에서는 좋든 싫든 정부가 많은 역할을 해야 한다. 규칙을 정하고 이를 집행하는 데서부터 기반시설을 제공하고, 연구 활동에 필요한 자금을 조달하고, 교육·의료서비스와 다양한 형태의 사회보장을 제공하는 역할이다. 정부지출의 많은 부분이 장기적으로 이뤄지고 (아이젠하워의 수퍼하이웨이 프로그램과 같이) 장기적인 효과를 낸다. 이 돈이 잘 쓰이도록 하려면 우리가 무엇을 바라는지, 그리고 어떤 목표를 향해 가야 할지를 생각해봐야 한다.

이 책 내내 우리는 몇 가지 변화가 상호작용을 하면서 시장과 우리 사회의 모습을 바꿔놓았다는 걸 봤다. 개인과 (정부를 포함한) 공동체 사이의 보다 균형 잡힌 관점, 경제 활동과 비경제 활동에 대한 더 균형된 시각, 시장과 국가의 보다 균형된 역할 분담에서 멀어진 것이다. 그리고 신뢰를 통해 형성된 개인적 관계에서 법률적 집행에 의존하고 시장에 따라 조정되는 관계로 바뀐 것이다.

우리는 또한 개인과 기업, 그리고 정부가 갈수록 단기적인 관점을 갖는 걸 봤다. 우리가 보았듯이 미국경제의 여러 부문에서 최근에 나타난 문제들은 부분적으로 지나치게 단기에 집중하는 데 원인이 있다. 단기주의 자체가 관리자본주의(managerial capitalism)의 한 측면이다. 장기적인 성공은 장기적인 사고, 다시 말해 비전을 요구한다. 그러나 우리는 오늘날 장기적 사고와는 반대로 가도록 부추기는 시장구조를 짰으며 정부가 그 갭을 메우는 걸 좌절시켰다. 정부가 장기적으로 생각해야할 이유는 더 많다. 그러나 정치인들이 단기적으로 생각하도록 하는 유인은 기업 경영자들이 그럴 유인만큼 또는 그보다 훨씬 강하다.

장기적으로 생각한다는 건 비전을 갖는 것이다. 프랑스의 국부펀드 FSI(Fonds Stratégique d'Investissement)의 최고경영자 지유 미셸은 이 점을 강하게 주장했다. "국가는 비전을 가질 권리가 있다.""우리는 정부당국이 산업구조의 특성과 진화에 대해 염려하는 것은 정당하다고 생각한다."[27] 경제이론은 그 논리의 일부를 제공한다. (이 책의 공통된 주제로 돌아가자면) 외부성이 존재하기 때문이다. 새로운 산업의 발전이나 제품 개발은 다른 이들에게 파급효과를 미칠 수 있다. 이는 기업가들이 보지 못할 수도 있고, 볼 수 있더라도 잡지 못하는 이익이다.

어떤 의미에서는 정부가 크고 작은 비전도 갖지 않은 채 지금 쓰는 만큼 돈을 쓰는 건 어려운 일이다. 기름을 많이 잡아먹는 자동차에 더 의존하는 나라를 만들지, 아니면 대중교통에 더 의존하는 나라를 만들지, 항공과 철도 운송 가운데 어느 쪽에 더 의존할지에 관한 비전이다. 또한 연구와 혁신, 그리고 교육에 더 초점을 맞춘 경제를 만들지, 아니면 제조업에 더 초점을 맞춘 경제를 만들지에 관한 비전이다.

2009년 2월 통과된 경기활성화 조치는 비전이 없을 때 어떤 일이 일어나는지 보여주는 하나의 예라고 할 수 있다. 지역사회가 교사들을 해고할 수밖에 없고 대학들이 씀씀이를 크게 줄일 수밖에 없을 때 나라는 새 도로들을 닦고 있다. 정부가 투자를 촉진해야 할 때 감세는 소비를 부추기고 있다.

정치, 경제, 사회—미국식 부패

우리는 논의된 문제들 가운데 많은 것들을 오래전부터 알고 있었지만, 그 문제들을 해결하는 데 진전은 더뎠다. 왜 사람을 달에 보낼 수 있을 정도로 재능 있는 사람들이 많은 나라가 이곳 지구에서 생긴 이런 문제들을 더 잘 풀 수 없을까?

아이젠하워 대통령은 군산복합체의 위험성을 경고했다.[28] 하지만 지난 반세기 동안 그 복합체는 금융, 제약, 석유와 석탄 관련 정책을 포함한 미국의 경제·사회정책을 만들어가는 특수이해집단으로 확장됐다. 그들의 정치적 영향력은 합리적인 정책결정을 거의 불가능하게 만들었다. 어떤 경우에는 로비스트들이 복잡한 사회와 경제 현상을 해석하는 데 분명 편향된 견해를 갖기는 했지만 이해할 만한 역할을 했다. 하지만 많은 핵심 현안들에 대한 그들의 행동은 노골적으로 돈을 움켜쥐는 것과 별로 다르지 않았다. 최근 제약업계가 의약품에 대한 가장 큰 수요자인 정부에 대해 약품 가격을 놓고 협상하지 말라고 요구한 게 그예다. 하지만 금융계는 위기 전과 후에 최악의 사례를 보여줬다.

미국이 선거운동을 위한 기부금과 로비스트들에게, 그리고 회전문인사 시스템에 그토록 눈이 멀었다면 미국을 위한 어떤 비전을 보았더라도 이를 이루기는 어려울 것이다. 아마도 우리는 이런 어려움을 헤쳐나갈 수 있을 것이다. 하지만 오늘 우리들에게, 그리고 미래 세대에 어떤 비용을 치러야 그렇게 할 수 있을 것인가? 이번 위기는 그 비용이 매우 클 수도 있다는 점을 일깨우는 신호가 될 것이다. 그 비용은 세계에서 가장 부유한 나라조차 감당할 수 없을 만큼 클 수도 있다.

맺는 말

나는 이 책을 위기의 중간에 쓴다. 자유낙하의 느낌은 끝났다. 아마 이 책이 나올 때는 위기의 느낌도 지나갈 것이다. 아마도 (그럴 것 같지는 않지만) 경제가 완전고용을 회복할 수도 있다.

나는 미국과 세계가 직면한 문제들은 금융시스템의 작은 조정으로 그치지 않을 것이라고 주장했다. 어떤 이들은 시스템을 연결하는 배관에 조그만 문제가 있었을 뿐이라고 주장했다. 그러나 그 파이프는 막혀버렸다. 우리는 당초 배관을 맡았던 바로 그 사람들을 다시 불러왔다. 아마도 지금의 혼란을 일으킨 그들만이 파이프를 제대로 이어줄 줄 알 것이다. 그들이 당초 배관작업을 한 대가로 우리에게 얼마나 지나친 요금을 물렸는지 신경 쓸 것도 없다. 그들이 잘못된 배관을 고치는 데 얼마나 바가지를 씌웠는지도 신경 쓸 것 없다. 우리는 시스템이 다시 돌아간다는 데 감사하고, 말없이 요금을 내고, 그들이 지난번보다 이번에 더 일을 잘하도록 기도해야 한다. 사람들은 그렇게 생각했다.

하지만 이는 단순한 '배관' 문제가 아니다. 우리 금융시스템의 실패는 우리 경제체제의 광범위한 실패를 상징하는 것이다. 경제체제의 실패는 우리 사회의 더 깊숙한 문제들을 반영하는 것이다. 우리는 궁극적으로 어떤 금융시스템을 바라는지 분명한 인식도 없이 구제금융을 시작했다. 그 결과는 우리에게 혼란을 가져온, 바로 그 정치적 세력이 불러온 것이다. 우리는 우리의 정치시스템을 바꾸지 않았으므로 이 모든 결과에 놀라지 말아야 한다. 그러나 아직 그 변화가 이뤄질 수 있다는 희망은 있다. 이는 가능한 일일 뿐만 아니라 필요한 일이다.

위기의 결과로 변화가 오리라는 건 확실하다. 위기 전의 세계로 돌아갈 수는 없다. 하지만 그 변화가 얼마나 깊고 근본적인 것일지가 문제다. 그 변화는 올바른 방향으로 이뤄질 것인가도 문제다. 우리는 이제 시급함을 느끼지 못한다. 지금까지 일어난 일들은 미래를 예고하는 게 아니다.

어떤 분야에서는 규제가 개선될 것이다. 지나친 레버리지는 낮아질 게 거의 확실하다. 하지만 다른 분야에서는, 이 책이 출간될 때까지 놀랄 만큼 진전이 없을 것이다. 대마불사형 은행들은 예전과 거의 같은 일을 계속하도록 허용될 것이다. 납세자들에게 그토록 많은 비용을 초래한 장외 파생상품들은 거의 줄어들지 않을 것이다. 그리고 금융회사 경영자들은 계속해서 지나치게 많은 보너스를 받을 것이다. 이 모든 문제들에 대해 허울뿐인 조치가 이뤄질 것이다. 하지만 필요한 것에 비하면 너무나 부족한 조치일 것이다. 다른 분야에서는 여전히 규제완화가 빠르게 이뤄질 것이다. 그 속도는 충격적으로 느껴질 수도 있다. 대중들이 격렬하게 항의하면서 막지 않으면 엔론을 비롯한 닷컴기업들의 스캔들 직후 공화당이 잡고 있던 의회가 통과시키고 공화당 대통령이 사인한 사베인스-옥슬리법이 결정적으로 약화되면서 일반 투자자들에 대한 기본적인 보호장치는 훼손될 것이다.

위기의 한가운데서 몇몇 핵심 분야에서는 사정이 이미 나빠졌다. 우리는 제도뿐만 아니라 자본주의 규칙 그 자체를 갈수록 금융에 더 치중하도록 바꿨다. 우리는 특혜를 받고 있는 기관들에 대해서는 시장의 규율이 거의 없거나 아예 없을 것이라고 선언했다. 우리는 불분명한 규칙을 가진 짝퉁 자본주의를 만들어냈다. 하지만 그 결과는 예측할 수 있다. 그 결과는 미래에 위기가 되풀이되고, 대중의 희생을 대가로 지나치게 리스크를 안고, 새로운 규제체계에 대한 약속은 무의미해지고, 효율성은 더 커지는 것이다. 우리는 투명성이 중요하다고 강조해왔지만 은행들이 회계장부를 조작할 여지를 더 넓혀주었다. 예전의 위기 때는 구제금융이 불러올 도덕적 해이와 거꾸로 된 유인에 대한 염려가 있었다. 하지만 이번 위기는 너무나 엄청난 규모라 이들 개념에 새로운 의미를 부여했다.

세계적으로도 게임의 규칙은 바뀌었다. 워싱턴 컨센서스에 따른 정책들과 그 바탕에 깔린 시장근본주의 이데올로기는 죽었다. 예전 같으면 선진국과 덜 선진화된 나라들 사이의 공정한 게임의 장이 있는지에 관한 토론이 벌어질 수도 있었겠지만 지금은 그런 토론이 벌어질 수 없다. 가난한 나라들은 부자나라들이 하는 방식으로 자기 나라 기업들 뒤를 받쳐줄 수 없다. 이는 그들이 안을 수 있는 리스크를 바꿔놓았다. 그들은 세계화의 리스크가 잘못 관리되는 것을 봤다. 그러나 세계화가 관리되는 방식에 대한 개혁이 이뤄질 것이라는 희망은 여전히 까마득하다.

위기를 뜻하는 한자가 '위험'과 '기회'의 뜻을 함께 담고 있다는 것은 진부한 말이 됐다. 우리는 위험을 봤다. 문제는 우리가 시장과 국가, 개인주의와 공동체, 인간과 자연, 수단과 목적 사이에서 균형감각을 되찾을 기회를 잡을 것인가에 있다. 우리는 이제 인류에게 필요한 기능을 할 새로운 금융시스템을 만들어낼 기회를 갖고 있다. 또한 가진 이들과 가지지 못한 이들 사이의 격차를 넓히는 게 아니라 좁혀주는, 의미 있고 괜찮은 일자리를 원하는 모든 이들에게 일자리를 창출해줄 새로운 경제시스템을 만들어낼 기회를 갖고 있다. 그리고 무엇보다 중요한 것은, 개인들이 잠재력을 발휘하며 각자 꿈을 이룰 수 있고, 시민들이 공유하는 이상과 가치에 따라 살 수 있고, 우리의 공동체가 훗날 반드시 우리에게 요구될 지구를 존중하는 자세를 갖고 살아가는 그런 사회를 창조할 기회를 갖고 있다는 점이다. 이런 것들이 바로 기회다. 그런 지금 진짜 위험은 우리가 그 기회들을 잡지 못할 위험이다.

기회의 창이 닫히기 전에

미국에서 이 책이 처음 출간된 후 8개월 동안 (유감스럽게도) 많은 일들이 벌어졌다. 예상했던 대로다. 성장은 여전히 미약했다. 경제가 빈혈 상태여서 실업률은 떨어질 기미를 보이지 않았다. 주택 압류는 줄어들 줄 몰랐다. 은행의 이익과 보너스는 다시 늘었지만 신용공급은 늘지 않았다. 신용 확대를 위해 은행을 구제해주었는데도 말이다. 이런 실패 탓에 정치권의 분위기도 나빠졌다. 이는 필요성이 커진 2차 경기부양 조치 같은 걸 의회가 통과시켜줄 것 같지 않다는 뜻이다.

유럽의 위기와 은행들의 비윤리적이고 사기성 짙은 관행들을 비롯한 몇 가지 문제들은 생각했던 것보다 심각했다. 은행 구제에 따른 손실 규모를 비롯해 생각보다 덜 심각한 문제들도 있었다. 금융규제의 개혁은 내가 예상한 것보다 강력했다. 이는 무엇보다 골드만삭스 덕분이었다. 골드만삭스의 행태에 대한 대중의 분노 때문에 이 은행의 금력과 로비력을 극복할 수 있었다. 그러나 은행들은 규제의 강도를 완화할 수 있었다. 이 때문에 또 다른 위기가 찾아올 가능성은 여전히 적지 않다.

우리는 다음 위기가 오기 전에 약간의 시간을 벌었다. 아마도 다음번 위기 때문에 우리 경제와 정부가 안게 될 비용도 어느 정도 줄었을 것이다.

지난 8개월 동안 정부 관료와 경제학자들 모두 가까운 장래의 암울한 모습을 조금씩 받아들이기 시작했다는 건 주목할 만한 변화다. 나는 앞서 선진국에서 높은 실업과 낮은 성장, 그리고 공공서비스 질의 저하가 새로운 현실이 되리라고 경고했다. 번영을 구가하던 나라들은 일본과 같은 병을 갖게 됐으며 그런 상황은 끝이 보이지 않았다. 하지만 최소한 일본은 '잃어버린 10년' 동안에도 성장은 미미했지만 실업이 낮은 수준에 머물렀고, 사회적 결속도 강하게 남아 있었다. 이와 대조적으로 유럽과 미국에서는 7.5퍼센트의 높은 실업이 계속될 것이라는 전망이 나오고 있다. 1990년대의 4.2%보다 훨씬 높은 수준이다. 금융위기는 우리 경제에 오랫동안 남을 손상을 입혔다. 회복은 더딜 것이다.[1]

주택과 주식시장 거품으로 지탱된 꿈같은 세상에 살았던 건 민간부문뿐만이 아니었다. 정부도 간접적으로 그 꿈을 공유했다. 거품이 만들어낸 '허깨비 소득'을 세금의 형태로 거둬들인 것이다. 스페인처럼 스스로 재정적으로 건전하다고 생각했던 나라들과 위기 전 재정흑자를 유지했던 나라들도 위기가 터지자 그들이 단지 일시적인 재정적자가 아니라 구조적인 적자에 직면했다는 걸 깨달았다.[2] 이들 나라가 완전고용을 회복하더라도 재정적자는 계속될 가능성이 크다. 부시 대통령 시절 미국과 코스타스 카라만리스 총리 때의 그리스처럼 재정운용에 분별력이 부족했던 나라들은 상황이 더욱 심각했다. 2009년 미국 재정적자는 GDP의 9.9%까지 늘어났고 그리스는 이 비율이 13.6%까지 치솟았다. 그저 경제가 회복되기를 기다리면 이 적자를 제로 수준으로 돌릴 수 있는 건 아니다. 이들 나라는 경제가 완전고용에 가깝고 거품 이익에 따른 세금수입이 늘어날 때도 적자를 보았기 때문이다. 재정 균형을 회복하려면 상당한 세수 확대와 지출 감축이 필요할 것이다. 하지만 그렇게 하는 데에는 어려움이 있다. 글로벌 경제의 회복세가 흔들리는 가운데 지출을 줄이거나 세금 부담을 늘리면 성장은 더욱 느려질 게 뻔하다. 이는 아마도 많은 나라들을 더블딥(이중침체)으로 몰아갈 것이다.

세계경제 전망이 이처럼 암울한데도 월스트리트와 금융시장에서는 곧바로 적자를 줄이라는 아우성이 터져 나왔다. 그들의 근시안은 이번 위기를 불러왔다. 지금 위기를 지속시키는 정책을 요구하고 있는 것 역시 그들의 단견을 보여준다. 그들은 예산 삭감을 요구한다. 그들과 신용평가회사들은 예산을 줄이지 않으면 금리가 올라가고 신용을 얻을 수 있는 길이 끊길 것이라고 경고했다. 결국 각국은 재정지출을 감축할 수밖에 없다는 것이다. 그러나 스페인이 재정 감축을 발표하자마자 신용평가회사들과 금융시장 사람들은 그 조치가 성장을 둔화시킬 것이라고 주장했다. 그 말은 맞다. 성장이 둔화되면 세금수입은 줄어들고 실업급여와 같은 사회보장지출은 늘어나 재정적자는 개선되지 않는다. 3대 신용평가회사 가운데 하나인 피치는 스페인의 신용등급을 떨어뜨렸고, 이에 따라 이 나라가 물어야 할 이자는 계속 늘어날 수밖에 없었다. 각국은 재정지출을 줄여도 혹평을 받고, 줄이지 않아도 욕을 먹을 게 틀림없었다. 금융시장이 유일하게 자비를 베푸는 것처럼 보일 때는 그들의 금고로 직접 돈이 들어갈 때뿐이었다. 엄청난 구제 조치가 취해지던 때가 바로 그런 시기였다.

위기가 한창일 때 국내적으로, 그리고 국제적으로 단합된 시기가 있었다는 사실을 생각하면 이런 결과는 더욱 괴로운 것이었다. 그때 각국은 글로벌 경제위기에 함께 맞섰다. G20의 선진국들은 글로벌 현안을 풀기 위해 처음으로 신흥국들을 함께 초청했다. 전 세계가 케인지언이었던 시기가 있었다. 또한 통제되지 않고 규제 받지 않는 시장이 안정적이고 효율적이라는 오도된 사상이 신뢰를 잃었던 시기가 있었다. 더 알맞게 조정된 새로운 자본주의와 더 균형된 글로벌 경제 질서가 나타날 것이라는 희망이 있었다. 단기적으로는 세계경제의 안정성을 더 높이고 7장에서 설명한 것과 같은 장기적인 문제들도 해결할 수 있는 체제 말이다. 이는 예를 들어 더욱 커지고 있는 부유층과 빈곤층 간 불평등 문제와 지구온난화의 위협에 대응하고 아시아 신흥국들과 효과적으로 경쟁할 수 있도록 경제 구조조정을 할 수 있는 체제다.

위기의 초기 단계 몇 달 동안 확산됐던 이런 희망은 급속히 사라졌다. 희망은 실망으로 바뀌었다. 경제회복은 내가 예상했던 것보다 더 느리고 사회적 긴장은 더 클 수도 있다. 은행 간부들이 수백만 달러의 보너스를 챙겨가는 동안 보통사람들은 장기실업에 빠져들었다. 실업보험은 대침체기의 안전망으로는 부족한 것이었다. 나라 안에서, 그리고 나라들 사이에서 경제적·이념적으로 갈라진 틈은 갈수록 커질 수 있다. 경제가 침체를 벗어나지 못함에 따라 이에 대한 글로벌 공조의 필요성도 여전하다. 하지만 경제적·이념적 차이 때문에 미국이 침체에 적절히 대응하기가 갈수록 어려워지고 있다. 바람직한 글로벌 공조가 이뤄질 것이라는 희망은 갈수록 약해지고 있다.

이 후기는 이 책의 페이퍼백과 해외 출간을 위해 추가로 쓴 것이다. 여기서 나는 이 책이 처음 발간된 후 일어난 중요한 정치·경제적 사건들을 살펴보고 그 사건들이 어떻게 나의 결론을 뒷받침하거나 수정을 요구하는지 검토한다. 이들 사건은 새로운 견해를 형성하고 새로운 의문을 갖게 했다. 또한 기존의 질문에 대한 해답을 찾는 데 자극을 준다. 예컨대 비판적인 이들은 케인지언 경제학이 심판의 날을 미뤘을 뿐이라고 주장한다. 그러나 나는 후기에서 그 반대라고 주장한다. 우리가 케인지언 경제학의 기본으로 돌아가지 않으면 세계경제는 장기침체에 빠지게 된다는 주장이다.

이번 위기는 세계를 커다란 불확실성을 지닌 미지의 땅으로 옮겨놓았다. 그러나 우리가 비교적 확실하게 알 수 있는 게 하나 있다. 선진국들이 오늘날 걷고 있는 길을 계속 고집한다면 경제가 곧 강력한 회복세를 탈 가능성은 희박할 것이다. 그에 따라 미국과 유럽의 정치·경제적인 힘은 크게 줄어들 것이고, 우리의 미래가 걸려 있는 장기적인 문제들을 해결하는 능력도 감퇴될 것이다.[3]

경제가 나아가는 길

오바마 행정부는 출범 직후 밝은 뉴스들이 미국인들을 쇼핑몰로 이끌어 줄 것이라는 희망을 갖고 경제회복에 대한 낙관론을 펴기 시작했다. 2009년 3월 그들이 눈을 부릅뜨고 발견한 이른바 경제회복의 새싹은 초여름에 이미 시들었지만 연말이 가까울 때 성장은 재개됐다. 오바마 행정부의 국가경제위원회를 이끄는 래리 서머스가 침체는 끝났다고 선언할 수 있을 정도였다. 이번 위기를 불러왔던 은행들에게는 실제로 침체가 끝났다. 정부가 실질적으로 제로금리의 돈을 주고, 리스크가 높고 투기적인 거래를 재개하도록 허용함에 따라 최소한 은행들의 이익은 좋아 보였다. 경제의 다른 부문에서는 상황이 여전히 암울했다. 그중에서도 노동시장은 가장 암울해 보였다. 매월 실업자, 또는 구직을 포기하지 않았다면 실업자로 분류됐을 이들의 숫자가 신기록을 갈아치웠다.[4]

나는 이런 실망스러운 상황을 예상하고 있었다. 주택시장 거품과 그 거품이 부추긴 총수요를 대체할 만한 게 아무것도 떠오르지 않았기 때문이다. 미국의 생산은 수요에 따라 제약을 받았다. 주택시장 거품이 꺼짐에 따라 소비 호황도 끝났다. 이런 가운데 금융부문의 문제까지 겹쳐 투자는 미약했다. 이 문제들은 미국 상품을 사는 나라에까지 나쁜 영향을 미쳤으며, 그에 따라 미국의 수출도 시원찮았다. 오직 정부만이 더욱 심한 재난을 막고 있었다.

노동시장

2009년 1월 한 달 동안에만 일자리 75만 개가 사라졌다. 그해 중반에는 계속해서 연초와 같은 속도로 일자리가 파괴되지는 않을 것이라는 게 분명했다. 2010년 1분기에 마침내 노동시장의 흐름이 바뀔 것으로 보이자 환호가 터지기도 했다. 그러나 당시에 늘어난 일자리 15만 개는 통상적으로 노동시장 신규 참여자들을 위해 창출돼야 할 일자리의 절반에도 못 미치는 것이었다. 일자리 부족은 사실상 더 심해진 것이다. 9퍼센트를 넘는 수준에 머물고 있는 실업통계의 뒷면에는 일자리를 찾을 수 없다는 걸 깨달은 수많은 '좌절한 근로자'들이 있었다.

일자리를 잃은 이들 가운데 단 1퍼센트만이 석 달 안에 새 일자리를 찾았다. 그러나 새로 찾은 일자리의 3분의 1은 임시적인 통계조사 업무를 하는 자리였다. 갈수록 많은 이들이 저축한 돈을 다 써버리거나 더 이상 실업급여를 받지 못하는 암울한 상황에 직면했다. 실업자 가운데 6개월 이상 일자리를 갖지 못한 이들은 거의 절반에 이르렀는데, 이는

1948년 통계가 시작된 후 최고 수준이었다.[5] 경기침체가 길어지자 실업급여 연장도 임시방편일 뿐이라는 게 드러났다. 장기실업자의 곤경을 걱정하는 이들이 실업급여 연장을 시도할 때마다 일부 의원과 그 동조자들은 훼방을 놓았다. 2010년에도 이런 일이 벌어졌다. 의회는 실업급여 연장법안을 처리하지도 않고 해마다 7월 4일 독립기념일에 맞춰 시작되는 휴회에 들어가버렸다. 이에 따라 300만 명이 7월 말부터 실업급여를 받지 못할 처지에 몰렸다.[6] 더욱이 오랫동안 실업상태에 있던 이들이 다시 일자리를 얻기는 점점 더 어려워질 것이다. 일자리를 찾더라도 훨씬 낮은 임금수준을 받아들여야 할 것이다. 이 문제에 관한 한 과거 침체 때의 경험이 되풀이될 가능성이 크다.[7]

2010년 초에 나온 통계는 많은 이들이 예상한 대로 2009년 하반기 경제가 다시 성장하기 시작했음을 보여줬다. 그러나 독립적인 학자들이 경기침체 시점을 판정하는 전미경제조사국(NBER)은 심지어 2010년 중반까지도 침체가 끝났다는 '선언'을 보류했다. 그만큼 성장이 불안정했다는 뜻이었다. 실제로 경제가 금세 또 다른 침체에 빠져들 위험이 있었다. 반짝 성장에 뒤이은 경기침체를 그 전의 침체와 별개의 것으로 치면 잘못된 판단이 될 수도 있었다. 사실상 2008년 대침체가 오래 이어지는 것일 수도 있었다.

모기지 위기

노동시장의 어려움이 지속되는 것 외에도 경제가 어디로 갈지 걱정해야 할 까닭은 많았다. 주택시장의 문제가 계속되는 게 그중 하나였다. 주택시장은 '안정'됐을지 몰라도 집값은 여전히 최고점에 비해 30퍼센트 낮은 수준이었다. 평균이 그 정도였고 많은 지역에서 집값 하락폭이

50퍼센트를 웃돌았다. 전체 모기지의 4분의 1이 깡통인 채로 남아 있었다. 2010년에 250만~350만 명이 집을 잃게 될 것이라는 전망이 많았다. 이는 과거 어느 시기의 2년치 압류 주택을 합친 것보다도 많은 숫자였다. 주택시장 상황이 얼마나 나쁜지 단적으로 보여주는 숫자는 또 있었다. 2010년 5월 단독주택 착공건수는 2005년 같은 달의 3분의 1에도 못 미쳤고, 15년 전인 1995년 5월에 비해서는 절반에도 못 미쳤다.[8]

내가 예상한 대로 정부의 모기지 대책들은 한마디로 부적절했다. 주택시장을 부축하기 위한 다른 조치들도 단지 임시방편일 뿐이었다. 처음으로 집을 사는 이들에게 주는 세액공제를 비롯해 주택시장을 지원했던 조치들 가운데 일부가 2010년 중반에 끝남에 따라 시장은 더욱 가라앉는 것으로 보였다. 모기지의 월 상환금액을 낮춰 감당하기 더 쉽게 '구조조정'을 할 때는 흔히 월 상환액이 줄어든 만큼 나중에 갚아야 할 빚이 커졌다. 특히 은행들이 더 많은 거래수수료를 추가할 때 그랬다.

가장 중요한 건, 정부 대책이 일자리와 집은 있지만 모기지 상환은 어려운 소수의 국민들에게는 도움이 됐어도 집값보다 더 많은 빚을 진 깡통주택 보유자에게는 거의 도움이 되지 않았다는 점이다. 미국 주택 보유자들이 진 빚과 집값의 차이가 총 7000억~9000억 달러에 이른 점을 생각하면 은행들이 왜 모기지를 상각하기 싫어했는지 이해할 수 있다. 그들은 대차대조표에 손실이 나타나는 걸 바라지 않았다. 그러나 진정한 모기지 구조조정 없이 미국경제가 곧 '정상'으로 돌아오리라고 믿기는 어려웠다. (가계)저축률이 제로일 때 이런 빚 부담을 안은 미국인들이 소비를 할 가능성은 줄어든다. 노동시장이 취약할 때는 더욱 그렇다.

하지만 경기의 조기 회복을 기대하는 이들은 희망을 버리지 않았다. 그들은 '소비자의 귀환'을 알리는 신호를 찾으려 통계자료를 뒤졌다.

물론 리먼브러더스 사태 직후 몇 달 동안 그토록 많은 소비가 미뤄진 다음에는 소비지출이 다시 늘어나는 짧은 반등기가 나타나게 돼 있었다. 기업들이 지나치게 줄인 재고를 다시 쌓게 되는 것과 같은 이치다. 하지만 그 반등이 지속될 가능성은 거의 없었다. 사실 내가 이 책에서 강조한 것처럼 위기 이전의 방탕한 시절로 돌아가는 것은 기뻐할 일이 아니라 걱정해야 할 일이다. 그런 소비는 지속될 수 없고 그에 기초한 경기회복은 단기간에 끝날 것이다.

상업용 부동산의 붕괴

상업용 부동산 부문에서 또 다른 문제가 모습을 드러냈다. 이 부문의 가격 하락은 주거용 부동산만큼 심각했다. 어떤 지역에서는 더 심각했다. 주택 보유자들은 상환 부담이 '풍선'처럼 불어나는 모기지의 위험을 알게 됐다. 이런 모기지는 예컨대 5년 또는 10년마다 완전히 상환해야 하며 보통 새로운 모기지를 받아 기존의 원리금을 갚게 된다. 상업용 부동산은 대부분 5~10년마다 모기지를 차환(롤오버)하는 식으로 자금조달이 이뤄졌다. 이는 거품이 한껏 끓어올랐을 때 받은 모기지를 2011년에 다시 받아야 한다는 뜻이다. 2010년 2월 의회의 구제금융 감독위원회는 2011~2014년 중 롤오버가 필요한 상업용 부동산 대출이 1조 4000억 달러에 이를 것으로 추산했다. 또한 이들 부동산 중 절반이 자산가치보다 많은 모기지를 안고 있는 것으로 추정했다.[9] 2010년 1월 뉴욕에 1만 1000가구 규모의 주상복합 단지를 건설하려던 피터 스타이브샌트 프로젝트가 부도를 낸 것은 상업용 부동산 시장이 직면한 문제의 심각성을 보여준다.

부동산 가치와 부채 사이의 격차 외에도 세 가지 요인들이 롤오버를 더욱 어렵게 한다. 은행들은 보통 가장과 연장의 전술에 따른다. 아무 문제도 없는 척 가장하고 롤오버를 통해 대출기간을 연장하면서, 그러는 동안 부동산 시세가 회복돼 손실을 감당할 수 있게 되도록 기도하는 것이다. 그러나 위기가 닥쳐올 때 제 역할을 못했다는 당연한 비판을 받고 있는 은행 감독당국은 이번에는 더 강경한 자세를 취하고 있다.[10]

더욱이 대출 가운데 대부분이 증권화돼 있어서 선순위 채권자들이 5년 더 돈이 묶일 위험을 감수하기보다는 당장 돈을 회수하기를 원할 수도 있다.

게다가 복잡한 법적 문제가 얽혀 있다. 나는 이 책 앞부분에서 주택 모기지의 1순위와 2순위 채권자들 간 복잡하게 얽힌 법적 문제를 지적했다.[11] 하지만 그건 상업용 부동산의 법적 문제에 비하면 사실 아이들 장난 같은 것이다. 상업용 부동산은 더 많은 트렌치로 쪼개져 있고 더 많은 이해상충 문제를 안고 있다.[12]

부동산시장이 무너짐에 따라 그곳에 많은 돈을 넣어둔 이들은 큰 고통을 받고 있다. 대부분의 미국인들에게 집은 가장 중요한 자산이다. 부동산 붕괴는 또한 경제 전체를 약화시키고 있다. 가장 중요한 자산의 가치가 그토록 많이 떨어지는 걸 본 가계는 돈을 쓸 가능성이 그만큼 줄어든다. 그들은 은퇴 후에 필요한 자금을 마련하기 위해서든 자녀교육에 필요한 돈을 모으기 위해서든 다시 저축을 늘릴 필요가 있다. 집을 담보로 돈을 빌렸던 가계와 기업은 앞으로는 그렇게 하기가 더 어려워질 것이다. 이는 소비와 투자를 모두 위축시킬 것이다.

위기 전 몇 해 동안은 부동산 건설이 전체 투자의 30~40퍼센트를 차지했다. 그러나 부동산 값이 크게 떨어지면서 집이나 빌딩을 새로 짓기보다 기존의 것을 사는 게 더 싸졌다. 그동안 집을 너무 많이 지은 결과 전체 GDP에서 주택건설부문이 차지하는 비중은 2차 세계대전 이후 가장 낮은 수준으로 떨어졌다(2차 세계대전 때는 주택건설보다 시급한 일이 많았다). 주택건설이 위기 전 수준을 회복하려면 여러 해가 지나야 할 것이다.[13]

은행위기

주택 거품이 꺼지고 경제가 침체되면서 또 다른 파장이 나타났다. 많은 미국인들이 대출금을 갚을 수 없거나 갚으려 하지 않아 대규모 부도 사태가 나타났고, 이에 따라 은행들의 대출 여력도 크게 줄어들었다. 이런 악순환이 금융위기를 불러왔다. 그러나 유감스럽게도 정부는 은행위기에 초점을 맞추느라 더 광범위하고 근본적인 경제문제에 주의를 기울이지 못했다. 거듭 유감스럽게도 부시와 오바마 행정부가 은행위기에 제대로 대응하지 못했기 때문에 그 문제조차 풀지 못했다.

오바마 대통령은 대출이 재개되지 않는 한 경제는 회복되지 못할 것이라는 점을 분명히 했다. 정부가 은행에 돈을 주는 것은 은행을 사랑해서가 아니라 은행이 다시 대출을 시작하기를 바라기 때문이라는 게 은행 지원에 대한 방어논리의 전부였다. 그러나 앞서 설명했듯이, 오바마와 부시 행정부가 은행위기에 대응하는 방식은 대출이 재개되도록 하는 게 아니었다. 실제로 대출은 재개되지 않았다. 사실 이 책이 출간될 때 대출은 계속 줄어들었다. 공급돼 있는 신용은 위기 전보다 훨씬 적다. 2010년 5월 기업대출은 명목금액 기준으로 5년 전보다 거의 20퍼센트나 적었다.[14] 자금조달을 은행에 의존하는 중소기업들은 자금시장에 접근하기가 더 어려워졌음을 느끼고 있다. 은행들은 연준에서 제로에 가까운 금리로 돈을 빌릴 수 있지만 (일자리를 만들어내는) 기업들은 (금융위기를 초래한 바로 그) 은행들에게 높은 이자를 물어야 한다. 돈을 빌릴 수나 있다면 말이다. 이런 상황은 큰 은행들에게는 노다지이지만 기업들에게는 악몽이다.

앞서 지적했듯이 정부는 대마불사형 은행들을 구하는 데 매달리면서 작은 은행들이 고꾸라지게 내버려뒀다. 이 작은 은행들은 일자리를 창출하는 중소기업들의 주된 신용 공급원이다. 2010년에 도산할 것으로 예상되는 은행들은 2009년에 쓰러진 140개를 웃돈다. 한편 (예금지급을 보장하는) 연방예금보험공사는 돈을 다 써버려 재무부의 지원에 기대야 했다.[15]

그러나 도산한 은행들은 빙산의 일각일 뿐이다. 실제로 쓰러진 은행들보다 한계선을 넘나드는 은행들이 더 많다. 이런 은행들은 보통 대출을 축소한다. 부실 모기지를 마치 안전한 것처럼 은행 재무제표에 올려놓는 분식회계로는 아무도 속일 수 없다. 그들이 위험하다는 건 은행들도 알고 감독당국도 안다.

건강한 은행들조차 신용공급을 확대하는 데 문제를 안고 있다. 작은 기업들은 대부분 담보(은행에 빌린 돈을 갚겠다는 걸 보증하기 위한 자산)를 맡기고 대출을 받는다. 보통 부동산을 담보로 맡기는데 부동산 값이 추락하면 빌릴 수 있는 돈도 줄어든다. 이는 작은 기업들이 확장을 할 수 없을 뿐만 아니라 심지어 규모를 줄이기까지 해야 한다는 걸 뜻한다. 이 문제는 곧 해결될 것 같지 않다.

미국의 구세주, 수출

오바마 대통령은 2010년 1월 27일 연두교서에서 경기회복을 뒷받침할 총수요를 만들어낼 수 있는 단 하나의 길을 제시했다. 수출이 바로 그것이었다. 수출을 기반으로 한 경기회복이 이뤄지려면 세 가지 조건이 충족돼야 한다. 수출시장에서 미국 상품의 경쟁력을 높여줄 달러 약세, 유럽과 캐나다를 비롯한 주요 교역상대국 경제의 강세, 그리고 다른 나라들이 원하는 제품을 생산할 수 있는 능력이 필요하다. 그 하나하나가 다 의문을 낳았다. 결과적으로는 심지어 달러가 약세를 보인 2010년 첫 넉 달 동안에도 상품 수출실적은 인플레이션을 감안한 달러 가치로 2년 전에 비해 5퍼센트 낮은 수준을 기록했다.[16]

(규제완화를 이끈 바로 그 이데올로기에 부분적으로 영향을 받은) 탈산업화는 미국이 팔 물건, 다시 말해 다른 나라들이 사고 싶어 하는 미국 상품이 더 줄었다는 걸 뜻한다. 중국으로 첨단기술을 수출하지 못하게 제한한 것은 미국이 상품을 팔 수 있는 성장시장에 장벽을 쌓는 것이었다. 번거로운 비자 발급제도는 관광과 교육 부문의 강점을 살리지 못하도록 막는 걸림돌이 됐다.

게다가 교역상대국들의 경제는 여전히 취약하다. 유럽의 위기는 미국에 하나 남은 달러 약세의 이점마저 빼앗아가 버렸다. 앞으로 더 나아질 것 같지도 않다. 유럽의 위기 대응방식은 성장을 더욱 약화시킬 가능성이 크다.

떨어지는 유로 가치

대공황 때 각국은 '이웃나라 거지 만들기' 정책을 통해 자국 경제의 건강을 회복하려 했다. 외국 제품에 대한 관세를 올리면 제한된 양의 수요를 자국 제품으로 옮겨올 수 있을 것이고, 수요가 늘어나면 실업도 줄어들 것으로 기대한 것이다. 자국 통화가치를 경쟁적으로 평가절하하는 것은 흔히 쓰는 수법이었다. 경쟁국 통화 대비 자국 통화가치를 떨어뜨리면 자국 제품은 싸지고 경쟁국 제품은 비싸질 것으로 생각한 것이다. 두 가지 정책 모두 실제로는 효과가 없었다. 교역상대국들이 당연히 보복 조치를 취했기 때문이다. 그들 역시 관세를 부과하고, 금 대비 자국 통화가치를 떨어뜨렸다. 이에 따라 예컨대 파운드 대비 달러 가치와 같은 상대가격은 변함이 없었다(진정으로 의미 있는 건 상대가격이다).

미국은 대침체에 대응해 그때와 비슷한 전략을 시도했다고 볼 수 있다. 다만 이번에는 보호무역 조치가 아니라 경쟁적 평가절하를 통해 그렇게 했다. (그러나 8장에서 지적한 것처럼 미국은 경기부양 조치 때 '바이 아메리칸' 규정을 두었다.) 미국 재무장관이 강한 달러의 미덕에 관한 연설을 계속하는 동안 오랫동안 이어진 저금리와 눈덩이처럼 불어난 적자들은 달러 가치를 떨어뜨렸다. 비록 계획적으로 달러 약세를 유도한 것은 아니더라도 확실히 그런 효과를 냈다.

오늘날 환율 결정 과정은 네거티브 미인대회와 같다. 어느 나라 경제가 가장 전망이 좋은지가 아니라 어느 경제가 전망이 가장 덜 나쁜지를 보는 것이다. 그리고 시장은 변덕스럽다. 시장이 초점을 맞추는 일은 시간에 따라 바뀐다. 대침체는 새로운 불확실성을 만들어냈다. 또한 시장의 변덕스러움과 예지의 결핍을 보여줄 새로운 기회를 만들어냈다. 그리스 위기와 그 위기가 투기꾼들에게 만들어준 것으로 보이는 기회들은 미국의 문제에 대한 관심을 유럽의 문제로 돌리게 했다. 나는 이 문제들을 후기 뒷부분에서 논의할 것이다. 지금은 간단히 한 가지만 지적하려 한다. 시장이 유럽의 문제들에 주목함에 따라 유로화 가치는 2009년 8월 1.6달러까지 올랐다가 2010년 6월 1.2달러로 떨어졌다. 이것이 미국 수출경쟁력에 미치는 영향은 분명했다. 유로화 가치가 25퍼센트나 떨어지자 갑자기 유럽 제품 가격은 급격하게 하락했다. 미국 기업들은 적어도 단기적으로는 효율성을 높이거나 임금을 깎는 식으로 대응할 수 없었다. 경쟁이 심한 대부분의 산업에서 가격 인하 폭이 훨씬 적었던 기업들은 쉽게 파산으로 내몰렸다.

유럽 기업과 경쟁하는 미국 기업들에게 유일한 희망은 금융시장의 관점이 바뀌는 것뿐이었다. 2009년 미국의 GDP 대비 재정적자는 9.9퍼센트로 유로존의[17] 6.3퍼센트보다 훨씬 높았다.[18] 여기에다 각 주와 지방도시들의 재정 문제들도 있다. 예를 들어 전국 각 주와 지방의 연금기금에는 드러나지 않은 커다란 구멍들이 있다. 아마도 몇 달 안에 금융시장은 워싱턴이 이런 문제들을 푸는 데 교착상태에 빠져 있는 걸 보거나 미국 정부가 분별없이 재정적자를 줄이려 하다 경제상황을 악화시키는 걸 보게 될 것이다. 금융시장이 이런 문제들에 다시 주목하게 되면 달러는 약해지고 수출은 강해질 것이다.

미국 수출, 더 넓게는 미국경제 전체의 미래가 긴 안목을 가진 시장의 지혜에 의존할 수 없다는 건 분명해 보였다. 시장이 이 복잡한 경제를 지속적인 번영의 길로 조용하고 안정적으로 이끌어가는 신비로운 작동방식을 보여주리라고 기대할 수 없다. 도리어 미국의 미래가 근시안적이고 부침이 심한 시장의 변덕에 휘둘린다는 게 분명해졌다. 시장에서는 서로를 이기려 하고 정치적인 결정을 바꾸려 하는 게임이 벌어진다. 이 게임에는 소수의 승자만 있으며 게임의 룰을 만드는 이들이 승자가 된다는 게 점점 더 분명해졌다.

각 주와 지방의 재정지출

민간부문이 이토록 약할 때는 정부만이 경제를 받쳐줄 수 있다. 그러나 불행히도 이 책의 앞부분에서 설명한 각 주와 지방도시의 문제들이 내가 걱정했던 것과 꼭 같이 나타났다. 당초 경기부양 조치를 통해 각 주에 추가 지원을 해주지 않은 것은 실수였다는 게 명백해졌다. 각 주는 교사와 공공부문 근로자들을 감원했다. 2010년 초 지방도시의 88퍼센트가 2009년 재정 문제가 한 해 전에 비해 악화됐다고 보고했다.[19] 그 이유는 명백했다. 많은 도시들이 부동산 세금수입에 의존하는데 부동산 가치가 떨어지면서 세수기반이 줄어드는 도시가 갈수록 많아졌다. GDP 대비 세수는 계속 줄어들었다. 부양 조치는 지방의 적자를 메우는 데 어느 정도 도움이 됐지만 그 지원은 끝나가고 있다. 각 주와 지방 도시들은 재정수지 균형을 맞추는 방안을 찾을 것이다. 지출을 줄이거나 세수를 늘려야 하는 것이다. 어느 쪽을 택하더라도 총수요는 줄어든다. 마이너스 부양 조치인 셈이다.

결론: 경기회복의 형태

위기의 초기 단계에서 경기회복의 모양새에 관한 많은 논의가 있었다. 일부에서는 V자 모양의 빠른 반등이 나타날 것으로 기대했다. 이제 아무도 그런 이야기를 하지 않는다. 침체가 시작된 지 거의 3년이 지나도록 여전히 높은 실업률을 보면 V자형 회복은 순전히 환상인 것처럼 보인다. 이제 유일한 의문은 경기상황이 정상으로 돌아가기까지 얼마나 걸릴지, 그리고 '새로운 정상'에서는 높은 실업이 지속될지에 관한 것이다.

깨져버린 꿈

오바마 행정부는 금융부문이 직면한 문제가 단기간에 끝날 것으로 기대했다. 은행부문에 돈을 나눠주면 그들이 곧바로 건강을 되찾고, 은행들이 다시 이익을 내면 경제의 다른 부문도 성장하기 시작할 것으로 생각했다. 또한 정부가 당분간 줄어든 총수요를 메워줄 수 있고 민간부문이 회복되면 정부 지원은 곧바로 줄일 수 있을 것으로 기대했다. 경기부양 조치는 이런 관점에서 만들어진 단기처방이었다. 그것은 도박이었다. 나는 오바마 행정부가 필요한 수준에 비해 규모도 작고 단기적인 부양 조치를 요청했기 때문에 경기회복이 미약하고 부양 조치에 대한 신뢰가 떨어질 위험이 있다는 걸 걱정했다. (실업률은 10퍼센트가 아니라 12퍼센트에 이를 수도 있었다. 그랬다면 부양 조치를 취하는 데 도움이 됐을 것이다.)

부양 조치가 실패했다는 인식에 따라 2차 부양 조치의 전망은 어두워졌다. 재정적자와 국가채무 규모가 분명해짐에 따라 전망은 더욱 암울해졌다. 실제로 염려했던 게 현실로 나타났다. 보통 실업률이 8퍼센트만 돼도 정부의 경기부양을 요구하는 목소리가 나온다. 지금은 실업률이 9퍼센트가 넘는데도 150억 달러 규모의 일자리 프로그램 외에는 정부가 조치를 취할 것이라는 전망이 없다. 2010년 3월 오바마 대통령이 서명해 발효된 이 법은 실업을 줄이는 데 큰 효과를 낼 것 같지 않다.[20] 경기부양이 끝나면 총수요가 약해지고 성장은 느려질 것이다.

은행이 저지른 부정의 대가

한편 재무부는 은행들에게 아낌없이 준 선물이 경제에 큰 비용을 초래하지 않을 것이라며 미국인들을 설득하려 애썼다. 재무부는 은행들에게 쓴 돈을 많이 회수했다는 점을 내세웠다. 하지만 그 비용에 대한 재무부의 불완전한 셈법은 금융계가 재무부 돈을 자기네 쌈짓돈쯤으로 여긴다는 견해를 뒷받침해주었다. 금융부문의 정직하지 못한 회계는 금융위기에 기여했다.[21] 재무부가 금융규제에 대해 취한 태도 역시 재무부 돈은 금융계 쌈짓돈이라는 시각을 더욱 굳어지게 했다. 이 문제는 나중에 더 상세히 설명하겠다. 재무부는 더욱 강력한 규제의 필요성을 되풀이해 말하지만 중요한 현안들에 대해서는 머뭇거리면서 은행들 편을 드는 경우가 많았다. 미국에서 이 책이 나온 후 재무부는 은행의 지나친 투기적 거래를 제한하기 위한 볼커 룰(Volcker rule)을 지지하기로 했다. 하지만 그런 다음 이 문제를 더 검토할 수 있도록 하겠다며 규제의 시행을 또 1년 미뤘다. 마치 위기가 시작된 후 몇 년이 지나도록 재무부 관리들이 이 문제를 검토할 시간이 없었던 것처럼 말이다. 아칸소 출신의 블랜치 링컨 상원의원이 자신의 정치생명을 걸고 은행들의 고위험 파생금융상품 거래를 제한하는 법안을 밀어붙일 때 행정부와 연준은 막후에서, 때로는 공개적으로 그 개혁에 반대했다.

1800억 달러 규모의 AIG 구제보다 더 극명하게 금융회사 구제 조치의 잘못을 보여주는 사건은 없다. AIG 구제는 또한 연준과 행정부의 애매한 역할을 상징적으로 보여준다. AIG 구제의 구체적인 내용이 드러날수록 행정부와 연준 사람들이 왜 모든 걸 비밀로 덮어두려 했는지 더욱 분명해졌다. AIG 구제의 최대 수혜자는 골드만삭스로 밝혀졌다. (AIG의 운명을 결정하는 최종 논의가 진행되던 방에 있었던 단 한 명의 월스트리트 최고경영자가 골드만삭스의 수장이었다.)[22] 연준과 재무부가 자신들이 한 일을 방어하려 할 때마다 의문은 더 커졌다. 앞서 나는 위험한 파생금융상품 포지션을 정리했을 때 은행들은 투자자금 100퍼센트를 돌려받았다고 지적했다. 이는 마치 보험회사가 화재보험 계약을 취소하면서 당신의 집이 불타 없어져버린 것처럼 당신에게 보험금을 다 지급한 것과 같았다. 연준과 재무부는 선택의 여지가 없었다고 말했다. 그들은 프랑스 법에 따라 프랑스 은행들에게 투자자금 100퍼센트를 돌려줘야 했으며, 프랑스 은행들과 달리 골드만삭스를 조금이라도 차별적으로 대우할 수 없었고, 따라서 골드만삭스에 투자자금 전부를 돌려줘야 했다고 주장했다. 하지만 이는 속임수였다. 프랑스 은행들은 민간부문 거래상대방들과 훨씬 나쁜 조건으로 거래를 매듭지었다. 우리의 관료들은 정부에게서 가능한 한 많은 돈을 얻어내려는 시도에 속은 것일까? 그들은 그토록 속이기 쉬운 사람들이었나? 아니면 그들은 속고 싶어 했을까? 그도 아니면 그들은 우리가 자기네 말에 그토록 쉽게 속아줄 것으로 생각했나? 이런 의문은 아직도 풀리지 않고 있다.

AIG에 대한(그리고 일반적으로 은행들에 대한) 그들의 애매한 태도는 AIG와 미국 국세청 사이에 벌어지고 있는 법정다툼에서 잘 드러난다.[23] 실질적으로 이는 (AIG의 주인인) 미국 재무부 대 (국세청을 관할하는) 미국 재무부의 소송이다. 변호사들만 확실한 승자가 되는 것이다. AIG는 자사의 복잡한 절세수법이 합법적인 것이라고 주장했다.[24] (이 수법은 역설적이게도 복잡한 금융상품들을 이용했을 것이다. 결국 파멸의 원인이 되었고 규제당국자, 투자자, 과세당국자 모두를 속이는 데 유용했던 금융수단 말이다.) AIG가 소송에서 이기면 재무부의 한쪽 주머니에서 다른 쪽 주머니로 돈을 넘겨주게 된다. 그러면 분명히 팀 가이트너 재무장관은 정부가 대규모 구제 조치에서 많은 돈을 잃은 건 아니라고 주장할 수 있다. 그러나 이 대국민 홍보용 제스처에는 엄청난 비용이 따른다. 소송을 벌이는 양 당사자들에게 산더미처럼 쌓이는 법률비용뿐만이 아니다. (사실상 이 모든 비용은 미국 납세자들이 물게 된다.) AIG가 이기면 미국 법인세 체계에 구멍이 너무 크게 드러나 전체 법인세 수입의 상당 부분이 줄어들 수 있다. 재정적자를 염려해야 할 재무장관은 말할 것도 없고, 다른 누구라도 왜 그런 세금 구멍을 드러내고 싶어 하겠는가?

정부가 은행들을 구제할 때 나타나는 하나의 경향이 있다. 부시와 오바마 행정부 모두 이들 금융회사의 경영에 개입하고 싶어 하지 않았다. 심지어 그 회사를 경영하는 이들이 무능함을 드러내고 지나친 리스크를 안을 뿐만 아니라 부당한 대출 관행이나 속임수 회계에 관여할 때도 마찬가지였다. 정부가 민간기업을 부분적으로 소유하더라도 그 기업이 사회적 책임을 다하도록 장려해야 한다. 최소한 세금을 내거나 고객을 대할 때 법규를 회피하려 하는 건 막아야 한다.

AIG의 소유주로서 미국 재무부가 소송에서 이긴다면 이는 물론 더 많은 구제금융을 AIG가 '상환'할 수 있게 된다는 걸 뜻한다. 하지만 그런 이유로 미국 재무부가 이 회사의 절세를 위한 책략을 옹호하는 건 정당화하기 어렵다. 구제금융이 모두 상환되더라도 계산이 완전히 끝난 것으로 봐서는 안 된다. 재무부가 계산에서 빠뜨린 것 가운데 가장 중요한 건 이번 위기가 경제 전체에 안긴 비용이다. 미국경제의 생산능력과 실제 생산 간 몇조 달러에 이르는 격차는 근로자와 주택 보유자와 은퇴자들이 안아야 할 비용이다. 장기적으로 납세자들이 부담해야 할 비용도 빠져 있다. 위기가 없었을 경우에 비해 나랏빚은 몇조 달러나 늘어날 것이다. 유럽뿐만 아니라 미국에서도 부채 증가는 대부분 경기부양이나 은행 구제 때문에 늘어난 게 아니다. 늘어난 부채의 대부분은 경제의 '자동안정화장치'에 따른 것이다. 경제가 약해지면 세금수입이 줄어들고 실업급여와 다른 사회보장 프로그램에 대한 지출은 늘어난다.[25] 사실 이런 자동안정화장치가 없었다면 미국경제는 공황에 빠질 위기를 맞았을 것이다.

하지만 자동안정화장치 때문이든 경기부양 조치 때문이든 재정적자와 국가채무의 엄청난 증가는 정부의 모든 씀씀이에 압박을 가할 것이다. 빈곤층 지원 프로그램과 중산층 은퇴자를 위한 사회보장제도, 국가 경제의 장기적인 성장에 필수적인 기술과 교육에 대한 투자도 압박을 받을 것이다. 공공투자가 줄어들면 미래 성장의 활력은 떨어지고 그 여파는 오랫동안 느껴질 것이다.

오바마 행정부의 다른 면에서도 부적절했다. 예를 들어 연준의 통화정책에 따라 은행들이 제로에 가까운 금리로 돈을 쓸 수 있도록 한 것은 사실상 은퇴자를 포함한 일반 투자자들의 부를 은행으로 재분배하는 것이었다. 구제금융과 마찬가지로 저금리정책도 더 많은 대출이 이뤄지도록 하려는 것이었다. 그러나 연준과 재무부가 은행들에게 대출을 늘리라는 조건을 거는 걸 거부했기 때문에 은행들은 저금리 자금을 대출 목적에 쓰지 않았다. 내가 지적한 것처럼 대출은 계속 줄어들었고 은행들의 보너스와 배당금은 계속 나갔다. 은행가들은 심지어 그들의 무분별한 대출 때문에 다른 사람들이 계속 고통을 받고 있는데도 자기들은 터무니없이 많은 보너스를 받을, 양도할 수 없는 권리를 타고났다고 느끼는 것으로 보인다.

정부는 은행들이 자사의 우선주와 워런트(주식매입권_옮긴이)를 되사들일 수 있도록 허용한 것 때문에 또 다른 비판을 받게 됐다. 첫째, 정부는 그렇게 함으로써 은행들이 부적절한 보너스 지급과 같은 과거 행태를 되풀이할 수 있도록 한다는 비판을 받았다. 둘째, 정부가 은행에 대한 투자를 조기에 종결함으로써 더 오랫동안 투자를 계속했을 경우에 비해 더 적은 돈을 회수하게 된다는 지적을 받았다. 셋째, 은행들이 자사 주식을 사들이느라 자본을 쓰게 되면 대출을 더 줄일 가능성이 있고 이 경우 경기회복세도 약화될 것이라는 비판이 나왔다. 넷째, 경제가 예상되는 여러 가지 어려움 가운데 하나에 부딪히게 되면 금융부문은 더욱 불안정한 상태가 될 것이라는 비판이 제기됐다.

정부의 태도에는 부정직한 면이 있었다. 정부의 거래 조건과 셈법은 은행들이 자기들의 거래에서 장려할 만한 게 아니었다. 어떤 석유회사도 일부 유전에서 수익을 거뒀다고 해서 경영성과가 좋았다고 주장하지 않는다. 성공적인 유전이 다른 유전의 실패를 상쇄할 정도로, 모든 유전이 말라버릴 리스크를 상쇄할 정도로 충분히 많은 수익을 내야 그렇게 주장할 수 있다. 워렌 버핏이 골드만삭스에 투자했을 때도 마찬가지였다. 버핏은 투자에 따른 리스크와 이자비용을 보상해줄 수 있는 수익률을 요구했다. 은행들도 똑같은 요구를 한다. 예컨대 신용카드 가맹점에 물리는 높은 금리에 대해 방어할 때 그들은 카드대금을 갚지 않는 이들에 관해 끊임없이 이야기한다. 은행들에 투자한 정부가 리스크와 이자비용에 대한 적절한 보상을 받지 않으면, 그리고 구제금융을 상환한 은행들이 그러지 못한 다른 은행들 때문에 발생한 손실을 메워주지 않으면 정부는 은행들에게 적정한 대가를 요구했다고 주장할 수 없다.

내가 전에 지적했던 것처럼 납세자들은 속았고, 그 후 일어난 어떤 일도 이러한 관점을 바꿔놓지 못했다. 재무부의 손실이 당초 생각했던 것보다 적을 것으로 보이더라도 마찬가지다. 납세자들을 위해 더 나은 거래를 하는 데 실패한 점은 공정성이라는 차원에서도 중요하게 봐야 할 문제다. 구제금융 덕을 본 이들은 당초 위기를 초래했던 장본인들이며 미국에서 가장 부유한 사람들이다. 그러나 이는 또한 장기적인 국가재정 상태에 관한 문제이기도 하다. 재무부와 연준이 더 나은 프로그램을 만들었다면 국가재정은 훨씬 나은 모습이 됐을 것이다.

오늘날 우리는 엉성하게 계획된 은행 구제의 또 다른 파장을 보고 있다. 정부에 대한 환멸이 광범위하게 퍼진 것이다. 나는 이미 2차 경기부양이 거의 확실히 필요하게 될 것이고, 은행 구제 때문에 경기부양 자금을 얻어내기가 더 어려워질 것이라고 썼다. 내 예상은 맞았다. 내가 충분히 예상하지 못한 건 구제 조치에 대한 반발이 얼마나 거셀지에 관한 것이었다. 미국인들은 힘들게 번 돈이 은행가들에게 가버리는 걸 보았다. 은행가들은 자기들이 불러온 경기침체 때문에 다른 이들이 곤경에 빠져 있는 동안에도 계속해서 보너스를 즐겼다. 그걸 본 미국인들은 점점 더 정부에 대한 불신을 나타냈다. 티파티 운동은 그런 불신을 상징하는 것이다. 보통사람들은 정치한 거시경제학을 이해하지 못할지도 모른다. 그들은 재정 감축이 어떻게 더 깊은 침체와 더 많은 감원으로 이어지는지 알지 못할 수도 있다. 그러나 그들은 지구 역사상 최대의 구제금융이 은행가들을 돕는 데 쓰였다는 점은 잘 이해하고 있다. 그 돈은 약속과 달리 그들에게까지 흘러오지 않았다. 그래서 그들은 화가 나 있다.

새로운 걱정, 낡은 처방

경기침체가 시작된 지 3년, 거품이 터진 지 4년이 지난 후 경제가 회복의 길을 가고 있을 수도 있다. 분명한 건 그 길에는 예상치 못한 걸림돌이 많다는 점이다. 정치상황과 국민들의 태도가 바뀌는 것은 우리가 앞날을 내다볼 때 가장 예측하기 힘든 요소로 꼽힌다.

인플레이션 위협은 있나?
경제가 성장의 활력을 회복하기도 전에, 그리고 나라가 높은 실업의 늪에서 헤어나기도 전에 적어도 일각에서는 관심을 인플레이션과 국가채무로 돌렸다. 지금 당장 인플레이션은 위협이 아니며, 실업이 높은 수준에 머무르는 한 인플레이션이 위협이 될 것 같지는 않다. 정부가 빚을 갚기 위해 발행하는 장기채권과 물가연동채권의 금리가 낮은 것은 '시장' 스스로가 장기적으로도 인플레이션에 대해 너무 걱정하지 않는다는 걸 시사한다.

사실 높은 실업이 지속되는 이때 디플레이션이 더 급박한 위험으로 남아 있다(중국의 고성장이 철강과 다른 원자재 가격을 밀어 올리면 비용 상승에 따른 인플레이션이 나타나면서 상황이 급속히 바뀔 수도 있지만).[26] 디플레이션은 문제가 될 수 있다. 임금과 물가가 떨어지면 가계와 기업이 진 빚을 갚을 능력이 줄어들기 때문이다. 이에 따라 부도가 늘어나게 된다. 이는 이미 지나친 레버리지(부채비율_옮긴이)를 지고 허약해진 금융계에 더 큰 혼란을 부르게 된다.[27]

내가 보기에 (지금이 아니라 몇 년 후) 인플레이션과 국가채무보다 그에 대한 금융시장의 걱정이 더 문제다. 시장이 인플레이션을 예상하기 시작하면 채권자들은 채무자가 상환하는 달러의 가치가 떨어지는 걸 보상받기 위해 더 높은 금리를 요구할 것이다. 금리가 높아지면 재정적자와 국가채무도 늘어나게 될 것이다. 여기에 인플레이션에 대한 걱정이 더해지면 경제가 확실히 살아나기도 전에 정부지출을 줄이라는 압력이 생길 것이다.

케인지언 문제에 대한 케인지언 해법
이 책이 처음 완성됐을 때와 마찬가지로 지금도 여전히 진짜 문제는 실업과 총수요 부족이다. 이는 대공황 때인 75년 전 존 메이너드 케인즈가 마주했던 것과 똑같은 문제다. 그때도 지금도 통화정책은 한계에 부딪혔다. 금리가 더 떨어지는 건 불가능하거나 경제를 부양하는 데 큰 효과를 내지 못할 것이다.

그렇다면 우리는 경제가 건강을 되찾는 걸 돕기 위해 재정정책에 의존해야 한다. 나는 3장에서 재정정책은 작동하지 않을 거라는 주장에 대해 설명하고 그 주장을 기각했다.[28] 2008년 미국과 세계가 마주친 상황에서는 재정정책이 작동하리라는 걸 입증하는 명백한 증거가 있었다. 그 증거는 그 후 나의 결론을 뒷받침해주었다. 중국은 세계에서 가장 큰 규모의 경기부양책 가운데 하나를 폈다. 중국경제는 상당한 충격이 있었음에도 불구하고 세계에서 가장 강력한 회복세를 보였다.[29] 유럽과 미국에서는 부양 조치 규모가 너무 작아 금융부문에서 온 '충격'을 완전히 상쇄하지 못했다. 하지만 그런 조치가 없었더라면 실업률이 훨씬 높았을 것이다.

(다음 절에서 더 상세히 살펴보겠지만) 그리스에 대한 금융시장의 공격은 재정적자가 무시할 수 없는 문제라는 걸 보여준다.[30] 대규모 적자는 금리상승으로 이어지면서 재정난을 악화시킨다. 미국인들은 흔히 자기들은 그런 '시장규율'을 받지 않을 걸로 생각한다. 하지만 그렇지 않다. 40년 전 금융시장은 달러에 대한 신뢰를 잃었고 그 결과 글로벌 금융시스템은 탈바꿈을 해야 했다.

그러나 재정지출을 줄이고 세금을 늘리는 순진한 대응은 상황을 더욱 악화시킬 뿐이다. 스페인의 재정긴축에 대한 시장의 반응은 이를 극적으로 보여주었다. 정부를 가계에 비유하는 이도 있다. 하지만 정부 재정을 이런 식으로 보는 건 잘못일 뿐만 아니라 위험하기까지 하다. 능력 이상의 생활을 하는, 다시 말해 지출이 소득을 초과하는 가계는 흥청거리는 소비에 필요한 돈을 은행에서 빌릴 수 없으면 씀씀이를 줄이는 수밖에 없다. 소비를 충분히 줄이면 그 가계는 정상을 되찾게 될 것이다. 그러나 정부가 지출을 줄이면 성장은 느려지고, 실업은 늘어나며, 소득과 세수는 감소한다. 재정상태는 개선되지 않거나 조금밖에 개선되지 않을 것이다. 더욱이 미국 정부는 일반적으로 지출에 필요한 돈을 조달할 수 있다. 지금 미국 정부는 대규모 적자를 내면서도 제로에 가까운 금리로 돈을 빌릴 수 있다.

진퇴양난으로 보이는 지금 같은 상황에서 벗어날 길은 있다. 정부가 얼마나 많은 빚을 지고 있느냐에 대한 염려를 정부가 돈을 어떻게 쓰느냐, 재정지출이 높은 수익을 낼 수 있느냐에 대한 관심으로 돌려야 한다. 앞서 설명한 대로 시장은 근시안적이다. 위기 전에 대출에 있어서 근시안적인 행태를 보였던 금융권은 또다시 그런 모습을 보이고 있다. 기술과 사회간접자본, 교육과 같은 부문에 투자해 5~6퍼센트의 수익을 낸다면 이를 위해 돈을 빌리는 것은 장기적으로 나랏빚을 줄여줄 것이다. 단기와 장기 성장률이 모두 높아져 이자를 갚는 데 충분한 추가적인 세금수입을 창출할 수 있을 것이다. 과거 공공투자는 이보다 훨씬 높은 수익을 냈다.[31]

또한 성장률을 높이고 적자를 줄이는 쪽으로 세금체계도 바꿀 수 있다. 예컨대 자기 사업에 재투자하지 않는 기업에 대해서는 법인소득세를 높이고 재투자하는 기업에 대해서는 투자세액공제를 통해 세금을 줄여줄 수 있을 것이다. 투자가 늘어나면 성장이 높아지고, 높은 성장은 더 많은 세수를 창출할 것이다. 고소득자들에 대한 세금을 늘리고 저소득자들에 대해서는 줄일 수도 있다. 정부는 민간부문 성장을 돕기 위해 더 많은 일을 할 수 있다. 기존 은행들이 대출을 하지 않으면 새로운 은행들을 설립할 수 있다. 정부는 기존 은행들의 부실대출을 해결하기 위해 쓴 돈의 일부만 갖고도 과거의 잘못된 결정에 따른 짐을 지지 않은 새 금융기관들을 만들 수 있었을 것이다.

한편 정부는 소비자들의 신뢰를 높이기 위해 계속 애썼다. 그렇게 함으로써 소비와 투자가 회복될 것으로 기대한 것이다. 그 시도는 실패했다. 하지만 이는 보수주의자들의 주장대로 늘어난 재정적자가 소비자 신뢰를 떨어뜨렸기 때문이 아니라 정부가 앞서 말한 트리클다운 경제학에 의존했기 때문이다. 정부는 대출 재개를 위해서는 은행들에게 조건 없이 돈을 쏟아붓는 것만으로 충분하고, 그것만으로 경기를 회복시킬 수 있을 것으로 생각했다. 은행들은 도움을 받았을 수 있고 2009년 3월 경기회복의 새싹이 이를 반영한 것이었는지도 모른다. 하지만 일자리는 창출되지 않았다. 이는 대부분의 미국인들에게 가장 중요한 문제였다. 경제에 대한 자신감은 회복되지 않았다. 하지만 경제에 대한 정부의 진단과 처방에 대한 신뢰는 사라졌다.

글로벌 관점

다른 나라에서는 상황이 더 나쁘다는 사실은 조금 위안이 된다. 그러나 이번 위기에 '메이드 인 USA'란 딱지가 붙어 있다는 사실은 미국의 국제적 위상에 아무런 도움이 되지 않는다. 사실 2010년 봄 미국 헤지펀드들을 규제하려는 유럽의 시도를 미국 재무부가 물리치기 위해 애쓴 것은 사람들을 분개하게 만들 뿐이었다. 또한 미국 정부가 위기를 부추긴 세력들의 포로가 됐다는 견해를 굳혀줄 뿐이었다.

위기 초기 단계에는 미국이 침체에 빠져도 유럽과 아시아는 성장할 수 있는 디커플링(decoupling, 탈동조화_옮긴이)에 대한 기대가 있었다. 그 기대는 빗나갔다. 하지만 적어도 당분간은 부분적인 디커플링이 나타났다. 이 책이 처음 출간된 후 아시아의 성장은 참으로 인상적이었다. 2009년 중국은 8.7퍼센트, 인도는 5.7퍼센트 성장했다. 2010년 1분기에 중국과 인도는 각각 11.9퍼센트, 8.6퍼센트 성장했다. 그들의 강력한 성장은 원자재 가격을 밀어 올렸고 이는 전 세계 원자재 수출국들에게 도움을 주었다. 지난 10년 동안 신흥국들의 성장은 글로벌 성장의 큰 비중을 차지했다. 그들은 이제 글로벌 성장의 주된 원천으로 보인다.[32] 하지만 그들의 성장 그 자체가 유럽과 미국의 성장을 회복시켜줄 것 같지는 않다. 중국의 소비는 크게 늘었지만,[33] 중국 소비자들은 자국에서 만든 상품과 자국에서 제공하는 교육과 의료서비스를 구매한다.

이 책의 한국어판이 출간되는 시점의 전망에 따르면 (지금은 미국과 비슷한) 유럽의 실업률은 높은 수준에 머무를 것으로 보인다. 이는 재정지출을 줄이라는 압력이 미국보다 유럽에서 더 세기 때문에 더욱 그렇다. 유럽 재정운용의 틀은 재정적자를 GDP의 3퍼센트, 국가채무를 GDP의 60퍼센트로 제한하고 있다. 2009년 스페인의 재정적자는 11.2퍼센트였고, 영국은 11.5퍼센트, 이탈리아는 5.3퍼센트, 아일랜드는 14.3퍼센트였다. 스페인의 국가채무는 GDP의 60퍼센트였지만 그리스와 이탈리아는 둘 다 GDP 대비 약 115퍼센트의 빚을 지고 있었고 그 빚은 늘어나고 있었다.[34]

허버트 후버의 귀환과 케인즈의 퇴장

재정적자와 국가채무 자체는 놀라운 게 아니다. 걱정스러운 건 그에 대한 금융시장의 반응이 미칠 정치적 파장이다. 우리가 살펴본 것처럼 위기의 초기 단계에는 케인지언 경제학이 승리한 짧은 기간이 있었다. 그때는 온 세계가 정부의 지출이 효과적일 뿐만 아니라 바람직하고 필요한 것이라 믿었다. 지난 한 세기 동안 이 문제에 대한 두 가지 관점, 즉 케인지언의 관점과 후버라이트(Hooverite, 경제정책에 관해 대공황 당시 미국 대통령 허버트 후버와 같은 견해를 가진 이들_옮긴이)의 관점이 충돌했다. 후버라이트는 경제의 활력을 회복하려면 먼저 신뢰를 회복해야 하고, 신뢰를 회복하려면 재정적자를 줄여야 하고, 적자를 줄이려면 지출을 줄이거나 세수를 늘려야 한다고 주장했다. 10년 전 동아시아, 남미, 러시아의 IMF 프로그램들은 보통 후버라이트의 정책은 작동하지 않는다는 확실한 증거를 제공했다. 재정지출 축소는 경제의 활력을 떨어뜨린다. 경제가 약해지면 세수가 줄어들고, 이에 따라 적자 축소가 기대한 것만큼 이뤄지지 않는다. 그러면 신뢰는 회복되지 않고 소비와 투자도 살아나지 않는다. '신뢰의 요정'은 성장을 파괴하는 긴축 조치보다는 성장을 회복시키는 케인지언 정책이 시행될 때 나타날 가능성이 더 크다.[35]

이런 확실한 실패의 역사에도 불구하고 후버라이트들이 돌아왔다. 영국과 같은 일부 나라들에서는 전면적인 지적 전투가 벌어지고 있지만 독일을 비롯한 다른 나라들에서는 후버라이트들이 승리한 것으로 보인다.

하지만 그리스와 스페인처럼 케인지언 경제정책을 분명히 지지하는 나라들조차 적자를 줄이는 것밖에는 다른 선택의 여지가 없다는 걸 걱정하고 있다. 그들이 스스로 적자를 줄이지 않는다면 금융시장에서 자금을 조달할 수 없을 것이고, 그렇게 되면 어쩔 수 없이 적자를 축소해야 할 것이다.

그리스에 대한 공격

2010년 그리스가 금융시장의 공격을 당한 것은 많은 개발도상국들이 겪은 것과 비슷한 경험이었다. 놀라운 점은 그 일이 선진국에서 일어났다는 사실이다. 그리스 정부를 포함한 세계 각국 정부의 구조를 받은 금융계는 자기들을 구해준 이들을 공격했다. 미국에서는 은행들이 자기들의 잘못된 행동 때문에 그토록 많은 빚을 진 정부를 이제 가르치려 드는 데 대한 분노가 일었다. 유럽에서는 은행들이 자기들에게 도움을 주던 손을 물어뜯기로 마음먹었다. 엄청난 적자를 낸 나라들에게 자금이 필요하다는 걸 보면서 금융계는 이익을 낼 새로운 기회를 찾았다. 그리스가 차입금의 롤오버를 위해, 또는 적자 때문에 모자라는 돈을 빌리기 위해 금융시장에 왔을 때 그리스가 높은 이자를 물지 않고는 자금을 조달하기 어려울 것이라는 걸 알아챈 금융계는 기존의 그리스 채권을 공매도했다. 채권 값이 떨어지리라는 데 베팅한 것이다.[36] 그들은 금융시장의 새로운 대량파괴무기인 신용부도스왑을 이용해 공격을 시작했다.[37]

오래 곪은 흠집

유럽의 공동통화로 유로가 만들어졌을 때 나는 다른 많은 이들과 함께 염려를 나타냈다. 통화를 공유하는 나라들은 서로 환율을 고정시킨다. 경제를 조정하는 중요한 수단을 포기하는 것이다. 그리스와 스페인이 자국 통화가치를 떨어뜨리는 게 허용됐다면 이들 나라는 수출을 늘림으로써 경제를 강하게 만들었을 것이다. 더욱이 자국 통화를 유로로 전환함으로써 이 두 나라는 경기하강에 대응하는 또 하나의 수단인 통화정책을 포기했다. 그러지 않았다면 이들은 투자를 활성화하기 위해 금리를 내리는 방식으로 위기에 대응했을 것이다. (지금처럼 심각한 침체 때는 금리인하가 효과를 내지 못할 수도 있다.) 하지만 유로권 국가들의 손발은 묶여 있었다. 충격이 없는 한 유로는 특별한 문제는 없을 것이다. 한 나라 또는 여러 나라가 경기하강에 직면할 때 유로는 시험을 겪게 된다. 2008년 경기침체는 그 시험을 제공했다. 이 한국어판이 발간되는 시점에서 유럽은 그 시험에 불합격을 받을 것으로 보인다.

이처럼 핵심적인 경기조절 수단을 잃어버린 걸 메워주기 위해 유로권은 어려움에 직면한 나라들을 돕기 위한 기금을 만들었어야 했다. 미국은 하나의 '단일통화' 지역이다. 그러나 캘리포니아가 어려움을 맞아 실업률이 높아질 때 그에 따른 비용은 많은 부분을 연방정부가 부담한다. 유럽은 심각한 어려움을 맞은 나라들을 도울 길이 없다. 스페인은 실업률이 20퍼센트에 이르고 특히 젊은 층은 40~50퍼센트가 실업상태다. 이 나라 재정은 위기 전에는 흑자를 냈지만 위기 후에는 GDP의 11퍼센트를 넘는 적자를 나타냈다. 그러나 게임의 룰에 따라 스페인은 이제 지출을 줄여야 한다. 이는 실업률을 더욱 높은 수준으로 오르게 할 게 거의 확실하다. 스페인 경제가 둔화됨에 따라 재정상태의 개선은 최소한에 그칠 가능성이 크다. 스페인은 아르헨티나가 10년 전에 겪은 것과 같은 치명적인 악순환에 접어들고 있는지도 모른다. 아르헨티나는 통화가치를 미국 달러에 연동시킨 고리를 끊고 난 후에야 경제성장이 시작되고 재정적자가 줄어들었다. 지금까지는 스페인이 투기꾼들의 공격을 받지 않았지만 그렇게 되는 것은 시간문제일 뿐이다.

그리스가 첫 번째 공격 대상이 된 건 놀라운 일이 아니었을 것이다. 투기꾼들은 작은 나라들을 좋아한다. 적은 돈으로 공격할 수 있기 때문이다. 그리스는 여러모로 가장 심각한 문제들을 안고 있었다. 이 나라의 실업률은 10퍼센트로 유로 지역 평균과 비슷했지만 재정적자는 2009년 GDP의 13.6퍼센트로 유럽에서는 아일랜드에 이어 두 번째로 큰 것이었다. 그리스의 국가채무는 GDP의 115퍼센트였다. 미국처럼 그리스도 위기 전에 이미 적자를 내고 있었다. 2007년 그리스의 적자는 GDP의 5.1퍼센트로 미국(2.5%)보다도 컸다.

여러 정부와 금융부문의 많은 기업들처럼 그리스도 회계에 속임수를 썼다. 이는 금융회사들의 도움과 사주를 받은 것이었다. 미국 금융회사들은 주주들과 정부를 속이기 위해 어떻게 그런 회계 관행과 (파생상품과 환매조건부채권 같은) 금융상품을 이용할 수 있는지 알고 있었으며, 적자를 숨기려는 정부들에게 이런 기법과 상품들을 팔았다.

2009년 10월 그리스는 새로운 정부를 출범시켰다. 신임 게오르게 파판드레우 총리는 재정의 투명성을 높이겠다는 공약을 했다. 그는 선출되자 정부 회계의 문제들을 공개하겠다는 약속을 이행했다. 이는 이례적인 일이었다. 그는 새로운 문제가 발견되자 그것도 공개했다. 그리스가 유로권 가입조건을 충족시키려 애쓸 당시 재정상태를 더 좋아 보이도록 꾸미기 위해 골드만삭스의 파생금융상품을 이용했다는 것이다.[38]

그러나 금융시장은 그런 정직함에 대해 보상을 해주지 않기로 했다. 오히려 그리스에 벌을 주었다. 처음에는 유럽이 그리스 위기를 유로 탄생 이후 나타난 제도적 결함을 고치는 계기로 삼을 것이라는 기대가 있었다. 그러나 독일은 구제는 해줄 수 없다는 입장을 고집하며 그리스를 지원하는 걸 꺼렸다.

그리스 안팎에서 이 사태를 지켜보는 이들에게 유럽의 태도는 기이한 것이었다. 유럽은 이미 대형 은행들을 구해주었다.[39] 기업들을 구해주는 건 받아들일 수 있지만 1100만 명이 사는 나라를 구하는 건 금기였다. 하지만 한 나라를 구하는 건 어떤 측면에서는 은행 구제 조치와는 다르다. 10년 전 브라질이 IMF 도움을 받았듯이 그리스가 합리적인 금리로 이 기금을 쓸 수 있었다면 그에 따른 의무를 다할 수 있었을 것이다. 물론 금리가 치솟거나 그리스가 깊은 침체에 빠진다면 원리금 상환이 어려워질 수도 있지만, 이는 그리스보다 빚이 훨씬 적은 스페인의 경우에도 마찬가지일 것이다.

시장을 안정시키기 위한 일련의 어정쩡한 제안과 막연한 약속들은 실패했다. 이는 놀라운 일도 아니었다. 결국 유럽은 IMF와 더불어 1조 달러나 되는 지원 프로그램을 내놓았다. 미국의 은행 구제보다도 큰 규모였다. 그 조치는 '충격효과'를 노린 것이었다. 유로권 회원국들은 이처럼 대규모 프로그램을 발표함으로써 유럽은 도움을 필요로 하는 어느 나라도 구해줄 것이라는 걸 시장이 확신하기를 바랐다. 이 프로그램이 시행되면 그리스와 같은 나라들이 물어야 하는 금리는 낮은 수준에 머물 것으로 기대됐다. 그렇게 되면 이들 나라는 유럽과 IMF의 지원을 받지 않아도 될 것이었다. 이는 IMF가 10년 전 동아시아 위기 때 시도해서 잘 알려져 있는 '신뢰 게임'이었다. 당시 이런 작전은 효과가 없었다. 이번에도 효과가 있을지는 매우 불투명하다. '문제 국가' 중 일부에서는 하늘 높은 줄 모르던 금리가 그 전 수준으로 떨어졌지만 여전히 높은 수준이었다. 이는 시장이 그 프로그램을 완전히 신뢰하지 않는다는 걸 시사하는 것이었다.

그리스는 비교적 작은 나라다. 이 나라의 단기적인 경제 전망은 나머지 유럽 경제에 밀접하게 연결돼 있다. 독일 경제회복세가 강해지면 독일 관광객들이 그리스로 몰려갈 것이고 그리스의 경제도 강해질 것이다. 그렇게 되면 세수는 늘어나고 적자는 줄어들 것이다.

유럽과 IMF는 그리스를 지원할 때 조건을 붙였다. 그리스가 재정지출을 줄이고 세금을 대폭 늘려 빨리 적자를 줄이는 조건이었다. 그리스 한 나라만 긴축을 하면 이 나라만 고통을 겪고 끝날 것이다. 걱정스러운 건 유럽 전반에 이런 긴축 바람이 일고 있다는 점이다. 앞서 지적했듯이, 이 바람은 심지어 미국까지 불어오고 있다. 그토록 많은 나라들이 때 이르게 지출을 줄임에 따라 글로벌 총수요는 줄고 성장은 느려질 것이다. 심지어 더블딥으로 이어질 수도 있다. 미국이 글로벌 침체를 불러왔겠지만 이제 유럽도 미국과 같은 식으로 대응하고 있다.

유로의 미래

다른 리스크들도 많다. 그중 하나가 유로의 미래에 관한 것이다. 아이슬란드 위기는[40] 금융회사들이 '선의의' 정부에 의해 규제를 받는 한 역내 어디서든 자유롭게 영업할 수 있어야 한다는 유럽의 인식이 잘못된 것임을 보여주었다. 그러나 그리스의 비극은 유럽의 보다 근본적인 문제를 드러냈다. 재정적 지원을 포함해 지금보다 더 긴밀한 협력이 이뤄지지 않으면 단일통화가 제구실을 할 수 없다.

앞서 지적했듯이 미국은 중국의 경상수지 흑자에 관해 불만을 제기했다.[41] 하지만 독일의 GDP 대비 흑자 규모는 중국보다도 훨씬 크다. 유럽 전체적으로는 경상수지가 거의 균형을 이루고 있다면, 독일이 흑자를 낸다는 말은 곧 다른 유럽 국가들이 적자를 본다는 뜻이다. 독일을 제외한 유럽 국가들이 수출하는 것보다 많이 수입을 하는 건 그들의 경제를 더욱 약화시키는 것이다. 미국은 또한 중국이 달러 대비 자국 통화가치 상승을 허용하지 않는다고 우려를 표시했다. 하지만 유로체제 아래서는 독일이 다른 유로권 국가 통화에 대비해 자국 통화가치를 올릴 수 없다. 통화가치가 오르면 독일은 수출하기가 더 어려워지고 흑자가 사라지게 된다. 강력한 수출을 바탕으로 한 독일경제의 성장모델은 난관에 부딪힌다. 독일의 일부 인사들과 다른 나라의 강경파들은 반론을 폈다. 당초 유로체제의 큰 틀은 아무런 문제도 없었다는 것이다. 이들은 재정건전성을 위한 규정을 이행하는 데 너무 느슨했던 게 유일한 문제였다고 주장했다. 유럽이 이 문제에 대해 더 엄격했다면 각국이 재정적자와 국가채무를 줄일 수밖에 없었을 것이라는 주장이다. 요컨대 그들은 더 적극적으로 후버라이트 정책을 펴는 쪽을 지지했다.

내가 보기에 이런 접근법은 말도 안 되는 것이다. 스페인은 위기 전 흑자를 냈다. 스페인이 강요에 따라 당장 적자를 줄이면 실업률은 치솟고 적자는 오히려 늘어날 것이다. 스페인의 문제는 위기 전에 재정건전성을 위한 규정을 이행하지 않았기 때문에 생긴 것이 아니라 위기 후에 그 규정을 이행하는 과정에서 악화된 것이었다. 스페인의 문제는 거품이 형성될 때도, 심지어 그 거품이 경제 전체를 위험에 빠뜨릴 때도 정부는 뒷짐만 지고 있어야 한다는 시장근본주의 이데올로기 때문에 생긴 것이다.

유로권은 더 긴밀한 경제협력이 이뤄져야 한다. 단순히 재정건전성 규칙을 이행하는 식의 협력이 아니라 유럽이 완전고용을 유지하면서 일부 국가가 큰 충격을 받았을 때 확실히 다른 나라들의 도움을 받을 수 있도록 하는 협력이 필요하다. 유럽은 EU(유럽연합)에 새로 가입하는 나라들을 돕기 위한 협력기금을 만들었다. 신규 가입국들은 대부분 기존 회원국들보다 가난했다. 그러나 유럽은 곤경에 처한 유로권 국가들을 돕는 협력기금을 만드는 데는 실패했다. 그런 기금이 없으면 유로의 앞날에 대한 전망은 어둡다.

유럽은 그리스를 비롯해 재정위기를 겪는 나라들이 적자를 줄여야 한다고 주장하는 독일의 강경한 접근방식을 받아들일까? 중국처럼 독일도 높은 저축률과 수출의 기량을 악이 아니라 미덕이라고 본다. 하지만 어떤 나라든 흑자를 내면 다른 나라가 적자를 봐야 한다. 무역적자를 내는 나라들은 보통 총수요를 유지하기 위해 재정적자를 내게 된다.[42] 재정적자를 내지 않으면 높은 실업을 겪어야 한다. 그에 따른 사회적·경제적 영향은 받아들이기 어렵다.

그에 대한 하나의 해법으로 제시된 것이, 스페인을 비롯한 여러 나라들이 사실상 통화가치 평가절하와 같은 효과를 내도록 공동으로 임금 삭감에 나서자는 제안이다. 나는 이 제안이 성사될 수 없다고 본다. 임금의 일괄적인 삭감이 분배에 미치는 영향은 도저히 받아들일 수 없는 것이다. 실제로 각국 정부가 공공부문 근로자의 임금을 강제로 인하할수는 있다. 이 부문 근로자들이 지나치게 높은 임금을 받는 일부 국가에서는 그런 조치가 효과가 있을지도 모른다. 그러나 그들의 임금수준이 이미 낮은 나라들이 임금을 삭감하면 정부가 중요한 공공서비스를 제공하는 데 필요한 인재의 채용에 더욱 어려움을 겪게 된다. 임금 삭감에 따른 사회적 긴장은 엄청날 것이다. 경제적으로 부정적인 효과를 낼 수도 있다. 임금과 물가가 떨어지면 가계와 기업이 빚을 갚을 수 있는 능력도 감퇴될 것이다. 이에 따라 부도와 파산이 늘어나고 금융부문의 부실도 늘어날 것이다. 그리스와 스페인을 비롯한 유로권 국가들의 문제에 대한 해법이 될 것이라는 생각은 환상일 뿐이다.

그보다 훨씬 쉬운 해법이 있다. 독일이 유로권을 탈퇴하거나 유로권을 두 개의 지역으로 나누는 것이다. 유럽 통화통합은 흥미로운 실험이었다. 그러나 그 전의 유럽환율조정기구(ERM: Exchange Rate Mechanism)[43]

처럼 유로체제는 이 시스템의 작동에 필요한 제도적 지원이 결여돼 있다. 지금은 거의 잊혀진 ERM은 1992년 투기세력이 영국 파운드화를 공격했을 때 깨져버렸다.

물론 지금 그런 제도적 지원이 이뤄질 수 있도록 하는 게 더 나을 것이다. 그러나 유럽이 이런 제도 개혁에 이르는 길을 찾지 못하면 아마도 실패를 인정하고 그냥 나아가는 게 좋을 것이다. 이 체제를 창설한 이들의 이상을 실현하지도 못하는 잘못된 제도 때문에 실업과 인간적인 고통이라는 비싼 대가를 치르는 것보다는 그렇게 하는 게 나을 것이다.

아마도 유럽은 벼랑 끝까지 갈 가능성이 가장 클 것이다. 재정적자를 메울 자금을 조달하거나 차입금을 차환하는 데 어려움을 겪으며 극한 상황에 이른 나라들을 마지막 순간에 까다로운 조건을 붙여 지원하는 것이다. 이들에게 요구되는 긴축정책은 그 나라들에게 고통을 줄 뿐만 아니라 유럽 경제를 약화시키고 유럽 통합에 대한 지지를 무너뜨릴 것이다. 이런 벼랑 끝 정책에는 위험이 따른다. 너무 오래 기다리거나 너무 까다로운 조건을 요구하면 유로권은 지금까지 겪은 것보다 훨씬 심각한 위기를 맞을 수 있다.

단기적으로는 유로권이 부분적인 탈출구를 찾았는지도 모른다. 유럽이 네거티브 미인대회에서 일시적으로 승리함에 따라 유로는 약해졌으며, 이는 유럽의 성장에 도움이 될 것이다. 그러나 유로 약세가 이미 시행된 긴축 조치를 상쇄할 만큼 충분한 효과를 내지는 못할 게 거의 확실하다. 유로 약세는 기껏해야 일시적으로 어려움을 덜어줄 것이다. 언젠가 그리 멀지 않은 장래에 (아마도 이 한국어판이 발간될 때 이미) 금융시장은 다시 미국경제와 금융시스템의 문제에 주목하게 되고, 미국은 다시 네거티브 미인대회에서 승리하게 될 것이다.

글로벌 불균형

그리스는 글로벌 위기에서 나타나는 가장 두려운 문제를 제기했다. 중국과 미국의 관계도 타격을 받았다. 주로 이번 위기 때문에 양국 경제 관계는 뚜렷이 악화됐다. 이는 핵에 대한 이란의 야심을 억제하는 것처럼 협력이 필요한 다른 분야에도 나쁜 영향을 줄 가능성이 있다.

나는 이 책 앞부분에서 근본적인 문제를 설명했다. 미국은 중국에 수출하는 것보다 더 많은 걸 그 나라에서 수입하고 있다. 미국 근로자들은 자기들이 중국에 일자리를 빼앗기고 있다고 본다. 일자리를 창출하는 데 수출이 도움이 된다며 정치인들이 입이 마르도록 강조하는 가운데 수입은 일자리를 파괴하기 때문에 나쁜 것이라는 인식이 널리 퍼졌다.

문제는 수출과 수입이 무역정책에 밀접하게 연결돼 있다는 점이다. 경제가 완전고용 상태에 있을 때 일자리를 잃은 이들은 다른 곳에서 새 일자리를 얻을 수 있다. 경제가 깊은 침체에 빠져 있을 때는 그럴 수 없다. 이런 상황에서는 보호무역 조치를 취하라는 압력이 커진다. 지금까지는 보호무역주의가 대체로 억제됐지만 나는 여전히 걱정하고 있다. 높은 실업률이 지속되고 경제를 회복시키기 위해 재정과 통화정책을 쓸 수 있는 여력이 제한적인 것으로 보일 때는 보호무역주의가 거세질 수 있다.

이 문제에 관한 일반의 논의는 흔히 양자 간 무역관계에 초점을 맞춘다. 특히 미국이 중국에 수출하는 것보다 2269억 달러나 많은 걸 수입한다는 사실에 주목한다.[44] 그러나 경제학자들은 어느 두 나라 사이의 무역적자가 아니라 다자간 무역적자, 다시 말해 전체 수출과 수입의 격차에 관심을 기울여야 한다고 주장한다. 미국은 사우디아라비아와의 교역에서 적자를 낸다. 그 나라에 파는 것(예컨대 하이테크 제품)보다 그 나라에서 사는 것(석유)이 더 많기 때문이다. 하지만 사우디아라비아는 유럽에서 물건을 사고, 유럽은 미국에서 사면 불만을 가질 까닭이 없다. 잘 작동하는 글로벌 교역시스템에서는 각국이 그 나라의 비교우위에 따라 상품을 생산하게 돼 있다. 특정 상품을 원하면 그걸 생산하는 나라에서 수입하면 되는 것이다. 그러나 다자간 흑자를 내는 것, 다시 말해 소비하는 것보다 더 많이 생산하는 것은 세계경제에 불충분한 총수요의 문제를 제기한다. 이런 나라들은 자국의 저축을 악이 아니라 미덕으로 생각한다. 정상적인 때는 저축이 미덕이다. 그러나 지금은 정상적인 상황이 아니다. 물론 그런 나라는 중국뿐만이 아니다. 일본, 독일, 사우디아라비아 역시 지속적인 흑자를 내고 있다. GDP 대비로는 독일과 사우디아라비아가 중국보다 많은 흑자를 내고 있다.

그러나 중국의 흑자는 점점 더 미국의 염려를 불러일으키고 있다. 미국은 중국에 통화가치 상승을 허용하라고 요구해왔다. 중국 측은 미국이 중국과의 무역불균형을 시정하고 싶으면 중국에 대한 첨단기술 제품 수출제한을 풀어야 한다고 주장해왔다. 중국은 2008년 쓰촨 지방에서 지진이 일어나 거의 7만 명이 목숨을 잃었을 때 미국산 헬리콥터를 사려고 간곡하게 요청했지만 소용이 없었다. (그러는 동안 미국은 대만에 헬리콥터를 팔았다.) 중국은 위안화 가치를 올리면 다른 개발도상국들에게는 도움이 되겠지만 미국의 전체적인 무역수지에는 별다른 영향을 주지 않으리라는 걸 알았다. 미국은 단지 중국이 아니라 방글라데시나 스리랑카에서 만든 의류를 수입하게 될 터였다.

중국은 어쨌든 통화가치를 2005년 이후 거의 20퍼센트 올렸다. 이는 많은 전문가들이 균형 수준으로의 완전한 조정[45]을 위해 필요하다고 생

480

각했던 절상 폭의 약 3분의 2에 해당하는 것이었다. 중국은 글로벌 경제가 안정되면 위안화 상승을 다시 용인하겠다는 점을 분명히 했다. 하지만 중국은 자국 경제가 변동성이 큰 글로벌 경제를 안정시키는 기중이며 중국경제를 불안정하게 하는 일은 누구에게도 도움이 되지 않는다는 입장을 갖고 있다. 유로가 약세를 보이자 중국은 자국 통화 절상에 반대할 또 하나의 근거를 갖게 됐다. 중국은 유로화에 비하면 위안화 가치가 크게 올랐다는 점을 내세웠다.

역설적으로, 중국의 다자간 무역정책은 부분적으로 미국이 밀어붙인 정책의 결과였다. 지난 30년 동안 무역은 경제개발을 향한 최선의 길로 여겨져 왔다. 하지만 1994년에 합의됐고 세계무역기구(WTO)를 탄생시킨 우루과이라운드 무역협정에서 중국을 비롯한 개발도상국들은 유치산업을 발전시키기 위해 보조금을 주는 산업정책을 쓰지 못하도록 제한을 받았다. (중국은 경제대국이지만 세계은행이나 IMF에서는 여전히 개도국으로 분류되고 있다.) 당시 미국과 유럽의 농업보조금은 허용됐는데도 말이다. 이에 따라 개도국들이 개발을 촉진하는 주요 정책수단은 한 가지, 즉 환율정책만 남게 됐다. 통화가치를 낮추면 개도국들이 수출을 촉진할 수 있을 뿐만 아니라 갈수록 변동성이 커지는 글로벌 금융시장으로부터 스스로를 보호하기 위한 외환보유액을 쌓는 데 도움을 받을 수 있다. 또한 부분적으로는 동아시아 위기를 비롯한 여러 위기 때 미국이 밀어붙인 정책들 때문에 개도국들이 IMF에 도움을 요청하는 것을 점점 더 꺼리게 됐다.[46]

글로벌 정치의 세력균형 변화와 새로운 글로벌 기구

유럽과 미국은 계속 문제를 안고 있는 반면 중국은 경기침체에 성공적으로 대응함에 따라 아시아는 새로운 자신감을 갖게 됐다. 세계경제에서 아시아의 영향력도 커졌다. 인도와 아시아 각국 규제당국들은 미국과 유럽 금융회사들에게 퍼져 있던 잘못된 행태를 어떻게 막았는지 자랑스럽게 설명했다. 옳은 말이었다.

한편 아프리카뿐만 아니라 전 세계에서 중국의 영향력이 커졌다. 과거 유럽의 강대국들은 자원을 조달하고 무역 루트를 확보하기 위해 군사력을 이용했다. 21세기에 중국은 경제력을 이용하고 있다. 중국은 꺼내 쓸 수 있는 2조 4000억 달러의 외환보유액을 갖고 있다. 중국은 경제학자들이 어렵게 번 이 돈을 '서로에게 이득이 되는 거래'라고 할 만한 일에 쓸 수 있다. 이 현찰을 갖고 항구나 광산이나 석유처럼 현대 산업의 엔진을 계속 가동하기 위해 필요한 무엇이든 살 수 있는 것이다. (2008년 중국 해운업체 코스코 퍼시픽은 40억 달러를 주고 그리스의 피레우스 항을 35년 동안 운영할 수 있는 권리를 갖는 계약을 맺었다.)[47]

미국이 아무 결실도 없는 아프가니스탄전쟁과 이라크전쟁에 그토록 깊이 빠져 있는 동안, 그리고 금융위기를 수습하는 데 매달려 있는 동안 중국은 지구촌 대부분을 자기 것으로 만들고 있다. 미국은 세계에서 가장 강력한 군사력을 구축했는지 모른다. 하지만 지난 10년 동안 쓴 4조 7000억 달러는 더욱 강한 경제를 만들고 미국경제의 영향력을 확대하는 데 쓰일 수도 있었다.[48] 경제학은 희소성에 관한 과학이다. 미국은 돈을 이런 곳에 썼고 중국은 다른 곳에 쓰기로 했다. 지금은 결론을 내리기에 너무 이른 감이 있지만, 갈수록 미국이 전략적인 실수를 저지른 것으로 보인다.

대침체는 글로벌 무역불균형을 바로잡는 데 별 도움을 주지 못했다. 하지만 이번 위기는 지정학적·지경학적 힘의 새로운 균형을 불러왔다. 예컨대 급속히 사멸하고 있는 G8은 G20으로 대체되고 있다. 비판적인 이들이 볼 때 G8은 토론장에 지나지 않는다. 세계 곳곳에서 골고루 참여하는 구성원만 보더라도 세계의 문제들을 푸는 데 더 잘 맞을 것 같은 G20은 단순한 토론만 하는 포럼 이상의 역할을 할 것이라는 기대가 있었다. 잠시 케인지언 확장정책을 위한 공조 노력이 이뤄질 때 그런 기대는 실현될 것으로 보였다. 그러나 침체가 지속되면서 후버라이트의 긴축 조치를 밀어붙이는 이들과 여전히 케인지언 경제정책을 믿는 이들 사이에 갈라진 틈은 감출 수 없게 됐다. 규제개혁에 관해서는 처음부터 이견이 있었다. 유럽이 보너스 규제의 중요성을 강조하며 목소리를 높이자 오바마 행정부는 이를 피해가려는 것으로 보였다. 그리스에 대한 투기적 공격이 가해질 때 투기적 행위에 대한 규제를 하자는 목소리에 대해서도 그랬다.

금융부문 개혁

내가 처음 이 책 원고를 출판사에 넘길 때 나는 미국 의회가 단순한 겉치레 이상의 금융부문 개혁법안을 통과시킬 것인가에 대해 비관적인 전망을 하고 있었다. 오바마 행정부 안에 금융계의 이해를 대변할 이들이 그토록 많기 때문에 정부가 내놓는 개혁안이 약한 것이라 하더라도 놀라운 일이 아니었다. 금융회사들이 의회에 돈을 퍼부었으므로 그들의 정치적 투자가 다시 한 번 수익을 낼 가능성이 커 보였다. 마침내 모습을 드러낸 개혁안은 내가 예상한 것보다 훨씬 강력한 것이다. 그러나 만족스러운 것은 아니다. 이 개혁안은 위기가 되풀이되는 걸 막거나 금융시장이 중요한 사회적 기능을 다시 수행할 수 있도록 확실히 하기에는 여전히 너무 약하다.

그러나 이만큼이라도 이뤄진 데 대해서는 골드만삭스가 고맙다는 인사를 받을 만하다. 그 모든 시민단체와 그 모든 경제학자, 그 모든 신문 사설도 이루지 못한 걸 골드만삭스의 행동 때문에 이뤄졌기 때문이다. 금융계에 대한 일반의 존경심은 이미 낮은 수준이었지만 골드만삭스를 비롯한 투자은행들의 행태가 드러난 후 더욱 추락했다. 그들의 변명은 신뢰를 회복하는 데 별 도움이 되지 않았다.

새로 드러난 악행

약탈적 대출과 신용카드 관련 악행의 사례들이 헤아릴 수 없이 많이 드러났다. 은행들은 기록적인 손실을 내고서도 마치 딴 세상에 있는 것처럼 보너스를 지급했다. 이 때문에 미국 선도은행들에 대한 평판은 더 이상 떨어질 수 없을 정도로 추락한 것으로 보였다. 하지만 이 책이 처음 출간된 후 몇 달 동안 미국 금융계에 대한 신뢰를 더욱 무너뜨릴 비위들이 계속해서 드러났다. 골드만삭스의 수장인 로이드 블랭크페인이 자신은 한마디로 "신의 일을 하고 있다"고 주장하고[49] 그를 비롯한 은행가들이 자기네가 한 일에 아무런 잘못도 없다고 부인했을 때 그들은 다른 행성에 살고 있는 것처럼 보였다. 그들은 적어도 직업윤리에서는 뚜렷이 다른 잣대를 갖고 있었다.

앞서 나는 예를 들어 리먼브러더스가 무너지기 직전과 그 다음의 회계 사이의 뚜렷한 차이를 설명했다. 리먼브러더스가 파산한 직후 이 회사의 기록을 살펴보고 그동안 무슨 일을 했는지 알아낼 수 있었다. 이 회사는 실제로 창조적인(더 정확히 말하자면 기만적인) 회계를 했다. 리먼은 '리포(repo, 환매계약_옮긴이) 105'로 불린 거래를 통해 자산들을 (현금을 받고 판 것처럼) 일시적으로 장부 외로 옮겨놓았다. 감독당국이 회사 장부를 검사할 때만 그렇게 함으로써 당국이 리먼의 레버리지를 실제보다 낮은 것으로 생각하도록 했다.[50]

이런 종류의 창조적 회계에 대한 수요를 충족시키기 위해 수많은 신종 '금융상품'이 만들어졌다. 이들 상품은 전통적인 대출이나 보험계약과 다를 바 없었지만 법규 또는 감독 규정상으로는 다르게 취급됐다. 어떤 파생상품은 사실상 보험계약과 같은 것이었지만 당국의 규제와 감독을 받지 않았기 때문에 그 상품을 판 회사가 더 적은 준비금을 쌓아도 됐고, 이 때문에 지나친 리스크를 안게 됐다. 리포거래는 담보대출과 다를 게 없지만 회계상으로는 자산을 판 것으로 처리할 수 있다. 그 담보물을 되산다는 합의가 있어도 말이다. 우리의 영리한 금융기술자들은 어떻게 대부분의 법적인 요구사항들을 피해갈 수 있는지 알아냈다. 그들은 리포거래로 자산을 판 쪽이 그 자산을 되살 유인을 갖는 상품을 설계할 수 있었다. 반드시 그 자산을 되사야 하는 건 아니지만 사실상 그런 의무를 지고 있는 것처럼 행동하도록 하는 것이다.

2010년 4월 16일 증권거래위원회(SEC)가 공식적으로 골드만삭스에 사기 혐의를 적용한 거래는 '합성상품' 제조와 관련된 것이었다. (골드만삭스는 아무런 잘못도 저지르지 않았다고 느끼는 것 같았다.) 이 상품은 대규모 서브프라임 모기지 묶음이 어떤 성과를 내느냐를 두고 벌이는 도박에 지나지 않았다. 이런 상품을 옹호하는 이들은 이게 리스크를 관리하는 데 도움이 된다고 주장했다. 그러나 결국 존 폴슨이 운용하는 헤지펀드가 10억 달러를 벌고 몇몇 은행들이 그만한 손실을 보도록 한 이 거래가 어떻게 경제의 효율성을 높여주었는지 납득하기는 힘들다. 그 손실의 많은 부분이 궁극적으로 납세자 부담으로 돌아갔다. (2010년 7월 마침내 골드만삭스는 (사기혐의는 인정하지 않았지만) 실수를 저질렀다는 걸 인정하고, 월스트리트에 부과된 사상 최대 벌금인 5억 5000만 달러를 증권거래위원회에 냈다. 이 회사는 그 '실수'로 피해를 본 이들에게 소송을 당할 게 거의 확실하다.)

물론 베팅은 불법이 아니다. 하지만 정부의 보호를 받는 은행들이 도박을 해서는 안 된다는 점을 분명히 해야 한다. 베팅은 각 주의 규제를 받지만 대형 은행들은 이 같은 초대형 도박을 벌여 수십억 달러의 수수료를 벌면서도 (도박에 대한 것이든 보험에 대한 것이든) 규제를 받지 않고 피해갈 수 있었다. 골드만삭스에 적용된 혐의는 불법 도박장을 운영했다는 게 아니라 사기를 쳤다는 것이었다. 폴슨은 골드만삭스에 접근해 도박을 벌이는 걸 도와달라고 부탁했다. 그는 골드만삭스가 (거품이 꺼질 때 가치가 떨어질 가능성이 가장 큰) 최악의 서브프라임 모기지를 골라 '애버커스 2007-AC1'이라는 증권을 만들어 투자자들에게 파는 걸 도우려 했을 것이다. 그 증권은 사실상 (값이 떨어지도록) 주의 깊게 고른 모기지들의 묶음에 어떤 일이 일어날지를 놓고 베팅을 하기 위한 것이었다. 그리고 폴슨은 그 증권의 값이 떨어지면 수억 달러를 벌 수 있도록 반대 방향으로 베팅할 참이었다.[51]

이 복잡한 상품을 구성하는 각각의 모기지는 너무나 많았다. 아무도 그것들을 철저히 분석하지 않았고 그렇게 할 수도 없었다. 그 모기지들은 부도가 날 가능성이 있기 때문에 선택됐다. 뿐만 아니라 골드만은 이 상품을 사는 투자자들에게 그 모기지들이 어떻게 선택됐는지를 공시하지 않았다. 그 증권의 값이 떨어지는 쪽에 베팅하기를 원하는 헤지펀드의 도움으로 만들어졌다는 것도 밝히지 않았다. 투자자들은 골드만을 신뢰했다. 하지만 앞으로는 그럴 것 같지 않다.[52] 폴슨은 무작위로 선택한 서브프라임 모기지 포트폴리오에 베팅해서도 큰돈을 벌었을 것이다. 하지만 값이 떨어지도록 구성된 포트폴리오에 대해서는 더 많은 돈을 벌었다. 이는 베팅을 받아준 상대방은 더 많이 잃었다는 뜻이다. 이는 또한 정부가 경제를 구하기 위해 은행들을 구제할 필요가 있다고 결정했을 때 결국 납세자들이 더 많은 돈을 대줘야 한다는 의미다.

나라 전체를 위험에 빠뜨리는 건 다른 대형 은행들, 또는 리스크를 이해한다고 생각하지만 실제로는 그러지 못하는 AIG 같은 보험회사들을 상대로 돈을 벌려고 하는 것과는 또 다른 문제다. 금융회사들이 그리스와 이중으로 거래를 한 것은 전 세계 시민들의 분노를 샀다. 그리스의 재정이 악화될 때 벌어진 일은 단지 한 투기자가 다른 투기자들의 희생을 대가로 돈을 버는 것과 같은 문제는 아니었다. 은행들이 그리스 채권을 공매도하자 그 채권 값은 떨어졌다.[53] 은행들은 그리스 정부에 대한 신뢰가 떨어져 이 나라가 더 높은 이자를 물게 되리라는 데 베팅한 것이다. 이런 투기적 공격의 파장은 심각한 것이었다. 단순히 부유한 도박꾼에서 다른 도박꾼으로 돈이 옮겨가는 문제가 아니다. 이 나라는 어쩔 수 없이 재정지출과 공공서비스를 줄이고, 근로자들을 해고하고 임금을 깎았다.

모양을 갖추기 시작한 금융개혁

어떤 나라들이 다른 나라들보다 이번 위기를 더 잘 헤쳐나간 것은 우연이 아니다. 캐나다와 호주 같은 몇몇 나라들은 더 나은 금융규제를 하고 있었다. 어떤 경우 이런 규제들은 거품이 형성되는 걸 예방했다. 스페인처럼 부동산 거품을 예방하지 못한 경우에도 금융부문은 예상한 것보다 더 잘 어려움을 헤쳐나갔다. 2006년 스페인의 주택 착공건수는 프랑스, 독일, 이탈리아, 영국의 착공 실적을 합한 것보다도 많았다. 스페인의 주택 거품이 얼마나 끓어올랐는지를 본 이들은 이 나라의 은행 시스템이 도산하고 주택 압류는 미국보다도 심각할 것이라고 예상했을 것이다.[54] 그러나 스페인 규제당국들은 은행들이 손실에 대비하도록 하는 일을 더 잘했다. 또한 미국에 그토록 널리 퍼져 있던 것과 같은 잘못된 모기지 관행들을 허용하지 않았다.[55]

거품이 꺼지고 위기가 시작된 후 그토록 오랜 시간이 지났어도 글로벌 금융시스템을 개혁하는 데 아직도 큰 진전을 이루지 못한 건 깜짝 놀랄 일은 아니더라도 상당히 놀라운 일이다. 그러나 미국에서는 이제 금융개혁의 윤곽이 뚜렷해졌다. 물론 개혁의 세부 내용은 규제당국자들의 손에 남겨져 있고, 다른 많은 분야에서 그런 것처럼 골치 아픈 문제는 세부 내용에 숨어 있다.[56] 규제당국자들 가운데 일부는 위기 전에는 심지어 규제의 필요성을 믿지도 않았던 바로 그 사람들이다. 그들의 손에 그토록 많은 재량이 주어져 있기 때문에 그 개혁들이 지난 몇 년 동안 일어난 재난이 되풀이되지 않도록 하고 우리를 그런 위험에서 보호하는 데 충분하리라는 확신이 거의 없다.[57]

규제개혁법은 금융부문 규제를 담당하는 상원과 하원 위원회를 이끄는 크리스 도드와 바니 프랭크의 이름을 따 도드-프랭크법으로 불린다. 월스트리트 개혁과 소비자 보호에 관한 법률(H.R.4173호)이라는 이름으로 통과되고 2010년 7월 21일 오바마 대통령이 서명한 이 법은 다섯 가지 핵심 조항들을 담고 있다.[58] 각각의 조항들은 모두 중요한 원칙에 바탕을 두고 있다. 그러나 불행히도 이 법에 대응한 은행들의 핵심적인 전략은 규제조항들의 이행 강도를 크게 줄일 수 있도록 여러 가지

면제조항을 받아내는 것이었다. 그 결과 이 개혁법은 스위스 치즈처럼 단단해 보이지만 많은 구멍이 있는 법이 돼버렸다. 이 법은 다음과 같은 내용들을 담고 있다.

1. 금융상품 소비자의 안전을 위해 독립적이고 강력한 (것으로 기대되는) 위원회(지금은 금융소비자보호국으로 불린다)를 만들어 금융산업에 널리 퍼져 있는 광포한 악행들로부터 미국의 보통사람들을 보호한다. 이는 금융계에 어처구니없는 잘못된 관행들이 있었다는 걸 인정한 것이다. 또한 그에 대해 단순히 '투자자 책임'이라고 할 수만은 없으며 어떤 조치를 취해야 한다는 걸 인정한 것이다. 이는 금융계의 잘못을 비판하는 이들에게는 중요한 승리였고 은행들에게는 큰 패배였다. 그러나 금융계는 자동차 판매 관련 대출에 대해서는 엄청난 규제 면제를 받았다. 자동차 딜러라고 해서 가난하거나 정보력이 약한 소비자들을 대형 은행들보다 더 많이 이용할 수 있도록 허용해야 할 까닭이 없다. 그러나 모기지에 이어 두 번째로 중요한 대출 형태인 자동차 관련 대출은 정치적 압력에 따라 규제 면제를 받았다.

각 주정부는 금융계의 잘못된 관행들을 막는 데 적극적이었다. 그런데 연방정부가 보기에 주정부의 어떤 규제조항이 잘못된 방향으로 가고 있다고 판단되면 이를 뒤집을 수 있는 권한을 갖는다. 연방 규제당국들이 아직도 위기 이전과 같은 사고를 갖고 있다면 주정부의 새로운 규제를 뒤엎으려 할 것이고, 그렇게 되면 소비자들은 지금보다도 보호를 덜 받게 될 것이다.

나는 앞부분에서 현대 기술 덕분에 효율적인 전자결제 체계를 갖출 수 있는데도 경쟁력이 떨어지는 금융부문이 그렇게 하기를 꺼린다고 지적했다. 이는 모든 금융거래에 사실상 세금을 부과하는 것과 같다. 규제개혁법은 상인들에게 물리는 직불카드 수수료가 거래비용에 비례해 합리적인 수준에서 결정되도록 하는 규칙을 만들도록 연준에 지시했다. 이 법은 은행들이 직불카드 거래와 관련해 상인들에게 계속해서 바가지를 씌우지 못하게 하는 책임을 그동안에는 소비자 보호에 관심이 거의 없었던 연준에 위임한 것이다. 그러면서도 직불카드보다 훨씬 큰 신용카드 시장에서는 은행들이 마음대로 할 수 있도록 내버려두었다.[59][60]

2. 금융시스템 전체를 보는 거시적인 규제기구를 둔다. 이 기구는 협의회의 형태를 갖지만 주된 권한은 연준에 정책권고를 하는 것이다. 연준은 이번 위기가 닥칠 때 적절한 대응을 하는 데 실패했고 은행계와 너무나 밀접하게 엮여 있으면서 그들의 이해를 반영하고 있다.

3. 지나친 리스크 감수를 억제한다. 은행들이 지나치게 많은 리스크를 안았다는 사실은 명백하다. 문제는 어떻게 하면 앞으로 이런 일을 가장 잘 막을 수 있느냐이다. 예컨대 은행들이 리스크 관리와 관련된 의사결정을 하는 이들의 보상체계를 개선하도록 하기 위한 더 강력한 유인이 필요하다. 앞서 지적한 것처럼 대마불사 은행들은 특히 커다란 문제를 일으킨다. 대형 은행들이 '이득은 내 것, 손실은 네 것'이 되는 상황에서 과도한 리스크를 안는 것은 놀라운 일이라고 할 수 없다. 규제당국들은 대마불사 은행들에 대해, 그리고 지나친 리스크를 안도록 유인을 제공하는 보너스 체계에 아직도 아무런 조치도 취하지 않은 것으로 보인다. 보너스 체계에 대해서는 이미 갖고 있는 권한으로도 어떤 조치를 취할 수 있는데도 말이다.

하지만 이미 잘 알려져 있는 지배구조 문제들을 감안할 때 은행들에게 유인을 제공하는 것만으로는 충분치 않을 것이다. 지나친 리스크 감수를 부추기는 유인과 보너스 체계는 지나치게 위험한 다른 온갖 관행들과 더불어 금지됐어야 했다. 유럽 국가들은 보너스 억제를 규제개혁의 중심에 두었지만 미국의 은행들은 그런 노력을 성공적으로 막아냈다.

폴 볼커는 상업은행들이 자기자본을 갖고 하는 (자기매매로 일컫는) 투기거래를 제한해야 한다고 주장했다. 그 주장은 오바마의 지지를 얻었다. 일각에서는 이를 글래스-스티걸법의 부분적인 부활이라고 보았다. 1999년까지 상업은행과 투자은행들을 분리했던 이 법의 폐지와 지금의 금융시스템의 혼란은 밀접하게 관련돼 있다. 자기자본으로 하는 투기거래는 이해상충 문제를 일으킨다. 이번 위기가 진행될 때 은행들은 때때로 고객들을 희생시키면서 자기계정에 이익을 남겼다. 고객들의 계정을 다루면서 얻은 내부정보를 통해 은행들은 부당하게 유리한 위치를 차지할 수 있다. 더욱 중요한 건 그런 투기거래를 하다 입는 손실은 사실상 납세자들이 안게 된다는 점이다.

통과된 규제개혁법은 크게 약화된 볼커 룰을 담고 있다. 이 규정은 자기매매를 제한하고 있지만 대부분의 은행들에게 적용될 것 같지는 않다.

4. **파생금융상품을 억제한다.** 파생금융상품 거래로 손실을 입은 AIG에 대한 1800억 달러 규모의 구제 조치 때문에 파생상품을 규제하는 일이 쉬워졌다. 특정 파생금융상품이 일종의 보험인지, 도박의 수단인지를 놓고 논란이 벌어지는 건 당연한 일이다. 그러나 보험이든 도박이든 정부가 규제를 해야 하며 정부가 그런 거래를 부추겨서는 안 된다. 지금처럼 사실상 보조금을 주면서 장려해서는 곤란하다.[61] 규제개혁법은 이 문제를 푸는 데 (단지) 약간의 진전만 이뤘을 뿐이다. 더 이상을 이루지 못한 까닭은 알 만하다. 몇몇 대형 은행들이 이 부문에서 한 해 200억 달러 이상을 수수료로 벌어들이는 터라 그들은 당연히 개혁법안에 강력하게 반발했다.

한때 정부가 보호하는 은행들의 파생금융상품 발행을 제한하는 강력한 조항이 개혁법에 담길 것처럼 보였다. 하지만 결국 은행들은 파생상품 사업부문의 대부분(약 70퍼센트)을 유지할 수 있도록 허용됐다. 다만 주식, 원자재, 특정 신용부도스왑을 기초로 한 파생상품은 더 많은 자본을 갖춰야 하는 별도의 자회사에 넘겨야 한다. 이는 또 다른 구제 조치의 위험을 줄이는 데 도움이 될 것으로 기대된다.[62]

파생금융상품 거래의 투명성을 높이는 데에는 상당한 진전이 이뤄졌다. 대부분의 거래가 표준화되고 거래와 청산이 전자시스템을 통해 이뤄지게 됐기 때문이다.[63] 하지만 그 이행 면에서는 커다란 구멍이 있다. 스왑상품 매매와 청산이 거래소에서 적절하게 이뤄지지 않을 때 규제당국이 불법적 거래를 해제할 명확한 법적 권한을 갖고 있지 않다.

5. 부실은행을 정리할 권한을 명확히 한다. 정부는 실패한 은행들에 대해 더 많은 권한을 갖게 됐다. 그러나 이 법은 대마불사형 금융기관들의 문제를 적절히 다루지 않았다. 우리는 현실적인 생각을 할 필요가 있다. 이번 위기에서 정부는 주주와 채권자들을 구제할 필요가 없는데도 그렇게 하면서 근본적인 문제를 '못 본 척' 지나갔다. 그러지 않으면 경제가 충격을 받으리라고 겁을 냈다. 무너지도록 내버려두기에는 너무 큰 거대은행이 있는 한 정부가 또다시 모르는 척 지나갈 가능성이 더 크다. 대마불사형 기관들은 지나친 리스크를 안으려는 유인을 가질 뿐만 아니라 경쟁우위도 갖게 된다. 이런 우위는 경쟁자보다 효율성이 더 높기 때문이 아니라 장래 정부 구제를 통해 받을 수 있는 암묵적인 보조금에 바탕을 둔 것이다.

다시 쓰는 역사

위기는 끝나지 않았지만 그 주역들은 역사를 다시 쓰느라 바쁘다. 특히 증권거래위원회와 연준을 비롯한 규제당국들의 실책과 결함에 대한 증거들이 많이 쌓여 있는데도 많은 이들이 자기들은 할 수 있는 일을 다 했다고 주장했다.

'승리'의 공을 차지하고 싶어 하는 연준과 재무부 사람들은 자기들이 여러 차례 위기를 잘못 진단한 사실은 언급하지 않았다. (심지어 거품이 터진 후에도 연준은 그 파장이 제한적일 것이라고 주장했다.)[64] 그들은 또한 근본적으로 결함이 있는 규제시스템을 지지했다는 사실을 언급하지 않았다. 이 시스템은 예컨대 '자율규제'에 크게 의존했다. 결국 자율규제는 모순된 말로 인식되고 있으며 실제로 그렇다. 그들이 더 많은 일을 할 권한이 없었다고 말할 때 사실은 거품이 커지는 것을 미리 막을 수 있는 다른 권한을 갖고 있었다는 말은 하지 않았다. 또한 리먼브러더스가 사멸하기 전에 의회에 가 더 많은 권한을 달라고 요청해야 했음에도 이를 거부한 사실도 언급하지 않았다. 그들은 결국 이제야 뒤늦게 그런 권한이 필요하다는 걸 인정한다.

규제당국자들과 그 지지자들은 우리가 위기 전 10년 동안 규제를 놓고 벌어진 치열한 싸움을 잊어버리기를 바란다. 또한 그들이 기존의 규제를 이행하는 데 실패한 것도 잊어주기를 바란다. 그들은 자본주의를 구했다는 축하를 받고 싶어 한다. 2008년 가을 우리를 재앙의 벼랑 끝으로 몰았던 그들은 그 벼랑에서 우리를 구했다는 치하를 듣고 싶어 한다. 그들은 이렇게 말한다. "맞다, 구제는 비싼 것이었다는 데 동의한다. 맞다, 그토록 나쁜 행동을 한 이들에게 그토록 많은 돈을 준 것은 유쾌하지 않은 일이었다는 데에도 동의한다. 하지만 우리는 선택의 여지가 없었다."

우리는 선택을 할 수 있었다

우리에게는 분명 선택의 여지가 있었다. 우리가 어느 순간 선택한 것은 다음 순간들의 선택에 영향을 미친다. 부시 대통령의 2001년과 2003년 감세는 약속과 달리 지속적인 성장으로 이어지지 않고 재정적자 확대로 이어졌다. 이 때문에 주택 거품이 꺼졌을 때 그 문제를 다루기가 더 어려워졌다.[65] 이 책에서 나는 지난 20년 동안 전 세계에 걸쳐 되풀이된 은행 구제가 어떻게 무분별한 대출 확대와 도덕적 해이를 부추겼는지 설명했다. 나는 또한 미국 재무부와 IMF가 어떻게 개도국들에게 혹독하고 비생산적인 지원조건을 붙여 잘못된 대출결정의 피해를 개도국들이 안도록 했는지, 그렇게 한 게 어떻게 개도국들의 외환보유액 급증으로 이어지고, 이는 다시 글로벌 불균형과 저금리를 낳았는지를 설명했다.

부시와 오바마 정부가 은행을 구제하는 전략을 선택한 지 몇 달이 지나자 이미 그에 따른 경제적 · 정치적 파장이 명백해졌다.

위기는 끝나지 않았다. 그 끝은 아직 멀리 있다. 지금까지 일어난 일들은 느린 기차의 난파와 같은 것이었다. 휘어진 길에서 기차의 속도가 지나치게 올라가면 그에 따른 엄청난 파괴를 볼 수 있을 것이다. 구조가 제대로 이뤄졌다는 말이 나오는 이때 분명한 건 임박한 참사를 피했다는 것뿐이다. 글로벌 경제는 벼랑 끝까지 갔다 되돌아왔다. 역사가 앞으로 어떤 길을 갈 것인지는 조심스럽게 말하자면 불확실하다. 연준이 기술 거품 붕괴 후 회복을 위한 전략으로 주택 거품을 만들어내는 정책을 취한 지 9년이 지났다. 그런 지금 이야기할 수 있는 건 경제의 회복이 굳건한 기반 위에서 이뤄지고 있는 게 아니며 글로벌 경제는 불안해 보인다는 것뿐이다.

물론 우리는 내가 이 책에서 주장한 대안들이 더 효과적이었을 것이라고 확신할 수는 없다. 우리가 은행 문제를 다루는 데 더 공정한 거래를 요구했다면 아마도 은행시스템이 건강을 회복하는 게 더 느렸을 것이다. 은행 주주와 경영자들이 위기를 헤쳐나가는 게 더 어려웠을 것이 거의 확실하다. 그러나 더 공정한 거래를 요구했어도 그러지 않았을 때보다 대출이 더 위축됐으리라고 보기는 어렵다. 내가 보기에 우리가 처음부터 은행 구제의 조건을 부과할 수도 있었다는 데 의심할 나위가 없다. 이는 더 많은 대출과 더 강력한 경기회복으로 이어지고, 이에 따라 미국 재정상태도 더 나은 모습이 됐을 것이다. 우리는 또한 은행 구제를 은행시스템의 경쟁을 줄이는 게 아니라 더 늘리는 방식으로 할 수도 있었다. 더 경쟁적인 은행시스템은 결과적으로 기업들이 더 낮은 이자를 물도록 했을 테고, 이는 더 강력한 경기회복으로 이어졌을 것이다.[66]

미국 정부의 선택은 결코 최악은 아니었지만 최선과는 거리가 멀었다. 이 책이 처음 출간된 후 나타난 일들은 당초 구제 조치가 취해질 때 내가 표명했던 염려를 거의 덜어주지 못했다. 오히려 그 반대로, 오늘날의 불안한 회복은 은행친화적인 구제 조치가 실수였다는 걸, 그게 아니면 적어도 이상적인 것과는 거리가 멀다는 걸 시사한다. 이번 위기는 1990년대와 2000년대 초 은행친화적인 '개혁'들이 실수였다는 걸 보여주는 수많은 증거들을 제시했다. 이번 위기 때 선택한 것들의 결과가 완전히 드러나기까지는 몇 년이 걸릴 것이다. 그러나 미국에서 《끝나지 않은 추락》이 나온 후 일어난 사건들은 이 책의 결론들, 구제 조치와 경제회복 프로그램에 대한 비판을 뒷받침해주는 것들이었다.

미래에 대한 전망과 앞으로 가야 할 길

7장에서 강조했듯이 세계가 이번 글로벌 위기가 제기한 문제들을 다루는 동안 장기적인 문제들은 계속 곪아갔다. 인구고령화, 제 기능을 못하는 보건과 공교육 시스템, 급속히 쇠퇴하는 제조업, 지구온난화, 석유에 대한 지나친 의존과 같은 문제들이 그것이다. 동시에 이들 문제를 다루는 데 활용할 수 있는 자원들은 크게 줄어들게 됐다. 세계가 지구온난화에 대한 의미 있는 일을 했다면 경제회복에도 자극을 주었을 것이다. 2009년 12월 코펜하겐 기후변화회의에서 각국은 기업들이 탄소배출에 대한 적절한 비용을 물도록 의무화하는 데 합의하지 못했는데, 이에 따라 새로운 불확실성이 생겼다. 대부분 기업들이 결국에는 비용을 물어야 할 것이라고 생각했지만 언제, 얼마나 물어야 할지는 불확실했다. 그런 상황에 대응하는 방식은 보통 불확실성이 사라질 때까지 투자를 미루는 것이었다.

미국에서 (그리고 다른 나라에서) 지구온난화에 대응하는 어떤 일에 대해서도 반대했던 이들에게 계속되는 경기침체는 핑계거리가 돼주었다. '그럭저럭' 임시방편으로 위기를 헤쳐나가는 전략이 어떤 효과를 낼지는 예상할 수 있었다. 그런 전략은 무기력한 회복세를 유지하는 효과밖에 낼 수 없다. 이는 미국이 장기적인 문제들을 해결하기 시작할 때까지 오랜 시간이 걸릴 것이라는 뜻이다. 지구온난화와 같은 장기적인 문제들은 전 세계에 영향을 미친다. 미국이 이런 문제들을 해결하는 일을 더 잘 해내지 못하면 글로벌 공조에서 지도력을 발휘하기 어려울 것이다. 이는 다시 말해 문제가 해결될 가능성이 줄어든다는 뜻이다. 우리는 지구온난화 문제가 사라져버리기라도 할 것처럼 행동할 수 있다. 또는 새로운 기술이 나타나 우리가 스스로를 밀어 넣은 곤경에서 우리를 구해주기라도 할 것처럼 생각할 수도 있다. 문제가 없는 양 꾸미고 문제해결을 미루는 정책이 경제회복에 도움이 되지 않듯이 지구온난화 문제를 해결하는 데에도 도움이 안 될 것이다.

내가 1년 이상 앞서 표명했던 우려가(은행들을 구제하는 부시와 오바마의 전략이 신속한 대출 재개와 빠른 경제회복으로 이어지지 않을 것이라는 우려가) 대체로 현실로 나타났다. 은행들이 저금리로 자금을 조달해 고금리로 대출함으로써 이익을 얻고 이를 통해 자본을 확충하도록 하는 전략으로는 경제를 빨리 회복시킬 수 없을 뿐만 아니라 오히려 경기침체가 길어지도록 할 가능성도 있다. 경제에 뿌리 깊은 문제가 있다는 걸 생각해본 적이 없는 이들은 증상을 완화하기 위한 그런 처방이 효과를 낼 것이라고 확신했을지 모른다. 하지만 다른 사람들은 그렇게 순진하지 않았다.

루스벨트 시절처럼 뉴딜과 자본주의에 대한 성찰, 새로운 사회계약에 대한 논의가 이뤄지던 시간은 대체로 지나가버린 느낌이 든다. 우리는 위기 전과 똑같은 세계로 다시 돌아가지는 않을 것이다. 그러나 우리는 또 다른 위기를 막을 수 있는 개혁을 실현하지도 못했다. 의회가 금융계 로비스트들에게서 받는 압력을 생각할 때 우리는 아마도 의회가 이번에 통과시킨 것과 같은 수준의 법이라도 만들어낸 것을 축하해야 할지도 모른다. 그러나 궁극적으로 중요한 것은 의회가 어떤 점수를 받느냐가 아니다. 과연 우리 경제가 또 다른 위기로부터 보호를 받을 수 있을지, 보통사람들이 금융계의 잘못된 관행들에 따른 피해를 받지 않게 될지, 그리고 금융계가 그토록 후한 보상을 받는 만큼 사회적 기능을 수행할지가 중요한 것이다.

미국이 이런 문제들을 해결하는 데 실패하면 비싼 대가를 치러야 할 것이다. 앞으로 15년 안에 또 다른 큰 위기를 맞을 위험을 안게 될 것이다. 수많은 문제들을 거의 그대로 안고 가야 할 것이다. 그뿐만 아니라 월스트리트와 메인스트리트(기업과 근로자 모두) 사이의 갈라진 틈은 더 벌어지고, 그에 따라 공동의 문제를 풀 수 있는 능력과 공동체의식은 더욱 약화될 것이다.

게다가 이 나라는 도덕적으로, 그리고 지적으로 글로벌 리더십을 확보할 기회를 잃어버렸다. 새롭게 떠오른 세계적인 힘의 균형은 미국이 신흥 세계의 질서를 규정할 능력이 없다는 걸 의미한다. 미국이 세계를 이끌어가려면 도덕적인 설득을 통해 그렇게 해야 한다. 《끝나지 않은 추락》이 처음 출간될 때도 그랬지만 지금도 묻고 싶은 게 있다. 미국이 과연 그런 리더십을 발휘할 것인가, 아니면 당파주의 때문에, 그리고 월스트리트와 다른 부문이 서로를 쓰러뜨리려고 벌이는 싸움 때문에 그런 리더십을 발휘하지 못할 것인가 하는 질문이다.[67]

미국이 자기네 문제를 세계 각국이 공정하다고 믿는 방식으로 풀 수 없다면, 그 많은 부를 갖고서도 모든 시민들에게 의료 혜택을 줄 수 없다면, 그 많은 부를 갖고서도 모든 젊은이들에게 질 높은 교육을 제공할 수 없다면, 그 많은 부를 갖고서도 지구온난화에 대응해 현대적인 사회간접자본과 에너지, 교통체계를 구축하는 데 필요한 돈을 쓸 여력

498

이 없다면, 그렇다면 미국이 어떻게 다른 나라들에게 문제를 어떤 방식으로 풀어야 한다고 충고해줄 수 있겠는가?

21세기 첫 10년은 이미 잃어버린 10년으로 치부되고 있다. 대부분의 미국인들에게 이 10년이 시작되는 때보다 끝나는 때의 소득이 낮다. 유럽은 이 10년을 통화통합이라는 새롭고 대담한 실험으로 시작했지만 통화동맹은 비틀거리고 있다. 대서양 양쪽 대륙 모두 낙관적인 분위기 속에 21세기 첫 10년을 맞았으나 지금은 어두운 분위기에 싸여 있다. 경제의 침체상태가 몇 주에서 몇 달로 길어지고, 이는 다시 몇 년으로 길어지면서 '새로운 침체(New Malaise)'의 그림자가 드리워지고 있다.

이 책이 미국에서 처음 나왔을 때 나는 그때그때 문제를 해결해나가는 임기응변식 정책은 효과가 없을 것이며, 아직 그 대안을 선택하기에 너무 늦은 건 아니라고 썼다. 하지만 그 후 우리는 계속해서 그런 정책을 폈다. 규제개혁을 비롯한 몇몇 분야에서는 내가 걱정했던 것보다는 낫지만 내가 기대했던 것보다는 나쁜 상황이 펼쳐졌다. 새로운 비전 제시를 비롯한 다른 분야에서는 내가 염려했던 것과 꼭 같은 상황이 벌어졌다. 기회의 창은 빠르게 닫히고 있는지도 모른다.

| 감사의 말 |

위기에 대한 통찰을 나눈 사람들

나는 지난 몇 년 동안 위기가 만들어지고 잘못 관리되는 걸 지켜보면서 위기 연구에 몰두했다. 전 세계 여러 나라 수백 명의 사람들과 나눈 수천 번의 대화는 내가 어떤 일이 일어났는지 이해하고 내 견해를 정리하는 데 도움을 주었다. 내가 빚을 진 사람들의 명단만으로 이 책과 같은 분량의 지면을 가득 채울 수도 있다. 그중 몇 사람만 이야기한다고 해서 다른 이들을 기분 나쁘게 할 의도는 없음을 미리 말해두고 싶다. 또한 여기서 이야기한 이들이 내가 이른 결론과 연관돼 있는 것은 아니다. 그들의 결론은 나와 다를 수 있다.

위기 전 몇 해 동안 스티븐 로치, 누리엘 루비니, 조지 소로스, 로버트 쉴러, 폴 크루그먼, 롭 웨스콧과 한 토론은 값으로 따지기 어려운 귀중한 것이었다. 이들 모두 앞으로 다가올 일에 관한 나의 비관론을 공유했다. 나는 유엔총회 의장에게 보고하는 국제통화와 금융시스템 개혁에 관한 전문가위원회를 이끌었는데, 위원들과 글로벌 경제위기에 관해, 그리고 위기에 어떻게 대응해야 하는가에 대해 토론하는 데 많은 날을

500

보냈다.[1] 나는 위기가 세계 각 지역에 어떤 영향을 미쳤는지에 관한 통찰을 보여주고 나의 이해를 도와준 그들에게 많은 빚을 졌다.

나는 운 좋게도 위기가 세계 각국에 어떻게 영향을 주었는지 직접 볼 수 있는 자리에 있었다. 뿐만 아니라 크고 작은 많은 선진국과 개도국들(예컨대 영국, 미국, 아이슬란드, 프랑스, 독일, 남아프리카공화국, 포르투갈, 스페인, 호주, 인도, 중국, 아르헨티나, 말레이시아, 태국, 그리스, 이탈리아, 나이지리아, 탄자니아, 에콰도르)의 대통령, 총리, 재무장관과 경제장관, 중앙은행 총재와 그들의 경제자문역들과 위기의 영향을 논의할 수 있었다.

나는 1980년대 미국 저축대부조합의 커다란 실패 이후 금융규제를 주제로 글을 써왔다. 스탠퍼드대학과 세계은행에 있는 이 분야의 공동 저자들이 나에게 미친 영향은 뚜렷하다. 케빈 머독, 토머스 헬먼, (지금은 윌리엄스칼리지에 있는) 게리 카프리오, 매릴로 위, (현 아일랜드 중앙은행 총재인) 패트릭 호노한이 그들이다.

나는 현재 메릴랜드대학 법학교수인 마이클 그린버거에게 빚을 졌다. 그는 파생상품을 규제하려는 시도가 있었던 중요한 시기에 상품선물거래위원회의 거래와 시장부문 책임자였다. 지금은 IMF에 있지만 그 전에 금융정책포럼과 파생상품연구센터에 있었던 랜들 도드는 파생상품시장에 무슨 일이 일어났는지 내가 이해하는 데 도움을 주었다. 그 밖에도 나의 견해를 형성하는 데 도와준 이들은 많다. 세계은행에서 일했고 홍콩 증권선물위원장을 지낸 앤드루 셍, 인도 중앙은행 총재를 지낸 Y. V. 레디 박사, 전 미국 증권거래위원장 아서 레빗, 스웨덴 은행위기를 해결하는 데 중심적 역할을 했던 레이프 파그로츠키, 말레이시아 금융위기 때 나라 경제를 관리하는 데 중심적 역할을 한 말레이시아 중앙은행의 제티 아지즈 총재, 영국 금융감독청장이었고 지금은 런던정

경대학에 있는 하워드 데이비스, 텍사스대학의 제이미 갤브레이스, 하버드대학의 리처드 파커와 케네스 로고프, 국제결제은행에 있었던 앤드루 크로킷과 빌 와이트, 아이슬란드 중앙은행 수석 이코노미스트일 때 나를 처음으로 그 나라로 불렀고 지금은 총재가 된 마르 굿문드손, 시카고대학의 루이지 징걸리스, 워릭대학의 로버트 스키델스키, 베이징 세계경제정치연구소의 유용딩, 토빈 프로젝트와 하버드 로스쿨의 데이비드 모스, 같은 하버드 로스쿨의 엘리자베스 워런과 데이비드 케네디, 미국 산별노조총연맹(AFL-CIO)의 정책부문 책임자 데이먼 실버, 옥스퍼드대학의 엔게이어 우즈, 컬럼비아대학의 호세 안토니오 오캄포, 페리 메링, 스테파니 그리피스–존스, 패트릭 볼턴, 찰스 칼로미리스, 워싱턴대학의 케이스 레플러의 도움을 받았다.

다행히도 금융부문에 무슨 일이 벌어지고 있는지 찾아내 부각시키는 걸 도와준 뛰어나고 용기 있는 저널리스트들이 있었다. 나는 특히 그레첸 모르겐슨, 로이드 노리스, 마틴 울프, 조 노세라, 데이비드 웨설, 마크 피트먼 같은 이들의 글에서, 어떤 경우에는 그들과의 대화에서 도움을 얻었다.

나는 의회에 대해 비판적이지만 상하원 합동경제위원회 공동의장인 캐롤라인 멀로니가 기울인 노력에 찬사를 보낸다. 나는 여기에 나오는 여러 이슈에 대해 토론하면서 그녀에게 빚을 졌다. 의회를 통과한 모든 법안에 하원 금융서비스위원장 바니 프랭크의 자취가 남아 있을 것이다. 나는 그의 위원회에서 증언하는 기회뿐만 아니라 그와 그의 수석 이코노미스트 데이비드 스미스와 나눈 많은 대화를 소중하게 여긴다. 또한 이 책이 오바마 정부의 정책 가운데 어떤 부분에 대해서는 비판적이지만 나는 (티머시 가이트너, 래리 서머스, 제이슨 퍼먼, 오스틴 굴스비, 피터

오재그를 비롯한) 그의 경제팀에 빚을 졌다. 그들은 나와 견해를 나누고 내가 그들의 전략을 이해하는 데 도움을 주었다. 나는 또 IMF 총재인 도미니크 스트로스-칸이 여러 해에 걸쳐 나와 수많은 대화를 나누고 IMF를 새롭게 만들기 위해 노력한 데 대해 감사의 마음을 전하고 싶다.

여기서 다루는 주제에 대한 내 견해를 형성하는 데 영향을 미친 두 사람을 지목해야겠다. 한 사람은 프린스턴대학에서 공부한 롭 존슨이다. 월스트리트에서 일했을 뿐 아니라 저축대부조합 사태 때는 상원 은행위원회 수석 이코노미스트였던 그는 민간과 공공 부문을 넘나들며 위기에 대한 독특한 관점을 제시했다. 다른 한 사람은 지난 25년 동안 나의 공동저자였던 브루스 그린월드 컬럼비아대학 교수다. 그는 늘 그랬듯이 은행 문제부터 전 세계 외환보유와 대공황의 역사에 이르기까지 이 책에서 건드린 모든 주제에 대해 깊이 있고 창의적인 통찰을 제공했다.

이 책 일부의 초고는 〈배너티페어〉에 실린 것이다. 그 칼럼들(〈배너티페어〉 2009년 7월호에 실린 '월스트리트의 유해한 메시지'와 2008년 10월호에 나온 '행운의 반전')을 기획하고 편집하는 걸 도와준 그곳 편집자 컬렌 머피에게 특별히 감사한다.

이 책이 나오기까지 나는 일류 리서치 지원팀인 조너선 딘젤, 이젯 일디즈, 세바스천 론도우, 댄 초우트와 편집 지원팀인 데이더 쉬헌, 셰리 프라소, 제시 베를린의 도움을 받는 특별한 행운을 누렸다. 질 블랙퍼드는 이 모든 과정을 총괄하면서 조사부터 편집까지 각 단계마다 귀중한 기여를 했다.

다시 한 번 말하지만, W. W. 노턴, 펭귄 출판사와 함께 일한 것은 행운이었다. 브렌던 커리, 드레이크 맥필리, 스튜어트 프로핏의 자세한 논평과 편집은 대단히 귀중한 것이었다. 메리 밥콕은 매우 촉박한 마감

날짜에도 최고의 본문 편집 실력을 보여줬다.

끝으로, 언제나 그렇듯이 나는 아이디어 구상 단계의 토론부터 원고 편집에 이르기까지 아냐 쉬프린에게 가장 큰 빚을 졌다. 그녀가 없었더라면 이 책은 나올 수 없었을 것이다.

머리말

1 〈뉴욕타임스〉 2009년 2월 2일자 A10면 Sharon LaFraniere, "China Puts Joblessness for Migrants at 20 Million". 유엔 경제사회국은 위기 이전의 성장세가 이어졌을 경우와 비교하면 이번 위기로 7300만~1억 300만 명이 빈곤상태를 벗어나지 못하거나 빈곤층으로 전락하게 될 것이라고 추산했다. 2009년 5월 유엔 "World Economic Situation and Prospects 2009" (http://www.un.org/esa/policy/wess/wesp2009files/wesp09update.pdf) 참조. 국제노동기구(ILO)는 전 세계 실업자가 2009년 말까지 5000만 명 이상 늘어나고 2억 명의 근로자가 극심한 빈곤상태에 빠질 것으로 추정했다. ILO 사무총장이 2009년 6월 국제노동컨퍼런스에서 발표한 보고서 "Tackling the Global Jobs Crisis: Recovery through Decent Work Policies" (http://www.ilo.org/global/What_we_do/Officialmeetings/ilc/ILCSessions/98thSession/Reportssubmittedtothe Conference/lang--en/docName--WCMS_106162/index.htm) 참조.

2 대형 투자은행 가운데 처음으로 무너진(그러나 여전히 납세자들의 돈 수십억 달러를 쓰는) 베어스턴스의 경영자 앨런 슈워츠는 미국 상원 은행위원회에서 자신이 실수를 했다고 생각하느냐는 질문에 이렇게 대답했다. "이 문제는 내가 많이 고민했던 문제라고 분명히 말씀드릴 수 있습니다. 지나간 일들을 되돌아보면서 '내가 앞으로 벌어질 사태를 정확히 알았더라면 그런 상황을 피하기 위해 우리가 미리 어떤 조치를 취할 수 있었을까?'라는 물음을 던져봤습니다. 하지만 우리가 직면한 상황을 바꿀 수 있었을 어떤 조치도 떠오르는 게 없었습니다." 이는 슈워츠가 2008년 4월 3일 워싱턴에서 열린 상원 은행·주택·도시문제위원회의 '미국 신용시장 혼란과 연방 금융규제 당국의 최근 조치에 관한 점검'을 위한 청문회에서 한 말이다.

3 국제통화기금(IMF)이 2008년 11월에 낸 워킹페이퍼(WP/08/224) Luc Laeven and Fabian Valencis, "Systemic Banking Crises: A New Database".

4 조지 W. 부시는 2008년 2월 19일 NBC 〈투데이쇼〉의 앤 커리와의 인터뷰에서 "경제는 우리가 너무 많은 주택을 지었기 때문에 침체되고 있다"고 말했다.

5 밥 우드워드가 쓴 *Maestro: Greenspan's Fed and the American Boom*(2000년 사이

먼앤드슈스터).

6 정책의 차이를 달리 설명하는 견해도 있다. 미국과 유럽은 각자 국내 유권자들의 이해에 따라 대응했으며 동아시아에 떠안겼던 정책들은 미국과 유럽 국민들로서는 받아들일 수 없었을 것이라는 견해다. 마찬가지 이유로 국제통화기금과 미국 재무부는 동아시아에서 적어도 부분적으로는 자기들의 '유권자'의 이해에 따라 행동했다. 그 유권자들은 동아시아 나라들에게 빌려준 걸 돌려받는 데에만 관심이 있는 금융시장의 채권자들을 뜻한다. 이들은 그렇게 함으로써 민간 부채를 사회화하는 결과를 가져오더라도 상관없었다. 이 문제에 대한 더 자세한 논의는 조지프 E. 스티글리츠의 *Globalization and Its Discon- tents*(2002년 W. W. 노턴)를 보라.

7 미국 노동부 통계국이 전 도시, 전 제품 가격을 반영해 산출한 소비자물가지수(ftp://ftp.bls.gov/pub/special.requests/cpi/cpiai.txt) 참조.

8 Susan S. Silbey, "Rotten Apples or a Rotting Barrel: Unchallengeable Ortho-doxies in Science". 2009년 3월 19, 20일 애리조나주립대학 로스쿨에서 발표된 논문. 이번 위기에 기여한 사람들 가운데 어느 선을 넘어 불법행위를 한 사람들의 비중은 작다. 그들은 어떻게 하면 감옥에 가지 않을 수 있는지에 대해 변호사의 법률자문을 잘 받았으며, 로비스트들은 그들에게 더 많은 자유를 주는 법규를 확실히 만들기 위해 열심히 뛰었다. 그래도 유죄판결에 직면한 사람들의 명단은 길어지고 있다. 앨런 스탠포드는 수십억 달러 규모의 사기, 돈세탁, 업무방해를 비롯한 스물한 가지 혐의에 대해 유죄판결을 받으면 최고 375년 징역형을 받을 수 있다. 스탠포드는 그의 최고재무책임자 제임스 데이비스의 보좌를 받았다. 데이비스는 우편사기, 사기공모, 그리고 수사방해 모의 세 가지 혐의에 대해 유죄를 인정했다. 크레디트스위스의 두 중개인은 고객들을 속여 9억 달러의 손실을 입힌 혐의를 받았다. 한 사람은 유죄를 인정했고 다른 한 사람은 배심원의 유죄평결을 받았다.

9 이에 대해서는 명백한 반론이 있다. 각자 상황이 다르다는 논리다. 이들 나라가 확장적 재정정책을 추구했더라면 역효과가 나타날 것이다(반론을 펴는 이들은 그렇게 주장했다). 전통적인 케인지언 정책처방을 따랐던 동아시아 나라들(말레이시아와 중국)이 IMF 지시를 강요받은 나라보다 훨씬 잘해왔다는 사실은 지적할 만하다. 저금리를 유지하기 위해 말레이시아는 일시적으로 자본이동을 제한해야 했다. 그러나 다른 동아시아 경제들에 비해 말레이시아 경제의 침체는 더 짧고 더 얕았으며 이 나라는 더 적은 빚을 떠안게 됐다. *Preventing Currency Crises in Emerging Markets*(S. Edwards, J. Frankel 편저, 2002년 전미경제조사국)에 수록된 Ethan Kaplan and Dani Rodrik, "Did the Malaysian Capital Controls Work?"를 보라.

10 이런 국제적인 구제 조치에 '국내' 구제도 더해야 한다. 이는 각국 정부가 다른 나라의

지원에 의존하지 않고 자국 은행들을 구제해야 했던 사례들이다. 그런 수많은 사례 가운데는 1980년대 미국의 저축대부조합 부실사태와 1980년대 말과 1990년대 초 스칸디나비아의 은행 붕괴사태도 포함돼야 한다.

11 말레이시아 정부와 민간 부문의 긴밀한 협력에 대해 많은 이들이 '주식회사 말레이시아'라는 표현을 썼다. 위기가 터지자 정부–민간 부문 협력은 연고자본주의라는 새로운 꼬리표가 붙었다.

12 이에 대한 표준적인 해석은 *Nicholas Lardy, China's Unfinished Economic Revolution*(1998년 브루킹스연구소 출판부)을 보라. 붕괴한 건 중국 은행들이 아니라 미국 은행들이라는 역설은 태평양 양쪽에서 지적됐다.

13 이 나라의 생산액은 직전 고점(1998년) 이후 8.4퍼센트 줄어든 데 이어 2002년에는 추가로 전년 대비 10.9퍼센트 감소해 모두 18.4퍼센트의 생산손실을 기록했다. 1인당 소득은 23퍼센트 이상 줄었다. 이 위기로 소비, 투자, 생산이 크게 위축됨에 따라 실업률은 26퍼센트까지 치솟았다. Hector E. Maletta, "A Catastrophe Foretold: Economic Reform, Crisis, Recovery and Employment in Argentina"(2007년 9월, http://ssrn.com/abstract=903124)를 보라.

14 북미와 유럽 8개국(영국, 미국, 서독, 캐나다, 노르웨이, 덴마크, 스웨덴, 핀란드)을 대상으로 한 연구에서 미국은 소득의 세대 간 이동성이 가장 낮은 나라였다. 이동성을 가늠하는 세대 간 편상관(partial correlation) 계수를 보면 미국이 노르딕 국가들의 두 배에 이르렀다. 미국과 비슷한 정도로 이동성이 낮은 나라는 영국뿐이었다. 이 연구는 "미국이 '기회의 땅'이라는 관념은 널리 퍼져 있지만 명백히 잘못된 것"이라는 결론을 내렸다. Jo Blanden, Paul Gregg, and Stephen Machin, "Intergenerational Mobility in Europe and North America"(2005년 4월 런던정경대학 Centre for Economic Performance). http://www.suttontrust.com/reports/IntergenerationalMobility.pdf에서 볼 수 있다. 프랑스의 세대 간 소득 이동성도 미국보다 크다. Arnaud Lefranc and Alain Trannoy, "Intergenerational Earnings Mobility in France: Is France More Mobile than the US?"(Annales d'Économie et de Statistique 78호 2005년 4-6월호 57-77쪽)를 보라.

15 국제학생평가프로그램(PISA)은 3년마다 15세 학생들의 읽기, 수학, 과학 과목 학업성취도를 측정하는 국제기구다. 미국 학생들은 평균적으로 경제협력개발기구(OECD) 30개국 평균보다 낮은 점수를 받았다. 과학(489점 대 500점)과 수학(474점 대 498점) 과목이 모두 그랬다. 과학에서 미국 학생들은 다른 29개국 중 16개국에 뒤졌다. 수학에서는 23개국에 뒤졌다. S. Baldi, Y. Jin, M. Skemer, P. J. Green, and D. Herget, *Highlights from PISA 2006: Performance of U.S. 15-Year-Old Students in Science* *and Mathematics Literacy in an International Context*(NCES 2008-016) (2007년 12월 미국 교육부 국가교육통계센터) 참조.

1장 위기의 서막

1 밀턴 프리드먼과 애너 슈워츠의 *A Monetary History of the United States, 1867-1960*(1971년 프린스턴대학 출판부), 베리 아이켄그린의 *Golden Fetters: The Gold Standard and the Great Depression, 1919-1939*(1995년 옥스퍼드대학 출판부)를 보라.

2 2000년부터 2008년까지 (인플레이션을 감안해 조정한) 중위가구 실질소득은 거의 4퍼센트 줄어들었다. 바로 앞 경기확장기가 끝난 2007년 소득수준은 그 전 확장기가 종료된 2006년보다 0.6퍼센트 적었다. 미국 센서스국이 2009년 9월 낸 *Current Population Reports*, "Income, Poverty, and Health Insurance Coverage in the United States: 2008"(http://www.census.gov/prod/2009pubs/p60-236.pdf)을 보라.

3 2008년 11월 James Kennedy, "Estimates of Mortgage Originations Calculated from Data on Loans Outstanding and Repayments"(계절조정하지 않은 자료, http://www.wealthscribe.com/wp-content/uploads/2008/11/equityextraction-data-2008-q2.pdf) 참조. 업데이트한 추정치는 2005년 9월 연방준비제도이사회 조사통계통화팀 워킹페이퍼 2005-41 금융경제 토론 시리즈 중 Alan Greenspan and James Kennedy, "Estimates of Home Mortgage Originations, Repayments, and Debt on One-to-Four-Family Residences" 참조.

4 기술 거품 그 자체가 또 하나의 다른 이야깃거리다. 더 자세한 논의는 조지프 E. 스티글리츠의 *Roaring Nineties: A New History of the World's Most Prosperous Decade* (2003년 W. W. 노턴)를 참조하기 바란다.

5 기술주 성과를 가늠하기 위해 일반적으로 쓰이는 지표인 나스닥종합지수는 2000년 3월 9일 5046.86까지 올랐으나 2002년 10월 9일에는 1114.11로 떨어졌다. 구글 파이낸스의 NASDAQ Composite Historical Prices http://www.google.com/finance/historical?q=INDEXNASDAQ:COMPX.

6 미국 에너지정보국 "Petroleum Navigator" 데이터베이스의 일별 원유 수입통계(단위: 1000배럴/일) [2009년 8월 28일 검색], 모든 수출국들의 수출량 추정치로 가중한 주간 본선인도 기준 현물가격(단위: 달러/배럴) [2009년 9월 2일 검색], http://tonto.eia.doe.gov/dnav/pet/pet_pri_top.asp에서 볼 수 있다.

7 앨런 그린스펀은 흔히 인플레이션을 안정시킨 공을 인정받는다. 하지만 세계 곳곳의 다

508

른 많은 나라들의 인플레이션도 낮았다. 물가안정은 미국만의 독특한 현상이 아니었다. 중국이 가격이 낮거나 떨어지고 있는 공산품을 세계에 공급한 것이 인플레이션 안정으로 이어진 가장 중요한 공통 요인 가운데 하나였다.

8 어떻게 이런 일이 일어났는지에 대해서는 긴 토론이 필요하다. 문제는 그들도 다른 트레이딩 회사처럼 '재고'를 갖고 있었다는 점이다. 복잡한 포장 과정에서 그들 자신의 계산에 속아 일부 증권을 계속 보유하면서 리스크를 흡수했다는 점도 문제였다. 이 증권 중 일부는 부외자산으로 보유했다. 그들은 팔리지 않은 증권에 따르는 리스크는 회계장부에 올리지 않으면서도 이들 증권을 가공하면서 받는 수수료는 올렸다. 이런 부외거래를 할 유인에 대해서는 나중에 이야기할 것이다.

9 경제분석국의 국민소득과 상품계정 표(National Income and Product Accounts Table) "Table 6.16D. Corporate Profits by Industry"(http://www.bea.gov/National/nipaweb/SelectTable.asp)를 보라.

10 시장이 왜 리스크에 대해 그토록 낮은 값을 매겼는지에 대한 일반적인 설명 가운데 하나는, 안전자산에 대한 이자율이 너무 낮았기 때문에 수익률이 조금이라도 높은 자산에 매수세가 몰렸고, 이는 자산가격을 밀어 올리고 수익률을 떨어뜨렸다는 것이다. 월스트리트 사람들은 그에 상응하는 논리를 폈다. 2004년 6월부터 연준이 금리를 올림에 따라 장기금리와 단기금리 사이의 격차가 줄어들었을 때 많은 이들이 예전에 얻었던 것과 같은 수익을 얻기 위해 더 많은 리스크를 '안아야 했다'고 말했다. 이는 강도가 정직하게 살아갈 길이 없어졌기 때문에 범죄의 길로 들어서야만 했다고 변명하는 것과 같다. 금리와 상관없이 투자자들은 감수한 리스크에 대한 적절한 보상을 주장했어야 했다. (연준은 2004년 6월부터 2006년 6월까지 한 번에 25bp[베이시스포인트]씩 17차례에 걸쳐 금리를 올렸다. 연방기금금리 목표를 1.25퍼센트에서 5.25퍼센트로 올린 것이다. 연준의 "Intended Federal Funds Rate, Change and Level, 1990 to Present" [2008년 12월 16일, http://www.federalreserve.gov/fomc/fundsrate.htm]를 보라. 이 기간 중 10년 만기 국채수익률은 2004년 6월 4.7퍼센트에서 2005년 6월 3.9퍼센트까지 떨어졌다 2006년 6월 다시 5.1퍼센트로 올랐다. [finance.yahoo.com에서 10-year Treasury Note, TNX를 검색하라.] 그래서 수익률곡선은 상당히 평평해졌고 2006년 6월에는 장단기 금리가 역전됐다.)

11 앨런 그린스펀이 2004년 2월 23일 한 컨퍼런스(Credit Union National Association 2004 Governmental Affairs Conference)에서 한 연설 "Understanding Household Debt Obligations"(http://www.federalreserve.gov/boarddocs/speeches/2004/20040223/default.htm). 4장 내용도 참조하기 바란다.

12 앨런 그린스펀이 2009년 3월 11일치 〈월스트리트저널〉 A15면에 기고한 "The Fed

Didn't Cause the Housing Bubble".

13 연준은 보통 단기국채 금리에 주의를 집중하며 장기금리는 시장이 결정하도록 한다. 그러나 이는 스스로 제한을 가한 것이다. 위기 때 연준은 다른 금리도 결정할 수 있는 능력과 의지를 보여줬다.

14 지역재투자법(CRA)에 따른 대출은 다른 서브프라임 대출과 비교된다. 사실 전형적인 CRA 프로그램인 네이버웍스아메리카(NeighborWorks America)는 서브프라임 대출보다 부도율이 낮았다. 연방준비제도이사회 조사통계국이 2008년 11월 21일에 낸 비망록 Glenn Canner and Neil Bhutta, "Staff Analysis of the Relationship between the CRA and the Subprime Crisis"(http://www.federalreserve.gov/newsevents/speech/20081203_analysis.pdf). 2008년 12월 3일 Confronting Concentrated Poverty Policy Forum에서 Randall S. Kroszner가 한 연설 "The Community Reinvestment Act and the Recent Mortgage Crisis"도 참고했다. 연설문은 http://www.federalreserve.gov/newsevents/speech/kroszner20081203a.htm에 실려 있다.

15 프레디맥은 2006년과 2007년에 만들어진 서브프라임과 알트-에이(Alt-A, 리스크 수준이 프라임과 서브프라임 중간인 증권_옮긴이) 등급 증권의 13퍼센트인 1580억 달러어치를 사들였고 패니메이가 추가로 5퍼센트를 매입했다. 패니와 프레디에게 가장 많은 증권을 넘긴 회사로는 캘리포니아 어바인에 기반을 둔 뉴센츄리 파이낸셜 코퍼레이션과 아메리퀘스트 모기지 컴퍼니뿐만 아니라 캘리포니아 칼라바사스의 컨트리와이드 파이낸셜 코퍼레이션이 있다. 파산하거나 스스로 매각할 수밖에 없었던 대출업체들이다. 컨트리와이드에 따르면 패니와 프레디는 이 회사 대출자산의 가장 큰 매수자였다. 블룸버그닷컴 2009년 9월 22일자에 Jody Shenn이 쓴 "Fannie, Freddie Subprime Spree May Add to Bailout".

16 금융부문이 중요한 사회적 기능을 수행하는 데 실패한 이유 중 하나는 이 부문 사람들이 자신들이 뭘 하는 이들인지 이해하지 못했다는 데 있다. 그러나 잘 작동하는 시장경제에서는 개인들이 사회에 이득이 되는 일을 하도록 시장이 유인을 제공할 것으로 기대된다. 설사 시장에 참여하는 개인들이 그게 무엇인지 이해하지 못하더라도 시장은 그런 기능을 해야 한다.

17 애돌프 벌리와 가디너 민즈는 78년 전 그들의 고전적인 저서 *The Modern Corporation and Private Property*(1932년 Harcourt, Brace and World)에서 기업의 소유권과 경영권의 분리를 강조했다. 하지만 그 후 연금기금이 저축의 절대적인 비중을 차지하면서 상황은 훨씬 안 좋아졌다. 이 기금들을 관리하는 이들은 일반적으로 기업의 행동에 대한 통제권을 행사하려 하지 않는다. 존 메이너드 케인즈는 투자자들의 근시안적인 행동에 대해 크게 걱정했다. 그는 투자자들이 미인대회 심사위원과 매우 비슷하다고

밝혔다. 누가 가장 아름다운 사람인지 판단하는 게 아니라 다른 심사위원들이 최고의 미인이라고 여기는 사람이 누구인지 생각하려 한다는 것이다. (*General Theory of Employment Interest and Money*[1936년 영국 맥밀란 케임브리지대학 출판부] 12장). 케인즈가 이 책을 쓴 후에 상황은 거의 확실히 악화됐다. 내 자신의 연구 중 일부는 Berle과 Means의 이론을 튼튼한 이론적 기반 위에 올려놓는 걸 도왔다. 스티글리츠의 "Credit Markets and the Control of Capital"(*Journal of Money, Banking, and Credit* 17권 2호[1985년 5월] 133–152쪽), A. 에들린과 스티글리츠의 "Discouraging Rivals: Managerial Rent-Seeking and Economic Inefficiencies"(*American Economic Review* 85권 5호[1995 12월] 1301–1312쪽)를 참조하기 바란다.

18 '실업자뿐만 아니라 일할 능력과 의지가 있지만 일자리를 찾지 않는 한계근로자 (marginally attached workers)와 경제적 이유로 파트타임으로 일하는 이들을 합친 숫자'를 '노동자 총수와 한계근로자를 더한 숫자'로 나눠서 구한 (계절조정된) 실업률은 2009년 10월 17.5퍼센트였다. 노동통계국의 "Current Population Survey: Labor Force Statistics, Table U-6"(http://www.bls.gov/news.release/empsit.t12.htm).

19 연방준비제도이사회 벤 S. 버냉키 의장이 2007년 3월 28일 상하원 합동 경제위원회에서 한 증언.

20 모기지를 사는 이들과 파는 이들 모두 금리가 오르거나 경제가 침체에 빠지면 주택 거품이 꺼지고 이들 대부분이 어려움에 처하리라는 걸 인식하지 못했다. 정확히 바로 그런 일이 일어났다. 곧 지적하겠지만 증권화는 또한 정보비대칭 문제를 일으켰다. 증권화는 충실한 신용평가를 할 유인을 줄이는 결과를 가져왔다. J. Roumasset과 S. Barr(편저자)의 *The Economics of Cooperation*(1992년 Westview Press)에 실린 스티글리츠의 "Banks versus Markets as Mechanisms for Allocating and Coordinating Investment"를 참조하기 바란다.

21 앞서 지적했듯이 이번 위기 직전 몇 년 동안 국내 수요는 또한 고유가 때문에 약화됐다. 고유가와 커지는 불평등 때문에 국내 총수요가 줄어드는 문제는 다른 많은 나라들도 괴롭혔다. 1980년대 중반부터 2000년대 중반까지 OECD 국가들 중 4분의 3 이상이 소득 불평등 증가를 경험했다. 지난 5년 동안에는 OECD 국가의 3분의 2가 빈곤과 불평등 증가를 기록했다. 2008년 10월 OECD 보고서 "Growing Unequal? Income Distribution and Poverty in OECD Countries"를 보라.

22 앞서 말한 책 *Globalization and Its Discontents*에서 나는 이런 불편함의 원인을 더 자세히 설명했다. (흔히 내가 이 장에서 설명한 잘못된 시장근본주의에 바탕을 둔) IMF의 정책들은 경기후퇴를 경기침체로, 침체를 불황으로 이끌었다. 또한 불쾌한 (그리고 흔히 불필요한) 구조적이고 거시적인 정책을 쓰도록 했다. 이런 정책들은 성장에 방해

가 되고 빈곤과 불평등을 악화시켰다.

23 2008년 8월 1일 연방준비제도이사회 939차 국제금융 검토보고서 Daniel O. Beltran, Laurie Pounder, and Charles P. Thomas, "Foreign Exposure to Asset-Backed Securities of U.S. Origin" 참조. 그와 동시에 외국인들이 미국 모기지와 모기지를 담보로 한 상품을 사들여 거품을 부추겼다.

24 나중에 설명하겠지만 이 문제는 외국 자본의 공급 그 자체가 거품을 유지시켰기 때문에 더 복잡한 것이다.

25 공정하게 말하자면 (마거릿 대처 시절의 영국 같은) 몇몇 다른 나라들도 자기네의 규제완화 철학을 적용했다. 나중에 영국 정부는 '가벼운 규제'를 금융기업 유치경쟁을 위한 수단으로 이용했다. 결국 이 나라는 얻은 것보다 확실히 많은 걸 잃었다.

26 〈이코노미스트〉 2009년 5월 13일치 9쪽 "An Astonishing Rebound".

27 그런 노력에도 불구하고 영국의 대출은 위축됐다. '공정가치'가 정확히 뭘 뜻하는지 결정하기는 쉽지 않다. 그러나 이는 정부가 자금을 제공하고 리스크를 안은 데 대한 보상을 해주기 위해 충분한 지분(은행의 미래 소득에 대한 청구권)을 받는 것과 관련이 있다. 뒷부분에서 지적하겠지만 미국의 구제 조치를 주의 깊게 조사해보면 납세자들은 공정가치를 받지 못했음을 알 수 있다.

28 아이슬란드 중앙은행의 2001년 11월 워킹페이퍼 15, 스티글리츠의 "Monetary and Exchange Rate Policy in Small Open Economies: The Case of Iceland" (http://www.sedlabanki.is/uploads/files/WP-15.pdf) 참조.

29 경제정책연구센터(CEPR) 정책 인사이트 2008년 10월 6일치 Willem H. Buiter and Anne Sibert, "The Icelandic Banking Crisis and What to Do about It: The Lender of Last Resort Theory of Optimal Currency Areas"(http://www.cepr.org/pubs/ PolicyInsights/PolicyInsight26.pdf).

30 영국은 1976년 IMF에 지원을 요청했다.

31 아이슬란드 은행들의 부채는 모두 1000억 달러를 웃돌았다. 이 나라 GDP 140억 달러와 비교도 안 되는 큰 규모다. 〈타임스〉 온라인(영국) 2008년 10월 6일치 기사 "Iceland Agrees Emergency Legislation"(http://www.timesonline.co.uk/tol/news/world/ europe/article4889832.ece). 아이슬란드 의회는 2009년 8월 말 영국과 네덜란드에 약 60억 달러를 상환하는 법을 통과시켰다. 영국과 네덜란드 정부는 금융위기 때 아이슬란드 은행 저축계좌에 넣었던 돈을 잃은 자국 예금자들에게 약 60억 달러를 대신 지급했다. 〈뉴욕타임스〉 2009년 8월 29일치 B2면 Matthew Saltmarsh, "Iceland to Repay Nations for Failed Banks' Deposits" 참조. 그러나 이 두 나라는 2024년에 상환보증이 끝나도록 하는 이 법 조항에 반대했다. 아이슬란드는 2009년 10월 새로운 조

건에 합의했다. 2024년까지 이 돈이 상환되지 않으면 지급보증을 5년씩 연장하는 조건
이다. 이런 상환조건에 대한 이견 때문에 IMF 지원자금의 실제 인도가 보류되고 있었
다. 2009년 10월 20일 로이터 보도 "Iceland Presents Amended Icesave Bill, Eyes
IMF Aid" 참조.

32 자본시장 자유화는 단기자금이 한 나라를 자유롭게 드나들도록 허용하는 걸 뜻한다. 이
런 핫머니로는 공장과 학교를 지을 수 없다. 그러나 이 핫머니는 그 나라 경제를 황폐화
할 수 있다. 금융시장 자유화는 한 나라 경제를 외국 금융기관에 개방하는 것이다. 외국
은행들이 중소기업들에게 대출을 덜 해주며 어떤 경우에는 (이번 위기와 같은) 글로벌
충격에 더 급격하게 반응하기 때문에 금융시장에 더 많은 변동성을 불러온다는 증거가
늘고 있다. 자본시장 통합이 기대하는 것처럼 변동성을 줄여주고 성장률을 높여주지 못
한다는 증거도 있다. Eswar Prasad, Kenneth Rogoff, Shang-Jin Wei, and M. Ayhan
Kose, "Effects of Financial Globalisation on Developing Countries: Some
Empirical Evidence"(*Economic and Political Weekly* 38권 41호[2003년 10월]
4319-4330쪽), M. Ayhan Kose, Eswar S. Prasad, and Marco E. Terrones,
"Financial Integration and Macroeconomic Volatility"(*IMF Staff Papers*, 50권
[2003년 특집판] 119-142쪽), Hamidur Rashid, "Evidence of Financial
Disintermediation in Low Income Countries: Role of Foreign Banks"(2005년 컬
럼비아대학 박사학위 논문), Enrica Detragiache, Thierry Tressel, and Poonam
Gupta, "Foreign Banks in Poor Countries: Theory and Evidence"(국제통화기금
2006년 워킹페이퍼 06/18)를 보라.

2장 자유낙하와 그 파장

1 20세기의 위대한 경제학자 가운데 한 사람이며 고전적인 *The Great Crash*(1955년
Houghton Mifflin)의 저자인 존 케네스 갤브레이스에 대한 출처가 불분명한 이야기가
있다. 갤브레이스가 다음번 공황은 언제 올 것으로 생각하느냐는 질문을 받았을 때 그
의 예언은 이랬다고 한다. "대공황 후에 태어난 첫 대통령이 나오고 15년이 지난 다음
에 다음번 공황이 온다."

2 〈USA투데이〉 2008년 3월 23일치 A7면 기사 Richard Wolf, "Bush Mixes Concern,
Optimism on Economy".

3 세금 환급을 받은 이들이 그 돈으로 무엇을 할 것인지를 알아보기 위한 설문조사에서
응답자의 5분의 1만이 그 돈으로 소비를 늘릴 것이라고 답했다. 대부분의 응답자들은

환급금을 주로 저축하거나 빚 갚는 데 쓸 것이라고 답했다. 이 조사 결과는 환급금의 30~40퍼센트만이 소비를 늘리는 데 쓰이리라는 걸 시사한다. Matthew D. Shapiro and Joel Slemrod, "Did the 2008 Tax Rebates Stimulate Spending?"(〈아메리칸이코노믹리뷰〉 99권 2호[2009년 5월] 374-379쪽)을 보라.

4 당시 베어스턴스는 장부상 주당 자산가치가 80달러를 웃돈다고 밝혔다. 한 해 전인 2007년 3월 베어스턴스 주식은 주당 150달러에 팔렸다. 〈월스트리트저널〉 2008년 3월 17일치 A1면 Robin Sidel, Dennis K. Berman, and Kate Kelly, "J.P. Morgan Buys Bear in Fire Sale, as Fed Widens Credit to Avert Crisis" 참조.

5 씨티뱅크는 2008년 10월 TARP라는 부실자산구제프로그램에 따라 다른 8개 은행과 함께 250억 달러의 자금 지원을 받았다. 이 은행은 그해 11월 추가로 200억 달러의 현금과 독성자산 3060억 달러어치에 대한 보증 지원을 받으며 구제됐다. 그리고 2009년 2월 정부가 250억 달러의 우선주를 보통주로 전환함에 따라 세 번째 지원을 받았다. AIG도 세 차례 구제를 받았다. AIG는 600억 달러의 크레디트라인과 700억 달러에 이르는 투자, 그리고 이 회사가 소유하거나 보증한 모기지 관련 증권을 매입하기 위한 525억 달러를 지원받았다.

6 2009년 2월 마침내 통과된 경기활성화 법, 즉 미국경제 회복과 재투자에 관한 법 (American Recovery and Reinvestment Act)은 600억 달러 이상의 청정에너지 투자를 포함하고 있었다. 규모가 더 크고 우수하고 지능적인 전력망을 만드는 데 110억 달러를 투자해 지방에서 재생에너지로 생산한 전력을 도시에서 사용할 수 있게 배송할 수 있도록 하는 한편 미국 가정에 4000만 개의 지능형 전력 계량기를 보급하고, 저소득 가정의 냉난방 개선 프로젝트에 50억 달러를 지원하고, 연방정부 청사들을 녹색화해 에너지 비용을 줄이는 데 45억 달러를 투입하고, 주정부와 지방도시의 재생에너지와 에너지효율화 노력에 63억 달러를 지원하며, 녹색 직업훈련 프로그램에 6억 달러를 지원하고, 에너지 저장을 위한 차세대 전지를 개발하는 데 20억 달러를 보조하는 내용이다.

7 2008년 3월 27일 오바마 대통령이 뉴욕 쿠퍼유니언대학에서 '미국경제 혁신(Renewing the American Economy)'을 주제로 한 연설.

8 일본 재무성 통계 중 2009년 9월 종합무역 통계에 포함된 연간 월간 총수출입 수치 (http://www.customs.go.jp/toukei/srch/indexe.htm?M=27&P=0). 독일 연방통계청 2009년 8월 7일 보도자료(290호)를 보면 2009년 6월 독일 수출은 전년 동월 대비 22.3퍼센트 줄어들었다(http://www.des tatis.de/jetspeed/portal/cms/Sites/destatis/Internet/EN/press/pr/2009/08/PE09__290__51,templateId=renderPrint.psml).

9 주택 가격은 2006년 7월부터 2009년 4월까지 떨어졌다. 하지만 가격이 안정됐을 때도

그것이 일시적인 정부 프로그램(모기지 금리를 낮추기 위한 연준의 비정통적인 개입과 최초 주택 구입자를 돕기 위한 프로그램)에 어느 정도 힘입은 것인지는 불분명했다. 48개 주가 예산 부족에 직면했다. 주 예산 총액의 26퍼센트가 모자랐던 것이다. 이에 따라 42개 주가 공무원들을 해고해야 했고 41개 주는 주민들에 대한 서비스를 줄여야 했다. 2009년 6월 30일 스탠더드앤드푸어스 보도자료 "The Pace of Home Price Declines Moderate in April according to the S&P/Case-Shiller Home Price Indices". 이와 함께 Elizabeth McNichol과 Nicholas Johnson의 "Recession Continues to Batter State Budgets; State Responses Could Slow Recovery"(2009년 10월 20일 Center for Budget and Policy Priorities)도 참조하기 바란다. http://www.cbpp.org/files/9-8-08sfp.pdf에서 볼 수 있다.

10 스트레스 테스트 후 몇몇 은행들은 자본을 더 확충하라는 요구를 받았으며 그렇게 할 수 있었다. 하지만 놀랍게도 그 스트레스 테스트는 별로 스트레스를 주지 않는 것이었다. 이는 시장이 어느 정도 자신감을 회복하는 데 도움을 준 것으로 보인다.

11 경제분석국 국민소득과 상품계정의 "Table 2.1. Personal Income and Its Disposition (Seasonally adjusted at annual rates)"(http://www.bea.gov/national/nipaweb/TableView.asp?SelectedTable=58&Freq=Qtr&FirstYear=2007&LastYear=2009).

12 〈파이낸셜타임스〉 2009년 4월 29일치 4면 Chrystia Freeland, "'First Do No Harm' Prescription Issued for Wall Street".

13 2009년 4월 7일 CBS News.com, "New Citi Chair: Bankers Aren't 'Villains'".

14 Conde Naste Portfolio 2009년 5월호에 익명으로 실린 "Confessions of a TARP Wife". http://www.portfolio.com/executives/2009/04/21/Confessionsof-a-Bailout-CEO-Wife/에서 볼 수 있다.

15 개발도상국들의 구제 조치는 그런 조치가 없었을 경우에 비해 그 나라 통화가치를 상승시키는 경향이 있다. 침체된 경제를 회복시키는 길 가운데 하나는 수출을 늘리는 것이다. 그러나 통화가치 상승은 수출에 걸림돌이 되고 따라서 경제회복에도 방해가 된다. 1994년 멕시코의 구제 조치는 이 나라 경제의 회복과 거의 관련이 없었을 것이다. 오히려 회복을 방해했을 수도 있다. D. Lederman, A. M. Menéndez, G. Perry, and J. E. Stiglitz, "Mexican Investment after the Tequila Crisis: Basic Economics, 'Confidence' Effects or Market Imperfections?"(*Journal of International Money and Finance* 22권[2003년] 131-151쪽) 참조.

16 애틀랜타 연방준비은행 1999년 3분기 〈이코노믹리뷰〉 Elizabeth Mcquerry, "The Banking Sector Rescue in Mexico".

17 멕시코가 위기 후 10년 동안 신통찮은 성과를 보인 데에는 다른 많은 요인들이 작용했다. 앞서 말한 Lederman, Menéndez, Perry, and Stiglitz, "Mexican Investment after the Tequila Crisis"와 스티글리츠의 *Making Globalization Work*(2006년 W. W. 노턴) 중 3장 "Making Trade Fair" 부분을 참고하기 바란다.

18 2009년 3월 미국 소비자교육재단이 낸 Robert Weissman and James Donahue, "Sold Out: How Wall Street and Washington Betrayed America"(http://wallstreetwatch.org/reports/sold_out.pdf) 참조.

19 1953년 GM의 사장 찰리 윌슨은 유명한 말을 했다. "몇 년 동안 나는 미국에 좋은 건 제너럴모터스에도 좋고 그 반대도 마찬가지라는 생각을 했다." 미국 국방부 자료(http://www.defenselink.mil/specials/secdef_histories/bios/wilson.htm)에 있는 Charles E. Wilson의 약력.

20 1997–1998년 글로벌 금융위기 후 금융시장에서 바로 그런 일이 일어났다. 당시 글로벌 금융구조 개혁에 관한 논의가 많았다. 그 논의는 위기가 끝날 때까지 계속됐고 개혁에 대한 관심은 줄어들었다. 정부는 새로운 규제를 도입하기보다는 빠른 속도로 규제완화를 계속했다. 분명히 아무 일도 이뤄지지 않았다. 또 다른 위기를 막기에는 너무 해놓은 게 없었다.

21 벤 버냉키는 2006년 2월 취임했다. 그 후 몇 달 동안 서브프라임 대출의 강도(전체 대출 실적에서 서브프라임 대출이 차지하는 비중)는 계속 높아져 2006년 중반 정점에 이르렀다. Major Coleman IV, Michael LaCour-Little, and Kerry D. Vandell, "Subprime Lending and the Housing Bubble: Tail Wags Dog?"(*Journal of Housing Economics* 17권 4호[2008년 12월] 272-290쪽) 참조.

22 그린스펀은 "이 시장에 적어도 약간의 작은 거품(froth)이 있다는 걸 시사하는 근거들이 몇 가지 있다"고 말했다. 그는 "전국적으로 거품이 있다고 생각하지는 않는다"면서도 "많은 국지적인 거품이 있다는 걸로 보지 않기는 어렵다"고 밝혔다. 〈뉴욕타임스〉 2005년 5월 21일치 A1면 Edmund L. Andrews, "Greenspan Is Concerned about 'Froth' in Housing".

23 씨티그룹의 분기별 금융통계 자료 2008년 10월 16일치(http://www.citibank.com/citi/fin/data/qer083s.pdf).

24 〈뉴욕타임스〉 2008년 11월 25일치 A30면 사설 "Mr. Obama's Economic Advisers".

25 〈뉴욕매거진〉 2009년 8월 3일치 28쪽 Joe Hagan, "Tenacious G"와 〈뉴욕타임스〉 2009년 1월 24일치 A1면 Gretchen Morgenson, "Time to Unravel the Knot of Credit-Default Swaps" 참조.

26 은행들이 무너지기에 너무 크다면 그대로 있기에도 너무 큰 것이며, 적어도 그들이 할

수 있는 일을 많이 제한할 필요가 있다는 견해를 영국 중앙은행 총재 머빈 킹이 지지한 건 주목할 만하다. 그는 2009년 6월 17일 시티오브런던 맨션하우스에서 은행·기업가를 위해 로드 메이어(Lord Mayor, 영국 금융중심가 시티오브런던의 시장_옮긴이)가 주최한 만찬에서 이런 내용의 연설을 했다. (http://www.bankofengland.co.uk/publications/speeches/2009/speech394.pdf에서 볼 수 있다.) 2009년 10월 20일 스코틀랜드경제인협회에서도 같은 연설을 했다. (http://www.bankofengland.co.uk/publications/speeches/2009/speech406.pdf에서 볼 수 있다.)

27 1630억 달러의 구제금융을 받은 미국 은행들은 정부의 허락을 받아 향후 3년 동안 배당금으로 800억 달러 이상을 지급할 계획을 갖고 있었다. 일부 은행들은 정부에서 지원받은 금액보다 많은 돈을 배당으로 지급했다. 〈워싱턴포스트〉 2008년 10월 30일치 A1면 Binyamin Appelbaum, "Banks to Continue Paying Dividends" 정부 지원을 받은 9개 은행들은 330억 달러 이상을 보너스로 지급했다. 이때 100만 달러 이상을 받은 이들이 거의 5000명에 이른다. 〈월스트리트저널〉 2009년 6월 31일치 A1면 Susanne Craig and Deborah Solomon, "Bank Bonus Tab: $33 Billion".

28 경제가 무너질 것이라고 걱정할 근거는 많았다. 경제는 과거에 겪어보지 못한 상황을 맞았기 때문에 아무도 정부가 취한 조치의 결과에 대해 확실히 알 수 없었다. 은행들은 당연히 정부가 대규모 지원을 해주기를 바랐고 지원 규모가 조금이라도 그에 못 미치면 경제가 충격을 받을 위험이 있다고 주장했다. 그러나 뒷부분에서 다시 길게 설명하겠지만 '백지수표'를 주는 지원 방식을 주장하는 논리는 설득력이 없었다. 이 논리는 정부가 결국 시장 분위기와 반대 방향으로 움직일 수 있는(예컨대 단기자금을 공급하는) 거의 모든 이들에게 보증을 해주었기 때문에 더욱 설득력이 떨어지는 것이었다. 장기채권 보유자들은 불만이었을 수도 있지만 그들은 처음부터 돈을 뺄 수 없는 이들이었다. 오바마 행정부는 은행에 자본을 대는 이들을 조심스럽게 대하지 않으면 나중에 그들이 기꺼이 자금조달에 도움을 주지 않게 될까 겁을 냈다. 이는 특히 어리석은 결론이었다. 자본은 수익이 있는 곳이라면 어디든 갈 것이다. 민간부문이 자금을 공급하지 않으려 한다면 정부가 그 일을 할 수 있는 능력을 충분히 보여줬을 것이다. 민간부문은 리스크 관리와 자금 운용에 무능함을 드러냈다. 정부가 그보다 더 못할 수는 없었을 것이다. 아마도 더 잘했을 가능성이 크다. 정부는 뒤틀린 유인을 갖지 않았을 테고 약탈적 관행에 연루돼서는 안 된다는 책임감에 따라 행동에 제약을 받았을 것이다.

소송의 위험도 있었다. 어떻게 일을 처리하든 소송 위험은 있었을 것이다. 신용부도스왑 문제를 다루는 데 있어 소송 위험은 특히 중요했을 것이다. 물론 의회의 조치는 거의 확실히 그 위험을 제한적인 것으로 만들었을 것이다.

29 미국 지방법원의 한 판사는 연준에 대해 어떤 회사들이 긴급대출 프로그램을 통해 자금

지원을 받았는지를 밝힌 기록을 5일 안에 넘기라고 명령했다. 2009년 8월 25일 블룸버그닷컴 Mark Pittman, "Court Orders Fed to Disclose Emergency Bank Loans" (http://www.bloomberg.com/apps/news?pid=20601087&sid=a7CC61ZsieV4). 2009년 9월 30일 연준은 그 판사의 명령에 대해 항소하겠다고 통보했다. 2009년 9월 30일 블룸버그닷컴 Mark Pittman, "Federal Reserve Appeals Court Order to Disclose Loans"(http://www.bloomberg.com/apps/news?pid=20601087&sid=aSab0xkcV8jc).

30 이는 월스트리트를 돕기 위해 의회를 우회하려는 첫 시도는 아니었다. 월스트리트의 멕시코 채권 투자자들에게 (멕시코 구제금융으로 불리게 된) 자금을 지원해달라는 클린턴 행정부의 요청을 의회가 거부한 후 로버트 루빈은 1934년에 상당히 다른 목적을 위해 만들어진 외환안정기금을 활용했다. 미국 의회는 영국이 금본위제에서 이탈해 국제무역에서 경쟁우위를 확보하기 위해 파운드화 가치를 절하함에 따라 국제금융이 불안하던 시기에 달러 가치를 안정시키기 위해 그 기금을 만들었다. J. Lawrence Broz, "Congressional Politics of International Financial Rescues"(*American Journal of Political Science* 49권 3호[2005 7월] 479-496쪽), Anna J. Schwartz, "From Obscurity to Notoriety: A Biography of the Exchange Stabilization Fund" (*Journal of Money, Credit and Banking* 29권[1997년 5월] 135-153쪽)를 보라.

31 경기침체의 끝을 보여준 2009년 3분기 성장률 3.5퍼센트를 뜯어보면 문제점이 드러난다. 전체 성장률의 절반 가까운 1.6퍼센트는 기한이 끝난 '노후 자동차 교체를 위한 현금 지원' 프로그램(3장을 보라)에 따른 것이고, 나머지 절반인 1.9퍼센트는 다시 재고를 쌓으면서 이룩한 것이었다.

32 대통령 경제보고서(*Economic Report of the President*) (1996년 미국 정부간행물출판국).

33 급여 컨설팅회사 존슨 어소시에이츠의 조사에 바탕을 둔 것이다. 트레이더들의 보너스가 60퍼센트 늘어날 것으로 예상되는 데 비해 투자은행가들의 보너스는 15~20퍼센트밖에 안 늘어날 것으로 보인다. 그러나 정부의 특별 지원을 받은 7개 회사의 급여는 제한될 것이다. 〈뉴욕타임스〉 2009년 11월 5일치 B3면 Eric Dash, "Some Wall Street Year-End Bonuses Could Hit Pre-Downturn Highs" 참조.

3장 잘못된 대응

1 실제 승수효과는 이들 숫자가 나타내는 것보다 훨씬 더 클 수도 있다고 주장하는 경제

학자들도 있다. 경기부양이 소비자들의 자신감과 신뢰를 높여주기 때문이다('신뢰승수'라 할 수 있다). 경기부양 지출로 실업이 줄고, 이에 따라 근로자들의 걱정도 줄면 그들은 더 많이 소비할 것이고, 따라서 경제에 미치는 전반적인 효과는 더욱 커질 것이다. 이는 경기부양의 타이밍과 대상을 주의 깊게 결정해야 한다는 주장이기도 하다. 경기부양 효과가 기대한 것보다 적은 것으로 드러나면 '마이너스 신뢰승수'가 나타날 수 있다. 금융계에 있는 이들이 '신뢰'를 많이 강조하고 있는 데 비해 표준적인 경제모델은 실업이나 실질임금과 같은 '실물변수'를 강조한다. 더욱이 재정 확대의 경기부양 효과는 최근 위기 때의 미국처럼 금리가 제로 수준까지 떨어지고 있을 때 더 크며 단기적인 재정승수는 1.6보다 훨씬 더 클 것이다. 그 예로 L. Christiano, M. Eichenbaum, and Sergio Rebelo, "When Is the Government Spending Multiplier Large?"(2009년 10월 전미경제조사국 워킹페이퍼 15394호[http://www.nber.org/papers/w15394])를 보라.

2 실업보험 혜택 연장의 승수효과를 1.6으로 추정하는 이들도 있다. Martin Schindler, Antonio Spilimbergo, and Steve Symansky, "Fiscal Multipliers"(IMF Staff Position Note SPN/09/11[2009년 5월 20일])를 보라.

3 1999년부터 거품이 터지기 직전인 2006년까지 미국인 중 상위 5퍼센트의 평균 소득은 4.6퍼센트 늘었다. 이에 비해 중위소득은 1퍼센트 줄었다. 미국 센서스국 Historical Income Tables, Tables H-3, H-6, 2008년치(http://www.census.gov/hhes/www/income/histinc/inchhtoc.html) 참조.

4 채권자들을 보호하는 은행 구제에 따른 형평성의 문제는 특히 심각하다. 은행의 채권과 주식은 매우 위험한 것으로 여겨져(연금기금과 안전을 추구하는 다른 투자자들이 갖기에는 너무 위험한 것으로 여겨져) 대부분 헤지펀드와 다른 투기자들이 보유하고 있었기 때문이다.

5 Christina Romer and Jared Bernstein, "The Job Impact of the American Recovery and Reinvestment Plan"(2009년 1월 9일 경제자문위원회) http://otrans.3cdn.net/ee40602f9a7d8172b8_ozm6bt5oi.pdf 참조.

6 노동통계국 Labor Force Statistics, Current Population Survey 2009년 11월치 "Employment Level(계절조정치)"(http://data.bls.gov/cgi-bin/surveymost?ln). 이 프로그램이 시행된 지 6개월이 조금 더 지났을 때 정부는 지출 확대로 64만 개의 일자리를 만들어냈다고 주장했다. 〈월스트리트저널〉 2009년 10월 31일치 A5면 Elizabeth Williamson and Louise Radnofsky, "Stimulus Created 640,000 Jobs, White House Says".

7 이와 함께 〈뉴욕타임스〉 2009년 8월 10일치 A17면 Paul Krugman, "Averting the Worse"도 보라. 다음에 지적하겠지만 이 숫자는 문제의 심각성을 과소평가하는 것이

다. 많은 사람들이 풀타임 일자리를 얻지 못해 어쩔 수 없이 파트타임으로 일하고 있기 때문이다.

8 필라델피아 연방준비은행의 2009년 4분기 전문가 예측조사 "Forecasters See the Expansion Continuing"(2009년 11월 16일, http://www.phil.frb.org/research-and-data/real-time-center/survey-of-professional-forecasters/2009/survq409.cfm).

9 공식적인 광의의 실업통계는 1994년까지 거슬러 올라간다. 그러나 〈뉴욕타임스〉는 노동부와 함께 이 통계를 1970년까지 확대했다. 2009년 10월 실업률은 "적어도 1970년 이후, 거의 확실히 대공황 이후" 가장 높은 수준이었다. 〈뉴욕타임스〉 2009년 11월 7일 치 A1면 David Leonhardt, "Jobless Rate Hits 10.2%, with More Underemployed" 참조.

2009년 10월 일을 하고 있거나 적극적으로 일자리를 구하는 이들은 전체 생산연령인구의 65.5퍼센트로 20년 만에 최저 수준이었다. 노동통계국 Current Population Survey(2009년 9월)의 표 U-6(실업자 총수에 한계근로자 총수와 경제적 이유 때문에 파트타임으로 일하는 근로자 총수를 더한 숫자를 노동인구와 한계근로자를 더한 숫자로 나눈 값. (http://www.bls.gov/news.release/empsit.t12.htm 참조.)

10 노동통계국 Current Population Survey(2009년 9월 18일)의 실업통계 표 A2(http://www.bls.gov/news.release/pdf/empsit.pdf)와 표 3(주별, 주요 지역별 민간 노동인구와 실업자 수 계절조정치), 노동인구 통계 중 지역별, 주별 취업자와 실업자 (http://www.bls.gov/news.release/pdf/empsit.pdf) 참조.

11 〈월스트리트저널〉 2009년 9월 23일치 A1면 Conor Dougherty, "The Long Slog: Out of Work, Out of Hope".

12 2009년 10월 실업자 중 35퍼센트는 27주 이상 일을 하지 못하고 있었는데 이는 2차 세계대전 후 최고 수준이었다. 또한 2009년 6월에는 적어도 15주 동안 일을 하지 못하고 있는 실업자가 1948년 정부에서 이 자료를 수집하기 시작한 후 처음으로 전체 실업자의 반을 넘었다. 노동통계국 표 A-12(고용 기간별 실업자, 계절조정치) 2009년 10월치 (http://www.bls.gov/web/cpseea12.pdf). 〈뉴욕타임스〉 2009년 7월 11일치 B3면 Floyd Norris, "In the Unemployment Line, and Stuck There" 참조.

13 경제분석국 산업경제 계정 중 산업별 GDP 계정(산업별 부가가치의 GDP 대비 비중, 2009년 4월 28일).

14 노동통계국 Job Openings and Labor Turnover Survey(http://data.bls.gov/cgi-bin/surveymost?jt)와 Labor Force Statistics Current Population Survey(http://data.bls.gov/cgi-bin/surveymost?ln).

15 노동통계국 Current Employment Statistics Survey(Employment, Hours, and

Earnings: Average Weekly Hours of Production Workers, http://data.bls.gov/cgi-bin/surveymost?ce 참조).

16 민간기업 근로자 중 확정기여형 프로그램 가입자는 1999년 36퍼센트에서 2009년 43퍼센트로 늘어났다. 반면 확정급여형 프로그램 가입자는 약 20퍼센트 수준에 머물렀다. 어떤 형태든 퇴직계획에 참여한 근로자들은 1999년 48퍼센트에서 2009년 51퍼센트로 늘어났다(일부 근로자들은 두 가지 형태의 퇴직 프로그램에 모두 가입하고 있다). 노동통계국 National Compensation Survey of Employee Benefits 표 2(Retirement Benefits: Access, Participation, and Take-up Rates, Private Industry Workers, 2009년 3월치, http://www.bls.gov/ncs/ebs/benefits/2009/ownership/private/table02a.pdf에서 볼 수 있다.)

17 퓨 리서치센터(Pew Research Center) 서베이 결과 62세 이상 근로자 중 거의 40퍼센트가 경기침체 때문에 은퇴를 미룬 것으로 나타났다. 50~61세 근로자 중에서는 63퍼센트가 지금의 경제여건 때문에 예상했던 은퇴시기를 뒤로 미뤄야 할지도 모른다고 답했다. 퓨 리서치센터의 사회·인구 트렌드 조사 프로젝트 중 "America's Changing Workforce: Recession Turns a Graying Office Grayer" 보고서(2009년 9월 3일).

18 나는 훨씬 큰 규모의 경기활성화를 주장했다. 오바마의 경제자문위원회 의장인 크리스티나 로머도 1조 2000억 달러 이상의 부양 조치를 제안한 것으로 전해졌다. 오바마 대통령은 단 두 가지 선택만 갖고 그의 경제팀과 마주했다. 선택은 8900억 달러 규모의 부양조치냐, 그보다 적은 약 5500억 달러 규모의 조치냐 하는 것이었다. 〈뉴요커〉 2009년 10월 12일치 Ryan Lizza, "Inside the Crisis"(http://www.newyorker.com/reporting/2009/10/12/091012fa_fact_lizza).

19 예산·정책우선순위연구센터(Center on Budget and Policy Priorities) Elizabeth McNichol and Iris J. Lav, "New Fiscal Year Brings No Relief from Unprecedented State Budget Problems"(2009년 9월 3일, http://www.cbpp.org/files/9-8-08sfp.pdf) 참조.

20 〈로스앤젤레스타임스〉 2009년 3월 14일치 A1면 Jordan Rau and Evan Halper, "New State Budget Gap Is Forecast".

21 백악관 대변인실 2009년 10월 30일 보도자료 "New Recipient Reports Confirm Recovery Act Has Created Saved over One Million Jobs Nationwide"(http://www.whitehouse.gov/thepress-office/new-recipient-reports-confirm-recovery-act-has-created-saved-overone-million-jobs-).

22 노동통계국 "All Employees (Sector: Government), Employment, Hours, and Earnings from the Current Employment Statistics survey (National)"(2009년 11월

10일, http://data.bls.gov/PDQ/outside.jsp?survey=ce).

23 주정부 차원의 26주간 혜택에 이 예외적인 조치에 따른 혜택을 더하면 2009년 말 실업 급여 혜택은 각 주별 실업률에 따라서 모두 60~99주 동안 받을 수 있다. 전국고용법프로젝트(National Employment Law Project) 2009년 11월 4일 새소식란 "Senate Extends Jobless Benefits 14-20 Weeks"(http://www.nelp.org/page/-/UI/PR. SenateExtensionVote.pdf?nocdn=1).

24 의회의 실업급여 혜택 연장에도 불구하고 미국경제회복·재투자법이 2009년 12월에 다시 효력을 갖게 되지 않으면 100만 명의 실업자들이 2010년 1월 중 혜택을 잃게 되고 300만 명은 2010년 1~3월 중 연방정부가 주는 혜택을 잃는다. 전국고용법프로젝트 2009년 11월 18일 자료 "NELP Analysis: 1 Million Workers Will Lose Jobless Benefits in January if Congress Fails to Reauthorize ARRA"(http://nelp.3cdn.net/ 596480c76efd6ef8e3_pjm6bhepv.pdf).

25 오바마 행정부는 더 많은 지출을 장려할 수 있도록 세금 감면을 설계하려 했다. 일회적인 세금 환급보다는 원천징수세율을 낮췄다. 집으로 조금 더 많은 돈을 가져가게 된 근로자들이 지출을 더 많이 하도록 유도할 수 있기를 바랐던 것이다. 지출은 조금 늘었지만 세금 감면을 옹호했던 이들이 바랐던 것보다는 덜 늘었다. 〈월스트리트저널〉 2009년 9월 17일치 John Cogan, John B. Taylor, and Volker Weiland, "The Stimulus Didn't Work"(http://online.wsj.com/article/SB10001424052970204731804574385 233867030644.html).

26 그 예로 Amity Shlaes의 *The Forgotten Man: A New History of the Great Depression*(2007년 하퍼콜린스), Jim Powell의 *FDR's Folly: How Roosevelt and His New Deal Prolonged the Great Depression*(2003년 크라운포럼)을 보라.

27 케인즈학파 경제학은 반복해서 테스트를 받았으며 대체로 옳은 것으로 입증됐다. 가장 극적인 테스트는 동아시아, 그리고 다른 지역에서 IMF가 수행했던 것들이었다. IMF는 이 지역에서 확장적인 통화·재정정책으로 위기에 대응하지 않고 그 반대로 했다. 그 경제가 뚜렷이 위축된 것은 바로 케인즈학파 경제학이 예상한 결과였다.

28 연준의 (모기지와 국채를 포함한) 자산은 2008년 8월 9000억 달러에서 그해 12월 2조 2000억 달러 이상으로 늘었다. 연준은 보통 단기국채(정부의 단기채무)만 산다. 연준이 장기금리와 모기지 금리에 영향을 주려고 시도할 때는 양적완화(quantitative easing)로 불리는 조치를 통해 다양한 종류의 상품을 사들였다.

29 우리가 이제 깨닫게 됐듯이 시장이 언제나 똑똑한 건 아니다. 금융시장의 많은 이들이 정부의 대차대조표에서 부채 쪽만 보고 자산 쪽은 결코 보지 않는다.

30 글로벌 지급준비시스템을 어떻게 개혁하는지에 대한 더 자세한 논의는 8장을 보라.

4장 모기지 사기

1 집 사기 열풍이 불었을 때 400만 명이 새로 주택 보유자가 됐다. 그러나 2009년 3분기 주택 보유자 비중(67.6퍼센트)은 2000년(67.4퍼센트)과 별반 다르지 않았다. 미국 센서스국 주택경제통계 "Housing Vacancies and Homeownership: 표 14, 2009년 3분기"(http://www.census.gov/hhes/www/housing/hvs/historic/index.html).

2 2001년부터 2007년까지 (소득의 50퍼센트 이상을 주택대출 상환에 쓰는) 너무 무거운 빚을 진 이들만 400만 명 이상 늘어났다. 하버드대학 주택문제합동연구센터의 *The State of the Nation's Housing 2009*(2009년 6월 22일, http://www.jchs.harvard.edu/son/index.htm).

3 〈비즈니스인사이더〉 2009년 4월 7일치 Joe Weisenthal, "Dick Parsons: Don't Just Blame the Bankers"(http://www.businessinsider.com/dick-parsons-dont-just-blame-the-bankers-2009-4).

4 〈뉴욕타임스〉 2008년 11월 24일치 A47면 Abby Aguirre, "The Neediest Cases: After a Nightmare of Refinancing, Hope".

5 〈뉴요커〉 2008년 11월 24일치 48쪽 Peter J. Boyer, "Eviction; The Day They Came for Addie Polk's House".

6 리얼티트랙(RealtyTrac) 2008년 1월 29일 보도자료 "US Foreclosure Activity Increases 75 Percent in 2007", 2009년 1월 15일 보도자료 "Foreclosure Activity Increases 81 Percent in 2008". http://www.realtytrac.com/contentmanagement/ 에서 볼 수 있다.

7 워싱턴DC 소재 Center for Responsible Lending의 2009년 1월 자료 Sonia Garrison, Sam Rogers, and Mary L. Moore, "Continued Decay and Shaky Repairs: The State of Subprime Loans Today"(http://www.responsiblelending.org/mortgage-lending/research-analysis/continued_decay_and_shaky_repairs.pdf), 〈뉴욕타임스〉 2009년 4월 24일치 A26면 사설 "Holding Up the Housing Recovery", 크레디트스위스 Fixed Income Research 2008년 12월 4일 "Foreclosure Update: Over 8 Million Foreclosures Expected"(http://www.chapa.org/pdf/ForeclosureUpdateCredit Suisse.pdf). 모기지은행가협회에 따르면 2009년 3월 모기지를 안고 있는 주택 보유자 가운데 거의 12퍼센트에 이르는 540만 명이 2008년 말 기준으로 한 달 이상 대출금 상환이 연체되거나 주택이 압류된 상태였다. FBI가 낸 2008 Mortgage Fraud Report, "Year in Review" 11-12쪽. (http://www.fbi.gov/publications/fraud/mortage_fraud08.htm에서 볼 수 있다.)

8 AP통신 2008년 12월 1일 Matt Apuzzo, "Banks Torpedoed Rules That Could Have Saved Them". 무슨 일이 벌어지고 있는지를 보고 그래서는 안 된다고 생각하는 다른 이들도 있었다. 하지만 그들은 소수였다.

9 이 자료는 뉴욕 검찰총장 앤드루 쿠오모가 애쓴 덕분에 알려졌다. 이는 은행 구제에 책임이 있는 미국 재무부가 공개한 게 아니었다. 〈월스트리트저널〉 2009년 7월 31일치 Susanne Craig and Deborah Solomon, "Bank Bonus Tab: $33 Billion" (online.wsj.com/article/SB124896815094085.html).

10 사실 앨런 그린스펀은 연준의 광범위한 권한으로 서브프라임 대출회사에 대한 정밀조사를 확대해야 한다는 제안을 막았다. 〈월스트리트저널〉 2007년 6월 9일치 B1면 Greg Ip, "Did Greenspan Add to Subprime Woes?".

11 이것만으로 규제의 목적을 다 열거했다고 할 수는 없다. 규제는 이 밖에도 금융에 확실히 접근할 수 있도록 하고, 차별을 막고, 거시경제의 안정과 경쟁을 촉진하도록 설계된다. 이런 규제 중 일부는 아직 남아 있다.

12 미국의 모든 모기지가 상환청구권 없는 대출은 아니다. 그러나 사실상 거의 대부분이 그렇다.

13 그러나 예금보험이 없으면 모든 게 잘될 거라고 믿는 비판자들의 주장은 틀린 것이다. 예금자들은 자기네 돈을 은행이 잘 이용하도록 확실히 하려는 유인을 갖고 있기 때문이다. 예금보험제도가 있는 나라나 없는 나라나 마찬가지로 은행의 실패를 겪었다. 사실 씨티뱅크와 같은 주요 은행들의 경영자와 규제당국자들조차 이들 은행의 리스크에 대해 매일 뚜렷이 엇갈리는 평가를 내리는데 예금자들이 어떻게 그 리스크를 평가할 수 있겠는가?

14 모기지 브로커가 소득을 잘못 기재한 걸 차입자가 알고 문제를 제기하면 브로커들은 이는 단지 요식 절차일 뿐이라고 바로 입을 막았다.

15 미국 센서스국 Current Population Survey 중 Historical Income Tables, 표 H-6 (http://www.census.gov/hhes/www/income/histinc/inchhtoc.html).

16 로버트 J. 쉴러의 *Irrational Exuberance* 2판(2005년 프린스턴대학 출판부).

17 연방주택금융위원회 월간 금리동향 조사 표 36(http://www.fhfa.gov/Default.aspx?Page=252).

18 앨런 그린스펀이 2004년 2월 23일 워싱턴DC에서 전국신용협동조합협회 2004 정책 컨퍼런스에서 한 연설. 그는 예의 ('연준화법'으로 일컬어지는) 꼬아서 말하는 화법으로 미래에 있을 비판으로부터 자신을 보호하는 논리를 폈다. "모기지의 '옵션 조정 금리 차'에 대한 시장분석가들의 계산은 고정금리의 이점에 대한 비용이 0.5퍼센트와 1.2퍼센트 사이에 있으며, 이에 따라 주택 보유자들의 세후 모기지 상환 부담이 몇천 달러 늘

어난다는 걸 시사한다." 하지만 그는 "금리가 가파르게 오르는 추세였다면" 이런 이자 부담 절감효과가 없었을 거라고 덧붙였다.

19 예컨대 〈월스트리트저널〉 온라인 2007년 12월 20일 기사 James R. Hagerty and Michael Corkery, "How Hidden Incentives Distort Home Prices"를 보라.

20 〈시애틀 포스트-인텔리전서〉 온라인 2009년 4월 29일 기사 Aubrey Cohen, "Rules Set to Cut Off Mortgage Originators from Appraisers This Week(http://www. seattlepi.com/local/405528_appraisal25.html)"도 참조하기 바란다. (웰스파고만 그랬던 게 아니었다.)

21 서브프라임 대출이 늘어나고 있을 때 실시된 44개 주 500개 평가업체에 대한 서베이 결과 응답자의 55퍼센트가 부동산 가치를 부풀리라는 압력을 받았으며 25퍼센트는 의뢰 받은 평가업무 중 적어도 절반 이상에 대해 그런 압력을 받은 것으로 나타났다. David Callahan, "Home Insecurity: How Widespread Appraisal Fraud Puts Homeowners at Risk"(Borrowing to Make Ends Meet 2005년 3월 브리핑 자료 #4, http://www.cheatingculture.com/home_insecurity_v3.pdf에서 볼 수 있다). 신용평가 사기를 포함해 모기지와 관련된 사기를 감시하는 FBI는 2008년에 그런 사기 건수가 36퍼센트 늘었다고 보고했다. 모기지 부도와 압류가 가장 많은 주에서 그런 사기도 많았다. (앞서 말한 FBI의 *2008 Mortgage Fraud Report*.) 소송이 봇물 터지듯 쏟아질 가능성도 크다. 베어스턴스 자산담보부증권 매수자들을 대신한 집단소송이 그 예다. 이 소송은 예를 들어 허위공시 그리고/또는 모기지 대출 기초자산에 대한 평가 누락 혐의를 잡고 있다. 마켓워치 2009년 9월 11일치 "Cohen Milstein and Coughlin Stoia Announce Pendency of Class Action Suits…"(http://www.marketwatch.com/ story/cohen-milstein-and-coughlin-stoia-announce-pendency-of-class-actionsuits-involving-mortgage-pass-through-certificates-of-structured-asset-mortgageinvestments-ii-inc-and-bear-stearns-asset-backed-2009-09-11).

22 Keith Ernst, Debbie Bocian, and Wei Li, "Steered Wrong: Brokers, Borrowers, and Subprime Loans"(2008년 4월 8일 Center for Responsible Lending, http://www.responsiblelending.org/mortgage-lending/research-analysis/steered-wrong-brokers-borrowers-and-subprime-loans.pdf).

23 금리상승은 전국에 걸쳐 문제를 일으키기 때문에 전국 각 지역별 부도 위험도 높은 상관관계를 가질 것이다. 증권화와 관련된 문제들에 대한 더 자세한 분석은, 예컨대 스터글리츠의 "Banks versus Markets as Mechanisms for Allocating and Coordinating Investment"를 참조하기 바란다.

24 그 반대의 논리를 펴는 이들도 있었다. 미국 모기지에 대한 외국의 수요가 거품을 키웠

기 때문에 상황이 더 악화됐다는 것이다. 내가 보기에는 불량 모기지에 대한 미국 국내 수요가 충분했고 리스크에 대한 오판도 너무나 많았기 때문에 외국의 수요가 없었더라도 미국 시장에는 거품이 일었을 게 분명하다. 누구든 외국인들을 비난할 수는 없다. 외국 수요가 없었다면 위험자산에 대한 리스크 프리미엄이 더 높았을 테고 이는 미국인 투자자를 더 많이 끌어들였을 것이다.

25 바로 이런 이유 때문에 일부 자유시장주의자들이 옹호하는 '개혁' 가운데 하나, 즉 신용평가회사 수를 늘려 그들끼리 경쟁하도록 하자는 개혁은 다른 개혁이 수반되지 않는 한 오히려 문제를 더 악화시킬 수 있는 것이다.

26 일반적으로 투자은행과 신용평가회사들이 활용한 모델은 이른바 로그정규분포를 가정한 것이었다. 이는 우리에게 익숙한 종 모양의 확률곡선을 조금 변형한 것이다. 사실 그들은 이른바 '두터운 꼬리(fat-tailed)' 모양의 확률분포를 활용했어야 했다. 이는 비교적 드문 사건이 로그정규분포가 가정하는 것보다 더 자주 일어날 수 있다고 보는 것이다.

27 2000년 보험계리사협회가 낸 *Risks in Accumulation Products(Schaumburg, IL)* 중 Mark Rubinstein, "Comments on the 1987 Stock Market Crash: Eleven Years Later".

28 이들 모델은 예를 들어 '드문' 사건들이 일어날 가능성을 과소평가하는 확률분포를 활용했다. 그러나 이 같은 기술적인 가정들이 잘못됐을 뿐만 아니라 그 바탕에 깔린 경제이론도 잘못된 것이었다. 그들은 어떤 종류의 유동성 위기가 일어날 가능성을 무시했다. 유동성 위기는 역사적으로 금융시장의 중요한 속성이었다. 그런 위기는 불완전하고 비대칭적인 정보의 문제와 관련돼 있다. 그들은 이런 문제들을 간과했다.

29 〈뉴욕타임스〉 2009년 4월 17일치 B1면 Eric Lipton, "After the Bank Failure Comes the Debt Collector".

30 증권화가 모기지 조건 재조정을 더 어렵게 만들었다는 사실은 시장참여자들과 규제당국자 모두가 미리 알았어야 할 것들 가운데 하나다. 1990년대 말 동아시아 위기 때 채무에 대한 재협상과 구조조정은 증권화에 따른 문제 때문에 1980년대 초 남미의 부채 위기 때보다 훨씬 어려웠다. 남미의 경우 주요 채권자들을 한 테이블에 둘러앉게 할 수 있었지만 동아시아의 경우 모든 청구권자들을 수용할 수 있을 만큼 큰 방은 없었다.

31 2007년 4월 17일 미국 하원 금융서비스위원회에서 "모기지 압류 증가 대응방안"에 관한 쉴라 C. 블레어 연방예금보험공사 의장의 진술을 참조하라.

32 5장에서는 오바마 행정부가 설계한 은행 구제 방식이 어떻게 모기지 구조조정을 할 유인을 더 많이 없애버렸는지 설명할 것이다.

33 2009년 6월 30일 미국의 모기지를 안고 있는 부동산 가운데 3분의 1 가까운 1520만 개 이상의 모기지가 담보부족 상태였다. First American CoreLogic의 "Negative Equity

Report, Q2 2009"(2009년 8월 13일, http://www.facorelogic.com/uploadedFiles/
Newsroom/RES_in_the_News/FACL%20Negative%20Equity_final_081309.pdf).

34 이 계획은 차입자들에게 주는 것만큼 많은 돈을 모기지 서비스업체들과 투자자들에게
주는 것이었다. 차입자들이 5년 동안 지금 상태 그대로 남아 있도록 하는 '성공적인 조
건 변경'을 위해 정부는 차입자 소득의 38퍼센트에서 31퍼센트 수준으로 원리금 상환
부담을 줄이는 데 따르는 비용의 50퍼센트를 대출자에게 지불했다. 그리고 서비스업체
들에게는 4000달러씩, 차입자들에게는 5000달러씩 지급했다. 은행은 원리금 상환 부
담을 차입자 소득의 38퍼센트까지 줄이는 데 따르는 비용은 모두 안아야 한다. (예를
들어 어떤 사람이 40만 달러의 모기지를 안고 있고 이자만 갚아나가는 조건의 이 모기
지에 대해 소득의 38퍼센트를 조금 넘는 상환 부담을 지고 있다고 하자. 5년 후 대출업
체는 1만 1000달러 이상을 받게 될 것이다. 이는 서비스 제공업체와 차입자가 받는 돈
을 합한 것보다 많다.) 이 계획은 기본적으로 실업자에게는 도움을 주지 않았다. 펜실베
이니아를 포함한 몇몇 주에서는 그들에게 대출을 주기 위해 개입했다.

35 연준의 직접적인 조치는 모기지 금리를 낮추고 대출조건 변경이 더 원활하게 이뤄지도
록 해주었다. 모기지 상환 부담을 가볍게 해주는 일은 또한 대출기간을 조건 변경일부
터 40년으로 연장하고 기존 모기지를 이자만 갚아나가면 되는 모기지로 전환해 훗날
원리금 상환 부담이 풍선처럼 커지도록 하는 방식으로 이뤄졌다. 상환 부담이 풍선처럼
늘어나는 모기지는 이번 위기에 크게 기여했다. 이런 모기지는 잠재적인 문제를 훗날로
넘겨버리는 것이었다.

36 미국 재무부 "Making Home Affordable Program: Servicer Performance Report
through October 2009"(2009년 11월, http://www.financialstability.gov/docs/
MHA%20Public%20111009%20FINAL.PDF).

37 미국 재무부 "Making Home Affordable Program: Servicer Performance Report
through July 2009"(2009 8월, http://www.treas.gov/press/releases/docs/
MHA_public_report.pdf)를 보라.

38 재무회계기준위원회 "Determining Fair Value When the Volume and Level of
Activity for the Asset or Liability Have Significantly Decreased and Identifying
Transactions That Are Not Orderly"(2009년 4월 9일 FSP FAS 157-4, http://www.
fasb.org/cs/BlobServer?blobcol=urldata&blobtable=MungoBlobs&blobkey=id&b
lobwhere=1175818748755&blobheader=application%2Fpdf).

39 은행들은 많은 모기지가 일시적으로 부실해졌을 뿐이라고 주장했다. 이는 모기지 가치
가 떨어져도 상각을 거부하는 걸 합리화하는 주장이었다. 그러나 통계학적인 관점에서
보면 이는 터무니없는 주장이었다. 어떤 부실 모기지라도, 일시적으로만 부실해진 모

기지라 하더라도 상환이 이뤄지지 못할 가능성은 부실화하지 않은 모기지보다는 더 클 것이고 제대로 된 회계라면 이런 사실을 반영했어야 했다. 경제가 깊은 침체에 빠져 있을 때는 특히 그렇다. 담보부족 상태인 모기지의 경우 더욱 그렇다.

40 급여가 (채무 상환을 위해) 압류되면 고용주는 그 돈을 채권자에게 바로 넘겨줘야 한다.

41 몇몇 은행 관련 협회를 위해 일하는 로비스트들은 공화당 의원들이 정책에 영향을 미칠 수 있다는 걸 보여준다면 "전문직에 종사하는 기부자들과 로비스트들이 그들을 다른 시각에서 보게 될 것"이라고 〈뉴욕타임스〉에 말했다. 〈뉴욕타임스〉 2009년 4월 24일치 A26면 사설 "Holding Up the Housing Recovery".

42 대손상각률(rate of charge-offs)은 회수할 수 없어 은행 회계장부에서 털어낸 대출금의 연 환산비율이다. 대손이 발생하면 대손충당금과 상계처리하고 나중에라도 상환되는 부분은 환입한다. 주거용 부동산 대출의 대손상각률은 파산제도 남용 방지와 소비자 보호에 관한 법률이 통과된 2005년 4월 이전에는 0.08퍼센트였으나 2009년 2분기에는 2.34퍼센트로 높아졌다. 연준 통계 "Charge-Off Rates: All Banks, SA"(http://www.federalreserve.gov/releases/chargeoff/chgallsa.htm).

43 David U. Himmelstein, Elizabeth Warren, Deborah Thorne, and Steffie Woolhandler, "Illness and Injury as Contributors to Bankruptcy"(Health Affairs 24권 [2005년 1-6월] 63쪽).

44 이런 구제를 받을 수 있는 가계의 자격기준이 더 있을 수도 있다. 예컨대 소득 대비 모기지 상환 부담의 비율을 제한할 필요도 있다.

45 가계의 부담을 덜어주는 다른 방안들도 있다. 이는 모두 손실을 은행과 주택 보유자, 그리고 정부 사이에 적절히 배분하는 전략이어야 한다. 정부가 모기지를 상각하도록 하고, 상각된 자산의 가치가 오를 때 얻게 되는 자본이득 가운데 많은 몫을 가져갈 세금을 부과하고, 그 수입으로 과도기의 은행들에게 자금을 제공하면서 은행들을 건전하게 만드는 데 도움을 준다면 그 결과는 결국 같은 것이다. 기본적인 원리는 다음과 같다. ① 주택 보유자들이 그렇게 할 수만 있다면 평가액이 하향 조정된 자기 집에 약간의 도움을 받아 계속 머무르도록 허용하는 게 중요하다. 주택 압류는 가계와 지역사회 모두에게 비싼 대가를 요구하며 집값 하락 압력을 가중시킨다. ② 부실대출의 비용 중 주된 부분은 은행과 다른 대출업체들이 안아야 한다.

46 미국 재무부 2009년 2월 18일 보도자료 "Homeowner Affordability and Stability Plan Fact Sheet"(http://www.ustreas.gov/press/releases/20092181117388144.htm).

47 4장 주석 1에서 지적했듯이 2009년 3분기 주택소유비율은 2000년과 거의 같았다. 그러나 2009년 중반 차입자 네 명 중 한 명은 담보부족 상태인 만큼 그 후 몇 달 또는 몇

년 동안 많은 이들이 집을 잃었을 가능성이 크다. (《월스트리트저널》 2009년 11월 24일
치 A1면 Ruth Simon and James R. Hagerty, "One in Four Borrowers Is Under-
water" 기사를 보라.)

48 덴마크의 시스템에서는 모든 모기지에 대해 대출이 이뤄지는 시점에 모기지채권이 만
들어지며, 주택 보유자는 모기지채권의 가치에 상응하는 대출금을 갚을 수 있다. 미국
시스템에서는 금리가 오를 때 집값이 떨어질 위험과 함께 (우리가 살펴본 것처럼) 주택
보유자의 지분이 마이너스가 될 커다란 위험이 생긴다. 덴마크 시스템에서는 집값이 떨
어지면 동시에 모기지채권의 가격도 떨어지므로 주택 보유자는 더 쉽게 빚을 갚을 수
있게 된다. 이는 깡통주택이 생기는 걸 막을 수 있다. 사실 덴마크의 모기지채권은 금리
가 오를 때 대출 차환을 부추긴다. 미국 시스템에서는 금리가 떨어질 때만 차환을 한다.

49 〈월스트리트저널〉 2008년 3월 7일치 A15면에 실린 마틴 펠트스타인의 기고 "How to
Stop the Mortgage Crisis".

50 이런 바이백(buy-back) 프로그램에 참여하는 대출회사는 조기상환에 대한 벌칙성 수
수료를 물리지 말아야 할 것이다.

5장 위대한 미국 강도

1 경제적 파장의 크기로 볼 때 이번 실책에 비견되는 유일한 실책은 아마도 이라크와 전
쟁을 벌이기로 한 결정뿐일 것이다. 스티글리츠의 The Three Trillion Dollar War:
The True Costs of the Iraq Conflict(2007년 W. W. 노턴)을 보라.

2 2009년 9월 25일 블룸버그뉴스 Mark Pittman and Bob Ivry, "Fed's Strategy
Reduces U.S. Bailout to $11.6 Trillion".

3 제로금리로 대출이 이뤄지면 모든 놀라운 일이 이뤄질 수 있다. 예를 들어 어떤 중앙은
행이 다음과 같은 방법으로 은행들의 자본 확충을 꾀할 수 있다. 그 중앙은행이 A은행
에 대출을 해주면, A은행이 알파펀드에 돈을 빌려주고, 알파펀드가 그 돈으로 A은행
주식에 투자한다. 그러면 '짠!' 우리는 자본이 충실한 은행을 갖게 되고 시장이 이룬 기
적을 축하할 수 있게 된다. 이는 너무 속 보이는 책략이다. 그러나 A은행이 알파펀드에
돈을 빌려주면, 알파펀드는 B은행에 투자하고, B은행은 베타펀드에 그 돈을 대출해주
어서 베타펀드가 A은행에 투자하도록 할 수 있다. 결국 명백한 이해상충 문제를 가리
면서도 같은 효과를 얻을 수 있다. 사실 (예컨대 연금기금에 의한) 은행 자본 확충은 단
순히 이성적이거나 비이성적인 낙관에 바탕을 둔 것이다. 은행 주식이 저평가돼 있다고
믿는 것이다. 유동성은 대출이 아니더라도 어떤 형태로든 금융시스템 어디에선가 나올

것이다. 그 유동성은 예컨대 또 다른 자산 거품을 일으킬 수도 있다.

4 정치도 어떤 역할을 했다. 내가 지적한 것처럼 구제 조치를 취하는 방식을 볼 때(그리고 은행들 자신의 행태를 볼 때) 다시 의회를 찾아가 더 많은 자금지원을 요청하는 것은 아마 불가능한 일이었다. 로버트 존슨과 톰 퍼거슨은 다양한 정부 기관을 통해 몰래 보조금을 주는 것은 선거를 몇 달 앞두고 문제를(그리고 보조금을) 덮어두려는 부시 행정부의 시도 가운데 핵심적인 부분이었다고 주장했다. 그들은 선거가 끝날 때까지 진짜 위기가 터지는 걸 막을 수 있기를 바라면서 그렇게 했다는 것이다. 그런 시도는 거의 성공했다. Robert Johnson and Tom Ferguson, "Too Big to Bail: The 'Paulson Put', Presidential Politics, and the Global Financial Meltdown, Part I: From Shadow Banking System to Shadow Bailout"(*International Journal of Political Economy* 38권 1호[2009년] 3-34쪽)과 Robert Johnson and Thomas Ferguson, "Too Big to Bail: The 'Paulson Put', Presidential Politics, and the Global Financial Meltdown, Part II: Fatal Reversal-Single Payer and Back"(*International Journal of Political Economy* 38권 2호[2009년 여름호] 5-45쪽)을 보라.

5 〈워싱턴포스트〉 2009년 3월 18일치 A13면 Edward M. Liddy, "Our Mission at AIG: Repairs, and Repayment".

6 앞에서 언급한 것처럼 거의 20년 전 증권화 시대가 시작될 때 나는 증권화가 재앙으로 끝날 가능성이 크다고 예상했다. 정보비대칭이 초래한 문제들과 가격하락 위험, 그리고 여러 가지 리스크의 상관관계를 투자자들이 과소평가했기 때문이다.

7 은행들은 복잡한 법적 구조를 갖고 있다. 이는 구조조정의 복잡성을 더해주는 것이었다. 어떤 은행들은 은행지주회사가 소유하고 있었다. 현재 정부는 은행들에 대해 재산관리를 받도록 할 권한을 갖고 있다. 그러나 지주회사를 다루는 권한은 제한적이다. 그동안 부실을 '정리'할 수 있는 정부의 권한이 제한적이라는 사실은 정부가 (리먼브러더스와 베어스턴스 같은) 부실 금융회사 문제를 더 잘 다루지 못한 데 대한 핑계거리가 됐다. 이 분야에서 정부의 힘을 강화하는 건 필요한 개혁 가운데 하나라는 데 광범위한 공감대가 있다.

8 그 은행의 금융자산은 예금자들에게 진 빚보다 적을 수도 있다. 그러나 새 은행은 고객 기반을 사는 데 기꺼이 돈을 들일 것이다. 은행은 신용평가에서 탁월한 일을 하지 않았더라도 계속기업으로서 가치를 지닐 수 있다.

9 ABC 뉴스 〈나이트라인〉과의 인터뷰에서 오바마는 스웨덴에서는 은행 국유화가 좋은 결과를 냈지만 미국에서는 우리가 부분적으로 "다른 전통을 가졌기 때문에" 국유화는 좋은 선택이 아니라고 주장했다. (2009년 2월 10일 ABC 뉴스 〈나이트라인〉 테리 모런의 오바마 대통령 인터뷰 녹취록.)

10 은행들은 거의 매주 이런 과정을 거친다. 그에 따른 파장은 거의 없다. 2009년에만 11월 말까지 124개 은행들이 파산했다. 연방예금보험공사 "Failed Bank List"(2009년 11월 20일, http://www.fdic.gov/bank/individual/failed/banklist.html). 대형 은행들도 파산할 수 있다. 1984년 당시 미국에서 여섯 번째 큰 은행이었던 콘티넨털 일리노이가 질서 있게 정부의 재산관리에 들어갔다('국유화'됐다)가 몇 년 후 이 은행은 다시 민영화됐다.

11 은행의 자산과 부채를 어떻게 평가하느냐 하는 핵심적인 문제가 있다. 원칙은 분명하지만 실무적으로는 복잡하다. 위기 때 자산을 평가는 것은 특히 어려울 수 있기 때문이다.

12 정부는 그토록 많은 돈이 걸려 있기 때문에 구조조정을 관리하는 데 적극적인 역할을 해야 한다. 항공사 파산의 경우에도 법원은 일반적으로 청구권자들의 이익을 보호하기 위해 구조조정을 감독할 관리인을 선임한다. 보통 그 과정은 원만하게 진행된다.

13 세금 때문에 생기는 복잡한 문제도 있다. 그리고 일단 새로운 주주가 된 채권자들은 더 많은 리스크를 안게 되는 건 물론이다. 하지만 그들이 그토록 많은 리스크를 안고 싶지 않으면 그 주식을 더 안전한 자산으로 바꿀 수 있다.

14 대마불구(too-big-to-be-resolved)의 개념을 지지하는 이들은 또 하나의 대형 기관이 무너지도록 내버려두면 비슷한 혼란이 일어날 것이라고 주장한다. 그러나 문제는 리먼브러더스를 다루는 혼란스러운 방식이었다. 이 실패에 대한 첫 번째 핑계거리는 시장이 적절한 조치를 취할 충분한 시간을 가졌다는 것이다. 어쨌든 리먼브러더스의 붕괴는 적어도 그해 봄부터 널리 예상됐던 것이다. 정부가 기대했던 방식으로 시장이 기능을 하지 않고 있는 게 분명한데도 시장에 대한 오래된 믿음은 그대로 남아 있었다. 나중에는 정부가 어떤 일을 할 법적 권한을 갖고 있지 않다는 게 핑계거리가 됐다. 이런 핑계는 정부가 불과 며칠 후 미국 최대 보험사인 AIG를 구제하고 사실상 국유화하는 강력한 조치를 취함에 따라 공허한 말이 됐다. 이는 분명 권한을 확 늘린 것이다. 연준은 보험사가 아니라 상업은행에 대해 권한을 가지고 있는 것으로 이해됐었다. 하지만 더 강력한 비판은 연준과 재무부가 그들에게 필요한 법적 권한이 무엇인지 파악하는 데 충분한 시간을 갖고 있었다는 점이다. 그들이 미국과 세계경제를 위한 금융안정을 확보하는 데 필요한 법적 권한을 갖지 않았다면 그들은 의회에 그 권한을 요청할 책임이 있었다. 흥미롭게도 미국 재무부는 리먼브러더스 사례에서 잘못된 교훈을 얻은 것으로 보이지만 그보다 앞선 인도네시아 위기에 대해서는 아무런 관심도 기울이지 않았던 것으로 보인다. 재무부는 IMF와 함께 인도네시아 경제를 무너뜨리는 걸 도왔다. 16개 은행의 문을 닫게 한 후 더 많은 은행들이 폐쇄될 것이며 기껏해야 제한적인 예금보장이 있을 것이라고 발표한 것이다. 당연히 패닉(심리적 공황_옮긴이)이 오고 예금은 민간은행에서 국영은행으로 빠져나갔다. 다른 은행들에 문제가 생길 것이라는 예측은 자기실현적인 것이었다.

인도네시아 은행들과 리먼브러더스의 문을 닫는 데는 놀라울 정도로 비슷한 점들이 있다. 예를 들어 두 경우 모두 투명성이 부족했다. 정부가 어느 회사는 구해주고 어느 회사는 쓰러지도록 내버려둘지 아무도 알 수 없었다. (베어스턴스는 리먼브러더스보다 작은데도 구제됐다.) 두 경우 모두 금융시장에서의 실책이 경제에 미치는 파장은 엄청나게 컸다.

리먼브러더스 붕괴에 따른 금융시장의 혼란은 부분적으로 정부 보증의 범위에 대한 불확실성이 커진 탓이었다. 정부의 구제 조치가 있을 것이라는 가정이 널리 퍼져 있었기 때문에 실제로 너무나 많은 은행들이 큰 어려움에 직면해 있다는 근본적인 문제는 가려져 있었다. (John Cochrane과 Luigi Zingales 같은 이들은 시장이 '겁을 먹게' 한 것은 TARP였다고 주장했다. 정부 구제 조치의 엄청난 규모를 보면서 시장참여자들은 문제가 심각하다고 짐작했다는 것이다. 이런 견해를 뒷받침하는 근거로 그들은 금리 스프레드가 확대된 시점을 들었다. 〈월스트리트저널〉 2009년 9월 15일치 A21면 John H. Cochrane and Luigi Zingales, "Lehman and the Financial Crisis"를 보라.) 하지만 TARP와 스프레드 확대는 은행 재무구조의 악화와 그를 둘러싼 불확실성이라는 근본적인 문제의 결과였다. 더 넓은 시야로 신용지표들을 살펴보면 자동적으로 시행되는 정부 구제는 없다는 게 분명해지자마자 시장이 얼마나 광범위하게 얼어붙었는지를 알 수 있다. Thomas Ferguson and Robert Johnson, "The God That Failed: Free Market Fundamentalism and the Lehman Bankruptcy", *Economists' Voice*(근간)을 보라.

15 대중이 그 문제들에 대해서 알지 못했을 수도 있지만 금융부문의 위기는 실제로는 2007년 초부터 계속됐다(다른 부분에서 설명하겠지만 대중이 이를 몰랐던 건 아마도 부분적으로는 위기를 숨기기 위한 행크 폴슨 재무장관의 조치 때문일 수도 있다). 일반인들이 느낄 수 있는 첫 번째 미진은 2007년 8월 몇몇 대형 펀드가 무너진 후에 찾아왔다. 투자자들이 모기지담보증권의 문제를 깨닫게 되자 이들 시장은 흔들리기 시작했다. 그 문제의 파장이 은행들에게까지 미치는 것은 시간문제일 뿐이었다. 리먼브러더스가 무너지기 9개월 전인 2007년 말이 되자 경제는 침체에 빠졌다.

16 금융 구조조정을 하면서 사탕을 던져줄 수도 있다. 기존 주주들에게 주식매수 청구권을 줘 은행이 회복되면 주가 상승에 따른 차익을 얻을 수 있도록 해주는 것이다.

17 패니메이는 정부가 뒤를 봐주는 기업으로 출발했지만 1968년 민영화됐다. 정부가 패니메이의 채권에 대한 지급보증을 해준 적은 없었다. 정부가 보증을 해줬다면 이 채권은 국채에 상응하는 낮은 수익률을 나타냈을 것이다.

18 〈뉴욕타임스〉 2008년 10월 3일치 A1면 David Herszenhorn, "Bailout Plan Wins Approval; Democrats Vow Tighter Rules".

19 결국 통과된 그 법안에 포함된 여러 가지 보조금 가운데는 어린이용 나무 화살에 대한

39센트의 소비세를 면제하는 것도 있었다(오리건주 상원의원이 도입한 이 보조금으로 이 지역 화살 제조업체들은 20만 달러의 혜택을 보게 됐다). 또한 전미개조자동차경주협회(NASCAR) 경주용 트랙 원가의 상각 기간을 미국 국세청(IRS)이 적절하다고 생각하는 기간의 절반인 7년으로 하고(1억 900만 달러 수혜), 푸에르토리코와 버진아일랜드의 럼주 소비세 관련 조항을 바꾸고(1억 9200만 달러 수혜), 성인영화를 포함해 미국 내에서 제작되는 영화에 인센티브를 주고(10년 동안 4억 7800만 달러 수혜), 양을 기르는 농가와 모직업체에 보조금을 주는 모직연구신탁기금을 늘려주는 내용도 들어 있었다. 2008년 10월 4일 CNN.com, "Spoonful of Pork May Help Bitter Economic Pill Go Down", 〈글로브앤드메일〉 2008년 10월 3일치 B1면 Paul Waldie, "Bill Larded with 'Goodies' for All"을 보라.

20 Edward J Kane, The S&L Insurance Mess: How Did It Happen?(1989년 Urban Institute Press), Edward J. Kane, "Dangers of Capital Forbearance: The Case of the FSLIC and 'Zombie' S&Ls"(Contemporary Economic Policy, Western Economic Association International 5권 1호[1987년] 77-83쪽).

21 Akerlof and Paul M. Romer, "Looting: The Economic Underworld of Bankruptcy for Profit"(*Brookings Papers on Economic Activity* 2권[1993년] 1-73쪽)을 보라.

22 당시 저축대부조합 부실사태를 수습하는 비용은 1600억 달러에 이르는 것으로 추산됐다(그때는 믿을 수 없을 만큼 크게 보였던 이 금액은 지금 돈으로 따지면 약 3130억 달러에 해당한다). 결국 정부는 1993년 경제가 회복됨에 따라 이 비용 중 상당 부분을 회수할 수 있었다. 그러나 흔히 알려진 이 금액은 그 기금의 모든 기회비용을 적절히 나타내지 못했다. 연방예금보험공사 "An Examination of the Banking Crises of the 1980s and Early 1990s"(1997년, http://www.fdic.gov/bank/historical/history/) 참조.

23 버핏은 50억 달러를 투입하고 그 대가로 10퍼센트 수익률을 내는 영구우선주(perpetual preferred share) 50억 달러어치와 함께 골드만삭스 보통주 50억 달러어치를 시장가격보다 8퍼센트 낮은 주당 115달러에 살 수 있는 신주인수권(warrant)을 받았다. 2009년 11월 골드만삭스 주식이 주당 170달러에 거래되고 있으므로 버핏은 이 회사에 투자해 불과 1년 남짓한 기간에 높은 수익률을 올렸다. 미국 정부가 얻은 것과는 비교할 수 없을 정도로 높은 수익률이다.

24 금융계는 정부가 금융회사를 통제하지 않도록 설득하기 위해 '두려움'을 이용했다. 이는 정부가 채권자와 주주를 보호해주는 조치를 취하도록 상황을 만들어갈 때 썼던 것과 똑같은 작전이었다. 그들의 주장은 금융회사를 통제하는 조치가 취해지면 은행들이 민간자본을 조달할 수 없으리라는 것이었다. 마치 비싼 '민간'자본이 확실히 금융시장을 잘 돌아가게 해주는 특별한 종류의 돈인 것처럼 말했다. 하지만 정부가 이런 통제 조치

를 취하는 걸 거부함에 따라 은행들이 더 약해지게 됐고, 그토록 많은 돈이 보너스와 배당금으로 나가면서 은행들은 더욱 위태롭고 매력이 떨어지게 됐다.

앞서 언급한 것처럼 은행들이 적절한 수준으로 자본 확충을 할 필요가 있다는 주장 가운데 하나는 그렇게 함으로써 유인체계를 개선할 수 있다는 논리였다. 자기자본이 많을수록 그들이 지나친 리스크를 안을 때 잃을 것도 많다는 논리다. 하지만 오바마와 부시 행정부는 기본적인 실수를 저지른 것으로 보인다. 은행의 민간주주는 정부에 손실을 입히는 데 별로 신경을 쓰지 않을 것이다. 위험에 처한 건 이들의 지분이 아니었다. 그래서 정부가 아무 말도 하지 않으면 그들이 분별없이 행동하리라는 건 예상할 수 있는 일이었다. 실제로 그들은 은행의 재무상태가 위태로운데도 배당금과 보너스로 돈을 썼다.

25 하지만 영국이 직면한 문제의 심각성 때문에 이 나라의 대출은 저조한 수준에 머물렀다.

26 〈뉴욕타임스〉 2009년 1월 18일치 A1면 Mike McIntire, "Bailout Is a Windfall to Banks, if Not to Borrowers".

27 미국 의회 감독위원회 2009년 2월 6일 감독보고서 "Valuing Treasury's Acquisitions" (http://cop.senate.gov/documents/cop-020609-report.pdf).

28 미국 의회 예산처 "A Preliminary Analysis of the President's Budget and an Update of CBO's Budget and Economic Outlook"(2009년 3월, https://www.cbo.gov/ftpdocs/100xx/doc10014/03-20-PresidentBudget.pdf).

29 미국 의회 예산처 "The Troubled Asset Relief Program: Report on Transactions through June 17, 2009"(2009년 6월, http://www.cbo.gov/ftpdocs/100xx/doc 10056/06-29-TARP.pdf).

30 은행은 (또는 다른 어떤 기업이든) '지불능력은 있지만(solvent) 유동성은 부족한(illiquid)' 상황을 맞을 수 있다. 자산이 부채보다 많지만 그럼에도 불구하고 빚을 갚을 자금을 마련하지 못할 수 있는 것이다. 물론 자산이 부채보다 많다는 게 자명하다면 대개 은행이 자금을 마련하는 데 문제가 없다. 은행들은 (모기지를 비롯한) 자기네 자산의 가치가 '시장'이 말하는 수준보다 높다고 믿고 싶어 하기 때문에 자기들이 지불능력이 있다고 믿는다.

은행들이 안고 있는 문제는 그들이 진 빚의 대부분이 '요구불 예금'의 형태라는 점이다. 이는 예금자가 요구하면 바로 돌려줘야 하는 돈이다. 은행들은 이 돈을 받아 (모기지와 같은) 장기적인 투자수단에 투자한다. 많은 예금자들이 한꺼번에 돈을 돌려달라고 요구하는 일은 거의 전무하리라고 믿기 때문이다. 모두가 동시에 예금을 돌려달라고 요구하면 은행은 보유 자산을 신속히 팔아야 할 것이다. 그렇게 하자면 그 자산의 '온전한 가치'만큼 값을 받지 못할 수 있다. 그런 의미에서 어떤 은행이 자산을 팔 시간이 충분히 주어질 때는 지불능력이 있지만 하룻밤 새 자산을 팔아야 할 때는 지불능력이 없는 것이다. 연준은 그 틈을 메워주기 위해 나설 것으로 기대된다. 연준은 정말 그 은행이 시간 여유를 조금만 더 갖게 되면 그들이 주장하는 값을 받고 자산을 팔 수 있는지를 평가할 것이다. 연준이 그 물음에 대한 답이 긍정적이라고 판단한다면 (그럴 경우에만) 은행에 필요한 유동성을 제공해줄 것이다.

31 2009년 10월 IMF 글로벌 금융안정 보고서(Global Financial Stability Report).

32 미국 재무부 "Treasury Department Releases Details on Public Private Partnership Investment Program"(2009년 3월 23일, http://www.treas.gov/press/releases/tg65.htm).

33 이 프로그램의 논리는 은행들의 재무구조를 '깨끗하게 정리'한다는 것이었다. 그러나 한 은행이 다른 은행에게서 자산을 사면 판 쪽이 깨끗해질 때 산 쪽은 더럽혀진다. 이는 정부-민간 투자 프로그램(PPIP)의 진짜 이유가 은행들에게 몰래 자금을 지원하는 것이었을 수도 있다는 뜻이다.

34 PPIP는 몇 가지 다른 이점들도 갖고 있었다. 예를 들어 이 프로그램은 정부가 자산을 너무 높은 값에 샀다는 비판을 견딜 수 있도록 예방접종을 해줄 수도 있다. 또한 정부가 은행을 통제하지 않으면서 돈을 주도록 해줄 수도 있다(이는 이상한 것이지만 오바마의 계획에서 주된 목표인 것 같았다). 그러나 이 프로그램은 불리한 점들도 갖고 있었다. 이는 경제가 굴러가도록 하기 위한 정부와 연준의 조치들 때문에 더욱 악화됐다. 모기지 시장을 안정시키기 위해 금리를 낮추자 '역선택(adverse selection)'의 문제를 악화시키는 간접적인 효과가 나타났다. PPIP의 매수 대상이 될 남아 있는 모기지 상품에는 차환이 불가능한 독성 모기지가 갈수록 많아졌다.

35 은행에 지원된 즉시 배당금과 보너스의 형태로 다시 빠져나간 돈이 은행 대출 재개를 가능하도록 해주지 못하리라는 건 분명했다. 하지만 남은 돈은 도움이 됐을 수 있다. 대출이 늘어나지는 않았지만 이런 지원이 없었더라면 대출은 더 많이 위축됐을 것이다. 프로그램 설계가 더 잘됐더라면 훨씬 더 큰 '값어치'가 있었을 것이다.

36 이들 구제 프로그램의 틀을 짠 이들이 신용 흐름을 결정하는 요인들에 관해 깊이 생각하지 않았다는 건 분명하다. (적어도 충분히 깊이 생각하지 않은 건 틀림없다.) 사실 이런 문제는 모든 통화정책의 핵심이 돼야 한다. 다른 요인들도 대출에 영향을 미친다. 그 중에는 리스크도 있다. 이는 경제의 고뇌가 깊어짐에 따라 더욱 악화되기만 했다. 이는 앞서서 낸 나의 책 《화폐경제학의 새 패러다임을 향해(Towards a New Paradigm in Monetary Economics)》(B. Greenwald, J. E. Stiglitz 공저, 2003년 영국 케임브리지 대학 출판부)의 핵심적인 주제 가운데 하나였다.

37 〈뉴욕타임스〉 2009년 3월 16일치 A1면 Mary Williams Marsh, "AIG Lists Firms to Which It Paid Taxpayer Money". 정부가 AIG의 돈이 어디로 갔는지 밝히기를 왜 그

토록 꺼렸는지는 분명해졌다. 그 돈을 가장 많이 받은 미국 회사는 골드만삭스였다. 이 회사는 아주 자연스럽게 정부에게서 130억 달러의 선물을 받으면서도 스스로 힘으로도 잘 살아남을 수 있었을 것이며 시스템 리스크는 없다고 (아마도 솔직하지 못하게) 주장했다. 큰돈을 받은 대형 금융회사 가운데 몇몇은 외국 은행들이었다. 이들 은행의 실패가 시스템의 문제를 나타내는 것이었다면 그 나라 정부는 아마도 그들을 구제했을 것이다. 우리는 훨씬 더 절실하게 도움을 필요로 하는 국내의 가난한 사람들보다는 사실상 (프랑스와 독일 같은) 다른 부자나라들에게 대외원조를 해준 셈이다. 실제로 이 원조 규모는 아프리카 전체에 대한 지원금액보다 큰 것이었다. (아프리카 전체에 대한 미국의 공식 개발원조는 2008 회계연도 중 65억 달러였다. AIG 구제를 통해 골드만삭스 단한 회사에 간 돈의 절반에 불과했다. 미국 국무부 Bureau of Economic, Energy and Business Affairs, Fact Sheet[2009년 7월 7일] "The US Commitment to Development", http://www.state.gov/e/eeb/rls/fs/2009/113995.htm을 보라).

38 은행 채권과 주식은 끊임없이 매매되고 있기 때문에 이 구제 조치의 진짜 승자는 마침 구제 조치가 발표될 때(또는 구제 조치가 있으리라는 믿음이 널리 퍼질 때) 이들 증권을 들고 있던 사람들이었다. 주가가 추락할 때 은행 채권이 너무 위험하다고 보고 팔아버린 연금기금들은 그 혜택을 받지 못했다.

39 연방준비은행 표 H.4.1, "Factors Affecting Reserve Balances"(http://www.federalreserve.gov/releases/h41/).

40 유럽중앙은행의 Monthly Bulletin 2007년 9월치 33쪽(http://www.ecb.int/pub/pdf/mobu/mb200709en.pdf)과 연방준비은행 표 H.4.1, "Factors Affecting Reserve Balance"(2007년 8월 16일, http://www.federalreserve.gov/releases/h41/20070816/) 참조.

41 사실 연준은 베어스턴스가 추락하도록 내버려둔 게 비판의 대상이 된 후에 최후의 대부자로서 지원창구를 확대했다. 그런 지원창구가 며칠만 일찍 확대됐다면 아마도 이 회사는 구조됐을 것이다.

42 기술적으로, 연준은 독립기관이다. 하지만 연준에 대한 신뢰는 이 기관의 자기자본에서 나오는 게 아니라 미국 정부가 이 기관의 뒤에 서 있다는 걸 모두가 이해하고 있다는 사실에서 비롯된 것이다. 연준의 모든 수익은 재무부로 가며 어떤 손실을 내도 재무부가 메워줄 게 틀림없다.

43 75년 전 케인즈는 이와 비슷한 현상에 대해 논의했다. 그는 이를 유동성 함정(liquidity trap)이라고 불렀다. 경제에 홍수처럼 돈을 쏟아부어도 가계가 이 돈을 그냥 들고 있기만 하기 때문에 효과가 없었다. 지금은 은행에 돈이 지원됐고 그들은 그 돈을 그냥 들고 있는 것이다.

44 그러나 연준은 남아 있는 모기지의 많은 부분을 자신의 회계장부에 올리게 됐다. 이들 모기지의 신용 위험 가운데 많은 부분을 정부가 안았다(금리가 인하될 때 차환되는 모기지는 연방주택청과 패니메이, 프레디맥이 인수했다). 연준은 금리 리스크를 떠안았다. 나중에 설명하겠지만 결국 모든 리스크는 납세자들이 안게 된 것이다.

45 사실 정부가 진 빚의 무게를 인플레이션을 통해 가볍게 하는 일은 그리 쉽지만은 않다. 정부 차입의 대부분은 단기로 이뤄지며 인플레이션에 대한 염려가 커지면 정부가 지불해야 하는 금리도 높아진다. 인플레이션에 대한 불안 때문에 금리가 오르는데 정작 인플레이션은 나타나지 않을 위험도 있다. 그렇게 되면 우리는 실질적인 채무 경감이라는 혜택은 얻지 못하면서도 인플레이션에 따른 비용을 물게 된다. 우리의 빚은 높은 금리 때문에 더 늘어나기만 할 것이다.

46 예를 들어 연준은 2008년 봄 경제가 회복의 길로 갈 것이라고 예측했다. 경제가 추락하기 몇 달 전이었다. 1년 전 연준은 서브프라임 모기지 문제는 완전히 억제됐다고 밝혔었다.

47 연준은 아마 모기지를 만기까지 보유함으로써 (부도난 모기지에 대한 손실을 빼고는) 손실을 피할 수 있을 것이라고 주장할 것이다. 하지만 연준은 이들 자산에서 낮은 수익률을 얻을 것이다. 이는 하나의 기회비용이다. 수익률이 낮기 때문에 민간투자자들이 이들 자산에 낮은 값을 매기는 것이다. 연준이 시가평가 회계를 해야 한다면 이 손실을 인식해야 할 것이다. 하지만 연준은 그렇게 하지 않는다. 이들 자산을 보유하는 데 따른 기회비용과 관련해 잃어버린 수익은 대부분 드러나지 않은 채 지나가게 될 것이다. 그러나 연준의 모든 수익은 재무부에 넘어간다. 연준의 저조한 수익은 미래의 세금부담 증가 그리고/또는 국가채무 증가를 의미한다.

48 그 반대의 주장도 있다. 이번 위기를 만드는 데 중심적 역할을 했다는 걸 인식한 연준은 경제가 막 회복세를 타고 있는 바로 이때 다시 경제를 침체로 밀어 넣는 것으로 비쳐지기를 바라지 않을 것이라는 주장이다.

49 은행들이 장기국채를 보유하려는 까닭 가운데 하나는 회계와 은행 규제의 결함에 있다. 은행 규제는 이 채권을 안전한 것으로 취급한다. 하지만 이 채권도 가치가 떨어질 위험을 안고 있다. 예를 들어 인플레이션 기대가 높아지면 금리가 오르게 될 테고 그렇게 되면 이 채권 가치도 떨어진다. 은행들은 채권 값이 떨어져 손실을 입게 될 위험에 대한 충당금은 쌓지 않으면서도 장기채권 이자를 '수입'으로 잡을 수 있도록 허용된다. (시장이 잘 작동한다면 단기금리와 장기금리 사이의 격차는 채권 가격 하락 가능성에 대한 기대를 반영한다.) 앞서 말한 스티글리츠의 *Roaring Nineties* 참조.

50 물론 중요한 건 기업들의 투자 행동이 어떻게 반응하는가 하는 것이다. 이는 실질금리와 신용제약에 대한 그들의 판단에 달려 있다(중요한 건 실질금리이기 때문에 금리가

올라가도 기업들이 인플레이션도 함께 높아진다고 믿으면 그다지 큰 문제가 되지 않을 것이다). 본문에서 기술한 과정들이 어떻게 시장의 변동성을 키우는지 알아보는 건 쉽다. 시장은 인플레이션 기대심리에 반응하며 이는 장기금리 상승으로 이어진다. 그렇게 되면 경제는 둔화된다. 연준이 완화적인 통화정책을 쓰면 인플레이션 기대는 더욱 악화된다. 오늘날 금융시장참여자들에게 연준이 이 모든 과정을 원활히 관리할 수 있을 것이라는 믿음은 별로 없다. 하지만 경제 분야 언론과 월스트리트 사람들은 연준이 과잉반응하기보다는 과소반응할(한 차례 인플레이션이 나타날) 것을 더 두려워하고 있는 것으로 보인다(하지만 이 책이 인쇄에 들어갈 때 물가연동채권 가격에 드러난 인플레이션 기대는 낮은 수준에 머물러 있었다).

51 연준의 행동을 상세히 기술하고 평가한 David Wessel의 훌륭한 책 *In Fed We Trust: Ben Bernanke's War on the Great Panic*(2009년 Crown Business)을 보라.

52 베어스턴스 구제는 특히 복잡했다. 연준은 JP모건체이스가 베어스턴스를 인수하도록 돈을 빌려주었다(담보가치가 불확실한데도 대부분 상환청구권도 없는 대출이었다). 연준은 이 담보물에 대해 상당한 손실에 직면할 것으로 보인다. 2009년 11월 4일 연준은 이미 10퍼센트 가까운 손실을 기록했다. 연준 통계 H.4.1.(Factors Affecting Reserve Balances) http://www.federalreserve.gov/releases/h41/Current/ 참조.

53 앞서 지적했듯이 연준은 정보자유법(Freedom of Information Act) 적용 대상이 아니라고 주장했다. 2009년 2월 26일 론 폴은 연준이 더 투명하게 일하도록 요구하는 법안을 의회에 제출했다. *CBS News.com* 2009년 7월 28일 보도 Declan McCullagh, "Bernanke Fights House Bill to Audit the Fed"를 보라. 그 후 연준 감사에 대한 지지는 늘어났다. 2009년 11월 19일 하원 금융서비스위원회는 그런 감사를 실시하자는 법안을 압도적으로 의결했다.

54 JP모건체이스는 베어스턴스 구제를 통해 이득을 봤다. 의문스러운 지배구조와 관련된 또 하나의 사례를 들자면, 골드만삭스 이사회 일원이면서 이 회사 주식을 대량으로 보유하고 있는 스티븐 프리드먼이 뉴욕연방준비은행 의장이 됐다. 그는 (그에게 300만 달러의 이익을 안겨준 주식매입을 포함해) 명백한 이해상충 가능성에 대한 논란이 불거진 후 2009년 5월 사임했다. 앞서 말한 Hagan의 "Tenacious G"와 〈월스트리트저널〉 2009년 5월 4일치 A1면 Kate Kelly and Jon Hilsenrath, "New York Fed Chairman's Ties to Goldman Raise Questions"를 보라.

55 통화주의자들은 통화공급을 일정한 속도로 늘려야 한다고 주장한다. 인플레이션목표제를 주장하는 이들은 인플레이션율이 목표를 초과할 때마다 중앙은행이 금리를 올려야 한다고 주장한다.

56 특히 앞서 소개한 Wessel의 In Fed We Trust를 보라.

1 1932년 3월 4일 미국 상원 은행통화위원회는 1929년 주식시장 폭락의 원인을 밝히기 위해 피코라위원회(Pecora Commission)를 설치했다. 이 위원회는 은행과 은행 계열사들의 광범위한 악행들을 밝혀냈다. 미국 의회는 이런 조사 결과를 바탕으로 1933년 글래스-스티걸 은행법과 (발행 주식에 대한 잘못된 정보를 제공하는 데 대한 벌칙을 규정하는) 증권법, (증권거래를 규제하는 증권거래위원회를 설립하도록 한) 1934년 증권거래법을 통과시켰다. 의회는 이런 전례에 따라 2009년 5월 이번 위기를 조사할 금융위기조사위원회를 설치했다.

2 〈워싱턴포스트〉 2009년 5월 26일치 C1면 Manuel Roig-Franzia, "Credit Crisis Cassandra".

3 경제에 관한 철학에 있어 빌 클린턴과 그토록 뚜렷한 차이를 보이는 것 같았던 앨런 그린스펀이 연준 의장에 재임명되자 많은 사람들이 놀랐다. 클린턴 행정부 안에서 그린스펀을 지지하는 이들은(여전히 많은 이들이 그를 존경의 눈으로 봤다) 그린스펀 재임명에 대한 경제팀 내의 반대에 부딪히자 대통령의 지지를 이끌어내기 위해 시장의 혼란은 회복되는 경제를 뒤흔들 것이라는 두려움을 이용했다.

4 나는 클린턴 행정부 경제자문위원회 의장일 때 그린스펀과 로버트 루빈 재무장관을 포함한 모든 중요한 연방 금융규제 당국자들이 모이는 위원회에 참여했다. 그때에도 이미 파생금융상품들이 위험을 안겨주고 있다는 게 확실했다. 그러나 그 모든 리스크에도 불구하고 금융시스템을 책임진 (연준을 포함한) 규제완화주의자들은 아무 일도 하지 않기로 했다. 그들은 어떤 조치라도 취하면 금융시스템의 '혁신'을 방해하게 될 것이라며 지나치게 걱정했다. 그들은 당시에 경제를 '억압'하는 것보다는 혼란이 일어난 후 이를 말끔하게 정리하는 게 낫다고 생각하는 것 같았다. 이는 주택시장 거품을 꺼트리는 데 반대하기 위해 이용한 논리와 같은 것이었다.

5 2009년 11월 4일 미국 하원 금융서비스위원회는 투자자보호법 수정안을 승인했다. (주식시가총액이 7500만 달러에 못 미치는) 중소기업들을 사베인스-옥슬리법 404조 적용 대상에서 제외하는 내용이었다. 이 조항은 기업들이 금융 측면에서 내부통제의 실효성에 대해 보고하도록 요구하는 것으로 투자자 신뢰를 확보하는 데 필수적인 내용이었다. 전 SEC 위원장인 아서 레빗은 이 조항을 투자자 보호를 위한 '성배'라고 부른 적이 있다. 의회의 표결 후 레빗은 "누구든 이 수정안에 찬성한 이들은 투자자들이 새긴 카인의 낙인(Mark of Cain, 성경 창세기 중 동생 아벨을 살해한 카인의 이마에 새긴 징표_옮긴이)을 지니게 될 것"이라고 말했다. 〈뉴욕타임스〉 2009년 11월 5일치 B1면 Floyd Norris, "Goodbye to Reforms of 2002"를 보라.

6 2008년 10월 3일 미국 하원 감독·정부개혁위원회의 '금융위기와 연방 규제당국들의 역할'에 관한 청문회에서 앨런 그린스펀은 "나는 특히 은행과 같은 조직들의 이기적인 행동이 그 주주들과 자기자본을 가장 잘 보호할 수 있다고 생각하는 실수를 했다"고 말했다.

7 그린스펀은 사기를 막는 법이 필요하다는 생각조차 하지 않았다. 상품선물거래위원회 위원장이었던 브룩슬리 본은 그가 "거래소 플로어의 브로커가 사기를 저지르면 그 고객들은 이를 알아내고 그와의 거래를 끊어버릴 것이기 때문에 사기를 막기 위한 법은 필요하지 않다"고 말했다고 전했다. 앞서 소개한 Cited in Roig-Franzia, "Credit Crisis Cassandra" 참조.

8 이처럼 성과와 무관하게 높은 급여를 받는다는 걸 보여주는 단적인 사례가 2008년 은행들이 기록적인 손실을 내고도 사상 최대에 가까운 약 330억 달러의 보너스를 지급한 것이다. (9개 은행 가운데 6개가 이익보다 많은 보너스를 지급했다.) 앞서 소개한 Craig and Solomon의 "Bank Bonus Tab: $33 Billion" 참조.

9 자기들의 기만적인 회계 관행에 대해 변명하는 경영자들은 은행이 높은 회계장부에 높은 이익을 기록하면 주주들이 이득을 본다고 주장한다. 그러나 어떤 주주들은 이득을 보지만 다른 이들은 손실을 본다. 특히 조작된 숫자를 믿고 거짓에 싸인 주식을 들고 있던 주주들이 손실을 보게 된다. 결국 진실은 밝혀지게 되고 그때는 (씨티뱅크의 경우처럼) 주가가 극적으로 하락할 것이다.

10 가장 규모가 큰 9개 은행의 경우 2004년 초부터 2007년 중반까지 총순익이 3050억 달러에 이르렀다. 그러나 2007년 7월 이후 이들 은행은 대출과 다른 자산에 대해 이 금액보다 조금 많은 평가손을 기록했다. 〈뉴욕타임스〉 2008년 10월 16일치 A1면 Louise Story and Eric Dash, "Banks Are Likely to Hold Tight to Bailout Money"를 보라.

11 위임장 대결이나 기업 인수가 경영진들이 권한을 남용할 여지를 제한할 수도 있다. 하지만 이런 메커니즘이 왜 제한적인 효과만을 내는지 설명하는 수많은 경제 논문들이 있다.

12 앞서 말한 스티글리츠의 *Roaring Nineties*.

13 존경 받는 전 SEC 수장 아서 레빗은 (사베인스-옥슬리법에서) 스톡옵션을 다루지 못한 게 그의 결정적인 실수 중 하나라고 믿게 됐다. 아서 레빗의 *Take On the Street: How to Fight for Your Financial Future*(2002년 랜덤하우스)를 보라.

14 아마도 투자자들이 경고를 보내지 않았던 건 부분적으로 그들 중 많은 이들이 월스트리트를 부추긴 바로 그 '거품' 사고에 사로잡혔기 때문일 것이다. 게다가 대부분의 투자자들이 월스트리트의 이른바 전문가라는 사람들보다 리스크를 더 잘 이해할 것으로 생각할 근거가 별로 없다. 그들은 월스트리트를 믿었다. 그 신뢰가 회복되려면 시간이 얼마나 걸릴지 지켜보는 건 흥미로울 것이다.

15 성과와 무관한 높은 급여에 대해 특별히 세금을 더 물리는 1993년 세법 규정이 위장된 성과급을 부추기는 뜻하지 않은 결과를 낳았을 수도 있다. 이 법은 보상이 진정으로 성과와 연동되는 것인지 평가하는 적절한 기준을 정립하지 않았다.

16 스톡옵션 회계처리를 둘러싼 논란은 주주와 경영자의 이해가 얼마나 엇갈리는지 보여주는 하나의 예다. 주주들은 스톡옵션을 부여함에 따라 자기들 주식의 가치가 얼마나 희석되는지 알고 싶어 했다. 그러나 회사, 다시 말해 경영자는 (스톡옵션 부여를 더 투명하게 하려는) 회계규정 개선에 강력하게 저항했다. 그들은 주주들이 자기들 주식이 얼마나 물타기가 됐는지 이해하게 되면 경영자들에게 많은 보상을 주는 데 강하게 반발하리라는 걸 깨달았기 때문이다.

17 2007년 4월 경영자 보상에 대한 주주 표결에 관한 법안이 하원을 통과하고 상원에 회부됐다. 이 법안은 상원에서 교착상태에 빠져 끝내 법으로 제정되지 못했다. 〈워싱턴포스트〉 2008년 5월 6일치 D1면 Tomoeh Murakami Tse, "'Say-on-Pay' Movement Loses Steam" 참조.

18 블룸버그닷컴 2008년 6월 11일 기사 Jonathan Weil, "Lehman's Greatest Value Lies in Lessons Learned"와 〈월스트리트저널〉 2009년 5월 14일치 C1면 "Lehman Considers Spinoff of Remnants" 참조.

19 중요한 건 은행 경영자들의 유인구조다. 우리가 살펴본 것처럼 이들의 유인은 주주들의 이해와 잘 조화되지 않는다. 경영자들에게는 투명성을 떨어뜨리려는 강력한 유인이 있다. 앞서 소개한 Edlin and Stiglitz, "Discouraging Rivals: Managerial Rent-Seeking and Economic Inefficiencies" 참조.

20 약 15년 전 (로버트 루빈을 포함한) 클린턴 행정부 인사들과 (조셉 리버만 상원의원을 포함한) 의회 인사들이 독립적인 기관으로 여겨지는 재무회계기준위원회(FASB)에 기업들이 스톡옵션에 대한 적절한 회계처리를 하도록 의무화하지 말라고 정치적 압력을 가했을 때 나는 실망했다. 그러나 이번 위기 때 벌어진 일은 더욱 충격적이었다. FASB가 회계기준을 악화시키는 은행들의 요구에 맞춰주지 않으면 이 위원회의 결정을 뒤엎을 것이라고 의원들이 위협한 것이다.

21 FASB는 2009년 4월 2일 이런 기준 개정을 승인했다. 재무회계기준위원회 결정사항 요약 "Banks Get New Leeway in Valuing Their Assets"(2009년 4월 2일, http://www.fasb.org/action/sbd040209.shtml) 참조.

22 경기가 좋을 때는 은행 자본 규모에 비해 대출을 줄이고 안 좋을 때는 대출을 늘릴 수 있도록 허용하는 것을 경기역행적 자본적정성 기준(countercyclical capital adequacy standard)이라고 한다. 이런 규제는 때로 거시건전성 규제(macro-prudential regulations)로 불리기도 한다.

23 이 경우 완전한 시가평가 회계는 주주들의 기대(평균)수익률에 대한 어떤 시사점을 줄 수 있다. 그들은 평균적으로 채권자들에게 약속한 것보다 덜 지불할 것이다.

24 다른 회계상의 문제들도 행동을 왜곡시킬 수 있다. 저축대부조합 위기 후 은행들은 당연히 더 많은 자본을 확보하도록 요구 받았다(이런 일이 다시 일어나고 있다). 그러나 장기국채는 안전한 것으로 여겨졌기 때문에 은행들이 이 채권을 보유하면 더 적은 자본을 확보해도 됐다. 이런 장기국채가 예금금리나 단기국채수익률보다 훨씬 높은 수익률을 내는 시기에 은행들은 그 높은 수익을 이익으로 기록할 수 있었다. 이처럼 높은 수익률이 채권 가격이 하락할 것이라는(자본손실을 볼 것이라는) 기대를 반영하는 것이라 해도 말이다. 이런 유리한 회계규정은 은행들이 대출을 줄이고 장기국채를 늘리는 쪽으로 자산구성을 바꾸도록 했고 이는 1991년 경기침체에 기여했다. 앞서 말한 스티글리츠의 *Roaring Nineties* 참조.

25 사실 예전(2009년 4월 이전)의 회계기준이 그토록 엄격한 것은 아니었다. 이 기준은 은행들이 모든 자산에 대해 시가평가를 하도록 의무화하지 않았다. 내가 언급한 것처럼 특정 '부실'자산, 연체대출만 그렇게 하도록 했다. 이는 합리적이었다. 은행들이 아마도 그 자산을 충분히 오랫동안 보유하고 있으면 정말로 괜찮을 것이라며 완전한 재량을 발휘할 수 있도록 하는 것보다 훨씬 합리적인 것이었다. 사실 모든 증거들이 대규모 구제조치가 없는 한 부실에 빠지는 모기지들이 더욱 늘어나리라는 걸 시사했다. 정부의 모기지 대책은 도움이 되겠지만 충분하지 않았다. 희망가격으로 평가하는 새로운 제도를 정당화하기에는 틀림없이 불충분했다.

26 구조조정을 관리할 책임이 있는 모기지 서비스업체들은 특히 왜곡된 유인구조를 갖고 있었다. 그들은 압류를 미룸으로써 수수료를 챙길 수 있었다. 이 수수료는 결국 첫 번째 모기지 대출업체의 희생을 대가로 얻는 것이었다. 4장에서 논의한 내용을 보라.

27 문제는 더 있었다. 시가평가 회계에 실패함에 따라 경제의 알려지지 않은 리스크들이 드러났다. 시가평가를 하지 않게 되자 모든 은행들이 도박을 할 유인을 갖게 됐다. 어떤 은행이 자산을 팔 때는 매각가액을 기록하지만 그때까지는 매입가격으로 회계장부에 표시할 수 있다고 하자. 이 은행은 리스크가 높은 자산을 살 유인을 갖게 될 것이다. 이들 자산 중 어떤 것들은 값이 오르고 다른 어떤 것들은 떨어질 것이다. 그러면 이 은행은 명백한 자산의 가치를 인위적으로 왜곡할 수 있다. 값이 오른 자산을 팔고 값이 떨어진 자산은 최대한 오랫동안 들고 있는 것이다. 널리 거래가 이뤄지는 자산에 대해서만 시가평가를 해야 한다면 이 은행은 거래가 잘 되지 않는 자산을 살 유인을 갖는다. 이는 이 은행이 불투명한 회계를 할 수 있도록 더 많은 재량을 주는 것이다. 이는 단순히 장부가치 자체가 실질적인 가치의 왜곡된 측정치라는 이야기는 아니다. 그러나 결과적으로 잘못된 회계시스템은 지나친 리스크를 감수하고 가치를 가늠하기 어려운 자산을 사

도록 부추김으로써 대출과 투자를 왜곡한다.

28 미국 회계감사원(GAO)이 2008년 7월 상원 금융위원회 위원장과 간사에게 제출한 보고서 "Cayman Islands: Business and Tax Advantages Attract US Persons and Enforcement Challenges Exist"(GAO-08-778).

29 '역외' 금융센터들의 은행 비밀주의를 줄이는 데 진전이 있었다. 최근 G20(주요 20개국)정상회의도 더 많은 진전이 있을 것임을 시사한다. 한 가지 핵심적인 이슈, 다시 말해 자동적인 정보 교환에 있어서는 거의 진전이 이뤄지지 못했다. 역외 금융센터 관련 정책은 조세회피 문제에 초점이 맞춰져 있고 (예를 들어 부패한 독재자들이 훔친 돈의 안전한 피난처를 제공하는 것처럼) 은행 비밀주의를 비윤리적인 거래나 범죄에 악용하는 문제에 대해서는 거의 아무런 조치도 취해진 게 없다. 더욱이 은행 비밀주의에 대한 논의가 역외의 섬나라들에만 초점을 맞추고 있지만 조세정의네트워크(Tax Justice Network)가 만든 은행비밀지수는 미국, 영국, 그리고 싱가포르가 비밀주의에 관한 한 최악의 문제국들이라는 점을 지적하고 있다. 〈파이낸셜타임스〉 온라인 2009년 10월 30일치 Michael Peel, "Leading Economies Blamed for Fiscal Secrecy"와 Tax Justice Network, "Financial Secrecy Index"(2009년 지수, http://www.financial secrecyindex.com) 참조.

30 이는 내가 소련 체제가 붕괴할 때 쓴 책 *Whither Socialism*(1994년 MIT 출판부)의 주요 주제 가운데 하나였다.

31 1995년부터 1997년까지 경제자문위원회 의장으로서 나는 글래스-스티걸법 폐지에 강력히 반대했다. 경제학자로서 나는 확실히 굳건한 믿음을 갖고 있었다. 경제적 유인의 힘에 대한 믿음이다. 나는 글래스-스티걸법 폐지를 지지하는 이들이 진정으로 방화벽(Chinese wall)을 쌓을 수 있다면 상업은행과 투자은행을 합침으로써 얻을 수 있다는 '범위의 경제'의 이득 대부분을 잃게 될 것이라고 지적했다.

32 연방예금보험공사 *Summary of Deposits*(2009년 10월 15일, http://www2.fdic.gov/ SOD/sodSummary.asp?barItem=3).

33 SEC 고위 간부를 지낸 리 피커드 같은 이들은 1975년 규정을 2004년에 바꾼 게 실패의 가장 큰 요인이라고 보았다. SEC는 새로운 규정이 "감독을 강화했다"고 주장했다. 돌이켜보면, 투자은행들의 그토록 많은 문제들을 생각할 때 이 주장은 설득력이 없는 것으로 보인다. 〈뉴욕선〉 온라인 2008년 9월 18일 기사 Julie Satow, "Ex-SEC Official Blames Agency for Blow-up of Broker-Dealers" 그리고 SEC 트레이딩·마켓 담당 국장 Erik R. Sirri의 2009년 4월 9일 연설(http://www.sec.gov/news/speech/ 2009/spch040909ers.htm) 참조.

34 어떤 이들은 극단적인 견해를 주장했다. 예금을 받는 기관들은 예를 들어 오직 단기국

채에만 투자할 수 있도록 허용하는 '협의의 은행업(narrow banking)'이 바람직하다는 주장이다. 일반적인 상업은행 기능(중소기업들에 대출하는 기능)은 잘 작동하는 시장 경제에 필수적이다. 나는 그런 대출기능과 지급결제 시스템을 결합하면 자연스러운 시너지효과가 나타날 것으로 믿는다.

35 앞서 소개한 2009년 6월 17일 연설.

36 G30(Group of Thirty), *Financial Reform: A Framework for Financial Stability* (2009년 1월 15일, http://www.group30.org/pubs/recommendations.pdf).

37 진정한 은행 업무를 해온 은행들에게 대마불사형 은행들의 손실에 따른 비용을 지불하라고 요구하는 건 이치에 맞지 않다. 이는 형평성에도 안 맞고 효율적이지도 않다. 연방예금보험공사(FDIC)가 은행들의 채권을 보증함에 따라 우량은행에 돈을 맡긴 이들을 포함해 모든 예금자들은 과도한 리스크를 안은 은행들의 실수에 따른 비용 가운데 최소한 일부를 떠안도록 사실상 강요받는다. 이 대마불사형 은행들이 이 비용을 부담해야 한다. 예를 들어 이익과 배당금, 보너스, 채권에 대한 지급이자에 부과하는 특별한 세금의 형태로 비용을 무는 것이다. (우리가 채권보유자들을, 손실을 보전할 수 있는 완충장치를 허용해주면서, 구제해주는 일을 하지 않는다는 믿을 만한 약속을 할 수 있다면 채권이자에 대한 세금은 면제할 수 있을 것이다. 하지만 지금과 같은 태도라면 그래서는 안 된다.)

이 책이 인쇄에 들어갈 즈음 대형 은행들은 어떤 특별세금 부과에도 저항하고 있다. 그들은 앞으로 행동을 잘 것이며 다시 정부의 도움에 의존할 필요가 없을 것이라고 주장했다. 또한 리스크를 잘 관리하지 못하는 이들의 실수에 대해 자기네가 부담을 지게 하는 건 불공평하다고 주장했다. 한 가지 대안은 구제를 받아야 하는 은행들에게 세금을 부과하는 것이다. 하지만 중요한 건 보통 구제가 이뤄지는 시점에 정부가 돈을 투입해야 하며 정부가 받아낼 돈이 남아 있는 경우는 거의 없다는 점이다. 이번 은행 구제에서 정부가 입게 될 손실만 봐도 알 수 있다. 내가 지적한 것처럼 정부는 은행을 거듭거듭 구제해야 했고, 정부가 충분히 강력한 규제를 부과할 때가 되면 이미 은행 실패는 과거의 일이 돼버린다. 그러므로 대마불사형 은행들에 대해 세금을 물려야 한다. 이는 분명히 금융시스템을 운영하는 비용의 일부다. 형평성과 효율성을 가지려면 일반 납세자들이 아니라 은행들이 그 비용을 안도록 해야 한다.

38 누구도 어떤 형태로든 부외거래를 하도록 허용해서는 안 된다. 나는 이 장 뒷부분에서 신용부도스왑이라는 특히 위험한 금융상품을 설명하고 어떻게 이 상품을 규제해야 하는지 이야기할 것이다.

39 은행 스스로 어떻게 거래를 해제하고 문을 닫을지 '유언장(living will)' 같은 상세한 정리계획을 세우도록 하자는 제안은 옳은 방향으로 가는 것이지만 충분할 것 같지는 않

다. 상황은 몇 시간 만에 극적으로 바뀔 수 있다. 위기 전에는 잘 작동할 것으로 보였던 계획도 위기 때는 그렇지 않을 것이다.

40 이 책에서 금융부문이 만들어낸 모든 복잡한 상품들과 그것들이 뭐가 잘못됐는지 자세히 다룰 수는 없다. 상당한 관심을 끈 금융상품 하나는 '경매금리(auction-rated)' 증권이다. 이 증권 보유자에게 지급되는 이자율이 매주 경매를 통해 결정되는 것이다. 그러나 2008년 초 이 경매는 기능을 멈췄다. 3300억 달러 규모의 시장은 얼어붙었다. 이 상품을 판 월스트리트 금융회사들의 부당행위에 대한 수많은 증거가 있지만 법적 시스템을 통해 구제를 받는 건, 특히 집단소송을 통하는 건 느리고 비싼 절차여서 개인투자자들이 손실을 안게 된다. 〈뉴욕타임스〉 2009년 11월 8일치 B1면 Gretchen Morgenson, "A Way out of the Deep Freeze" 참조.

41 내가 지적한 것처럼 모기지 압류에 관한 한 그렇지 못하다. 보험회사는 흔히 상관관계가 높은 이런 종류의 리스크를 배제한다.

42 한 인간의 사망에 대한 보험과 한 기업의 죽음에 대한 보험을 사는 데에는 또 하나의 근본적인 차이가 있다. 정보비대칭의 범위에서 차이가 난다. 생명보험의 경우 보험회사와 보험 가입자 모두 기대수명에 관한 같은 정보에 접근한다. 보험 가입자가 정보를 얻는 데 조금 유리하다. 가입자는 그의 기대수명을 단축시킬 수 있는 위험한 행동에 자신이 관여하는지 알 것이다. 한 기업이 사망하는 경우 그 기업은 보험회사에 비해 자사의 사업 전망에 관한 훨씬 나은 정보를 가질 가능성이 크다. 따라서 그 회사는 보험회사가 자사의 파산 가능성을 과대평가해 이를 반영한 보험료를 제시하면 보험에 들지 않을 것이다. 이는 역선택(adverse selection)의 문제라고 한다.

43 금융계가 수행한 다른 많은 일들처럼 리스크를 관리하려는 그들의 시도도 실패했을 뿐만 아니라 때때로 역효과를 냈다. 사실 그들은 복잡하게 뒤얽힌 이해상충과 법적 분규의 그물을 만들어내 리스크를 키웠다. A은행은 B은행이 파산하면 제3의 은행에 엄청난 돈을 물어줘야 한다고 하자. 이때 정부가 A은행에 B은행을 사라고 자금을 제공했다면 이는 사실상 B은행뿐만 아니라 A은행도 구제한 것이다.

44 금융시장은(그리고 정부의 규제당국자들은) 10년 전 동아시아 위기 때 명백하게 나타났던 그 리스크를 알고 있었어야 했다. 당시 한국의 은행들은 그들이 직면한 많은 리스크, 예를 들어 환율 변동에 따른 리스크를 관리하고 있다고 믿었다. 그들은 홍콩의 한 회사로부터 그 리스크를 커버하는 상품을 샀다고 생각했다. 그러나 그 보험을 판 회사가 파산하자 그 리스크를 고스란히 안게 됐다.

45 채권시장의 가격을 보고, 암묵적으로 부도 가능성을 평가할 수 있다. 시장의 효율성을 옹호하는 이들이 주장하는 것처럼 자본시장이 효율적이라면 신용부도스왑은 거의 필요하지 않을 것이다. 신용부도스왑을 발행하는 이들이 거둬들이는 수십억 달러의 수수

료를 정당화하기 힘들 것이다. 신용부도스왑 시장의 기능은 자금 제공과 연결시키지 않고 리스크 평가에만 초점을 맞추고 싶어 하는 이들이 그렇게 할 수 있도록 해주는 것이다. 이런 기능은 그 자체로는 중요할 수 있다. 그러나 우리가 보았듯이 이는 상당한 리스크를 수반하는 것이다. 특히 리스크 평가의 차이에 대한 투기를 불러온다.

46 업턴 싱클레어(Upton Sinclair)가 1906년 미국 목축장을 혹독하게 고발하는 고전적인 소설 《정글(The Jungle)》을 출간한 후 미국인들은 미국의 육류를 너무나도 불신하게 됐다. 이에 따라 축산업계는 정부에 육류에 대한 검사를 수행해달라고 간청했다. 고객들은 민간기업이 제공하는 인증을 진정으로 신뢰하지 않았다. 이와 마찬가지로 보통 시민들이 어떤 은행에 돈을 넣는 게 충분히 안전한지 알아보기 위해 그 은행의 재무상태를 평가하는 건 불가능한 일이다. 그들은 은행 재무상태에 대해 등급을 매기는 어떤 민간기업도 믿지 않을 충분한 이유가 있다. 은행에서 수수료를 받는 신용평가회사 같은 기업의 경우 특히 그렇다. 이런 종류의 정보는 경제학자들이 '공공재(public good)'라고 부르는 것으로, 그런 정보를 정부가 제공해야 한다는 주장을 강력히 뒷받침하는 것이다.

47 오바마 행정부는 금융상품위원회 설치를 제안했다. 이 책이 인쇄에 들어갈 때 그 법안은 아직 의회에서 통과되지 않았다. 그러나 하원 금융서비스위원회는 핵심 조항들을 파내버렸고 대다수 은행들을 적용 대상에서 제외했다.

48 1980년에는 미국 성인 중 56퍼센트가 적어도 하나의 신용카드를 갖고 있었다. 2001년에는 이 비율이 76퍼센트로 높아졌다. PBS가 2001년 4월 18일 〈NewsHour with Jim Lehrer〉 프로그램에서 방송한 "Debt Nation"(http://www.pbs.org/newshour/extra/features/janjune01/credit_debt.html).

49 비자와 마스터카드는 사실상 은행들이 소유하고 있기 때문에 (아메리칸익스프레스와 다이너스클럽 같은) 다른 신용카드와 다르다. 이들 카드는 너무나 광범위하게 사용되고 있어서 고객들을 잃을 각오를 하지 않는 한 이들 카드를 거부하기 어렵다.

50 물론 상인들은 그 비용을 고객들에게 떠넘길 수 있고 실제로 그렇게 한다. 그러나 고객들은 현금을 쓰든 직불카드, 신용카드 또는 프리미엄 신용카드를 쓰든 모두가 그 비용을 물어야 한다. 지급결제 시장은 (이들 결제수단을 선택하는 데 있어) 완전히 뒤틀려 있다.

51 효율적인 지급결제시스템을 만드는 데 있어 핵심적인 아이디어는 효율성을 높이려면 신용기능에서 결제기능을 분리해야 한다는 것이다. 개인들은 각각의 서비스에 대해 따로 결제해야 한다. 낮은 비용으로 거래를 하고 싶은 이들은 그렇게 할 수 있는 옵션을 가져야 한다. 그러나 신용카드에 효율적이고 비용이 적게 드는 기능을 '추가'할 수 있는 옵션도 있어야 한다. 순수한 '직불'거래의 비용(고객과 상인에 부과하는 수수료를 합친

것)은 오늘날 부과되는 수수료에 비하면 극히 작을 것이다.

호주는 최근 온건한 개혁을 이뤘다. 상인들이 각자의 카드 처리비용을 반영한 수수료를 부과할 수 있도록 허용하고, 상인들에게 지나친 수수료를 부과할 수 없도록 제한하는 내용이다. 예상한 대로 그에 따른 긍정적인 효과는 컸다. 호주 중앙은행 2002년 8월 27일 보도자료 "Reform of Credit Card Schemes in Australia"(http://www.rba.gov.au/MediaReleases/2002/mr_02_15.html). 그 효과를 검토하려면 호주 중앙은행의 보고서 "Reform of Australia's Payments System: Conclusions of the 2007/2008 Review"(2008년 9월)를 보라.

52 세계은행의 2008년 세계개발지표 중 구매력평가기준 1인당 GDP(각국별로 생활비용의 차이에 따라 조정된 수치) (2008년 4월 16일, 개정판)

53 수표-현금 교환 수수료 상한을 정한 주는 24개뿐이다. Matt Fellowes and Mia Mabanta, "Banking on Wealth: America's New Retail Banking Infrastructure and Its Wealth-Building Potential"(브루킹스연구소 Metropolitan Policy Program, 2008년 1월) 참조.

54 은행들이 이처럼 소외된 지역에 대출을 해주도록 하기 위해 의회는 지역재투자법(Community Reinvestment Act)을 제정해야 했다. 일단 의무적으로 대출을 하고 보니 그게 수익성이 있다는 걸 은행들은 발견했다. 1장에서 언급한 것처럼 부도율은 은행들이 대출을 해주는 다른 지역의 부도율과 별 차이가 없었다.

55 미국 의회 예산처 "Cost Estimate: H.R. 3221 Student Aid and Fiscal Responsibility Act of 2009"(2009년 7월 24일, http://www.cbo.gov/ftpdocs/104xx/doc10479/hr3221.pdf).

56 〈뉴욕타임스〉 2007년 6월 1일치 B1면 Karen W. Arenson, "Columbia to Pay $1.1 Million to State Fund in Loan Scandal".

57 규제를 받아야 마땅한 사람들에게 규제당국이 '포위'되는 경우가 왜 흔한지를 설명하는 경제학과 정치학 연구 결과는 많다. 자율규제의 경우 규제당국은 명백히 포위된다. 바로 앞 장에서 봤듯이 뉴욕연방준비은행의 규제는 자율규제에 가깝게 됐다. 그러나 이는 다른 차원의 문제이기도 하지만 그만큼 사고방식('인지적 포위')의 문제이기도 하다. 규제당국자들은 그들이 규제하는 사람들과 다르게 생각해야 마땅하다. 그들은 무엇이 잘못될 수 있는지에 관해 생각해야 한다. 그들은 또한 일이 잘못되기 시작할 때 행동해야 한다. 특히 어떤 혼란이든지 혼란을 정리하는 데 비용을 물어야 하는 쪽은 다른 사람들(특히 납세자들)이라는 걸 규제당국자들은 알기 때문에 더욱 그렇다.

58 우리는 민간부문의 (민사소송을 통한) 이행수단과 공공부문의 이행수단을 다 갖고 있다. 또한 연방정부와 주정부 차원의 이행수단을 갖고 있다. 연방 차원에서 이행의 책임

은 법무부와 연방거래위원회 둘 다에 있다.

59 금융시장이 혁신에 저항하는 다른 사례들도 많다. 몇 년 전 일부 경제학자들은 국채를 파는 더 좋은 방안을 생각하게 됐다. 경매를 통해 국채를 팔면 거래비용을 낮출 수 있고, 매각을 더 투명하게 할 수 있으며, 정부가 더 큰 수익을 얻을 수 있다는 생각이었다. 그러나 역시 사람들은 저항했다. 그 이유는 명백했다. 월스트리트는 정부 수익을 극대화하는 걸 바라지 않았다. 그 대신 자기들의 수익을 극대화하기 바랐다. 그들은 이때도 역시 과거의 불투명한 시스템에서 더 많은 돈을 벌 수 있었다.

7장 새로운 자본주의 질서

1 이 숫자는 GDP에 대비한 공공부채의 비율이다. 의회 예산처가 내놓은 가장 현실적인 시나리오에 따르면 GDP 대비 공공부채 비율은 2019년 87퍼센트로 늘어날 것으로 추정된다. (공공부문이 진 빚뿐만 아니라) 모든 부채를 포함하면 오바마 행정부의 가장 낙관적인 시나리오에 따르더라도 GDP 대비 부채 비율이 2019년 100퍼센트를 웃돌게 된다. Office of Management and Budget, "Budget of the US Government, Fiscal Year 2010, Updated Summary Tables, May 2009", 미국 정부 2010 회계연도 예산 Historical Tables Fiscal Year 2010, "Table 7.1-Federal Debt at the End of Year: 1940-2014"(http://www.gpoaccess.gov/USbudget/fy10/index.html), 의회 예산처 "The Long-Term Budget Outlook"(2009년 6월, http://www.cbo.gov/ftpdocs/102xx/doc10297/06-25-LTBO.pdf).

2 1950년부터 1970년까지 1인당 평균소득은 59퍼센트 늘어났으며, 1인당 중위소득(소득순위에서 중간에 있는 이들의 소득)은 41퍼센트 증가했다. 미국 센서스국 *Historical Income Tables-People*, "Table P-4. Race and Hispanic Origin of People (Both Sexes Combined) by Median and Mean Income: 1947 to 2007"(http://www.census.gov/hhes/www/income/histinc/p04.html).

3 R. Haskins, J. Isaacs와 I. Sawhill이 편집한 *Getting Ahead or Losing Ground: Economic Mobility in America*(2008년 브루킹스연구소) 중 Julia B. Isaacs, "Economic Mobility of Men and Women".

4 미국 센서스국 Carmen DeNavas-Walt, Bernadette D. Proctor, and Jessica C. Smith, "Income, Poverty, and Health Insurance Coverage in the United States: 2008"(2009년 9월, http://www.census.gov/prod/2009pubs/p60-236.pdf).

5 런던 킹스칼리지 법대 International Centre for Prison Studies에서 낸 Roy

Walmsley, "World Prison Population List. 7th edition"(2007년).

6 미국의 15세 학생들은 과학과 수학 과목에서 경제협력개발기구(OECD) 회원국 평균보다 낮은 성적을 냈다. 과학에서는 57개국 중 22개국이 미국보다 높은 평점을 받았고, 수학에서는 31개국이 미국보다 평균점수가 높았으며 미국보다 낮은 점수를 기록한 나라는 20개국뿐이었다. 미국은 과학 과목에서 최하 등급(레벨 1) 이하 성적을 낸 학생들의 비율이 OECD 평균보다 더 높았다. Baldi, Jin, Skewer, Green, and Herget, *Highlights from PISA 2006*(앞서 말한 자료).

7 미국 베이비붐 세대는 1946년부터 1964년에 태어난 7900만 명이다. 미국에서 65세 이상 인구는 2030년까지 50퍼센트 이상 늘어날 것으로 예상된다. 2010년 전체 인구의 13퍼센트에서 2030년 20퍼센트로 늘어나는 것이다. 적어도 몇십 년 동안은 20퍼센트를 넘는 높은 수준에 머무를 것이다. 2010년 이후 베이비붐 세대가 늙어가면서 정부지출은 극적으로 늘어날 것이다. 연간 사회보장지출은 2008년 약 5.1퍼센트에서 2018년 6.4퍼센트로 가속적으로 늘어날 것으로 예상된다. 메디케어(Medicare)와 메디케이드(Medicaid)는 더 빨리, 연간 7~8퍼센트씩 증가할 것이다. 메디케어와 메디케이드의 총지출은 2009년부터 2018년까지 두 배 이상으로 늘어날 것으로 추정된다. 이에 비해 GDP 성장 속도는 그 절반에 불과할 것으로 추정된다. 미국 센서스국 Population Division, "National Population Projections-Projections of the Population by Selected Age Groups and Sex for the United States: 2010 to 2050"(2008년 8월 14일), Peter Orszag, "The Budget and Economic Outlook: Fiscal Years 2008 to 2018"(2008년 1월 24일 미국 상원 예산위원회 진술).

8 에너지 비용은 2006년 GDP의 8.8퍼센트였다. Energy Information Agency, "Annual Energy Review 2008, Table 1.5: Energy Consumption, Expenditures, and Emissions Indicators, 1949-2008"(2009년 6월 26일, http://www.eia.doe.gov/emeu/aer/overview.html) 참조. 미국 대기업 가운데 엑슨모빌(1위), 셰브론(3위), 코노코필립스(4위), 발레로에너지(10위) 같은 에너지 기업들이 있다. 〈포춘〉 온라인 2009년 "Fortune 500"(http://money.cnn.com/magazines/fortune/fortune500/).

9 경제분석국 국민소득과 상품계정 "Table 6.16D. Corporate Profits by Industry"(http://www.bea.gov/National/nipaweb/SelectTable.asp). 금융부문은 이처럼 많은 이익을 냈을 뿐만 아니라 대단히 큰 금액의 보너스를 지급했다. (몇몇 은행의 경우 이익과 보너스 규모가 거의 같았다.)

10 국제노동기구 "Global Employment Trends Update, May 2009"(http://www.ilo.org/wcmsp5/groups/public/---dgreports/---dcomm/documents/publication/wcms_106504.pdf) 참조.

11 2006년 미국 경상수지 적자는 8040억 달러였다. 그 후 적자 규모는 2007년 7270억 달러, 2008년 7060억 달러로 조금 줄어들었다. 경제분석국 U.S. International Transactions Accounts Data, 표 1(2009년 9월 14일, http://www.bea.gov/international/xls/table1.xls).

12 미국 가계는 2006년 1조 달러 이상의 순차입을 기록했으나 2008년 4분기 2790억 달러 저축으로 돌아섰다. 이에 비해 같은 기간 정부의 차입은 3350억 달러에서 2조 2000억 달러 가까운 수준으로 늘었다. 연준 Flow of Funds Accounts of the United States, 표 F.1(2009년 3월 12일, http://www.federalreserve.gov/releases/z1/Current/data.htm).

13 중국이 더 많이 소비하도록 부추기는 건 다른 면에서도 오도된 것이다. 설사 중국이 국내 소비를 늘리더라도 미국으로부터의 수입은 별로 늘어나지 않을 수 있다. 중국은 교육, 의료와 같은 국내 서비스에 높은 우선순위를 둘 것이며 또한 그래야 한다. 중국 소비 증가를 통해 미국의 거대한 적자를 쉽게 해소할 수 있다는 생각에서 발견되는 오류는 중국 통화가치 절상이 그런 일을 해줄 것이라는 주장이 잘못된 점과 비슷한 것이다. 미국이 섬유나 의류 생산을 시작하지는 않을 것이다. 단지 미국의 구매 선이 중국에서 다른 개발도상국으로 바뀔 뿐이다. 글로벌 불균형이 초래하는 문제는 더 악화될 수 있다. 중국이 미국에 대한 흑자를 줄이려 하더라도 다른 개도국들은 기꺼이 그렇게 하지 않을 것이다.

14 세계화가 선진국에 미치는 영향은 자명하다. 비숙련 노동자들은 다른 모든 나라들의 저임금 노동자들과 경쟁해야 한다. 앞서 말한 스티글리츠의 *Making Globalization Work*를 보라.

15 예를 들어 현재와 미래에 탄소 배출에 (이를테면 톤당 80달러의) 높은 비용을 물리기로 세계 각국이 약속하면 기업과 가계가 '탄소' 효율성을 높이려는 강력한 유인을 갖게 될 것이다.

16 전체 임금소득 가운데 상위 1퍼센트와 상위 5퍼센트가 차지하는 몫은 1980년대 후반에 이미 직전 고점을 넘어섰고 1998년에는 사상 최고 수준에 이르렀다. Thomas Piketty and Emmanuel Saez, "Income Inequality in the United States, 1913-1998" (*Quarterly Journal of Economics* 118권 1호[2003년 2월] 1-39쪽 그림 IX) 참조.

17 2006년 중국은 미국을 제치고 가장 많은 온실가스를 배출하는 나라가 됐다. 〈뉴욕타임스〉 2008년 6월 14일치 A5면 Elisabeth Rosenthal, "China Increases Lead as Biggest Carbon Dioxide Emitter".

18 Wallace E. Tyner, "The US Ethanol and Biofuels Boom: Its Origins, Current Status, and Future Prospects"(바이오사이언스 58권 7호[2008년 7/8월호] 646-653

쪽). 옥수수에서 에탄올을 추출하는 게 환경적으로 별로 득이 되지 않을 거라는 데 광범위한 공감대가 있다. 비판자들은 또한 옥수수에서 추출하는 에탄올에 보조금을 주는 건 곡물 가격을 밀어 올릴 위험이 있다고 지적했다.

19 쿠바는 이미 낮은 영아사망률을 출생한 아기 1000명당 7.2명까지 더 낮췄다. 이는 미국 평균과 같은 수준이며 워싱턴DC의 절반 수준이다. 〈워싱턴포스트〉 1998년 2월 23일치 A12면 Molly Moore, "The Hemorrhaging of Cuba's Health Care; Doctors without Data, Patients without Drugs: U.S. Embargo, Economic Crisis Cripple a Showcase System".

20 예를 들어 OECD의 PISA 테스트에서 한국의 15세 학생 중 상위 학생들은 OECD 평균보다 상당히 높은 점수를 냈다. 같은 레벨의 미국 학생들은 OECD 평균보다 낮은 성과를 냈다. 경제협력개발기구 "OECD Briefing Note for the United States", *PISA 2006: Science Competencies for Tomorrow's World*(2007년 12월 4일, http://www.pisa.oecd.org/dataoecd/16/28/39722597.pdf). 이 장 주 6을 보라.

21 Mamta Murthi, J. Michael Orszag, and Peter R. Orszag, "The Charge Ratio on Individual Accounts: Lessons from the U.K. Experience"(1999년 3월 런던대학 버벡칼리지 워킹페이퍼 99-2)를 보라.

22 Yao Li, John Whalley, Shunming Zhang, and Xiliang Zhao, "The Higher Educational Transformation of China and Its Global Implications"(NBER 워킹페이퍼 13849, 2008년 3월, http://www.nber.org/papers/w13849).

23 유엔개발계획 인간개발지수(HDI)는 1인당 소득과 교육, 보건 지표를 결합한다. 2009년 인간개발보고서에 따르면 미국이 인간개발지수에서 세계 13위인 데 비해 스웨덴은 7위를 차지했다.

24 Herbert Simon, "Organizations and Markets"(*Journal of Economic Perspectives* 5권 2호[1991년] 28쪽).

25 두 가지 조직 형태 모두 기업 경영이 잘되면 모든 주주들이 이득을 본다는 의미에서 경영진은 하나의 공공재로 볼 수 있다. 두 조직 형태 모두 이 공공재에 대한 감시가 지나치게 적게 이뤄질 위험이 있다. 아마도 이 문제는 정부가 경영하는 기업에서 더 명백하기 때문에 흔히 이 문제를 해결하기 위한 제도적인 장치를 만들어 최악의 횡포를 막으려 하는 것이다.

26 직업훈련에 초점을 맞춘 영리학교는 기만적인 관행에서 뛰어났다. 이들 학교를 졸업한 학생들은 흔히 크게 실망해 학자금 대출금을 상환하고 싶어 하지 않았다. 클린턴 행정부는 학자금대출 부도율이 높은 학교에 대해서는 대출 자격을 박탈하려 했다. 그러나 민간 학교들은 이 계획에 반대하는 로비를 했다. 그들은 정부가 보증하는 대출에 접근

하지 못하면 이 사업에서 퇴출되리라는 걸 알았다.

27 Environmental Working Group, "Farm Subsidy Database"(http://farm.ewg.org/ farm/progdetail.php?fips=00000&yr=2006&progcode=cotton&page=conc). 2009년 8월 세계무역기구(WTO) 항소패널은 브라질이 무역규정을 위반한 미국에 최대 8억 달러 규모의 보복 관세를 물릴 수 있도록 판결했다. 세계무역기구 "WTO Issues Arbitration Reports in US-Brazil Cotton Dispute"(2009년 8월 31일, http://www.wto.org/ english/news_e/news09_e/267arb_e.htm) 참조.

28 2003년 11월 9일 에너지법안에 대한 매케인 상원의원 발언(http://mccain.senate. gov/public/index.cfm?FuseAction=PressOffice.Speeches&ContentRecord_id=925 9EB94-5344-435F-B4D8-37F7BF6DAA77).

29 내가 경제자문위원회 일원이자 의장일 때 우리는 기업복지 프로그램의 리스트를 작성 했다. 그리고 보수적인 연구기관들을 포함해 다른 이들이 만든 리스트와 비교해봤다. 흥미롭게도 IMF를 통해 은행을 지원한 게 리스트의 맨 위나 상위에 올랐다. IMF를 통 한 지원은 은행 구제에서 중요한 역할을 했다. 이는 IMF가 아시아, 러시아, 그리고 남 미의 대규모 은행 구제를 지원하기도 전에 있었던 일이다.

30 시장이 리스크에 대한 값을 지나치게 낮게 매기는 까닭이 왜곡된 유인체계와 관련이 있 다면 정부는 유인구조에 영향을 미침으로써 간접적으로 리스크 가격 결정에 영향을 줄 수 있다.

31 시장이 지식을 생산하도록 하는 게 매우 비효율적일 수 있는 건 바로 이런 이유 때문이 다. 어떤 경우에는 (예를 들어 특허제도를 통해) 그렇게 하는 데 성공할 수 있겠지만 시 장 메커니즘을 이용하는 사회적 비용은 클 것이다.

32 경제학자들은 핵심적인 보험시장의 부재를 이해하는 데 대단히 많은 주의를 기울였다. 이는 주로 정보의 문제와 (특히 정보비대칭과) 관련이 있었다. M. Rothschild and J. E. Stiglitz, "Equilibrium in Competitive Insurance Markets: An Essay on the Economics of Imperfect Information"(*Quarterly Journal of Economics* 90권 4호 [1976년 11월] 629-649쪽)을 보라.

33 기업의 착취적인 행동의 리스트는 길다. 한 보험회사는 무서운 병에 대비한 생명보험을 팔았다. 확률적으로 보면 그 리스크는 무시할 수 있는 것이었다. 그러나 보험판매원들 은 이 끔찍한 병으로 남편을 잃은 미망인이 아무런 대책 없이 홀로 남겨진다는 걸 설명 하면서 하루에 단돈 25센트만 내면 되는 보험계약을 쉽게 팔 수 있었다. 보험회사는 이 를 잘 알고 있었다. 전 식약청장이었던 데이비드 케셀러는 음식료 업계의 사례를 알려 준다. David Kessler, *The End of Overeating: Taking Control of the Insatiable North American Appetite*(2009년 Rodale)과 *A Question of Intent: A Great*

American Battle with a Deadly Industry(2001년 Public Affairs)를 보라.

34 애덤 스미스는 그 위험을 인식했다. 현대의 반독점법은 경쟁적인 시장을 유지하고 반경쟁적인 부당한 관행을 막기 위해 설계된 것이다.

35 Claude Henry, *Patent Fever in Developed Countries and Its Fallout on the Developing World*, Prisme No. 6(2005년 5월 Centre Cournot for Economic Studies), 〈뉴욕타임스〉 2004년 5월 19일치 C3면 Andrew Pollack, "Patent on Test for Cancer Is Revoked by Europe".

36 특허제도는 심지어 혁신의 속도를 떨어뜨릴 수도 있다. 예를 들어 특허제도는 연구활동에 가장 중요한 투입요소(지식)의 가격을 올리고, 모든 혁신가들이 다른 이들의 특허권을 침해할까 걱정하게 하는, 복잡하게 얽힌 특허의 숲을 만들어낼 수 있다. 앞서 소개한 스티글리츠의 *Making Globalization Work* 4장을 보라.

37 경제분석국 산업경제계정 내 산업별 GDP, "Value Added by Industry as a Percentage of GDP"(2009년 4월 28일, http://www.bea.gov/industry/xls/GDPbyInd_VA_NAICS_1998-2008.xls).

38 정부가 TV와 라디오 방송국들에 후보자들에게 무료로 시간을 주도록 하면 선거운동 자금수요를 줄일 수 있다. 호주의 의무투표제도는 표를 얻기 위한 비용지출을 줄일 수 있다.

39 책임정치센터(Center for Responsive Politics)가 연방 선거관리위원회 자료를 분석한 결과 2008년 선거 때 정치활동위원회(political action committee)와 증권 · 투자회사 임직원들이 정치 후원금으로 1억 5600만 달러를 낸 것으로 드러났다. 골드만삭스, 씨티그룹, JP모건체이스, 뱅크오브아메리카, 그리고 크레디트스위스는 2270만 달러를 냈고, 이 기간 중 로비에 모두 2500만 달러 이상을 썼다. Center for Responsive Politics, "Lobbying Database"(http://www.opensecrets.org/lobby/index.php)와 "Heavy Hitters"(http://www.opensecrets.org/orgs/list.php?order=A)을 참조하라. (선물거래가 농산품에서 시작됐기 때문에) 선물시장 거래를 감시하는 역할을 하고 있는 하원 농업위원회 콜린 C. 피터슨 위원장은 이에 대해 퉁명스럽게 말했다. "은행들이 이곳을 움직입니다. 무엇이 문제인지 이야기하자면, 그들은 두 번째로 많은 돈을 내는 그룹보다 세 배나 많은 후원금을 냅니다." 〈뉴욕타임스〉 2009년 6월 1일치 A1면 Gretchen Morgenson and Don Van Natta Jr., "Even in Crisis, Banks Dig in for Battle against Regulation".

1 G20 정상회의를 하자는 아이디어는 니콜라 사르코지 프랑스 대통령이 낸 것이다. 그는 유엔의 후원으로 뉴욕에서 회의를 하기를 바랐다. 조지 W. 부시 대통령은 자기가 재빨리 움직이지 않으면 유럽이 주도권을 잡으리라는 걸 깨닫고 워싱턴DC에서 회의를 열자고 제안했다.

2 국제통화기금 2008년 4월 *World Economic Outlook* 24쪽.

3 이는 여러 나라에 걸쳐 나타나는 외부성의 사례들이다. 내가 되풀이해 강조했듯이 외부성은 널리 퍼져 있으며 중요하다. 외부성이 널리 퍼져 있으면 시장은 저절로 잘 돌아가지 않을 것이다.

4 아일랜드 국방장관은 이렇게까지 말했다. "아일랜드의 관점에서 보면 최고의 부양 조치는 우리의 교역상대국들이 취한 부양 조치들이다. 그들의 부양 조치는 결국 우리가 아무런 비용도 부담하지 않고 수출수요 증대효과를 얻도록 해줄 것이다. 우리가 해야 할 일은 교역상대국들이 취한 조치에 따른 기회를 잘 활용할 수 있는 태세를 확실히 갖추는 일이다." 아일랜드 〈선데이인디펜던트〉 2009년 1월 4일치에 Willie O'Dea(아일랜드 국방장관)이 기고한 "Why Our Response to Crisis Isn't Wrong".

5 위기 때 은행과 기업들에게 해준 지원이 무역에 왜곡된 영향을 미칠 가능성을 포함해 이런 규정들에 대한 일반적인 논의에 대해 알아보려면 세계무역기구의 무역정책검토부서에서 낸 "Overview of Developments in the International Trading Environment-Annual Report by the Director-General"(WT/TPR/OV/12, [2009년 11월 18일] http://www.wto.org/english/thewto_e/minist_e/min09_e/ official_doc_e.htm)을 보라.

6 세계은행 Elisa Gamberoni and Richard Newfarmer, "Trade Protection: Incipient but Worrisome Trends(International Trade Department, Trade Notes No. 37[2009년 3월 2일]).

7 자본시장 자유화는 한 나라에 하룻밤 새 엄청난 핫머니가 밀려들고 그처럼 빠른 속도로 유출될 수 있도록 허용하는 것이다. 그런 핫머니가 휩쓸고 간 자리는 폐허로 남는다. 이 같은 자본시장 자유화는 1997-1998년 동아시아 위기를 초래한 핵심 요인이었다. 나는 자본시장 자유화에 특히 비판적이었다. 그 비용은(즉 엄청난 리스크는) 명백한 반면 확실한 이득은 없기 때문이다. 하룻밤 새 들고 나는 돈으로는 공장을 지을 수 없다. 결국 IMF 수석 경제학자인 켄 로고프가 여러 가지 사례로 볼 때 적어도 자본시장 자유화가 성장률 제고로 이어졌다는 증거는 별로 없으며 일부 국가의 경우 불안정성이 높아지도록 했다는 증거는 있다고 시인했을 때 IMF는 입장을 바꾸었다. 앞서 말한 Prasad,

Rogoff, Wei, and Kose, "Effects of Financial Globalization on Developing Countries"를 보라.

어떤 나라 안에서 외국 은행들이 자유롭게 영업할 수 있도록 허용하는 금융시장 자유화의 핵심적인 논리 가운데 하나는 미국 은행들이 개도국들에게 은행 업무의 선진 관행을 '가르쳐주고' 경제성장률과 안정성을 높여주리라는 것이었다. 하지만 일은 그런 식으로 이뤄지지 않았다. 역설적으로, 자유화 시대가 오기 전까지 미국은 나라 전체에 걸쳐 영업을 확장하는 전국 은행의 개념조차 거부했다. 뉴욕과 다른 금융중심지에서 온 거대은행들이 내륙 지역에 재투자하기보다는 저축을 모두 말라붙게 할 것이라는 염려 때문이었다. 대출에는 정보가 중요하다. 훌륭한 대출자는 차입자를 잘 안다. 대출회사가 뉴욕에 있으면 그들은 뉴욕 기업에 대출할 가능성이 크다. 꼭 그런 건 아니지만 대부분 그럴 것이다. 지역 제한은 미국의 독특한 금융시스템을 만들어냈다. 이 나라 금융시스템은 수많은 지역은행과 소규모 지방은행들이 공존하는 특징을 갖고 있다. 오늘날에도 7000개 이상의 지방은행들이 있다. 그들은 해당 지역의 중소기업들에게 대출해주면서 미국경제의 역동성의 원천이 되고 있다.

8 IMF는 자금지원 조건으로 돈을 받는 나라들에게 어떤 일을 하라고 요구했다. 어떤 은행이든 빌려준 돈을 돌려받을 가능성을 높이기 위해 차입자들에게 어떤 조건을 부과한다. 그러나 IMF가 부과하는 조건들은 대출금 상환 가능성을 오히려 낮추는 경우가 가끔 있다. 그 조건들은 대출금과 관련성이 매우 희미한 경우가 많았다. IMF의 조건 가운데는 (예를 들어 중앙은행이 금리를 올리도록 하거나 정부가 재정적자를 줄이도록 요구하는) '거시경제적 조건', (예컨대 정부가 은행들을 민영화하도록 요구하는) '구조적 조건' 또는 (이를 테면 정부가 중앙은행에 완전한 독립성을 주도록 하는) '정치적 조건'이 있을 수 있다. 전체적으로 이 조건들은 그 나라의 독자적인 정책결정의 여지를 줄이는 것이었다. 많은 개도국들이 그 조건들이 자국의 경제적 주권을 빼앗아가는 걸로 본다.

9 IMF 정책에 반대하는 시위와 폭동은 아르헨티나, 브라질, 콜롬비아, 케냐, 한국, 그리고 짐바브웨에서도 일어났다. World Development Movement 2002년 4월 보고서 Mark Ellis-Jones, "States of Unrest II: Resistance to IMF and World Bank Policies in Poor Countries"(http://web.archive.org/web/20050130125648/www.wdm.org.uk/cambriefs/debt/Unrest2.pdf) 참조.

10 예를 들어 IMF는 파키스탄에 금리와 세율을 올리라고 압력을 가했다(2009년 5월 22일 BBC 뉴스 Melik, "Pakistan Business Fighting on All Fronts"를 보라). IMF는 또한 파키스탄의 재정적자 감축 목표를 설정했다. 파키스탄은 그 목표를 지키지 못할 위험에 처해 있었다(블룸버그닷컴 2009년 6월 10일 보도 Ahmed and Khalid Qayum, "Pakistan's Budget Deficit May Exceed IMF Target, Tarin Says"를 보라). 라트비아

가 재정적자 감축을 이행하도록 하기 위해 IMF는 흔히 쓰는 수법을 이용했다. 다음번 대출금 인출을 지연시키겠다고 위협한 것이다. 인출이 지연되면 이 나라는 국가부도를 낼 수도 있었다(블룸버그닷컴 2009년 3월 9일 보도 Aaron Eglitis, "Latvia Faces Bankruptcy by June If IMF Loan Delayed"를 보라). 이런 경우 IMF 정책이 적절한가에 대한 논란이 있다. 각국은 IMF 프로그램이 없었더라면 더 확장적인 정책을 쓸 수 있었을까? IMF는 예컨대 인플레이션과 실업 사이의 상충관계에서 균형을 적절하게 맞추고 있는가? 그래도 이 논란은 10년 전과는 뚜렷이 다르다.

11 나는 앞서 말한 *Globalization and Its Discontents*에서 이와 함께 다른 여러 가지 개혁을 촉구했다.

12 미국 정부의 원조는 GDP의 0.18퍼센트밖에 안 된다. 이는 덴마크(0.82퍼센트), 네덜란드(0.8퍼센트), 노르웨이(0.88퍼센트), 그리고 스웨덴(0.99퍼센트)에 비하면 4분의 1도 안 되는 수준이다. OECD 통계(OECD.Stat) "ODA by Donor"(2009년 3월 30일), "Gross Domestic Product"(http://stats.oecd.org).

13 미국은 심지어 유럽과 일본의 IMF 지원과 보조를 맞추는 것도 꺼렸다. 미국의 첫 반응은 IMF가 중국, 사우디아라비아, 그리고 다른 나라들이 이 기구에 더 많은 돈을 빌려줘서 IMF가 그 돈을 더 가난한 나라들에게 대출하도록 관대한 제안을 하는 것이었다. 결국 오바마 행정부는 IMF에 1000억 달러의 대출금을 제공하겠다는 약속을 했다. 이는 일본이 제안한 금액이나 미국의 경제규모에 비해 적은 액수였다. 또한 미국이 자국 은행들에게 준 돈과 비교해도 적은 액수였으며, 이번 위기를 초래하고 가난한 나라들이 고통을 느끼게 한 잘못에 비하면 특히 적은 금액이었다. (그리고 은행들에게 준 돈 가운데 많은 부분과 달리 IMF에 대출한 자금은 돌려받을 돈이다.) 하지만 의회는 이처럼 적은 대출조차도 방해했고 오바마 행정부는 상당한 돈을 써서 의회의 동의를 받아냈다.

14 G20 국가들은 OECD에 정보교환에 관한 국제기준을 완전히 이행한다고 여겨지는 나라들의 명단을 발표하라고 요청했다. OECD는 네 나라(우루과이, 코스타리카, 말레이시아, 필리핀)를 블랙리스트에 올리고, 30개국 이상을 회색(grey)리스트, 약 40개국을 백색(white)리스트에 올렸다. 블랙리스트에 오른 네 나라 모두 일주일 내 회색으로 업그레이드됐다. 경제협력개발기구 2009년 4월 7일 보도자료 "Four More Countries Commit to OECD Tax Standards"(http://www.oecd.org/document/0/0,3343, en_2649_33745_42521280_1_1_1_1,00.html).

15 부패 문제는 G20 피츠버그 정상회의 의제로 올라갔다.

16 프랜시스 후쿠야마, *The End of History and the Last Man*(1992년 프리프레스).

17 Angus Maddison, *The World Economy: A Millennial Perspective*(2007년 경제협력개발기구).

18 앞서 소개한 Luc Laeven and Fabian Valencia, "Systemic Banking Crises: A New Database".

19 선진산업국 (특히 미국) 사람들은 위선적으로 보이는 그 행동을 정당화해주었다. 첫째, 미국은 자원을 기업복지에 낭비할 수 있을 만큼 충분히 부유하다. 그러나 가난한 나라들은 그렇지 못하다. 정부 관리들은 사석에서는 그게 잘못된 것이라는 데 동의할 것이다. 하지만 그들은 이렇게 덧붙일 것이다. "어쩔 수 없다. 우리는 민주주의 국가에 살고 있고 우리의 정치적 기관들이 그걸 요구한다." 그들은 개도국의 민주주의도 선진국과 똑같이 뚜렷한 견해를 가질 수 있다는 데 동의하기 어려워한다. 또한 명백한 위선이 국제협정에 반대하는 이들을 도와주고 있다는 걸 인정하기 힘들어한다.

20 이 재능 있는 개인들은 선진산업국에서 핵심적인 역할을 한다. 실리콘밸리의 성공이 그 예다. 영국의 국영보건서비스(NHS)에서는 이제 해외에서 훈련 받은 의사와 간호사들이 큰 몫을 하고 있다. 의료 전문가들이 개도국에서 영국, 미국, 그리고 다른 선진산업국으로 대거 이동한 건 선진국들의 의료서비스의 질을 높이는 데 기여하고 있다. 하지만 개도국들은 의료체계에 필수적인 인재를 빼앗기고 있다. 물론 (재원 부족과 같은) 다른 요소들도 개도국 의료 분야의 문제를 악화시키고 있다. Tikki Pang, Mary Ann Lansang, and Andy Haines, "Brain Drain and Health Professionals"(British Medical Journal 324권[2002년 3월 2일] 499-500쪽, http://www.bmj.com/cgi/content/full/324/7336/499).

21 조지 소로스의 *The New Paradigm for Financial Markets: The Credit Crisis of 2008 and What It Means*(2008년 PublicAffairs)도 참고하기 바란다.

22 지금 환율로 중국의 GDP는 7조 9160억 달러, 미국의 GDP는 14조 4620억 달러다. 중국의 1인당 GDP는 5962달러로, 미국(4만 6859달러)의 8분의 1 수준이다. 국제통화기금 2009년 4월 *World Economic Outlook* 데이터베이스(http://www.imf.org/external/pubs/ft/weo/2009/01/weodata/index.aspx).

23 〈파이낸셜타임스〉 온라인 2008년 8월 10일 기사 Peter Marsh, "China to Overtake US as Largest Manufacturer"(http://www.ft.com/cms/s/0/2aa7a12e-6709-11dd-808f-0000779fd18c.html)와 아이서플라이 2009년 3월 26일 보도자료 "China to Surpass Japan in Auto Production in 2009"를 보라.

24 앞서 말한 Rosenthal, "China Increases Lead as Biggest Carbon Dioxide Emitter" 참조.

25 2008년 11월 중국은 2년 동안 GDP의 약 14퍼센트인 5860억 달러를 쓰는 부양대책을 발표했다. 미국이 그에 상응하는 부양 조치를 취하려면 2조 달러가 필요할 것이다. 신화통신 2008년 11월 9일 보도 "China's 4 Trillion Yuan Stimulus to Boost Economy,

Domestic Demand"(http://news.xinhuanet.com/english/2008-11/09/content_10331324.htm).

26 뉴욕의 찰스 슈머와 사우스캐롤라이나의 린지 그레이엄 두 상원의원은 중국이 통화가치를 절상하지 않으면 중국 제품에 고율(27.5퍼센트)의 관세를 매기는 법안을 도입하려고 계획했다. 하지만 그들은 2009년 3월 그러지 않기로 했다. 전미제조업협회(NAM)가 이 법안에 반대한 것만 봐도 미국과 중국의 상호의존성을 알 수 있다. 이 협회는 중국에서 오는 제품 가운데 4분의 1이 미국 기업의 현지 자회사가 생산한 것으로 추정했다. 〈뉴욕 타임스〉 2006년 3월 29일치 기사 Edmund L. Andrews, "Trade Truce with China in the Senate"를 보라. 2009년 9월 미국이 중국산 저가 타이어에 관세를 물린 사건은 통상 마찰이 벌어지는 특이한 사례를 보여준다. 이 문제는 전미철강노조(USW, 고무산업과 다른 제조업 노동자들이 함께 소속돼 있다_옮긴이)가 제기한 것이다. 하지만 이 업계의 회사들은 참여하지 않았다. 오래전에 이런 저가 타이어 생산을 중단했기 때문이다. 중국은 WTO에 뒤늦게 가입한 다른 나라들처럼 이 기구의 회원국이 되기 위해 과거 회원국들이 합의한 것 이상의 일련의 요구조건을 들어줘야 했다. 옥스팜(Oxfam)은 이를 '문 앞의 강탈'이라고 표현했다. 중국은 회원 가입 후 몇 년 동안 미국이 자국 산업을 보호할 수 있도록 한다는 데 동의했다. 중국은 그저 시장경제의 규칙에 따르더라도 미국은 중국산 수입이 급증하면 그런 보호 조치를 취할 수 있도록 한 것이다. 중국산 타이어의 대미 수출은 급증했지만 이는 주로 이런 저가 타이어를 낮은 비용으로 생산하는 나라들의 희생을 대가로 한 것이지, 미국 생산자들의 희생을 초래한 것은 아니었다. 미국 생산자들은 그런 타이어를 만들지 않았기 때문이다. 미국 소비자들은 타이어 생산자들이 받는 것보다 훨씬 높은 가격 때문에 분명히 피해를 입었을 것이다.

27 2009년 3월 23일 저우 샤오촨 중국 인민은행 총재의 연설 "Reform the International Monetary System"(http://www.pbc.gov.cn/english/detail.asp?col=6500&id=178) 참조.

28 자세한 내용은 Harold L. Wattel이 편집한 *The Policy Consequences of John Maynard Keynes*(1985년 M. E. Sharpe) 중 John Williamson, "Keynes and the Postwar International Economic Order"를 보라.

29 유엔총회 의장에게 제출된 국제 통화·금융시스템 개혁에 관한 전문가위원회 보고서 (2009년 9월, http://www.un.org/ga/president/63/PDFs/reportofexpters.pdf).

30 "The Social Cost of Foreign Exchange Reserves"(*International Economic Journal* 20권 3호[2006년 9월] 253-266쪽)와 앞서 소개한 스티글리츠의 Making Globalization Work.

31 1990년대 말 기술주/닷컴 거품 때처럼 투자자들이 비이성적 과열에 빠져 있던 기간을

빼고는 정부가 재정적자로 무역적자를 상쇄한다.

32 2008년 5월 아세안(ASEAN)+3(동남아국가연합 회원국들과 한국, 중국, 일본) 재무장관들은 800억 달러의 외환보유액으로 공동펀드를 만들기로 합의했다. 2008년 12월 그들은 펀드 규모를 1200억 달러로 늘리자고 제안했다. 이 제안은 2009년 5월 확정됐다. C. R. Henning, "The Future of the Chiang Mai Initiative: An Asian Monetary Fund?"(2009년 2월 피터슨국제경제연구소 정책 브리프 09-5)와 〈월스트리트저널〉 2009년 5월 4일치 A10면 "Asian Nations Unveil $120 Billion Liquidity Fund" 참조.

33 유로가 강해지는 걸 거꾸로 돌릴 수 있는 정치적 사건의 예로 유럽 주요국 가운데 한 나라에서 일어난 반 유럽연합 유권자 운동을 들 수 있다. 작은 나라들 가운데서도 그런 움직임이 나타난 나라가 있다.

34 이에 대한 자연스러운 해법이 있다. 특별인출권(SDR)이 필요 없는 선진산업국들이 자기들에게 배분된 SDR을 이를 필요로 하는 개도국들에게 넘겨주는 것이다. 로버트 루빈 재무장관이 멕시코 구제를 원활하게 하기 위해 환율안정기금을 남용한 게 미국 의회를 너무나 화나게 했기 때문에 이런 형태의 이전은 어렵게 됐다. J. Lawrence Broz, "Congressional Politics of International Financial Rescues"(*American Journal of Political Science* 49권 3호[2005년 7월] 479-496쪽).

35 글로벌 준비통화시스템을 어떻게 설계해야 할지, 그리고 지금의 시스템에서 새로운 시스템으로 옮겨가는 걸 어떻게 관리해야 할지에 관한 더 자세한 논의는 앞서 소개한 국제 통화·금융시스템 개혁을 위한 유엔 전문가위원회 보고서를 참고하기 바란다.

9장 **경제학 혁명**

1 프랭클린 루스벨트의 뉴딜이 경제상황을 더욱 악화시켰다는 이런 견해는 대부분 Amity Schlaes의 책 *The Forgotten Man: A New History of the Great Depression*(2007년 하퍼콜린스)과 같이 보수주의적 저널리즘에서 나온 것이다. 그러나 일부 경제학자들도 이런 견해를 뒷받침했다. 이번 위기가 생겨나고 있을 때인 2009년 3월 30일 미국 외교협회는 케인지언 경제학의 실패를 축하하는 컨퍼런스를 열었다. 컨퍼런스 주제는 '대공황과 뉴딜 다시 보기'였다.

2 E. Cary Brown, "Fiscal Policy in the Thirties: A Reappraisal"(*American Economic Review* 46권 5호[1956년 12월] 857-879쪽)과 Peter Temin, *Lessons from the Great Depression*(Lionel Robbins Lecture) (1989년 MIT 출판부)을 보라.

3 1936년 총 재정지출은 GDP의 10.5퍼센트였으나 1937년에는 8.6퍼센트, 1938년에는

7.7퍼센트로 줄어들었다. 같은 기간 재정적자는 각각 GDP의 5.5퍼센트, 2.5퍼센트, 0.1퍼센트였다. 예산관리국(OMB) 미국정부예산(2010회계연도) 자료 중 Historical Tables, "Table 1.2: Summary of Receipts, Outlays, and Surpluses or Deficits (-) as Percentages of GDP: 1930-2014"(http://www.gpoaccess.gov/USbudget/fy10/sheets/hist01z2.xls).

4 케인즈는 이를 강한 어조로 말했다. "장기적인 정책은 현재의 문제를 푸는 데 잘못된 지침이 될 수 있다. 장기적으로는 우리 모두 죽는다. 폭풍이 몰아치는 계절에 경제학자들이 단지 폭풍이 지나면 바다는 다시 평온해질 것이라고만 말한다면 그들은 스스로 너무 쉽고 쓸모없는 과제를 맡는 것이다." 존 메이너드 케인즈의 *A Tract on Monetary Reform*(1923년 맥밀란) 3장 "The Theory of Money and the Foreign Exchanges"에서.

5 찰스 킨들버거(Charles Kindleberger), *Manias, Panics, and Crashes: A History of Financial Crises*(1978년 베이식북스), Carmen M. Reinhart and Kenneth S. Rogoff, This Time Is Different: Eight Centuries of Financial Folly(2009년 프린스턴 대학 출판부).

6 Franklin Allen and Douglas Gale, *Understanding Financial Crises*(2007년 옥스퍼드대학 출판부).

7 레온 왈라스(Léon Walras), *Éléments d'économie politique pure, ou théorie de la richesse sociale*(순수경제학의 요소들, 또는 사회적 부의 이론) 1874년.

8 케네스 J. 애로우(Kenneth J. Arrow), "An Extension of the Basic Theorems of Classical Welfare Economics"(J. Neyman[편저], *Proceedings of the Second Berkeley Symposium on Mathematical Statistics and Probability*[1951년 UC버클리 출판부] 507-532쪽), 제라르 드브뢰(Gerard Debreu), "Valuation Equilibrium and Pareto Optimum"(*Proceedings of the National Academy of Sciences* 40권 7조 [1954년] 588-592쪽)과 *The Theory of Value: An Axiomatic Analysis of Economic Equilibrium*(1959년 예일대학 출판부).

9 이런 효율성의 개념을 파레토 효율(Pareto efficiency)이라 일컫는다. 이는 자신의 책 *Manual of Political Economy*(1906년)에서 처음으로 이런 생각을 명확히 정리한 이탈리아 경제학자 빌프레도 파레토(Vilfredo Pareto)의 이름을 딴 말이다.

10 앞서 소개한 드브뢰의 *The Theory of Value*.

11 특히 Bruce Greenwald and Joseph E. Stiglitz, "Externalities in Economies with Imperfect Information and Incomplete Markets"(*Quarterly Journal of Economics* 101권[1986년] 229-264쪽)를 보라.

12 예를 들어 매개변수가 조금만 바뀌어도 결과가 크게 달라지는 상황은 물리학에서 흔히

나타난다. 경제학자들은 단순히 그런 일은 일어나지 않는다고 가정했다(19세기 말과 20세기 초 위대한 경제학자들 중 한 사람인 알프레드 마샬은 "자연은 도약하지 않는다 Natura non facit saltum"고 말했다). *Principles of Economics*(1920년 맥밀란)를 보라. 이는 특정한 수학적 가정들 아래서는 맞을 것이다. 그러나 내생적 정보나 혁신이 존재하는 시장을 분석할 때는 이런 가정들이 충족되지 않는다.

실제로 작은 정보 불완전성이라도 있다면 균형이 존재한다는 결론에 영향을 미칠 수 있다. Michael Rothschild and Joseph E. Stiglitz, "Equilibrium in Competitive Insurance Markets: An Essay on the Economics of Imperfect Information" (*Quarterly Journal of Economics* 90권 4호[1976년 11월] 629-649쪽)을 보라.

13 신고전학파 경제학이라는 용어는 데이비드 리카도, 애덤 스미스와 관련된 고전학파 경제학과 구분하기 위해 쓰는 말이다. 이 학파는 상품들에 대한 개인의 한계(marginal)가치 평가를 강조한다.

14 내가 경제자문위원회 위원장으로서 부딪힌 문제들 가운데 하나는 거시경제학자 한 사람을 채용하는 일이었다. 거시경제학은 생산과 고용의 큰 움직임에 관한 것이다. 나중에 설명하겠지만 대부분의 대학원에서 가르치는 지배적인 모형은 신고전학파 경제학에 바탕을 둔 것들이었다. 나는 우리의 가장 명석하고 훌륭한 젊은 경제학자들 가운데 한 사람이 이 세상에 실업 같은 건 없다고 설명할 때 "일자리! 일자리! 일자리!(Jobs! Jobs! Jobs!)"를 공약으로 선출된 대통령이 어떻게 반응할지 궁금해했다.

15 개인들이 쉽게 돈을 빌릴 수 있다는 가정은 물론 실업이 안겨주는 고통이 덜하다는 걸 의미하는 것이다.

16 프랑코 모딜리아니와 머튼 밀러의 고전적인 논문은 "The Cost of Capital, Corporation Finance and the Theory of Investment"(*American Economic Review* 48권 3호 [1958년] 261-297쪽)이다. 그들은 또한 기업들의 배당금 지급 또는 자사주 보유 여부에 따라 기업가치가 달라지지 않는다고 주장했다. 그들은 처음에는 세금의 영향을 무시했으나 나중에는 '배당의 역설'을 밝혀냈다. 모딜리아니-밀러 이론에서 기업들은 배당금을 지급하는 것보다는 자사주를 매입함으로써 법인과 개인의 총 세금 부담을 줄일 수 있다. 마치 기업들이 자발적으로 필요 이상으로 수천억 달러의 세금을 내는 것으로 보인다. Joseph E. Stiglitz, "Taxation, Corporate Financial Policy and the Cost of Capital" (*Journal of Public Economics* 2권[1973년] 1-34쪽)을 보라. 이 배당금의 역설 때문에 수많은 논문들이 쏟아졌다. 나는 합리성의 모델에 기반한 어떤 설명에 대해서도 확신을 갖지 않았다.

17 S&P500 기업의 CEO들은 2007년 평균 1050만 달러의 보상을 받았다. 전형적인 미국 근로자 급여의 344배다. 민간 투자회사 펀드매니저들의 보상 수준은 하늘 높은 줄 모르

고 훨씬 더 높이 치솟았다. 그해 상위 50개 헤지펀드와 사모펀드 운용자들은 한 사람당 평균 5억 8800만 달러를 받았다. 평균적인 미국 근로자들이 버는 액수의 1만 9000배를 넘는다. Sarah Anderson 등, "Executive Excess 2007: How Average Taxpayers Subsidize Runaway Pay"(Institute for Policy Studies and United for a Fair Economy의 CEO 보상에 관한 15차 서베이[2008년 8월 25일], http://www.faireconomy.org/files/executive_excess_2008.pdf).

18 예컨대 게리 베커(Gary Becker)의 *The Economics of Discrimination*(1957년 시카고 대학 출판부)를 보라. 베커는 1992년 노벨경제학상을 탔다. 역시 노벨경제학상 수상자들인 케네스 애로우(Kenneth Arrow), 에드먼드 펠프스(Edmund Phelps), 그리고 나는 베커의 이론에 강력한 비판을 제기했다. 그 예로 Joseph E. Stiglitz, "Approaches to the Economics of Discrimination"(*American Economic Review* 63권 2호 [1973년] 287-95쪽에 수록), "Theories of Discrimination and Economic Policy" (George M. von Furstenberg, Bennett Harrison, and Anne R. Horowitz [편저]), *Patterns of Racial Discrimination*, 2권: Employment and Income[1974년 Lexington Books974] 5-26쪽), 그리고 Edmund S. Phelps, "The Statistical Theory of Racism and Sexism"(*American Economic Review* 62권 4호[1972년] 659-661쪽) 과 Kenneth Arrow, "The Theory of Discrimination"(Ashenfelter and Albert Rees [편저]), *Discrimination in Labor Markets*(1973년 프린스턴대학 출판부)를 보라.

19 나에게 특히 많은 영향을 미친 건 2001년 나와 함께 노벨경제학상을 수상한 조지 애컬로프(George Akerlof)와 나눈 대화였다.

20 현대 경제학의 중요한 발전 가운데 하나는 게임이론이다. 이는 특히 소수의 '게임 참여자'들 사이의 전략적 상호작용을 분석하는 이론이다. 게임이론은 특히 비경쟁적인 시장을 분석하는 데 도움을 주었다. 하지만 차별이 지속되는 까닭을 설명하는 데에도 유용했다. 심지어 아무런 인종적 편견을 갖지 않은 이들도 차별적인 규범에서 벗어나면 다른 사람들에게서 처벌을 받았다. 이들을 처벌하지 않은 사람들은 오히려 처벌을 받을 수 있다. 이런 모형은 짐 크로법(Jim Crow laws, 미국 남부 인종차별 법규의 통칭_옮긴이)과 같은 여러 가지 형태의 인종분리 정책이 지속되는 걸 설명하는 데 활용될 수 있다. Dilip Abreu, "On the Theory of Infinitely Repeated Games with Discounting"(*Econometrica* 56권 2호[1988년 3월] 383-396쪽)과 George A. Akerlof, "Discriminatory, Status based Wages among Tradition-Oriented, Stochastically Trading Coconut Producers" (*Journal of Political Economy* 93권 2호[1985년 4월] 265-276쪽)를 참조하라.

21 예를 들어 Robert H. Frank, Thomas Gilovich, and Dennis T. Regan, "Does Studying Economics Inhibit Cooperation?"(*Journal of Economic Perspectives* 7권

2호[1993년 여름호] 159-171쪽)을 보라. 흥미롭게도, 애덤 스미스는 그의 위대한 저서 《도덕감정론(The Theory of Moral Sentiments)》(1759년)에서 이 모든 인간의 특성을 설명했다.

22 장-폴 피투시(Jean-Paul Fitoussi), 아마티아 센(Amartya Sen), 조지프 E. 스티글리츠 (Joseph E. Stiglitz)가 검토해 프랑스 대통령에게 제출한 *Report by the Commission on the Measurement of Economic Performance and Social Progress* (http://www.stiglitz-sen-fitoussi.fr)를 보라. 이 위원회는 니콜라 사르코지 프랑스 대통령이 임명한 것으로 내가 의장을, 아마티아 센이 수석자문역을 맡았다.

23 로버트 퍼트넘은 *Bowling Alone: The Collapse and Revival of American Community* (2000년 사이먼 앤드 슈스터)를 출간한 후 미국인들이 다른 사람들, 그리고 공동체의 여러 기관들과 더 잘 연결될 수 있도록 할 수 있는 아이디어를 개발하기 위한 세미나 (Saguaro Seminar: Civic Engagement in America)를 시작했다. 서른 명의 참여자들은 학계, 예술계, 종교계, 기업계, 그리고 공화, 민주 양당의 고위 정책결정자들이었다. 그 결과로 나온 책(*Better Together*)과 웹사이트(www.bettertogether.org)는 미국인들이 다시 서로 잘 어울리도록 하는 전략을 제시했다. Lewis M. Feldstein, Don Cohen, and Robert Putnam, *Better Together: Restoring the American Community*(2003년 사이먼앤드슈스터)를 보라.

24 이 주제에 관한 많은 저작들이 있고 계속 늘어나고 있다. 예를 들어 Richard Layard, *Happiness: Lessons from a New Science*(2005년 펭귄), 그리고 앞서 소개한 *Report by the Commission on the Measurement of Economic Performance and Social Progress*를 보라.

25 Dan Ariely, *Predictably Irrational*(2008년 하퍼콜린스) 참조.

26 예를 들어 앞서 소개한 Shiller, *Irrational Exuberance*와 Robert J. Shiller, *The Subprime Solution: How Today's Global Financial Crisis Happened, and What to Do about It*(2008년 프린스턴대학 출판부)를 보라.

27 예컨대 20년 안에 거품이 터진다는 게 알려지면 거품은 결코 일어나지 않을 것이다. 아무도 가격이 폭락하기 직전에 그 자산을 들고 있기를 바라지 않을 것이다. 하지만 이는 가격이 바로 그때 폭락한다는 걸 전제로 하는 말이다. 다시 말해 그 시점이 알려지면 그보다 전에 가격이 떨어질 것이다. 거품이 어떻게 꺼지는지 알아보는 건 쉽다. 하지만 흥미롭게도 널리 퍼져 있는 믿음과는 반대로 합리적 기대는 거품의 가능성을 배제하는 데 충분하지 않다. 사람들마다 다른 정보를 갖고 있는 한(확실히 그렇다) 합리적 기대 속에서도 거품이 존재할 수 있다. 연준의 시장근본주의자들이 가장 현명한 시장에서는 거품이 있을 수 없다고 가정할 때 그들은 경제학에서 확립된 이론을 넘어서고 있었다. 예를 들어

Markus K. Brunnermeier, "Bubbles"(Steven N. Durlauf and Lawrence E. Blume[편 저]), *The New Palgrave Dictionary of Economics* 2판(2008년 Palgrave Macmillan), Dilip Abreu and Markus K. Brunnermeier, "Bubbles and Crashes"(Econometrica 71권 1호[2003년 1월] 173-204쪽), Roger Guesnerie, *Assessing Rational Expectations: Sunspot Multiplicity and Economic Fluctuations* 1권(2001년 MIT 출판부)을 보라.

28 그러나 개인들이 다른 사람들의 행동에서 유추하는 '합리적' 군집행동의 모델이 있을 수 있다. 예를 들어 Andrea Devenow and Ivo Welch, "Rational Herding in Financial Economics"(*European Economic Review* 40권 3-5[1996년] 603-616쪽)를 보라.

29 Jared Diamond, *Collapse: How Societies Choose to Fail or Succeed*(2005년 바이킹 북스).

30 확률이 낮은 리스크를 개인들이 체계적으로 과소평가한다는 걸 보여주는 연구 결과는 정부의 개입이 필요하다는 주장에 힘을 실어주었다. 개인들은 대부분 특히 가능성이 낮은 불확실한 일에 대해 판단을 내리기 어려워한다. 그들은 한편으로 보험에 들면서(다시 말해 위험회피 성향이 강하다는 걸 보여주면서), 다른 한편으로는 (어떻게든 자신들에게 이길 가능성이 있다는 걸 믿으면서) 도박을 할 것이다.

31 이때 '더 낫다'는 게 뭘 의미하는지에 대한 복잡한 철학적 문제들이 있다. 적어도 사람들은 나중에 소비수준/생활수준을 크게 떨어뜨리지 않아도 되게끔 저축과 투자자산을 확실히 보유하기를 바란다. Richard H. Thaler and Cass R. Sunstein, *Nudge: Improving Decisions about Health, Wealth, and Happiness*(2008년 예일대학 출판부)를 보라.

32 존 메이너드 케인즈의 《고용, 이자, 화폐에 관한 일반이론》(1936년 맥밀란).

33 오바마 행정부는 또한 같은 시기에 출간된 조지 A. 애컬로프와 로버트 J. 쉴러의 영향력 있는 저서 *Animal Spirits: How Human Psychology Drives the Economy, and Why It Matters for Global Capitalism*(2009년 프린스턴대학 출판부)에 자극 받았다.

34 예컨대 앞서 소개한 Greenwald and Stiglitz, *Towards a New Paradigm of Monetary Economics*를 보라.

35 조지 소로스는 그의 재귀성(reflexivity) 이론에서 사람들의 행동과 기대가 다른 이들의 행동과 기대에 의존한다는 걸 강조했다. 하지만 이런 상호의존성이 단순히 '경기회복 신호(green shoot)'가 있다고 선언함으로써 하나의 균형에서 새로운 균형으로 옮겨가도록 할 수 있다는 걸 의미하지는 않는다. 앞서 소개한 조지 소로스의 *The New Paradigm for Financial Markets*를 보라.

36 폴 새뮤얼슨은 20세기의 가장 위대한 경제학자 중 한 사람이었다. 그는 케인즈학파의 사

상을 미국에 소개하는 데 중심적인 역할을 했다. 특히 그의 경제학 교과서 *Economics: An Introductory Analysis*는 책이 출간된 1948년부터 사반세기 동안 경제학도들의 바이블이었다. 그는 스스로 신고전파 종합(neoclassical synthesis)으로 부른 접근방법을 통해 미시경제학과 거시경제학을 조화시키려 했다. 경제는 실업이 있는 체제와 완전고용이 이뤄진 체제로 나뉜다. 정부가 일단 경제의 완전고용을 회복하면 효율적 시장에 관한 표준적인 이론에 적용된다. 새뮤얼슨의 신고전파 종합은 이를 믿는 이들이 오랫동안 하나의 신조로 삼은 주장이었지만 아무런 이론적 기반도 갖지 못하는 것이었다. 이런 관점의 비판에 대한 논의는 뒷부분에 나온다.

37 시카고대학의 많은 경제학자들이 '시카고학파'의 여러 신조 가운데 한 가지 또는 몇 가지에 동의하지 않는다. 경제학의 어느 학파나 마찬가지로 시카고학파에도 여러 분파가 있다. 그중 영향력이 큰 분파 중 하나로 '실물경기 변동'을 중시하는 그룹이 있다. 이 그룹은 경제의 부침을 통화정책이 아니라 새로운 기술의 발전과 관련된 요인들과 같은 '실물' 쪽 충격의 결과라고 설명하려 한다.

38 그러나 완전시장의 가정은 그 결론들 중 많은 부분에서 중요한 역할을 한다. 이 가정은 신용할당이나 실업 같은 건 없다는 걸 시사한다. 대표적 경제주체(가 무한히 오래 산다는) 가정에 따르면 젊은 세대에서 노인 세대로, 또는 부유한 계층에서 가난한 계층으로 소득을 재분배하는 문제는 분석할 수 없다. 이는 또한 오늘날 정부지출에 따른 혜택을 즐기는 이들은 훗날 세금을 내야 할 이들과 같은 사람들이라는 걸 의미한다.

39 경제 활성화를 위한 재정지출을 비판하는 이들은 공급 측면에 초점을 맞춘다. 세금이 저축과 근로를 줄게 된다는 것이다. 하지만 단기적으로는 저축이 줄어들면 소비는 늘어나므로 저축 감소는 사실 긍정적이다. 근로자들이 일자리를 찾지 못해 노동공급이 줄어드는 건 역효과가 없다. 미래의 세금이 근로를 억제할 것이며 따라서 사회는 더 어려워질 것이라는 주장은 시카고학파 이론이 안고 있는 지적 모순의 또 하나의 예다. 모든 사람들이 똑같으면 정부는 정액세(소득이나 근로자의 다른 행동에 무관한 세금)를 부과할 것이다. 이런 세금은 유인구조를 전혀 왜곡시키지 않고 근로는 오히려 장려될 것이다.

40 특히 Bruce Greenwald and Joseph E. Stiglitz, "Keynesian, New Keynesian and New Classical Economics"(*Oxford Economic Papers* 39권[1987년 3월] 119-133쪽)를 보라.

41 이런 견해의 기원은 1972년 노벨상을 받은 옥스퍼드 경제학자 존 힉스(John Hicks)까지 거슬러 올라간다(그는 나의 올소울스 칼리지All Souls College 드루몬드Drummond 정치경제학 교수직 선배 가운데 한 사람이다). 이런 견해는 사실 20세기 후반 대부분에 걸쳐 지배적인 견해였다.

42 이 두 번째 분파의 지적 대부는 어빙 피셔(Irving Fisher)다. 그가 1933년에 발표한 고전

적 논문 "대공황기 부채 디플레이션 이론(The Debt Deflation Theory of Great Depressions)"(*Econometrica*, 1권 337-357쪽)은 현대에 환생했다. 그의 이론을 더욱 발전시킨 이들은 *John Maynard Keynes*(1975년 컬럼비아대학 출판부), *Can It Happen Again?*(1982년 M. E. Sharpe), *Stabilizing an Unstable Economy*(1986년 예일대학 출판부)를 쓴 하이먼 민스키(Hyman Minsky)와 브루스 그린월드(Bruce Greenwald), 그리고 나다. 그린월드와 나는 "Financial Market Imperfections and Business Cycles"(Quarterly Journal of Economics 108권 1호[1993년 2월] 77-114쪽)를 포함해 1980년대 초에 시작돼 앞서 *Towards a New Paradigm of Monetary Economics*에서 정점을 이룬 일련의 논문들로 그의 이론을 발전시켰다.

43 그들의 견해는 경제에는 '자연'실업률이 있기 때문에 금리를 낮춰 실업을 줄이려는 시도는 실패하게 돼 있으며 인플레이션만 계속해서 올리게 될 뿐이라는 것이었다. 이 이론에도 약간의 진리는 있다. 미래 인플레이션에 대한 사람들의 기대는 그들의 경험에 따라 달라질 수 있으며 이런 인플레이션 기대는 미래의 임금 요구와 물가상승률에 영향을 미칠 수 있다는 것이다. 그러나 인플레이션 변동과 실업률 사이에 안정적인 관계가 있는지 여부는 계속 논란거리로 남아 있다. 앞서 이야기한 것처럼 실업이 어느 수준 아래로 내려가야 인플레이션이 높아지기 시작하는지조차도 확실치 않다. 예컨대 J. E. Stiglitz, "Reflections on the Natural Rate Hypothesis"(*Journal of Economic Perspectives* 11권 1호[1997년 겨울] 3-10쪽)를 보라.

44 인플레이션이 정확히 어느 수준이 돼야 문제가 일어나기 시작하는지는 논란거리다. 이는 그때그때 달라질 것이다. 인플레이션이 8–10퍼센트 아래이면 특별히 부정적인 효과를 미치지 않는다는 데 광범위한 공감대가 있다. 터키와 같은 일부 국가들은 훨씬 더 높은 인플레이션 속에서도 성장을 할 수 있었다. 이와 함께 물가의 하방 경직성 때문에 인플레이션율이 지나치게 낮을 때는 시장의 조정기능에 문제가 나타날 수 있다. George A. Akerlof, William R. Dickens, and George L. Perry, "The Macroeconomics of Low Inflation"(*Brookings Papers on Economic Activity* 27권 1호[1966년] 1-76쪽)을 보라.

45 나는 이런 농담을 했다. 연준이 낮거나 온건한 수준의 인플레이션도 상당한 부정적 효과가 있다는 걸 보여주려고 맘먹었다. 누구든 이를 입증한 이들에게 주어지는 명백한 보상이 주어질 것이다. 하지만 연준에 수많은 뛰어난 계량경제학자들이 있어도 아무도 그 보상이 자기 것이라고 주장할 수 없다.

46 인플레이션에 대한 또 하나의 비판 논리가 있었다. 인플레이션 때문에 사람들이 '효율적'인 수준보다, 다시 말해 물가가 안정됐을 경우에 비해 적은 돈을 보유한다는 것이다. 과거에는 이런 주장에 일리가 있었다 하더라도 대부분의 돈에서 이자가 나오는 현대에 이런 걱정은 더 이상 타당하지 않다. 인플레이션이 높아지면 받을 수 있는 (명목)금리

또한 높아진다. 낮은 인플레이션 때문에 사람들이 더 적은 현금을 보유하게 되고 이 때문에 경제의 효율성이 떨어질 수 있는 가능성에 초점을 맞추는 건(그러면서도 자산가격 거품이 경제 전체를 무너뜨릴 가능성은 외면하는 건) 경제학자들의 일부 분파들이 현실 세계와 얼마나 동떨어져 있는지를 단적으로 보여준다.

47 어느 한 가지에 집중하면 다른 것들은 대수롭지 않게 여길 위험이 있다. 사실 이와 관련된 일반적인 명제가 있다. 물가를 안정시키면 실물의 양이 불안정해지며 그 역도 성립한다. 인플레이션에 초점을 맞추는 건 실질적인 안정도 확보하지 못할 뿐만 아니라 장기적인 성장도 해친다. 이는 인플레이션 목표제를 옹호하는 논리와 상반되는 것이다. 다른 많은 나라의 경험을 보면 위기를 겪은 나라들이 잃어버린 시간을 되찾는 경우는 거의 없다. 성장은 결국 다시 시작될 것이다. 하지만 심지어 15년이 지나도 생산은 위기가 없었을 경우에 비해 더 낮은 수준일 것이다.

48 이보다 훨씬 더 간단한 흔히 드는 예를 보자. 32온스짜리 케첩 한 병의 가격은 완전히 효율적인 시장에서는 16온스짜리 병의 두 배다. 하지만 현실에서는 거래비용(병입 bottling과 운송비용)이 있기 때문에 32온스짜리 케첩 한 병의 값은 16온스짜리의 두 배에 못 미칠 것이다.

49 효율적 시장 이론에 따르면 주식 가치는 기대되는 미래 배당 수입을 현재가치로 할인한 값과 같아야 한다. 따라서 시장가격이 20퍼센트 떨어지면 이는 미래 배당의 기댓값이 갑자기 그만큼 떨어졌다는 걸 의미한다. 기댓값이 그렇게 바뀌는 걸 '합리적으로' 설명할 수 있는 뉴스는 없다. 버튼 맬키엘(Burton G. Malkiel)의 *A Random Walk Down Wall Street: The Best and Latest Investment Advice Money Can Buy*(2003년 W. W. 노턴)는 사람들이 시장을 이길 수 없다는 견해에 대한 뛰어나고 인기 있는 책이다. 효율적시장 가설에 대한 힘 있는 반론을 보려면 앞서 소개한 쉴러의 *Irrational Exuberance*를 보라.

50 은행과 헤지펀드들이 ('플래시 트레이딩flash trading'을 통해) 남들보다 앞서 얻은 증권 매매 주문 정보로 수십억 달러를 번 것은 또 하나의 사례다. 물론 그 피해자들이 합리적이라면 그들은 이 게임이 불공정하다는 걸 깨닫고 게임을 그만둘 것이다. 이들 투자은행의 이익 가운데 일부는 자기들도 최고의 투자자들이라고 믿고 싶어 하는 이처럼 비합리적인 시장참여자들을 희생시킨 대가로 얻은 것이다. 하지만 그 이익의 일부는 내가 앞서 소개한 *Globalization and Its Discontents*에서 지적한 것처럼 예를 들어 통화위기 때 환율을 안정시키려 시장에 개입하는 정부를 상대로 얻은 것이다.

51 시장을 이기는 것처럼 보이는 또 하나의 방법이 있다. 완전히 투명하지 않은 방식으로 더 많은 리스크를 안는 것이다. 앞서 6장에서 논의한 내용을 보라.

52 Sanford Grossman and Joseph E. Stiglitz, "On the Impossibility of Information-ally Efficient Markets"(*American Economic Review* 70권 3호[1980년 6월] 393-408

쪽)를 보라. 우리는 또한 여러 시장참여자들의 서로 다른 정보를 모두 완벽하게 모을 수 없다는 걸 보여줬다. Grossman and Stiglitz, "Information and Competitive Price Systems"(*American Economic Review* 66권 2호[1976년 5월] 246-253쪽)를 보라.

53 정보에서 얻는 사회적 수익과 사적 수익의 구분은 Jack Hirshleifer, "The Private and Social Value of Information and the Reward to Inventive Activity"(*American Economic Review* 61권 4호[1971년 9월] 561-574쪽)와 Joseph E. Stiglitz, "The Theory of Screening, Education and the Distribution of Income"(*American Economic Review* 65권 3호[1975년 6월] 283-300쪽)에서 강력히 주장하고 있다.

54 연준이 거품을 해소할 수 있는 수단이나 심지어 거품이 있다는 걸 알아낼 수 있는 수단조차 갖고 있지 않은 체하며 솔직하지 못한 태도를 보인 건 아마도 연준이 아무 일도 하고 싶지 않았기 때문일 것이다. 연준은 그렇게 하는 건 시장을 간섭하는 것이라고 보았다. 그러나 우리가 살펴본 것처럼 금리를 결정하는 것도 명백히 시장에 개입하는 것이다.

55 앨런 그린스펀은 2008년 10월 23일 헨리 왁스먼이 주재한 하원 감독위원회에서 유명한 '내 탓(mea culpa)' 고백을 하면서 이를 시인했다.

56 어떤 계산에 따르면 1인당 소득 증가액 가운데 80퍼센트 이상이 자본 축적이나 근로자들의 기술 향상이 아니라 혁신에 따른 것이었다. 다른 연구들은 자본 축적에 어느 정도 더 무게를 둔다. Robert M. Solow, "Technical Change and the Aggregate Production Function"(*Review of Economics and Statistics* 39권 3호[1957년] 312-320쪽)을 보라.

57 이들은 '내생적' 이론이라고 부른다. 혁신에 대한 설명이 그 이론 안에 있기 때문이다. '외생적'인 이론이 혁신을 이론의 틀 바깥에 두는 것과 반대다. 내생적 성장 이론의 기원은 우자와 히로부미(Hirofumi Uzawa), 켄 애로우(Ken Arrow), 니컬러스 칼도 (Nicholas Kaldor), 리처드 넬슨(Richard Nelson)과 (윌리엄 노드하우스William Nordhaus, 칼 쉘Karl Shell, 그리고 나를 포함한) 1950년대 말과 1960년대의 일단의 학자들로 거슬러 올라간다. 예컨대 Hirofumi Uzawa, "Optimum Technical Change in an Aggregate Model of Economic Growth"(*International Economic Review* 6권 1호[1965년] 18-31쪽), Kenneth J. Arrow, "The Economic Implications of Learning by Doing"(Review of Economic Studies 29권[1962년] 155-173쪽), Nicholas Kaldor, "A Model of Economic Growth"(*Economic Journal* 67권[1957년] 591-624쪽), 그리고 Richard R. Nelson and Edmond S. Phelps, "Investment in Humans, Technological Diffusion and Economic Growth"(*American Economic Review* 56권 1/2호[1966년 3-5월] 69-75쪽)를 보라. 나는 1970년대 말에 케임브리지 대학 교수인 파사 다스굽타(Partha Dasgupta) 경과 공동으로 이 연구를 확장해 현대

산업조직론과 통합했다. 예컨대 Partha Dasgupta and Joseph E. Stiglitz, "Industrial Structure and the Nature of Innovative Activity"(왕립경제학회 *Economic Journal* 90권 358호[1980년 6월] 266-293쪽)를 보라. 최근에는 폴 로머(Paul Romer)가 이런 아이디어를 더 깊이 탐구했다. Paul Romer, "Increasing Returns and Long-Run Growth"(*Journal of Political Economy* 94권 5호[1986년] 1002-1037쪽).

58 조셉 A. 슘페터, 《자본주의, 사회주의, 그리고 민주주의(Capitalism, Socialism and Democracy)》(1942년 Harper and Brothers).

59 특히 자본시장이 불완전할 때(늘 불완전하지만) 자연선택의 원리는 잘 작동하지 않았다. J. M. Parkin and A. R. Nobay(편저)의 *Current Economic Problems: The Proceedings of the Association of University Teachers of Economics, Manchester, 1974*(1975년 케임브리지대학 출판부) 중 27-52쪽 "Information and Economic Analysis" 참조.

60 프리드리히 하이에크, 《자유헌정론(Constitution of Liberty)》, (1960년 시카고대학 출판부) 502-503쪽.

61 하지만 그의 후기 저작을 보면 그는 중앙은행의 역할에 대해 어떤 의혹을 가졌던 것으로 보인다.

10장 **새로운 사회를 향해**

1 안젤로 모질로(Angelo Mozilo)가 추한 비밀을 혼자서만 간직했다면 그는 벌을 면했을 것이다. 자기기만은 범죄가 아니다. 그 자기기만을 공유하자고 다른 사람을 설득하는 것도 마찬가지다. 2002년 몇몇 투자분석가들은 이와 비슷한 속임수를 쓰다 걸렸다. 그들의 범죄는 분석의 정확성보다는 새 일거리를 따내는 능력에 따라 보상을 받는 게 아니었다. 거의 모든 주식에 '매수' 추천을 하며 편향된 평가를 한 것도 아니었다. 그들은 드물게 정직했던 순간에 걸렸다. 그들이 공개적으로 띄우고 있던 주식을 '개똥' '휴지조각' '쓰레기'로 묘사한 이메일을 보냈던 것이다. 미래의 금융가들에게 주는 교훈은 간단하다. 당신의 가장 깊숙한 의혹을 공유하지 말라. 증권거래위원회 2009년 6월 4일 보도자료 "SEC Charges Former Countrywide Executives with Fraud"와 산호세 머큐리 뉴스 2002년 4월 12일치 Deborah Lohse, "Probe Finds Analysts Pushing Stocks They Privately Bad-Mouthed", 그리고 앞서 소개한 스티글리츠의 Roaring Nineties를 보라.

2 심지어 이자와 수수료에 대한 약한 제한조차 피하기 위해 대여회사들은 '할부'로 가구를 팔았다. 하지만 그들은 계약상 대금을 다 갚을 때까지는 가구를 빌려주는 것이라고

설명했다. 나중에 부과되는 수수료와 감춰진 부담금 때문에 실제 구매대금은 당초 제시된 가격의 몇 배가 되는 경우가 많았다. 한번은 150달러짜리 소파를 산 이가 판매업체에 몇 년에 걸쳐 2000달러를 내고도 여전히 대금을 다 갚지 못한 경우도 보았다. 많은 주에서 이들 회사를 불법화했지만 그들은 주정부의 규제를 피하기 위해 연방법 우선 원칙을 이용하려 했다. 이들 중 가장 유명한 업체는 이를 위해 거물급 전직 의원을 이사로 영입하기도 했다.

3 이는 노예 금융도 불법이 아닌 한 아무런 문제가 없다고 하는 것과 같다. (JP모건에 인수된 은행들이 과거 그런 일을 했다. BBC 뉴스 2005년 1월 21일 "JP Morgan Admits US Slavery Links" 참조.) 인종차별정책을 쓰는 남아공에 도움을 주어도 문제가 안 된다는 것과 같다. (씨티뱅크가 그런 일을 했다. 〈뉴욕타임스〉 1987년 6월 17일치 A1면 Barnaby J. Feder, "Citibank Is Leaving South Africa; Foes of Apartheid See Major Gain" 참조.)

4 어떤 이들은 경제학자들이 그들의 영역에 충실해야 하며 윤리에 관해 논의하는 것은 그들의 전문성이 미치는 영역을 벗어나는 것이라고 주장할지 모른다. 하지만 우리는 애덤 스미스가 도덕철학 교수였다는 사실을 기억해야 한다. 경제학은 우리가 어떻게 자원 이용에 관한 결정을 내리는가, 그리고 그 결정이 다른 이들에게 어떻게 영향을 미치는가에 관심을 두는 학문 분야다. 다른 이들에게 영향을 미치는 행동에 관한 탐구는 곧 도덕적 담론으로 이어진다.

5 John Donne, "Meditation XVII", in *Devotions upon Emergent Occasions*(1624년).

6 인지적 부조화의 또 하나의 예는 시가평가 회계에 대한 금융계 사람들의 생래적인 반감이다. 6장에서 지적한 것처럼 금융계 사람들은 금융산업이 안고 있는 문제의 많은 부분을 시가평가 회계 탓으로 돌린다. 그들은 오랫동안 시장의 '가격발견' 기능이 중요하다고 강조했다(9장을 보라). 그러나 이제 부동산 가격이 그들이 바라는 수준 아래로 떨어지자 그들은 일시적으로 시장가격에 대한 믿음을 잃어버렸다. 그들은 시장에 비이성적인 비관론이 있다고 말한다. 그러나 비이성적 비관론은 거품이 꺼지기 전에 나타났던 비이성적 과열을 비추는 거울일 뿐이다. 만약 가격이 잘못된 것이라면 이는 그들이 잘못 계산된 수익을 기초로 받은 보너스가 지나치게 많았다는 것을 의미한다. 은행가들이 지적으로 일관성 있게 행동한다면 그들이 시장가격을 진정으로 믿는다는 표시로 그 보너스의 일부를 되돌려주겠다고 제안해야 한다. 그게 그들의 비판이 갖는 논리적 귀결이다. 하지만 지금까지 나는 시가평가 회계에 대한 비판자들 가운데 이런 제안을 하는 이는 한 사람도 본 적이 없다.

7 내가 앞서도 이야기했듯이 그들이 무슨 일을 하고 있는지 깨닫고 더 이상 그 일을 계속할 수 없다고 하는 영웅들도 많이 있다. 그들은 자기들의 행동에 책임을 졌다. 하지만

많은 이들이 그렇게 하지 않았다.

8 이 절의 내용은 앞서 말한 프랑스 대통령 보고서(*Report by the Commission on the Measurement of Economic Performance and Social Progress*)에서 많이 가져왔다. 앞서 소개한 Layard의 Happiness도 참고하기 바란다.

9 GDP를 행복을 가늠하는 잣대로 쓰는 데 따른 문제가 발생한 건 이번이 처음은 아니다. 1990년대 말 아르헨티나는 GDP로만 보면 놀랄 만큼 잘하고 있는 것으로 보였다. IMF 는 카를로스 메넴 대통령을 워싱턴의 연례 총회에 초청하며 이 나라를 칭찬했다. 곧 신임을 잃게 될 메넴을 타의 모범으로 치켜세웠다. 하지만 아르헨티나의 경제성과는 미국처럼 카드로 지은 집과 같았다. 두 나라 사이에는 비슷한 점이 많았다. 두 나라의 호황은 모두 엄청난 외채를 먹고 자란 소비에 바탕을 두고 있었다. 좋은 측정치가 있었다면 이처럼 늘어난 부채를 보여줬을 것이다. 이는 미래의 성장이 어려움을 맞으리라는 걸 알려줬을 것이다.

10 행복을 가늠하는 지표로 GDP를 사용하는 데 따른 문제를 안고 있는 건 미국뿐만이 아니다. 광물, 석유, 목재 또는 다른 천연자원에 크게 의존하는 나라들의 경우 오늘의 소비 가운데 많은 부분이 미래 세대의 복지를 희생시킨 대가다. 따라서 현재의 생활수준은 지속되지 못할 수 있다. 예를 들어 영국은 보물과도 같은 북해의 석유를 고갈시켰다. 그와 같은 시기에 제조업 기반이 약화되도록 내버려뒀고 금융시스템의 활력에 미래를 걸었다. 칠레와 노르웨이 같은 몇몇 나라들은 이 문제를 인식하고 미래에 대비해 따로 기금을 쌓았다. 지하자원이 줄어들자 그들은 그 수입을 지상의 부를 늘리는 데 활용했다.

11 우리 사회가 더 많은 역기능을 갖게 될 때(예를 들어 교도소에 더 많은 돈을 쓸 때) GDP는 늘어날 수 있다. 하지만 이를 성공의 징표라고 하기는 어렵다. 이런 지출은 '방어적 지출'이라고 한다. 예컨대 William D. Nordhaus and James Tobin, "Is Growth Obsolete?"(*Economic Research: Retrospect and Prospect*, 5권: *Economic Growth*[1972년 전미경제조사국, 컬럼비아대학 출판부])를 보라.

12 경제분석국 국민소득과 상품 계정 "표 7.1. Selected Per Capita Product and Income Series in Current and Chained Dollars"(2009년 8월 27일 발표, http://www.bea.gov/national/nipaweb/TableView.asp?SelectedTable=264&Freq=Qtr&FirstYear=2007&LastYear=2009), 미국 센서스국 Current Population Survey, "표 P-7. Regions-People (Both Sexes Combined) by Median and Mean Income", http://www.census.gov/hhes/www/income/histinc/incpertoc.html) 참조.

13 유엔개발계획(UNDP) 2008년 인간개발지수(HDI)에서(금융위기를 겪기 전) 아이슬란드는 1위에 올랐고, 노르웨이(2위), 스웨덴(7위), 핀란드(12위)도 상위권에 들었다.

14 앞서 소개한 퍼트넘의 *Bowling Alone*.

15 주택 가격이 더 떨어지면 모기지 빚이 자산가치를 웃도는 집도 더 늘어날 수 있다. 집값이 얼마나 더 떨어질지 상당한 불확실성이 있지만 2011년 1분기까지 집값이 떨어지면 담보부족 모기지 비율이 48퍼센트(2500만 채)까지 늘어날 것이라는 분석도 있다. 블룸버그닷컴 2009년 8월 5일 보도 Jody Shenn, "'Underwater' Mortgages to Hit 48 Percent, Deutsche Bank Says".

16 Nayla Kazzi, "More Americans Are Losing Health Insurance Every Day: An Analysis of Health Coverage Losses during the Recession"(Center for American Progress, 2009년 5월 4일, http://www.americanprogress.org/issues/2009/05/pdf/healthinsurancelosses.pdf).

17 내가 이 책의 다른 부분에서 주장한 것처럼 대부분의 미국인들은 일을 하고 싶어 한다. 그들이 게으른 게 아니라 일자리가 너무 적다는 게 문제다. 대부분의 미국인들은 그들의 집을 잃지 않기 위해 최선을 다할 것이다. 문제는 금융회사들이 그들의 상환능력을 넘어서는 모기지를 팔았다는 데 있다. 그들은 커다란 고통을 겪고 교훈을 얻었으며, 대부분은 실수를 되풀이하지 않을 가능성이 크다.

18 나는 이런 '권리'에 대한 문제를 논의하는 데 하버드대학 데이비드 케네디(David Kennedy) 교수에게 빚을 졌다.

19 세계인권선언은 1948년 12월 10일 유엔 총회에서 채택됐다.

20 존 메이너드 케인즈의 Essays in Persuasion(1932년 Harcourt, Brace and Company) 중 358-373쪽 "Economic Possibilities for Our Grandchildren(1930)" 참조. 최근 Lorenzo Pecchi와 Gustavo Piga의 편저 *Revisiting Keynes: Economic Possibilities for Our Grandchildren*(2008년 MIT 출판부)은 케인즈의 예측이 왜 실현되지 않았는지에 대한 다양한 해석에 관해 논의한다. 특히 내가 쓴 "Toward a General Theory of Consumerism: Reflections on Keynes's Economic Possibilities for Our Grandchildren"(41-87쪽)을 보라.

21 올리비에 블랑샤르(Olivier Blanchard), "The Economic Future of Europe"(전미경제조사국 워킹페이퍼 10310[2004년 2월] http://www.nber.org/papers/w10310).

22 미국 사람들은 자기들이 (자녀교육과 해고위험 대비, 그리고 긴급의료수요를 위해) 더 많이 저축해야 한다는 걸 안다. 하지만 당장 물건을 사려는 '욕구'가 압도적이다. 물질주의적 사회에서는 자신과 이웃 또는 친구들이 소유하고 소비하는 것을 비교하면서 스스로를 평가한다. 이는 우호적이지만 치열한 경쟁이다. 남들처럼 되지는 못하더라도 그들에게 크게 뒤지지 않으려면 더 많은 돈을 벌어야 한다. 이런 환경에서 어떤 선택을 해야 하는가는 명백하다. 이는 표준적인 '신고전학파' 모델의 결함을 보여주는 또 다른 면이다. 이 모델은 각 개인이 느끼는 행복이 오직 자신의 소비에 달려 있으며 다른 사람

들의 소비와는 무관하다고 가정한다. 하지만 개인들이 자신의 상대적인 위치에 신경을 쓴다는 증거는 상당히 많다. 예컨대 Robert H. Frank and Cass R. Sunstein, "Cost-Benefit Analysis and Relative Position"(*University of Chicago Law Review* 68권 2호[2001년] 323-374쪽), 그리고 Erzo F. P. Luttmer, "Neighbors as Negatives: Relative Earnings and Well-Being"(*Quarterly Journal of Economics* 120권 3호 [2005년 8월] 963-1002쪽)을 보라.

23 2009년 노벨경제학상을 받은 정치학자 Elinor Ostrom은 작은 공동체에서 사회적·경제적 제재가 중요한 사회통제 수단이 될 수 있음을 연구했다.

24 〈아메리칸이코노믹리뷰〉 83권 3호(1993년 6월) 525-548쪽 Avner Greif, "Contract Enforceability and Economic Institutions in Early Trade: The Maghribi Traders' Coalition", *Journal of Political Economy* 102권 4호(1994년 8월) 745-776쪽 Avner Greif, Paul Milgrom, and Barry Weingast, "Coordination, Commitment, and Enforcement: The Case of the Merchant Guild" 참조.

25 신뢰가 부족한 명백한 이유가 있다. 뻔히 보이는 이해상충은 서비스 제공업체가 2차 모기지 보유업체의 소유일 때 더 악화된다. 부채 구조조정의 방식을 달리 하면 1차, 2차 모기지 소유자들에게 다른 영향을 미친다. 금융부문의 많은 사람들이 어떻게 이런 이해상충 가능성을 모르고 있는지 놀랍다.

26 〈파이낸셜타임스〉 2009년 6월 4일자 9면 Dieter Helm, "Britain Must Save and Rebuild to Prosper".

27 〈파이낸셜타임스〉 2009년 6월 4일자 7면 Peggy Hollinger, "Dirigisme de rigueur"에서 인용.

28 1961년 1월 17일 아이젠하워 대통령은 고별연설("Farewell Address to the Nation")에서 이렇게 말했다. "거대한 군 기관과 대형 군수산업의 결합은 미국의 새로운 경험입니다. 그에 따른 경제적, 정치적, 심지어 정신적인 영향력은 모든 도시, 모든 주의회, 모든 연방정부 부처에서 느낄 수 있습니다. 우리는 이런 관계발전이 반드시 필요하다는 걸 인정합니다. 그러나 그에 따른 심각한 의미를 이해하지 못해서는 안 될 것입니다. 이는 우리의 노동과 자원, 그리고 활력에 관련되는 것으로 우리 사회의 구조 바로 그 자체입니다."

후기

1 3장에서 나는 예를 들어 주택시장의 문제들이 어떻게 노동시장이 원활하게 돌아가지

못하도록 방해하는지를 설명했다. 개인들이 새 일자리를 얻기 위해 주거지를 옮기는 것은 더욱 어려워질 것이다. 앞으로 몇 년 동안 성장률이 낮을 수도 있다고 보는 또 다른 이유는 연구개발 분야의 지출이 줄어든 것과 관련이 있다.

2 구조적인 적자는 경제가 완전고용 상태에 있을 때도 계속해서 나타나는 적자다. 반면 경기순환에 따른 적자는 경제가 침체에 빠졌을 때만 나타나는 것이다.

3 이런 이슈들에 관한 논의는 7~10장에 나온다.

4 개인들이 적극적으로 일자리를 찾을 때만 실업자로 분류된다는 3장의 내용을 상기하라. 고용 전망이 너무 안 좋아 좌절하게 되고 그래서 구직활동을 중단한 이들, 그리고 풀타임 일자리를 얻을 수 없어 파트타임으로 일하는 이들은 실업자로 분류되지 않는다.

5 http://www.bls.gov/opub/ils/pdf/opbils82.pdf를 보라.

6 http://www.nelp.org/page/-/UI/2010/july.2010.exhaustions.pdf를 보라.

7 예를 들어 1982년 경기침체 때 해고의 충격을 분석한 자료에 따르면 근로자는 해고 직후 연소득의 30퍼센트를 잃고, 심지어 15~20년이 지난 후에도 해고를 당하지 않은 이들에 비해 20퍼센트 낮은 소득을 얻는다. Till von Wachter, Jae Song, and Joyce Manchester, "Long-Term Earnings Losses due to Mass Layoffs during the 1982 Recession: An Analysis Using U.S. Administrative Data from 1974 to 2004"(2009년 4월 컬럼비아대학 워킹페이퍼, http://www.columbia.edu/~vw2112/papers/mass_layoffs_1982.pdf).

8 미국 센서스 자료 "New Privately Owned Houses Started"(http://www.census.gov/const/startssa.pdf).

9 2010년 2월 10일 의회 구제금융감독위원회가 낸 "Commercial Real Estate Losses and the Risk to Financial Stability" 보고서.

10 회계규칙은 '관용적'인 데 비해 감독당국은 엄격한 건 이상하게 보일 수도 있다. 그러나 회계기준이 느슨하지 않았다면 은행들은 지금 더 많은 자본을 확보해야 할 것이다. (엄격한 회계기준에 따랐으면 은행들이 밝히려 했던 것보다 더 많은 손실이 장부에 나타났을 것이다. 이에 따라 자본은 더 적어지고 은행들은 자본기준을 충족시킬 수 없었을 것이다. 이 경우 은행이 추가로 자본을 조달해 '자본건전성'을 높이지 못하면 문을 닫아야 한다.) 은행들은 이런 상황을 피하기 위해 정치적 영향력을 이용했다.

반면 엄격한 감독은 은행들의 위험한 대출을 허용하지 않는다는 뜻이다. (위험한 대출을 하려면 더 많은 자본을 확보해야 한다.) 감독당국은 담보가 불충분한 중소기업들에 대출하는 것은 매우 위험하다고 생각한다. 이런 엄격한 감독에 따르는 비용은 대부분 신용을 얻을 길이 없는 중소기업들이 안게 된다.

11 4장을 보라.

12 주거용 부동산에는 일반적으로 청구권자가 두 명을 넘지 않는다. 첫 번째와 두 번째 모기지 보유자가 전부다. 그러나 상업용 부동산에는 상환 '우선순위'가 다른 (대개는 순위가 모호한) 훨씬 많은 청구권자들이 있을 수 있다. 선순위 청구권자들은 후순위 청구권자들이 돈을 받기 전에 원리금을 전액 상환 받을 수 있다. 그래서 첫 번째와 두 번째 모기지 보유자가 있는 경우, 채무자가 부도를 냈을 때 담보자산을 처분해 회수한 돈을 먼저 첫 번째 모기지 보유자에게 돌려주고, 남는 돈이 있으면 두 번째 모기지 보유자에게 준다.

13 물론 신축 주택에 대한 어느 정도 수요는 언제나 있을 것이다. 보통 경제의 한쪽 부문은 확장되고 다른 부문은 위축되기 때문이다.

14 연준의 2005년 통계(http://www.federalreserve.gov/releases/e2/200504/default.htm)와 2010년 통계(http://www.federalreserve.gov/releases/e2/200504/default.htm)를 비교한 것이다.

15 2010년 7월 20일까지 96개 은행이 파산했다. 연방예금보험공사(FDIC)의 파산은행 명단(http://www.fdic.gov/bank/individual/failed/banklist.html)을 보라.

16 2009년 상품과 서비스 순수출은 극적으로 개선됐다. 그러나 이는 수입이 거의 4분의 1이나 줄어들었고 수출(명목금액)도 15퍼센트나 감소했기 때문이다. www.census.gov/foreign-trade/statistics/highlights/annual.html 참조.

17 유럽연합(EU) 내 16개국이 공동통화인 유로를 사용한다. EU 회원국 가운데 영국과 스웨덴을 비롯한 몇몇 나라들은 이 책에서 설명한 이유 때문에 유로를 쓰지 않기로 했다. 나는 유로를 사용하는 EU 국가들을 가리키기 위해 유로권(Eurozone)이라는 용어를 쓴다.

18 2010년 4월 22일 유럽연합통계국(Eurostat)이 낸 유로권 경제지표에 관한 보도자료(http://epp.eurostat.ec.europa.eu/cache/ITY_PUBLIC/2-22042010-BP/EN/2-22042010-BP-EN.PDF) 참조.

19 2010년 3월 미국 회계감사원(GAO)이 의회에 제출한 보고서 "Recovery Act: One Year Later, States' and Localities' Uses of Funds and Opportunities to Strengthen Accountability"(http://www.gao.gov/new.items/d10437.pdf).

20 일자리를 늘리기 위한 새 법은 두 달 이상 실업자였던 이를 채용하는 기업에 대해서는 그에 대한 사회보장세를 면제해주고 1년 이상 실업자로 남아 있던 이를 한 사람 고용할 때마다 1000달러씩 세액공제를 해주는 조항을 담고 있다. 이 법은 또한 소기업들의 투자를 장려하기 위해 투자금액 25만 달러까지는 즉시 감가상각할 수 있도록 했다. 이 법은 너무 소극적이어서 일자리 창출효과가 20만 명에 그칠 것이라는 추정도 있다. 경제정책연구소의 Timothy Bartik이 쓴 칼럼(http://www.epi.org/analysis_and_opinion/entry/not_all_job_creation_tax_credits_are_created_equal/)과 〈뉴욕타임스〉 2010년 2월 24일치 Carl Huse의 기사 "Senate Approves $15 Billion Jobs Bill" (http://www.nytimes.com/2010/02/25/us/politics/25jobs.html.) 참조.

21 최고의 경제기자들은 즉각 이 점을 지적했다. 예를 들어 〈뉴욕타임스〉 2010년 4월 18일 치 BU1면에 Gretchen Morgenson이 쓴 "This Bailout Is a Bargain? Think Again" (http://www.nytimes.com/2010/04/18/business/economy/18gret.html)을 보라. 다른 경제기자들은 정부의 해석을 되풀이하려는 것으로 보였다. 예컨대 〈뉴욕타임스〉 2010년 4월 13일치 B1면에 실린 Andrew Ross Sorkin의 기사 "Imagine the Bailouts Are Working"(http://www.nytimes.com/2010/04/13/business/ 13sorkin.html)을 보라.

22 〈뉴욕타임스〉 2008년 9월 27일치 A1면 Gretchen Morgenson, "Behind Insurer's Crisis, Blind Eye to a Web of Risk"(http://www.nytimes.com/2008/09/28/business/ 28melt.html?scp=2&sq=Gretchen%20Morgenstern%20goldman%20sachs%202008 &st=cse). 금융회사들은 천박한 행동을 했다는 비난을 받았지만, 우리가 이런 논의를 하는 목적에 비춰볼 때 중요한 건 특정 금융회사가 바로 그 행동을 했느냐 안 했느냐가 아니다. 그보다는 그런 행태와 속임수가 계속되고, 그에 따라 신뢰가 사라진다는 사실이 중요하다.

23 〈뉴욕타임스〉 2009년 3월 19일치 Lynnley Browning, "A.I.G. Sues U.S. for Return of $306 Million in Tax Payments"(http://www.nytimes.com/2009/03/20/ business/20aig.html?em) 참조. AIG와 관련된 소송은 이것뿐만이 아니다. AIG를 상대로 한 여러 건의 소송 가운데는 이 회사가 기만적인 행위를 했다며 오하이오주 검찰 총장이 제기한 소송도 있다. 2010년 7월 AIG는 법정 밖에서 합의를 통해 이 한 주에서만 5억 달러 이상을 내기로 했다. 이는 미국 정부가 이 회사에 지원해준 돈을 돌려받을 수 있을지 더욱 의문이 들게 한다.

24 파생금융상품을 재정부실을 속이는 수단으로 이용한 가장 악명 높은 사례는 AIG 구제의 가장 큰 수혜자인 골드만삭스와 관련된 것이다. 골드만삭스는 그리스가 부실한 재정 상태를 숨겨 유로권 가입조건을 충족시킬 수 있도록 돕는 데 파생상품을 이용했다는 혐의를 받았다. 파생상품을 악용할 여지를 줄이려는 금융개혁법 조항을 '그리스 사기(Greece Fraud)' 조항으로 일컫는 것도 그 때문이다. 파생금융상품이 어떻게 그런 용도에 쓰일 수 있는지에 관한 세부적인 내용은 여기서 주된 관심사가 아니다. 기본적인 아이디어는 단순하다. 나중에 어떤 일이 일어나면 일정 금액을 받는 대가로 오늘 어느 한쪽이 상대방에 돈을 지불하도록 파생상품을 설계하는 것이다. (그리스는 2002년 골드만삭스와 통화스왑 거래를 하면서 10억 달러를 먼저 받았다_옮긴이) 이 거래에 따르는 리스크가 작으면(그 리스크는 무시할 수 있을 정도로 낮을 수 있다) 이 파생상품은 사실상 대출이나 다를 바 없다. 이때 이자는 보험료처럼 취급된다.

25 국가채무가 늘어나는 데 재정부문의 자동안정화장치가 어떤 영향을 미치는지에 관해

576

서는 Mark Horton, Manmohan Kumar, and Paolo Mauro, "The State of Public Finances: A Cross-Country Fiscal Monitor"(2009년 7월 30일 IMF 연구원 보고서 09/21호, http://www.imf.org/external/pubs/ft/spn/2009/spn0921.pdf)를 보라.

26 연준은 보통 단기금리만 결정한다. 다른 금리는 '시장'이 결정한다. 위기가 고조됐을 때 연준은 장기금리를 낮추려고 개입했으나 그 후 이 프로그램에서 빠져나왔다. 이 책의 한국어판이 인쇄에 들어갈 때 인플레이션에 대한 시장의 우려는 다른 걱정에 묻혔다. 후기 뒷부분에서 논의할 유럽 문제에 대한 염려가 그것이다. 경제가 탄탄한 회복의 길에 들어서기도 전에 인플레이션이 나타날 수도 있다는 염려가 있다. 이런 염려에 따라 지출을 줄이거나 금리를 올리면 총수요가 억제되고 경기회복은 약화될 것이다.

27 디플레이션은 물가하락을 감안한 이자율, 즉 '실질금리'를 올린다. 이는 경제가 자동적으로 조정되지 않는다는 걸 보여준다. 일단 명목금리가 제로 수준으로 떨어지고 실업이 높은 수준을 유지하면, 임금과 물가의 하락 압력이 실질금리 상승으로 이어지고, 이는 경제를 더욱 위축시킨다.

28 경기활성화 프로그램에 대한 보수주의적인 비평가들이 제기하는 전형적인 논리는 정부지출이 민간투자를 몰아낸다는 것이다. 이런 일이 일어나는 것은 (정부의 차입과 민간의 차입이 경쟁하게 됨에 따라) 금리가 올라가기 때문이다. 단기금리와 장기금리 모두 사상 최저 수준에 머무르고 있어 이 같은 구축효과가 나타날 가능성이 전혀 없는데도 보수주의자들이 그런 주장을 계속하는 것은 놀랍다.

29 2009년 중국의 성장률은 8.7퍼센트였으며 2010년에는 10퍼센트에 이를 것으로 예상된다.

30 작은 나라들의 경우에는 특히 적자를 무시할 수 없다. 그리스와 같은 조그만 나라들은 미국이 직면한 것과 다른 문제를 갖는다. 그들은 적자를 메울 자금을 조달하는 데 어려움을 겪을 가능성이 크다. 혼란스러운 때는 미국이 상대적으로 안전해 보인다. 그러나 곧 살펴보겠지만 미국도 여러 어려움에 직면할 수 있다.

31 3장에서 논의한 내용을 보라.

32 2010년 글로벌 GDP 성장은 4.2퍼센트에 이를 것으로 전망되며 이 가운데 중국과 인도가 40퍼센트가량을 차지할 것으로 예상된다. 세계 GDP가 0.2퍼센트 줄어든 2009년에도 중국과 인도의 성장이 이 숫자를 1.4퍼센트 포인트 높여주었다.

33 2010년 1분기에 중국경제가 11.9퍼센트 성장하는 데 소비가 중요한 기여를 했다. 소비는 2010년 9.5퍼센트 성장할 것으로 예상된다. 세계은행의 2010년 6월호 China Quarterly Update(http://siteresources.worldbank.org/CHINAEXTN/Resources/318949-1268688634523/Quarterly_June_2010.pdf) 참조.

34 유럽위원회 유럽통계국 2010년 4월치 Government Finance Statistics, Public

Finance (tsieb080). http://epp.eurostat.ec.europa.eu/portal/page/portal/ government_finance_statistics/data/main_tables에서 볼 수 있다.

35 경제학 모형들은 후버라이트의 접근방식이 옳다는 걸 입증하는 데 실패했다. 거의 모든 모형에서 재정지출을 삭감하고 적자를 축소하면 성장률이 낮아진다. 재정지출로 성장을 회복하는 데 실패한 몇 안 되는 사례들 중 하나가 1990년대 일본이었다. 하지만 일본의 정책은 일관성이 없었다. 예를 들어 1997년에는 세율을 올려 불안한 회복세를 더욱 취약하게 만들었다.

36 채권을 공매도하는 것은 예컨대 3개월 안에 채권을 사서 주기로 하고 현재 가격으로 먼저 매도금액을 받는 것이다. 채권 값이 100달러에서 80달러로 떨어지면 공매도한 이는 나중에 80달러에 채권을 사서 갚고 차익 20달러를 챙길 수 있다. 가격이 큰 폭으로 떨어질수록 투자수익률은 높아진다.

37 어떤 면에서 이 공격은 동아시아 위기 당시 투기꾼들이 홍콩에서 벌인 유명한 이중플레이와 비슷했다. 당시 투기꾼들은 홍콩 통화와 주식시장에 대해 합동 공격을 감행했다. 그들은 홍콩 당국이 통화를 구하려 할 것이라고 생각했다. 통화를 방어하는 전통적인 방식은 금리를 올리는 것이며 이 경우 주식시장은 침체될 것이다. 그래서 그들은 주식을 공매도했다. 주가가 떨어지리라는 데 베팅한 것이다. 홍콩 당국이 실제로 금리를 올리면 투기꾼들은 주식시장에서 돈을 벌 것이다. 금리를 올리지 않아 통화가치가 떨어지면 그들은 외환시장에서 돈을 벌게 될 것이다. 어느 쪽이 되든 그들은 확실히 이익을 챙길 수 있다. 그들은 그렇게 생각했다.

하지만 정부가 아무 힘이 없는 건 아니다. 금융시장의 큰 힘에 맞설 때도 마찬가지다. 홍콩 당국은 금리를 올리면서 동시에 주식시장에 개입해 주식을 사들였다. 투기꾼들은 양쪽에서 모두 돈을 잃었다. 시장은 분노했다. 미국 재무부 관리들도 월스트리트의 반감을 반영하며 우려를 표명했다. 미국 관리들은 정부가 그런 식으로 공격에 대응해서는 안 된다고 주장했다. 정부는 돈을 퍼주어야 하며 반격을 해서는 안 된다는 말이었다. 홍콩은 자본주의의 기본적인 원칙들을 어겼다는 것이었다!

하지만 홍콩은 경제를 안정시켰을 뿐만 아니라 그 거래에서 상당한 이익도 냈다. 이번 위기 때 투기꾼들은 그리스와 유로를 함께 공격했다. 아마도 유럽이 어떤 방식으로 대응하더라도 유로에 대한 신뢰는 약화될 것이라고 생각했을 것이다. 실제로 그들이 옳았다. 무엇보다 유럽의 대응이 신뢰를 불어넣지 못하는 것이었기 때문이다.

38 그리스가 어떻게 부채를 숨겼는지에 대한 자세한 설명은 〈뉴욕타임스〉 2010년 2월 13일치 A1면 Louise Story, Landon Thomas, Jr., and Nelson D. Schwartz, "Wall St. Helped to Mask Debt Fueling Europe's Crisis(http://www.nytimes.com/2010/ 02/14/ business/global/14debt.html)을 보라.

39 그리스에게 필요한 자금의 규모는 어떤 관점을 갖고 보느냐에 따라 달라진다. 2010년 그리스의 자금조달 수요는 예를 들어 AIG라는 한 금융회사에 지원된 자금의 일부(3분의 1 미만)에 불과하다.

40 아이슬란드 사태는 1장에서 아주 상세히 설명했다. 그 뒤에 일어난 사건들은 유럽의 대응이 부적절했다는 점을 부각시켜주었다. 영국과 네덜란드는 예금자들의 돈을 먼저 지급하고 아이슬란드가 이를 갚아주기를 바랐다. 아이슬란드는 법적으로 그렇게 해야 할 의무를 느끼지 않았지만 모든 당사자들에게 공정하고 평등한 해법을 도출하기를 바랐다. 그러나 영국은 자국의 자금조달 금리보다 상당히 높은 금리를 아이슬란드에게 물리고 싶어 했다. 사실상 이 거래에서 이익을 내려는 것이었다. 이는 아이슬란드 국민들에게는 받아들일 수 없는 것이었다. 이들은 아이슬란드 은행들뿐만 아니라 영국과 네덜란드 규제당국의 실패에 따른 이 빚 때문에 한 세대 내내 무거운 짐을 져야 할 터였다. 그래서 이번에도 당연히 아이슬란드 국민들은 90퍼센트 이상의 반대로 이 거래를 거부했다.

41 무역수지 흑자는 수출이 수입을 초과할 때 발생한다. 경상수지 흑자는 더 넓은 측정치다. 경상수지에는 외국인의 교육비와 의료비 지출, 관광수입과 같은 '보이지 않는' 수출이 포함된다.

42 이에 관해서는 8장에서 상세히 설명했다.

43 유럽환율조정기구(ERM)는 다양한 유럽 통화의 변동성을 줄이고 더 안정된 통화체제를 만들기 위해 1979년 도입한 환율체계다. ERM은 일정한 변동폭 내에서 각국 통화가 움직일 수 있도록 했다.

44 2009년 수치다. 역사적인 통계는 http://www.census.gov/foreign-trade/balance/c5700.html#2009에서 볼 수 있다.

45 그러나 중국 통화가치가 얼마나 '적정 수준에서 벗어나 있는지'에 대해서는 견해 차이가 크다. 적정 수준에서 벗어나지 않았다고 믿는 이들이 있는가 하면 중국은 아직도 위안화를 30퍼센트가량 절상할 필요가 있다고 생각하는 이들도 있다. '균형' 환율이 여러 가지 정책들에 영향을 받는다는 것도 문제. 예를 들어 중국인들이 미국에서 자유롭게 투자할 수 있도록 허용하면 중국에서 자본이 유출되고 이는 통화가치를 떨어뜨릴 수 있다. 자본이득, 그중에서도 특히 투기와 관련된 단기 자본이득에 대해 세금을 물림으로써 자본유입을 억제할 수도 있다. 이 역시 통화가치 하락으로 이어질 수 있다. 일부 비판적인 이들은 미국이 비정상적인 저금리정책을 통해 통화가치를 인위적으로 억눌러왔다고 주장한다.

46 미국과 유럽의 엄청난 농업보조금도 중국의 통화가치 절상 문제를 더욱 복잡하게 만든다. 그 보조금은 중국의 가난한 농부들이 받는 농산물 가격을 떨어뜨리고 빈곤을 줄이려는 이 나라의 노력도 훼손한다. 이런 효과를 상쇄하기 위해 왜곡된 농업정책을 통해

돈을 쓰는 것은 교육과 의료의 질을 개선하고 성장을 촉진하는 데 쓰일 수 있는 한정된 자본을 써버리는 것이다.

이 책 8장, 그리고 앞서 말한 스티글리츠의 *Making Globalization Work*를 보라.

47 2008년 12월 3일 로이터가 보도한 "Piraeus Port Sees Return to Full-Year Profit"를 참조하라. 중국 기업들은 이번 위기에 따라 그리스에 더 많은 투자를 했다. 2010년 6월 15일 로이터 기사 "China, Greece Sign Deals, Want Stronger Business Ties"를 보라.

48 2000~2009년 국방비 지출(명목금액)은 4조 7000억 원이었다. 백악관 예산관리국 (Office of Management and Budget)의 "Table 3.2-Outlays by Function and Subfunction: 1962-2015"(Historical Tables, President's Budget) 참조. http://www.whitehouse.gov/omb/budget/historicals/에서 볼 수 있다.

49 2009년 11월 8일치 〈선데이타임스〉 John Arlidge, "I'm Doing 'God's Work'. Meet Mr Goldman Sachs"(http://www.timesonline.co.uk/tol/news/world/us_and_americas/article6907681.ece).

50 '리포(repo)'는 간단히 말해 어떤 자산(주로 채권)을 다시 사겠다는(환매repurchase) 조건을 붙여 파는 것이다. 그런 의미에서 담보대출과 다를 게 거의 없다. 리포는 리먼브러더스가 마치 실제보다 많은 현금과 실제보다 적은 자산을 갖고 있는 것처럼 회계장부를 꾸밀 수 있도록 해주었다. 거래 규모는 매우 컸다. 리먼브러더스 파산보호(챕터11) 신청에 따른 실사보고서에 따르면 리먼은 2007년 4분기 말에 386억 달러, 2008년 1분기 말에 491억 달러, 2008년 2분기 말에 503억 8000만 달러의 '리포105' 거래를 했다. http://lehmanreport.jenner.com/VOLUME%203.pdf 참조.

51 골드만삭스를 제소한 SEC는 존 폴슨이 '기준 포트폴리오를 구성하는 데 영향력 있는 역할'을 했으며 신용부도스왑을 삼으로써 그 포트폴리오를 공매도했다. SEC가 제소한 내용은 http://www.sec.gov/litigation/complaints/2010/comp-pr2010-59.pdf에서 볼 수 있다. 골드만삭스는 7월 15일 결국 '실수'를 저질렀다는 걸 인정하고 월스트리트 회사로는 사상 최대 벌금을 냈다. SEC의 발표문(http://www.sec.gov/news/press/2010/2010-123.htm)을 참조하라.

52 골드만삭스는 투자자들이 영리하다는 점을 유난히 강조했다. 투자자들은 이 거래의 상대편에 반대 방향으로 베팅하는 이들이 있다는 걸 알았고, 골드만삭스는 관행에 따라 반대편 투자자를 공개하지 않는다고 주장했다. 하지만 이 모든 주장이 정직하지 못한 것이었다. 문제의 모기지가 무작위로 선정된 게 아니라 거품이 꺼지면 손실을 볼 것들을 고른 것이라면 이는 결정적으로 중요한 정보였다.

53 그리스가 도움을 요청하러 중국에 접근했다는 주요 경제신문 기사도 투기꾼들에게 도움을 주었다. 그리스 정부 고위 관계자는 나에게 그 기사는 사실이 아니라고 말했다. 월

스트리트의 금융 자문역 가운데 한 사람이 그렇게 하라고 권유했지만 그리스는 거부했다는 것이었다. 금융시장의 정식성에 대한 신뢰는 어떤 루머 때문에 더욱 훼손됐다. 그리스 채권 가치가 떨어지면 이득을 보는 이들, 그리고 그리스가 잘못되는 쪽으로 투기를 해온 이들 중 누군가가 그런 이야기를 퍼뜨렸다는 루머 때문이다.

54 Uri Dadush 등 "Paradigm Lost: The Euro in Crisis"(2010년 워싱턴 카네기국제평화재단). http://carnegieendowment.org/files/Paradigm_Lost.pdf 참조.

55 그럼에도 불구하고 스페인 은행들 중 일부는 구제가 필요했고 다른 은행들은 취약해 보였다.

56 금융개혁법의 조문이 2000쪽이나 되는데도 그토록 많은 개혁이 규제당국자들의 재량에 맡겨졌다는 건 놀라운 일이다. 〈뉴욕타임스〉가 지적한 것처럼 이 법은 구체성이 상당히 부족해 규제의 강도를 결정할 중요한 권한을 규제당국들에게 넘겨주었고, 양당 정치인 모두가 다시 한 번 금융규제에 영향력을 미칠 수 있도록 해주었다. 〈뉴욕타임스〉 2010년 6월 26일치 Binyamin Appelbaum, "On Finance Bill, Lobbying Shifts to Regulations"(http://www.nytimes.com/2010/06/27/business/27regulate.html)도 참조하라.

57 이 모든 문제에 대한 오바마 행정부의 입장은 혼란스럽고 모호하다. 오바마 정부는 결국 글래스-스티걸법이 폐지된 후 만연하게 된 이해상충을 줄이려는 조치를 지지했다. 그러나 때때로 그 일을 하는 데 너무나 머뭇거리는 모습을 보였다. 오바마 정부는 은행들이 다시 대출에 초점을 맞추도록 유도하기 위한 핵심 조항들에 반대한 것 같다. 또한 사실상 납세자들에게 리스크를 떠안기면서 신용부도스왑을 발행하는 것을 중단시키기 위한 조항에 반대한 것으로 보인다.

58 그 내용은 인터넷(http://frwebgate.access.gpo.gov/cgi-bin/getdoc.cgi?dbname=111_cong_bills&docid=f:h4173enr.txt.pdf)에서도 찾아볼 수 있다.

59 특히 신용카드 관련 조항은 상인들이 예컨대 비자카드든 마스터카드든 어떤 카드라도 받게 되면 모든 카드를 받아줘야 하며 카드 이용자들에게 비용을 물려서는 안 된다고 규정했다. 이는 최악의 관행들이 계속될 것이라는 걸 의미한다. 프리미엄 카드는 상인들에게 높은 수수료를 물린다. 이에 따라 카드사가 이득을 보지만 그 비용은 상인들이 부담해야 한다. 그리고 비용 중 일부는 프리미엄 카드를 쓰지 않는 (보통 저소득층) 사람들까지 포함한 모든 고객들에게 전가된다.

60 보통사람들을 보호하기 위한 또 하나의 중요한 조항이 있다. 투자 자문을 해주는 증권 중개회사에 수탁자의 신의성실의무(fiduciary responsibility)를 부과하는 권한을 (6개월 동안 추가 검토를 거친 다음) 증권거래위원회에 부여하도록 한 조항이다. 신의성실 책임을 부과한다는 건 중개회사가 고객의 이익을 위해 최선을 다해야 하며 노골적으로

고객들을 수탈할 수 없다는 뜻이다.

61 파산법은 실질적으로 파생금융상품 이용을 부추겼다. 회사가 파산했을 때 청구권을 행사하는 우선순위에 있어서 파생상품은 다른 자본보다 높은 순위가 주어졌다. 그리고 정부가 보호하는 은행들이 파생상품을 발행했을 때 이는 사실상 납세자들이 뒤를 받쳐주는 것이다. 일종의 숨겨진 보조금이다. 파생상품을 사는 이들은 그 보조금을 없애면 (다른 보험들처럼 높은 자본적정성 기준을 적용하면) 그만큼 비용이 커진다고 불만을 제기한다. 하지만 그렇게 하는 게 당연하다. 그 파생상품이 하나의 보험이라면 왜 이 특별한 형태의 보험에만 납세자들이 보조금을 줘야 하는지에 대한 논리적 근거는 없다. 파생상품이 일종의 도박이라면 이 특별한 형태의 도박에 왜 보조금을 줘야 하는지에 대한 논리는 더욱 약해진다.

62 연준은 은행과 차입자들이 리스크를 헤지할 수 있도록 하는 게 중요하다는 논리로 이 조항에 반대했다. 이 논리는 잘못된 것이다. 이 조항은 은행이 상업 목적의 대출과 관련된 스왑계약을 제공하는 데 아무런 걸림돌도 되지 않는 것이었다. 이 조항은 단지 그런 '보험'에 대해 사실상 납세자들의 보조금을 주도록 해서는 안 된다고 규정하고 있을 뿐이다. 예를 들어 은행들이 주택대출을 해줄 때 흔히 차입자가 화재보험을 들도록 요구하고 이를 주선해준다. 그러나 이는 은행들이 화재보험 사업을 해야 한다는 뜻은 아니다. 파생금융상품에 대한 연준과 재무부의 반대는 규제개혁에 대해 그들이 어떤 태도를 취하고 있는지 상징적으로 보여줬다.

63 다른 많은 조항들을 평가할 때와 마찬가지로 이 부분에 대해서도 '아마도' 또는 '희망컨대' 같은 표현을 써야 한다. 너무 많은 것들이 규제당국의 재량으로 넘겨졌기 때문이다.

64 이번 위기의 초기 단계에서 미국 관리들이 계속해서 장밋빛 전망을 했다는 건 1장에서 설명했다. 정부는 2009년 봄 되풀이해서 경기회복의 '새싹'이 나타나고 있다고 밝혔다. 연준도 위기가 진행될 때 그랬던 것처럼 이번에도 지나치게 낙관적인 자세를 견지했다. 그러나 실제 일어나고 있는 일들을 완전히 무시할 수는 없었다. 2009년 상반기에 연준은 회의를 할 때마다 2010년과 2011년 실업률 전망치를 상향조정했다. 이는 그들이 경기침체의 심각성을 계속해서 과소평가했다는 걸 시사한다. 2009년 5월까지도 벤 버냉키는 "우리는 (실업률이) 10퍼센트에 이르지 않을 것으로 생각한다"고 밝혔다. 하지만 그해 10월 실업률은 그 수준으로 올라가 3개월 동안 그 수준에 머물렀다. 경제학에 정통하지 않은 대통령이 경기에 대해 지나친 낙관을 표명하는 것은 또 다른 문제다. 어떤 의미에서는 그렇게 하는 게 대통령의 일일 수도 있다. 그러나 연준이 경제상황을 진단하는 데 심각한 오류를 범하면 이는 중앙은행의 신뢰에 오랫동안 악영향을 미친다. 다른 많은 이들이 동시에 훨씬 더 정확한 분석을 내놓았는데도 그랬다면 더욱 심각한 문제다.

65 이는 내가 린다 빌메스와 함께 쓴 책 *The Three Trillion Dollar War: The True Cost* *of the Iraq Conflict*에 실린 중요한 논문들 가운데 하나다.

66 내가 참여한 가운데 역사가 다시 쓰인 특별한 사례가 하나 있다. 2009년 4월 1일 오바마 대통령은 나를 포함한 일단의 경제학자들을 백악관 만찬에 초청했다. 참석자들은 오바마의 경기활성화 프로그램에 포함된 경기부양 조치의 적절성과 은행 구제 조치의 구조에 대해 비판적인 학자들이었다. 그 만찬을 시작으로 일련의 대화가 이어질 것으로 알려졌으나 사실은 한 차례로 끝나는 행사로 보였다. 하지만 독특한 행사여서 언론의 지나친 관심을 끌었다. 일부 언론 보도에 따르면, 재무부와 다른 부처 관리들은 이 행사가 비판적인 경제학자들에게 은행 국유화 논리를 방어할 기회를 준 것이라고 주장했다. 하지만 비판적인 학자들은 대통령을 설득하는 데 실패했다.

사실 실패한 은행들에 대해 무엇을 해야 할지에 관한 핵심적인 사항은 이미 결정이 이뤄진 상태였다. 그리고 문제는 국유화가 아니라 정상적인 룰에 따라 구조조정을 하는지에 관한 것이었다. 구조조정은 자본구조에 문제가 있는 은행들이 재산관리를 받도록 하는 것이다. ('파산' 선고를 받은 은행의 경우 재산관리인을 보내 구조조정을 하도록 하는 것이다.) 당시 만찬에 참석한 이들은 대부분 이 책에 제시된 견해에 동의했다. 부실 은행 처리 때 이 같은 룰에 따르지 않은 것은 실수였다는 견해다. 그러나 아무도 대통령이 결정을 뒤집어야 한다고 주장하지는 않았다. 그러기에는 너무 늦었기 때문이었다. 하지만 참석자 중 몇몇은 은행이 또다시 자본을 확충해야 할 때는 자본주의의 통상적인 룰을 따라야 한다고 강력히 주장했다. 다행히 대마불사 은행들을 위해 정부가 추가로 자본을 확충해줘야 한다는 요구는 없었다. 대형 은행들과 달리 소형 은행들에게는 표준적인 구조조정 절차가 적용됐다. 그날 만찬에서 나를 포함한 몇몇 학자들은 또한 2차 경기부양이 필요해질 것 같다고 주장했다. 이제 그 견해가 옳았다는 게 분명해 보인다.

67 이 책은 경제적 리더십에 초점을 맞춘다. 그러나 똑같이 중요한 다른 이슈들도 있다. 미국이 부패로 많은 비판을 받고 있는 아프가니스탄 정부를 지지하면서 국민들의 지지율이 낮은 아프가니스탄전쟁을 확대했다는 사실은 리더십에 도움이 되지 않았다. 관타나모 수용소 폐쇄에 실패한 것은 미국의 인권 침해, 그리고 제네바협약과 유엔 고문방지협약 위배를 끊임없이 상기시켜준다. 그러나 긍정적인 변화도 있다. 2010년 4월 미국과 러시아가 핵무기를 감축하는 협정에 서명한 것도 그중 하나다.

감사의 말

1 이 위원회에 참여한 이들의 명단은 http://www.un.org/ga/president/63/PDFs/reportofexpters.pdf에서 볼 수 있다.

KI신서 2916

노벨경제학상 수상자 스티글리츠의 세계경제 분석

끝나지 않은 추락

1판 1쇄 발행 2010년 10월 20일
1판 2쇄 발행 2010년 10월 29일

지은이 조지프 E. 스티글리츠 **옮긴이** 장경덕
펴낸이 김영곤 **펴낸곳** (주)북이십일 21세기북스
출판콘텐츠사업부문장 정성진 **출판개발본부장** 김성수 **경제경영팀장** 류혜정
해외기획 김준수 조민정 **기획·편집** 민용희
마케팅·영업본부장 최창규 **마케팅·영업** 김보미 김용환 이경희 우세웅 허정민 김현유
출판등록 2000년 5월 6일 제10-1965호
주소 (우 413-756) 경기도 파주시 교하읍 문발리 파주출판단지 518-3
대표전화 031-955-2100 **팩스** 031-955-2151 **이메일** book21@book21.co.kr
홈페이지 www.book21.com **커뮤니티** cafe.naver.com/21cbook

ISBN 978-89-509-2669-4 03320
책값은 뒤표지에 있습니다.